防衛研究所図書館所蔵

軍事史学会編

大本営陸軍部
作戦部長

宮崎周一中将日誌

錦正社

昭和十九年十二月十日　中支より帰還

米戦艦ミズーリ号上での調印式にのぞむ
外務大臣・重光葵、参謀総長・梅津美治郎そして宮崎周一(左から)　昭和二十年九月二日

『宮崎周一中将日誌』の刊行に際して

昭和四十（一九六五）年三月に創設された軍事史学会は、機関誌『軍事史学』の年四回に及ぶ刊行、年次大会、そして東京における例会と関西支部例会（各年四回）の他、研究会や講演会を随時開催することによって、我が国における軍事史研究の発展に永年努力してきた。そこで、伊藤隆前会長は昭和期軍部の更なる解明のため、軍事史学会ならではの基本史料集の刊行の重要性に着目し、平成九（一九九七）年に史料集編纂委員会を設置した。そして、先の大戦で陸海軍の戦争指導に直接関わった重要人物による生の記録を、史料集として出版して広く世に問い、学術研究の発展に資することとなった。かくして、翌平成十（一九九八）年、大本営陸軍部戦争指導班による『機密戦争日誌』全二巻がその先駆けとして刊行され、引き続いてこの度『宮崎周一中将日誌』が上梓される運びとなったのである。

宮崎周一中将（陸士二八期）の軍歴と人となり、並びに宮崎が直接関与した作戦の詳細については、「解題」に譲るが、かつて若い頃参謀本部で直接戦史研究に携わったことのある宮崎は、後世の人々のため、史実を正確に記録して残すことの重要性を常日頃強く認識していた。そこで宮崎は、多忙を極める戦場にあっても、本人の体験を寸暇を惜しんで克明に記録したのである。こうした貴重な日誌は、昭和の陸軍と共に宮崎本人が歩んで歴任した要職——作戦主任参謀（武漢攻略作戦での第十一軍）、参謀長（ガダルカナル作戦における第十七軍・湘桂作戦の第六方面軍）、そして、終戦時の参謀本部作戦部長——の立場からの当時の生の記録である。そこには、公式記録では窺い知ることができないような作戦指導上の機微に触れる問題から、司令部の内情、そして、司令官や幕僚等の個人的評価に至るまで、実に詳細に記録されている。まさに昭和期の陸軍を知る上で、第一級の史料である。当時の防衛研修所戦史室が公刊戦史『戦史叢書』を編纂するに当たり、前述の『機密戦争日誌』と共に、この日誌を根本史料として活用したのは当然のことと言えよう。

なお、防衛研究所では遺族の承諾を得て既に同日誌を常時公開しているので、研究者はこれを自由に閲覧できる。しかし、宮崎中将の格段に癖のある筆跡はともすると解読が困難であり、その活字化と出版を熱望する声が早くから聞こえていた。そこでこの度、伊藤隆前会長監修の下に、昭和期陸軍の専門家である中山隆志氏と永江太郎氏の協力を得て、お二人が困難な解読作業と手間暇を要する校正の仕事を進めて下さり、ようやくここに完成の日を見るに至ったのである。

ここに改めて三氏の並々ならぬご尽力に対し、深く感謝の意を表したい。また、出版に当たっては、中藤政文社長、並びに本間潤一郎氏をはじめ錦正社の方々に、心温まる支援と協力を頂いた。また、貴重な日誌の原本を快く貸して下さり、史料集としての刊行を快諾して下さった宮崎周一中将の継嗣・忠夫氏に、心からお礼を申し上げたい。最後に、本史料集の刊行により、昭和期陸軍の解明と大東亜戦争の本質に迫る研究の更なる進展を期待して止まない。

平成十五（二〇〇三）年三月

軍事史学会会長　高　橋　久　志

目　次

解題

永江　太郎

はじめに

大東亜戦争末期に大本営陸軍部の作戦部長の重職にあった宮崎周一中将の日誌は、大東亜戦争の研究に欠くことのできない第一級史料として、公刊戦史の編纂時に防衛研修所戦史室において複写された。その後原本が行方不明となったため、この複写史料が残された唯一のものとして保管され、現在防衛研究所図書館で一般公開されている。

今般、この日誌を公刊することになったが、複写史料のため判読困難な部分が少なくなかった。ところが最終校正の段階で、遺族宅において前述の作戦部長時代の日誌『作戦秘録』の原本が、第六方面軍参謀長時代の日誌「陣中秘録」や復員省時代の日誌（いずれも原本）とともに発見された。このため、校正作業は既に三校を終了していたが、原本をもとに再度全文の見直しを行った結果、判読不能であった部分の大半を解読することができた。

宮崎周一の経歴及び日誌の概要等については後述するが、今回刊行した『宮崎周一中将日誌』は、昭和十七年以降の大東亜戦争期間中の日誌に限定し、作戦部長時代の日誌「作戦秘録」に、ガダルカナル作戦の第十七軍参謀長時代の日誌「残骸録」と第六方面軍参謀長時代の日誌「陣中秘録」を加えて収録した。解読・校正等の作業は、作戦部長時代の「作戦秘録」前半と「残骸録」を防衛研究所調査員永江太郎、「作戦秘録」の後半と「陣中秘録」を元防衛大学校教授中山隆志が担当した。

一　宮崎周一の経歴

宮崎の経歴については、嗣子忠夫氏の記録があるので、それをもとに概要を述べることとしたい。宮崎は、日清戦争末期の明治二十八年二月、父岩太郎、母カクノの長男として長野県飯山に生まれた。父が警察官のため転勤が多く、長野県から愛知県へそして日露戦争直後には朝鮮へ赴任したので、高等小学校の卒業は京城であった。少年時代を明治日本の興隆期に過ごした宮崎は、教育熱心な母の尽力で豊橋の愛知県立第四中学校に進学したが、多感な少年宮崎には、親元を離れた寂しさが余りにも強くて勉強に身が入らず、当初の成績は全く振るわなかったとのことである。これを知った母カクノは、弟妹を連れて帰国し豊橋で周一と同居することになった。厳しい母の下で宮崎の成績は急速に向上し、大正二年には陸軍士官学校を受験、見事に合格した（第二八期）。

当時は、士官学校に予科の制度ができる前で、士官候補生は各聯隊にまず隊付をして基礎教育を受ける時代であった。宮崎は豊橋の歩兵第十八聯隊を希望したが、配属されたのは秋田の歩兵第十七聯隊であった。晩秋の奥羽路をストーブ列車で北上し、同年十二月一日同期生四名とともに秋田聯隊に入隊して、陸軍軍人としての第一歩が始まった。この時第八師団は、治安警備のために隷下の聯隊を率いて北朝鮮に駐屯していたので、宮崎は同期生や同日入営の召集兵と一緒に、羅南に赴くために荒れる冬の日本海を渡った。

一年間の隊付期間中に、欧州では大正三年六月に、セルビアでオーストリア皇太子暗殺事件が発生して、第一次世界大戦が始まった。欧州における動員の規模と損耗は空前のスケールとなり、新兵器の登場と相俟って戦争様相は一変した。同年十二月に士官学校に入校し、大正五年五月に卒業した宮崎は、見習士官として原隊である秋田聯隊に帰任した。しかし、第一次世界大戦の渦中で、軍事面において正に大変革の時代であったにも関わらず、東北の田舎聯隊は沈滞しきっていた。これに反発した宮崎は一人で勉学に励み、十年には陸軍士官学校予科の生徒隊付となって上京した。三七期生と三九期生の区隊長となった時の教え子には、井本熊男、親泊朝省、吉橋戒三などがいる。

大正十三年には結婚（夫人は米沢の後藤栄蔵の長女チヨ）と陸軍大学校合格（第三九期）という慶事が重なった。昭和二年十二月、陸大を卒業した宮崎は、再び秋田の歩兵第十七聯隊に中隊長として赴任したが、四年二月には参謀本部の外国戦史課勤務となった。七年には陸軍大学校兵学教官となるが、戦術・戦史教育を担当し、十三年八月に第十一軍参謀になるまでの間、戦術の教育・鍛錬と戦史の研究・教育に専念した。宮崎の参謀将校としての資質や実務能力は、戦史・戦術の研究と教育に従事したこの九年間に培われた。

この期間は、満州事変や二・二六事件、盧溝橋事件といった重大事件が続発した内外ともに激動の時代であった。特に中国では、昭和十年の八・一宣言以来、中国共産党が対日戦争を主張し続けていた。十二年七月の盧溝橋事件に対する対応も、日本政府が軍部と一体となって、事件不拡大・現地解決という方針を堅持したのに対し、中国共産党は対日即時開戦を通電した。現地では、日本政府に開戦の決断を促すかのようにテロ事件が頻発し、七月二十六日には広安門上で、中国正規軍が日本軍守備隊を攻撃した。ここに北支事変が始まり、翌八月には第二次上海事変が勃発して、戦いは激化の様相を示していた。しかし、宮崎には西欧戦史研究のための欧州出張が、予定通り発令された。再三辞退を申し出たが許されず、八月二十五日に神戸を出航して渡欧した。第一次世界大戦やナポレオン戦史の現地研究は、百聞は一見に如かずを実感する毎日であった。当時の日誌は簡略であるが、膨大な地図が勉学の一端を物語っている。

翌十三年一月に帰国した時、支那事変は、首都南京を陥落させたものの決着せず、戦線はさらに拡大しつつあった。次期作戦の攻略目標として、武漢と広東が決定され、大佐に進級したばかりの宮崎には、武漢攻略のために新設された第十一軍高級参謀（作戦主任参謀）の内命が下った。六月二十二日から司令部編成などの準備業務が始まった。初めて実戦の場に臨むとはいえ、軍の作戦教令や司令部業務規定の作成といった幕僚業務は、陸大教官であった宮崎の得意とするところであった。この時期の日記には、「十数年来待望の機至る」「大学校以来十五年、軍人として戦いの勉強に専念し、戦いの本質や統帥の道の一端も一通りは心得たつもりだ。それが実際にあたってどの程度に実現しうるや。自己の試練として公に報いたい」と覚悟の一端が記されている。

中国軍六十万が守る中支那の要衝「武漢」の攻略は、蔣介石の死命を制する目標として選定されたもので、支那事変の開始以来最大規模の作戦であった。中支那派遣軍司令官畑俊六大将指揮の下に、第二軍四個師団、第十一軍五個師団半、併せて三十万を超える兵力が投入された。このような、当初の予想を上回る戦争の拡大は、同年四月の国家総動員法や関連法案の制定など、国家総力戦体制への転換を必要とするまでになった。

武漢攻略を担当する中支那派遣軍の作戦は、第二軍を北方の大別山方向から武漢の側背へと進撃させて敵を牽制し、第十一軍を主攻部隊として揚子江沿いに西進させる計画で、海軍は、協定に基づいて第三艦隊に揚子江の遡行を命じ、第十一軍の作戦に全面的に協力した。

第十一軍は、軍司令官は岡村寧次中将（後に陸軍大将）、参謀長吉本貞一少将（後に陸軍大将）、参謀副長沼田多稼蔵少将、隷下部隊は、第六師団、第百一師団、第百六師団、波田支隊（台湾守備隊基幹）で、後に第九師団と第二七師団が増強された。高級参謀で作戦主任参謀（作戦課長と呼ばれた）宮崎大佐は、名実ともに司令部の中核的存在であった。東京で編成準備を済ませた宮崎は、七月に上海次いで南京に進出し、司令部の編成や作戦計画の立案に邁進した。

八月に始まった武漢攻略作戦は、四十度を超す炎熱と蔣介石の命令で徹底的に破壊された道路に早速悩まされた。後退する時にはすべてを破壊し尽くすという蔣介石の清野作戦は、日本軍の前進妨害に役立ったが、現地住民の被害は甚大かつ深刻でたちまち窮乏に陥った。日本軍の前進は、悪路に加えて多数の河川と険峻な山地、それに中国軍の抵抗が加わって、補給はいたるところで途絶した。特に第百六師団の場合は、中国軍の重囲に陥るなどの苦戦が続いた。これらの問題を処理すべき作戦主任参謀の苦悩は、その日記に詳しいがここでは省略する。しかし、岡村軍司令官とともにこの苦戦を克服した体験が、宮崎大佐の軍人としての資質を向上させ、後に「苦難正面の作戦請負業者」と自負する素地をつくった。武漢三鎮は十月下旬に陥落したが、第十一軍は引続き付近一帯を掃討した。翌十四年三月からは南昌と襄東の攻略作戦を実施した。特に南昌作戦は、周到な準備の下、最短の時間と最少の損害で目的を達成して、宮崎にとって生涯最高の思い出となる会心の作戦となった。この間、北方ではソ連軍の越境で、十三年七月に張鼓峰事件が勃発し、十四年五月から始まったノモンハン事件では、激烈な戦闘が八月まで続いた。この頃、第十一軍の作戦は、概ね任務終了の段階となっていた。

同年十月一日、宮崎大佐は、ノモンハン作戦に参加して甚大な被害を受けた歩兵第二十六聯隊（第七師団）の聯隊長に任じられた。聯隊は、当時北満のハンダガヤで国境警備に任じつつ、補充兵を受け入れて再編成を行っている最中であったが、人的損耗で士気が沈滞した部隊の立て直しは容易ではなかった。翌十五年の秋、第七師団が第十四師団と交代して旭川に帰還すると、宮崎は聯隊長の職を解かれて陸大教官に復帰し、翌十六年八月に陸軍少将に進級した。

同年十二月八日、遂に米英との戦争が勃発した。当初の進攻作戦は、予期以上に順調な進展をみせたが、六月のミッドウエー海戦において、機動部隊が空母四隻を失うと形勢は逆転した。このダメージは、聯合艦隊がその利き腕を失ったに等しく、海軍は半身不随となったのであるが、その実態が秘匿されたまま、ガダルカナルに米軍の反撃を迎えた。一木支隊の全滅、川口支隊の総攻撃失敗で、ことの重大さに気づいた大本営は、新たに第二師団を投入して陸海軍連携した総反撃を準備し、第十七軍の参謀長を宮崎少将と交代させた。ガダルカナルは、日米攻防の転換点となったのである、

昭和十七年十月、ガダルカナル作戦担当の参謀長として着任した宮崎は、撤退までの行動を前述の「残骸録」に記し、帰国後の第六方面軍参謀長、そして最後の参謀本部第一部長時代の行動は「陣中秘録」「作戦秘録」として残しており、いずれも本書に収録したので、これらの作戦間については、各々の日誌解説の中で紹介する。

戦後は、陸軍省が十一月三十日に解体されるまで、その職に留まって武装解除等の戦後処理の業務に従事し、その後も陸軍省の業務を引き継いだ第一復員省に史実部長として勤務し、復員業務と援護にあたった。

昭和二十二年に復員省を退官した後は、専ら防衛庁防衛研修所の戦史編纂への資料提供や自衛隊幹部学校等の講演、戦術・戦史に関する著述などをしていた。主な著述として、陸上自衛隊幹部学校の機関誌『幹部学校記事』や軍事史学会機関誌『軍事史学』への寄稿、明治百年史叢書九九巻『岡村寧次大将資料　戦場回想篇』文中の「第二編に関する補修」、文藝春秋『完本太平洋戦争（上）』文中の「地獄戦線からの脱出——ガ島撤退作戦——」がある。晩年に脳出血で倒れて、体力が衰えた宮崎周一は、昭和四十四年十月十六日、眠るがごとく永眠した。満七十四歳であった。

二　第十七軍参謀長時代の日誌「残骸録」

宮崎周一が、第十七軍参謀長としてガダルカナル作戦に従軍した時の日誌は、「残骸録」或いは「ガ島作戦秘録」の名で知られているが同じものである。

防衛研究所図書館現有の「残骸録」は、昭和三十二年二月、防衛研修所戦史室の原四郎戦史編纂官（元大本営参謀、開戦時の戦争指導班、終戦時の作戦課勤務）が、宮崎周一から借用して筆写したものである。

ガダルカナルの戦場は、軍司令部もいつ全滅するかわからない緊迫した戦場であった。作戦の中枢にある参謀長といえども、戦死して敵手に落ちる恐れがある中で、日誌を記述するような生還を予期した行動など取れるものではなかった。軍司令部でも作戦上の機密に関する記録は、書類として残すことを一切禁止し、宮崎参謀長自身、それまで書き留めていた自分の日誌を寸断して土中に埋めた。そのため、ここに収録した「残骸録」は、ガダルカナル島撤収直後のブーゲンビル島において、残されていた軍司令部の行動記録や電報等をもとに、作戦間の行動と所見を記憶を辿りながら日記風に整理記録したものであり、厳密に言えば日誌と言うよりも回想である。

日誌の内容は、陸軍大学校の兵学教官であった宮崎が、校長下村定中将から転出の内示を受けた昭和十七年九月二十九日に始まり、ガダルカナル島を撤収した後の残務整理中の翌十八年二月二十八日で終わっている。第十七軍の記録が、電報を含めて現存していない今日では、各種の命令や報告の原文並びに発着の日時を明記した電報を筆写したこの日記の価値は、極めて大きい。作戦間の日々の行動や所見も、それが回想であるとはいえ、作戦直後の記憶が鮮明な時期に記録されたものだけに貴重である。

一例を第二師団の攻撃にみると、ラバウル残留の参謀長の観察と現地の実情との乖離や周到を欠く作戦準備段階への批判或いは電報の文案や発信統制にいたる司令部業務の欠陥などが克明に記録されており、作戦指導の観点からみた攻撃失敗の一端を窺い知ることができる。例えば、十月二十六日の記事には「此数日間にガ島とラ（ラバウル）間に往復せる電信は、莫大なる量に達し、同一事項に関し作戦・後方・情報等の重複せる電文又は同事項を反復強調せるものあり」と書かれているが、この「莫大なる電報」の指摘は、宮崎参謀長の不在を補うべき次級者の幕僚勤務の統制不充分に起因するものである。また同じ日の「第二師団の攻撃頓挫にともない軍の攻撃中止に関しては、予及び第一部長（参謀本部・田中新一中将）より『今一押』の意を伝えたるも事既に決し、現地の当初状況を軽視し且つ失敗すれば反動心理に懸かれる関係もあり、軍に相互の意志疎通感情疎隔の因を招く」とある。『今一押』は、宮崎参謀長発信の電報原文には「戦局ハ予期ノ如ク進展セスト雖モ敵ノ困窮我ニ数倍シアレハ今一押シノ所ナリ」とある。これなどは宮崎自身が実態と乖離した教条的判断をした一例と言えよう。

余りにも有名な飢餓の実態或いは司令部も直撃弾を受けた状況なども詳しく記録されている。司令部直撃の模様については「十一月二十三日は忘れ得さる印象の日なり。十三時三十分敵機の投下せる一弾は司令部幕舎至近に落下し、死傷約二十名を生ず。専属副官及び護衛憲兵は即死。（中略）（百武）司令官は左前搏に、予は右背部に小破片を受けたり。司令官負傷の応急初療は、実は予自ら携帯せる繃帯包を以て実施せり」とあるように、極めて危険な状態であった。このような体験談からも戦場の実態の一端を知ることができるが、最も貴重な史料は、日記の中に記録されている多数の電報である。軍参謀長という立場であればこそ知り得る当時の電報が、そのまま記録されているので、これらの電報の分析だけでも、ガダルカナル作戦の問題点を浮き彫りにすることができよう。

日誌の最後には、特別資料として次の文書が綴り込まれている。
一　十二月六日の兵団長会同における百武軍司令官訓示
二　十二月二十六日頃の次期作戦指導に関する宮崎参謀長意見
三　十二月三十一日付、宮崎参謀長の「年末に於ける一般戦況報告」
四　撤収命令受領時の決心に関する百武軍司令官の報告（一月十八日発信）
五　一月十一日の撤収に関する第八方面軍命令
六　撤収完了にあたり、第八方面軍司令官の第十七軍司令官宛電報（二月八日発信）
七　同じく、参謀総長の第十七軍司令官宛電報（二月九日発信）
八　勅　語
九　十二月三十一日付、年末に於ける陸軍大臣参謀総長連名の辞
一〇　ガ島に於ける損耗人員及び毀損亡失兵器の概数
一一　第十七軍司令官百武中将の進退伺の辞
一二　第三十八歩兵団長伊東少将の進退伺の辞
一三　南太平洋方面作戦の特性並びに教訓

最後の「一三　南太平洋方面作戦の特性並びに教訓」は、現地部隊の軍参謀長の視点から見たガダルカナル作戦全般に関する総括的な所見であり、特に作戦の特性や問題点を把握するに便なのでその一部を抄出する。

陸海軍間の作戦指導に関して「ガダルカナル作戦実施中に現れた最初の問題は、陸海軍協同作戦であった。陸海空

の緊密な協力が不可欠なガダルカナル作戦の遂行を阻害したのは、何事も大本営で中央協定を結ばなければ、現地では船一隻も動かせないという実態にあつた」と指摘している。陸海軍間の作戦指導が硬直化・形骸化していた現実を厳しく見つめて、陸海空一体の統合作戦遂行のためには、統帥の一元化がまず必要であるとの主張は至言である。その他、戦場の実態の把握や適格な情勢判断、迅速正確な業務処理要領などの幕僚活動を含めた作戦・指揮面の能力は、日本軍が最も力を注いでいた筈のものである。これら軍人の本務であるべき戦略・戦術といった面に欠陥があり、近代戦遂行能力に欠けていたという指摘は深刻である。結局、統帥一元化や次の制空権の問題と同様、最後まで改善ができずに、大東亜戦争が敗北に終わる大きな要因となった。

制空権についても「凡そ事態の真体を明確に把握し、これに基づく対策を果敢断行するは戦勝の要訣なり。現下敵米英反攻に関する事態の実相に対処する方策は奈辺にありや。一言に要約せば空中戦力の充実と防空施策の完備にあり」と航空戦力の帰趨が勝敗を決定すると断言している。

更に、陸海軍の協調、訓練や戦法の改善といった運用に関する指摘の多くは、当時の陸海軍に協同作戦や航空作戦に関する深刻な認識と改善の意欲並びに作戦遂行能力に問題があったことを示している。

上級司令部の指揮官・幕僚の能力低下については、後述の「陣中秘録」などでも指摘しているが、日本軍がその人的資質において、世界戦争に参加するに必要な人材を擁していたのか、疑問のある所である。かくして、戦争指導・作戦指導の誤りを補ったのは、第一線将兵の勇戦敢闘であった。ガダルカナルの戦場で、第十七軍は三分の二の兵力を失ったが、最後の撤退まで崩壊することはなかった。

日本軍将兵の特性について、宮崎は日記の中で、極度の悪条件の下にありながら最後の一兵まで陣地を守り抜いたとその敢闘精神について激賞している。しかし、これはガダルカナルだけではなく、インパールや硫黄島などのあらゆる戦場で見られた日本軍の特性である。勿論、個人や部隊レベルで遺憾な事例があったことも事実である。「今次作戦の如く極めて困難なる戦況に際して真に役立つ人物は十中一二なり。比較的上級地位の指揮官に、その不甲斐なさに悲憤発する能はざるものあり。陸大卒業者にして見劣りする人物ありしは国軍のため悲しむところなり」の批判は、その実態を物語っている。

しかし、第一線の将兵については、「苦難に顕現する皇軍の真姿」という項目を掲げて「皇国の皇国たる所以、皇軍の皇軍たる所以」として「言語に絶する困苦に於いて恨むなく不平なく、唯々一途に守地に死せんことに徹す。もとより軍司令官の威徳にあらず。統率する各級指揮官の人格にもあらず。将兵一人一人に流るる尊き伝統の血なり。この血の存続する限り皇国は大盤石なり」と書き残している。これが大東亜戦争を戦い抜いた大部分の将兵に共通する姿であった。

三　第六方面軍参謀長時代の日誌「陣中秘録」

ガダルカナル島から帰還した宮崎は、昭和十八年五月十一日、参謀本部第四部長に補職されたが、マラリアとアミーバ赤痢のために軍医学校に直行入院したため、実質的に勤務することはなかった。しかし、宮崎が部長になった当時の第四部は、戦史や戦略の研究を主任務としていたが、既に廃部に近い存在であった。事実、宮崎が八月二十五日に陸大の幹事（副校長）になると部長職は欠員となり、十月には第四部そのものが廃止された。

本日誌「陣中秘録」は、陸大幹事の勤務としては終わりに近い昭和十九年五月八日に始まり、八月に第六方面軍参謀長に補職されて、十二月十日参謀本部に召還されるまでの七ケ月を記録したものである。常に問題意識をもって戦局の推移を憂慮していた宮崎の日誌には、昭和十九年春から夏にかけての中央統帥部や陸大の内情についての冷徹な観察と批判が記されている。

日誌の最初にある陸大幹事時代には、大本営の戦況会報などへの参加を通じて、陸軍中枢部の動きや各戦場の実情を知りうる立場にあった。その意味で「中央統帥部に於いては総長（東條）、高級次長（後宮）と夫以下とは全然遊離し、反対の方向に向きあり。（中略）此侭推移せんか前途の破局は火を見るより明らかなり」（五月十一日記事）などの指摘は、陸海軍大臣の統帥部長兼任問題を研究する者にとって興味ある一文であろう。このほかにも随所に、最高統帥部の戦争指導に対する批判が述べられている。陸大学生の素質についても、受験生の試験場での態度や学生服務上の躾指導などを見ると（五月十日の記事等）将来の国軍を指導すべき陸大の学生にも、その資質に重大な欠陥が生じていたと言わざるを得ない。

宮崎が、本日誌の主題である第六方面軍参謀長を命ぜられたのは、昭和十九年八月二十五日である。方面軍司令官は岡村寧次大将。昭和十三年に武漢攻略作戦のために新設された第十一軍の司令官と作戦主任参謀のコンビが、同じ武漢において湘桂作戦のために新設された方面軍の司令官と参謀長として、再びコンビを組むことになった。

湘桂作戦は、本土と南方経済圏を結ぶ陸上交通路を確保し、併せて沿線にある米空軍Ｂ29の基地覆滅並びに重慶軍を撃破して、その継戦意志を破砕することを目的に計画された大陸打通作戦の第二期作戦である。

第六方面軍が新設された時には、大陸打通作戦第一期の京漢作戦は、第十二軍が洛陽などを攻略して五月九日に終わり、第二期の湘桂作戦も、前段作戦は第十一軍が六月十八日に長沙、八月八日には衡陽を占領して終わっていた。

第六方面軍の任務は、第十一軍と広東の第二十三軍をもって桂林と柳州を攻略し、仏印（ベトナム）までの交通路を確保して、大陸打通の陸上交通路を完成させることであった。統制と公平を重視する岡村方面軍司令官の下に配された、歴戦の第十一軍は独断専行と思われるほど積極果敢であり、一方の第二十三軍は鈍重と思える程慎重に過ぎるというのが、参謀長宮崎の印象であった。特に第十一軍司令部との関係については、着任直後の初訪問の印象を「不愉快な初対面であった。こんな不快は、未だかつて経験したことのないことである」と回顧している程である。第十一軍と第二十三軍に、戦功を公平に与えるという岡村司令官の統率方針に対し、戦機を重視して戦功を独占しようとする第十一軍の言動は、方面軍司令部にとって苦々しいものであった。作戦開始後も、柳州の攻略を企図する第十一軍との間でしばしば紛糾が生じたが、その都度宮崎は作戦計画通りの実行を強く指導した。「陣中秘録」には、これらの内情が詳しく記されている。

この作戦間に比島方面では捷一号作戦が始まり、台湾沖航空戦、比島沖航空戦の過大な戦果（誤報）が支那方面にも報ぜられた。十月二十六日、宮崎は陸軍中将に進級した。

第六方面軍は、十一月十日に桂林と柳州を攻略し、下旬には南寧も攻略した。こうして、北京と南京から武漢を経て広東と仏印に至る大陸打通陸上交通路の完成が近づいた時、司令官岡村大将は支那派遣軍総司令官へと転出した。そして、後任の司令官に岡部直三郎大将を迎えて、湘桂作戦に続く次期作戦計画を準備中の宮崎にも、十二月六日大本営帰還の電報命令が到着した。

四　作戦部長時代の日誌「作戦秘録」

宮崎の新職務は参謀本部第一部長即ち大本営陸軍部の作戦部長であった。

作戦部長時代の日誌「作戦秘録」は、上京の命令を受けた十二月六日から、敗戦後の九月十八日までの記録である。着任直後の各課長等による詳細な情況報告に始まり、比島作戦や本土決戦準備、八月の敗戦そして九月二日の梅津参謀総長に随行して赴いたミズーリ艦上の降伏調印式などの模様が記録されている。

本日誌の特色は、総長・次長の指示や発言、海軍や他省庁との協議事項、現地軍からの報告や要望等の記録、更に作戦命令には示されない大本営の意図や判断の根拠などが詳しく記述されていることである。前記の「残骸録」や「陣中秘録」と特に異なる点は、作戦計画立案の基礎となる敵情や我が戦力の実情について、担当の課長や主務者が、その時々に報告したデータが克明に記録されていることである。各種報告の正確性については、別途検証が必要であろうが、燃料需給の実態や兵器生産の見積り、陸海交通の悪化の実情、食糧問題などの民生の実態を、大本営における作戦指導の最高責任者の日誌の中で確認すると、作戦遂行に並行する強力な終戦努力が必要であったことを今更ながら痛感する。当時の大方針であった「一撃講和論」の可能性や「ソ連仲介の終戦工作」についても、改めて考えさせられるものがある。

これらの報告の中で、最も目に付くのが、情報特に過大な戦果報告である。それが、意図的なものか評価判定の怠慢によるものかどうか、またそのまま信用して準拠としたのかどうかは別にして、作戦立案に当たるものの判断材料になったことは間違いない。このことが、希望的判断と相俟って、大本営の戦争指導を誤らせた大きな要因になった。

政府と軍部の関係についても、政軍関係を律すべき最高戦争指導会議において、総理大臣の戦局見通しに関する質問に対し「事実を知らしめざること甚だし」という宮崎の所見がある（一月十八日）。これなどは、指揮下にある作戦課の独善と秘密主義の異常さを物語る一例であるが、このような秘密主義は、全省庁とその内部にも存在して、挙国一致体制を阻害する大きな要因となっていた。その意味では、日誌の中で随所に指摘されているこれらの問題点は、今日的課題と言ってよい。大東亜戦争における戦争指導の失敗は、今日の政治・経済の混迷の原因と相通ずる日本人の欠陥であるという指摘が生まれる所以である。

宮崎が作戦部長に着任して最初の決断は、台湾沖航空戦の過大な戦果報告で始まったレイテ決戦の後始末であった。着任早々の二十二日、マニラに飛んだ宮崎は、第四航空軍の富永司令官や第十四方面軍司令官山下大将などと直接意見交換を行って、爾後の比島作戦について打ち合わせた。詳細に記録された内容は省略するが、ルソン防衛の準備不足などの冷静な現状認識、大本営の反省すべき事項、人事に起因する指揮系統の混乱、陸海軍の協同と航空指揮一元化等々の現地の実情並びに今後の作戦指導の着意などが記述され、比島作戦についての大本営の基本方針も明記されている。

ルソン島作戦は、翌二十年一月九日の米軍のリンガエン湾上陸に始まり、二月二日からはマニラの市街戦となった。三月三日にマニラが陥落した後は、北部及び中部の山岳地帯の持久戦が終戦まで続いた。

この間、本土決戦準備と並行して実施された作戦が、硫黄島作戦と沖縄作戦である。この中で、宮崎に関わる最も重大な問題は、沖縄への第八十四師団派遣中止の問題である。服部作戦課長の報告を受けて宮崎自身が既に承認し、参謀総長の内奏も終わり、現地の第三十二軍へも内報して、後は裁可を得て発令するばかりになっていた第八十四師団の沖縄派遣命令を、宮崎は一晩考えに考え抜いて覆したのである。その理由として、海没の危険や本土重視をあげているが、それを承知でここまで話を進めた筈である。この派遣中止をめぐる宮崎の作戦部長としての判断或いは梅津参謀総長が承認した理由など、軍事史の研究者にとって格好の研究テーマであろう。

昭和二十年春以降になると、各種のデータは、物資特に燃料の極端な不足、秋以降の食料不足或いは特攻作戦への過度の依存など、先行きへの深刻な懸念を示しており、戦争遂行能力が終末段階にきたことを明らかにしている。かかる状況下における戦争指導のあり方、最高責任者と補佐者のあり方についても、本日誌は示唆に富んでいる。

この「作戦秘録」の中に記述された、その時その時の率直な批判と反省には、敗戦必至という冷厳な現実の中で、何とか勝ち目を見いだそうと肝胆を砕いた作戦責任者の苦渋の思いが込められている。

おわりに

軍事史学会の史料集刊行事業の第二弾として、支那事変及び大東亜戦争における重要な作戦に、作戦主任参謀或いは参謀長という重責を担って従軍し、最後は敗色濃厚な戦争末期に大本営陸軍部の作戦部長となった宮崎周一中将の日誌が出版できることは、長年における戦史研究者の念願であっただけに非常な喜びである。宮崎中将の日誌の特色は、従軍した作戦について、その実情を最も知り得る立場にあったこと並びに長年の戦史研究の間に身についたもの、即ち将来の戦史研究にあたり必要となる要素を記録するという着眼で記述されていることである。長年戦史の研究者が、出版を待望していた所以である。

今回出版ができたのは、出版の承諾をはじめ原本の貸与や各種資料の提供など、全面的に協力して下さった遺族特に嫡男宮崎忠夫氏のお蔭であり、心から感謝申し上げる。

本日誌は、大東亜戦争の期間に限定したため、昭和十三年夏からの武漢攻略作戦における第十一軍作戦主任参謀時代の日誌「征旅日誌」やノモンハン作戦に敗れた歩兵第二六聯隊の再建に尽くした聯隊長時代の日記並びに終戦後の復員省時代の日誌を割愛したが、これらの分野を研究する者にとって貴重な史料である。終戦直後の昭和二十年八月下旬から九月の時期に、作戦部長室で書き上げた「敗戦回顧」とともに、続編として刊行出来る日が来ることを心から祈念したい。

終わりに宮崎周一略年譜を収載する。

宮崎周一略年譜

明治二十八（一八九五）年 二月	長野県飯山市に生まれる（父岩太郎、母かくの）
大正 二（一九一三）年 三月	愛知県立豊橋中学校卒業
二 年十二月	歩兵第十七聯隊入隊（秋田 士官候補生）
五（一九一六）年 五月	陸軍士官学校卒業（第二八期）
	歩兵第十七聯隊（見習士官）
十二月	陸軍歩兵少尉
九（一九二〇）年 四月	歩兵中尉
十（一九二一）年 二月	陸軍士官学校予科生徒隊付（東京市ヶ谷 区隊長）
十三（一九二四）年 十月	結婚（後藤栄蔵長女ちよ）
十二月	陸軍大学校入校（東京青山）

十四（一九二五）年　八月	歩兵大尉
昭和　二（一九二七）年　二月	陸軍大学校卒業（第三九期）
	歩兵第十七聯隊中隊長（秋田）
四（一九二九）年　四月	参謀本部付（東京三宅坂　戦史課）
六（一九三一）年　八月	歩兵少佐
七（一九三二）年　八月	陸軍大学校兵学教官（東京青山　戦史及び戦術担当）
十（一九三五）年　八月	歩兵中佐
十二（一九三七）年　七月	欧州出張（第一次世界大戦史等の現地研究）
十三（一九三八）年　三月	歩兵大佐
六月	第十一軍高級参謀（作戦主任　武漢攻略戦）
十四（一九三九）年　十月	歩兵第二十六聯隊長（北満ハンダガヤ）
十五（一九四〇）年　十月	陸軍大学校兵学教官（東京青山　戦略・戦術及び戦史担当）
十六（一九四一）年　八月	陸軍少将
十七（一九四二）年　十月	第十七軍参謀長（ガダルカナル作戦）
十八（一九四三）年　五月	参謀本部第四部長（東京市ヶ谷）
八月	陸軍大学校幹事（東京青山）
十九（一九四四）年　八月	第六方面軍参謀長（桂林・柳州作戦）
十月	陸軍中将
十二月	参謀本部第一部長（東京市ヶ谷　大本営陸軍部作戦部長）
二十（一九四五）年　九月	ミズーリ艦上降伏調印式に随行
十二月	復員省史実部長
四十四（一九六九）年　十月	病没

《凡　例》

一、原文は「カタカナ」文を原則としているが、一部「ひらがな」文があり、原文どおりとした。「ひらがな」の部分は引用文および本人の所見的記述のようである。
二、欄外の記事は、[（欄外）参謀総長……]の要領で本文中の関連箇所に挿入した。
三、原文の中で不明の文字は□□として、判断できる範囲で字数だけ合わせた。
四、数字の合わぬ所、あるいは文意不明の部分は原文のままとし、一応そのように読めるが、疑問の字には横に?を付した。
五、原文には句読点が付されていない部分が多いが、適宜句読点を補った。
六、原文に使われている旧漢字等について、
　1．常用漢字で同じ意味を表す文字、常用漢字による用法が一般化している熟語は常用漢字で表記した。
　（豫→予、尠い→少い、活潑→活発、意嚮→意向　等）
　2．固有名詞ないし伝統を重視して旧漢字をそのまま使用した場合がある。
　聯隊、聯合艦隊は旧字の「聯」（一般用語は連合、関連　等）
　第四航空軍の兵団文字符は「眞」（一般用語は真）
　3．微妙なニュアンスを重視して旧漢字のままにしたものがある。（鞏固、恢復　等）
　4．原文に従い異なる表記の混在をそのままとしたものがある。（濠洲と豪州　等）
　5．廿、卅は、二十、三十とした。
七、おくり仮名は原文どおりとした。
八、〈　〉内は編者の註である。特に、「陣中日誌」中、第六方面軍の作戦の部分では、通常の兵団文字符と同時に、同作戦のために一時的に定めた秘匿名称も混用されているので、記述日ごと初出時に編者註により正式部隊名を付記した。
九、原文人物名下の数字は陸軍士官学校出身期である。
十、人名索引について
　原文には姓だけしか記載されていない場合がかなりあるが、原文でフルネームになっているもの、編者の判断により特定したものの索引を作成した。（巻末に収載）

大本営陸軍部
作戦部長

宮崎周一中将日誌

昭和一九・十二・六〜二〇・四・六

参謀本部作戦部長

宮崎周一業務日誌

作戦秘録

上

自昭和十九年十二月六日
至昭和二十年四月六日

陸軍中将　宮崎周一

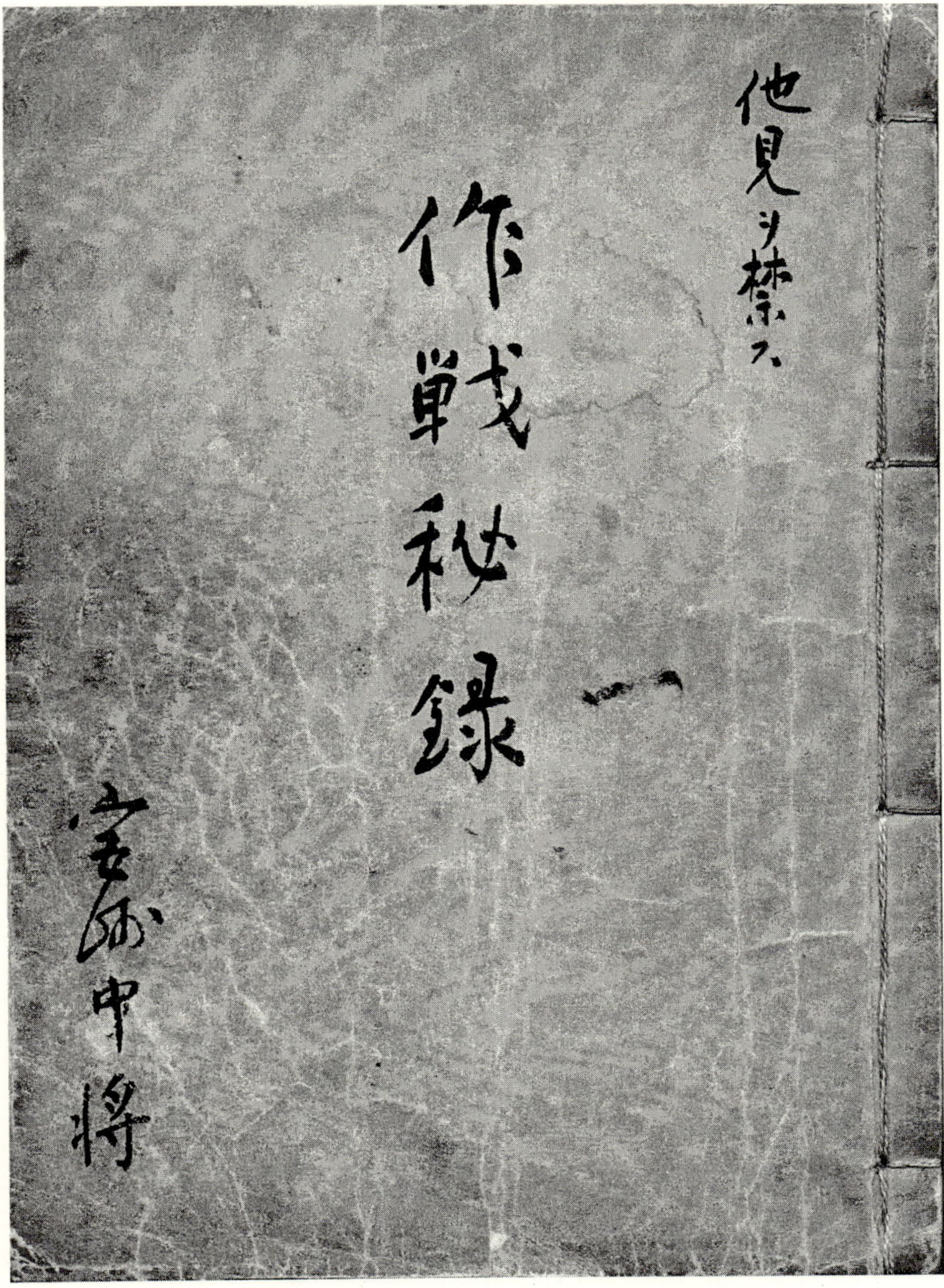
他見ヲ禁ス
作戰秘錄
一
宇垣中將

91

㊀ [illegible]

アリ 参謀総長トシテ[illegible]

総長ヨリ河内総参長ヘ

ポルトガル守島公使

ハチモール[illegible]

手中央トノ連絡ヲ請フ

注文、

[illegible]

鉄道

[illegible]

一、戦局ノ推移ヲ正シク把握シ大転換ノ[illegible]

二、大命ノ[illegible]一任セラルル[illegible]

三、参謀総長ノ拒絶ヲ[illegible]

他見ヲ禁ズ

作戦秘録　　宮崎少将

苦闘準備

自　昭和十九年十二月
至　同　二十年三　月

第六方面軍参謀長ヨリ
第一部長へ

統〈註　第六方面軍〉参謀ニ与フル注意　昭和十九年九月
於　漢口

一、事務ニ堕スル勿レ　戦略戦術ヲ練レ
1．状況ノ推移変化ヲ洞察スル先手及計画ノ実行性
2．根本ヲ正スコトヲ第一義トシ衝動的ノ処置ニ忙殺セラルル勿レ

[（欄外）上ヨリ下ヘ]

一、先ツ方針ヲ確立シ大綱ヲ定メ細部ハ実情ニ調和シテ之ヲ定ム

一、教ヘツツ戦フ主義ヲ先ツ方面軍自ラ行フコト

1．方面軍作戦教令
作戦様相ニ即応シ戦訓ヲ織込メル教令
（対空行動、飛行協力）

2．輸送ノ神速確実ヲ期スル手段方法
指揮官以下ノ出発、到着、日時記録
右実行ニ関スル報告（順序ヲ経テ進達）

3．前進路沿道ノ防空兵力配置
防空記録ノ記載（担任師団管区毎ニ統轄）

4．右ト関係スル偽炊煙、偽自動車、偽行軍縦隊（案山子）

作戦ハ現地自活ヲ根本トスルノミナラス戦闘資材ノ自営自給ノ根源ヲ収メ全機能発揮ヲ速ナラシムルコト

桂林、柳州ノ工場施設ノ接収

湘桂作戦ニ関スル考想ト注意　九月　漢口

長期深遠ノ作戦ニ処スルノ方策

[（欄外）特ニ第二期作戦終末時ノ堅実ナル態勢ノ確保]

現地物資ニ依ル戦力ノ持久培養ト戦力ノ縦深配置、

作戦全期間ニ於ケル弾撥力ノ蓄積

強大ナル第二線兵団ヲ控置スルコト
〔（欄外）方面軍〕
第十一軍ノ後方ニ関スル推進及煩累撤去之カ為左ノ各項ニ着意ス
〔（欄外）第十一軍〕
(1)　作戦指導　就中作戦機動ト戦関ノ節調及作戦段階末期ノ態勢ヲ堅確ナラシム。
(2)　作戦準備間ニ於ケル配置ハ戦場ノ実情ニ即応シテ尨大ナル兵馬ヲシテ糧ヲ敵地ニ拠ラシムルニ便ナルコトヲ第一義トシ之カ為白紙的ノ戦略戦術態勢ノ整否ハ之ヲ第二義的トナスコト　之即チ大局的ニハ実情ニ即応スル良策ナリ尚此間ニ於テ側背ニ蟠居スル敵残存戦力ヲ撃破シ爾後長期ニ亙ル後方連絡線ノ安定ヲ期ス
〔（欄外）作戦期間ニ於ケル弾撥力ノ蓄積ノ為ニハ〕
(3)　機動ト戦闘トノ調節　機先ヲ制スルコトニ留意シ敵ノ頑強ナル抵抗ヲ予期スル要域ニ対スル攻撃ハ統一アル戦術的準備ヲ整フ之カ為所要ノ時日ヲ充当ス
(4)　攻撃前進間ノ兵力部署ニ於テハ作戦終期ニ至ル迄軍隊ノ戦力ハ作戦目標奪取又ハ到達時ニ於テ十分ナル余力ヲ保持セシム　蓋シ此時期ニ於ケル戦闘ハ相当激烈ナルヲ予期スルノミナラス　其前後ニ亙ル期間ハ戦略的ニ我ノ為危険ヲ包蔵スル虞アレハナリ　而テ右ノ主旨達成ノ為ニハ為シ得ル限リ縦深ニ亙リ戦力ヲ保持シ

第一部長拝命

一、十二月六日正午過　次長電ニ依リ東京ニ招致セラル任務不明　予ハ南方行〈付記〉（ビルマの苦戦場）ナラント想像ス　蓋シ予ハ苦難正面ノ作戦請負業者ト目セラレアレハナリ

一、七日夜南岳発　八日（大詔奉戴三周年記念日）早朝衡陽発　漢口ニテ横山中将招宴、九日南京ニテ岡村大将下村中将ト会食　岡村大将吾子ノ事ノ如ク満悦至極

一、十日大本営機ニテ南京発　夕立川着　此度ハ東京大本営ヘハ土産相当持参セリ　其心ハ明瞭ナリ　思ヒ遣リテナリ

一、十一日乃至十三日申送リヲ真田少将服部課長等ヨリ十四日発令　此間部内状況ノ概要聴取

一、時、遇々レイテ作戦終末時期ニシテ事甚々繁シ

一、自ラ現地連絡ノ役ヲ買フテ十九日朝所沢出発　此間ノ多忙一通リナリ　但大ニ愉快ナリ　要ハ　戦ニ勝ツニ在リ　苦難ニ処シ　明朗ニ　陽気ニ　飽迄奮進スルノミ　只念願ハ　皇国ノ大根本ヲ経トシ衆心一致和ヲ以テ進ムヲ緯トスルノミ

傍受電報

特別緊急電報　機密親展　昭和二〇年一月三日配布

一月三日一六・一二　発

一七・〇〇　着

一月三日一七・三〇受付

一八・三〇点検

西　貢　宛　発信者　第四航空軍参謀長

四航軍参電第九〇四八号（傍註以下一通未着）

閣下ハ之ニ対シ總司令官閣下ノ絶大ノ信頼ヲ受ケアルニ恥カシキコト乍ラ身心共ニ衰弱シテ到底決戦ノ大任ニ耐ズ

速カニ決戦意識ニ燃エ身心共ニ強健ナル方ニ統帥ヲ委任スルヲ国家（一語脱）ノ為ナリト確信スル旨申サレタリ

（註以下二通未着）

以上ニ鑑ミ此ノ際司令官閣下ノ御決意ヲ容認セラルル外ナキモノト認ム

尚現戦局ニ照シ遷延ヲ許サズ速カニ御決断アランコトヲ切望ス

尚為シ得レバ若松参謀副長閣下来比シ司令官閣下ト面接セラルルヲ適当ナリト思考ス

（傍註以下未着）

極秘親展

至急電報　　一月三日一三・四五　発
　　　　　　　　一五・四〇　着
　　　　　　一月三日一六・〇〇受付
　　　　　　　　一八・一〇点検

次長宛　　　発信者　威部隊總参謀長

威人電第三七号

第四航空軍司令官冨永中将ハ最近疲労ヲ感ジ微熱アリ
本人ハ軍司令官交代ヲ希望シアル趣ナルモ目下ハ其ノ時
期適当ナラザルモノト思惟ス
總司令官ハ従来ノ健闘ヲ賞シ且速カニ全癒スル様激励セ
ラレ其ノ希望ハ拒止セラレタリ

通電先　次長（人事局長）　尚武　　　終

極秘

警急電報　　一月九日〇九・五〇　発
　　　　　　　　一〇・〇五　着
　　　　　　一月九日一〇・一〇受付
　　　　　　　　一〇・三〇点検

次長宛　　　発信者「バギオ」尚武部隊参謀長

尚武参電第九三〇号

九日七時二十分頃敵ハ上陸ヲ開始セリ

（電註以下未着）

特別緊急電報　　一月九日〇二・三〇　発
　　　　　　　　　〇三・〇五　着
　　　　　　　一月九日〇三・五〇受付
　　　　　　　　　一〇・〇〇点検

次長宛　　　発信者　尚武部隊参謀長

尚武参電第八九五号（電註一部未着ナルモ取敢ズ配布ス）

八日八時迄ノ状況（「リンガエン」湾）

一、昨夕湾外ニ退避セル艦船ハ二十一時五十五分再ビ侵入
シ白色照明弾ヲ使用シ「ダモルテス」沖以西「ラボ
ン」ヲ射撃中

（電註以下一通未着）

一、作七日十五時頃「ラボン」「サンファビン」「マビラ
オ」海岸ニ近迫セル艦船ヨリ大発級ノ舟艇四隻海岸ニ
〇〇―三〇〇米ニ

（電註以下未着）

緊急電報

昭和二〇年一月二一日配布
一月二〇日一九・〇〇　発
　　　　　二三・二〇　着
一月二〇日二三・三〇受付
一月二一日〇一・三〇点検
発信者　南方軍總司令官

總　長　宛

威参一電第七四一号

台湾軍ハ眞〈第四航空軍〉司令官ニ伝ヘラレ度
捷号完遂為滅私奮闘セラレ度
本職ノ意図ハ既ニ数次ニ亙リ貴官ニ開陳セル所ナルニ拘ラズ或ハ上級司令部ノ作戦指導ヲ誹議スルガ如ク又順序ヲ経ズシテ意見ヲ上司ニ致セルガ如キハ統帥ノ神聖ヲ保持スル所以ニアラズト考ヘ本職ノ甚ダ遺憾トスル所ナリ

参　考　總　長　尚　武

通電先　眞

第一部状況聴取　十二月十一日
　　　　　　　　至　十三日

服部第二課長説明要旨

一　全般ノ戦争指導
　1　開戦当時ノ主敵ハ英　併テ米
　2　十七年「ガ」反攻当時　未タ英米対等
従テ十八年ノ前ニハ（付記　方針トシテ）日本ハ印度
独ハスエズト　米ハ抑ルト判断ヲ誤ル
［（欄外）此判断希望ガ頗ル強カッタ事ガ痛手ダ］
十七年暮遅クモ十八年春ニハ対英上陸ヲ要求シアリ
　3　ソロモン方面ハ陸海軍特ニ海軍計画上ノ虚隙アリシニ敵ノ反攻重点同方面ニ来ル（付記　此点亦誤判断　最大なるもの）従来ハ西向ナリシカ南向（ポートモレスビー、アンダマン、ニコバル）ニ転換シテ十七年ヲ終ル
当時第一段作戦後　陸海軍（第一部長、第一課、軍務局長、軍事課長）主脳間ニ一致シ兼ネタル問題アリ　之濠州作戦ナリ　十師団ト船百万屯ヲ要シ　海軍之ヲ提案セルモ　陸軍直ニ合意シ得ス
第二案　アリューシャン作戦　季節ト補給ノ困難

第三案　三、四師団、艦隊主力、確保ト後方補給難
　第四案　セイロン作戦
［(欄外) 状況判断の根本の誤判此原因は
　1．戦争本質の究明不足
　2．米国力観察の誤
　3．独に対する過大評価
状況の変転に処する頭の切換へ不可、従て人を換へざりしは不可］〈朱書〉

陸軍部ハ右ノ案ハ成立セス　確保ト防衛ヲ主張ス
「海軍側ハ防衛ハ成立セス攻勢ヲ要ストシ　新□〈ニューカレドニア〉フイジー、サモア作戦惹起ス
海軍ミドエイ(?)〈ミッドウェー〉作戦、キスカ攻略作戦ヲ遂行スルニ至レルモ
　ガ島作戦ノ為駆逐艦七〇隻中ノ良ナルモノ損耗ス

○船舶関係　当初　五五〇万　陸海軍二百十万屯
　潜水艦ノ輸送利用ニヨル損耗不明

		予	実
○油ノ取得	第一年	三〇万	一四三万
	〃二〃	二〇〇〃	二〇〇以上
	〃三〃	四五〇〃	五〇

［(欄外) 陸海統合の作戦、統帥機構なかりし事。更に根本には戦争指導の最高機構なかりし事］

○海軍トノ関係
開戦当時ハ海軍ハ仲々立上ラヌ　尚独逸ヲ片棒トスルコトヲ重視ス（付記　至当な事だ）
［(欄外) 状況判断の誤りであるが一応之に可能性を認めるのも首肯し得すや此点独と真の共同作戦ではなく互に利用し合ふ腹の探り合ひに終始した点がいけなかった］

当時ハ作戦終末ハ　独ノ対英上陸、日独ノ印度握手ノ時機ト考ヘアリシモノニシテ　現在ヨリ考フル時甘キコトニシテ　目下ニ於テハ主敵米ヲシテカカル不経済（米ヲ一切打算の国民性と見たのが誤りだ）ナル戦争ハ遂行ヲ断念セシムルノ外ナシ　敵側ニハ幾多ノ危険ヲ抱蔵シアル故ニ　昭和二十年度ハ敵出血ニヨリ敵ヲシテ此ノ方向ニ指導ス

［(欄外) 主戦論は陸軍である事は明瞭だ。陸軍は作戦本流の中堅層（田中部長、作戦課長等）の主動的意見に圧倒された感がある。海軍は全般に戦争指導的乃至は政略的の考意見が大局を支配した様だ。海軍は海戦の性質上決定迄は慎

重だ。日露戦争でもそうだ。やるとなると緒戦に断乎たる機会主義的冒険をやる　仁川の攻撃、真珠湾攻撃がこの例だ」

○作戦ト艦船損傷ノ実情

　ガ島ノ三八万屯作戦ノ決定ハ十七年十二月

○十八年九月二十八日ノ御前会議ノ決定三十万屯ノ船（二ヵ月半ヲ要ス）千島――マリアナ、ニューギニア、チモールノ線　前進陣地ヲ　マーシャル、ラバウルヲ前進陣地トス

海軍側ハ自ラノ力ナキニ拘ハラス　マーシャル、ラボールヲ主陣地トスルコトヲ主張ス

即チ海軍側ハ前線ノ艦隊決戦、之ニ対シ陸軍側ハ　チフリー大佐ノ言（米海軍ノ使命ハ直接護衛ト後方遮断）反駁セシモ聴カス

　海軍側ハ

十九年二月二十日（二十一日総長更迭）更ニ三十万屯ニテ速急実行スルコトトシ

［（欄外）海軍の作戦観念が旧い。日露戦争型を脱しない］

〈朱書〉

・八月十九日　サイパン、□、□船舶ヲトレリ　カクテ

　現　陸二七万屯、海一〇万屯　三七万屯

（レイテノ敵ハ二百万屯ニシテ我十倍ニ当ル）

○作戦ト国

最近ノ沈没　陸　海　民

九月　一二　一〇　一三　三六万

十月　一〇　一〇　一八　四一万

目下一ヵ月　造船ハ　七万屯ニ過ギス

✓造船ハ一途海軍ニ委シタル為　内容ノ充当不明

✓造船対策亦不振

海上護衛艦隊司令部ノ創設（真田少将ノ発言）

目下尚不備

✓護衛ト造船ノ二大因子ハ海軍ノ手中ニ在リ

○対外政策（省略）

○捷号作戦

一　捷号作戦ノ意義

二　最重視スルハ航空運用（陸海統合運用）

　1．1FD（12航指揮下ニ）↓北方面軍ニ

　2．本土・横須、佐、呉、舞ノ海軍航空（百機）ハ防

総指〈揮〉官ノ下ニ
3．琉球、台湾　8FDハ2航ノ指揮下ニ
4．フィ・濠北　第一航艦隊ト4FDハ協同（努力セルモ纏マラス、最後、東條、島田ト二時間、同一観念ニ基キ戦策ハ一本トス）
実行上ハ良好
三　十月二十日上陸開始以来　七ヶ師
後続兵力（マリアナ、ブラウン、ニューカレドニヤ）十、約二十師団ヲ以テ　本年中期以後　濠洲五ヲ入レテ米五ヲ進ム
船舶二百万屯　濠洲軍ニハ余裕ナシ
レイテ作戦ニテ一杯
米兵力全般関係　米国予備兵力ハ
百六十師、内六十師ハ欧　復員百五十万
レイテ損耗　毎日戦死四〇～百名（死傷五百）二万五千
レイテ刻下ノ戦況
○支那
一、来年度　北呂―台南―東南支那沿岸
「ト」号作戦ハ右作戦ノ準備作戦
時期ノ前後ハ別トシテ　東南方面ノ防備ヲ強化
一、右ニ関係シテ
西南、宝鶏付近ニ於ケル敵ノ基地強化ノ状況ニ鑑ミ一意?ヲ機先ニ制ス」―六月以後ニ処ス
○南西
一、敵トシテハ印支ルート打通　アンダマン、ニコバル
二、時期ハ来春以降
三、比島ト印支半島ノ二大柱ノ意義
○ビルマ方面ノ任務ノ転換
一、新態勢ヘノ転換終了ハ一月末ノ目途
一、「マレイ」ニ一兵団
○仏印ニ37Dノ外ニ二師団ヲ支那派遣軍ヨリ転用ス
○本土防衛
1．支那ヨリノ空襲ト第一号作戦ノ効果
2．マリアナ基地ヨリノ来襲ノ経路
3．本土兵団ハ右来襲ニ対応スル配備ニ転移
4．鉄、航空製産、船舶ヲ目標ニ指向ス

5．満州
6．北方（四、五月頃迄ハ不適）
○ソビエトノ態度ノ判断　中立条約四月二十一日
1．日本ノ調子乱レサル間ハ先ツ
2．対独戦終了後ト雖モ――
3．「スターリン」演舌〈説〉ノ内容ノ考察
在満兵力ノ抽出ト現況並指導方策
対ソ事態悪化ノ行動ノ絶無ヲ期ス
東南方面各軍ノ現在ノ実情
　決死敢斗ヨリ明朗敢斗ノ精神ヘ変転
○船舶徴庸（約十万屯）ヲ急速ニ実施セサレハ……
　台湾、琉球方面準備強化用トシテ
○兵備促進
　文　一般四　丁三　計七個ノ編成
○燃料対策
1、南トノ連絡（陸上）
2、酒精対策ノ促進
[（欄外）太平洋戦局の特性に基く作戦資材関係　特に寒心の極みである。
航空、海軍、船舶、燃料、電波防空等―逐一全部頗る心細い極み]〈朱書〉
○海軍実勢力
　交通辛シテ確保
　今後ノ主任務ノ見解――護衛
○電波兵器ノ対米劣位
○陸軍航空部隊兵力一覧表
◎第三課関係事項
○中太平洋　陸軍ノ指揮系統及補給航空ノ海軍担任
○人的国力
　人ニハ余裕アルモ　生産人員ノ率ハ大、能率ハ小
○軍隊ノ質
　参謀、大隊長ニ相当大欠
　全般的ノ質ハ稍向上セルモ

将校、下士官ノ取扱ノ差極大ナルモ之ヲ是正ス
ルヲ要ス
○各方面主要火砲
南方主決戦場ノ率不良
○兵備要綱
陸軍省軍務局ノ人的移動ニ依リ一時的ニ気分不良
○陸海指揮一元問題
○航空本部ニ関スル参謀本部陸軍省ノ態度
安田本部長ハ偉ヨシ　本部長　参次長（後宮）兼任
以後ノ実勢力ノ低下
今後ハ安田中将再起ノ要アリ
内部ノ編成改正
○電探ニ関スル問題
◎第一課関係事項
○大本営内ニ作戦軍編成ノ為教育総監部、航空総監部ノ
主要職員ヲ兼任トス
後者ハ低調ナリ
○最近ノ第一課長ノ実施セル参謀旅行ノ成果
○航空ニ関スル人事

○戦情研究委員会
野田中将長ニ　部長――次長
第二課長説明
一、課内状況　二二名
高瀬中佐、(入)益田、中村（関東軍）、(出)吉田（中部）
○課内統制最困難　瀬島
○課長ト同時ニ課員ヲ用フ
○部内各課トノ関係可　第三部トハ最可（荒尾大佐可）
第二部ノ地位、情勢判断ハ第一部ヘ、戦争指導ハ第
二十班ヘ
○陸軍省トノ関係ハ不良
軍務局ハ孤立無援→観念平時的
整備局ハ一歩ノ遅ニアリ　西浦ト高崎（過度慎重
ノ性格）
○部内ノ課　良好
一、目下ノ重要事項
○レイテ作戦指導要綱　海軍不調?　中央現地観念ノ故
現地連絡ハヨキ方向
○東南支那作戦準備要綱

○台湾、南西諸島ノ作戦準備
捷二号トシテ一応了ル　レイテ」ノ状況ニ鑑ミ再検討
○五十号作戦
作戦要領ハ一応検討ヲ了リシモ　更ニ一応来年中期以降ニ延期ス
○マ号（仏印）作戦
従来ヨリ断続研究後、最後ノ処理法ヲ決定ス
○内地防衛
Ｂ29対策
・高々度爆撃対策
・「対策委員会」ノ案アリ
○統帥組織問題
第十四方面軍
一、総軍ニ於テ航空軍ヲ第十四軍ノ指揮下ニ入ルル問題ハ困難ナル事ナリ
二、陸海軍航空ハ協同ニ依ルモ実情ハ不良
三、協同司令部ノ設定及大本営航空作戦部長
○第二方面軍
作戦地境変更問題（総長ノ意向、総軍ノ意向、課長
戦況悲惨ト司令部解消問題（次長ノ意見）課長ノ意見ハ不同意

作戦全般ノ考案
○作戦全般ノ情勢ト将来ノ作戦指導ニ関スル動向
思想的統一ノ混乱ト作戦的見地ニ関スル課長所見（部内及海軍ニ連絡ス）
✓一年前ノ虎兵棋（二十年持久準備、二十一年攻勢）ト今後ノ変化
✓現状勢ニ於テハ　持久戦ノ持続、時間、出血
✓敵内部ノ実情困難ト　レイテノ出血（消耗）戦成立ノ見透
(1)　最欲スル点ハ「会戦間隔」ナリ
1　従来会戦間隔ヲ得サリシハ「兵力逐次使用」ノ為ナリ
軍政的ニ拘束セラレアリ
(2)　新兵器ヲ要望ス
海　(大)（高雄五八、クラーク三〇）、回天（人間魚雷・潜水艦四本）、SS（有翼潜水艦）
陸　㋘（二十日□□ニテ実物試験）陸・海　秋水（ロケット）

○マリアナ喪失後ノ方針
一、□□戦線ノ防衛強化
二、局部決戦
}―捷号作戦計画トシテ具現ス
三、東ニ退ク分ヲ西ニ進ム―一号作戦トシテ具現ス
四、大陸東岸ノ防衛強化
五、南北圏ノ交通確保　淅東作戦、小型船ノ沿岸航路
[(欄外) 時間ハ作戦準備ニ要スル時間ヲ含ム]
「レイテ」問題ニ関シ既定計画ヲ変更スヘキニアラズ」
ト雖、情況推移ニ応ズル対策ヲ樹〈立〉ス
○事変及戦争経過ニ伴フ　人心、国力戦力ノ昂上ハ「ソロモン」以来下向ス、此堕勢的考方ハ不可、レイテハ最後ノ線ナリ、国力的ニ観テモ然リ
✓国力推移ノ事象ハ最悪ノ状態ヲ辿リアリ
[(欄外) 考究工夫ノ余地アリヤ]
1船舶損耗　海軍ノ根本思想 (聯合艦隊決戦思想)、是正
　御前会議二回
　電探ト磁探
2航空　十九年　五万 (実ハ四万以下)、…軍需省三万二千―急降下
　二十年　四万
3燃料　2/16九〇屯(ママ)、4/19一〇万以下　七万絶対保有
　「アルコール」代用ノ研究完成↓輸送ト食糧問題
4艦隊戦力ノ無　国力最高頂ハ十九年三月、戦力上ハ九月最高　目下降下
5陸上兵力
要スルニ後退後断崖ノ端ニ立チツツアリ
之ニ処スル為ニハ決断ヲ要ス (人事、物其他一切ヲ挙ケテ)
平時観念ヲ放擲シ　精神ノ飛躍ヲ要ス
一、陸海軍ノ問題 (陸ハ積、海ハ消　物ノ取入レ)
一、大本営機構
一、大本営ト内閣トノ問題 (政治ト統帥)
一、兵力拡充ノ徹底的実行
○海上交通ノ遮断ト今後ノ対策方針 (「レイテ」ト共ニ大陸兵備)
[(欄外) 予ノ判決　断乎タル決断]
○敵ノ方策ノ観察
一　島防衛戦力ノ破砕(?) (海上護衛、航空、地上) 三者ノ特性
二　地域ノ獲得 (本土攻略ノ基地獲得ヲ目的トス)
三　資源的ニ戦争遂行能力ノ減退

四　最後本土攻略

［(欄外) 欲ヲ深ク持テ、刻下ト同時ニ縦深ノ準備ヲ為セ、半年否一年先ヲ手ヲ打テ］

○大陸ニ関スル考方

一、「マライ、スマトラヲ含ム北・中・南支ナルヲ要ス」

　理由ハ同意

一、支那ニ対スル観察　敵ヲ利用スル為ノ政権ノ掌握ト之ニ対スル輸血

　1　即チ対日作戦ノ為ノ輸血作戦

　2　本土攻撃基地ノ獲得

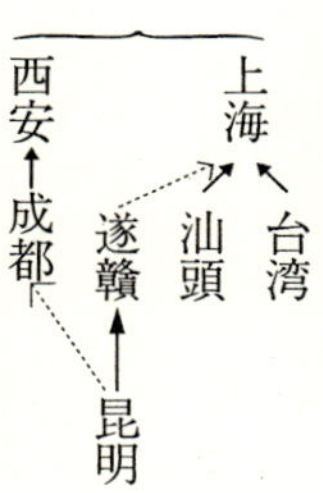

　3　支那民衆ノ利用（総反攻トシテ具現スヘシ）

従テ

(1)東南支沿岸防衛強化

(2)西南作戦?

(3)総反攻対策

要スルニ本土要塞思想ハ排撃ヲ要ス

一、ホ号

一、課内人事

一、海軍ノ人物

一、宮中会報　月、金

　山王ホテルノ宿泊　水　夕食

板垣中佐

一、レイテ

○捷一号発動ニ至ル迄ノ経緯

○戦闘経過、16Dノ築城及陣地

35Aノ指導

14HAノ指導　A6

大本営、船、⋈　十一月下旬敵機動部隊ノ活動ト我行動ノ不如意

十二月初頭　大型二　SS二　成功

敵ノ逆上陸　再ヒ我増援遮断

○航空状況　現地陸海軍航空部隊ノ指揮関係、陸海航ノ協同不良、統一指揮権

　中央ノ指導ト現地末梢ノ考方ハ不可

○山下大将ノ意気ト35Aノ気分

○太平洋方面ノ作戦

一　比島

✓捷一号作戦指導要綱

✓比島方面全般作戦指導要綱

✓船舶、護衛艦隊 ｝決戦ヨリ持久ヘノ転移、
✓航空　　　　　 ｝十二月ヨリ一月ニ亘ル間

✓呂宋島作戦指導

　来年二月頃ニ予想スル敵上陸ニ対シテ如何ニスルヤ

✓決戦ハ不能ナリ　持久作戦

✓呂宋司令部設定ノ要望

✓航空、船舶、海軍トノ関係

二　ボルネオ

✓従来戦備遅レアリ　捷一号ト同時ニ強化

　一八大隊　実ハ一〇大

✓九月二十三日ノ陸海指揮統一

三　第二方面軍

✓作戦地境ノ研究

✓モロタイ

✓サルミ

四　第十八軍

　十一月末　約四万（疲労シタル）

五　パラオ

六　其他ノ中部太平洋方面

　「トラック」ヲ除キ自給困難

七　第八方面軍

八　海軍ノ状況

　指揮関係

✓其他航空　千百（実動六百）→年末七百五十、

　年末迄千四百補充

✓比島方面　現有二百（実動七五）→年末百五十、

　補充七百（内四百ハ器材ノミ）

✓海上艦艇

　A 6（⋈ ナシ）

　B 5（伊勢・日向ノミ実動）2

　C 10（三実動）　3、修理4、年末竣工1

　D 42（25実動）　修理　〃 5　〃 8

　潜49（32〃　内11ハ輸送用）　〃 4

　海防90（73実動）〃〃　〃 1　〃 21

　(大)80　(ハ)1500　整備　比300～350展開、100輸送中

支那方面

一、東南沿岸作戦準備

○ 敵状判断、敵ノ目的（航空基地、支那軍強化、南北分断）、

時期ハ五、六月頃以降　汕頭、厦門地区

〔（欄外）支那軍ノ加強ハ問題トナラス、余、□ハ無〕

一、一号作戦

一、治安対策

治安専任兵団ノ固着（約十万）

満及内ヨリ　二兵団

〔（欄外）支那ト大東亜戦争〕

一、西安作戦

○一、兵備（全兵力三十万）

22Dヲ仏印ニ転入シ得ルヤ否ヤ

〔（欄外）支那総軍ニ強権ヲ渡セ〕

台湾及南西諸島

一、情勢判断

台湾
- ✓対日進攻大根拠地
- ✓支大陸確保ノ為ノ使命
- ✓南北分断ノ楔

南西
- ✓日満支遮断
- ✓支那総軍ノ後方遮断
- ✓対日本土空襲

時機　台湾　来年五、六月、十一月頃

防衛方針　南九州　沖縄　台湾　上海　一圏トス

守備兵力量

計最小限三師団
- ○台湾　九乃至十師団（現在二師団、一月末ニ沖ヨリ一師団）、最小限五師団ヲ要ス　現計画以外ニ二師団（12D　84D或91D予定）
- ○沖縄　従来三師ト二旅団、目下一師欠

目下沖ヨリ台ニ移リツツアル9Dヲ比島ニ進ムルヤ否ヤ

否ヤ　台湾ト呂宋トノ関係

航空

一、陸海軍航空作戦指導

（陸）

事前
- ✓計三千　本土60％　比20％　満及南西20％

重点ニ二千機ヲ集結セント

陸　比二八〇　豪北一〇〇

現　下
陸　二二四中
比50%（一二三中）本土21%（五〇中）台南西6%
（二五中）南西10%（二三中）支那11%（二七中）
比　目下活動中　七二中（30%）、内地ニテ恢復
中（五一中）（20%）

㊮マリアナ作戦前
✓基地一二〇〇、母六〇〇　現在　四〇〇（作戦用）
千二百（八百機、各四百機―作戦・対潜）
補給機　全力ヲ挙ケテ第一線ニ注入シアリ
○作戦現況
一、戦況
✓米空軍ノ状況　東西総計一万　明年三四月ニハ一万一千二百機
二、決戦場裏ノ彼我航空戦力ノ変易（ママ）
目下我ニ有利ニ進ミツツアリ
○今後ノ見透
・器材　・燃料
○兵備主眼ノ方向
○陸海航空合一問題　行詰リノ状態

十二月十四日

部長会報
一、総長　柳洲―仏印間・鉄道建設促進
一、第二部
1．ミンダナオノ兵要地誌　此敵ノ出発地
2．「フレザー」ノ「メルボルン」着ノ意図判断
一、第三部
1．十三日ノ空襲□
2．本月ノ船舶損耗（沈？　潜五　飛三）
A四　一万五千　C四　三千
タンカー四　二万四千
四万五千トン
協力八万ハ四万減ル
一、第二十班
船舶徴傭ノ陸軍省折衝
護衛艦隊ノ有無　程度
一、庶務
大学校ノ疎開
電報十二月　着　六〇〇　発　三六五
一、国内防衛（村田少佐）
1．防衛ノ統帥組織

2．防衛総司令官ノ任務
3．防衛ニ関スル陸海中央協定
　之ニ基ク各軍協定
4．軍防空ノ状況
5．戒厳　対潜護衛
一、南西方面状況（満足?少佐）
1．敵状判断、主、時機、爾后

第三課

十二月十五日

一、次長　軍令部次長ヨリノ伝達
○殺人光線（五〇〇ヨリ二千へ、一〇粁迄可能）
○木繊維ニ依ルアルミ代用
　(大)用親機ノ製作遅延　一月末笠戸工場ノ海軍へ移
　譲
○現地（比島）航空ノ統一指揮問題
○燃料問題ノ根本解決ノ即時転換
○レイテ戦況ノ現地同盟通信ノ内容不可

〈追記○宮崎が第一部長拝命直後に総長及次長（両人同列、総長室）に対し申上げた所信。（従来の信念でもあり所感でもある）第一部長の職もこれに基いたつもり〉

総長ニ対スル補佐ノ道ヲ尽ス小官ノ所信ト心構（十五日総長室ニ於テ総長及次長ニ披瀝シタ所信）十二月十四日第一部長拝命

一、皇国ノ直面スル戦局ニ処シ　畏クモ　大元帥陛下ヲ始メ奉リ一億一心ノ所期念願スルトコロハ戦捷打開ノ一点ニ存ス

一、右一点ヲ具現スル上ニ　帝国最高統帥部ノ首脳タルモノノ重責ハ実ニ肇国以来二千六百有余年未曽有最大ノ難局ニシテ　之ヲ二年前、一年前ニ比較セハ真ニ今昔ノ感ニ堪ヘス。今後益々然リト信ス

職ヲ其地位ニ受クルモノハ須ク思ヲ茲ニ致シ至誠滅私、勇断果決ヲ以テ之ニ処セサルヘカラス

統帥補翼ノ真ノ道ヲ実践スル為直ニ実行スヘキ要綱

㈠　過去ノ反省ト転換ノ勇断　天皇親率ノ軍隊ハ臣道、幕僚道、天道、神ノ道、至誠ナラサルヘカラス」権道、覇道、ナチスハ不可」

㈡　陸軍部内　重要方策ノ根本ハ上ヨリ下へ、之観念ノ統一ト明確ト透徹

(1)　総長、次長、部長、課長ニ於テ方針決定

天皇ノ命令（大命ト指導ノ意義）

大命ニ基ク総司令官ニ一任、大本営ガ局部ノ作戦否

戦闘ヲ戦フヘカラス

(2)　方針ヲ実行ニ具現スル為ノ有機的活動ハ部長（課

長）以下ノ人達トソノ努力

右ニ依リ大局、先見洞察、統帥ノ節調ヲ得ヘシ

(3)　最高方針決定上　陸軍省トノ関係スル事項ハ右決

定ノ後夫々ノ関係ニ於テ緊密ニ連絡ス

方今ノ弊習ヲ見ルニ　純然タル平時態勢ヲ其ママ拡

大セルモノガ現戦時態勢ノ観アリ

個々ヲ結集セルモノニハ生命ナシ　単ニ時間ヲ空費

シ会議的会同研究ニ依リテハ真ノ魂ヲ打込ンダ有機

的活動トハ言フ能ハズ

(二)　陸海軍一統

(1)　大本営幕僚トハ何カ、ヲ真剣ニ考究スル要アリ

(2)　天皇、大元帥ノ実体（親率ノ真髄ヲ忘レアラスヤ）

直言スレバ大本営自ラ幕僚統帥ナラスヤ

御宸襟ヲ悩シ奉ルハ当然

(三)　海軍航空、陸上兵力ノ陸海一体一統ノ統帥組織ノ確

立ヲ要ス

艦艇ハ海上保安一点張リニ移レ

一、従来ノ作戦経過ト今後ノ作戦推移

(一)　大東亜緒戦ト「ガ」島作戦以来ノ転機

精神上ノ欠陥、作戦統帥上ノ過失

緒戦ノ戦果ニ陶酔、慢心ト戦局推移ニ委シテ何等ノ先

覚ナシ

(二)　従来ハ受動、後手の反復、今後ハ先見洞察、大本営

ノ企図ハ準備ノタメニ最小六ヵ月ヲ要ス

(三)　現段階ト将来ノ見透

作戦ノ性質（目的、決戦、持久戦）ヲ見極メヨ

捷一号、レイテ、中比、ルソンノ作戦目的ヲ確定

此次ノ段階ヲ十分予察セヨ

大陸ハドウスルカ

大陸ノ意義ト戦争根拠トシテカ

一、戦争終末ト皇国磐石ノ根拠ヲ明察シ　直ニ方針確定ノ

要アリ

台　湾

ルソン　103・105・8(-1i)・10D（⅓到着、台湾ヨリ発進中）、

19D（朝鮮　一月末迄ニ着）、2TD（到着済）

十二月二十七日（ママ）

一、23Dノ海没ト再建ノ件　人三千没、火砲器材ハ比較的損少　海軍護衛ノ不備欠陥多シ　救助不可

一、補充員ノ戦力化　三万　千

現地邦人ノ〃　三万一千九百（男二万）

現地土人ノ戦力化　愛国党

現地物資ノ〃

一、航空関係ノ編成

戦斗戦隊ノ編制　三中　四二（六中ヲ可トス）

戦隊整備ハ実効ヲ収メ得ス

比島航空基地ノ強化

一、台湾　朝鮮　内地

十二月十七日

総長ヨリ上奏

○陛下ノ御承認ノ上　現地ニ連絡スル旨申出

○レイテ対策ノ三案（現状維持、増援、撤退）

○事務的ニ上ヨリ下ヘノヤリ方ニ関スル注意

→次長ノ発言

○陸軍省ノ消極退嬰ノ考方

課長―「海軍ハレイテ積極意志強シ」トイフ

○一、
12月	142キ	274キ	＋416	ノ外
1月	120〃	289〃	409	
2月	252	426	678	
3月	180〃	446〃	646	

(大)一月十日頃　一八二名

現？　五二機

戦　六〇〃

偵　六機

十二月末ニハ　八八到着

一月上旬　一〇〇〃

護衛　現在四、内地ヨリ七□送

○陸海軍指揮一元問題ハ相当困難

理由㈠気分カ第一　外形ニテハ駄目

㈡若シ将来分レル時ハ危機ヲ生ス　無理ナキ点ニ一致ス

㈢航空ノミヲ切離スコト能ハス

○台湾兵備　強化ノ要アリ

50・66・9　基隆・澎湖島・高雄要塞

〈追記○「マニラ出発直前に覚書として自ら腹案せるもの、

実際にもこの趣旨のように伝へたものと記憶す。〉

尚武連絡事項（腹案）威総参謀長へ伝達

一、中部比島方面ノ状況ノ推移（変化）ニ伴ヒ中央ニ於テモ一応ノ研究ニ着手セル処尚武ヨリハ爾後ノ作戦指導ノ腹案ニ関シテ威ニ対スル報告電ニ接シ　次テ威参一電三一六ニ於テ今後ノ作戦ニ関スル意向並中央ノ意図照会ニ接シ旁々状況至難ニ際シテハ上下一貫堅確ナル決意ヲ以テ戦局打開ニ邁進スルノ必要アルニ鑑ミ　中央ノ研究案ヲ以テ現地ニ臨ミ実況ニ即応スル対策ヲ確立セントスル主旨ニ鑑ミ命ヲ受ケテ御連絡ニ上リタリ

一、中比方面状況ノ変化ニ伴フ中央ノ意図ノ要旨ハ曩ニ電報セシ処ノ如シ　其主旨トスル処ハ戦場ノ状況ノ変化ニ伴ヒ急遽急激ナル心理ノ影響ニ依リ統帥上ノ節調ヲ害シ特ニ統帥統率上ニ悪感作ヲ及ササルコトヲ念願スルモノナリ

元来比島方面ノ作戦遂行ハ　大命ニ基キ南方総司令官ノ承行セラルル処ニシテ参謀総長以下ハ現地軍カ此大命承行ヲ容易ナラシムル具体的施策ヲ実行スルコトヲ本務トシ総司令官及尚武、眞〈第四航空軍〉軍司令官閣下ノ方策ニ干渉スヘキモノニアラスト信シマス　但　捷一号作戦ノ遂行ニ関シテハ従来ヨリ「レイテ」ヲ焦点トスル作戦指導ニ関シ指導セラレタル関係モアリ地上兵力ハ別トシテ航空戦力ハ国軍ノ殆ト全力ヲ投入シアル次第ナルヲ以テ此際状況ノ変化ニ際シテハ中央トシテノ大体ノ意向ハ之ヲ定メ之ニ基キ今後ノ作戦ノ準拠ヲ確立スル必要カアリマスノテ前述ノ如ク一応「捷一号作戦指導要綱（案）」ヲ策定シ　本件ニ就テ現地軍司令官ノ実況ニ即応スル御考ヘヲ連絡ノ上速カニ決定セラレタイト考ヘマス

尚右ノ作戦指導要綱案ヲ定ムル為ニハ中央ニ於テモ陸海軍ノ間ニ於テ船舶ノ徴庸、戦力特ニ航空戦力ノ投入ニ関シテ研究シ　且之カ研究ノ前提トシテ一応現地軍ノトラルヘキ方策ヲ研究シ之ニ準拠シテ此作戦指導要綱（案）ヲ定メマシタ

尚右ノ大本営施策研究ノ為ノ準拠（案）電ハ之ヲ開示スヘキ筋合ノモノニアラサルモ御希望アラハ参謀長ニ御渡シ致シマス

一、作戦指導要綱（案）ノ説明

○陸海軍ノ緊密ナル協同

○ルソン投入兵団（船舶徴用）

○飛行機ノ投入

一、参謀総長ノ要望
　1．現地ノ現状ニ即応シ「レイテ」ノ現戦勢ヲ活用スル為勉メテ積極的ナルコト
　2．統率上ノ心理的影響ヲ特ニ重視スルコト
一、陸・空・海ノ機構ト人事
　陸海軍幕僚派遣

十二月二十二日　屏東発マニラ着

○航空軍司令部
一、司令官ノ立派ナル御心構
二、「ミンドロ」ノ上陸兵力　一師団内外
　サンホセニ対スル敵ノ行動ハ或ハ我艦隊ノ誘致？
三、敵状判断ト之カ対策
　1「ミンドロ」サンホセヲ堅メテ　呂宋ヘ大船団ヲ用ヒス来襲スル場合ハ海上ニ敵ヲ撃破スル機ヲ捕捉シ得ス　此点特ニ戒心ヲ要ス
四　捷号発動当時ト変リナシ
　1．航空ハ中比、レイテ、サンホセヲ中核トシテ敵船団ヲ撃ツコトヲ主戦トス
　2．腹ノ中ニハ一ノ腹案アリト雖モ一切示サス

尚苟モ統帥上ノ消極的気勢ハ厳ニ戒ム
○従来ノ戦力発揮上
　バコロド地区飛行場ノ状態及整備ハ不良
十月　五百機　五百十機
十一月　三百機　三百三十──損耗五百七十機
十二月（二十五日）　三百五十　損　三百七十
　空中勤務者ノ損耗約千
　出動機数　二十二日　百四十七

（後記　十二月二十三日）
○威総参謀長連絡（威総参謀長飯村中将、作戦課長美山大佐）
一、捷一号作戦ハ大命ニ基キ南方総司令官ノ承行スルトコロナリ（上下一貫、全力一統ノ方針ニ結集ス）
一、参謀次長電ノ主旨　資料提供
一、尚武案ノ
　「比島方面今後ノ作戦指導ニ関スル状況判断」ノ主旨
　右ニ関スル総参謀長ノ意見
　尚武依頼五五二
一、現情勢ニ処スル捷一号作戦指導要綱（案）
　右　大本営施策研究ノ為ノ準拠

一、方面軍下ノ一軍司令部ハ設ケヌ
一、航空軍ハ第十四方面軍ノ指揮ニ入レヌ
　右ノ後、方面軍参謀長ニ連絡
一、武藤中将
　1.「レイテヨリ呂宋へ」ノ観念ナリ
　2.既ニ呂宋北地区ニテ勉メテ長ク抵抗、敵主力ヲ吸着ニ定メアルカ如シ

十二月二十四日　午後雨

冨永中将連絡（再度挨拶ノ為）
一、次長、次官へ連絡ノ事
山口副長ハ攻勢精神ニ欠ケ参謀長ト同期ナル故上級司令部ヨリ下級司令部へ、又内地ニ帰還他ニ転出ヲ希望ス
木下中将ノ下ハ避クルコト　後任ハ不要
一、14方面軍ノ4FAニ対スル要望
　陸海軍ニ対スル要望
○田中少佐ノ35A視察ノ状況報告
一、軍司令部ノ空気
志気旺盛、弱音ヲ吐クナ、方面軍ニ対シ忠順信頼ノ念強シ
二、戦場ノ実相
　1.十二月七日　敵ノアルベラ上陸以来　敵ノ空中活動（観測機三、小型機三十機、輸送機四）ニ完全ニ制圧セラル
　2.遊撃戦ノ組織ト輸送機ノ活動
三、我軍ノ機動力ノ限度　機動ノ度ニ戦力消耗
四、戦力トシテノ装備ノ不足
一大隊、一中隊ノ実戦力ノ弱体化
五、敵状判断
　↓・↑各一師団　他ハ他ニ転用
六、我軍ノ組織抵抗ハ殆ト期待シ難シ
　作戦的活動ハ一月中旬ニテ終了スヘシ
地形ハ爾後ノ抵抗期待シ難シ
七、タクロボン──→セブ間ノ大発機動ニテ海上ノ交通ヲナサシム
○マニラ周辺地形偵察ノ報告
一、軍隊ノ実情ハ編成装備、軍需品移動集積、輸送困難ノ実情
一、マニラ東北方山地ノ実情等何等従来偵察シアラス
判決トシテマニラ周辺ノ防衛実ニ寒心ナリ

○朝枝参謀説明

一、呂宋防備ノ配置（計画）

「マニラ」

一　8D主力ノ乙ヨリ甲へ

二　偽騙処置

三　乙地区ノ遊撃処置

二　サンホセ対策

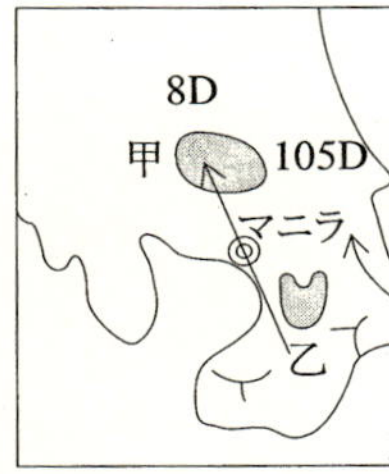

激戦準備　情報機関配置

三　クラーク拠点構成準備

交通幹線ノ整備

○北部呂宋ノ防備全然不備　速ニ之ニ関スル処置

○全般ノ□撃戦態勢ト主力整備

十二月二十五日夕　於「マニラ」尚武司令部

山下大将閣下ニ関スル感想

一、参謀総長閣下へ

(1)「レイテ」島作戦ハ統帥宜シキヲ得サル為　遂ニ所期ノ成果ヲ挙クルコト能ハス誠ニ申訳ナシ　此点衷心残念ニ堪ヘス　呉々モ御詫ヲ申上ク　尚ハ仲々ヨクヤッテクレタ　相済マヌト思ッテ居ルカ将来永遠ニ生カス考ナリ

(2) 今後ノ作戦ハ昨日来状況説明ニテ判明セラレタル通リ従来ニ於ケル呂宋防衛未タ整備セラサルニ今次ノレイテ作戦ノ為急遽レイテ作戦ニ全力ヲ注キシ為　本年考察セラレアリタル呂宋防衛ノ作戦要領ヲ根本的ニ改変スル必要アリ　且敵情判断上急速ニ之ヲ実施スル必要アリ　其作戦方式ハ持久作戦ニ依リ敵戦力ヲ消耗セシメ　最後ニハ北部呂宋ノ要地ニ占拠シテ飽迄抗戦ヲ持続シ皇国今後ノ作戦ニ貢献センコトヲ期シアリ

之カ為　皇軍トシテノ武威ヲ顕揚スルト共ニ比島人ヲシテ東洋人トシテ米国ノ桎梏下ニ呻吟セシメサルコトヲ主義トシ　現大統領一統ヲ我軍ノ傘下ニ抱擁シ且一部ノ華僑ヲモ我薬籠ニ収メント考ヘアリ

政府首脳者ノ「バギオ」移転ハ彼ノ自主的意志ニ依リバギオニ円滑移転セシメタリ

(3) 尚今後ノ作戦ノ為ニハ手段ヲ尽シテ現地ノ軍需ヲ我軍ニ収ムル必要アリ　之カ為特別ノ配慮ヲ望ム（金銀塊、阿片）

(4) 今後ノ戦争遂行上航空機（安クテ速イ）ノ戦力増強ニ特ニ意ヲ用ヒ且陸海航空ノ統一運用ニ努力セラレ度　差当リ特攻ノミニテモ一致セシメ　之カ為ニハ海軍ノ有能

指揮官ニ之ヲ合セ指揮セシムルヲ可トス　右ニ関シテハ
　オ上ヲ御煩シ申上クルモ之カ実現ヲ切望ス
(5)　今後ノ作戦ニ於テ海軍ハ最早当テニハナラヌ　敵飛行機ノ多量ナルコトハ問題ニアラス　要ハ敵ノ運送船及母艦ヲ撃沈スルニアリ
[(欄外) 総長ノ「海軍ニ対スル胸算ナシ」従来期待ノ大ナルニ従ヒ益々然リ]
(6)　今後ハ出来ル丈永クネバリ　頑張ルコトカ御国ノ為ト確信スル　幸ニ頑健テアリ参謀長以下参謀モ立派ナモノヲ充実シテ貰テ感謝シテ居ル
　レイテハ洵ニ申訳ナシ此点呉々モ参謀総長閣下ニ御伝ヘヲ乞フ（トテ再度申サル）

冨永中将ノ要望事項
一　態々来訪　尚武ノ指揮下ニ入ルコトニ関シ　稍不安ノ因子アリト　又山口少将ヲ転出、後任不要ノコト
二　右ニ対シ　予　出発前挨拶セシ時指揮下ニ入ル又ハ入ラヌニ拘ラス宜敷頼ム旨申上ク
此際何カオ教頂ク事ナキヤ」トノ予ノ言ニ対シ
　1.　総参謀長ノ権威ナク幕僚統帥ノ傾向アルハ不可（嚢ニ電報ニ現ハレタル冨永閣下ノ巖[?]言）
　2.　総司令部ノ威信信頼不十分ナリ

○比島連絡所見（十二月二十五日夜「マニラ」ニテ）
第十四方面軍司令官ノ御心境ト今後ノ作戦ニ対スル決意
兵力ノ要望ナシ　若干ノ自衛兵器及燃料ノ増給
一、軍司令部一般ノ心理状態
司令官ト参謀長　参謀長ト副長以下
司令部参謀強化ト目下ノ実情
○比島（呂宋）防衛、敵上陸破砕ノ意気ヲ認メス」持久抵抗ニ終始セントスル考ト実情「従来ノマニラ　前軍司令官ノ風評　軍隊一般ノ状態ト其実力」
○総軍司令部ニ対スル各方面ノ観察ハ大体一致シアリ　此点大本営モ責任アリ（飯村総参謀長以下ノ陣容、総司令官ト之ニ対スル補佐）
[(欄外) 今後ノ為ノ比島防衛ハ皆無、目下偵察ト兵力及軍需品ノ移動ヲ開始セルニ過キズ　後手ト不準備ハ如此　レイテ作戦ノ限度（不準備ニ於テ思付ニテヤッテ見ルモノニハ必ス限度アリ）総司令官上陸点付近ニテ敵ニ対シ攻勢防勢]
一、在「マニラ」部隊（南方総兵站、三船司）ノ整理　兵站

監、稲田少将ノ心理
○第四航空軍司令官ノ心境ト指揮関係ニ関連スル問題
一、海軍トノ関係、聯合艦隊参謀長
◎右一般ヲ通シテ大本営ノ反省　大綱主義、非干渉主義ノ模範ヲ示スコト
一、機構ヤ人事ヲ弄ハントスル風アリ　一応当然且已ムヲ得サルトコロナルモ　之カ為反テ逆ノ(角ヲ矯メテ牛ヲ殺ス)結果タラサルコト肝要、総力、和ヲ以テ貴フ時代
一、上下左右ノ心的一体ヲ害シ　就中将(例ヘハ山下、冨永)ヲシテ幕僚統帥ノ悪風ヲ感セシメ　陛下ヨリ大任ヲ承行スルノ純正ナル心ヲ害スルモノト　上級司令部(例ヘハ威又ハ次長次官)ノ幕僚カ其地位ノ優越気分ヨリ些細ノ事ニ干渉又ハ文句ヲ云フコトカ其因ヲ為ス　凡ソ電報ノ文辞ヲ十分練ルコトカ必要ナルト共ニ　更ニ必要ナルハ此際打電スルヤ否ヤヲ考フルコトナリ
[欄外]総長電報ノ打方　次長電ニ於テ矛盾、部内]
◎最モ憂慮スヘキ事象
一、口ヲ開ケハ上級、海軍、其他ノ人ヲ云々シ　敵ヲ撃ツコトヲ考ヘス　精神力ノ大部ハ上ニ仕ヘ他ト拮抗スルコトニ消費セラレアル感アリ
皇国カ皇軍カ唯一最大ニ期待シアル　上下一貫、打テ一丸ノ気分ニ不十分ナルハ憂フヘキ事象ナリ
大本営、省部、部内等ニ於テモ此点大ナル反省ヲ要ス
「和ヲ以テ貴ト為ス」「憂ヲ共ニシ誉ヲ倶ニス」ノ主旨ヲ奉戴スルノ秋ナリト信ス
[(欄外)人ヲカヘル問題]
◎現地軍ノ実情ニ即応スル判決
従来ノ経緯ニ関セス山下大将ノ情況ニ即応スル作戦指導ヲ全面的ニ且素直ニ諒察シ一意安神シテ之ニ一任スルニ在リ
[(欄外)大臣、中央部ニテ細部ヲ干渉指示スル傾向アリ、慎シムヲ要ス]
1　陸軍航空(4FA主力)ヲ山下大将指揮下ニ入ルルコトトシテ　総参謀長帰還ス　但シ之ハ指揮下ニ入ルルヤ否ヤ重大ナル問題ナラス　要スルニ南方総司令官ノ方寸ニ一任スルヲ可トス
2　陸上ノ海軍兵力ハ山下大将指揮下ニ
3　陸海航空ハ中央ニ於テ別途ニ考フルコトトスヘシ
統帥上ノ着意ノ欠陥、玉砕ヲ避クルコトヲ念願ス
[(欄外)総長御下問

呂宋ノ兵力ハ十分カ、—航空戦力
先以テ大丈〈夫〉ナリ全般的ニ此位ナリ」

十二月二十六日　夕　於台北

台湾　諫山中将
一、本年三月迄ノ状況（50Ｄ・46Ｂ）
八月ニ10Ｄト68Ｂヲ配置シアリシカ之ヲ南方ヘ
其後　9D十二月二十八日出発三十日到着
一月十日頃一聯到着
12Ｄ増加セラレ一月ヨリ二月ニ亙リ前進
二、情勢判断上ノ所要兵力ヲ十師団要望ス
・決戦場トシテ台湾ニ関スルコト
・敵上陸点　一、打狗及屏東
　　　　　二、新竹南北地区
右ニ対シ五師団決戦　此際八師団
・十師団ノ場合ノ決戦要領（要綱）
三、防備ニ関スル準備
・航空基盤トスル施設ハ進捗ス
・陣地施設モ進捗シアリ　要点ニハ築城班
　技術的ニハ官民ノ協力ヲ得アリ
・海岸陣地ノ構築ノ状況
　東海岸
　南湯　恒春地区
・決戦正面（佐竹少将指導）
　高雄要塞
　台湾人ノ協力
四、台湾ハ海軍ノ南進基地
総督問題　陸海軍統一指揮
現軍司令官ハ現在ノママ
次官　総督府ニ入ルヘキ陸軍軍人　御用掛、秘書官位ニ
止メ進テ働カセス
総督ト同時ニ総務長官モ代ヘルヲ可トセン
総督兼任
在台湾　陸60海軍10
　三十万人ヲ基準トシテ準備シアリ
五、戒厳問題
次官ヘ　総督カ軍司令官ヲ兼任セハ其要ナカルヘシトハ
考フルモ治安上モ速カニ布告スルヲ可トス
六、航空作戦準備
飛行場三〇、地形選定不良ナル為雨ノ影響大ナルモノア

リ
目下作戦飛行場トシテハ　屏東、嘉義、台中ノミ
目下之カ強化ヲ促進中ナルモ運送機関不十分ニシテ飛行
師団ノ要求ニ応シ得ス
海軍飛行場ノ基地ノ利用
（岡山、新竹）ノセメント2/3ヲ壟断ス
○航空ノ陸海軍統一運用ノ問題
　目下ハセメント　陸45、海38、残17
○二十乃至二十五戦隊ヲ基準トシ
　一月末概成　二月末完成
　地上作戦準備ノ終末期ヲ右ト同シトスルカ否ヤ

十二月二十七日　朝　於台北

山本中将　飛行師団
一、保有戦力　戦30　襲30　特攻30（一戦1　単1　双1中）
人員トシテ戦斗30ヲ編成シ得（飛行キスヘテ）
教育飛行隊　30ハ助教　130学生、中隊長5～6名ヲ欲ス
（56期程度）（福州厦門地区）
◎爾後作戦準備上　比・台・支全域ヲ含ム航空作戦ノ運用
　ノ根本方針ヲ確立ス

一、燃料　一万三千キ立　二月一杯ニテ消費
○一月一杯ニ四万キ立ヲ希望ス　是非一月末迄ニ二万
（二月末迄ニ二万）
◎海軍ノ保有量調査融通ノコト
一、中支三角地帯（温州―福州―アモイ）ニ於ケル基地整備
ヲ促進ス
第五航〈空〉軍ト併セ全般的ノ運用計画ノ確立ス（工作
器材　満州ノモノ　燃料）
一、航空部隊ノ精強度ハ最近甚シク低下シタル為　台湾地
区ヨリ南西諸島ニ対スル威力不十分ナリ
従テ　二、三月頃迄天候不良関係モアリ　台湾ヨリノ協
力困難ナリ
地上部隊ヲ以テスル防衛ニ任セサルヘカラス
一、在台湾航空部隊
現在　10HA　森・指―→前方比方面ニモ協力
十二月二十七日　第一課長、予ノ比島ヨリ帰還直後ノ留
守間業務
一、サンホセニ対スル積極行動
○一、威ノサイゴン方面自己中心ノ考方ハ不可

「統帥」ヲ考ヘサル大人ゲナキ云分

○一、「マ」号処理ノ為ニ　四、五師団ヲ欲スノ来意

満足少佐(?)二十六日出発

○一、台湾問題ニ関スル連絡

○一、大陸問題

総司令官ノ重慶攻略ニ関スル意見

白紙ニテ更ニ一応検討

一応研究ノ上　何レ総司令官ニ御答スルコト

総参謀長ノ招致ト派遣班出発見合わせ

◎一、陛下ノ「レイテ」ニ関スル御宸念ト　侍従武官ニ（二十四日御申付、二十六日両総長出頭ノ程）ノ申付アリ

一応海軍ト連絡ノ要アリ　海軍ハ大陸関係ヲ承知シアラス

一、第六航空軍ノ編成ト任務

参謀総長ノ上奏

航空軍司令官ノ一元的運用（右　大陸指ニ於テ示ス）

一、第十二師団ヲ第十方面軍司令官ノ隷下編入ノ件　発令済

一、米本土ニ対スル「フ」号攻撃

精神的打撃

一、㋘実験ノ結果　二十九日綜合試験

浜名湖付近ニテ実行

一、船舶徴庸(ママ)　最高会議、陸海軍十五万屯決定

			十二月	一月	二月
一應	陸	一一万二、〇〇〇	五万	四・七	一・〇
	海	三八、〇〇〇	〇	二・八	一・〇

◎陸海軍ノ内分ハ実際ノモノニ依ル

（特攻関係　陸上資材）

（一万竏ヲ陸関係ヲ入レルコトヲ再考慮ノコト）

一、機帆船徴庸(ママ)ノ内容検討

一、独「アーヘン」攻勢ノ推移ハ順調

総兵力一五師ナランモ　事実ハ三十師ニ上リアルナラン

［(欄外)次長（作戦ト国政）

一、内地ノ各軍ノ統帥組織ト戦時運用

一、地方協議会ト右統師ノ地域的］

○十二月二十八日

一、総長次長、部長、部員ニ対スル比島方面状況報告、通報

○一、右大臣　次官へ同様
一、帝都防空上「タ」弾使用ノ可否研究

○十二月二十九日

○吉積中将ノ建言、忠言
(一)1作戦ノ根基ニ確乎タル根拠アリヤ
　戦力　国力トノ調和
2作戦上ノ要求ハ絶対ナリ　サレハ　統帥部ハ確乎トシテ強力タレ　強腰タレ
（ガ島以来ノ経過ヲ観察シ）
3陸軍省ニ対シ政治的ナル勿レ
4船ノ問題ニシテモ事成ル迄ニ二ヶ月ヲ消費ス　事務的ニ時間ヲ要スハ戦機ヲ逸ス
(二)従来ノ業務遂行ノ経過
1　第二課関係ノ下ノ連絡ニテ時間ヲ費シ　表ノ折衝迄ニ時間、一応陸軍纏リ其後　更ニ海軍ニ於テ停頓ス
2　上カ上同志、総長、大臣同志ノ神速直接
3　作戦予想ノ策定ノ当初ニ於テ整備局関係ノ主任者ヲ会同シ計画上ニ当初ヨリ織込ムコト
［（欄外）参謀本部ト陸軍省トノ垣ヲトレ］
(三)陸軍省局長会報
陸軍省内ノ関係―軍務局長以外ハ戦争傍観者ノ境地ニ在リ
○　参謀本部内ニ於テモ各部又然リ
○要スルニ積極的ニ自主的ニ参与セシメヨ
一、作戦連絡会議
○　比島連絡所感ノ一端ヲ照会ス
一、坪島侍従武官ニ連絡

関東軍ノ状況連絡　池田中将
［（欄外）大陸戦争根拠ヘノ全面的転換］
一、各種事理ニ依ル大戦寄与ノ生産低下
一、治安、概可ナルモ熱河方面ニ侵入スル冀東地盤鉄道ノ警固ニ要スル関東軍ノ援助
一、鉄　生産低下　並一〇〇万屯$\frac{2}{3}$　「三二」　鋼鉄五〇$\frac{1}{3}$弱
コークス炉四基東辺道ニ移転（来年末迄二　更ニ翌年夏二）
付属設備ハ鞍山ヨリ二基　他ハ内地ヨリ
鞍山製鋼所ハ将来消滅ヲ予期シ他ヲ以テ之ニ代ラシムルノ対策ヲ講ス
油　オイル　粗油二四屯（ママ）　精油一〇屯/一万屯　軽油六千

「アルコール」ハ満州ニテ生産　一〇万軍需　七万民需
「アルミニューム」八千二百屯　「アルミナ」四万屯　安東
「マグネシューム」　四百六十屯　来年夏
一、満航　月産　一〇〇〜一五〇　キハ四
来年夏迄　月産三千機ノ製作工場ヲ建設
之ニ移転スヘキ工場ヲ研究スルコト
一、農産物
収貨ハ順調
来年度　九二六万屯（本年度ハ八八〇五万屯）
一、輸送　六〇〜七〇％ニ過キス
大陸鉄道局全部ト共ニ大陸物資ノ軍需品化
○大陸一貫一営輸送ノ機能決定
石炭ノ各方面不足ニ伴フ弥縫策
・原料品ヲ避ケ生品輸送トス
◎南方—支那—満州ノ一貫鉄道ノ建設（一応満州ニテ研究ス）満州其他何レヨリレールヲ外スヤ
労務不足　本年ハ三〇万　空襲影響　要ハ労務ノ国家管理（軍隊ノ労務組織化）組織体トスル必要性
［（欄外）他方面時用ノ兵団ハ南満ニ集結シ置ク事］

一、防衛態勢
鞍山防衛部隊ノ成果
九七戦ノ威力ニテハ体当リ出来ヌ
防空上ノ煙幕ハ有効ナリ
鴨緑江ノ対空掩護（担任ハ朝鮮ナリ）
一、北方開戦ニ処スル研究
満内警備ニ対スル警備、敵ノ武力ト秘密戦ニ対抗スル為　武力、秘密戦ト行政ノ緊密ナル組織
右ニ関シ　北支ノ特別警備隊様ノモノヲ建設スル意見
外敵ニ対スル治安ヲ分離シ得ルヤ
憲兵ヨリ保安ヲ避ク、保安警察、平戦両時ノ建設ト之カ転換
総長意見　憲兵ト満警　之ニ要スル人ヲ如何ニスルヤ
十分研究ヲ要ス
一、此夜麴町別館ニテ有末、額田両部長トノ懇談、今朝吉積中将ノ忠言ト同趣旨ノ参本部内傍観者、陸軍部内ノ傍観者ヲナカラシムヘキ希望強シ
一、服部課長ニ対シ
1　陸海省部総力結集積極意志ノ発揮ヲ具現スル為ノ目的達成ノ補助手段

2　部長ノ作戦専念ノ業務遂行ノ仕向ノ為ノ施設執務ヲ準備スル件ヲ要望

一、支那大陸問題ノ作戦研究ヲ三時間ニ亙リ行フ
堅実安全、断乎果敢、衆心一致、統帥ノ気勢等　復(ママ)雑機微ノ点アリ　一応ノ研究聴取スルニ止メ　爾後総長、次長トノ裁断ヲ得テ処置スヘシ　予ハ断乎果断、統帥ノ気勢＝無形ノ勢ヲ重視スル趣旨ニ於テ何(?)レカノ程度支総司令官ノ意図ヲ助成センコトヲ所期スルモノナリ

十二月三十日

一、谷少佐　朝鮮事情
1　平壌ニ惹起セル学徒反乱
2　朝鮮兵ノ逃亡　国語不通　兵ノ取扱不良　平壌師団ノ採用率20％
対策　国語普及　軍事思想普及、反感感情ノ抱摂　少年志願兵、軍隊内ノ取扱
3　兵備　軍司令部ノ強化　総督府ノ指導
副長、幕僚ノ陣容刷新
兵備ノ基盤　土地、建物、食物
○師管区司令部ヲ新設ノ要アリ　部隊指導
治安ハ概可ナルモ青少年カ実行手段
独立意識ヲ有スル旧人物
憲兵ノ増強　常設警備隊二十隊（独立警備隊）
済州島所在部隊統轄ノ警備司令部新設
兵備上ハ予メ基礎構成
構成比率ハ従来20％ヲ限度トス
野戦以外ハ八〇％迄ハ可
歴戦兵ノ招還ト内部配置
在郷軍人ノ召集中止（一万五千）
朝鮮軍司令官ノ兼任問題

一、最高戦争指導会議
1．作戦指導ノ内容ヲ総理カ云為セルコトアリ　厳ニ注意ヲ要ス
2．仏印問題ノ処理ニ関シ　時機ヲ失セサル緊付(?)
3．軍費問題ノ混乱状態ト之カ根本対策ノ研究（陸・海其他ノセリ上ケ）

一、航空兵備ノ問題（緒方少佐　仕事ニ誠心ヲ以テ進メ）

一、高山中佐　門司燃料会議
✓海軍ノ護衛艦隊ノ端末ノ徹底不十分
✓燃料問題ニ関スル輸送当事者ノ熱意不十分

✓更ニ海軍主力ヲ挙ケテ護衛ノコト
　航空兵力一部増強ノコト
✓船舶其他海軍モ未経験者ヲ用ヒ経験者ハ陸上ニ在ルハ不可

一、桃井中佐（防衛課）ノ忠言、信頼ノ言
　種村大佐ノ忠言ト信頼ノ言

一、十一月　　三航軍　一〇一
　飛行機損九四〇　四　　五七四 ｝地上ノ大中破ノ減少ヲ要ス
　　　　　　　　五　　一〇三
十二月ノ補給ハ季節風激シキ故不如意
　二十日　補給　戦□　五一〇、二八三機到着

㋘ノ性能試験
ジャワノ細菌謀略　ジャカルタ和蘭人医師
　破傷風、淋、赤痢
在箱根第九三師団ノ栄養不良　築城ノ防牒
一、軍管区ト地方行政トノ一致　　縣ニアラス道トナス
一、来年度百万動員ノ対策
　不要不休（ママ）ノ中止　女子労動手段　□労動員
一、第三四半期ノ油還送
10三万七千竏　11九万四千　12一〇万四千　四十五万

一、朝鮮複線工事　三橋梁以外完成
　内一ハ三月、一ハ六月　他ハ未定
一、アルコール原料ハ有ルモ施設ハ不十分
一、印支空路　十二月　三万屯　60%　B29当テ
　　　　　　　　　　　　　　　40%　支加強
　雲南兵力ノ貴州方面ヘ移動
一敵ノ特攻対策　金網
一次長ノ要求　サイパン奪回ノ諸工夫

十二月三十一日

一、石井軍医少将ノ連絡アリ
一、内地軍管区設定ノ問題
　次長、二、三課長
一、総長
◎○支那総軍ノ西方進攻作戦取止メノ意向
○呂宋及レイテニ関スル　陛下御言葉
　1呂宋ニ兵器弾薬ヲ増強スルコト
　2「レイテ」ヲ見殺セヌコトニ関シ各種手段ヲ尽ス
一、第四半期三五万屯還油手段
　1　二十三「タンカー」ノ確実ナル運航

護衛ノ強化―還油ハ作戦輸送
「タンカー」修理ノ優先実行
「タンカー」ノ自衛火器ノ増強　一艘ニ十門ヲ四十門
トスルコト
タンカー船員ノ優秀者選抜
2　右解決ノ為
船員ノ取扱（海軍側ハ船員ヲ全部軍人トス　A及AC船ハ陸
軍軍属トスルコト）
3　現地ニハ中央ノ考カ徹底セス　之カ為特別ノ処置ヲ
講スル要アリ
○機帆船徴傭(ママ)ノ件
十二月五万屯（確実量ハ三万屯出来、二万屯ハ一月ニ繰越）
更ニ今後ノ所要量十七万屯ナルモ総量二十四万屯ニシ
テ　徴傭(ママ)可能ハ可動機帆船ハＡＢ十万屯ニ過ギス、従
テ陸ノ確実ニ期待シ得ルモノハ約三万乃至五万屯ヲ出
テサルヘシ

昭和二十年

一月一日

一、明治神宮　社前ニ戦勝ヲ祈願シ　我心ノ誠ナランコト
ト　至誠ノ神霊ニ通ハンコトヲ禱ル
参賀　両陛下ノ御安泰ト必勝ノ年ヲ禱ル
靖国神社　社頭ニ敬謝ト加護ヲ禱ル
一、第二課長以下ノ祝詞ニ応ヘ年頭ノ辞　左ヲ述フ
　本年コソ真ニ御目出度年トナサン　予カ御奉公ノ念願
三項ヲ具現セントス
此主旨ニ副ヒ補佐センコトヲ望ム旨申渡ス
一、主旨　本年コソ真ニ目出度キ年トナスコトヲ大ニ期待
覚悟ス
之カ為御奉公ノ為ニハ
　1．精神力ヲ一ニ戦捷獲得ノ方図画策ニ集中ス
　2．皇軍統帥ノ真髄ヲ顕現ス
　3．処々人命ヲ失フモ時ヲ失フ勿レ
一、総長年頭ノ辞　意図忖度全然同心一体
一、次室ニテ部長招宴アリ大臣次官ヲモ招ク
一、総長官邸ニ伺候
一、帰宅　忠夫帰省シアリ　二十才ノ好青年大ニヤルヘシ
一、敵機来ラス

一月二日

一、額田少将意見　戦禍ノ本土波及ニ伴フ着意
国民精神ノ作興（皇族　軍隊化）
右ニ関スル具体的方策
作戦ニ関スル反省（研究機関　技術指導）
一、在比　威小島参謀ノ威宛電ニ冨永中将ノ健康云々人事
意見アリ　洵ニ不可ナル幕僚統帥ノ一例ナリ　戒ムヘシ
一、B29対防策ニ関シ意見アリ
一、神林軍医中将来訪　所見開陳
一、堀毛少将室蘭防衛司令官トシテ赴任途中来訪、感慨ア
リ、言少シ
一、夜　麹町別館総長招宴　真ニ国ヲ思フ姿ニアラス
［(欄外) 総長　上奏案、真ノ総長タルノ名将ナリ］

一月三日

一、上奏内容ノ整理統一　陸海軍及武官府

一、B29対策具顕ニ関スル案ノ決定
一、㋭号作戦関係ノ説明
　1．機関ノ統一組織
　2．予算関係　｝ノ決定
一、支那方面作戦ニ関スル研究
　総参謀長上京連絡ノ準備
一、次長ノ班長招待　麹町別館
　竹下中佐ノ意気ト憤慨

一月四日

一、〇七三〇　一同勅諭奉読
[(欄外) 兵備]
一、兵備ニ関スル業務ノ従来ノ弊習ト今後ノ業務遂行要領
(予・三保・梅沢)
人
　幹部　参謀九〇(大体能)　中少将七〇(上級一応可能)
　連隊長一〇五(大隊長級ヲ充当シテ一応可能)　大隊
　長六〇〇(現役ノミナレハ五六期迄ヲ充当スルヲ要スル
　故ニ召集優秀者ヲ当ツ　歩四〇〇―四五〇)
　兵　支三〇万　満一一万　南一〇　台南西三万、内三
　〇万　大部ハ十九年徴集初年兵　四〇召集
物
　本年度既定計画ヨリ20％ノ安全率ヲ□□ス
　来年度飛行一万　地上兵備鋼材一五万屯
〇本年度末迄　一般師六　低五
　四～九月間　〃　二　〃二　｝兵器鋼材
〇燃料　日満支一九六万キロ
　代燃料　練習一〇〇％　旧式八〇％
　　後方五〇％
　現在保有ニ鑑ミ四月―九月不良
一、内地兵備ハ一応検討ヲ要ス　内容、時機
一、南方ノ十万ハ考物ナリ　特ニ仏印泰以外ニ於テ然リ
部長会報
一、極東ソ軍兵備
　1．地上兵力七五万、飛行機千二百、戦車八百乃至千ハ
　昨年ト変化ナシ　配置モ不変、ウスリー、カムチャツ
　カハ強化
　2．我情報関係ニ於テハ外蒙方面薄シ
一、緬甸方面戦局
　1．北緬ノ兵力(三師)ノ抽出ノ実情
一、フ号ノ成果ハ相当大ナル脅威ヲ与ヘツツアリト認ム
一、三日ノ台湾空襲ニテ碇泊船一九中一沈

「マニラ」ヨリ帰還途中ノ神州、キビツ航行不能

総長ノ言

北満兵力ハ弱化セサル如ク欠陥ナカラシムルコトニ着意スルコト　宣伝報道上ニモ注意ノコト

支那ノインフレ対策ハ急速ニ之ヲ実行スルコト

重慶工作ノ重点ハ国民ノ和平工作ニ在リ

其対象ハ一般民衆トス　国民党ノミニテハ不可　第三党(別個)ノモノヲ立テル

次長　昨年ヲ回顧シテノ所感

一、努力セルモ其成果不十分ナリシ点アリ

第一ニ吾々ノ頭ノ切換ヲ行ハサルヘカラス

1．旧套打破ヲ達成シ得ス

作戦、編成、装備、兵備　各方面共ニ別個ノ観点ニ立チ研究努力ス

2．作戦上ニ於テハ着眼式ニシテ「オットリ刀」ナリ、ムンダ、コロンバンガラ、フィンシュハーヘン、アイタペ、レイテ、凡テ之然リ　ビルマ亦然リ

[(欄外) 計画以外ノ戦ハセヌ]

3．敵ハ敵ハト云フコトナシニ他ヲ云為スルコトニ没頭シ其精神力ノ大部ヲ消耗ス、カカルコトナレハ己ヲ捨テ他ニ協力スルコトニ努ムル

4．先見洞察ト見透ノ問題

5．幕僚統帥ノ絶対排撃

一、最高会議ニ於テ決戦態勢転移ノ為ニ即刻実行ニ移スコト(総理大臣、陸軍大臣)

燃料対策、国土防衛態勢、支那対策(物動・インフレ)

大陸鉄道一元化

一、上奏時　総長

「レイテ」ノ軍ノ集結出来タ事ハヨロシキモ主力補給ハ何ウカ(玉砕ヲ避クル考方)

名古屋ノ空襲ハ重要施設ニ損害ナク　大ナル戦果アリシハヨロシ

一月五日

一、総司令官ノ意図ヲ体シ今後ノ支那総軍ノ作戦ニ関スル意見

1．総参謀長ヨリ　作戦指導ニ関スル意見

2．情勢判断　五号作戦実施セサル場合

○支那総司令官ノ御性格(積極、弱音ヲ吐クナ　自ラノ力ニ頼ミ上ニ増援ヲ要求スルナ)カ明瞭ニ看取セラル

[（欄外）支総司令官ノ意見ニ対スル当方ノ心持]
○支那軍ノ弱化ハ事実ナリ　今一息ト云フトコロナリ
○何トカシテ右ノ気持ヲ十分ニ採用スルニ勉メ出来ル範囲ニ於テ特別ノ工夫ニ依リ如上ノ目的達成ニ資ス　大本営トシテハ南方派遣二師団ノ抽出ト若干ノ軍需

兵備改編
1．戦力特ニ人ト現地ノ兵器トノ組合セ
2．幹部ノ事前教育
3．速ニ用法ト訓練ノ実行時間ヲ大ナラシム

航空
○東南沿岸作戦計画ト五号作戦計画トノ関連ハ（別個）
1．東南沿岸作戦計画ニ伴フ航空作戦計画ハ中央ニ於テ充足シ得ルヤ（油還送護衛モ考ヘ一部ヲ速ニ広東ニ配置ス）
2．戦局ノ推移ニ伴フ台湾、支大陸ヲ含ム広地域ニ亙ル陸海両航空戦力ノ組織的運用ニ関スル研究ト準備
東南支那沿岸作戦遂行上　在支奥地敵航空戦力ヲ存置スルコトハ困難ナリ（敵ヲ制セサレハ我自主行動成立セス）
[（欄外）此点ハ特ニ最重視ヲ要ス]
○五号作戦実行ト共ニ東南沿岸作戦トノ関連スル場合
[（欄外）之カ十分ナル検討ヲ要ス]
1．之ヲ成立セシムル為　兵備上中央トシテ更ニ積極的ニ打ツ手ハ成立セスヤ
即チ　南方派遣ノ　二師ト
上海地区ニ更ニ約二師　｝四師
軍司令部　二個　北支ニ一個
自動車燃料及自動車　油　一万竏
[（欄外）中央トシテ更ニ何トカシテ速ニ二師ヲ増ス]
2．後方　戦略兵団ノ長遠山地帯ノ挺進行動ヲ成立セシムル根拠ニ於テ更ニ検討ヲ要ス　尚　従テ戦略挺進ノ考想ニ改変ヲ加フル要ナキヤ
[（欄外）後方検討]

判決
米軍来攻ニ関係ナク此準備ニ遺憾ナキ限リ此企図カ達成シ得レハ之ニ越シタルコトハナイ　尚　実行上ニハ後方施設ノ目途ニ疑点ナキ能ハス
案1．第一期作戦迄ヲ実施
2．爾後ハ挺進行動
3．状況ニ依リ戦略挺進ヲ行フ

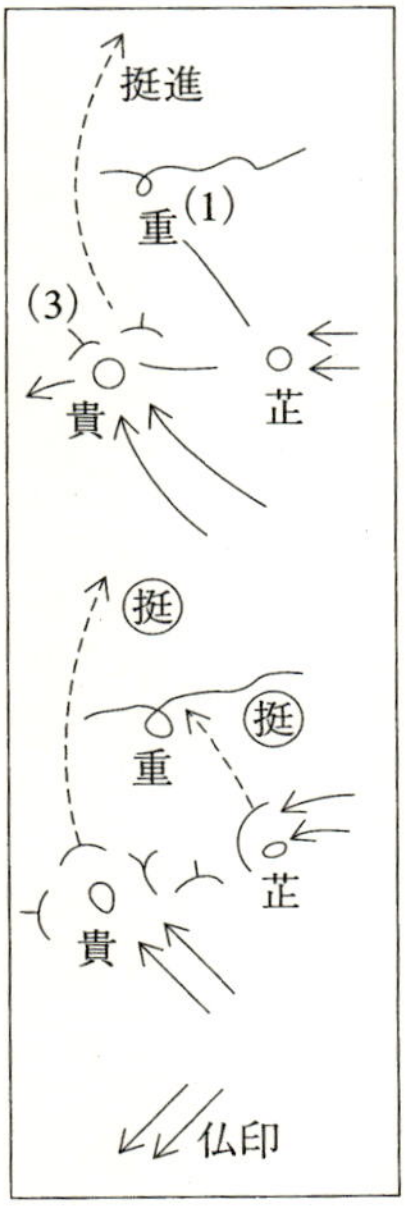

一、御言葉　（航軍司令官ニ対シ）
第四航空軍ノレイテ、ミンドロ航空
第三十一戦闘飛行団ノ戦果ハヨシ　御嘉賞
　航母　戦艦カ目標
一、第十課長ノ燃料還送作戦ニ関スル報告　内容　確ニ傾
聴ノ要アリ

宮中陸海連絡会議

一、海軍
　1　機動部隊
三日　台湾四二〇　南西三〇
四日　　三七〇　　三五
三群ニシテ「ハルゼー」指揮ス、「スプルアンス」ト
モ云フ
第三群ハA四　B二　C四　D一〇（戦ハ現一五）

（搭載）正式　三六　攻爆各一八
　　巡改　二四　爆九――自衛
2　直接掩護　空母一二（内正式一～三）
3　来襲機
先遣隊LST70、T40、空母12、（二師団）
本隊　T170、空母11、空母4、B4、LST（三師団）
　尚其他ニ　百二、三十隻アリ
4　我戦力
特攻実動七〇機　南西艦隊長官ノ訓示
艦上　42駆五　52駆二　突撃共ニ沈撃破
十二日前方基地ヲ潜水攻撃決行（回天）
5　印度洋　三日午前メダン、パンダンプランタン　三
　〇―飛行場其他延六〇機襲
6　成都出動機数約百機（本日出動）
7　小笠原艦砲射撃
一、上陸情報　リンガエン〇七三〇　敵輸送船現出　一〇
　〇五上陸開始
一、航空燃料運送ノ対策　航空掩護
一、米国航空機生産状況
　五月最大

現六六〇〇

計画二百七〇戦隊

欧一六〇

東亜八〇

本土三〇

戦場現出、戦隊数昨年三月ニ比較シ戦隊数二倍トナル

就中　超重、重爆ニ於テ特ニ増加ス

一、小笠原来攻機数ハ十月下旬頃以後急増ス

〔(欄外) 対B29対策、対小笠原防備□〕

一、「海」一月下旬㊅二五〇～三〇〇ヲ台湾

兵器長官部報告

一、支那大陸ニ対スル補給ノ重点ヲ速ニ実行

一、新兵器ノ創意工夫ノ促進強化

内地留守師団ノ装備強化ノ促進

台湾以北関東軍ハ99式ニ変更

陸軍大臣ヨリ総参謀長ヘノ伝達事項

1全般ノ関係ニ就テ統帥部ト克ク連絡

2兵力資材関係上　東南正面ノ防備強化ノ促進

3支那ノ作戦根拠ノ確保

一、挺進隊長用要員ノ選抜法〈朱書〉―在支聯隊長ニ数名宛ヲ選抜セシム

一、陸大ノ上陸防禦教育ノ作戦教令〈朱書〉

一月八日　快晴

一、十時　宮城前ニ於テ観兵式挙行

軍隊装備ハ日露戦争当時ト不変

全軍的ニ特殊火力装備ノ整備

一、比島方面　第四航空軍司令官ノ精神的悩ミト、航空軍ノ広地域運用ノ意見具申　14HA朝技参謀ノ意見具申電報（宛名　14HAノ外、次長、威カ不可）

一、支総軍宮崎参謀ノ南京ヘノ連絡電ニ関スル第二課参謀ノ心得違ヒ

一、仏印処理　時期ハ二月末　仏印兵力七万

我兵力ハ二師ト二旅（大体一対二）奇襲

第一次急襲目標数ノ同時処理ノ為　自動車ヲ望ム、

第一回奇襲可能率六〇％

泰ノ内部的事情ハ大ナル憂慮ナシ

処理後ノ爾後方策〔(政策、軍政ノ内容ニ於テハ保護国ト植民地トアリ)（軍参謀長河村少将意見)〕

防牒観念極メテ不可　新聞社ニテ□□　軍医、某参謀、

某司政官　其他ニ

［(欄外) 満足少佐ノ報告］

実行時期ト中央トシテノ兵力注入時機

［(欄外) 総長　22D ハ二月末迄ニ半部］

一、「サイパン」突入用トシテ準備シアル義部隊ノ使用時機ノ研究

一、朝鮮軍参謀長ノ状況報告

平壌不祥事件、食料、労力、徴兵問題ハ概ネ順調

一、海軍　在比島航空艦隊ノ移動問題

1．在比　第一、第二航空艦隊ノ現勢力一九

第二ヲ解消、台湾ヲ作戦地域トシテ第一航艦隊ヲ台湾ニ移ス

2．右出抜キノ一方的決行ハ陸海協同ノ精神ニ反ス

一、夜　九段ニテ服部、松田、細田ト会シ　大東亜戦略情勢判断

一月九日

陸海連絡会議

一、比島

第一群　特空一二、戦二、巡一五、T二五 ｝二四〇

第二群　LST一二〇、T一〇〇

第三群　八〇、〓四ヲ含ミ八〇　一六〇

合計　四百七十隻

我戦力

海軍　実動可能計六五（台湾、比島ヲ含ム）

戦果　T九、B一、D一（▲⋈八五、内三七ハ報告アリ

其他ハ報告ナシ）

○十二月中ノ艦船被害、建造

総一六、一。潜九、三。⋈六。其他〇、八

建一二万

対潜警戒ハ飛行機ノ磁探最有効

○敵潜出現　十月頃　五五〇、十二月　三八〇——作戦充当大ナル為

○我南西方面艦隊主力（B二、C三、D三二）

カムラン湾待機　南西航路ノ間接護衛

機ニ乗シ攻撃　台—呂間ノ作戦護衛

現地指揮官ニ右ノ任務ニ基キ善処

軍務局トノ連絡

一、杉田大佐

1．一昨年（昭和十八年）暮ノ米ノ準備
　十九年十月ニ独ハ終リ、二十年十月東亜終リ
2．東亜方面戦局推移ノ速度ノ増大
3．本土ニ対スル来攻ノ対策準備ノ神速整備
4．支那ノ利用ニ関スル敵方ノ意欲

一、東部中部広域ニ分散来襲約六〇（マリアナB29）損害
軽微　戦果一一撃墜一八撃破

一、比島方面敵船団数（陸俘情報伝令、第二部吉門少佐）
五群
　第一、一師、B1、$C_{2\sim6}$、$D_{13\sim15}$、LST70~80（三日~五日）
　間接護衛　特空16~17、B12、C9、D_{100}
　第二次　二師団、特□、B2~5、C8、D34、T_{150}
　~170、LST120~210
（3日~8日三群トナル）
（一師、二師団、共ニ其主力「ニューギニヤ」方面）
　特1、ABC13~50、T107~150、LST50或ハ100
　　一D~二D
　第三次　爾後　レイテヨリ
（七日一八〇〇ミンダ海ニ入ル）
第四次　特2、C1、D19、T34

合計　特20、戦15~18、巡20~24、駆179~218、T381~350
　444、LST70~80、上舟200
中南部太平洋ノ従来ノ総兵力ヨリ大ナリ
四~五師団基幹ナルヘシ

一、午後畑元帥閣下ニ戦況説明
（深刻ナルモノヲ率直ニ申ス）
○国内ノ純戦場態勢ノ確立
●　軍部上層ノ頭ノ切換
●　大本営ノ行動ト機構
〈朱書〉

種村大佐
一、道州制問題、国内諸施策ノ決定　三幹事
大陸鉄道一元化→大陸軍需司令部ヲ軍需扱ニ
対支那政策（軍ノ指導）国内政治組織ノ解消
台湾軍司令官ノ総督兼任ニ依ル妨害ナキ事
南方軍制ト作戦遂行ノ妨害ナキ事　民心把握ノコト

[（欄外）野戦経理局]
一、被服糧秣
　1．捷三号発動後ノ食料問題ハ重大問題（衣糧課長）
　2．補給ノ難点、硫黄島ニハ特別ノ工夫努力ヲ要ス
　3．被服ハ「輝」部隊以外ハ大体差支ナシ

4. 現地自活上ノ台湾ノ地位ハ相当期待シアリ
被服→資源ヲ大陸ニ得テ現地ニテ戦力化シ　更ニ之ヲ内地ニ入レル着意

医務局

1. 病院衛生員材料ノ不足ニ伴フ治療ハ不十分ナル実情
(手足ナシ)

会食ノ際吉野(ママ)経理局長神林医務局長大ニ此機会ヲ設ケラレシヲ喜ヒ且十分活躍ノ道ヲ与ヘラレンコトヲ希望ス、就中吉野中将ニ於テ然リ　積極的気分旺盛ナル方ニ其力ヲ発揮スル由ナキカ如キ指向ヲ為ス弊アルカ如シ

統帥部ノ明確透徹セル断ヲ要望セル意向並従来ノ此点ニ関シ相当ノ不満アル口吻ヲ認ム　吾人ノ大ニ注意スヘキコトナリ

国家総力ニナリアラス　陸軍自体亦総力ヲ結集シアラス　心スヘキ事ナリ

一月十日　晴　前夜二機来襲

一、七時三十分ヨリ乗馬稽古

一三三〇　於宮中東溜場ニ元帥情報会議
梨本宮、杉山、畑、四(ママ)元帥ニ対シ最近「レイテ」及昨今呂宋ニ対スル敵来攻ノ実情ヲ述ヘ敵ノ堂々タル進攻ニ対シテハ今ヤ速ニ帝国本土及支那大陸ニ於ケル純戦場態勢確立ノ緊要ナルヲ述フ

殿下ハ内心深キ衝動ト不安ノ情認メラル　一言モ発セラレス

一月十一日　晴　夕小雪　山王ホテル

一、部長会報

1. 次長　第三課長ヲ満洲ニ派遣シ兵備特ニ優良装備資材ノ自軍整備ノ促進
2. 19Dノ約三大隊ハ未タ台湾ニ在リ
船舶ノ損耗相当大　12D、12・20・25門司発基隆ヘ
3. 小笠原方面ノ輸送難渋
損耗ヲ徒ラニ継続スルハ不可
4. 全般ニ不要人員ノ内地招還ノ方針（要処置）
5. 二月広東、スハ(ママ)トラ方面ノ軍隊輸送船ノ第二回目ハ怪シ

〔(欄外) 要処置〕

6. 南方連絡鉄道ハ建設ノ方針ニ決定ス
支那派遣軍ニ之ヲ連絡ス

［（欄外）総長］
○態勢強化ニ関スル陸軍自体ノ整理断行、省部一体、人ノ整理、業務ノ重複ヲ避クルコト――次長ト次官トニテ進メヨ
報道関係ノ陸海一致（「レイテ」ノ太鼓ト龍頭蛇尾）
○部内一般ニ対スル要望事項〈朱書始まり〉
一、一般戦局ノ推移ハ今直ニ本土及支那大陸ニ於ケル純戦場態勢ノ確立ニ着手シ　急速且堅確ニ之ヲ実行スルヲ要ス
兵備、作戦準備、質的戦力ノ向上
◎国内一般、陸海軍
一、業務遂行ニ関シテハ左点ニ特ニ注意ス
1．大本営ノ地位立場ヲ忘レヌコト　即チ自ラヤルコトヲヤル　大命ニテ委スハ委ス
2．戦局推移ヲ洞察シ　我戦力運用上地域ト時機ニ於テ戦力重点ト敵ノ企図ト合致セシムルコト
3．一途ノ方針ニ基キ上下（中央ト前線）左右（陸海省部）一心一体＝他ノ意見ハ傾聴ス　誤リアレハ飜然改ム
一、部長ト諸官ノ間ハ率直ヲ旨トシ相互ニ戦勝獲得ヲ第一義トシテ一切ヲ律ス　全霊全能ヲ勝ツコトニ傾注シ事務ニ堕スル勿レ〈朱書終わり〉
一、第二課長意見
1．上奏ニ関スル根本問題ト之カ実施要領
2．海軍方面ノ全般作戦ノ理念ノ統一ヲ要ス
3．国内ノ戦場態勢確立ニ関スル研究
防衛司令部ノ従来ノ業務ノミニハ委シ得ス
4．大陸鉄道問題ハ一応実行決定（大陸指）
（支那総軍ニ対スル命令改更ト関連シテ発令ノコト）
一、夜ハ山王ニテ陸海部長以下ト会食ス
富岡海一部長ハ信州松代ノ家老ノ家柄ナリト　陸海一所ニ寝食スルヲ協同解決ノ第一義ト為ス　全然同意ナリ
一、夜ハ山王ニテ細田中佐ヨリ「全般作戦」関係ノ研究ヲ遂ク

一月十二日　晴　三機来襲　昨夜小雪
一、○九三○ヨリ帰還将軍ニ対シ拝謁ヲ賜ヒ賜品ヲ拝ス
一、昨年六月ニ重テ再度ノ光栄　云フヘキ言ナシ　賢所参拝祝酒ヲ賜フ
一、艦砲射撃ニ対スル築城抗堪力ノ実験ニ関スル報告アリ
少数弾ニテ一寸ノ試験ヲ行ヒ之ニテ恰モ判決的ノ而モ価

値ナキ将来対策ヲ求メントスルカ如キ滑稽ナリ　由来此
程ノ実験試験アリ、幼稚笑フヘキナリ
一、義号作戦ノ実行ニ関スル防衛総司令官ノ意向（小林総
参謀長ノ意向・次長）
一、航空ニ関スル現下ノ実情ト今後ノ根本問題〈朱書始まり〉
1．航空機生産急速逓減
2．航空燃料ノ現況ト近キ将来ノ実情認識
3．部隊ノ実情
従来編成セル部隊ハ全部投入シ此レ等ノ実情ハ全部消
耗、目下二月末一二七〇名右ノ内再建シ比島ニ送リツ
ツアルモノ二戦隊ナルモ練度極度ニ低シ　練度不良
（例二十一飛行団（四戦七二、七三戦）八〇機、投入15/12戦闘
加入、20/12ニハ「三」機トナル）（陸）四ヲ墜破シテハ八機
喪　四ヲ撃墜破十二機失フ
4．資材関係　原料整備ノ行詰、熟練工不足、不合格品
5．練度向上ノ要素　優秀者ハ皆比島投入
6．練成ノ基盤ト之カ要素ノ大部ハ前線ニ在リ　新ナル
考想ニ基ク教育運用ノ方策ヲ考慮スル余地ナシ〈朱書
終わり〉
一、航空兵站状況

［欄外］比島方面］
7/1　定数900ニ対シ441（内乙137丙110）（補給ト損耗ノ関係）
3/1　調　人ハ250名（内三分一ハ病人）
○補給上人員ト器材トヲ屏東ニテ組合ス
○124（九州→屏東間）ノ滞量
○一日―十二日迄　一月間予定二七八　77出発34到着
一、生産計画ト其後ノ補給　50％ヲ30％　其他ハ損耗補填
○間口ヲ約半分ニ減少スルヲ要ス
○一月ノ生産低下更ニ甚シ（一戦ハ300ニ対シ60％ノ予想、
四戦650ニ対シ400ノ予想）
○比島方面ト其他方面　戦力恢復部隊ニ充当スルヤ
［欄外］要研究事項］
一、全般ノ弾薬関係ハ大ナル配慮ヲ要セサルモ　状況ニ応
スル為ニハ偏在ス
比島ニハ「マニラ」「クラーク」ニ重点　就中マニラ
ニ大部
一、航空燃料　前線、内地共ニ五、六月ニテ了ル
大体前途ノ見込立タス
○之ヲ要スルニ航空作戦ニ期待スル作戦ハ成立セス
一、夜ハ航空班連中ト夜半迄研究ス

一月十三日　快晴

一、杉田大佐　海軍作戦計画
1．本土ノ防衛ヲ軽視　前方ニテ積極的ノ手ヲ打ツ
2．連山ノ夢
3．特攻艦隊、主トシテ沿岸
局地制空艦隊
一、午後　海軍ト作戦計画打合セ　情勢判断特別ノ事ナシ
要ハ戦争終末ノ彼我困窮ノ極マル年ナリ　我トシテハ本土防衛ヲ真剣ニ考フヘキ時期到来シアリ
一、夜ハ山王ニテ海軍第一部長富岡少将以下陸海両参謀会食　同地宿泊　十二時迄「全般作戦ニ関スル研究」

一月十四日　快晴

一、名古屋ニB29六〇来襲
外宮ニ投弾　神風必ラスヤ起ルナラン
一、午後作戦打合セ
海軍側モ術ナキハ止ムヲ得ス　要ハ五月末迄航空ノ整備ニ専念セントス　然レトモ燃料其他ニ依リ必スシモ自ラ必勝ノ手ノミニハヨラサルヘシ　敵ノ山ト己ノ山トヲ合スコトニ着意セサルヘカラス

一、第十四方面軍ノ西村少将帰還報告アリ要旨左ノ如シ
1．防衛情報ノ不備欠陥之ニ対スル着意
2．14HAト4AFトノ関係ニ就テ　大体大ナル考慮ヲ要セス
3．敵ノ戦略ハ弱点ヲ衝ク主義
4．16Dノ実情　純戦場態勢ニアラス
5．比島ノゲリラノ組織的活動
6．華僑ノ利用（陸海上交通物資）
7．軍隊ノ素質内容ノ極度ノ低下　途中滞留部隊ノ数莫大
八日迄
一、作戦連絡ノ海軍情報
1．艦艇九三其他四七七　九日―一三日間ニ更ニ一〇〇隻
2．戦果八日迄一二　九日～一三日五撃沈破　計十七
今日迄ニ　合計二九隻
3．敵ノ背後ニ対スル特別攻撃
4．敵機動部隊ノ行動（三、四日、十二日南支那海）
其目的（俘虜書類、遊撃隊、飛行隊、敵側ノ発表、情報遮断）
我被害甚大　T二八、三三一、護衛四
（仏印トノ関係）
一、台湾　B29　数十機台湾来襲
成都ニハ百八十機ニテ比島方面ト策動ス

之ヲ要スルニ比島ヲ中心トシテ敵側ハ極メテ大規模ナル作戦ヲ各方面ヨリ力ヲ組織的ニ発揮シアルヲ明確ニ認得スヘキナリ

一、那須兵務局長懇談要旨

1. 必勝策確定ト軍ノ透徹セル心構

2. 軍一体、統帥部ノ主動性、政治的ニモ中核タルノ責任ト覚悟

3. 中央、地方上下一貫ノ観念ト総意

4. 国内ノ戒厳態勢、軍民関係（民ヲ忘レルナ）

一、

1. 朝鮮海峡確保ノ為ノ防空要塞ノ確実

2. 高射砲ノ船団用法ノ教育

3. 海軍護衛ノ護衛ノ方法改正
　運送船ニ装備改正ニ関スル所分

一、部長会報［(欄外)　一五三〇約一時間　陸相官邸］

2. 比島方面糧秣　米ノ収買計画ハヨキモ実行ハ然ラス
「レイテ」ヘノ運船ハ3/10到着、「スマトラ」紡績略着手実行

3. 比島ノ衛生　衛生機関、衛生部員ノ患者収容ノ増強
衛生材料モ可

4. 航空部品ハ可（比）
比島ハ一万屯（一月末消費量）

5. 兵務局長　沿岸陣地落岩多シ　実際ニ役立ツ如ク技術指導ヲ要ス（防衛司令部注意）
比島方面ノ戦況ニ鑑ミ国民焦燥アリ
（憲兵司令官ノ意見　強力ナル政策　治安ノ為ノ戒厳）
総長→報導ニ於テ信頼シ得ス
ヨキ状況ヲ誇大ニ　時ヲ経レハ事実ハ不可トナル辺ヨリ　海軍側モ此点ニ注意
「信頼感」確保

6. 海軍側ハ撫順ノオイルシェール十万屯ヲ地上自動車ニ使用シアル現況

7. 「アルコール製産ニ　軍隊ノ自活実行
□□松根ホルモン」ノ増産化

8. 油送用ノ大型機ノ運用

一、大城戸中将
装備　火力装備ノ強化
国内警備　真面目ナル強力意見
◎軍部カ強力ニ推進
［(欄外)　要調査事項

✓一般ノ情勢
✓比島―台湾―琉球へ
✓比島内ノ実情調査
✓「アルコール」ノ生産実行ノ具体的方法
✓国内警備用軍隊〕

一月十七日

一、関東軍参謀（吉田参謀）連絡要旨
1．兵備減少ニ伴フ作戦計画ノ変更ノ要
2．兵力抽出ノ限度ニ関スル考慮ヲ乞フ
3．兵力抽出ニ関シテハ早期ニ要求ヲ示シ方法ヲ申付ケルナ

一、台湾軍連絡報告（益田、斎藤少佐）
1．台湾軍ノ作戦指導ノ根本観念ト之カ実行ノ末梢透徹損無キ戦　陣地縦深、陣地施設可、戦法ト陣地設備トノ調和可
2．台湾ト沖縄トノ兵力分配ハ東京ニテ決定、心ニハ兵力ノ重点ヲ台湾ニ欲ス

〔欄外〕✓増加兵力ノ確定的連絡
✓作戦兵備上自動車不足　無線
✓固定無線ヲ一号ニ変更〕
3．築城ノ実情ハ大可　内務省其他土木技術者及兵員中之カ経験者ヲ以テ実行ス
4．航空ノ防護施設ハ可　航空整備力ノ体制確立
5．陸海軍ノ局地的指揮関係ハ現地ニテ実行セラレアルモ中央ニ於テ明確ニ示スヲ可トス
6．戒厳、総督ノ立場ニ於テ実行ス、速ニ実行
7．福州ト台湾間ノ小型船ノ運行、速ニ実行
8．兵備関係ハ大体概成
9．兵器資材ノ現地自活モ大ニ進捗
10．本島人ノ戦力化、65万　壮丁5万

一月十八日　総長室部長会報

一．1．関東軍司令部ヨリノ連絡
2．台湾ノ防衛準備及戦場態勢
3．現下ノ戦局（比島ヲ中心トスル一帯地域）ノ今後ノ進展ハ急速ナリ　敵ノ目下トリツツアル後方遮断
4．支那大陸ノ在支空軍活躍状況
5．陸海航空本部ノ合一問題　資材、教育、燃料ノ合一

総長へ　1．（ママ）眞部隊長ノ行動

1. 海軍側ノ作戦計画ニ基ク意見
2. 事前上奏ノ内容ニ就テノ所見
3. 海軍側ノ態度之ニ対スル我考方

一、最高戦争指導会議
1. 総理大臣ノ戦局見透ノ質問
　事実ヲ知ラシメサルコト甚シ
2. 作戦ニ関スル事情ヲ聴キ度
3. 仏印処理問題　国家ノ決心
4. 大陸鉄道問題

電報〈朱書始まり〉

要処置
一、波ノ23Bsノ海南島問題（船ヲ海軍へ）
一、釜山残置ノ23Dノ重砲十二門（十五糎）内地へ
一、朝鮮ノ留守司令部編成ノ件（一、一五）
一、第三航空通信司令部ノ通信団改編ノ意見
一、クラークノ陸海協同ノ件　塚田清少将ノ意見ト海軍トノ□
一、比島へノ大軍需品ノ潜輸及□□□□□
一、眞部隊長ト台湾航空（台湾）
一、釜山到着部隊ニ対スル海難教育

情報
一、仏印ノ進駐ニ対スル先方態度
一、4FA再建ノ為ノ動員（兵事人事）要員派遣
一、台湾ニ侍従武官派遣延期意見

研究
一、尚武ノ航空運用ニ関スル意見（一三）
一、威ノ陸海対立排撃ノ意見（一三）南方指揮ノ一元化
一、第五航空軍ノ師団司令部一個ノ編成要求意見
一、眞部隊長ノ切々ノ意見具申〈朱書終わり〉

一月十九日（□）松沢大佐

台湾方面飛行機状況
1比島地区　マニラ、クラークヲ引上ケカガヤン河谷ニ入レリ
4FA十一日エチアゲニ到着、十二日　師団長、集団長到着
七〇〇粁（内三〇〇粁自動車、其他行軍）資材バヨンボン
司三、戦五、軍偵二　計一〇機　残置、其他ハ台湾へ
現有　30F七、32F一五　其他計五
　陸軍全力ニテ七〇 ｝一二〇
　海　〃　　　五〇

南方技術部エチアゲニ到着
○クラークニテ十三日迄特攻攻撃継続ス
　残置ハ飛地大一ノミ
挺進集団長　空中勤務者七百名残リ三〇〇名ヲ七機ニテ空輸中（十七ヨリ開始ス）
台湾ノ配置　主トシテ南台湾ニ協定済
　兵力小ナルモ部隊数多ク
○中央トシテ4FA・8FDトノ関係ヲ速ニ処理スルヲ要ス
　燃弾車両　比島向ノ自動車五〇輌アリ、一七輌ヲ残置ス
カガヤン　十一日　一千二十本
台湾　威部隊一万八千本　内三千本ハカガヤンニ鼠輸送ニ着手
補給機六四機ヲ九日以後十二日迄ニ送ル、内二〇損耗
　19F、30Fハ共ニ前進ニ躊躇ス（19F長ハ航空病）
爾后ノ補給ノ実施ハ比島向ニ台湾ニテ渡ス
司ハサイゴンへ　鷲一〇機、（修理セハ四〇可）一戦八、
　三戦八ヲ送ル予定
台湾空襲
屏東、高雄ハ十二、十三、十六日空襲アリ損害ハ僅少
十五日高雄延三〇〇機来襲、損害小、
嘉義滑走路付属設備ニ損害、大小計一五機
屏東モ敢斗精神ニ乏シ
敵空襲ニ対スルラジオニ依ル安神セシムル処置
一、宮中連絡会議
海軍
　1機動部隊
十五日　台湾ハＢ29及艦爆計三百機、艦船、飛行場、交通、被害、駆三、Ｔ四、SB二
十六日　香港小型三〇〇　被害船舶若干
十七日　依然南支那海中央、分列シ
十八日ハ　バシー海峡ヲ経テ東方海面ニ主力　一部ハマニラ西方海面ニ行動
兵力（十三隻）
　第三十八特別部隊　十二月末ウルシー発

	正式	巡改
第一戦隊	ワプス ヨークタウン	クーパー カボット
二〃	ハンコック レキシントン ホーネット	インデペンデンス

三〃　（エセックス　ランシー
　（ケコンテロンジャー　サンジェント
─は台湾及ルソン沖ノ損傷、戦場ニテ破損修理
新就役艦二　練習用二
修理中　四　其他　三
之ヲ要スルニ台湾沖海戦ニテ撃沈確実ハ改巡一　其他ハ損傷ノミ　撃沈確実ハ特空母ノミ
要スルニ特攻ノミニ依リ正航ヲ撃沈ハ困難ナリ
「エセックス」ノ搭載機ハ従来戦36、艦爆36、艦攻18ナリシモ今回ハ　戦54ニテ爆撃機減少　尚F4n旧式機アリ
2．リンガエン湾方面　スリガオ通過敵船舶216
3．回天　ウルシー、フンボルト（伊47）大火災、アドミラルテイ、パラオ、五隻中三隻攻撃シ一隻ノミ確認
4．機雷源ノ増強配置、南西諸島ノ線、津軽海峡
5．呂宋ノ海軍地上兵力
バギオ　千五百　南西艦隊直
クラーク　一万五千
マニラ　三万名（〇一根）振武ノ後
コレヒドール　三千（陸軍千五百）三十一副長指揮

陸軍
一、十一日迄ニリンガエンニ到着セルモノ　下記二八（内一四〇大型）二三一〇ハスリガオヲ東へ
一、敵ニ与ヘタル損害　一一六（内T六七、LST二二）別ニ㈧三〇トセハ一五〇隻
一、支那大陸　東南沿岸ノ防備強化ニ伴フ　23Bノ海南島へ　次テ広東行ノBヲ海軍艦艇ニ頼ム
作戦計画ニ関スル上奏時ニ総長ヘノ御下問
一、主旨ハ結構ナルモ実行之ニ伴ハス後手ニナラサル様セヨ
一、比島ハ今後引続キ
✓ビルマ、泰ハ引続キ同盟
「云フ程ニ□セル考ハ有セス」ト申上ク
✓ボルネオ、スマトラノ策源地域ハ何ウスルカ
「之ヲ確保シ最後ニハ敵ニ利用セシメス」ト
一、「機動部隊ニ対処スルニ手モ足モ出ナイ」ニ対シ「之ニ対シテハ特攻其他ニ依ルモノトシ」ト海軍「陸軍ニ於テモ航軍戦力発揚ニ努ムヘキモ　支東南沿岸ニ対スル兵力展開ヲ急クモ　間ニ合ハヌ事ナカラシムルコトニ努ム
尚海南島広東其他ハ全然空ニハアラス　之ヲ増強スルコトニ後手ニナラヌ様致シマス」ト申上

一、仏印トノ打通ニ関シテ重ネテ御言葉アリ
容易ナラサルコトヲ申上ゲ置ケリ
支那内地ノ交通ノ困難性粤漢線打通モ仲々容易ナラサル
モノト考ヘラル
一、総長意見〈朱書始まり〉
1．敵情判断ニ甘キ点アリ　敵行動ノテンポ早クナルヘシ
2．本土、南鮮方面ノ神速ナル防備強化ノ促進
4．（ママ）陸軍省　決戦施策要綱ノ内容

一月二十日

爾後ノ業務ノ指針
一、内地、南鮮ノ作戦準備
○本土及朝鮮海峡、南鮮ノ全般作戦
○陸海軍ノ統一指揮ノ下ニ
1．関東地方
イ．作戦場トシテ大本営ノ作戦計画＝政府及陸海軍省
ニ関係スル事項
ロ、東京方面軍トシテノ作戦計画
2．中京方面　右ニ同ジ
3．九州方面　右ニ同ジ
4．朝鮮
5．朝鮮海峡
二、右ニ伴フ兵備関係
1．国内及朝鮮ノ新設兵団
団結及訓練上　速ニ、幹部ノ事前教育ノ即時実行　此
際集団火力部隊ノナルヘク多数
2．新設兵団ニ対スル装備ハ火力　就中迫撃砲、対戦車
砲ニ重点ヲ置ク
之カ整備ハ大別シテ内地ト満州ニ大分ス（速ニ）
各軍管区ニ軽易ナル兵器資材整備ヲ移譲ス
三、海軍トノ統合ト指揮関係
海軍ノ陸上部隊ノ統一的用法
海軍高級将校ノ人事ハ特ニ之ヲナルヘク抱擁スルコトニ
留意ス〈朱書終わり〉
四、既製ノ軍需品資材関係ニ於テモ之カ今後ノ補給ニハ大
体ノ方針計画ヲ立ツルコト
［（欄外）期待ス］尚武ニ対シ作戦指導ニ関スル指導
［（欄外）御下問］作戦計画ニ就テ
一、南方民族ニ対スル「大東亜宣言ノ主旨」

一、仏印処理ノ名義ハ何カ　「大義明分(ママ)」ニ基キ「最高指導会議ノ決定ニ基ク允裁」ニヨル
一、海軍ニ対シ「機動部隊ニ対スル手当ナキヤ」「南方ハ……台湾
一、上奏事項ニ関スル基礎事項
　我(?)国体変革ニ関スル材料出所ノ整理
一、レイテノ其後ノ状状ハ何ウカ」ノ御下問
　其後ノ状況ヲ問合セルコト
一、南方軍ニ紹介（呂宋ノ爾後ノ作戦指導ヲ積極的ニ）スミ全般的ニ兵力ヲ纏メテ
一、尚武ニ対シ切込ノ御嘉賞ノ御言葉伝達
宮田参謀御所見〈朱書始まり〉
一、過去ノ戦争回顧ト自己戦力ノ至当ノ観察ノ欠陥
一、最後ノ線ヲホントニ固メ、徒ラナル欲ニ引カレヌコト
一、関東軍ノ戦力ニアラスシテ国軍ノ戦力ナリト信ス
一、部隊ノ意義
一、台湾及南西ニ兵ヲ入レルナ
一、戦略配置ニアラスシテ戦術配置ニ移レ
一、南満ニ兵力ヲ置クハ不可↓本土ヘ直ニ
一、南方↓支那↓満州↓本土ヘ
右ノ戦力移動ヲ根本的ニ解決ス
一、部隊ノ軍旗中心↓皇軍ハ宮城中心ヘ　速ナル決心ノ断行
一、敵ノ足ノ長サニ応シ↓必要性ヲ見ル＝可能性ヲ見ヨ
敵ノ爆撃ヲ蒙ラスシテ戦ヲヤル考ヲ棄テ——国防圏ニアラス絶対圏
一、ヤタラニ師団ヲツクルハヤメ↓己ヲ知ラス　個々ノ師団ヲ知リ之ニ応スル如ク個々ヲ用フルコト
一、朝鮮兵備ハ要スレハ関東軍ヨリ入レ　全般的ニヤレル様ニヤルヲ可トス
一、第二課内ノ状態
[(欄外)意見への指導]
一、大本営参謀ノ数ノ減小ト事務ニ没頭セサル業務遂行ノ断行〈朱書終わり〉
総長
全般ノ国力、戦力ヲ綜合シ　全般ノ力ノ配置ヲ定ムヘキニ　局部〳〵ノ戦局ニ応シテ力ヲ分散ス　仕事ノヤリ方モ部分的ヨリ　後手ニナラヌ様、全般ヨリ
一、敵機動部隊ノ根本処理ノ件

一月二十二日

陸海連絡

一、敵機動部隊　／21ガランピ東方一二〇浬
　戦果、第一次大母一大火災　艦首一命中
　第二次　母一　炎上　艦種不明一炎
　第三次　〃

二一日　敵空襲　台(1)二五〇　(2)一二〇　(3)三〇
　沖若干　計四三五
　損害　高雄　輸送船七炎上

二十二日朝　沖縄ニ数十機来襲

一、マリアナ方面ノB29ノ兵力増加　従来四―（一二〇）
　新二―三（一六〇）

一、リンガエン方面二十日迄ノ総計
　敵艦艇　二七七
　輸送船　五七五（七〇〇）　計一千
　兵力ハ八乃至十師団ト判断ス

一、第二、第三課部員一同ニ対シ内地作戦計画ノ策定及之ニ伴フ諸般ノ事項ノ研究ト其方向トヲ指示ス（前掲朱書ノモノ）

一、作戦連絡ノ際　富岡海一部長ニ対シ右ニ関シ連絡シ午後ハ密ニ連絡シテ併行進ムルコトヲ要望シ　快諾ヲ得

一、第八四師団ノ沖縄派遣中止ニ伴ヒ　若干ノ軍需品ヲ送ル事トス　之ニ関シ課長ノ考ヘハ仲々転換セス　然レトモ克ク予ノ意ヲ聴ク態度ナリ

一月二十三日　晴　十時十分所沢発　九州福岡へ　九州小雪

◎本土、満州、支ノ兵力配置ト　其比ノ根本的是正
1．本土、大砲ト戦車ト対戦車
2．本土ノ兵站準備ノ確立
3．特攻兵器ノ愛惜、集蓄

○南方モ支那モ集約ニ徹ス
　在支兵団中質ヨキモノヲ本土ヘ
　力ノ集約、力ノ要点集中

支那総軍ヘ大命伝宣〈朱書〉

一月二十四、五日　二十四日ハ機関故障ニテ滞在　二十五日朝、出発

[（欄外）九州地方視察]

○福岡ニ於ケル飛行場及西部軍司令部ノ作戦室ノ建築等凡

ソ戦場態勢ヘノ移行ノ状ヲ認メス
○揚子江河口付近ノ地形概観スルニ作戦遂行上多大ノ困難アリ
1．敵航空ニ対シ掩護遮蔽ナシ
2．陣地ヲ強化スルコトハ地下水ノ為不可能—比点ハ防者タル我トシテ最不利—之ヲ医スル特別ノ方法ヲ根本的ニ講究スルヲ要ス
築城本部ノ知識ノ動員
3．地形ニ合致スル攻撃戦闘器材ノ準備ヲ要ス
敵ハ「ゴルドン」ノ作戦ニ依リ之ニ通暁シアリ
一、二十四日（ママ）　午後　総司令官ニ対シ
大命ヲ伝達シ且若干事項ヲ上奏ノ内容ヲ摘要シテ申上ク
厳粛ニ行フ　立会ハ課長以上
此際　総司令官ハ自ラ起案セラレタル草稿ニ依リ左ノ伝言ヲ伝ヘラル
参謀総長ヘ伝言
［（欄外）総司令官ヨリ参謀総長ヘ］
一、先般総参謀長ニテ具申セシメタル愚案ニ対シ御同情アル明快ナル御□□□ニ接シ得テ感謝ニ堪エス
二、東正面海ニ対スル戦略態勢確立ニ関シテハ大本営ノ御企図並指導ニ基キ極力之カ達成ニ努力中ナリ
三、一号三作戦終了後第二十三軍ヲ総軍直属トスル考ナリ又本職自ラ同軍並第十三軍ノ第一線ノ防備状況ヲ査関スル考ナリ　其際補助官ノ派遣ヲ望ム（三月頃）
四、西正面進攻作戦ニ自説ヲ固持スルカ如キモ重慶ヲ衰亡セシメ其反攻企図ヲ挫折セシムルコトハ　米軍ノ大陸接岸作戦計画ヲ屯挫又ハ躊躇セシムル公算大ナリト信ス
（別紙重慶使者ノ言）ヲ参照セラレ度
換言スレハ本作戦モ対米作戦ノ一部トシテ其重要度ハ東南海岸ノ重要度ニ比シ劣ルモノニアラス（再認識ト支援トヲ願フ意）
四（ママ）、要スルニ派遣軍ハ総蹶起ノ下　誓テ敵ヲ撃滅シ戦局ノ転換ニ猛進致シマスカラ此上共十分御指導ヲ仰度
右ノ際左ノ所懐ヲ述ヘラレタリ
○敵企図判断ニ関シテハ岡村大将ノ観察ハ支那全体カ「米」軍ナリト為ス
○大命ニ於テ秀山（四川ノ入口）ヲ示サレタリヤ、
［（欄外）自ラ信スルトコロニ依リ　東正面ノ決戦ニハ害ナキ限リ自力ニテ西方ノ敵ヲ破ル考ナリ］
○登ノ方面軍昇格（方面軍司令官ヲ換ヘルハ可ナルモ永津（?）ヲ首

ニセヌ様ニ頼ム）司令部内容ノ野戦化
人事関係（既ニ具申シアリ）
西村大佐
一、釜山ノ鉄道輸送ニ関スル施設教育
徐州ノ□撃　一輌ニ十五榴一万発（ママ）
一、済南付近ニ一軍司令部ヲ欲ス　之ハ将来ノ考慮トス
一、機関砲ヲナシ得ル限リ要望ス
一、海南島　海軍　一万六千中兵員七千
他ハ現地召集
一、三月沿岸作戦教育ノ要員
南京ニ教育隊　上陸防禦ニ関スル教育
「真ノ具体的事項ヲ教ヘ得ル」人材
大学校幹事ヲ派遣
台湾ノ資料モ提供
マニラノ資料
尚此夕食ヲ共ニセル際
一、敵ノ大陸進攻ノ秋コソ戦勢転換ノ好機ナリト為ス点ハ
全然同感ナリ
絶対必勝ヲ確信シアリ　東正面ニ対スル大本営ノ企図
就中東南沿岸方面ト上海周辺トノ考方ニ関シテハ同様ト
信ス
上海付近ニ対シテハ予自ラ派遣軍主力ヲ挙ケテ徹底的ニ
撃破スル決意ニシテ　此点御安神ヲ願フ（トテ其意気頗
ル旺盛ナリ）
一、重慶衰亡ニ関シテハ之ヲ別個ノ敵ト考フルハ誤ナリ
此点予ノ勘ハ重慶内部ノ実情報告ト全然一致ス　重慶亦
米軍ナリトノ認識ヲ有セス別個ナリトノ考ヲ是正スルコ
トヲ要ス
何故「秀山」（之ハ四川ノ入口ナリ、重慶ヲ攻ムル出口ナリ）
ヲ以テ進攻線ヲ画シタリヤ　今一歩ニシテ敵ノ本拠ヲ衝
クモノニアラスヤ　右ニ対シ予ハ従来ノ通リノ言ヲ申上ク
自ラノ力ニテ自ラ信スルトコロヲ敢行セント決意シアル
ヲ以テ此点ヲ諒セヨ
「概ネ」ヲ以テ認メテ貰フ」ノ言アリ
（此点ハ今後具体的ニ研究スルコトトシ　此度ノ軍司令官会同
ニハ大命ニ基ク総軍命令ニテ任務ヲ明確ニ示スコトヲ主トセラ
ルル予定）
一、敵ノ上陸企図判断　就中其時期ニ関シテハ　予ハ米支
一体ノ観念ナリ　従テ支ノ総反攻ト提携シ米上陸アリ
……（別ノ伝達事項中ニアリ）

一、小官ヨリ是非共大陸ニテ敵ニ勝ツコトヲ御願申上ケ且ツ今後ハ軍隊モ軍需品モ一切御送リ致シマセヌカラ左様御承知下サレ度　更ニ進テ「精強ナル軍隊及火砲戦車等ヲ進テ本土ノ為ニ提供スル御心持ニナッテ戴度」ト明言セシ処　無言裡ニ諾セラレタリト察ス

一、東京ノ者ノ言フ所ハ一種ノ敗戦思想ナリトノ感アリ　ウチノ者カ東京ヘ行クト弱クナツテ帰ルカラ　ナルヘク遣ラナイ様ニスル　東京ノ者ヲヨンテ御馳走ヲシテ土産物ヲモタシテ元気ヲ付ケテヤルト笑ハレタリ

一、比島ハ両方共防禦シアリ　ヲカシナ戦ダトノ感想ヲ洩サレタリ

一、物価問題ハ奥地モ然リ急激ニ困難ナル如シ

〔(欄外) 下山航空軍司令官との会見の際〕

航空ニ関シテハ

一、第五軍司令官ヨリ
　飛行第三十団ノ速ナル掌握ニ関シ努力ヲ乞フ

一、東南海岸方面ノ作戦ニ於テ航空軍ノ全力ヲ消耗スルコトハ企図セス　幾程ヲ失フテ可ナルヤ準拠ヲ承致度

尚、中西参謀長ヨリ

1．戦力ノ培養、蓄積ニ努力シ苦心シアリ、航空計画ヲ速ニ連絡セラレ度

2．右ノ第二項ニ就テハ「上海方面ノ為有力ナル戦力ヲ控置シ　前線ニ全部投入スルカ如キハ絶対ニ致サス

〔(欄外) 南京滞在の件終り〕

機上所感 (帰還後実行の覚え)

作戦戦斗必勝方策講究

第一、問題 (陸大ニ提供ス)

1．海洋及沿岸ニ到ル間ニ於ケル敵撃滅方法、図示解説

2．敵上陸間ノ戦闘実行方法ノ図示解説

3．敵橋頭堡又ハ敵ノ攻撃準備間ニ乗シ之ヲ撃滅スル作戦及戦斗方策ノ図示説明

第二、戦史資料 (陸大及第一課)

1．右ノ各項ニ関スル既成資料ヲ亜欧ニ亙リ速ニ整理シ戦訓ノ帰納判決ヲ求ム

2．第一ノ2項中　陣地編成ト戦斗準備及指揮ヲ細部(歩兵聯隊、砲兵大隊以下) ニ亙リ図示解説　従来ノ資料及台湾ノ計画

3．第一及第二ノ2ノ教育ヲ速ニ普及徹底スル方法ノ研究及実行

4．右ニ関連スル資材整備ノ実行

総長意見
一、比島作戦ニ関スル作戦思想ノ扞格ノ原因
　武藤参謀長、朝枝、堀（大本営参謀タリシ地位）
一、人事ノ速急決定
○兵備関係
一、内地兵備関係二月十一日発令ノ予定
目下順調ニ進捗中
○在台湾　眞部隊長ノ処置〈朱書の始まり〉
○上海付近ニ　16団（51・52）　5FD指揮下へ
○台湾　12F団（再建完了ノモノ）ヲ内地へ招致セス8FDニ増
　加ス
○支那飛行師団
○比島ニ入レル予定ノ襲撃65 66ニ戦隊ヲ大本営ニ控置
（キ102）
○B29対策ノ一成果
○名古屋ノ　23飛行団ノ師団昇格〈朱書終わり〉

一月三十日

部長会報
　1船舶艤装ノ時日ト準備ノ余裕ナシ
　2飛行機生産低調
　　特攻飛行機ト補給機トノ関係［（欄外）研究］
　3必中戦法—秘密保持上不可　技術院総裁ノ発言
総長
急処ヲ押シ駄目ヲツク点不十分　上カ考ヘテモ下ニ徹底
セサルコトヲ反省ヲ要スル点アリ
各方面ニ遊テ居ルモノカ多ク　決戦ノ心構ニアラサル感
アリ　「少数精鋭主義」ニ徹底スルヲ要ス
作戦連絡
㊮　二十七日前後、T120、上陸用60、護衛80、航母二〇ヲ
　含ム（誤認カ特空母ナラン）一〇〇隻
右ノ行先ハ新地点ニ上陸ヲ企図シアルモノノ如シ
（三十一日ノ正午頃マニラ湾付近ニ到達スヘシ　尚右ニ水路啓
開艦艇多数ヲ含ム）
三十日　朝「バタンガス」上陸ノ報ハ誤報ナラン
25日　戦（巡？）一、27日　大T一、28日　大T二（五～
六隻ニ損害）
戦略的潜水艦攻撃ノ成果ハ無形的ニ大
「アパリ」ヨリ陸三五〇、海四五〇ノ搭乗員ヲ高雄ニ収
容予定

(陸) 敵兵力八師団、呂宋ノ作戦指導「レイテ」ノ近況
○仏印処理ノX日ハナルへク速ニ発令スルヲ可トセン
右ト同時ニ墺門処理モ行フ如クスルコト
一、富岡部長ヨリ陸海燃料問題
五万五千　月二、四万（陸海共）
二月末　作戦二万竏ヲ残シ皆無トナル
三月末ニテ全部ナシ
大局ヨリ地ナラシ＝或ハ海軍機ヲ陸軍へ
三月ヲ情況判断上緊急時期トシ」此峠ヲ陸海軍一致テ
行キ度シ
精々「一万」ヲ海軍使用ニ供スルコトトシ度シ
対策1．自動車燃料四・四万ヲ転換
　2．二月ヨリ低航揮一万（実ハ遂ニ実行困難）
　3．舟艇及自動車ノ代燃化〈「対策」から朱書〉
一、現地ノ極端ナル統制ニ依リ業務ヲ害シテ居ル点アリ
実情把握ノ重要性（兵站監部ノ必要性）
冨永中将ニ関スル件（沼田中将連絡）
一、眞司令部ノ台湾移動ハ尚武ノ意図ト指導ニ依ル
二、冨永中将ノ心理、航空軍ハ「解消」スルヲ可トス

閣下ノ判決
（閣下の判断四項目）
1．第四航空軍ニ対スル部下ノ信頼ナシ
（航空ハ決戦ト云フモ実ハ然ラス虚言ヲ云フ）
2．実質的ニ司令部ハ解消セリ
3．戦術上航空軍司令部ヲ置ク理由ナシ
4．司令部解消スルモ大ナル害ナシ
総長ノ言
一、ハ上級司令部批（ママ）難
二、ハ台湾ニ移ルコトハ別トシテモ其時機ノ適否
三、ハ台湾ニテ悠々自適ノ態度ナラスヤ
総長ノ意向ハ明瞭、統帥上待命ニスルコトニ腹ヲ定メラ
レタリ
総長ヨリ沼田総参〈謀〉長へ
「ポルトガル」守島公使
「チモール」ハ如何ニスルヤ、「ポルトガル」ニ自主的ニ
還スヤ等中央トノ連絡ヲ請フ
○総司令官ノ作戦理念カ吾人ト同様ナルコトハ幸福ナリト
信ス　彼是申ス事ナク大命ニ基キ総司令官ニ御委スルコ
トナルモ従来一寸シタ問題モアリ

[（欄外）㋪ ㋮ 鉄道]

総長注文

一、尚武ノ作戦指導――ハ現状ニ即スルコトニ応スルモノト判断セラレ遠方ヨリ彼之申スハ適当ナラサルモ君ノ含ミ迄ニ申度ハ「唯十四方〈面〉軍ハ「持久、出血、敵ヲ引付」コトニ徹シアルモ間違ニハアラサルモ「此考方ノミニテ此結果ヲ達シ得ルヤハ考ヘラル　敵トシテマニラトクラーク基地ヲ確保セハ北方ニ進攻スルコトアルヘシ此際目的ヲ達スルコトハ困難ナリ、先般ノ電報ヲ発セリ、腹ヲ持チ好機ヲネラウコトニナルコトカ必要ナリ、撃破、撃摧スヘキナリ呂宋作戦ノ成果ハレイテ島ニ鑑テモ「国民ノ動向、オ上ノ御言葉「レイテ」ヲ取返ス」ノ御思持(ママ)アリ　幕僚長トシテ何トカシテノ意アリタルナリ――ニ関シ更ニ積極的ニヤル

二、仏印「マ号」処理ハ中央決定↓現地ノ兵備ノ関係上二月下旬トシ（十日前ニハ□□□□）「大命発動」

○内地ノ非常態勢、政情不安アリト云フモ軍トシテ□□□ヤル

木炭車グズ〳〵ナリ。国内決戦態制ト云フモ吾人ハ之ヲ□□シ行ク考方ナリ　此点総司令官ハ心配ナリ

「ビルマ」ノ戦況モ不安ナリ　兵力不足ニテ困難ナランモ何トカシテ行クコトト申上ケアリ

三、「チモール」

予ヨリ沼田総参謀長へ

1．戦局ノ推移ヲ正シク把握シ兵力集約ノ大転換ヲ機宜ヲ誤ラサルコト

2．大命ニ示サレタル任務ノ遂行ハ総司令官ニ一任セラル、十分

3．幕僚統帥ノ根絶ヲ期スル如ク指導

一月三十一日

一、燃料自給対策ノ一応検討（消費徹底、増産対策）

一、内地兵備ノ進捗状況

一、兵備関係事項〈朱書〉

一、兵器生産、機能発揮ノ具体的手段〈朱書〉

一、要員（幹部、士官候補生）及下士兵ノ養成〈朱書〉

二月二日　初雪　一月中連日晴

感冒流行　雪ハ有難シ

一陸海連絡

1　バタンガス方面ニ上陸ナキモ敵若干艦艇行動シアリ

2　「スピック」湾西北岸ノ敵上陸（一月三十日朝）二師団
3　三十一日「ナスフーン」島（コレヒドール南三十粁）
ニ敵一部上陸
4　二月一日「リンガエン」ニ敵T100余上陸中
5　三十一日高雄発ノ我駆逐艦三隻ハ　梅沈　楓中破
其他一小破　目的達セス　搭乗員ノ収容ハ爾後潜水艦
ニ依ル
6　29/1迄　四三七二隻（到着セル敵輸送船総計）
7　還送油作戦
第一次　最先頭ハ台湾南方ニ達ス（護衛強化）
第二次　重油船ハ一ハ沈、一ハ擱座シ全滅ス（三十日）
第三次　三十一日昭南発北上中
8　一月中　船　沈　二四、八万
　　　　　損　傷　二〇万　｝五四万八
9　特攻進出状況（一覧表ヲ見コト）
　　現在　二月
関
□九、信陽(ママ)三〇〇、魚雷艇(?)二三、回天七、甲標三
南九州　五〇
10　南西方面海軍ノ統帥系統ノ改変
一　陸海軍連絡会議ニ於テ
1　燃料問題ニ関係スル陸海軍問題ト之ニ対スル総長ノ
意向
2　陸海軍作戦関係部員ノ会同宿泊ノ改善問題ノ解決
一　谷口砲兵監ノ高射砲隊教育ノ視察報告
一　総長行事ノ簡潔化――総務課長ニ於テ極度ニ統制
1　情報要点（毎朝定期、十三時定期）
　　第二課宿直参謀ノ設定
一　総長ノ特攻ニ関スル意見
1　当部ノ現在　今後ノ変易
2　全員特攻ナレハ之ヲ特攻トスルハ不合理
実行上ノ問題、作戦地域ニ於ケル兵力ノ移動

二月三日

一　予定行事
1　総長行事簡素化　時間ノ余裕アル仕向（第二課、総
務課）　毎朝情報説明、第二課宿直参謀
2　方面軍司令官会同予定、総長口演要項報告
3　航空総監部ニ特攻組織化ノ件連絡
4　海軍第一部長ニ「チモール」ノ件連絡
5　第三課長交迭及第三課ノ帰属問題ノ意見

6　第七十一師団ノ台湾方面輸送ニ関スル見透
7　第十三軍ノ方面軍昇格ノ返事
一　軍務局長連絡
1　特攻ノ編成化ノ了解
2　陸海軍兵備ノ協定（昭和十一年以来ノモノ）
総長口演　国民ノ疑念ヲ一掃シ軍部カ中核トナリ強力推進ス、必勝ノ信念ヲ植付ケル、国民生活其他生産方面ニ於ケル非常態勢確立
軍官民一体ノ態勢ノ確立↓軍カ中心先頭ニナリ　態勢立ナホシヲヤレ　町ノ状況
○朝枝参謀ノ処置
一　朝枝参謀報告中ノ報告
1　戦訓ニ基ク新戦法ノ指導
敵火力ノ重視、機動セハ戦力ヲ極度ニ低下、右ニ関シ極端ナル観念ニ基ク戦闘指導ノ方針
2　㋩ノ運用（位置選定カ第二）
「切込戦」ノ成果ハ特種訓練ノ成果
訓練ノ戦場ニ於テ「切込」ヲ実行ス
陣地築城――洞屈（ママ）即陣地
3　航空ニ対スル期待度　大体出撃機ノ1/5 1/4
4　匪賊ノ威力ハ頗ル大ナリ
5　制空機下ノ交通ハ不通
6　通信ハ意外ニ不可　通信量過多
電波情報ハ価値過大（？）　俘虜及文書ノ鹵獲ノ価値　情報勤務規定ノ重要性、航空（空中勤務者）ニ対スル船舶教育

二月六日

一　本土ノ戦場態勢確立ノ為ノ、陸軍統帥部ノ根本方針ハ明日ノ総長ノ口演ニ於テ明示セラル
一、今後統帥部トシテハ右ノ根本ニ基キ一切ノ努力ヲ傾注セラルルコトト信ス
「ガ」島作戦以来希求シテ実行シ得サリシ陸上大作戦ニ依リ戦勢転換ト決勝ヲ求ムルニ在リ　之カ為ノ軍備ハ決勝ノ根拠ヲ確立スル為　頭ノ転換ト従来ノ常識範囲ヲ越エタル考方ト努力ヲ要スルモノト考ヘアリ
中期迄ニ実行
其後ハ生産ト調和
一　食糧問題ト兵備拡張ノ調和
航空総局
一　二月ノFノ補給量一〇七四　3FA一九〇、4FA八五、5FA一

二七、満二八、台一〇三、内二三七
一　地上兵備増強ノ方針転換
一　フ号使用上ノ問題及発表ノ処置
十一月以後使用量ノ生産ノ可否
経理局長
一　本土戦備確立ト予算ノ考方ノ転換
資材（木材、セメント等）ノ供出→土地、住民[?]ノ考方ノ
一致ヲ要ス
一　本年予算ノ本質ノ説明
陸軍ノ臨時軍事費ハ　内地　七七四
外　九五三
計　一、三四七億
全　八五四億
陸　四八四
内地二三四
海軍ノ予算ト」
其他支那ハ更ニ大トナルヘシ支那ニテ七七四
南一六計九五三
兵政
一　兵器費ノ予算ニテハ成立セス

一　大陸輸送ノ難渋状態不良（医務局長）
航次長
○陸軍省局長ノ意向ト統帥部ノ強力ナル中核的先達的態度
ノ要望
一　戦場ハ戦地 ─ 方面軍司令官
─ 物資ノ移動制限ノ強力執行
速ニ周密ナル計画ト徹底ヲ要ス
大ナル混乱
戦時高等司令
○総長　軍民一体、積極的協力ヲ得ル如ク努力着意スルコト
戒厳令ノ基本的改正」ハ実際上必要ナリ
緊急勅令ノ準備
○航空優先ノ意ハ此時局ニ於テハ航空→地上ノ併進、航空
重点
一　岡田中将〈以下3まで朱書〉
1　完成飛行機ノ地下壕
2　農商省松根油ヲ壟断シ在リ
農家ニ命スルモ実ハ其能力ナシ
軍需省ニ□□セシメ資材ヲ融通セシムルヲ可トス
3　兵器工業ノ疎開ニ伴ヒ小運送用油ヲ軍ニ於テ確保ス

二月八日

一　第一航空軍隷下ノ地上部隊ノ作戦防衛ニ関スル防衛総司令官下ノ指揮ニ入ラシムル件
（第一航空軍参謀長佐藤少将）

一　次官口演

1　海軍ノ仕事ノヤリ振リニ関スル批判的言辞　軍紀風紀　海軍トノ関係
（陸軍省「軍事課」ノ頭ハ対立的□□的ノ思想ニ立脚スル点大ニ反省又ハ転換ヲ要ス）

2　兵備ト動員（外征軍トハ趣ヲ異ニスト云フハ何カ？　現戦局ノ認識ナシ）
此戦局ニ即応スルモノニアラスシテ従来ト同様ノ総動員ト軍動員トノ調和ヲ主トシ　軍動員ヲ主トシ無理ヲモ断行ノ気魄ナシ

3　本土ノ作戦準備ヲ軍政上ノ築造ノ観念ヲ一掃セラレアラス　只統帥系統ニ一貫スルコトトナレハヨシ

一　軍務局長口演
陸ノ兵備強化ノ何等見ルヘキモノナキハ統帥部トノ間ノ協調ノ不様ヲ端的ニ示シアリ　当「決戦戦備処置要綱」ハ右見地ニ基キ根本的ニ改更スルヲ要ス

二月九日

一　関東軍総参謀長連絡事項

1　従来ハ北方ノミナルニ今後ハ南方ヲモ大ニ考慮ヲ要ス　然ルニ北方ヨリ先ニ南方カ現ルコトアリ　今般ノ兵力関係ヨリシテモ「国境陣地」ヨリ縦深ニ於ケル出血作戦ヲ遂行セサルヘカラスト考フ

2　保安師団ノ編成ノ要望
満、内部治安ハ不良　軍官学校生徒ノ三分二ハ日本敗戦ノ場合重慶ト内通スヘキニアラスヤ　招集ハ情勢ノ悪化ニ伴ヒ之カ対策ヲ要ス　満州国ノ体面問題ニ関セス実行ヲ要ス　速ニ実行ニ移リ度

3　笠原個人的ノ所見トシテ参考ノ為
今日ノ事態ニ於テハ本土ノ防衛カ第一ニシテ爾他ハ別トシテ一切ノ重点ヲ本土防衛ニハ如何ナル犠牲ヲ顧ミス　此点凡ユル事一切顧ミサルコト
兵力整備及兵器資材ノ整備ヲ果シテ間ニ合フヤ否ヤニ疑念ヲ有ス
此点ニ於テ　支那及満州ノ軍隊ヨリ抽出シ内地ノ兵備ヲ強化スルノ処置ヲトルヲ可トセスヤ
第一線ヲ犠牲トシテ本土防衛ノ最重点主義ニ徹底シ

テハ如何　全般的ニ兵力ノ本土集約ノ決行

一　陸海連絡会議

(一)　海軍

1　「パラオ」ニ集結セル二十数隻ハ五日出港ス　残リハ小艦船多シ

2　比島北端トノ海上艦艇ニ依ル交通ハ不能トナレリ

3　敵ノ哨海ハ

南方トノ交通ハ

益々困難ナルヘシ

第一次ハ安着

第二次ハ沈

第三次一ハ沈、一ハ損

第四次昭南ヨリ北進中

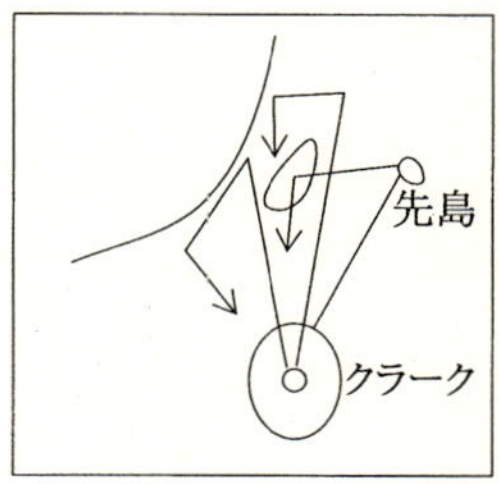

4　機動部隊ハ「ウルシー」ヲ出港セルヤモ知レス

比島トノ連絡ハ少シ

一月中旬以降「マーシャル」、「マリアナ」付近ニ亙リ、二月三日ニ呼出符合ヲ変更（此ノ変更ハ十五―二十日前ニ変更）

敵ノ次期策動ハ切迫シ、南西諸島方面ノ算大ナリ

5　第十一航空戦隊（三〇〇）ノ外戦三、艦爆二、艦攻一、陸爆一、陸偵一、□□（一二）（約三〇〇）

第五航空艦隊（六〇〇）

二月十一日発令　二月末頃迄ニ展開完了　敵機動部隊ニ対シ相当大ナル期待アリ

司令長官ハ宇垣中将　九州ニ進出　監視艇（五〇隻）ハ南西海面前面ニ配置ス

(二)　陸軍

1　比島ノ敵機千機

2　敵ニ与ヘタル損害

人　一万五千　死

八〇(?)　戦一八八　自一〇六

我損害　約五千

一　陸海軍連絡会議及軍事参議会席上ニ於テ帝国本土作戦兵備強化ノ所見ヲ述フ

一　北方方面輸送問題

イ　北方戦備強化ノ重要性

ロ　千島ノ配備ノ南方集約ニ備フ

輸送船二隻ト小輸送艇若干

特攻部隊ノ若干ヲ北海道北端

一　大城戸憲兵司令官連絡

憲兵ノ全国的配置及兵力ノ根本的改変ヲ要ス＝編制改正

右ニ関係スル作戦方面ノ状況ニ就テ連絡ス

一　挙国皆兵以テ帝国ヲ衛ル主義

1　徴集召集免除ハ原則トシテ認メス

役人ヲ兵ニセヨ

2　女子兵員ヲ設ケヨ

3　皇族ヲ第一線指揮官ニ仰キ奉ルコト

内地防衛軍ノ編組

東神軍

㊤ 第一内地防衛軍　司令官殿下〈第十一・第十二・第十三〉方面軍

第二防衛軍　司令官殿下〈第十五・第十六〉方面軍

西神軍

第一航空総軍（陸）　総司令官・航空総監〈第一・第六〉航空軍

第二航空総軍（海）　聯合艦隊司令長官

一　二月末ヲ目途トシテ為スヘキ事項

1　親勅　勅語ヲ仰ク準備（三月十日）

2　作戦会議

3　政府ニ対シテハ戦時措置要綱ノ根本的改変

3　兵備ノ最終的決定

4　方面軍参謀長会同

5　中央人員減少1/3決行　陸軍大学校ノ決戦参与（校長、一部職員）

6　海軍兵備ハ重点ヲ左ニ徹底ス

人間魚雷（簡易多量）大型飛行機ニテ行ク方法ハ不可、

基地、燃料、敵ノ制空下

小型潜水艦群

7　大本営ノ移転先ト之カ通信施設

「戦力」ハ生産蓄積ヲ主眼トシ　敵ニ強ヒラレテ消耗スルコトヲ避ク

二月十日

一　B29ニ対スル撃墜破ノ観察

最近生産　月一五四

十二月　撃墜 六九・〃破 一二一｝一九〇　　高射砲　六・二五｝三一（三五〇発）

一　月　〃 七二・〃 二一四｝二八四　　二・五六｝五八（約百発）

二月一日　九千発

一月全部　六千三百

二月十一日　朝

総長ノ部員以上ニ対スル訓示ト次長ノ激励

1　本日ハ紀元二千六百四年ノ紀元節テアル、本日ヨリ帝国本土ノ戦場態勢ノ確立ノ戦法ト防衛作戦ニ関スル大命カ実行ニ発足ス意義極大ナリ　今後大本営ノ驀進スヘキ方針ハ口演ニ在リ

2　統帥部トシテハ一意心ヲ同シクシ必勝信念ヲ確乎タル根拠ニ求ムルニ努力スヘシ　一同ノ意気ト実行力ノ十二分ナル発揮ヲ望ム

次長ヨリ

1　総長訓示ヲ体シ一同死力ヲ尽シ努力ス　総長口演ノ特攻精神ハ大本営ニ職ヲ奉スルモノトシテハ敵ノ来攻依然（ママ）ノ態勢確立ニ在リ、目下ノ日（？）ニ在リ、一致結束、陸軍全体、陸海全体トナリテ神国護持自存自衛ヲ貫徹セン

2　第一部ノ業務ヲ中心トシ積極的ニ同一心体トナリ邁進ヲ望ム」予ハ堅キ決意ヲ以テ断行邁進センコトヲ期ス

二月十一日（※重複）

（諫山中将）

一　台湾軍ヘ十一万円（機密費アヘン半屯分）

一　台湾ニ混旅二、混聯一↓

一　戒厳　当初ハヤルヲ可トスル意見ナリシモ「総督」問題終結ニ伴ヒ不要ナリトノ意見アリシモ法的根拠ヲ以テ実行上ニ徹底ヲ期スル為戒厳ヲ望ム

一　当方ヨリ

第十方面軍、球ノ状況

海軍航空増強　九州ニ第五航空艦隊

一　次長訓示

一　作戦研究

1　対日戦争終末ト其目標

皇室、軍民離間　論調ノ変遷、欧州トノ差異

2　本土進攻要領ト時機

イ　一ハ航空基地推進ト本土弱化↓次テ一挙上陸

ロ　一ハ各方面ヨリ逐次近海ニ基地推進シ徹底的ニ本土弱化

3　敵兵力ト其作戦要領

太平洋方面使用可能兵力

二一、五師　一部予備ヲ残シ一八師

（六月迄ニ）

第一案　一八師団ニテハ一一、三師残ルノミ　呂宋ヲ総予備トスレハ之丈ハ用ヒ得

第二案　夏迄ニハ九、五ノ予備アリ、更ニ呂宋ノ分ヲ予備

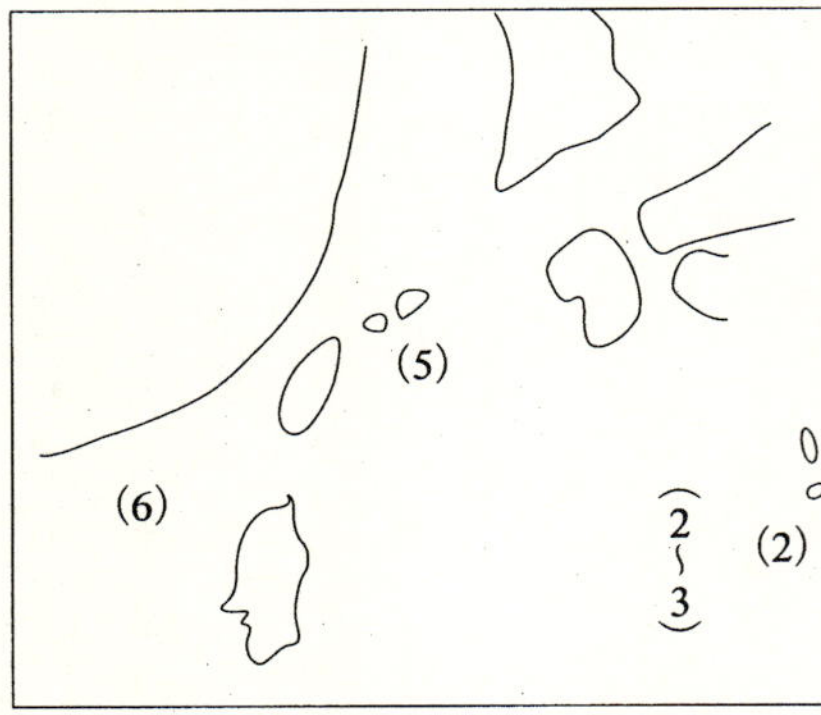

トスレハ更ニ数師団
右ノ外豪州軍ハ国
内予備　十一中約三
位ハ使用可能
　問題ハ　比島特ニ
呂宋作戦ノ推移ナリ

1　陸軍抽出可能
　現　一二、五師　レイテ三―五
　　一四―一五、五
2　陸兵配置
3　航空基地及マニラ湾ノ基地化ノ為ノ作戦行動ト之カ
　使用兵力
　六月末頃迄ハ二、三師団以上ハ抽出不能ナラン
空軍
二二〇〇～二五〇〇ノ内

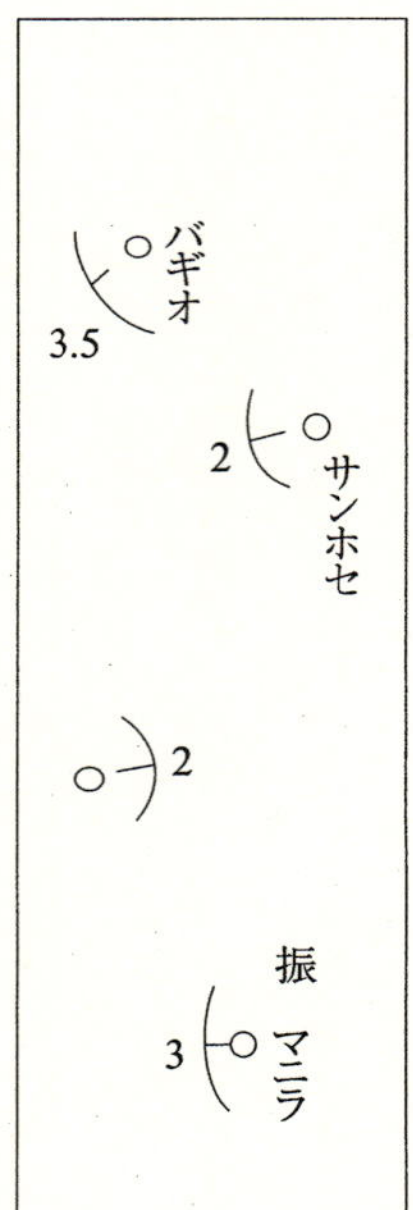

P38 B24 級（約　）ヲ以テ（クラーク マニラ、北呂宋）
二月四四〇機（一八〇〇）
三月八四〇〃（三四〇〇）
四月　一、一〇〇（四四〇〇）
五月　一、二四〇（五〇〇〇）
六月　一、二五〇（四九〇〇）
　実動ハ$\frac{2}{3}$
　月六回
　（　）来襲機ノ予想
　ノ予想

艦隊兵力
小笠原　二月来攻スルモノトシ　B24
四月　五〇
五月　百
六月　一五〇
B29 呂　「マリアナ」
四月　四〇
五月　八〇

六月　一四〇　最大四〇〇
右ニ基キ
第一案　三月下旬以降　南支沿岸、
兵力米三~四、英三、汕頭(米)、香(英)
状況ニヨリ汕頭ノミ
四月ニ　小笠原
六月　沖縄本島
第二案　二月小笠原
五月　沖縄本島へ
海軍
米　航母正一八　改巡七~八　計二五
英　五　三　八
船舶　太平洋　中部　一五〇
現七五〇　南　三〇〇
西南　三〇〇作戦用
常続補給用　六二〇万屯
従テ　作戦用一三〇、同時四師団
一、太田飛製作場ニ約九〇B29来襲　損重大
一　天号作戦ニ於テ九州基地陸海軍航空ノ統一(第六航空軍)

二月十二日　晴

一　連絡会議
1　硫黄島ニ対シ敵艦砲射撃ヲ受ケツツアリ
2　聯合艦隊ノ編成改正
3　昭和二十年前期ノ航空兵力使用ノ腹案
南方諸島
東支海周辺　兵力
初動　1AF　85機
5FA　600~800
準備兵力　800―1100
2000~3600　}五月末ニ
本土　本土防空

二月十三日

一　一月ノ飛行機生産　実績九二一(八〇九　実際)
内動六八〇　先月ニ比較シテ二割減
太田空襲状況　第一関係?ニテ東半部爆八三戦?三五
二月ニ八一月ノ六〇%
三月ニ大ナル影響アルヘシ
一、局長会報ノ席上、予ヨリ兵備事項ニ関スル作戦考想ヲ

一席ス
一、日吉聯合艦隊司令部ヲ訪問ス
宇垣第十(ママ)航空艦隊長官、聯合艦隊参〈謀〉長草加(ママ)中将並ニ高田少将
一、富岡海一部長ト陸軍兵備ニ関連シ之カ神速ナル達成ニ関シ連絡ス
要旨左ノ如シ
一、陸軍兵備（本土ニ約五十師団）ヲ上半期ニ建設スルコトハ喫緊ノ問題ニシテ陸軍動員二、三百万ノ要求アルモノト内心明シアリシ次第、海軍トシテモ上司ヨリ陸軍兵備ノ為ニ海軍トシテ何トカシテ協力セヨトノ意向ヲ示サレアリ
一、鋼材ハ物動ヲ当テニシテ紙上ニテ分配ヲ云々スルモ当テニナラス、要ハ現在ノ手持チ急ニ出シ合フコトカ緊要ナリ、陸海軍共ニ相当量ナリ、陸軍ノ要求位ハ何トカナルヘシトノ見込ナリ　至急調査スヘシ　海軍モ相当アリ陸軍ニモアルハス
[（欄外）海軍ノ本土防衛組織]
一、海軍陸上兵力トシテ、本土ニ海兵五〇万（内二七万航空地上部隊、二三万鎮守府海兵団、砲関係）及軍属工員百五十万ヲ戦力トシテ如何ニスヘキヤ
イ．四月一日以降ハ直ニ戦力化スヘキコト研究シアリ
ロ．右ノ五〇万ハ兵力トシ　百五十万ハ陸軍兵備要員トシテ何月ニテ幾何ヲ為スヤ
ハ．海軍砲ヲ列車砲トシテ陸軍ニ提供（至急調査）
一、右ハ軍令部内及海軍省ニモ意ヲ徹底シ兵備的ニ処置ヲトルヘシ
一、6FAヲGF指揮下ニ入ル件及同一地ニ位置ス研究トGF兼任参謀ノ件（兼任参謀トシテハ堀場、田中）
一、運通省ノ航空関係ノ陸軍管理ニ入ル件、研究ヲ要ス
（目撃ノ所感）
一、敵機動艦隊ノ出動ノ算　方向ハ南西方面ノ疑濃厚、十六、七日ニハ我戦線ニ現出ノ算大
一、海軍側ノ上海ノ防衛地区担任ノ要望
◎総長注意
一、真ニ必要ナルモノノミヲ残シ、他ハ民ニ返シ、食糧其他ノ成算ニ入レル(ママ)→民間ニ返ス主義　作戦ハ出来テモ民力枯レ戦争ハ出来ヌ　民力枯渇
一、資材ニ於テモ然リ
一、軍備訓練ト食糧問題　食糧生産

○航空運用上ノ重要事項
1　従来ノ敵ノ躍進距離ト飛行基地
P・B24―五〇〇粁乃至千百粁
○忠臣蔵
絶望が希望へ一転したのだ。惨憺たる敗地から勝利者への位置に立ち返ろうとして来た。此の秋は浅野家の後へお国替してくる何処かの御家中が見るだろう　誰が見ようとも咲く花には差別はない　萎縮した花は残したくない　武士道は一方向。侍は奉公じゃ　ほかに仕事はない。

二月十五日　曇

第三課報告
一、特攻部隊ノ編成及指揮組織ノ確立
組織的運用ハ本土ニ於テ初メテ成立ス
戦機ニ投スル運用ヲ成立セシムル作戦準備
一、航空運用上ノ重要項目
1．飛行機生産ノ向上保持ノ具体的検討
2．人ノ質ノ向上―個人ニ対スル特定任務ノ教育
3．本土作戦ニ於ケル縦深的保持

部長会報
一、大本営機能発揮
1．天皇親率　幕僚組織ト位置
2．統帥及軍政ノ一体的活動
一、本土ノ戦場態勢確立ノ為ノ作戦準備諸般ノ行動（運輸、築城、疎開、飛行機格納施設等）ヲ作戦任務　即チ過般ノ大命ニ基ク大陸指ニ依テ神速確実ナル実行ヲ期ス
○総長
1．上奏ニ関スル重大ナル意義ト総長ノ意　之ニ対スル第二課ノ業務遂行
2．大臣ハ大本営内ニ含ム奉公ニ在リト信ス
○次長　各省官吏ノ頭ノ切換カ第一急務、此方法如何
兵器生産ニ関スル兵行政本部長ヘノ要望
○経理部長ノ食糧問題
朝鮮ヨリ三百万屯　満州ヨリ六百万屯　計九百万屯ノ移入ハ実績半分ニ達セス　憂慮スヘキ問題ナリ　軍ニ於テ之カ輸送ニ関スル研究
総長　上奏ノ際ノ御言葉［（欄外）陛下ノ御宸念ト□□］
一、航空ノ全般運用ハ如何ニスルヤ
二　比島ハ航空ナシニハ陸上作戦ハ時間ノ問題ナラスヤ

——地上部隊ヲ以テ堅実ナル成果ヲ収メアルヲ以テ軍司令官ニ御委セ願度

三　呂宋ニ於ケル「奉天会戦」ヲ御期待遊サレアリ、現地作戦ノ腹案必スシモ積極的ナラサルモ、総司令官ニハ此意ヲ伝ヘタルモ、今日ニ於テハ飛行機モナク、本来出血ヲ求メテ進ミタルナリ（御満足ナラサルモ）

四　今後ノ敵機動部隊ノ敵企図ハ如何ニ判断スルヤ——小笠原又ハアバリ　アバリニ対シテハ台湾ヨリ攻撃ノ準備アリヤ

右ニ対シテハ十分準備ナキモ好機ニ投シテ撃ツコトトナルヘク

右ノ如キ状況ニ於テハ、此先ハ案セラルルト思フ、独乙ノ状況ハ如何——然ル時ハ東亜ハ如何——直ニ重圧トハ考ヘ得サルモ　結局ハ最後ノ地上決戦ニ関シテハ十分ノ確信ヲ以テ準備シアリ

○大城戸司令官

一、国内就中都会ニ和平気分抬頭シアリ

二、生活様相困難ナルニ順ヒ反軍思想、左翼的、一衝動ニ依リ　軍トシテ確乎タル信念ヲ披瀝スル要アリ

対策　一、食料問題　惨怛都会

一、燃料問題

一、軍隊ハ国内生産軍ニシテ防衛軍トノ観念　軍隊ト国民ト一体　訓練時間ト生産

一、燃料問題ハ軍隊ニテヤル

一、都会ノ分散疎開→堀立小屋→軍隊→疎開民へ

一、夜、部局長会報ヲ行フ第一回目ナリ、吉積整備、那須兵務　両局長ノ熱意可ナルモ大臣及軍務局ニ対スル言辞ハ立派トハ申シ難キ点アリ、責任者ノ勇断コソ、実行上ノ勇断コソ、真ノ大勇ナリ

一、山王ニ於テ本土作戦計画中ノ関東方面ニ関スル計画ヲ検討ス、大分所見アリ、計画ノ本質着意スヘキ主眼等ニ就テ幼稚ナル点多シ、之ニ関シ翌日朝第二課長以下ニ予ノ意図ヲ率直ニ申付ク

二月十六日　薄曇

一、十一日頃「ウルシー」ヲ出港セル敵機動部隊ハ此日早朝俄然来襲シ房総方面海軍飛行隊ハ敵ノ奇襲スルトコロトナレリ　爾後数回ニ亙リ帝都付近飛行場、軍事施設等ニ対シ二〇乃至五〇機ノ波状攻撃ヲ行フ　右ハ此朝硫黄島ニ対シ敵上陸企図ノ遂行ニ関係シ、我本土ノ来援ヲ封

止遮断セルモノト判断セラル、力ナリ、戦ハ力ナリ　意
志ハ力ヲ通シテ敵ニ強圧ヲ加フ

一、十六日
損害　陸—一八（自）　二七（未）
　　　海　二六　} 約六〇
　地上炎上　陸海　約八〇　} 約一五〇
　　　　　　　　　陸一二五
戦果　計一九七　内一四七撃墜

一、十七日　艦載機　計六〇〇　八波
関東（四五〇）及静岡（一五〇）飛行場、艦船、列車、
交通施設
戦果　墜二三以上（陸ノミ）、撃破三〇以上（陸ノミ）
損害　炎大破浜松五、豊橋老朽機五〇
　自二、未一二、地炎四　計一八
　航空関係建物、浜松、香取、豊橋、前橋
　船舶　横浜ニ船射撃ノミ　戦果
　　千葉市外ニ若干　被害一三

右合計
戦果　撃墜　A一七五　B九八　} 二七三
　　　撃破　A八一　B三　} 八四　} 三五七
損害　A五二　B三〇　} 八二（一〇二）——海軍ノミ

第十二方面軍高嶋少将連絡事項
関東方面ニ軍属工員総数約百万ノ戦力化
（部分的、自衛ヲ組織シテ有機的組織化スル施策）——参謀長
会同
一、海岸付近ノ飛行場ノ□□攻撃
一、防総及第十二方面軍主脳参謀ノ大本営兼任
○新兵備整備ノ為ニ既成ノ兵員中要度少キモノヲ縮少（ママ）解隊
スルコト
　参謀長会同ノ際ニ示スコト

「忠臣蔵」五十年六十年の生涯が白刃の上なのだ無事無為に赤穂の田舎に暮してしまへばかういふ緊り詰めた生涯の一瞬は思ひもよらない事である。幸か不幸事変以来一年と僅三月間の人生は人間を味った事で百年いや千年

生きたにまさる味がある。……憂ひといへは敵よりは同志のものの心の動である　更に怖いものは自分であった　日々確信は固って行く様であっても　その確信をゆるがしそうになる自分の虚が怖い

……今までの全生涯もこれからの短い生涯の為に可惜(アタラ)醜いものにして何うする　自分といふものも一個の自分ではない筈だ　先祖の名もある　これからの子孫の名もある　いはば自分は鎖の中の一の鐶だ　錆ひてはならない「いやそれは小さい」思わす声を出した　自分の声に驚いたが同時に満身に漲っている力を覚えた　遽に血が倍にも殖えて五体が緊り切った感じである「自分が何か」自己を小さくいや自分を無にして考へると共に「士道山鹿先生の遺訓　学問とことばの上のみに示された士道を身を以て具現せいと天がこの己におひつけになったのだ……」

二月十九日　晴　硫黄島上陸開始

一、陸海連絡

海軍

1．十六日「ウルシー」　正空母一二、改空七、

2．南方軍ヨリ第十方面艦隊へ連絡参謀派遣ノ件

3．本土ノ海軍ノ哨戒機不足、

陸軍ノ百式司偵ノ増援ヲ頼ム

一、地方行政協議会ニ於ケル口演

一、敵B29約百機帝都来襲、十機撃墜

二月二十日　快晴　歯痛（軍医校中山教官）

一、部長会報

1　飛行機生産工場ニ於ケル艦爆攻撃ノ損害

キ84今後ノ生産目途、二月ニハ影響ナシ

三、四月ニハ大影響アリ

2．フ号ト㈧、自一三五百輌

3．糧秣　硫黄島　台湾（可）沖縄（地区輸送困難）

4．保育問題ハ重視ノ要アリ　中部一三（大）〃一二（小）

保育ニ関スル教育―糧秣関係、衛生関係、

給養事務―内務、教育、給養人員

「教育ノ実施」

5．国内食糧事情ハ大豆等満州ヨリ輸入セサレハ端境期ニ一大問題ヲ惹起スヘシ

6．軍動員ト国民動員トノ関係（生産、交通、不急産業→

二〇～五〇％圧縮）

7．米国ノ実情

8．「クリミヤ」会談ト宣伝

（予）戦場態勢ノ確立ニ伴フ中央官衙、司令部等ノ施設ト事務ノヤリ方ヲ野戦的ニ移スコト

一、兵〈器〉行政本部ニ菅本部長及伊藤総務部長ヲ訪ヒ、兵備ノ資材装備ニ就テ可能（予ノ無理）ナラシムル如ク努力ヲ要望ス

一、兵備関係ニ於テ八月末迄ニ何カ何デモ合計四〇ヲ生ム要アリ　貧乏人ハ沢山ノ子ヲ生テ其子ハ忠誠ヲ尽シテ居ル軍神ハ皆貧乏人ノ子ナリ　金持ハ之ニ反ス　襁褓モナク乳ナクトモ子ハ育ツモノナリ　肌テ温メ貰乳ヲシテモ子ハ育ツ之人ノ情アレハナリ　子ニ対スル考方ヲ異ニスルモノハ自ラノ容色ノ衰ヘンコト其他ノ煩瑣ノ為子ヲ産マサルコトヲ考フ　之天理ニ反スル個人的享楽思想ナリ　金持ハ有リ剰リテ尚且之ノ如シ　之人ノ情ナキモノナリ　天理ニ反スルモノナリ、必ス天譴ヲ受ケ亡フヘシ

一、兵備ノ成就ニ関シテハ

1　昨日ハ地方行政協議会長会同ノ席上総理以下閣僚、次官、協議会長及参事官ニ対シ、戦局ト本土純戦場態勢ノ急速確立ノ緊急ナル所以ヲ説キ之カ必勝兵備ト之カ建設ノ可能及之ニ依リ必勝ヲ期シ得ヘキコトヲ力説ス

2　今後ハ海軍側ニ熱意ト誠意トヲ以テ頼ム

3　最後ニハ皇族殿下及侍従武官ニ此至誠ヲ御伝ヘ申上クル外ナシ

真ニ国家ノ興亡ヲ目前ニ控ヘテハ職トカ域トカハ問フ処ニアラス　燃ユル忠誠ヲ以テ御願御願ヲスルニ一歩モ躊躇スヘカラサルヲ信ス

一、何ト申シテモ若キ者ハ血アリ、熱アリ、意気アリ、予カ最近抱懐セル処モ此若キ人々ノ熱ト努力トニ依リ、着々成就ニ向ヒツツアルヲ知リ、衷心感激ニ堪エス

一、昨十八日　硫黄島ニ敵上陸以来ノ現地軍ノ奮闘ハ感謝感激ノ至リ、之ニ力ヲ以テ協力シメサルハ洵ニ泣クニ泣カレヌ思ナリ

二月二十一日　快晴

一、台湾ノ作戦準備

1．地上ノ作戦準備

2．4FA司令部ノ機能停止　隷下部隊ノ上司ニ対スル不信

任ノ実情、統率、軍紀、志気最悪（屏東ニ三千人）台湾軍側ノ意向不良

3. 南方軍ノ4FAニ対スル実情認識不良　上下ノ間不良

一、戦争指導

1. 国内決戦態勢

2. 対ソ安全政策ノ確立ノ方策

一、国内兵備

1. 対空機関銃ノ増大

2. 重野砲級ノ迫撃砲級以下近接戦斗装備ヘノ徹底

一、坪島武官

陸海軍共ニ積極的ニヤル方法アリヤ」ノ御下問——之ニ対シ　海軍ハ情報報告スミ（?）

一、海第一部長連絡

1. 輸送艦船ト護衛艦艇ノ量ハ要求ニ応シテ制約ス

1. 八月迄ニ建設スヘキ兵器ヲ具体的ニ算定シ交渉スルコト

1. 仕事ノ手順、第二部長ト直接交渉

1. 資材（重砲）等ノ調査ハ実施中　格納庫ハ陸軍ヘ

1. 陸海軍統合問題　具体的研究ト方法如何

1. 戒厳令ノ研究——→海軍

二月二十二日　雪

一、今後ノ戦争指導大綱

海軍側ノ意見纏ル迄ニ

一、師管区司令官ハ親補職〈朱書〉

二月二十三日　快晴　夜来雪

一陸海連絡

1. 硫黄島方面敵艦船状況

	A	B	c	d	T	LS
十八日		三	二九			
十九日	六	一		四		
二十日	一		八			40
二十一日	四	二	一三	四二	435?	300
二十二日	三	一	七		251?	

2. 攻撃（戦爆攻）

海軍　13　12　8　ヲ以テ二十一日特攻

空母一沈、一破

四日　陸攻六特攻

黒島少将トノ連絡

一、敵機動部隊ニ対スル撃滅（約五〇）

戦600　特攻600（80番以上）其他100　計千三百機

（松波）潜水艦ニヨル回天、次期ハ三月中旬

一、敵進攻作戦兵力ノ撃滅

1．洋上撃滅

練習航空隊主力ヲ特攻機トス［(欄外) ロケット艦］

中練330（25番）二百五十哩

第一線航空兵力100機［(欄外) 秋水(五〇〇位)］

2．標的四百五十　SS千　回天六百

（上半期）震洋三千

3．橘花（上）約三千（実ハ三百以内）

（二五番　五〇番）

一、地上兵備編組ハ一部ニ於テ連絡シテ、有効ニ使用シ得ル如クスヘシ

一、海軍主要生産施設ハ大部ハ地下ニ入レリ、軍需省関係ハ兵力ナシ推進ノ要アリ

一、海上交通掩護　対潜兵力ハ現状維持

機ハ未タ日本本土ニ在リ

鉄線アルモ石炭ナシ、荷役ヲ兵ニテヤレ

一、東南支那方面作戦　航空兵力

陸軍　千百機　更ニ四月約千

海軍　七百機

兵備ニ関スル陸海連絡着意事項

一、戦局ニ即応スル作戦方式ノ根本的方策

一、右ニ関スル作戦準備完整時機

一、陸軍兵備ノ既定計画

一、海軍兵備ノ概要ト之カ建設ノ時機的見透

一、資材及製作機能ノ合理的統一的運用

一、原則論抽象論ハ止メ時ト量トヲ決定

一、戦局認識ハ統帥責任者ヲ第一位トス、此点ニ関シ他ノモノハ之ヲ諒トセラレ度

○戦争ト作戦ト同一視スヘカラス

今ヤ作戦ハ戦争終末ニ及ヒ両者近接ス　目前ノ直後ノ作戦ト共ニ其後ノ作戦（戦争終末）ヲ深ク考ヘサルヘカラス

○従来作戦ノ後(?)手ヲ更ニ一回ヤレバ国ハ亡ブ

○省部研究

軍務局長

◎戦争遂行能力確保ノ為ノ基本方策

1．石炭輸送ノ断乎タル処置（断乎タル処置）

2．鉄・銑（石炭ト共ニ輸送力確保ヲ緊要トス）

3．火薬──→西方ニ偏在
（感）造成ヨリハ現存ヲ収集
［（欄外）日満支国防圏即㊦］
4．塩（大部ハ満州）
5．食料（海上杜絶セハ一五％減）
6．油、アルコール　松根油（地域的ニ平均分布）
○輸送力
満支ヲ通シ　朝鮮隘路
1．鉄道老衰遂次低下
2．海運ノ配置換ノ必要
（急）一般交通ノ大巾停止ノ断行
○戦力的陸島的地域　合計今日五─一〇％ノ兵器生産
裏日本・瀬戸内・北九州
△　通信器材ハ只今ヨリ各方面ニ分散ヲ要ス
（之迄ハ考フル必要ナシ、之ニ至ラサル如クスルコトカ第一ナリ）
造幣廠ノ存在ト輸送ノ輻湊交叉
「アルコール」用石炭ノ端末ヘノ輸送（小運送）セメント
（感）自由的不自然配置ヨリ作戦的ノ統制的配置換ノ緊
要
今後ノ神速ナル対策ノ諸項目

一、兵器資材ノ急速整備
一、海軍側ノ徹底的圧縮
防空火器ノ地上用転換　航空弾薬ノ地上転換　艦本関
係ノ生産施設ノ陸軍用借用
防空火器ノ全般的作戦的運用
一、航空優先ヨリ地上兵器ヘノ転換ノ困難性ト神速ナル生
産効程発揮
◎朝鮮海峡ニ於ケル輸送調製?
当面ノ国力、戦力調整要領
第一、第二案、中間ノ第三案ノ検討
本土ヲ戦場トスル作戦兵備ノ考方
法制ハ平時ノ法制ナリ　之ヲ活用シ得ル如ク改編スル
コトカ此事態ノ要求スル中心ナリ
一　第三部長説明　輸送
一、陸軍ニ於テ輸送全般ノ運営ヲ実行ス
一、交通輸送強力統制　民ノ輸送協力
（感）原料ノ運搬ヨリハ既成品ヲ優先トス
通信ノ作戦化ト運用
鉄道、通信ノ沿岸ヨリ山地ニ転移
既存ノモノノ愛護ト之カ施策

根本方針ノ策定ト之ニ伴フ組織的

北支高橋中将連絡　北支ヨリ七個師ヲ抜ク前提トシ

1．済南ニ軍司令部一個新設

2．独立警備一〇個新設ノ外ニ（更ニ一隊ヲ増加ス）

3．特警　憲兵兼任ヲ解ク意見ナルモ北京ニ置ケハ可ナラン

4．光関?作戦ノ為ノ津浦線ノ防空火器

5．西安作戦ハ中止（研究ハ持続ス）

6．軍ト大使トノ一元化（海軍ハ一役トナリアラス）方面軍ノ戦斗司令所

案　公使ヲ兼勤

軍事ニ関スル事項ハ軍ノ指揮ヲ承クルコトトス

公使館ノ関係部長ヲ方面軍司令部兼任、方参副長、限リノ部長、第三課長ハ大使館調査官兼勤

交通、燃料関係ハ軍命令

7．情勢判断

米軍ノ上海上陸ノ際ハ、海洲、青島、秦皇島ヲ抑ヘテ上海ヘ、或ハ上海ヲヤラスニ山海関　尚上海ヲヤラスニ南鮮ヘ　最悪ノ場合モ北支国境地帯ハ絶対確保　上海戦後歩々?退却スルヤ、上海付近ニ固ルヤハ研究ヲ要ス

一、台湾軍及三十二軍参謀長ヘ「沖縄北飛行場」確保ト之カ利用封殺ノ件、台湾ヘハ戒厳ニ関シ正式意見具申スル如ク通達ス

一、六月末迄ニ期待シ得ル海軍兵備

一、特攻

	特攻回	信陽（震洋）	甲標	SS
東地区六月	二四	二二五		
九月更ニ	一二四	八五〇	二四	九〇
中部　六月	六〇	三〇〇	三六	六
（九州四国）九月更ニ	二四	〇	七二	四二
西　六月	一二	二五〇	六	〇
朝鮮海 九月更ニ	三六	一五	三六	五四

〇右配置ハ更ニ修正

南西 九月同シ	八	七二五	二八
台（南台）〃		四七五	七
南支　〃		三七五（厦門（アモイ）、香港）	

二　潜水艦

六月末　四〇（輸送用一〇ヲ除ク）

積載回天八〇
更ニ八月末迄ニ　四〇
三　駆逐艦
現　一〇　外ニ巡洋二、戦五（航母五）
年度内ニ護衛　四〇（期待シ得ス）
六月末迄ニ　二位
魚雷艇　年度内ニ一二〇（期待シ得ス）（現ニ一〇）
[（欄外）国家問題] 他ハ護衛艦──→商船
大体二百隻
一、地上ノ可動的ノモノハ海軍ノモノヲ陸軍へ　水上水中
ハ一切ヲ海軍へ
一、海軍ノ下級ノモノ多数ノ団結アルモノヲ約二十万
九、十月頃以降ニ於テ数ヶ師団、陸軍式ニ訓練シ　師団
長以下幹部ヲヤリ、決心（南西諸島ノ見透ノ時）シタル時
陸軍へ一切移ス
種村大佐意見
一、陸＋海＋物動　全般上ニ立テ所要量ヲ決定
一、大陸トノ交通量ノ作戦ト其他トノ関係ヲ律ス
総長上奏ノ際　陛下ノ御言葉
一、振武集団ト硫黄島ハ誠ニヨクヤル
一、硫黄島ニ対スル特攻ヲ何トカヤレ　尚海軍ニモ
一、樺太ニ師団ヲ作ッタノハヨイカ　砲兵カ無イデハナイ
カ
一、師団ノ編制テ反撃歩兵砲隊アルハ可ナリ、
装備ハ出来ルカ
四、五十師団ヲ申上ケタルモ装備ハ出来ルカ
一、内地築城ヲ作ルモ砲兵力カアルカ？
額田少将〈以下朱書〉
○予定軍司令官、参謀長要員ノ準備
○大本営編成ノ必要性
○民ノ決戦組織
高橋中将
支那大陸ヨリ関東地方、朝鮮ニ転用ス〈朱書終わり〉

二月二十五日

夜宿舎ニテ省部研究審議案ヲ起案ス

二月二十六日

一　十六時ヨリ二十一時迄　連続省部会同研究会ヲ実施シ
大臣次官以下出席、種々ノ意見困難論続出セルモ遂ニ当

方ノ原案ヲ成立セシム、之ニテ一先ツ大安神、今後之ヲ以テ海軍及政府ニ臨ミ　愈々国家ノ危急ヲ既倒ニ救フヲ得ル如ク努力セン

一　陸大幹事以下及　三笠宮殿下ニ対シ、情勢ト決意ト之カ進捗ヲ述フ

㊤　大本営参謀総長　梅津

参謀部

- 陸軍部参謀部総長
- 陸軍省
- 海軍参謀部
- 海軍省

一、東部軍ノ希望

1．海軍

2．発令ハ現在ノモノヲトル　軍令

海上兵備整備予定

	二月	三	四	五	六	七	八	九	計
甲（六〇屯 五名）	15	14	20	35	50	60	70	80	344 （440）可能 2.1万t
SS（二〇屯 二名）	5	5	30	40	60	60	60	60	295 （600）可能 1.2万t
回天	34	60	70	80	80	70	100	100	594
震洋	350	400	400	400	400	400	400	400	3150

一、疎開分散先ノ統制（全般）

政府ノ根本問題

一、ト号関係ハ大体順調

一、兵備──→自動車ノ製産ニ伴フ使用ノ許可

（七月末迄ニ五百輛）

小運送問題、石炭問題ノ解決

一、航空関係　技術者二万名ノ召集解除

防空機関銃

機種ノ決定ハ速ニ処理

八幡ノ鉄ノ処置ト船、鉄道ノ利用

三月六日

一、陛下

敵上陸以来陸海□（ママ）然一体孤軍奮斗奮戦敢斗シ皇軍ノ真髄ヲ発揚シ大ナル戦果ヲ収メ、最後迄敢行ヲ期シアルハ誠ニヨクヤッテ居ル

反復　最後ニ失フハ誠ニ

三月七日　午後

経理部長会同席上ニテ必勝方策ヲ熱ヲ以テ述フ

一、硫黄島小笠原兵団長ハ神ニ近シ、透徹冷静、御国ヲ思ヒ自己ヲ云ハス　大将進級ヲ詮議セラルト、軍人ノ模範ナリ

要求

一、輸送量

軍隊　人　七五八、〇〇〇
　　　馬　　二、八〇〇
　　　□　　二、九〇〇
　　　TK　　三九〇 } 三五屯 } 軍隊三月、四月、五月、六月 130 八、八平均

軍需品一、三六〇、〇〇〇米方95屯

総動員物資　三五七重量屯　二二三屯

累計　三五三、一屯

三月七日

一、富岡第一部〈長〉来訪、沖縄本島兵力配置ノ変更ヲ要望、予直ニ大陸指ニテ之ヲ処理ス

二、第一部長ヲ訪ヒ右ヲ答ヘ、尚輸送主体トスル打合セヲ要望ス

三、夜ハ天野少将、鹿子島来リ天号作戦ニ於ケル陸海思想不一致ヲ述フ　依テ予ハ総司令部ノ急速編成ヲ約ス

四、坪島武官ヲ訪ヒ懇談ス

三月八日

一、航空総司令部急速設置ヲ航総監、総長、大臣次官ニ頼ム

二、陸海局部長参集、当部ノ輸送問題ヲ左ノ如ク議シ、速ニ全面発足ニ決ス

輸送ニ関スル申合セ

一、作戦上ノ急需（決号作戦ノ為大陸ヨリ急速輸送及天号準備）二十四万屯ノ船舶ヲ軍ニ於テ使用ス

二、右二十四万屯ノ船舶ノトリ方ハ国力整備ニ悪影響ヲ及ホササル如ク注意スヘキコト

三、ＡＢＣ船及港務ヲ一元運営ス　之カ具体化ノ基本方針左ノ如シ

1. 陸海軍ノ連絡機関ヲ合体シ〈以下括弧とじまで朱書〉速ニ（四月一〇ヨリ機能発□）一元輸送機関ヲ設置、輸送ノ実行ニ当ル

2. 大本営ニ輸送会議（第三部長、戦力補給部長、整備局長、軍務課長、軍需総動員部長ヲ骨幹トス）ヲ設置シ輸送内容ヲ決定ス

四、第三項ノ外　輸送力向上ノ為凡ユル方途ヲ講ス
最近連日連夜多忙ヲ極ム　実ノ処三ツノ身体ヲ要求セラル　幸ニ元気ナルモ仲々容易ナラス

三月九日

一、陸海連絡会議
1．海軍
イ．敵機動部隊ノ行動
六日ウルシー帰投？　敵ノ動静ニ関スル情報頗ル貧弱、哨戒能力寡少ナルニ依ル
ロ．硫黄島方面ノ第五艦隊長官他ニ去ル
ハ．二月末　有力船団マーシャル到着
ハワイ　ジョンストン通信頻繁ナリ
硫黄島作戦直後ノ敵来攻方向ノ判断
二月十日迄（十二月十一日ヨリ）二ヵ月
一日平均十三隻
二月十一日――最近　一日　十四隻
（以上）ハ特ニ重視ノ要アリ
[（欄外）判断同一個所]
哨戒艇　計一四〇（漁船）
損害二〇隻、航空六、機一〇、潜水艦

陸軍㋴ノ協力
我航空部隊状況、硫黄、リンガエン、其他ニ若干ノ損害ヲ与フ
一、敵機動部隊ノ今後ノ行動判断
一、天号作戦　航空（陸海）ノ戦略的、戦術的運用ノ着眼、
第一線指揮官ニ於テハ戦術的部署
一、沖縄本島　イエ（伊江）島ノ防備
一、硫黄島ノ配備、戦術的部署ノ見解
一、同一状況ニ基ク同一判断　之カ為同一場所勤務
一、天号ト決号トノ関係ニ関スル判断
一、右ニ関連シ決号作戦ノ根本的問題
今後ノ帝国本土ノ統帥組織
陸海軍ノ分担
一、兵站演習ノ連絡
一、硫黄島ノ戦果
二万二千　戦車二九〇　⋈　六〇
艦船　戦一、戦（巡）一、巡四、大型船三
艦種未六
損　一五、九〇〇、聯砲以上全部、弾全部
機種統一ニ関スル着意

陸 戦　キ84（4式）、キ43ノ三（1式）キ100
偵　キ46ノ三　襲　キ102、
重　キ67、
特　キ115
（以上）七種

海 戦　紫電改、零戦、
偵　彩雲
陸爆　銀河、
中攻　一式陸攻、
対潜　東海
（以上）六種

三月十三日

一、十日、十一日　東京及名古屋空襲被害
旭鋼材―キ84ノ排気管
東 亀井戸工場　無線　トビ一全部
　 ドラム缶工場　四ノ中一社全壊、一社半壊
名　発動機　異状ナシ
岡本工場（オレオ）キ83（試作機）全滅
海　三菱（零戦）七〇％（内容ハ疎開スミ）
兵器関係名古屋被害ナシ
糧秣　乾パン九万食　米五屯　三万五千

経理ノ勤労隊　特攻作業隊
毛布　五万枚
被服及皮革　靴　六万屯中ノ二割ハ焼失
偕行社→千五百人分　軍需部機能失フ
被服廠ニテ製作　偕行社ニテ小売ニ任ス
糧秣廠、糧秣廠、製絨所→ハ被害小
○糧秣、被服原料、民間隠匿物資ノ処理
衛生関係
器械、製薬、工場ノ被害
救護班三十個出動
軍隊組織ニ依ル救護組織
戦場掃除班ノ組織ト処置ノ要領
全般的被害
焼失三〇万戸　罹災者百二十万、死三―七万　負傷者八〇％
生産工場ハ東京ノ1/4～1/5、工場、労務者多シ、生産影響大、根本対策ヲ急速確立セサレハ帝都ノ敗亡ナリ
一、新聞ノ一統整理　全国一紙　一県一紙ニ合同、
報道（情報部）機関ノ地方進出
一、B29マリアナ総計三六〇機（実数）中三百機

硫黄島基地推進　三月末Ｐ
　　　　　　　　五月　Ｂ24 25 ＞（二五〇〜三〇〇）
次期作戦─三月末　第一　小笠原方面
　　　　　　　　　第二　大東島・沖縄
仏印反響　現地民ハ歓迎、列国ハ黙、「ソ」然リ
○総長　焼趾ノ鉄其他ノ処理
一、作戦主任参謀　国土組織ノ説明
一、本日築城ニ関スル戦法委員会ニ一言ス
一、次長ヨリ海次長及総理ニ対シ当面ノ重要案件ヲ申入ル

三月十三日　夜

本月初頭以来予ハ海軍令側ニ対シテハ今後ノ帝国本土ニ於ケル作戦就中兵備整備ニ関シ説明シ　富岡少将ハ勿論第二部長黒島少将モ其根本主旨ニ全然同意シ（特ニ天号作戦後反撃準備ヲ整ヘ反撃ヲ行フ件及天号ノ結果ヲ見テ状況能フレハ本土決戦準備ニ専念スルノ二観念ノ根本的誤謬ノ件ヲ説破ス）次テ陸軍作戦準備促進ノ為大陸ヨリ兵団移転ニ関係シ船舶輸送ノ問題ヲ急速解決スル為陸海部局長（軍務局長、海同次長、陸第一、第三部長、海戦力補給部長）会同シ予ヨリ陸軍側ノ要望ヲ強調シ一同其主旨ヲ了得シ真田局長ノ提案ニ依リ申合セ要項ヲ決定、之ニ基キ今後ノ発足?ヲ速ニ実行スルコトヲ約セリ（印刷物）　然ルニ翌日　陸軍第三部長、整備局長、海軍務局次長、戦力?補給部長会同更ニ具体的ノ決定ニ及フヤ海側ヨリ異論アリ　曰ク、決号ト天号トノ関係ヲ明確ニスルヲ要スト即チ両統帥部間ニ依然完全ナル意見ノ一致ナシトトシテ予ニ訴フ　斯クテ海軍側ノ意見ヲ連絡スルコト数日　判決ハ陸軍ノ大陸ヨリノ輸送ニ軍需米多量アル故之ヲ減少シテ石炭ヲ輸送スル必要アリトノ為ス在リ　結局決号天号ノ関係ト称スル　天号トハ石炭ノ問題ナリト判明ス　斯テ之カ促進ノ為　次長ハ海次長ニ交渉スルコト二回ニ及ヒ十四日夜ニハ予ノ室ニ軍局長第三部長以下第二課長第十課長等十数名集合シテ種々議ス、予遂ニ第三部長ヲニラミ軍務局長ヲ大喝ス　之何事モ予ノ関与ニ依ラサレハ決シ得サルヘボ共ナレハナリ

即チ大陸ヨリノ軍隊移動ノ問題ニアラスシテ米ト石炭ノ問題ニ帰着シ之ヲ予ニ決定セヨトノ判決ニ帰スレハナリ

斯テ翌日海軍務局長　陸軍務局長ノ許ニ到リ大陸ヨリノ兵力輸送ヲ三月ヨリ六月迄実動八万屯トノ提案アリ之ニ落着ス　予ノ本来ノ職務ノ立場ヨリセハ従来ノ案ヨリ実行容易輸送力ニ余裕アル行方ナリ　前夜ノ一喝ハ海軍側ニ伝ハ

リシ模様ナリ　此度ノ業務遂行ニ関シテハ種村大佐ノ努力斡旋大ナリ

三月十六日

宮中連絡

一、海軍

敵機動部隊ハ九日「ウルシー」ニ帰投セリ

之ニ対スル挺進奇襲十一日実行セルモ母艦ニハ成果ナシ

十四日　本土南方海上ニ水上艦艇数隻ヲ発見セルモ実情不明　我哨海艇ハ日々敵機ノ攻撃ヲ受ケ損害アリ

最近　日本ノ近海ニ対スル哨戒増加ス特ニ硫黄島基地ノモノ強化ス

最近　マーシャル方面ニ対スル敵船団ノ増加ハ一日平均二十隻ニシテ次期作戦ノ規模大ナルヲ思ハシム（六日以来増加活発トナレリ）　従来ノ統計ニヨルト増加ノ低下スル時ニ作戦発動ヲ見ル

硫黄島ノ基地整備進展

○敵ノ次期企図ノ方面ハ判定シ得サルモ南西諸島方面ニ厚シ

	航	
%		
79	6.1	船?
26	.3	
43	3.3	重?

総量ノ50%到着

一、陸軍　築城　6FAノ聯合艦隊指揮下ニ入ル件

三月十七日

一、次長報告

1．参謀会同　一般経過、各方面ノ状況、築城器材、要望ノ大部解決、千島、朝鮮海峡、防空警戒機　書類ノ進達ヲ決戦的ニ

2．本土ノ統帥組織

6FAノ問題ト5F艦ト関係　飛行場　低調

3．作戦情報ノ成果ト之カ利用、防総、12HA

4．小笠原兵団──→次?長者進級

5．築城班

6．渦般ノ輸送問題ノ経緯

一、印南処理ノ田中、満足参謀報告

南方軍ノ今後ノ作戦根本方針

北部仏印ニ重点　敵軍支那ニ来攻セハ支那ニ入ル、皇土ニ来攻セハ昆明デモ重慶ヘテモ進攻ス

濠北ヨリ兵ヲ抜ク　九月迄ニ出来ル丈スマトラ以西へ?

「ボルネオ」ノ帰属ハ東ニ入レルヤ西方ニ入レルヤ研究

「ビルマ」作戦ノ指導ハ「メイクテイラ」ヲ奮回スルコトニ決定セルモ　若松副長ヲ派遣セリ

兵備トシテハ支那ヨリ入ル一万ヲ兵備化ス

航空、船舶、在留邦人ヲ以テ　十師団（混旅ヲ充実シテ）ヲ計画シ其目途アリ

航空兵力ト基盤整備トノ節調

航空要員ヲ今後地上戦力化

資源地帯ノ防衛兵力ノ他方面転用

総司令部位置ノ移転（対空、「ダナット」□　四、五月）

陸海軍後方一統処理問題

一、桑港会談以前ニ大東亜会議

実ハ夫以前速ニ対「ソ」徹底外交策ヲ緊要トストノ意見ナリ

一、陸海兵備

1．航空（千～千二百程度）（　）内ハ従来ノ分

特攻（九月迄）　甲→五四〇（四七〇）

SS→九〇〇（七〇〇）

回天→六六〇

小潜水　四〇

秋水　一二〇

震洋　三六〇〇

橘花　三〇〇（一七五）

2．地上兵器

陸　要求ヨリ数的ニ増加スルモノ

ロタ（二倍）　八迫（五倍）　五千

爆噴（千）＝四〇万発

3．艦艇（九月末）

駆逐艦丁一〇　潜水　甲二　特二

三〇

海防艦　二〇　丁一　補一

〇四

（十月ニ日満間ノミ）

（航母二ハ中止、更ニ二中止、駆逐艦一中止）

4．防空火器ハ従来通リ

資材関係ノ大体見透

所要量A九月末　三二万屯―左庫七万

六月末　一六万屯―三万→

⅔（二四万屯）

B六月末　一九万（二六万）
計十二万、在庫十万
外二二万屯陸軍用

三月十八日

一、九州南方ニ敵機動部隊現出　予想ヨリ一週間早ク
6FAノ通信演習　5Fノ退避準備不整、航総ノ編成改正等
ハ一切不利ノ素因ナリ
一、高嶋少将意見　12HAハ漸ク業務ノ緒ニ就ケリ　余リ
機構上ヘ改変ヲ加ヘサルコトヲ希望スト

三月十九日

㊭　機動部隊
一、浜松南方200Kニ各二Ⓜノ二群
四国南方　Ⓜ六及　Ⓜ一ノ二群　計11
一、本未明B29（一八〇）名古屋中枢ニ来襲
一、台湾ニ対スルB24ノ来襲ハ漸次激化ノ状アリ
次ノ上陸方面ハ台湾ノ算相当大ナリ（沖縄ニ比シ来襲機稍顕著）

一、硫黄島ハ十六日総員突撃ス

㊮
一、昨日九州東南方ニ確認セルⓂ計一六
来襲総数　計一八八四
一、当方損害　鹿屋　於地八　輸送機一〇
施設火災大
一、十一日　レイテニ満載中型70
一、呂宋飛行場拡張中　スピック　クラーク　大拡張
四発50　双発40　進出ス
マニラ港ニハT35以上、同湾沈船四百隻引上中
一、マリアナ哨戒ハ十七日増大
輸送船ノ通信状況ニ鑑ミ十七日以後攻略ノ為出動セル
算アリ
攻略方面ハ通信状況上小笠原方面ノ算大ナリ
南西諸島方面ニハ潜水艦ノ出現大ナリ
一、GFト連絡、次長ト同行
6FAノGF下ニ入ルル命令ノ連絡

三月二十日

部長会報

一、軍事非常措置法案ノ発令
○流用爆弾　一五吉?一四万五千（一二万発）三〇吉?一万
　五〇吉?一八万（四万五千）　五〇〃
　二千　カ四（焼）五千（一五万満州）
黄色薬（五百屯?）バラ内地散在
航空用十三耗三千、地上ヘ
一、大阪　生産影響　舟艇ニ若干ノ外大ナル
（民間）△特攻用、△タ弾一部、信管──→大阪トシテハ
　大打撃
（官）大影響ナシ　脂油類一万缶
名古屋　造兵廠十五棟（2/6ニ相当）ⓚノカゼイン、
　木工、刃具、工具、検査具ノ損失、大体製産ニ多大
　ノ影響ナシ
一、瞬発信管ヲ得タル件ハ実行スルヲ可トス
一、マリアナノB29三月末　出動機動三〇〇機
一、対米ソ及支ノ態度ノ観察
一、米軍ノ次期作戦使用兵力合計最大六師団
　四月初頭上陸企図
一、部長会報席上　航本次長河辺中将ヨリ発言アリ「陸軍航空ノ温存主義」ニ関スル異見ノ発表アリ　曰ク　志気ニ影響アリ　三月十六、七日来襲ノ際第二日目ニ防空戦斗機ヲ控制ス
一、高嶋参謀長連絡
1．九十九里ヨリハ寧ロ相模湾　東京湾ノ公算多キニアラスヤ
2．三浦半島、房総半島ノ海軍部隊ノ防衛ハ期待シ得ス
地上ハ陸軍ニ担任セシムルコト　海軍ハ海上
3．第二次築城ニ富士部隊ノ使用
（更ニ隷下ニ入ルルコトニ依リ解決ス）
4．警備隊以外ニ勤務隊
5．隊長（大隊長以上）──→高射師団
6．軍司令部位置移動
7．防空部隊ノ固定的〇防
一、一昨日来十八・十九日ノ九州方面ノ敵機動部隊ノ来襲ニ伴フ判断　相次テ切迫ス
1．戦果　GF及軍司令部　[記号](2)、戦又巡(1)、駆(2)
5Fハ[記号](4)ト判断シアリ
2．損害　5Fノ勢力1/3～1/2ヲ喪失ス
出動80　損害実質約200（地上テ相当アリ）
3．海軍呉ニテ母艦其他全艦被害

4．敵機動部隊今後ノ判断
四月一日（四日）（八日）ニ南西諸島方面ニ上陸企図アリ
右ノ判断ハ陸海一般ニ同様ナリ、但GFハ一応左記ノ如ク決定的ニ判断シアリ
イ．二十日頃敵Ⓜハ一旦洋上補給
ロ．二十四、五、六日　沖縄来襲
ハ．二十七、八、九日　沖縄艦砲射撃
ニ．此頃Ⓜ再度九州ニ遮断来襲ス
ホ．三月三十一日又ハ四月一日上陸決行

一、対ソ外交処置ハ一日モ速ナルヲ要ス
敵ノ進攻加速度的ニ進ム
一、種子島ニ対スル兵力増強問題、臨時編成二、三大隊ヲ入ルルコト　次長モ渋々諒承
一、軍務局長ニ新編成時期ノ繰上ケ及本土統帥組織ノ最後的決定ヲ説明要望ス

青木少将連絡
一、青木ヨリ横井大佐ヘノ連絡（陸海軍一致ノ運用ノ件）十七日ニ行フ、横井ノ意モ亦然リ
二、十七日夕横井大佐鹿ノ屋到着　当時到着セル情報ニ基キ「止ムヲ得サル兵力使用ヲ決ス」

十八日未明全兵力ノ⅓ヲ以テ攻撃ス――中等度成果
次テ払暁　特攻　上等
実体　4　4　4　3　2　ノ五群（17実体）
　　4　3　3　3　2（レンジャー サラトガ）（十八日午前）

十八日
成果　空母4　撃沈確実
　　巡艦4　〃
我損害　十八日中　大型三〇（内半ハ特攻）、戦三〇、攻撃機
　　地上　大型二〇　小型五
敵来襲　(一)四〇〇　(二)二〇〇　(三)一一〇
　　(四)一五〇　計八五〇　逐次急襲低調
十八日夜間攻撃　一〇機　爆発一　火柱三
十八日夜ノ偵察ハ成功
十九日朝　本格攻撃ノ決意ニ変更ス
彗星21発動？　我空母ニ突入スト報セルモノ6
十九日敵機動部隊ハ四国南方ニ移リ低調（十八日建物ノ炎上ハ大　付属設備ノミ　戦力ニ大ナル影響ナシ）
十九日ハ天候悪化　戦果ハ確認セラレス、茲ニ一時温存主義ヲ命セルニ　第一線ヨリ積極的攻撃ノ意見具申アリ
茲ニ於テ「依然攻撃準備セヨ」ヲ令ス

二十日　天候不良　敵艦載機ボツボツ現出ス
天候恢復シ偵察ノ成果挙リ、彗星17ノ攻撃ヲ命シ
薄暮　夜間攻撃　轟沈一　大炎上一
五航艦　保有650　出可500（戦一五〇　攻撃二四〇　偵一
〇〇）乗組員580組
二十日夕迄　戦四〇　攻撃六〇　偵一〇
　人20％　35％ノ損傷
二十日夕（薄暮発進）
　空母四、巡七撃沈（航母突入セルモノ一〇～一五機）
（二十一日情報　軍令部ヨリ　二十日1500[記号]撃沈一　同夜　轟沈一
大火柱二）

◎戦訓

一、敵ノ夜間戦闘専用（F4F）ノ練度高シ（二隻）
二、横槍戦斗　側背進入攻撃ハ緊要ナリ
三、敵戦斗機「グラマン」ノ液体ロケットノ成果ハ偉大ナリ

○撃墜ト誤認ス
○聴軸線整合…………↑↑↑↑
○敵企図判断

一、長官ハ「天号ハ思ッタヨリ早イゾ」琉球ナリ
但二十五日満月期ニハアラサルヘシ
二、6FAノ天号準備ハ不可
　爆弾　特攻用皆無（航本不良）
一、太平洋米海軍機動部隊
[記号]正一八　巡改八　正一〇　巡改五
此度出撃セサルモノ正八　巡三（修中　改巡二　未編入正三、
旧式二、其他乙三ハ予備）
一、情報「レイテ」ノ八〇万屯全部カ新企図ニ充当スルト見ルハ余リ過敏ナラスヤ

◎二十一日夕迄ノ綜合成果

最小　[記号]4撃沈　最大　撃沈5撃破2

三月二十二日

一、移転　中野学校・富岡、史実調査部・松本、測量部・松本、参謀本部・小諸、文庫　陸大、寝台五〇〇
一、レイテ八〇万屯ノ大部　二十日前ニ出港ノ疑アリ
一、陸海兵備ト所要鋼材（此案ニテ纏メ度）
　1　所要　A二七、四
　　　　　B一九、四　｝四六、八万屯（省一案）

2　供給量

生産　22＋$A_{在}$　5＋$B_{在}$ 10＋八幡5＋増産4

計四六万屯

3　配当

A　新規二二、四＋在五　計二七、四

B　新規　九、四＋在一〇　計一九、四

一、師団参謀長及部長、方面軍以下ノ副長ヲ省略ス

三月二十三日

陸海連絡会議、総理、陸海大臣初列席

一、海　△(2)　B(2)　C

△4～7ニ相当大ナル打撃

（△7、B8……帰投中ノモノ
或ハ△11隻帰投）

1．二十四日午前ニ「ウルシー」到着

2．二十四日午前再現出（洋上補給ノ為）

損害二百五十機（搭乗員百五十組）

三月⋈（航空機）生産ハ八〇〇機

午後　敵機動部隊ニ対スル戦果発表（司令部ヨリ連絡）

正△五撃沈　二撃破

撃沈戦二、巡三　艦種不詳一

一、宮中連絡　総理、陸海軍大臣初メテ列席ス

此際総理ヨリ　天号ノ成果大ナル際ノ対策

（比島ニ兵員軍需品ノ補給、硫黄島奪回等）ヲ考ヘアリヤ

両総長共ニ　(陸)夫ヵ六ヶ敷、(海)スグトハ行カヌ

予ヨリ夫ハ不可能ナリトテ其理由ヲ述フ

陸次長ハ　夫ヨリ海ニ考ヘテモ可

総理曰ク　天号不利ナル場合ハ如何

予「レイテ」ト呂宋トノ関係カ相似点ニ現ハル　敵来攻ニ対応スル準備ヲ只今ヨリ急速促進ヲ要スト

軍人出身ノ総理ニシテ尚且右ノ如キ非常識ノ質問アリ、況ヤ一般ノ閣僚心中考フルニ大臣ニ何モ知ラシメスシテ特別ノ決心ヲナセト云フハ云フ方カ無理ナリ

一、本土ノ戦備態勢ニ伴フ統帥組織（東西方軍）ニ関シ軍務局側異論アリ、次長及予ヨリ再三説明スルモ進マス次官　局長　軍事課長ニ三次ニ亙リ説明ス、イヤイヤナリ

一、宮中連絡後　蓮沼侍従武官長ニ対シ　兵備其他一般状況ヲ約一時間ニ亙リ説明ス　安神シ且種々激励セラル

三月二十四日

一、今朝ノ南西諸島状況
○六四五沖縄大艦隊来襲? ○七〇八宮古16
○七一九久米島11機 ○八二五南大東12キ
○七四〇那覇基点 180° 三万米、B1、D10見ユ
右ニ対スル状況判断

一、殿下（三笠宮殿下 九州御視察ノ感）
1．戦車部品ノ生産ト補給
補給ニ三月ヲ要ス
大豆ヨリ燃料生産
2．乗馬部隊ノ乗馬管理馬事能力向上ニ関スル施設努力
3．九州ノ通信施設不良

一、鹿ノ屋→那覇 650K
「ストリップ」暗号ノ解読成功、
上陸兵力六～七師、通信情報 二〇頃マリアナ出発 二二日基地出港、

一、本土ニ於ケル陸海軍兵力配置、就中海峡封鎖ノ問題（朝鮮、津軽、宗谷）ノ指揮関係ヲ協定ス、両部長以下出席

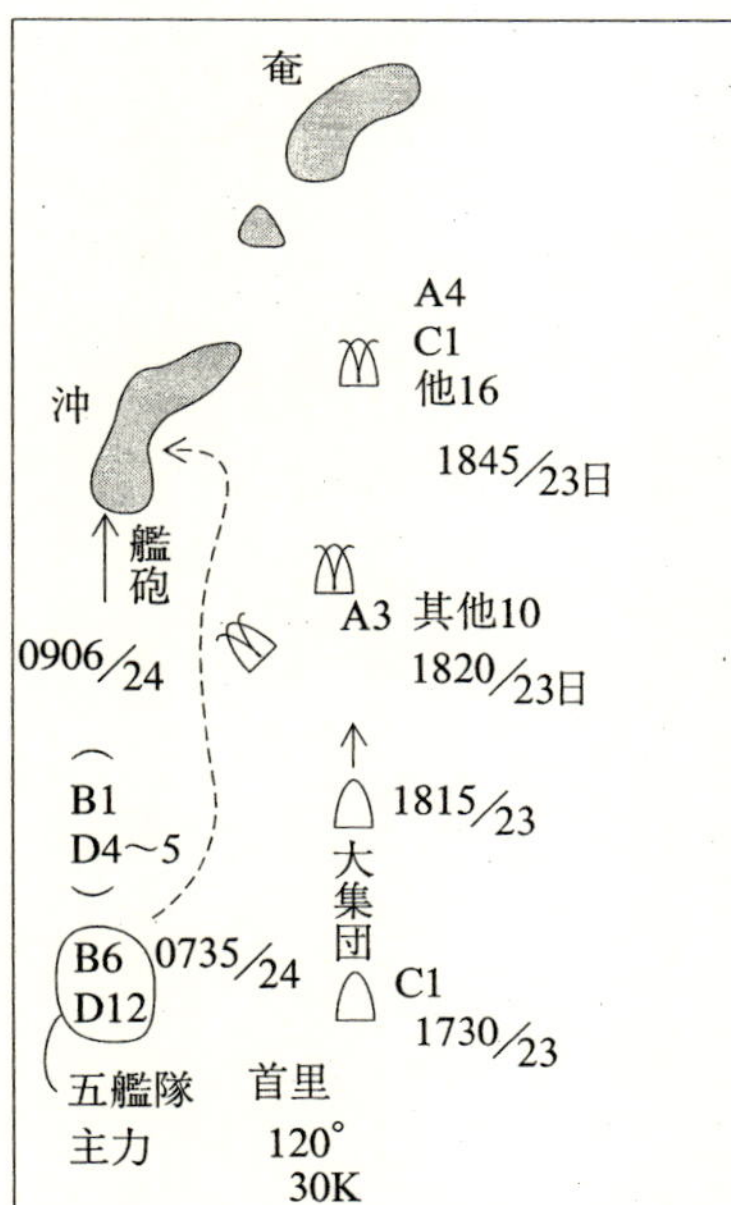

三月二十五日

一、昨夜 B29 130機名古屋ニ来襲、都心部ニ相当ノ損害アリ、死傷計約四千、焼失七千戸

一、本朝七時三十五分、敵一部沖縄本島西方約三十粁渡嘉敷島及阿嘉島ニ上陸（舟艇約百隻）本格的上陸ナルヤ否ヤ、察スルニ上陸一部基地ノ推進ナラン

一、九州防備ノ急速促進ヲ感シ?、之カ為新設兵団ノ編成繰上ケ、満州兵団ノ九州投入其他ヲ処置スル如ク研究ス
独混三二聯隊ハ台湾ニ待機シ沖縄ニ進入ノ機ヲ失セルヲ以テ之ヲ中止スルニ決ス

三月二十六日

陸海連絡

一　海

　1．沖縄空襲

　確認セルⓂ十数隻―→過般九州来襲ノモノ

　沖縄艦砲射撃（アイオア型）

　　A8　D27　沖縄西方掃海開始（二十四日頃）

?ケラマ攻略企図（前進）

?敵上陸企図ハ明瞭、時期 0630/25日 パラオ、ウルシー出航、

　コッソル水道十隻出港

天号準備発令　敵ノ輸送船団ハ発見セス

潜水艦四ヲ沖縄東南海面ニ配置

第一航艦（百三十機）ハ攻撃準備、

第五航艦（36％～38％失ヒタルモ四月初頭其大部ノ補給ヲ終

　了ス）

陸（連続攻撃ノ意味　敵Ⓜノ今後ノ行動？）

沖縄兵力配置　沖本　八万五千

　主食ハ一年分、副食ハ一ヶ月分

特攻二九隊　其他続行中

九州南方面ノ防衛実情

三月二十七日

一、

(1) 千種、鳥井、松――打撃大、刃具工具検査具製作所

(2) 農工勤務隊ノ成果概可、八千二百万町歩、

食糧問題ノ根本対策

作戦用衣糧軍需ノ集積　実行着手

(3) 医、全般ノ軍医要員ニハ尚余裕アリ

　体量(?)ノ減少　栄養失調

一、天号作戦ニ関シテハ大ナル期待ヲ懸ケアリ

一、戦局ノ進展ト兵備ノ急速繰上ケ実施

一、幹部兵員ノ壮齢実行、特ニ上級幹部ニ於テ然リ

一、市ヶ谷台上ノ業務進渉ノ遅滞

一、食糧対策ノ根本方針ノ確立

一、第二次、第三次動員ノ繰上ケ問題

一、敵攻略部隊ノ行動ノ判断

OB（※攻略部隊）ノ実体

1．レイテ船団　在泊　T90　D28（最大T220）

2．通信諜報　支援及攻略部隊指揮ハ最高指揮官ハ沖縄

ヨリ二日行程後方（二十八日夜又ハ二十九日朝着）
沖縄ト「レイテ」間二十八日来通信
3．「リンガエン」ハ二十七、八日不変（全部二三隻）
4．「コッソル」ニハ大ナル部隊ナシ

機動部隊
1．五八、三及五八、四同一個所
（二十七日）第三群、第四群ハ沖大東島ニ

判決
1．小型機ノ支援ナシ、之ヲ補フニ[symbol]ニヨル
2．敵機動部隊ノ所在ハ沖大東島ニ在リ
之ヲ他方面ニ外ス方法ヲ要ス
其方法トシテ　第二艦隊　航空部隊ノ用法
3．天号ノ限度ニ関スル方針ハ従来ト同様ニテ可
4．台湾及支那ヘノ特攻ノ投入ハ従来ノ計画通リ

総長ヨリ［（欄外）上奏時陛下の御言葉］
○天一号ハ重大作戦ニシテ皇国運命ニ大ナル影響アリ、従来ノ如ク失敗ヲ反覆セサル様御言葉アリ
一、マンダレーニ関連シ、ビルマ方面ノ作戦ノ御下問アリ、「大丈夫カ」ニ対シ「逐次後退態勢整理シ逐次後退スヘシ　南部ビルマ戦域確保」ノ任務ニ支障ナキ限リ　先方ヨリハ何モ云ハヌモ任務達成ヲ要スル略、南総司令官ヨリ
○「任務達成上無理ナキ様指導スル要アリ」ト
泰ハ如何？
○「バーモ」長官ハ戦況急変ニ依リ、国民信頼ニ影響アリ
本件ニ関シ要スレハ南方総軍ヨリ所要ノ処置ヲ講ス
○「マライ泰ハ大丈夫ナリヤ」十分ナリトハ云ヘヌ　南方軍総司令官ハ兵力集約ヲ努メアルモ　不十分ナルモ　何トカヤッテ行ケルコトト存シマス」
○欧州戦況不良ヲ御宸念アリ、何カ外交ノ手ハナキヤ」恐ク困難ナルヘシト奉答
○海運一元ニ成果ヲ挙クル為ノ人ノ選定ニ注意〈朱書〉

三月二十八日

一、吉積軍務局長挨拶　連絡ヲ密ニシ台上ノ業務ノ神速ナル進捗ヲ期ス、真田前局長挨拶、従来ノ懇情ト努力ヲ謝シ且不躾ヲ謝ス
一、東久邇宮殿下ニ対シ、昨二十七日一応御面接、本日午後三時ヨリ二時間五十分帝国本土統帥機構ニ関連スル諸般ノ件ヲ説明ス

所感ハ大体御引受確実ナリト考ヘタリシモ人事局長御伺ノ際更ニ「引受ケズ」ト全然予期セサルノ御返事、心外ナリ心外ナリ

一、夜ハ次長以下真田少将ノ送別ノ会食ナリ

ト号

台
- 台湾ニ待機　五隊
- 沖縄　〃　一隊
- 石垣　〃　一隊（1/2攻撃スミ）
- 教育隊（在台湾一六隊―一五〇機）
- 九州　台湾向　九隊　内五ハ九州　内四ハ上海経

以上合計　三二隊（二百五十）

九州
- 九州　八隊
- 沖縄　二隊
- 前進計画ニ二隊内六隊ハ四月三日迄九州
- 其内ノ六隊ハ右ニ引続
- 中練一〇隊

三月三十一日頃
- 右ノ外8FD向ニシテ6FAニ転換一三（三隊実用機一〇中練）
- 5FAヨリ6FA（切換（内地ヨリ）三二　九州四二百機
- 満州ヨリ転用八、内五隊ハ三十一日出発、三隊ハ四月十日迄ニ転用

以上計　五七隊　総計八九

大体三月末迄ニ概ネ四百（半分二百）三十八隊

○五航艦　二十八日夕　出可二一三機／478

〃　二七八機／数日后

右攻撃計画　三十日黎明ヨリ総攻撃

○敵上陸ハ本二十九日昼間以後

一、四月輸送計画

一、A船（ドック入リヲ含ミ）一九万屯

- 四月末一二（実動一〇）
- 〃実動六、四

16.5

一、A使用船八万屯

各作戦方面充当七万屯

大陸還送用　九、五万屯　小型船三千

右ニ依リ　四月中　11D 57D 111D 其他ニ島嶼ヲ含ム

右ノ外　三万屯軍需（地上兵器軍需品）―一万瓩、

米ハ右ノ四ヶ月分（一万五千瓩）

一、高嶋少将（12HA）連絡

1. 沿岸築城ノ部署ヲ為ス

2. 控束師団ト攻撃兵団トノ連繋関係研究
3. 海軍陸兵小隊長要員
4. 12HA第一相互ニ移転

四月（ママ）二十九日

一、宮中連絡

（海）

一、[空母] 12.30/29 以降　三群　屋久南方地区
　30日　足摺南方地区
二十九日　三十日　敵[空母]ハ九州方面ニ進出
二、二十五日以降沖縄方面艦船、掃海
　B 11C　計
（英戦艦ニ参加ノ状アリ）
　[空母]16（全力）目下一三　更ニ三アリ
（16日ウルシーニテ[空母]二損傷）
三、船団ハ明三十一日ニハ沖縄到着（通信）
　レイテ方面ノモノハ二、三日後到着
四、レイテT90
　リンガエン26
　コッソル　大ナルモノナシ

戦果
25日　銀河　五　不明　
26　天山艦攻五　B1　C1、B1火災
26　重爆　C3、B1　C1損
27　甲的　D2、D1大破
27　C2、D1大破
28　？
29　9　？
29　18　18　12　？　｝天候ニ阻止
30日　朝来攻撃中
兵力　九州　五艦　220機
　三〃　150〃
　十〃　100〃　｝350（ママ）
　台　150
関門海峡ニ約720ノ磁気機雷投入（26日）
本三十日夕迄ニ掃海完了予定

（陸）

1. 沖縄ノ敵艦船二十四日五〇ヨリ二十九日約二百
2. 敵艦砲射撃　三ヵ所重点、北中飛行場
3. 現地軍ノ敵情判断

4．航空戦力

台湾　27日　137、26＋160機 ｝其他特攻
九州　〃　200機

㊕台　16 ｝73隊　一〇機平均
九　57 ｝　トシテ約　700機

戦果

轟沈　[記号]1　大九、中六、　巡二、駆一　一九
撃沈　大一、中三　四　一二
撃破　大三、中二、小二、巡一、駆一、輸二
総計四十隻以上　不明二　一一
ト号約五〇機　其他㋹

上奏（総長）〈陛下の御言葉〉
一、沖縄方面緒戦ニ着々成果ヲ挙ケ頼モシク思フ　御嘉賞ノ御言葉アリ
一、比島方面ヘノ補給ハドウカ、「セブ」ニテハ交戦シアリヤ（ナキモノト思フ）
一、老河口ノ件ハ後日ニ」レイテノ状況
一、統帥組織ニ就テハ　九州方面ノ戦局急速ヲ思ハレサルモ準備（築城ハドウカ）ハドウカ
一、関東軍ノ兵器生産、現地生産

三月三十日

一、夜　天野少将ヨリ大陸根本方策ヲ聴取ス　主旨ハ全然同意　但シ実行ノ階梯及要領ニハ更ニ検討ノ余地大

三月三十一日

一、沖縄ノ敵未タ上陸セス　敵情判断ニ不可解ノ点アリ　恐ラク慶良間諸島ニ逐次前進基地ヲ設定シ　此間艦砲中心テ沖縄ヲ痛メ、機動部隊ヲ以テ九州ノ我飛行基地ヲ叩キ、一挙ニ上陸ヲ策スルノ意ナラン、敵ハ我特攻ニ依ル損害ト硫黄島ノ陸上防備堅固ナルトニ依リ、上陸前十分ナル撃砕威力ヲ発揮シタル後上陸スルコトトセルモノナラン
一、師管区司令官要員十二名会同　次長ヨリ挨拶、各課長ヨリ説明、予亦一言付言ス

四月一日

一、航空技術審査部視察
一、GF高田参謀副長連絡
五航艦→六航軍ノ連繫

敵情捜索ノ力ノ不足、之カ六航軍努力不足
　戦闘機ノ協力
依然、敵機動部隊カ運送船カノ問題残リアリ、GFハ6FAヲ以テ[空母]攻撃ヲモ策ス　陸ハ海ニ[空母]ヲ追フコトナク運送船ヲ撃テ、然ラハ[空母]ヲ撃ツ好機出現セン」ト云フニアリ
青木少将ノ努力ニ感激シアリ

四月二日

一、連絡会議
海軍
1．四月一日迄ノ現地報告ニ基ク戦果綜合（陸軍）
轟撃沈
A5、B1、C8、D5、T大13、中小11、不明12、計55
撃破
A1、B2、BC1、C2、D8、T6、T大6、T中小2、計35
不明6、火柱20
（海軍計　沈30　破20）
上奏〈陛下ノ御言葉〉
一、B29ノ夜間来襲ニ対シ、夜間攻撃ノ成果ヲ収メタルハ可（50機中12機墜、30破）
一、沖縄ノ敵上陸ニ対シ防備ハナキヤ　敵ノ上陸ヲ許シタルハ敵輸送船ヲ沈メ得サリシニヨラサルヤ
右ニ対シ「相当ヤツテハ居ル、相当ヤッテモ或程度カ上ルコトハアリ得ル　軍司令官ノ攻勢テ出ルコトモ考ヘラル　慶良間ノ基地ニ対シテハヤリニクイコトモアル　只今ノ処悲観的ニ見ル要モナイ、将来之ヲ沈メレハ敵ハコマル　其後ノ状況ノ進展ハ状況ニ依ル　目下ハ陸海共張リ切ッテキル」
若干予想程ニハ行カヌ」ノ御感想
一、ビルマノ情勢ニ即応スル統帥（大命更改）ト戦争指導上　政府トノ連係
陛下ニ対スル御説明　兵力養護ノ為所要ノ処置ヲ手遅レニナラヌ様、「ラシオ」「マンダレー」ハ希望ナルモ六敷イ

四月三日

一、川島航空兵器長官
1．台へ、戦60　司2（三月補充ハ計画ノ120%）
威向　中26転用

台向（四月分98械　⅓ハ出発済）
6FA向、促進ノ為
2．将来　天号以前ノ㋣ヲ中止セバ
　即時60機ニアリ
案、計画上ノ240機ヲ420機ニハ増加シ得、
右ノ外教育ノ一時中止ニテ350機ヲ増加シ得、
右ノ如クシテ六月末迄ニハ実用1500ハ期待ス
3．生産
三月　工完750機　飛完770　実受700
一、夜半過（一時―四時三十分）B29約百機低空襲来、時限爆弾焼夷弾ニテ相当ノ損害アリ　不愉快ナリ

四月四日　五日

総長　上奏ノ際ノ御下問
一、沖縄作戦ニ関シテハ多大ノ御宸念ニシテ「此戦カ不利ナレハ陸海軍ハ国民ノ信頼ヲ失ヒ今後ノ戦局憂フヘキモノアリ　現地軍ハ何故攻勢ニ出ヌカ　兵力足ラサレハ逆上陸モヤッテドウカ」
一、御期待大ナル主旨、御宸念ノ報　天号関係各部隊ニ発電ス
「ビルマ」作戦ニ関シテハ大体御安神ノ模様
一、総長ハ陛下ノ御心ヲ、吾人ハ総長ノ心ヲ心トシテ御奉公スルコトカ第一ナリ　此点五十ノ齢ヲ越エテ尚且大ニ反省ヲ要スルヲ自覚ス
一、球ノ行動　敵軍上陸開始以来甚シク消極自己生存ヲ第一義トスルヤノ疑アリ　依テ若キ連中モ此点ヲ考慮シ二月頃以来論議アリ　三日午前之カ指導ニ関シ発電案ヲ齎ス予ハ不同意ヲ表ス　午後総長ヨリ此点ニ関シ所要ノ指導ヲ要ストノ意見アリ依テ夕刻之カ意見ヲ発電準備セシ処其機ヲ失シ保留ス　翌四日朝GBノ瀬島参謀来リ　聯合艦隊ノ沖縄周辺ニ対スル攻撃ノ企図ヲ通達ス　依テ昨夜来ノ経緯モアリ　此旨ヲ述ヘ且球ハ此航空攻撃ト連繋シ勉メテ積極的行動ニ出スヘキ次長電ヲ発シタル所　夜半台ハ作命ヲ以テ攻撃ヲ令シ之ト前後シ球ハ自発的ニ七日夜全力ヲ挙ケテ攻撃ノ決意ヲ打電シ来ル　然ル処更ニ之ヲ躊躇スルノ報アリ　総長モ此点憂慮セシ処　五日夕ニ至リ更ニ台ハ球ニグズグズ云ハズ総攻撃ヲ命シ　決行ヲ八日夜ト命ス　尚之ヨリ先GFハ右ノ球ノ総攻撃ノ決意ヲ知リ之ヲ徹底スル為第二艦隊ニ対シ沖縄突撃ヲ令シ　且敵機動部隊内艦艇次テ運送船ノ攻撃ヲ令ス　此間短時間

ニ数次ノ経緯アリ　余リ香シカラサル事モ在リ　長中将モ真ニ攻撃精神旺盛ナル軍人トハ申シ難シ、余リ口ニ強キハ実ハ必スシモ然ラストノ原理ヲ実証ス

一、今朝内閣総辞職　総軍司令官以下ノ親補ヲ明六日ニ控ヘテ此政変アリ悲シムヘク喜フヘシ

次長昨日転出発表、今日ハ此政変ヲ廻リ共ニ国ヲ憂ヒ人ヲ談シ感深シ

夜ハ次長ノ部課長トノ別宴アリ

曰ク　満州国ハ独立国ナリ、爾今大命及大陸指以外ハ承ラス」ト

意極メテ深遠ナリ　此度ノ転出ノ動機ニ関シテモ大ニ含ム所アリト感セラル

一、凡ソ軍隊ノ実行動ハ如何ニ叱咤激励スルモ其速度ニハ限度アリ　科学兵器ノ研究飛行機生産亦然リ　然ルニ中央施策ニ関スル着意及之カ実行ニ至ル迄ニ数旬乃至半年ヲ経過スルハ常習的ノ事実ナリ　而シテ軍隊ノ行動ノ渋滞遅延ハ指導監督激励等ニ依リ之ヲ補導スヘキ道アルモ中央施策ノ怠慢遅延ハ自ラノ責任観念ト反省ニ依ルノ外救済ノ方途ナシ

今日ノ事態ニ処シ　只今吾人ノ実施シツツアル業務ハ即チ一日一夜ノ叙上ノ作戦準備ノ実態ナリ　サレハ只今ノ一日一夜ハ大局ニ於ケル作戦成否ヲ左右シ　此戦争ノ最終ノ勝敗ヲ決定スヘキモノナリト自覚セサルヘカラス

四月六日

一、陸海連絡

1．沖縄西方海面ノ艦船

二、三日減少　四、五日増加ス　二日七五〇隻　中城湾内ニ有力、B七、九、七　五日二二八隻

M̲12（二日）六日

四日　伊江島ニ艦砲空襲大ナルモ上陸セス

一日頃久米島ニ上陸セシモ之ヲ撃退ス

北飛行場ハ三日ヨリ使用開始ス　神山然リ神山ノ敵砲台ハ十三門ニ増加

敵船団ノ増援部隊ハ四日迄ニ到着

後続船団ハ五日頃レイテ到着　更ニ進出準備中

M̲中九州近海ニテ撃沈確実ナルモノ三ノミ

ウルシーM̲2、T70、中35、小50　約20ハ出港セリ

GF主力（海450 6AF140）ハ六日総攻撃

第二艦隊ハ六日頃出港　沖縄敵艦船攻撃、午後擱座シ陸
上攻撃、
八、九日 ⋈ 攻撃予定
船舶関係　沈没五隻一三、五、撃破一三、九、計二七万
屯損傷
○比島ノ戦況依然続行
○桑港放送ニ依レハ日ソ中立条約破棄
一、第二総軍司令官要望事項ノ連絡
1．真田第二総軍副長連絡要望
第二総軍司令部
一、朝鮮海峡
二、日本海正面
三、五島
四、義勇隊ノ指導
五、四国ノ西正面ノ防備ヲナスコト
一、第二総軍司令官ノ要望（元帥）
新大臣ニ要望セル所承知ス」ト
1．内務省関係ニ対スル防衛関係ヲ明確ニセヨ
2．現地デドシドシヤル故　中央ニテ尻拭ヲセヨ
3．朝鮮海峡突破ヲ考ヘ十分セヨ
4．豊予海峡付近ノ電波情報不良
5．防空然リ
6．国民義勇隊ト軍トノ関係
二、作戦準備ハ全ク出来テ居ラヌ　陣地モ出来テ居ラヌ
□地モ出来テ居ラヌ
事ヲ誤ルノ類
一、凡ノ大衆ニ依ル仕事ノ組織
一、部分ノ聚合ヲ以テ全般ノ事業ヲ行ハントスル考方
一、上ノ決断セス主動方針ヲ持タズ
一、併立、合議、連帯ニ依ル方針ノ愚弄
一、自己権利ノ主張（利己）トツキ合セニ依ル妥協ヲ以テ
大事ヲ決ス
一、口ニ天皇、国体、統帥大権ヲ唱ヘ自ラ之ノ真諦ヲ知ラ
ズ
一、天ハ自ラ助クルモノヲ助ク、至誠ト熱意ト努力ハ理智
ヲ生ム
一、由来日本ハ誠デ一切ヲ棄テテ　大元帥陛下ニ尽ス
一、国難ヲ加フル毎ニ益々志気ヲ昂揚

一、明朗ニ陽気ニ一致団結
非常ニ際シテハ非常ヲ要ス　物ノ考方ノ根本、主義確立ト知恵

偶感

絶対勝タサルヘカラス　今ヤ皇続連綿ノ　天皇陛下ヲ護リ奉リ　肇国三千年ノ皇国ヲ衛ルヘキ絶対ノ秋ナリ　天ハ自ラ佑クル者ヲ佑ク絶対ノ秋ニ方リ　自ラ佑クルノ道ハ智ニアラズシテ「断」ニ在リ　果断決行一日ヲ緩ウセバ天壌無窮ノ皇国ヲ喪ヒ　祖宗伝来ノ大和民族ヲ亡スノ虞アリト云ハサルヘカラス

勇断果決ノ源泉タルモノ三アリ　一ハ戦局ノ正当ナル認識ナリ　其ノ二ハ既往ニ対スル冷厳ナル反省ナリ　其三ハ戦争及作戦ノ本質ノ把握ナリ

第一、戦局ノ認識ヲ正サンカ為ニハ敢テ遠ク溯ルヲ要セス　昨年秋以来精魂ヲ尽シ陸海軍航空戦力ヲ徹底投入シテ敢行セル「レイテ」島作戦ノ経過　更ニ目下呂宋ニ於テ進展中ナル大規模ナル敵ノ進攻企図ト其推移　東南近海ニ於ケル敵空母艦艇群ノ傍若無人ノ振舞ト之ニ処スヘキ我反撃対策ノ不及等ノ事実ヲ直観スルヲ以テ足レリトナス　之自ラ欺クヘカラサル現実ノ事態ニシテ　其ノ戦勢ノ赴クトコロ予察ニ難カラス　果シテ然ラハ之カ対策ノ徹底的断行ハ一日ヲ緩ウスヘカラサルコト自ラ明ナリ

第二ノ既往ニ対スル冷厳ナル反省ハ　己自ラノ心ヲ正明ナラシムル根基ナリ　固ヨリ過去ヲ悔ミ他ヲ責ムルノ意ニアラス

反省ノ資　挙ケテ数フヘカラスト雖モ　要ハ五箇条ノ聖訓奉戴ノ誠心ヲ自ラ己ノ心ニ省ルコトニ帰ス

1. 持久戦　時間ノ余裕ヲ得、茲ニ達成スヘキ目的アリ待ツアルヲ恃ム備ヲ云フ　備アレハ早ク決戦ニ移ルヲ可トス
2. 防禦、力ノ分散、受動、後手、対策ニ汲々
3. 海洋島嶼、陸軍作戦

一、物ノ正シキ見方、先見洞察
一、受動ト後手、之カ脱却、慣性、惰性、転換、必要性、気付ハアル、断行
□□□先ノコトノミ云フ、途中ノ敵ノ□□、
一、実行ニ要スル時間ノ算定　精神ト戦略、交通要素
一事一象　衝動的処置ノ不可

一、予メ計画セサル事項ヲ衝動的ニヤルナ
一、機構ト責任帰属ノ不明
一、部分ノ集□ト全体
一、一体ト対立

一封朝奏九重天　夕貶潮洲路八千
欲為聖明除弊事　肯将衰朽惜残年
雲横秦嶺家何在　雪擁藍関馬不前
知汝遠来鷹有意　好収我骨瘴江辺

作戦秘録

下

自昭和二十年四月十一日
至昭和二十年九月十八日

陸軍中将　宮崎周一

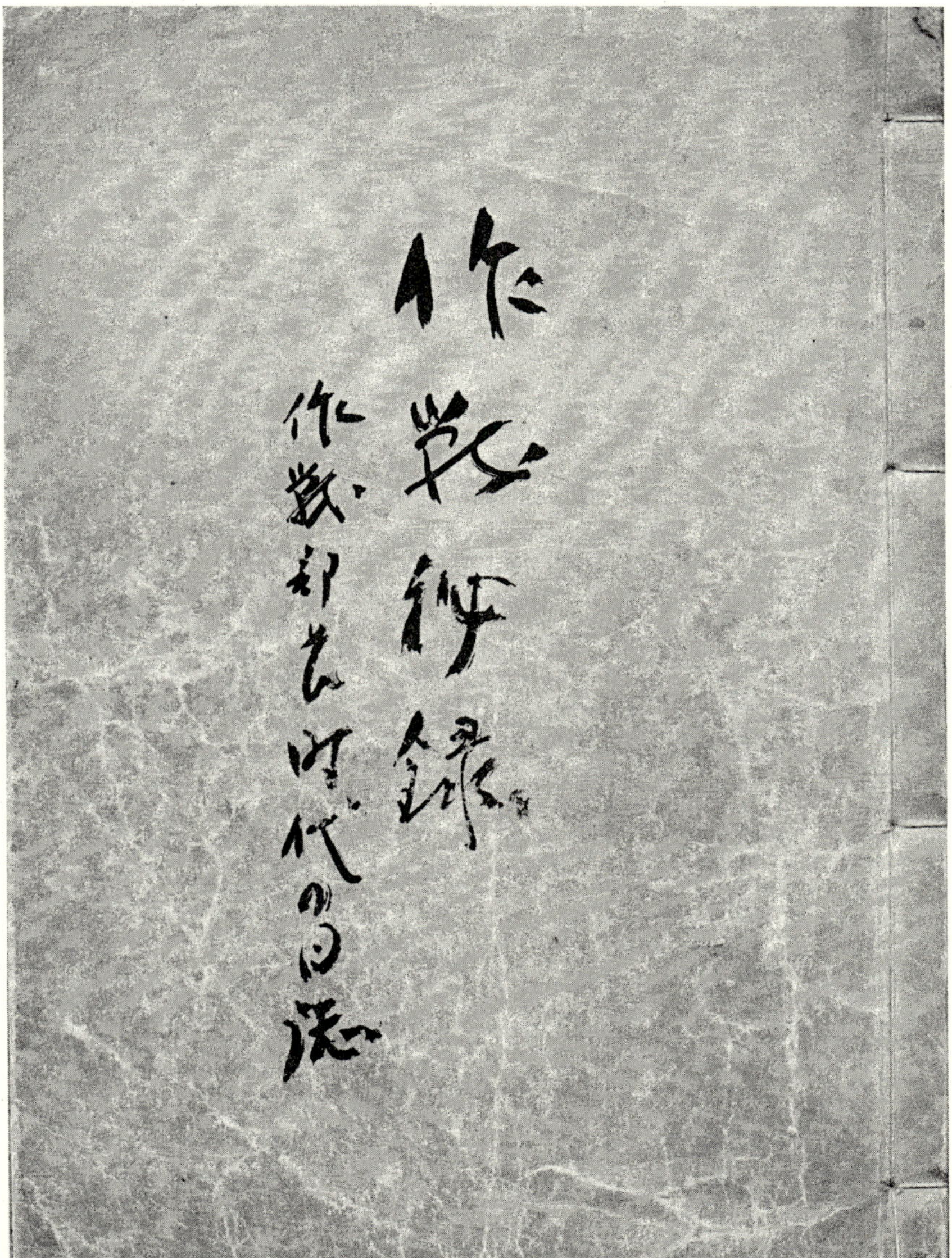
作戦録
作戦部長時代の日誌

（※冒頭の綴込、大本営陸軍部用紙、当時検討中の戦争終末指導構想と判断される。以下後書されたもので原文にはない。）

方　針

帝国ハ大東亜戦争ノ終末カ遅クモ明年初春ニ到来スルコト必至ナルヘキヲ予期シ急速且大胆ニ対「ソ」施策等ヲ敢行シ帝国ニ有利ナル戦争ノ終末ヲ策スルヲ要ス

指導ノ大綱

一、帝国ハ先ツ複郭要域（本土及朝鮮周辺）ニ於テ対米（英）戦ニ徹底スルコトヲ根本方針トシ政戦略ノ施策ヲ速急ニ統合運用ス

(一)　対ソ施策

米英ノ東亜ニ於ケル野望並最近ニ於ケル非人道的対日反攻等ヲ特ニ強調シ帝国ノ対米英戦完遂ノ決意ヲ披瀝スルト共ニ大局的見地ヨリ左記施策ヲ大胆ニ敢行シ日「ソ」友好関係ノ改善繋持ヲ図ル

(イ)　日本軍ノ支那ヨリノ撤兵

(ロ)　満州ニ於ケル「ソ」勢力ノ浸透容認

(ハ)　関東州（要スレバ樺太、千島）ノ割譲

(ニ)　日「ソ」貿易ノ増進

(ホ)　日本海ノ非戦斗区域設定並宣言

(ヘ)　南方要域ニ於ケル利権譲渡

(二)　対支施策

(イ)　延安（重慶）トノ停戦

(ロ)　米英軍ノ支那本土ヨリノ撤退就中航空基地使用ノ制限

(三)　対米英施策

対米英戦完遂ノ態勢ヲ強化スルト共ニ好機南方要域ニ於ケル英国旧権益ヲ利用シ英国ノ対日戦争意志ヲ消磨セシメ以テ米ノ対日戦争ノ継続ヲ断念セシムル如ク利導ス

二、戦争終末ニ於テハ帝国本土ヲ中核トスル我国体ノ擁護ヲ必須要件トシ朝鮮、北海道、小笠原、南西諸島、台湾ハ依然帝国領土タラシムルヲ本則トシ南洋委任統治領、南方要域、樺太、千島等ニ関シテハ当時ノ情勢ヲ勘案シテ之ヲ決定ス

偶感片々

既倒ト見ユル戦勢ヲ立直スハ難中ノ難事ナリ　比（ママ）難事ヲ遂クルノ道如何

一、凡ソ人ハ智ノ程度　気ノ付ク程度ニ於テハ余リ大差ハ無キモノナリ　断ニ於テハ然ラス　勇断果決ト躊躇逡巡乃至ハ大勢順応、慣性的推移ニ放任等トノ間ニハ同シク人間トシテ天地雲泥ノ差アリ

若キモノハ思慮浅キモ断ヲ能クス　老人ハ分別ヲ能クスルモ断ヲ欠ク　是一般ノ傾向ナリ　サレハ老人ニシテ断ヲ能クスルモノ即チ逸物ト称スヘシ

一、他ヲ批難スルコトナク先ツ自ラヲ正セ　之カ第一歩ハ先ツ責任ヲ明ニスヘシ　責任分明ナラス　従テ事成ラサルヤ他ヲ顧ミテ自ラハ其外ニ在リ　軍然リ　官然リ　軍内然リ　官内然リ　総長出席ノ下ニ行フ会報ニ於テ聞ク所此ニ皆不可　心外ノ至リナリ　各自夫々己ノ責任ナリ　己ノ足ラサルナリトノ自覚ト反省ト努力トヲ要ス

一、戦争ハ複雑ニシテ簡単ナリ　複雑ハ国家ノ総力ヲ挙ケテ組織シ統一スルノ業ナリ　簡単ハ敵ニ勝ツニ在リ　戦ハ意志ノ貫徹ナリ　意志ノ貫徹ヲ期スル為ニハ敵ノ意志ヲ屈スルニ在リ　聴カサレハ殺スナリ　既ニ殺シ合ヲ為ス　要ハ相手ヲ速ニ殺スニ在リ

（以上後記）

軍事機密

自 四月九日 至 五月上旬 作戦関係主要行事予定表

昭和二〇・四・九
参本第二課

区分	全般（関連）行事	本土方面	満鮮方面	支那方面	其他方面
9		各総軍司令官ニ対スル大命伝宣			
10					
11					
12				兵力集結ニ関スル内奏	
13		兵站機構ノ確立ノ件研究		右大命上奏	
14				←→ ㈠右大命伝達 ㈡大陸方面政戦略方策ニ関スル内連絡（次長出張）	
⑮		56A戦闘序列ニ関スル大命上奏			
16					
17			大陸方面政戦略方策決裁	同上	
18			右内奏	同上	
19		天号作戦（朝鮮海峡交通脅威）ニ伴フ作戦準備等ノ研究			陸海軍統一指揮ニ関スル研究
20	戦争指導方策決定（最高戦争指導会議）				
21					
㉒		本土兵備強化ニ関スル研究	右現地軍ニ連絡（関東軍、17HA参謀長招致）	同上（総参謀長招致）	

23					
24					
25		第一次作戦準備兵棋（16HA計画実施）（25〜28）	乙作戦計画統帥組織ニ関スル内奏	同上	
26				第二次兵力集結ニ関スル内奏	
27					
28			右大命上奏	右大命上奏 同上	
㉙					
30					
1/5	満州根コソギ動員		乙作戦計画ニ関スル兵棋（現地ニ於テ実施スルモノトシ別ニ計画ス）（1/5〜7）		
2		147D 3KKB?ノ転用ニ関スル大命上奏			
3		千島、樺太兵力集結促進ノ件			
4		集中計画細部指示			
5					
⑥					
7		第二次作戦準備兵棋（別ニ計画ス）			
8	16HA作戦準備検閲				
備考	本予定ハ情況ニ依リ変更スルコトアリ				

四月

此月ノ初頭ハ戦局ノ急迫ニ伴フ内外幾多ノ事象頻出ス

曰ク

一日　朝　沖縄本島ニ対スル敵上陸

四日　総軍司令官任命ニ伴フ人事移動（ママ）　秦中将　次長ヨリ
関東軍総参謀長へ

五日、六日　聯合艦隊ノ沖縄周辺ニ対スル総攻撃
二〜三日前以来之ニ伴フ球〈第三十二軍〉ノ積極的
行動ニ関スル指導ニ関スル問題

五日　小磯内閣総辞職　之ニ伴フ

七日　鈴木貫太郎内閣ノ成立

七日　総軍司令官タル杉山、畑元帥及河辺大将ノ親補
右ニ伴フ高級人事ノ発令

八日　球ノ八日夜ヨリノ総攻撃開始ノ予定ト敵ノ之ニ先ツ（ママ）
来攻　相次ク沖縄中部北部ノ敵上陸

六日　蘇ノ日ソ中立条約破棄
欧州ニ於ケル独運命ノ終焉、相次テ極度ニ逼迫ス

八日　第一、第二総軍及航空総軍司令官ニ対スル　大命伝
宣

九日　新次長ニ対スル状況報告

十日　北野中将帰還
若松中将南方軍状況報告

新次長ニ対スル状況報告要項　二〇、四、九

一、今後ノ戦争指導ト大陸全般ノ作戦指導
1．戦争貫徹ノ為最後的根拠ノ確立
2．大陸各方面ノ兵力集約ノ根本理念
3．右達成ノ為ノ作戦指導ト実行段階
4．右ニ関スル実行着手ト戦政両略ノ平行的施策

二、決号作戦兵備計画ト之カ具現ノ為ノ業務
1．兵備建設及兵力資材ノ転入整備
2．新設兵備ニ関スル業務ノ進捗目途
3．海軍側ノ協力ニ依ル兵備就中火器弾薬ノ整備

三、決号作戦準備ニ関スル業務
1．統帥機構及各総軍ノ作戦任務
2．決号作戦準備要綱ノ意義及内容
3．海軍トノ協同要領ニ関スル決定
4．右諸項ノ方面軍ニ対スル徹底ト之カ具現ノ為ノ方法
5．訓練及築城ニ関スル事項ノ処理
6．九州ノ戦備促進ノ為ノ応急措置

四、沖縄作戦ノ概況
五、其他ノ諸案件
1．陸海軍ノ一統、海軍ノ作戦兵力及作戦思想
2．大本営機構ノ簡素野戦化
3．陸軍省、教育総監部業務ノ大本営内ヘノ包括
4．中央施策及業務ノ総軍、方面軍（軍管区）ヘノ委譲
5．平時観念ニ捉ハルル高級人事ノ刷新

四月十一日　九、十　雨、十一日晴

一、方面軍築城要員（工兵司令官要員）ノ教育ヲ約十日間ニ亙リ実施シ本日解散、一言ス
一、大本営内ニ陸軍省業務ヲ包括スル為　且ツ重複業務ノ簡素化ノ実施ニ関シ　総長ヨリ次長ニ対シ要望アリ　之カ具体的研究ヲ遂ク　三案アリ　内左ノ案ヲ可トセン
　次長直轄　　総務課
　第一部　　第一、第二課
　第二部
　第三部｝第四班ヲ除ク外現制
　第四部｛第三課（軍事課）
　　　　　第十二課（第四班、第二十班ノ業務ニ関シ）

四月十二日

夜　次官、次長、部局長会同ノ上　(一)大陸作戦ニ関スル根本方針　(二)省部一体化　(三)兵站総監ヲ次官トスル件　右円滑ニ全員意見一致ス

四月十三日

一、築城権威　石井中佐報告
1．砲爆撃ニ対スル観念抽象的、戦法ニ関スル頭ノ切換不良
2．築城ハ技術ニアラス統帥系統ノ重視
3．築城要素
(一)　地形ノ利用（地下、洞窟、自然障碍利用、散兵壕、交通壕、鉄条網ハ一切不可）
(二)　強度
(三)　移動
(四)　秘匿　程度　極度ニ
(五)　分散　極度ニ
4．築城ヲ神速ニ実行スル方法（八丈島ノ例）
露営（陣地付近）、自力、人員多、検閲、工夫
一、連絡会議

海
菊水第一号（六日）96機　♈〈空母〉突入15機
　成果　A〈空母〉二　特母一撃破
十一日　♈(5)102　突入9機　成果不明
夕35機　C〈巡洋艦〉二　BC〈巡洋戦艦〉一破　大火
　災一
十二日　♈（正5特2）35機攻撃セルモ報ナシ
　英♈(2)　損傷後退
沖縄周辺ノ状況
　六日　179機109/288　概ネ奇襲成功、通信混乱
　　特二、大二沈没　一被害　69沈破
菊水第二号（十二日）
　戦果ハ判明セス　桜花成功B二轟
天号作戦ハ従来ニ比シ　我ニ後続兵力アリ　敵機動部隊
ノ行動ハ無理アリ　爾後ノ航空兵力ハ陸海合計千機以上
ヲ投入シ得ル状況ニ在リ
　海峡防備司令部ノ設定
十日付　第七艦隊　朝鮮海峡
十日　宗谷　第百四戦隊
十日付　伊勢湾　特攻戦隊

　海上護衛総司令部ノ問題ハ？
一、陸軍
輸送船　合計約六百隻
艦船状況ノ変転
上陸兵力三乃至四師団

四月十四日

✓上奏ノ際ノ　上ノ御言葉
一、沖縄方面　空中モ地上モ健斗シ逐次戦果ヲ収メタル点
ヨクヤツテ居ル　但シ余リ元気ヨク出テ行ツテ後方ニ上
陸スル時心配ハ無イカ（其心配ハ御無用ナリト奉答ス）
一、昨夜ノB29ニ対スル夜間攻撃ノ戦果大ナルハ可ナリ
一、老河口ハ小作戦ナルモヨク行テ可
一、桂柳地区ヨリ撤収スルハ已ムヲ得サル事ナルモ
㈠　敵ノ宣伝ニ注意セヨ
㈡　此際敵地区ノ鉄道村落破壊等ニ依リ民心ニ悪影響ヲ
及ササルヤ（鉄道撤収ノ如キハ利用出来レハ撤収ス　尚総
軍参謀ニ此意ヲ良ク伝ヘ置ク）
一、後方集約ハ後方ヲ固ク持ツ主旨ナリヤ
本土、満州、朝鮮ヲ堅ク持ツ意

東南支那沿岸ノ撤収ハ補給連絡ニ困難ナルノミナラス上海、北支付近ニ兵力ヲ集結スルコト　現地軍モ同様ナリ

四月十五日

前半夜ヨリB29約200　帝都西南部及川崎、大森地区ニ来襲　四五撃墜　五〇撃破

四月十六日

一、連絡会議

海一、敵機動部隊ノ状況　母二艦損傷

二、沖縄基地ニハ既ニ約二百機

三、湊川前面掃海

陸一、陸上作戦不振、陣地ニ拠テ戦略持久ノ方針

二、徳ノ島飛行場ヲ計画的使用ハ困難ナル実情

三、ビルマ戦況ト□方兵力□

［(欄外)「ボルネオ」］

四、「ボルネオ」ニ対スル上陸企図ノ兆逐次顕ワル

五、敵海兵師団第六、七ハ一～二月頃本国出発、同第八、第十師団ハ八月乃至十月迄訓練、日本本土上陸ニ用フルノ企図

［(欄外)『ソ』ノ攻勢開始早期］

六、西伯利鉄道ハ東送一日平均八個列車

七、済州島ノ我海防艦二、運一撃沈

敦賀ニ敵潜水艦

八、本土ノ作戦準備ト陸海総長ノ統一ノ必要

〇一、九州方面軍ノ作戦準備（益田参謀報告）

1．各軍司令部ノ執務ノ実情

2．陣地施設不良、兵力量ノ不足、必勝信念ナシ、坑道陣地ノ組織不可、平地ニ於ケル陣地不可、各方面ヨリ視察者ノ不統整ノ言辞ハ不可

3．官民―人心動揺ト之カ指導ノ組織必要

4．方面軍統帥機構、位置

5．師団ニハ行李、運搬機関ヲ編成内ニ必要トス

四月十七日

部長会報提出事項

✓一、十四日未明ノ火災所感

軍隊化、軍紀、敢斗精神訓練、毎週検査

大本営戦斗司令所ニ関スル研究準備

一、戦争指導ノ確立ト大本営

陸軍大臣　人ノ用法

一、九州状況　作戦準備、兵備、陸海総長

従来ノ司令部ノ頭ノ転換（環境　生活様式）

○一、全般情勢ハ六月頃以後局面ハ急転換スルヲ覚悟シ　一切ヲ委ス方針ニ基キ　急速ニ諸施策ヲ決定スヘシ

1．大陸就中支那及満州ノ兵力集約

2．人モ物モ本土ニ集約

3．現地カ中央ト一途ノ方針ニテ現場実行

○部長会報

一、防空機関（高射砲、防空飛行隊ノ運用）

［欄外］「軍務局長」

一、不足米二百四十万屯　中一〇七万屯輸送

配給一割減

△一、鉄五万屯不足→兵器弾薬製造ニ影響

一、爆薬自給ノ困難性、代用爆薬（海軍、満州）

一、十五日大森、川崎、鶴見地区ノ被害

電波、真空管、戦車

一、次回会報ニ左ノ件報告ノ事（次長要望）

航　四月中頃ノ秘匿飛行場

経　〃　野戦糧秣ノ集積所

第三部長　〃　高等司令部通信状況

一、軍務局長へ

1．将校ノ特別補充ノ研究

2．幹部（各級）要員ノ充足方法ノ研究

一、要研究事項

1．特攻資材ノ動力増強

2．本土ノ飛行場整理、破壊

四月十八日〈原本に日付記載がないが編者の判断により挿入〉

一、支那総司令官ノ御心持（西浦大佐本朝到着）

1．本土へ行ク米軍ハ鬼　支那へ来ル敵ハオ客ト考フ

2．西面作戦ニ関シテハ最近ノ情勢ニ基ク判断ナリ　従来ノ自説固持ニハ絶対ナシ

3．総司令官ハ作戦大綱ノ外謀略関係ニ於テハ自ラ之ヲ実施セラレアリ

一、敵後方艦船状況

1．四月初頭（四日頃）「マリアナ」、「ウルシー」、「レイテ」付近ニ続々有力艦隊集結シ　依然之ヲ継続中ナリ

2．九、十日頃「マリアナ」、「レイテ」ヨリ有力部隊出
動シ　十四日頃沖縄付近ニ到着セル模様
3．現在（十六〜十七日）依然若干ノ艦船ハ、「ハワイ」
（大）、「アドミラルチー」（小）ヲ経テ西進中
4．統計上　今回ノ船団数ハ八師団ニ相当ス
三月下旬　一旬ニ二三九隻（従来ノ最高記録）

○一、上奏　御下問
1．国崎（？？）支隊カヨク奮斗シヨロシイ
（一応調査ノ事、尚取纏メテ伝達スルコト）
2．沖縄方面上陸最中ニ攻撃撃破シ得サルヤ
（大ニ勉メタルモ各種ノ事情ニ依リ成果意ノ如クナラス）
更ニ遠イ処ヨリ行フテハドウカ
（状況可ナレバ不可能ナラザルモ）
3．「ビルマ」戦ニ於テ　小部隊ノ敵戦車ヲ撃チタルハ可（伝
達スルハ控ヘルコト）
4．支那大陸ノ兵力移動ニ依リ不利ナキヤ
（敵航空基地ノ推進ニ依リ　大勢上若干ノ不利アルモ、B29
モ大体「マリアナ」ニ移リアレハ）
5．「ビルマ」ニ於ケル要線停止可能ナリヤ
（先般ノ総長ノ言ニ依レハ
現地軍ニ於テハ撃タサレハ後進出来ヌカ又ハ退却、一応現地
ニ紹介（ママ）ノ上数日后ニ奉答スル如ク処置ス）
西浦大佐へ
○一、軍事施設ヲ破壊スルモ民心ニ………
○一、撃退セリトノ宣伝ニ対策

四月十九日

一、九州　状況（竹下中佐報告）
1．西部軍管区ノ編成業務
考想ハ五月末ニハ敵ノ上陸アリトノ基礎ノ下ニ軍令、
大命ニ違反セサル範囲ニ於テ神速ニ兵備ヲ整エアリ
総動員関係トノ節調ニハ勝ツコトヲ第一義トス
控（ママ）東師団　五月上旬ヲ四月二十三日ニ繰上（熊本ハ更ニ繰上ケ）
攻勢〃　六月上旬ヲ五月二十日ニ　〃
2．素質
将校下士官ハ不十分、兵ハ良好
控（ママ）東四月下旬ニ各中隊一名不足
□□五月　各中隊二名不足
師管区部隊ハ　小隊長ナシ

久留米師団管ニハ在郷将校ナシ

3．総動員トノ関係

農業ニ悪影響アリ

航空工業ハダブツク

4．編制業務ノ内容、主旨ハ良好

歩兵、砲兵、兵器ノ充足約½～⅓

之ヲ要スルニ復（ママ）雑困難ナル編成業務ヲ中央意図ニ基キ良ク処理シアリ

幹部、資材（兵器）

兵員ハ相当ノ余裕アルモ将校ハ枯渇シアリ

一、将校特別補充ノ方法

全所要数　将校二二万（大体一五万）

現在取得数　六万　不足（一六）ノ充足要領

1．特甲幹一万　　一万

○2．昭和二十一年現役兵幹部候補生資格（期待）一〇万

3．特幹中ヨリ撰抜（万以上）

4．准士官下士官ヨリ将校へ　半数　五千

5．在営下士官中乙幹ノ半数　一万～二万

6．現在ノ乙幹ヨリ　　五千

7．在営下士官（兵）ヨリ教育四万ノ¼　一万

8．特設警備隊幹部ノ特別補充

抜擢、自力補充権ノ委任

一、本日朝　B29二機ヲ掩護スルP51P61数十機帝都ニ来襲、厚木、調子（ママ）付近ノ飛行場ヲ攻撃ス　俘虜ノ言ニ依レハB29ノ誘導ニ依ルモノト称スルモ　高級幹部ノ偵察トモ判断セラル

四月二十日　十九日夕以来雨　朝曇　冷

一、作戦連絡会議

当方ヨリ

1．東亜ニ於ケル一般情勢ト大陸全般ノ兵力運用

2．帝国本土ニ於ケル作戦準備ノ進捗状況ト兵力増強ノ必要性

3．透徹明確ナル大号令ノ伝宣

右ヲ予ヨリ今日初メテ新内閣ノ鈴木総理、陸海大臣臨席ヲ機ニ申シ上グ

一、海軍側

1．十六日同夜　[記号]八機突入　巡二、戦巡一沈

2．十七日　　[記号]七機突入

3．右攻撃ニ依リ敵航　正三、特二撃沈破

4．十七日「ウルシー」正三、戦四、巡七、D〈駆逐艦〉
三〇、T〈輸送艦〉七五、給油艦二五　其他小艦艇一
四〇
5．C5、D27、T（小）110、舟80
沖縄地上航空機一五〇内外
○通信情報　十七日以降作戦発起ノ算大
兵力
三月十六日—四月五日
攻二九一、特攻一五二　—合計六五八
爾後
菊水一、二、三号　十七日迄ノ累計
攻　二八四　三三〇　七三〇
五〇　二二七　二三九　其他一〇〇〇
総計　二〇八六（陸海軍ヲ含ム）
現在　実動機
九州　海三三〇　陸五〇（進攻戦一五）
台湾　五〇
更ニ進出予定五百機　外ニ百機
一、西浦大佐ニ対スル作戦連絡
1．本土決戦ノ全般状況（統帥機構、兵備）
2．戦争指導上ノ大綱
二月二十六日　省部合同研究ト其判決
右ニ基ク両統帥部及両省ノ連絡
陸海兵備中合セノ成立
海上輸送及其一元運用機関ノ成立
軍事特別措置成案
3．支那方面作戦指導並兵力運用ノ腹案
大体ノ大綱ヲ腹ヲ合セ実行ハ御（ママ）委任

四月二十一日

一、荒尾軍事課長　軍備連絡
1．16D、3D、22Bs　素質特ニ幹部低下
2．二案トシテ研究、一応ハ全面的ニ実行
3．戦斗軍組織ト之カ充当
一、西浦大佐所感
1．大陸兵力ノ運用ト之ニ対スル期待度特ニ兵力
2．政謀略上岡村大将ノ苦衷ヲ察ス　力ヲ以テスルニア
ラサレハ略立タズ
3．命令ハ目的ヲ示シ実行ハ委ス
一、沖縄周辺敵機動部隊攻撃成果

（田口軍令部課長通報）
三月十八日九州来襲時　米正空一六更ニ一増加　計一七
1．18〜20/3　戦果 正一 巡改二 三　大破以上
2．29/3　改巡一大破　四機突入　以後バターン出〈系〉（ケイ）セス
3．1/4　英一大破
6・7/4（菊水一号）
正一二ヲ認ム突入三、正一〇、覆没二、
突入一五、特五
六日　以上正母二破　特母二沈
七日　前日ト同一母艦
以上ニテ正（含巡）六、特四、中破正一
十一日　正一、特一撃破
十三日
十六日　[illegible]突五　輸船四
〃　一　〃　一
十六、十七日　偵察ノ比較　正三、特二ノ撃沈破
（十三日以後　三出系ナシ　十五日以後一出系セス）
十五日迄　正六、特五、中大破三」累計

四月二十二日　晴　暖　日曜

一、一昨、昨及今朝百数十機ノB29九州方面ニ連続来襲、沖縄作戦ニ活躍スル我航空制圧ノ強化ニアルヘシ
菊水三号ハ諸種ノ関係ニテ延期ヲ重ネ　本二十二日実行ノ筈
沖縄本島ノ地上作戦ハ敵ノ本格的攻撃開始ノ模様　敵情報ハ相当ノ困難性ヲ伝エアルモ之彼ノ常套ニ過キス
一、一昨夜及昨夜両度ニ亘リ対ソ情勢ニ鑑ミ大陸全般作戦ノ検討ヲ遂ク　昨夜ハ次長モ亦出席　諸般ノ情況ヲ深察シ本日午前天野課長ト懇談ヲ重ネ　次長　総長ニ大要報告ノ後　左ノ筋ニ基キ成案ヲ作製スヘキコトヲ命ス
大陸作戦決定上ノ考方
一、関東軍ノ対ソ戦略態勢ト兵力（ナルヘク速ニ　ナルヘク多数）増強
一、支那総軍ハ対米支ノ外　対ソ戦略態勢ト戦面整理
一、対ソ作戦ハ関東軍ト支那総軍ト併立
一、支那総軍ハ対米、支、蘇ノ内線作戦ヲ行フ　之カ為米、ソ作戦ハ主目標ニ対シ積極攻勢、之カ為所要ノ内線ノ地歩確保
一、夕刻四時三十分新宿分室ニ帰宿　百日以来天光アル内

ニ退庁セルハ本日始メテナリ　新宿、大久保界隈ノ焼跡ヲ彷徨シ感転タ無量、戎衣ヲ以テ戦場ノ荒廃ヲ目撃セル感中ニモ一種惻隠ノ情アリト雖モ　東京市街ノ廃虚ヲ具ニ独リ平服ニテ慢歩セル時ノ胸中トハ全ク異ルモノアリ

四月二十三日

一、二十二日　一六〇〇～一八〇〇　6FA特攻36機　沖北方艦船

五梯団中四梯団迄突入ヲ報ス　第五群モ概ネ突入セルモノト推定

爾今昼間用重15機（内8機夜用）㋣約20機、右ノ外5FA双軽15機（優秀4機）以上ノ外80機㋣内40機ハ直ニ出動

来月上旬迄一〇〇機

菊水第四号ハＢ29ノ為延期

作戦連絡（総理　陸大臣出席）

1．正空母現存　沖縄周辺六、「ウルシー」三

従来挙ケタル戦果　正空母十一損傷内二沈

2．聯合艦隊ハ好機靱強航空作戦ニ転換

3．関門海峡　敵機雷ノ為十日間管制ニテ輸送量1/3ニ減ス（十日間ニ三十一隻通過）

4．鮮門96　0、中支門17　1、台門11　5、南支門9　4、計133

10　7％

予ヨリ連絡事項

○特攻ノ技術的研究ノ要

○陸上戦法ノ変遷ト之ニ対スル反省

○陸上防備ノ海軍兵力、兵力配置密度ノ陸海連合視察、連合訓令

一、大陸全般ノ兵力運用ニ関シ阿南陸軍大臣ニ報告ス

此際特ニ申サレタル事項左ノ如シ

1．上海、漢口付近ヲ確保スルコトトセルハ結構ナリ　之ヲモ放棄セントスルハ敗退ナリ　北支ニ収約セハ食糧自給不可能ナリ

2．兵力ノ抽出戦面ノ整理ニ伴ヒ停戦ニ努力ス　其成否ニ関ハラス作戦行動ハ之ヲ実施スヘキモ　此機ヲ補フ工作ヲ以テ敵ノ追躡ヲ受ケサル如クスルコトヲ得ハ幸ニシテ局部ヨリ全般的ニ停戦ニ導キ得ハ大ニヨシ　対重慶及延安（赤化防止ヲ条件トシ）ト併行共作ス　之ヲ総軍司令官一途ノ下ニ実施ス　之ヲ伝達セルヤ否ヤ

3．参考迄ニ　兵力抽出スルモ確保スヘキ地域ハ之ヲ限定セサルヲ可トス（第十一軍司令官時代ノ体験ヲ付言セラル）

一、原中将意見　師団長トシテノ体験、信念

1. 戦法＝(秘密坑道蜂起戦法)

夜間、海岸、水中兵力転用

絶対秘密坑道＝兵全員ノ必勝信念

2. 必殺ニアラス必傷、バラ弾用拳銃

一、考ヘヨ善ク考ヘヨ　御国ヲ護ル為ノ戦法ト兵器

○一、陸海軍一統ニ関スル所感

1. 唯一至上ノ目標念願ハ勝ツコトニ存ス

2. 勝ツノ本ハ日本民族帝国臣民一体ノ本然ノ姿　真摯ナル誠ノ発現ニ存ス「一心ニナリテ力ヲ国家ノ保護ニ尽ス」心モ身モ一切ヲ　陛下ニ捧ク、特攻ノ精神ノ発露、若人ハヤッテ居ル、各職域ノモノカ皆之ニ徹スルコトニ存ス、カクテ神風ヲ仰クコトヲ得

3. 陸海軍ハ　陛下ノ陸海軍、御国ノ陸海軍ニシテ、陸軍ノ陸軍、海軍ノ海軍ニアラス　対立的二元的人生観ハ国体ニ反ス　国民ノ待望、世間ノ批難ヲ対照(ママ)トスルモノニアラス　根本的本質的ノモノナリ、政治的政策的ヲ覘フカ如キハ誤ナリ、徹底セヨ速ニ然ラサレハ末稍迄透徹セス　時間ハ戦捷ノ為唯一ノ鍵関ナリ

〈欄外〉『総長室ニ掲ケラレタ歴代総長』として計一五代の総長氏名の記載があるが、編者省略〉

一、決戦輸送ノ実視報告(渡辺信吉少将)

1. 北・南鮮ハ可、内地ハ不可(揚搭ノ実行・鉄道共)

2. 荷役ノ岸壁思想強シ　沖荷役

3. 「伏木、敦賀」高射砲配置不可

4. 裏日本ニ於ケル諸方面ノ人的配置ノ弱体、通信連絡不十分

5. 最モ神速ノ要処置事項

✓北陸諸港就中新潟港ノ浚渫

✓船舶用油ノ不足ニ基キ石炭用曳船ノ用意

○艀舟不足ニ鑑ミ機帆船、小型船ノ造船停止

○大阪、門司、神戸港頭ニ南方向(貿易/開発)物資ノ処理

✓修理工場ヲ北鮮移転(瀬戸内ヨリ移ス)

総長ノ言　右ノ処理ト之カ実行確認ヲ為セ

四月二十六日

一、部長会報

水曜午前　幕僚会報　大臣・次官　○九三〇

火曜午前　兵站会報　兵站業務　○九三〇

月一回　部局長会報

一、陸海軍ノ電波警戒相互協定問題
？一、飛行場（内地ノ航空局関係）ノ陸海軍配当
一、敵潜水艦ノ現出状況ト敵情判断
舟山列島、八丈島、東北（青森東北地区）
一、兵備関係ト幹部充足ノ非常処置ト資材ノ急速充足
一、陸海一体問題ニ関スル海軍意嚮
一、第四部関係ノ業務ノ指導方針（軍務局）
一、非常措置法ノ具体化ト之カ適用ノ自粛
国民義勇隊ノ組織及戦闘隊ヘノ編入
一、兵備関係ハ一ヶ月ニ三十万動員、兵役年令ノ根本的改正（一七～五五歳）テ研究
一、報道部ノ一体、陸海軍情報部ノ合体
一、勃（ブルガリア）武官　清水大佐報告
1．高架（コーカサス）、ロストフ、ハリコフ、モスコウ視察
国内事情ハ人的、物的、食料、服装等相当余祐アリ
一般ニ四～五年前ニ比シ活気アリ　復興状態相当進捗ス
米ノ援ソ物資ハ相当大ナリ　イスタンブールヨリ北入ノ英ノ援ソ物資亦相当アリ
2．昨年来　バルカンハ「ソ」ノ対英米勝利ニ帰ス
戦後ハバルカンニ於ケル「ソ」対米英ノ抗争ハ激化セン
3．「ソ」ノ思想攻勢ト武力攻勢ノ調節ハ鮮ナリ
4．露軍ノ実情　第一線部隊ノ装備ハ優秀
機械化ニ徹シ実用的ノ感深シ　多数ノ女兵ヲ交ヘアリ
5．ソ軍将兵ニ欧州自由主義ヲ羨望スル風アリ
6．「ソ」ノ対日感情
7．独失敗ノ原因
戦政両略ノ節調不良　力ノ分散、遊兵多大
第二戦線失敗
ヒットラー暗殺事件
兵器ノ劣、立直シ不能、　ソ軍ノ戦術優越
一、夜　次官、次長以下各部長会同　予ヨリ左記問題ヲ説明ス
1．大陸全般ノ兵力運用問題
上司ノ意図及陸軍大臣ノ意図
2．右ニ関係シ　対ソ問題ヲ廻ル戦政両略問題
3．陸海軍ノ統一問題ヲ廻ル経緯

四月二十七日

一、予ノ立場ニ於テ且ツ現戦局ニ於テ今後特ニ着意スヘキ問題

1．国家全体トシテ又国民全体トシテ堅確ナル決意ト忍苦努力シテ戦勝獲得ノ為ニ邁進セントスル斗魂ト志気昂揚

◎之カ為守地ヲ守ル　復興ヲ具現スルノ意気昂揚

右ノ為軍トシテハ

○帝都ヲ複廓トスル死守配備

国民及政府、都トシテハ

○焼跡整理之カ復興ノ施策

2．決戦非常措置法ノ適用ト之カ運用ニ任スル軍ノ心構

3．国民総武装　武力トシテノ兵員増加ト之ニ伴フ装備問題

〔(欄外) 戦法ト兵器〕

◎戦法ト簡易兵器ノ創意ト製産促進

4．日本海ノ戦備強化ト兵力増強

◎5．現地巡視シ実行確認ト所要ノ指導

右ノ大綱ハ　総長ヨリ　上奏スル事

一、陸海軍連絡

海軍

1．23日英空母ハ基地ニ帰投セルモノノ如シ

2．特空母ニ依リ基地飛行隊増強中

3．23～24日頃　航母三ヲ基幹ノ増援部隊本国ヨリ来航昨日頃既ニ沖縄付近ニ到着ノ模様

4．通信状況ニヨレハ本国ヨリノ新増援部隊来着中ニシテ早期作戦ヲ予想セラル

5．レイテ方面活気アリ（約一師）「ボルネオ」ニ出動ノ企図アルカ如シ

6．パラオ方面ヨリ約三五隻北上二十九日頃到着

○二十八日ノ第四次総攻撃

	B50、A30直掩		特攻B138、A40	
○五月五日		100	50	20
○〃五～十日	80	30	75	40
○未定	96	30	60	40
			32	
計	直掩436		特攻530	

四月二十八日　土　晴

一、沖縄周辺ノ作戦ニ関連シB29ハ前三日間連続九州及四

国方面ニ主トシテ航空撃滅戦ノ目的ヲ以テ来襲ス

我特攻ノ戦果ハ四月初頭以来二十二日迄ヲ総合シテ左ノ如シ

	A	B	B~C	C	C~D	D	T	艦種不祥
八飛師	5(1)	3(1)	(4)	6(6)	5(2)	3(6)	9(12)	21(17)
六航軍		(1)		6(2)		(4)	9(9)	17(18)
其他㋹		2(3)		5(7)		18(2)		38(2)
合計	5(1)	5(5)	(4)	17(18)	5(2)	21(12)	18(27)	76(57)
海軍	3(9)	3(26)	5(4)	25(16)	1	17(5)	11(20)	9(36)

右総計　撃沈二三五　損傷二四〇

内訳　撃沈〈損傷〉

A八（一〇）、B八（三一）、C二〇（八）、D三八（一七）、T二九（四七）、出動ト〈損害〉

8FD二〇四（九四）、6FA二六〇、㋹五八（一九）　合計三四六〈細部編者略〉

一、昨夜鈴木総理、陸海大臣、同次官、両総長、同次長及両軍務局長会同シ陸海一体問題ヲ議セリト

海軍大臣ノ言ハ臣節ニ欠クル点アリ

（御下問ノ意ハ一体タレトノ意ニアラサルコト判明スト）

海軍次官ノ言ハ人生観ノ根本ニ誤謬アリ

（下部ノ相争フハ当然ナリ）

陸総長ハ例ニ依リ中間、自然推移ト至誠、陛下ノ軍隊、一心ニ帰スルノ根本観念ニ一致ヲ見サレハ形ヤ制度ハ次ノ次ナリ

一、大陸全般ノ兵力運用ハ具体的ニ検討ヲ遂ケ且支総軍ノ報告（広西所在軍ノ北支集結時期ノ遅延見込十月乃至十二月）ニ依リ実行上益々困難ナルヲ思ハシム　結局満、支夫々状況ニ即応スル如ク兵力ヲ集約シテ所在ニ敢斗スルコトニ落付ク（ママ）ヘシトノ見透ナリ

四月二十九日　薄曇

一、天長ノ佳節　早朝部長以下一同遥拝　九時三十分次長ト共ニ参賀

一、昨二十八日ノ沖縄周辺ニ対スル特攻ノ戦果ニ関シ吉報アリ　詳細ハ後報ニ依ルヘキモ相当ノ戦果アリシハ確実ナリ　天ニ謝シ若人ニ謝ス

一、球〈第三十二軍〉報告ニ依ル四月一日～二十八日迄ノ戦果

人員殺傷一八二七五、飛行機撃墜三三五、同撃破六二一、戦車擱座炎上二九四、自貨車爆砕七四、弾薬糧秣集積所

爆砕二六、車輌破壊二八、迫撃砲破壊四四、MA破壊一六、
自動小銃（鹵破）一三〇、其他六三
一、昨夜英放送ハ独ヒムラーハ対英米無条件降伏ヲ申出テ
ヒトラーハ重傷ニテ余命ナシト　三国同盟ニ対シ我態度
ノ決定、今後ノ戦争遂行ノ見透ニ関シ重大考慮ヲ要スル
瞬時ニ立到レリ
一、午後　次長、部長ニ対シ大陸全般作戦ニ関スル研究報
告アリ
一、ソ情
1. 言論界ニ現ハレタル対日状況
2. 在〈極東〉ソ兵力及其増加状況
3. 今後ノ対日外交ノ積極化
4. 「ソ」ノ対日（満州）作戦構想（開戦二、三ヶ月、三〇
師、四〇師、六〇師）
一、支軍情況
1. 加強師（一〇）七、八月攻勢、三〇師来春
2. 米上陸ト関連シ南支（秋）、漢口（来年春）、北支（来
年晩春）

四月三十日

✓一、総長ニ対シ　予ノ意見
1. 大陸全般作戦問題
2. 独ノ戦局ト今後ノ対ソ政策――戦争遂行ノ方針
3. 宮中作戦連絡
4. 今後第一部長トシテ研究中ノ問題
一、吉村中将、松尾中佐ボ〈ボーゲンビル〉島ヨリ帰還ス、
感無量　吉村曰ク
1. 百武中将　十二月十三日発病、最近漸次良好、頭ハ
確
2. 神田中将　健康良好　六師団ノ戦力ハ1/4
3. マラリア剤到着、今後マラリヤ「アクナミン（?）」種子
大艇三ヶ月一回
4. タロキナ戦後二万五千病死
現在　陸二万、海一万、6D九千
山砲弾等七割不発、二年榴弾ナシ、師団ハ聯隊ノ戦
力（日露戦局ニ相当）
激励電ハ不要　　玉木、下田
百武中将ノ伝言
天佑神助ナシ　防勢ハ駄目、攻勢ノ為ノ飛行機生産ニ

邁進
「ラボール」ヨリ玉砕ヲ強要セラル
自決ノ為殪レタル者ヲ戦病死ヲ戦死者トスルコト
1．海軍ニ対スル所感
イ、無力ノモノヲ過大視スル勿「渾然一体」ノ語ハ不可
ロ、上級司令部ノ統帥力ナシ、実行監督ナシ
ハ、事前準備極メテ不良
ニ、責任観念ナク虚言、敢斗精神ナシ
ホ、兵力分散、逐次使用
ヘ、陸戦隊ハ一切駄目

五月一日

兵站会報（第一回）
一、離島軍需品ノ戦機ニ遅レサル投入ニ注意
ボ島ノ大艇
1．飛行機　台湾送込ノ(と)号ノ計画
2．兵器関係　球及台宛ノ九州滞貨ノ処理
3．次官、農次官　食糧ハ百万屯不足　大陸ヨリ搬入ノ手段不徹底
4．次長ヨリ　次回報告　決号作戦準備進捗状況及見透ニ関スル報告
一、兎角会報カダラダラ長イ
報告ハ一般ニ意図トシテ示スコト　相互連絡ノ範囲ニ止ム」トノ意見
一、大陸作戦全般ノ方策ニ就テ第二課ヨリ総長ヘ報告
一、豊田聯合艦隊司令長官（本日海軍総隊司令長官）総長来訪

五月二日

一、幕僚会報
予ヨリ
一、作戦関係　天号航空作戦ノ縦深戦力、支那（一二隊）ヨリ九隊六航軍ヘ、三隊ヲ八飛師ニ転属
一、目下研究中ノ問題　対ソ関係ヲ考慮スル関東軍及朝鮮軍ノ作戦ノ問題
一、日本海沿岸ノ防備ノ強化法、北海道　樺太、千島ノ兵力運用、兵備改編
一、帝都防衛ノ特別処置
第三部長
1．無線機

東京八四（三三）
大阪三四（一四）｝移設、大本営将来位置研究

2．九州鉄道状況　防空、機関車掩体、予備橋架

第二部長

1．延安関係事情ノ調査、連絡路線ハ従来ノ他ナシ
延安ヲ通シテ「ソ」ヲ動スハ不能、米延ハ断絶、延重ハ断絶

2．暗号解読「ストリップ」四月一杯ニ成立セシメント企図シアリ

3．「ソ」ノ東送ハ依然続行、人四万八千、飛七百四十推定　漸次悪化ノ傾向

第四部長

1．朝鮮ノ防衛不十分、政務総督以下ノ頭ノ切換　軍司令官ノ総督兼任

?2．内容ニ於テ物動ノ内容ニ基キ異論アリ、満州ハ生産施設ノ移転ハ進捗セス
満、鮮、北支、蒙疆ノ関係者ヲ東京招致（参謀副長共ニ）

次長

1．国民義勇隊（戦斗隊）ノ兵站部隊トシテノ用法、
作戦路ノ構築、秘密飛行場建設及補給勤務、集積所労力、勤務、司令部ノ雑役、逓伝、兵站線ニ沿フ収療所、設営、修改装、
右ヲ具体的ニ研究シ之ヲ軍管区ニ明示スルコト

2．政局戦局ノ受動ニ伴ヒ大政策、大謀略ハ戦争指導ノ首脳ノ任ニシテ下僚ハ業務ニ専念

一、晴気大佐　延安情勢

1．「李愛民」於肝胎（華中局書記長）

2．華北局　四路線?何共鞏（王之相）、余天休

3．延安問題ニ関スル所感、南京、北支、上海陸軍武官

4．延安ニ対スル支那民衆ノ態度底意　延安ニ傾ク者多シ

対延安観察

1．延安ト蘇連トノ関係＝密接（裏面）

2．延米関係ハ冷却

3．延安ト重慶ノ関係ハ対日ハ別トシ将来ノ勢力対立制覇ニ赴ク

対延安施策ノ目的

1．対重慶施策ノ牽制トシテハ効果アリ
但戦争終末ニ何程度寄与スルヤハ別
＝重慶ヲ通シテ米ト和平

2．対ソ、対延安関係ヲ重点トスルヲ可トス

実行上ハ延安全面合策ヲ可トス（民衆ノ意向ヲ重視）

3．成功要因

対ソ諒解ノ上、中共ノ抗日名目ヲ解消↓従来ノ日本ノ対支進攻ノ撤収↓東京ノ決意決定

一、大陸作戦ノ問題ニ関シ昨夜一案ヲ起案シ　之ニ基キ天野ト談ス　論議激化シ予ハ遂ニ「道義ナク節儀無キ案ナリ」ト激語シ且予ハ「自信ナキ故ニ譲ラント欲ス」ト述フ　共ニ度ヲ越エルモノトハ反省スルモ偽ラサル予ノ心境ナリ　之予ノ天野ニ対スル恰モ女房ニ対スル我儘ト同一心理ニ起因スル結果ナルヘシ　請フ之ヲ恕セヨ

次長ト談スルコト午前午後二回　次長ヨリ予ノ案ヲ提シテ総長ノ考慮ヲ求メラレタル由

○予曰ク　一体此戦争ノ終末ヲ何レニ帰着セントスルヤ　大東亜戦争前カ　日支事変前カ　満州事変前カ　日露戦争後カ前カ　日清戦争前カ後カ　更ニ溯テ御維新ナルヘキヤ」　曰ク　満州国ニ対スル道義　延テ帝国臣民トシテノ道義　自ラ納得シ得ル境地ハ一体奈辺ニ在リヤ　曰ク　何レニシテモ対ソ開戦ハ絶体絶命ナリ

一、夕刻軍務局長ト談ス

要ハ大陸用兵ヲ根本トシ支総軍百二十万ノ実体、関東軍ノ戦力的内容、対ソ開戦ノ結果ノ絶対性等ナリ　此問題ハ要ハ用兵問題タランヨリハ国家的問題ナリ　大臣総長ニ於テ決シ国家トシテ決スヘキ重大事ナリ其案ヲ具申スルコトトス

［（欄外）国家問題

根本的事項、政略事項　政略施策ノ根拠タル限度　書生横議ハ敵ノ乗スルトコロトナリ　決戦遂行上ノ阻害トナル］

［純統帥事項

後方線ノ決定、現地兵力造成、関東軍ト朝鮮軍トノ関係、総督、司令官ノ兼任］

五月三日

一、昨夜ノ忠臣蔵ノ一節

○「大丈夫だらう」内蔵助は例によって　ものの明るい一面だけを見てゐた「苦労しても同じことなら考へるだけ損だ　待たう　待たう」

○いつの時代になっても自分の意見はなくして　勢の強い側の大勢の人間が考へる通りに考へ　ただわいわい騒ぐだけの人間の数は、自分だけの考へを守るものにくらべ

て比較にならない程多いのである、夫が自分の為にならうがなるまいが　この人間達にとっては問題にならないのだ

○クレマンソー曰く「うん独軍は巴里を取り得るかも知れん　そんな事で俺は戦争を止めるものか　後にはロアル河がある　ガロンヌ河がある　まだ南方にはピレネー山脈がある　ピレネー山脈が取られたら　俺は海上で戦争を継けるよ　しかし平和交渉は絶対にやらん　俺を相手に　独人はそんな馬鹿気たことを考へぬ方がいいよ」と

○国家問題　大陸問題ニ関スル総長ノ意見

一、支那ト満州ノ何レカ戦争遂行ニ資スルヤ

一、支那ト満州ト両方ヲ成立セシムルハ不可能トスレハ何カ？　本土ニ於テ勝ツコトヲ第一義トシ　他方面ハ之ヲ成立セシムル為持久ス（満州、支那ノ帝国寄与ヲ物的ニ比較スヘキヲ命セラル）

一、判決＝自主ナシ、利害打算的ノ考方アリ、精神上ヲ云フモ結局ハ利害打算ノ域ヲ脱セス

大陸ニ於テハ対米、支、「ソ」ハ持久

支那ヨリ差当リ四師ヲ移ス

後方陣地線ハ一連トセス要点拠点、中間線（山地ト平地ノ接際、奉天省、吉林省ノ大部）、同時ニ国境ノ陣地モ出来ル限リ増兵ス

関東軍ノ隷下ニ朝鮮軍司令官ヲ入レル件、総督ト兼任ノ時ヲ考フル時ハ問題ナラス

右ニ基キ天野ニ成文化スルコトヲ命ス

△最高地位ノモノハ「断」ト「断ノ精神」ニ存ス　之無クンバ価値ナシ　本日ハ不愉快ナリ

一、四国事情（小村　谷少佐視察報告）

1．交通、地形、西南端宿毛地区ノ配備重視

2．兵力配置、戦備特ニ築城、後方兵站準備局地ニ

3．労力（三十万）、食料（不足一五万屯）、疎開者ノ統制

4．四国ニ於ケル軍司令官ト師管区司令官ノ関係、師管区司令官ノ意向、統率上任務ノ誤解、護民官ナリト訓示ス　不軍紀ノ根本解決ヲ要ス

5．海軍トノ関係（総兵力十万、方面軍十五万）

○航（一〇）松山、宇和島、浦戸、高知、小松島、徳島、姫路、奈良、宝塚、西ノ宮、各航空隊（飛行隊ニハ飛行機ナシ、油ナシ）

○海兵団（七）安浦、大竹、大阪、田辺、舞鶴第一、第二、紀伊防備隊

○特攻基地（八）宿毛、足摺、須崎、宇佐、浦戸、手結（テユイ）、
室戸、橘

［（欄外）△居住施設地下五千名　△海兵ハ外出遊郭　△作
戦ト施設部トノ関係節調］

6．作戦準備促進ノ為

(1) 師管区トノ関係ヲ整フルコト

(2) 師管区ノ気持、国民ノ気持ヲ是正ス

155D⅓ハ未教育、将中隊ニ一、准曹一、現役ハ連隊
ヲ通シ一～二名

11D　½初（年）兵、大隊長以上現役、中隊長¼士、
軍紀厳粛

7．処置事項

(1) 師管区司令官ノ交迭　55A司令官ノ到着促進

(2) 海軍トノ兵器、資材ノ節調

(3) 高知、浦戸航空隊司令ハ積極的ニシテ可

一、聯合艦隊ノ航空作戦状況報告（谷川少将）

1．戦果ニ対スル査覈ハ厳ニシテ良心的ナルモ　実情ハ
的確ニ把握シ得ス

特攻ニ通信施設不備ノ補備

2．今後航空作戦推移ノ見透

作戦目的ハ出血強要

□作戦準備ニ関スル覚悟

（戦況判断　聯合艦隊）

六月中旬　九州、南九州、宮崎重点、

状況ニヨリテハ一挙　関東方面ニ八、九月頃

右ニ基キ　航空作戦ニ関スル限リ　決号戦開始セラ
レツツアリ

3．特攻ノ技術的準備ハ極メテ不十分

五月四日　金　晴

一、作戦連絡

予ヨリ通告＝第三十二軍攻勢ト陸軍特攻投入ノ件及作戦思
想云々ノ厳戒ノ注意

1．最近九州、四国方面ノ決号作戦準備ヲ実視連絡セル
結果

(1) 一般ニ不十分（築城、訓練、後方補給等）

(2) 軍ハ焦慮シアルニ官民之ニ伴ハス

四国ノ如キハ開西地方ヨリノ疎開ニテ充満ス　要
スルニ挙国一途ノ方針ノ下ニ歩調ヲ揃ヘテ夫々決戦
準備ニ邁進スルノ風ニ欠如ス

(3) 現地陸海軍ノ局地的協同ハ可
但資材、労力、努力ノ方向不一致ノ点アリ　現地
陸軍最高指揮官ニ統一セシム（陸海軍協同要綱ニ基キ）
［(欄外) 海軍側　中疎開ノ件連絡　総軍参謀ノ鎮守府兼任
ノ件］
2. 聯合艦隊兼任参謀報告　現地陸海軍ノ協同ハ可
3. 三師団ト混成二十二旅団ノ編成ト之カ兵備ニ関シテ
ハ軍制当局ヨリモ連絡スヘキモ統帥部ニ於テモ此点配
慮ヲ望ム
4. 第三十二軍ノ攻勢行動

海軍側
1. 二十九日以後[illegible]五ヲ認ム
2. 伊江島基地完成
3. 今後

十日	菊六号	75	60	135
爾後	七			120
	八			122

一、朝鮮、九州作戦準備状況
(一) 1. 全般ハ一応四月十八日着手ニ移ル　二十二日
五月一日ヨリ現地ニテ実行ニ移ル
2. 左ノ点ニ中央トシテ
イ. 官民ノ決戦態勢不可　軍亦之ノ影響ヲ蒙ル
ロ. 一般ニ現状把握不十分（上級司令部ハ紙上）
ハ. 兵站準備進捗セス
ニ. 教育訓練上ノ書類ハ端末ニ徹底セス
［(欄外)○之カ連絡ノ具体的処置］
ホ. 情報勤務ノ必要ヲ強調セラレアルモ具体化セラ
レアラス（17HAノ情報主任会同、第一問題「情況?ノ調?
整機構如何」通信機関ノ配置不可）
ヘ. 交通、通信ノ具体化不可
(二) 17HA一般配置　西南方
済州島（□島ニ当ル、文化高シ）
戦車ノ行動到ル処自由、給水不便、大阪トノ交通
由来アリ、済州島確保ト飛行場妨害」、中　中央高
地ニ窘縮ス
96D⅔ハ四十才将校平均四八、108D野砲八ノミ、
天幕、飯盒ナシ
○火砲、噴進砲ノ弾、対戦車資材ナシ
牛豚各三万アリ　西半部ニ農産アリ（各約二、三万
頭）雑穀アリ

○海軍ノ特攻陣地ハ東西南北ノ端末ニ在リ指導ノ要アリ
✓総督府ト軍司令部トノ関係ハ司令官交迭ニ依リ総督兼任促進ノ要アリ
✓農民ノ衣糧、警察官ノ横暴、不良学生ノ取締
[(欄外)［◎済州島ノ陣地ハ中央山地ニ窘縮スルハ不可
◎済州島ニ兵力ノ外軍需品ノ速急投入ノ処理］

(三)　九州　南部五月末、北部六月末概成
1．一般ニ熱ト努力不可
2．後方準備ノ具体化ナシ
3．鉄道、通信、補給ノ実務不可
○要望　司令部、参謀充実、25・57等後方機関、補給廠ノ配属
○離島ノ配備兵力、朝鮮海峡ノ防備充実不可、兵站準備不可、中国ヨリ九州東北部ニ対スル海上機動準備不可
○海軍トノ関係ハ予想以上ニ可、兵力運用、特攻基地共ニ可、特攻兵力ノ海軍期待度ハ一六〇〜一七〇隻沈
[(欄外)○中央トシテ処置スヘキ項目ト処理要領ノ研究ト直ニ実行スヘキ問題ノ決定
○沿岸陣地戦術的研究
○鉄道ノ軍隊化]

〈「九州配備概要図」編者略〉

九州作戦ノ兵棋演習ノ概要
問題　1．控(ママ)東師団ノ持久度ヲ約一ヶ月ト考フル時ノ陣地線ノ位置ニ論議アリ
2．突破兵団ノ戦力充実ノ急速確立
3．兵站準備不進ハ敵爆ニ依ル鉄道不通ニ在リ

九州兵站概要
1．北部九州ニハ軍需品ノ大部堆積シ、南方ニハ極メテ不十分
2．種子島糧秣一ヶ月　壱岐対馬主食三月　五島ハ五月主食三月　実行不可能ノ原因、船ハアルモ船舶ト鉄道、小運送ノ連繋、方面軍後方参謀ノ強化
3．弾薬ハ　種子島〇・二〜一・〇(野山砲)　五島壱岐対馬〇・一〜〇・二
4．兵站業務ノ遂行、補給廠ノ野戦化、方面軍指揮下

5．処理スヘキ問題
　鉄道輸送力ノ配当、軍需品輸送、臨軍
　◎中央派遣班ノ派遣
　○海軍トノ関係　宮崎地区　現物処理
［(欄外)［◎一地区ニ有力機関ヲ運用ス、人選
◎後方（鉄道、船舶、各兵器兵監部）機関ノ現地派遣処理］
対九州処置問題
一、兵力増援　控(ママ)東師団四（山口、博多、唐津、天草）五―
六月頃迄　壱岐ヲ三大隊増加、
二混成旅団（五、六月頃）薩摩半島
一混成連隊（延岡）
Y師団二　都城　久留米
長崎、豊予ニ各一旅団　対馬ニ四大増
［(欄外)○他方面ヨリ兵力ヲ増強スルコトノ研究、関東地
方ヨリ一師団］
一、全般作戦準備促進ノ為　幹部（参謀不足）軍参謀、師
団参謀三名、台湾ヨリ一軍司令部及参謀抽出　予校閉鎖
一、編制上兵器資材繰上ケ編成ノ実行
一、大本営派遣班ノ派出
一、鉄道、船舶機関ノ方面軍指揮官、後方機関ノ動員促進、
鉄道ノ防空強化、25D 57Dノ馬匹増強（一七〇〇）

五月五日　曇

　昨日九州B29五十機　B三、四日連続九州
一、敵情ノ観察（第二部）
　1．沖縄使用船　四月末迄（一ヶ月）一〇五六隻　四四
三万屯（レイテ四八〇万屯）
兵力ハ六師団
損害、撃沈破輸送船計百隻（内撃沈三六　四割）
　　艦艇　正空母11（沈四～五）
　　　巡改6（沈三　）
　　計七～八／一七　他ニ正八
抽出可能兵力
合計八～一二師
他ニ海三師ト一旅
　｛全比島ヨリ五月三～四師
　　南東方面ヨリ五月二～三師
　　中部太平洋五月三～五師
〈細部編者略〉
本国方面ノ兵力ハ不明
2．基地航空　硫黄200　沖縄200　将来計一、二〇〇程度
比島ニ二、〇〇〇内外
3．潜水艦　本土周辺特ニ北東方面

判断
一、敵ハ沖縄ニ集中シ新作戦ノ模様ナシ
二、航空基地ノ不足ヲ支那沿岸海岸ニ依リ補ハントスル算アリ
一、上奏時ノ御下問御言葉
［(欄外) 沖縄、ビルマノ指導］
1．沖縄方面ノ戦況ハ順調ナルモ　イツモ最初ハヨロシキモ最後ハ不良ナリ　何トカ力ノ不足ヲ付ケルコト
弾薬其他ノ補給ハ空輸、兵力ノ投入ハ南北両方面ヨリ実施スルコトニ努メ度シト　義号ノ実施モ研究
△一、ビルマノ戦況ハ予期ノ如クナラズ　サイゴン敵手ニ入ルト　戦局如何ニ見透スヤ　南方総軍ノ……
一、本日ハ忠夫ノ誕生日ナリ　之ニテ満十九年トナル

五月六日

一、球〈第三十二軍〉ハ四日払暁攻勢開始後夕刻迄ニ損害多出シ攻撃ヲ断念シ旧陣地ニ帰還シ　出血持続作戦ニ転移ス　大体ノ見透ハ如此モノナルヘシト予察セラレタリ
一、緬甸ノ状況悲境ナリ　「ラングーン」ハ一昨四日敵ノ機動部隊ト空中降下ニ依リ一部奪取セラレ　森〈ビルマ方面軍〉ハ策〈第二十八軍〉集団其他ヲ以テ之カ奪回作戦ヲ企図シアルモ戦力特ニ機動力、体力低下ノ少数兵力ヲ以テシテハ策ノ施スヘキモノナシト見ルヘシ

五月七日

一、陸海軍連絡
1．四日　正空七～九発見、小母一撃破　小母一大破
五日～六日不明
連日ノ来襲状況ヨリセバ（三五〇～四〇〇）
喜界島来襲大ニシテ次期企図ノ算アリ
旧式戦艦（総計五）ノ現出、巡洋艦ハ減少
菊水250機　戦果B2轟沈　C～D四轟　B1不4沈　C～D三沈　特
一炎
独潜水艦ノ接収進捗ス
一、明日兵站会報
1．九州方面作戦準備促進ノ為兵站参謀長トシテ実情視察並現地処理（各長官部員同行）
2．兵器行政本部へ　爆弾投擲器ト爆弾数量ノ実情、九州方面ノ兵備ヲ早期完結ノ為　新設兵団ニ対スル兵器弾薬ノ優先交付並ニ満州ヨリ転用兵器弾薬ノ迅速ナ

ル現地端末交付ノ具現ニ特別処置

✓火薬及点火器ノ速急大量生産（民間工場利用？）

一、大陸全般作戦指導大綱ニ就テ海軍軍令部総長、次長、部長ニ説明ス

五月九日 昨日雨 今朝晴

一、第二総軍 状況報告及連絡

1．作戦準備カ総軍ノ発意ニ依リ強力ニ促進シアルコトハ可

2．築城ハ旧来ノモノカ組織的計画的ナラサルコトハ当然ニシテ此点判明セルハ可

3．教育訓練ト戦法 戦法早ワカリ図式 幹部ノ数少

［(欄外) 戦法確定］

4．防空不十分 海軍ト現地適正配置、防空戦斗兵力ノ不十分

5．情報機関 兵力組織不十分

6．後方準備 交通ノ確保 鉄道防空ノ強化 通信不可

7．兵站準備ノ速急ナル促進ノ要アリ

8．海軍トノ協力 佐世保ニ海陸戦隊六月末十二大隊、艦政本部ノ統制力強キニ過ク

呉長官ノ意図、呉工廠ノ戦備強化

✓総軍方面軍参謀ノ海軍兼任

9．官民ノ戦争協力ノ促進

(防諜の為)

［(欄外) 呉工廠ノ利用、兵站参謀派遣、海軍トノ関係］

二、敵情判断及作戦計画

1．作戦準備ノ観点ニ基ク敵情判断

［(欄外) 早期九州四国上陸ノ意］

(一) 作戦計画

1．決戦方面 南北九州及南四国ト決定

2．第一期（七月迄）ノ決戦ノ作戦指導

九州 此時期ニ於ケル二百代師団ノ用法

右ノ戦力繰上ケニヨリ如何ニナルヤ

四国 基礎配置、更ニ四国ニ一師増加出来ヌカ？

3．中国地方 要スレバ北部九州ヲ総軍直轄管区設定ノ予定

4．航空総軍及海軍ハ 地上総軍ニ協力スルヲ本義トス

［(欄外) 期ノ割方ハ兵備繰上ケニ依リ時期的ニ繰上クル要アルヘシ］

［（欄外）寺崎大佐］
一、要塞部隊ノ位置　移動ノ可否研究
一、後方準備事項
　1. 補給ノ全面的指揮権ヲ要ス
　2. 決五号、六号ノ同時発起ヲ予想ス
　3. 鉄道部隊ノ強化、運通関係ヲ軍ニ於テ指揮シ易クスルコト
［（欄外）若松中将］
一、四国師管区司令官其他師管区ノ交迭
一、防衛作戦時代ノ観念ヲ脱セス
一、兵棋ノ成果ニ関スル注意事項
　1. 紙上計画ニテハ不可、編成装備ノ実情ニ即応
　2. 決戦方式カ旧式　敵航空ノ絶対優勢ヲ前提トシテ之カ成立可能ヲ断定ス
　3. 訓式ヲ単一ニシ分業教育ニ徹底ス　予備士官将校ノ教育ニ徹底ス
一、軍管区部隊（学校）ヲモ方面軍司令官ニ入レル
［（欄外）上奏御下問］
一、関東軍隷下ニ朝鮮軍ヲ入ルルコトハ一考
一、「タラカン」部隊ハ寡兵克クヤッテ居ルトノ御言葉
一、第五方面軍ノ対ソ静謐ノ注意
一、在支軍主力ヲ一時対支運用スルコトハアルヘシ

五月十日　晴

一、第二総軍参謀長ヨリ軍務局長ニ対スル連絡中　総軍ニ総軍管区ノ性格ヲ与フルコトニ関シ強力意見具申アリ之ハ問題ニシテ此問題ノ起リハ方面軍ト総軍トノ感情問題ニ存スルカ如シ
何レニセヨ軍管区関係業務カ方面軍ノ立場トハ一体ナラス　総軍ハ軍管区関係ニ直接関与セサルハ不都合ノ点アリ
✓一、戦法研究上左記兵器ノ用法ニ関シテハ早速準備スルノ要アリ
十二迫、短十二糎平射砲、噴進砲、爆弾用噴進砲、九八式擲弾機、ロタ砲（六月初ニ実弾射撃）
○一、中央集権　極端ナル統制ノ結果ハ人間ノ慧智ト自ラ己ノ任務達成ノ方策ヲ判定シ之ヲ決行スルノ自信ト積極性ヲ去勢ス　平時ト戦時トノ根本的差異即チ典令ニ所謂「兵戦ノ事タル」ノ意実ニ茲ニ存ス　若イ者ノイクジナシモ実ハ茲ニ胚胎スルニアラザルヤヲ杞憂ス

五月十一日　曇

一、陸海連絡
予ヨリ
　1．九州方面ノ作戦準備進捗（第二総軍トノ関係）
　2．沖縄へノ義号其他
海
○太平洋艦船集中状況目下最大ニ昇リ
　次期作戦（大規模）準備中
○本旬ノ船舶ノ損傷　沈一四　損一四
　決号作戦ノ準備　五八万中一〇万ハ陸戦
　横（須賀）二二大　大湊、呉一一大、大（阪）一大、
　佐（世保）九大、鎮（海）五大、舞（鶴）六大
○特攻　重点ヲ南九、四国　六月末迄
　南九　蛟四八　回三〇　震六〇〇
　　　　　　　一二
　四国　〃六〇　〃九六　〃三〇〇
　　　　　　　三六
　水雷艇隊　五月末迄ニ一九隊　魚雷二一五本
○機雷敷設　重点以外ハ不十分
　対馬（五月末）　九州南
○海軍砲　六月末迄ニ配置
台湾第一航空艦隊ヲ高雄警備府兼務
三国（福井県）ニ疎開セル前飛行場使用、八日市飛行場
一、次長一行（細田、晴気、朝枝）支、満へ出発セシモ天候
ノ為引返ス
午後第二総軍参謀長以下一行ニ其要望事項ニ対シ回答ス、
若松中将ノ言ニ依レハ陸航ハ地上トノ一体ニ関シ不良

五月十二日　昨夜来大雨

一、午前　朝鮮軍ノ関東軍ノ隷下指揮下問題ニ関シ次長ノ
許ニ於テ研究ノ上総長ニ案ヲ具申セルモ中々同意ヲ得ス
要ハ現状維持ノ一念ト急激変化ニ対スル忌避トノ為——
老人——不決断——通弊ノ然ラシムルトコロナリ
「デブネー戦争ト人」ヲ贈ラル
一、俗説「近代戦ニ於テハ限定目標ノ攻撃ノミ成功ス
此説ヲ発見セルペタン（功績者）ハ之ヲ戦略ノ基礎ト
シタ」—事実ペタンハ絶対此考ヲ持タナカッタ事ヲ断
言ス
一、統帥ハ想像力、現実ノ感覚両者節調ノ微妙——性格、
修練及運

一、戦争ニ於テハ未来ヲ余リ探索シ過キテハイケナイ
一、防諜組織ノ若イモノ（未熟即チ急遽建設ノモノ）ハ組織何レニ属スルモノモ一九一八年ノ攻撃兵器ニ会テハ恰モ三鞭酒ノ口栓ノ様ニ吹キ飛バサレルノテアル
〔（欄外）○沖縄ノ対地攻撃、焼夷攻撃〕
一、人生ニ於テハ間違ハナカッタコトヲ残念ニ思フ様ナ時ガアルモノダ――此言ワカル様ナ気カスル
一、戦斗実施者トイフモノハ――階級ノ如何ニ拘ラス――現ワレテコナイ　夫故　彼等ノ独断専行ヤ艱苦地形　天候不良ノ影響等ハ黙殺サレテ居ル　要スルニ実戦カ図上演習ニナッテ居ル
一、軍ノ精神状態ハ　此時ヲ機トシテ全ク変化シタ　攻勢カ十分ナル効果ヲ発揮シテ自信ト主動トノ雰囲気ヲ創リ出シタノテアル

五月十三日

一、登戸　爆薬、焼夷剤製作状況
爆薬　一六万　九月迄⅔、手持約一万
七月初ヨリ増加、疎開伊奈谷（中沢）⅔
篠山　（小川）⅓
焼夷　一六万　防水罐一一万　防水マッチ一〇万
一、海軍軍令部ノ課長以下沖縄作戦ノ成果ト将来戦況好転ニ処スル奪回作戦ノ一構想ニ就テ研究案ヲ紹介シ来ル
一、有力ナル敵機動部隊九州ニ来襲　正空母十〜十一隻ト判断セラル

五月十四日

一、軍務局竹下中佐ヨリ　目下研究中ノ地方緊急制度並憲法第三十一条ノ非常大権発動ニ関スル研究ノ経緯ヲ聴取ス
一、今朝B29二三〇機名古屋ニ来襲　盲爆相当激烈　東海軍管区司令部ハ作戦室ヲ除キ他ハ焼失セリト　今早朝九州ニ対シ艦載機百六十機来襲ス
○敵来襲機ヲ抑エルコトナクシテハ戦争ハ遂行シ得ス欧州方面ヨリノ来援　特ニ航空部隊ノ転用ハ重大問題ナリ
一、陸海軍連絡
1．十三日　九州東南各（母三計一三隻）
二群　八二五機来襲
十四日　九州東南三群認　更ニ二群捕捉

判決　母八―一〇（二―三群）
（右ハ四月末ウルシー帰投　五月七日同地出航）
十二日ウルシー特母二、戦三、巡大一軽一、駆二二、T大104
中24小1、給油七、LST67
久留島、カガヤンニ対スル敵上陸
2．太平洋全般ノ敵船舶ノ出系数増加ハ相当大ナリ　之カ長期ニ亙ラハ大作戦ノ生起ヲ見ルヘシ
3．十三航艦隊ハ二戦隊ヲ一戦隊ニ統合ス

陸軍
1．沖縄陸上　海1D、77D、27D更ニ右翼ニ海6D投入
2．沖縄周辺当初四百　一時低下　目下向上
海兵第四師団ノ戦場到着ヲ思ハシム
3．B29ノ来襲偵察状況ノ推移
来襲　三月　一三回　一三〇五機
四月　二〇回　二七四五機
偵察　三月ハ夜間ヲ主　四月ニハ昼間
関東平地、近畿ノ外九州ニ増加ス、四月ニハ九州ニ増加ス、四月ニハ裏日本方面ニ増加ス　五月ニ入リB24朝鮮海峡方面ニ増加ス
4．十一日硫黄島偵察　北飛行場ハ二八〇〇米ニ拡張概成　相当大規模　幕舎数二万六千人収容　更ニ北方ニ新設概成ス
在地　総計一六九　B29（三一）

一、御下問
沖縄方面ヘ補給ノ途ナキヤ
弾、資材、人ノ補給ノ方法ナキヤ
（答）軽ハ研究中ナルモ重ハ困難ナルモ尚研究中

一、デブネ著　戦争と人
1．器材戦は人員を減少せしめる性質を具有するといふのは誤謬である
2．陣地を確保し征服し若くは喪失して現実を露示するのは歩兵である　倦ます撓まず独り敵と直接接触してゐる歩兵の態度こそ士気のバロメーターである　不断の努力を払ふ歩兵の隊列中には戦勝と敗北との可能性が交錯してゐる　親愛なる日陰の歩兵よ　汝の上に身をかがめ汝の眼を読みとり汝の心臓の鼓動を聞くことを知らぬ上官達に禍あれ
3．器材の無差別は陸海空の兵器を互に類似せしめ互に此類似はこれらの諸軍を接近せしめ共通の目的に対し

て共同作戦を可能ならしめる……
陸海空軍の相互依存は器材戦の帰趨である　故に戦争準備は此必要に応じ得るものでなければならない　夫々独立シテ三省に依て器材戦を準備するが如き平時組織を依然として維持したまま前記の要求を充足し得るものであらうか　現在の三省の何れか一が他の二省の協力を得ずして解決し得られるであらうか
一国は唯一個の軍が存在するのみ　夫は器材軍である　此軍は確に巨大ではあるが唯一個の兵器廠をもつのみ　即ち　器材の生産者　戦争能力の管理者であるところの国民工業これである

✓独参謀本部ノ変態

参謀本部から派遣された半神達は軍参謀部に来ても先頃迄の同僚に出遭った　互に語る言葉つきも思想も同じであった　その第一は参謀本部優越の思想であった　かくして　裏道的命令系統とも云ふべきものが出来上ったそれも大モルトケを最高頭首と仰き　ベネデック、バゼーヌを敵としてゐるうちは大して不都合もなくて済んだ　其後平和となってからもヴァルデルゼー、シュリューフェン等の参謀総長の下に周到に維持せられた　次で戦争が再び勃発するやこの統帥法は小モルトケによって運用されることとなった　相手はジョッフルである　そこでこの統帥法の欠陥を曝露し　敗戦の大きな原因となった
ヘンチュ中佐
モルトケは危機が到来しつつあることを知ってゐた　また　危機に際しては指揮官は先づ自己の部下と自軍の戦況とを凝視し　そこに打開の途を見出そうとすべきこと　指揮官は目前の圧倒的現実から目を転じで遥に遠い　時には明確に感じられない場合さへある現実の全体的見透をつけることが困難であるといふことを知ってゐる　全体の利害を明確に看取して判断の諸要素を把握してゐるのは最高統帥者一人である　彼のみが自己の見る処を決心にかへる資格をもってゐるのである。それならば半神か四分の三神か知らないが　戦争の鼓動の波打つ真只中へ　此の可愛想な将校（ヘンチュ）は何をしに行ったのであろうか　最高統帥者自ら赴くべきその場所に最高統帥者の反映を示しに行くのである　戦争の真只中に在る指揮官達は　上部で何か緊急な決定がなされるのだと感じると慌てて「地方監察使」の許へ駆付けて　不安気に質問する　「別に命令を伝へに来た訳ではないが若し貴

官が退却を決せらるるならば　これこれの方向へ」といふ回答である　解釈は簡単だ

ブリュッヘルなら云ったであらう「判った　攻撃する」と

処がビューローは云った「判った　退却する」

一八六六年以来ドイツの統師法は人を組織に隷属せしめてゐる　そこで作戦はどれも同質となり　絶対に強力なものとなった　然し融通性を欠いてゐるから　予期せぬ事態に対しては極めて弱いのである　ところが戦では予期せぬ事が屢々起るものである

第二総軍

［（欄外）自活ト訓練、民心動揺ヲ虞レテ上陸必至］

一、軍隊ハ自活ニ専ラニシテ訓練築城ニ不十分

一、退避ハ根本的ニ問題ナリ　民心動揺ヲ避クルノ着意

一、地方協議会長(?)中ニ「上陸必至」ノ言ヲ避クルコト

国民義勇隊用兵器カ物動ニ影響セシメヌコト

右ノ如キ言辞ヲナシ　安易ナル自己満心ヲ避クヘキヲ見ル

各方面ノ特異ノ事情報告

一、北海道　軍管ト師管区トノ関係　戦災者ノ受入　闊達ニシテ実施容易、一般ニ呑気

一、東北　丸山長官ノ指導力絶大　軍ノ要望次第　民心純朴ニシテ工場勤務ヨリ兵タルコトヲ欲ス　民心ハ呑気ナリ

一、東部　関東、信越協議会長統裁ノ演習　一千万人中五百万人避難ヲ要ス　三百万人ヲ遠隔地域迄移送スルニ約二ヶ月ヲ要ス　戦斗地域ノ避難期間再考

長野師管区新設事情

一、東海　航空生産施設ノ疎開ハ急速促進中　二〜三ヶ月中ニ予定ヲ了ル見込

北陸方面ノ防空態勢不可　然ルニ軍ノ無統制ニ依リ混雑シアリ　食糧不十分、東海ハ地震ノ為約六割、北陸ハ冷寒ノ為不良　馬鈴薯ノ植付ニ努力

布志木ニ高射砲三中配置了　七尾ニ一中

〈以下の中部軍、西部、朝鮮の項の文頭○印は編者が補足〉

一、中部軍　警報(?)ニ伴フ出勤率50％低調

［（欄外）山内大佐ノ着眼ハ可］

○「近畿地方総力決戦要綱」五月軍官協同決定、軍民端末ニ徹底

○沿岸決戦、内部ニ於ケル飽迄敢斗　防衛地域ヲ数個トシテ之ヲ組織ス
○地方生産ノ企画力低調ニシテ課長、課員以下ニ於ケル低調
○大阪物資ハ倉庫内ニ遺サル　二十六万屯
○軍管区司令官ノ管内ニ対スル統制力強化（作業庁ニ対シテモ任務ヲ課ス）
○宇治爆薬生産ハ70％（原因ハ硝酸）一切ヲ軍管区司令官ニ実施セシムルコト
○食料不足ニ伴フ輸送力、自分ノ力ニテ扱フ予定
○四国ノ師管区司令官ト作戦軍トノ関係
　55Aハ普通寺師管区司令官ノ指揮ヲ受クルコトニ反対意見ヲ具申セルモ之ニテ行度
○和歌山ニハ二世多シ之カ取扱ニハ注意ヲ要ス
○防衛演習ハ五月二十日ニ実行予定、軍司令官、海軍、地方行政三者協同
○陸海軍ノ協同関係ハ頗ル良好ナリト雖モ　但　広島師管区ト呉トハ若干注意ヲ要ス
一、西部　九州南部ノ民心ハ空襲ニオビエアリ　宮崎平地ノ要避難者約四十万アリ　之カ避難ハ容易ナラス現地ニテハ処理ヲ開始シツツアリ
○行政協議会長以下ハ大体可
○一切ノ業務作戦　農産其他一時的ニ重複
○工場疎開ハ企画部ハ低調　分散ノミニ止ル
〔欄外〕参謀長ノ言ハ少々都合ヨキ様ニ云フ傾向ナキヤ〕
一、朝鮮　済州島　糧三ヶ月分　弾薬○・五会戦
　築城不可ハ困難ナルモ自ラ一切ヲ為ス
〔欄外〕菅井大佐〕
○鮮内二十一万在郷軍人　第三次ニ八万、更ニ十三万ノ余裕アリ　下士官以上ハ九千不足
○鮮人ハ目下白米一日八勺ニ過キス、被服ナシ、松果松（?）皮ヲ食フ
港頭ニハ莫大ナル堆貨（ママ）アリ
○内地ヨリノ書類ハ一ヶ月ヲ要ス、鮮内交通頗ル困難　一日発電報カ四日而モ半分　十一日ニ全部到着
○麦作五割、山火事（一七万町歩）多シ、乾燥　馬糧ハ穀類ハ半減
○対爆処置ハ低調　工場ノ対策、都市疎開一切ナシ至急京城、仁川、釜山、平壌等

○民心ノ動向ニ特別ノ措置ヲ要ス
（三月十一日内原ヨリ東京ヲ経テ鮮内ニテ休暇ヲ与フ）
○総督府ノ政治性ハ作戦ニ強力ニ協力ノ方向ナルモ
其実行力ハ十分ナラス
（法律ニ代ル発令ハ内務省法制局ニテ行フモ之ニ二月ヲ
要ス）
大臣　軍ハ秘密保持ノ為意図企図判明セス故ニ困ル
「軍隊ノ第一線ハ防諜ヲ強ク要求セラレアリ、上級司
令部ニ就テ直接連絡スルヲ望ム」ト　答ヘ置ケリ
軍隊以外ノ立入禁止外ノ落葉ヲ取ル問題等意志ノ疎通
ヲ要ス
二、工場ノ疎開、軍需生産ノ鞭達ヲ軍需省ト連絡シ　能率
ヲ挙ケルコト
作戦上ノ訓練
[(欄外) 訓練]
一、訓練不十分ナル軍隊ハ必ス失敗ス　築城、自活ニ追ハ
レ、訓練ヲ忘ルナ　戦力ハ訓練ニヨリ左右セラル、究?極
命令ニ従ヒ敏活ニ行動ス　之ニ依リ戦勝ノ要素ヲ収ム
夜間訓練ハヘドヲ吐ク程ヤレ　四粁モ五粁モ終リ迄ヤレ
薄暮、黎明、夜間ヲシッカリヤレ　精到ナル訓練ニヨル
必勝ノ信念　無理ナルモ戦ニ無理ヲ押切レ
[(欄外) 陣地ノ位置　水際攻勢]
二、艦砲射撃ヲ恐ルル余リ水際ニ於テ敵ヲ撃滅スヘキ好機
ヲ自ラ之ヲ放棄スルハ禁物ナリ
防御ト同時ニ攻撃ノ準備ノ位置ナレハ好都合ナリ　例
ヘハ宮崎兵地ハ台上陣地ヲ設クル場合ニモ水際ニ向ヒ攻
勢ニ出ル準備ヲ為スヲ要ス　ビアク　サルミ皆然リ
○燕趙佳人多く美なるは顔玉の如し、羅裳の衣を被服し、
戸に当って情曲を理す、音響一に何ぞ悲しき、徳急にし
て柱の促するを知る　情を馳せて巾帯を整へ、沈吟して
聊か躑躅す。〈荀子以下の用字補足など編者略〉

五月十七日　於福岡　第十六方面軍
一、情報判断　南六月上旬以降、北九州七月以降
二、兵団一般配置
三、作戦計画
[(欄外) 決戦思想、沿岸築城、攻勢戦法ト訓練]
1. 決戦、海岸要域ニ撃滅、決戦方面南又ハ北、目下南
ニ概定
2. 決戦方面判断ト兵力移動ノ開始時機（既ニ実行）

3．情報配置　離島ノ監視網配置　眼鏡ト無線機ノ配置
南西諸島ノ地域、済州島ノ警戒機（三）
4．第四十軍司令部ノ用法、南方ノ支作戦ニ任スルヲ本則

四、戦力整備
1．離島ノ軍需品ノ速ナル投入
［（欄外）現地製作兵器状況］
2．205D（広島）ハ北九州唐津付近　代リニ77Dノ一聯ヲ配置
3．77Dノ主力ハ川内ニ（月末到着ニ伴ヒ2554建制復帰）
4．壱岐、五島ニハ要員予備アリ　種子島ニ五千頭ノ馬アリ　本島ニ移ス予定
5．要塞（豊予、下ノ関、長崎、川内ニBs）ノ控(ママ)束的兵力充実
6．山家司令部一ヶ月後（56Aモ）　南人吉、戦司、本拠、久留米
7．特警用ノ剰余　未教育十万、十八才六万、計十六万
8．自活兵器（手榴弾、爆薬等）
9．訓練　六月中旬ニ落付テ実施ス、中央ヨリ教官派遣
10．教導学校ノ軍司令官指揮下へ
11．点火管ノ増強

五、後方作戦準備
［（欄外）他カ悪イ々ト云フコトナク自分テヤレ、太田参謀ノ考方云方ノ心持不可］
1．兵站部隊ノ不足↓他方面ヨリ援助
2．補充馬廠（在九州）ヲ軍司令官ノ区処下ニ
3．鉄道輸送力ノ他方面ヨリノ強化　区処ヲ要ス
4．第二総軍ニ於テ後方業務ノ援助
一心トナリ力ヲ付ス
5．兵要地誌道路ノ実情把握不十分
6．軍ニ行政指導班ヲ設クル要アリ

一、第二総軍ト第十六方面軍トノ関係、
両者ノ関係ハ今後特ニ指導上ニ注意ヲ要ス
若松中将ノ言　稲田中将ノ言　総軍司令官ト方面軍司令官トノ関係
［（欄外）方面軍ハ決戦徹底、総軍ハ四国関係考慮］

一、第十六方面軍ノ参謀陣ト思想
新転入者ノ物ノ考方（悪イト云フテ自ラノ責任ヲ感セス）

一、予ヨリ連絡ノ要旨
1．決戦ノ意義、戦場ノ意義（戦力ヲ作ル戦力ヲ用フル）

2．作戦準備ノ意義、勝敗ハ準備間ニ在リ
3．総テノ力ヲ組織的ニ要点ニ集中ノ遣方
　第二総軍ノ積極的努力
一、連絡ノ内容
1．兵備ノ繰上ケ
2．補給廠ノ運用（区処ヨリ隷下ヘ）
3．特殊資材ノ交付
4．輸送力ノ特別方法ニ依ル整備
作戦準備実施上考慮スヘキ件
1．生産ト作戦準備
2．作戦準備実施上ノ隘路打開
　緊急列車輸送ノ本月一杯ノ処理、兵力輸送ノ計画
［（欄外）輸送会報二十三日現地決定］
一、靖〈第六航空軍〉部隊連絡（軍司令官及参謀長）
1．天号作戦ノ今後指導
　義号作戦、敵航空ノ実情、月令、球〈第三十二軍〉ニ及ス精神的問題
　右ヲ機トシ喜界島及徳之島ニ戦斗機ヲ進メ特攻ノ成果ヲ収ム
［（欄外）陸海軍ノ飛行機算定ノ基礎］

2．海軍トノ関連、聯合艦隊トノ統制アル連合作戦ノ結果此成果ヲ得タリ　海軍トノ間ニハヨキ状態
✓海軍ノ暗号弱シトノ感アリ（硬度、放送）
✓3．海軍ハ決号ノ為中練一千ハ全部自隊飛行場ヲ用フ
4．総隊司令長官代ルモ陸軍ノヤリ方気持ニ変リナシ
5．希望
✓戦斗隊増強ノ件
6．決号準備
航空自体ノ準備ハ着々見透アルモ
✓地上準備（飛行場ノ守備其他、カラセ原挺進団、十五日総軍ニ於テ朝鮮移動ヲ命ジタルモ動カス）✓海岸飛行場周囲ノ防備施設、地上軍トノ関係、船舶部隊（七七、八八燃料ヲ九州地区ニ在リ）ノ保管転換、通信（琉球以北トノ指揮関係ニ伴フ通信準備）
7．天号成果
✓㋣491機　約1/4撃沈
特攻人員ニシテ飛行機ナキモノ95名以上、特攻編成上人ト機トノ関係　特攻オ膳立ノ思想
✓地区司令部二個ナルモ　更ニ二地区ヲ欲ス
飛行場大隊モ若干増加ノ要アリ

（特攻警備工兵隊ヲ強化シ飛行場大隊ニ属スレハ便、然ル時
ハ飛行場大隊ハ不足モ可）
✓飛行場設定隊、地下設定隊ニ器材ナシ　警光機及器材
✓防空機関配属ニ伴フ教育実施（何レ電報来ル筈）
一、五航艦
1．三月十日ウルシー
2．三月十七日、八、九、二十ヨリ二十九日迄
其後十九回　千二百機
3．菊水航空作戦
第一号—第五号迄二本立、第六ハ沖
4．11/5菊水六号　国分ノ事故
12/5敵機動部隊来襲（12日夜ハ敵ニ押ヘラル　偵察機ハ
事故部隊）
13再度来襲　我兵力集中ヲ待チ
14夜ヨリ第一戦法発動　兵力寡少
右攻撃失敗ノ原因
20/5零戦60　紫電40　偵8　戦爆35
艦爆35　夜間25　別ニ　陸攻20　天山30
5．現在情況
イ．戦斗力不足　実動30～40％
ロ．制空隊ノ不足補給
本土防空、南西諸島ノ転用
✓此二週間前ニハ戦200、今日ハ300機アレハ制空可能、（戦斗機
増勢ノ緊要性）
制空成立セバ　桜花使用可能
[（欄外）戦開機300、偵察機]
✓沖縄ニ指向スル十航艦
基地—山陰地方、避退ヲ朝鮮
小型　九州、四国　｝艦隊配置
空地分離ヲ実行ス
彩雲ノ粗悪製造ト成果不十分
5FAト6FAトノ協同　菊水六号ノ例
[（欄外）侍従武官報告]
✓戦斗機隊ノ用法ハ必スシモ消耗セサル点アリ
対母艦戦斗ニ於テ利アリ（地上基地大活動セハ）此絶好
ノ機ナリ
✓戦果ハ実ハ更ニアルヘシ（参謀長）来襲機数ニハ重複アリ
✓防空戦斗機ヲ要望ス（地上損害二百機）
✓陸軍防空隊ノ練度低シ（青木少将）
在支那及鞍山ノモノヲ作戦ノ衝ニ立タシメ　第百飛行

団ノ如キハ後方ニテ練ルヲ可トス、98、7戦隊ノ練度ヨシ 501ニ比シ、7ハ特ニ良シ

✓百戦隊ヲ奄美大島、喜界島、徳ノ島ニ入レテヤルトヨシ

✓糸田、水町ノ事

一、種子島

1．錯雑蔭蔽道路ニ沿フ地区以外ハ行動困難、戦車不適既ニ水田、八月収穫、上陸容易地点〈図示、編者省略〉縦貫重要道路一、難民四万、学童ハ全部鹿児島ニ移了、食糧自給可能

2．歩七大、対空約千（地区対空一大一）在郷軍人海軍八百人（AA4、25m24、13m11、7.7m16、直7）海電探

3．兵素質低、装備低

千田少将　弾薬一会分、糧食六月分、本月分ニ終ル

五月二十日

一、天野ヨリ留守間ノ状況報告

1．球〈第三十二軍〉ヨリ兵器弾薬（三十屯）空輸処置

2．十六日夜　球ノ報告ニ基ク情況判断

(1)　球ノ意見ニ基ク特別施策

(2)　沖縄付近制空ノ可能立タス

(3)　特攻ノ成果　最近十日間ハ不良

二、地上作戦

1．兵員ハ五万ナルモ二万ハ兵器ナシ

2．攻勢後ノ兵力ノ実情観察

3．現在ノ過広正面ト戦力トノ関係

4．兵力増援ノ方法ハ成案立タス

空中降下モ戦術的持久ノ要素タラス

三、敵企図判断

1．十三、十四日ニ於ケル南九州ニ対スル機動部隊ノ行動及新上陸企図ニ関連スル艦船出動（十四日頃）ノ模様

判決　兵力増援ハヤメ義号ヲ中心トシテ大規模ナル航空作戦（対沖縄周辺艦船）

一、海軍側ヨリ工場疎開ニ伴フ試験飛行用トシテ八日市、三国、誉田飛行場使用ノ申込ノ実情

一、第五方面軍ニ対シ対蘇作戦

一、三国同盟ノ自然解消ハ決定ト通牒

一、海軍保有ノ警□機ノ処理（現地）

一、中疎開

1．総長意見　第二位置　間ニ合ハサルヘシ

関係方面ヘノ連絡ハナルヘク遅ク(?)

2．大臣ノ意見　ナルヘク速(?)ニ連絡スルヲ可トセン

[(欄外) 天号損耗　陸軍五五〇　海軍五〇〇]

五月二十〈一〉日

一、兵行伊藤少将ノ快報　水野博士―神光

一、航空総軍

1．地上軍トノ関係ニ於テ不便又ハ要望ナキヤ

2．海軍トノ関係

○実動千三百機ヲ動カスニ三十四万人（四〇万人）

[(欄外) 三九万、一機ニ三〇〇人]

○ⓣ六月末迄　一三五六機（三週乃至四週后）

次テ一五四隊　九二四機

計二千二百機（四ヶ月分九月迄）

✓要ハ作戦準備、器材ト実動能率ノ向上

戦況ノ要求ハ従来トハ趣ヲ異ニス

✓決号ニ於ケル海軍トノ一途且組織的ノ運用、作戦準備上

[(欄外) 決号航空戦ノ意義]

✓特攻機ノ技術的ノ向上

保有六八四六、実動二六一八　出動可能一二四六

（夜間可五〇七）

一、次長大陸連絡状況

1．支那派遣軍現況

米軍ノ大陸吸引、政戦両略本土作戦寄与

芷江作戦ノ不首尾、湖南ノ反攻ノ為主力ヲ以テ撃滅スル要アルコトアルヘシ

老河口反撃アルモ敵モ警戒シアリ　後日（三大隊増加）落付(ママ)クヘシ

対米作戦準備、南支ハ要地確保、海南島撤収、汕頭ニ二大　上海ノ兵力集結ハ六月末

✓六軍ノ戦斗序列ヲ令セラレ度、第十三軍ヲ方面軍昇格

✓北支ニ於ケル59Dノ北支転用ハ再考希望

第一次転用兵団（27D、40D 20/5 末/5南昌、八月末南京、九月末済南、34D 6/6茶陵出発済南ニ向フ、3Dハ十月下旬北京、13D十二月下旬北京（両師団共途中戦斗）

✓第十一軍ノ実情ハ困難　58Dハ一人四五発モ小銃弾ナシ、燃料ナシ

満州ヘ転用部隊ハ六月転進開始可能

総司令官ノ意図

万難ヲ排シテ中央意図達成セントス

対支ニ主力ヲ用フル場合発生ノ公算大
湖南撤収ハ差当リ白紙、本年中ハ不可能
11Aノ代リニ34Aトセラレ度
蒙疆方面ニハ戦車師団ヲ用ヒル意向
[(欄外)次長所見　大本営ニテ命ニヨリ徴収ヲ律ス]
2. 5FA主力ハ北支ニ集結、朝鮮転用ノ地上兵力ハ一万五千
3. 北支方面軍　59D転用困難、延安軍ノ戦意旺盛
4. 駐蒙軍ノ対ソ作戦準備ハ無為　二旅団警備隊二ノミ
治安不良
5. 関東軍　総司令官決裁意見
(1) 南満、朝鮮確保ナリヤ、対米ヲ主トスル持久戦ナリヤ「対米」全般容易
(2) 北支方面軍、駐蒙軍ノ指揮関係ヲ律スル要ナキヤ「併立ナリ」
(3) 軍司令部四ヲ要望ス　「二」ヲ準備ス　但一ハ更ニ保留ス
(4) 更ニ転用スヘキ兵力ハ明示シ得ス　現有ニテ実施ス
(5) 航空作戦兵力ハ「明示シ得ス　無イコトトシテ計画スヘシ」ト
[(欄外)大本営トシテハ一途方針ニ明示スル要アリ従来ヨリ独自]
6. 満鮮指揮問題
関東軍側　北鮮ヲ隷下ニ入レル　済州島迄ハ実ハ困ル
朝鮮　関東軍隷下ハ不同意、対米ニ徹底シ度　軍管区司令官トシテハ全鮮ニ及ハシメラレ度、総督ハ軍管区司令官トハ一体ナルヲ要ス　自分ハ何時テモ代ルカ
事大思想故大物ナルヲ要ス　鮮内事情ハ良好ナラス

五月二十二日

[(欄外)閑院宮殿下薨去]

兵器
△1. 航空、小銃弾、タ弾、47㎜弾不足、航爆一八万発九州へ
2. 大陸ヨリ軍需品発送ハ五月分不十分　原因調査
3. 燃料問題、岩国、松根油
4. 第三部長　船舶燃料、交通障碍増大、磁気機雷
5. 海運　青島輸送不可、艦艇積込決定ハ不可

五月二十三日

一、幕僚会報

1．教育総監部関係学校卒業時期ノ決定
2．兵本ノ内容ノ査察ノ必要ナキヤ、国内情勢
総長1．和平思想陸軍部内ニモアリ海軍ニ多シ
2．沖縄作戦ノ終末ニ際シ国民ノ志気一般ニ落ツルコト
無カラシムル手段探究
総長ヨリ予ニ
陛下ノ御言葉
一、寺内総司令官ヨリノ御詫ノ言葉ニ対シ
1．「従前ノ事ハ御咎ナク今後シッカリヤル様ニ」ト
2．硫黄島ノ奇襲作戦ニ対シ御嘉賞ノ御言葉アリ
3．33Aシッタンニ集結シアリ　河ノ障碍　36Dモールメン
南方軍ノ整理、ビルマ方面軍ノ解消問題ノ研究
4．13Aノ方面軍昇格問題モ右ト併セ人事研究
一、第三次動員（総長ノ意図）
産業、国民生活ヲ考慮セヨ
長期ニ亙リ　逐次ニ動員　軍隊ノ心持重視
一、夜半過　B29約百八十来襲、品川、渋谷地区ノ残存市街ニ焼夷弾ヲ投下ス　風無ク被害ハ従来ニ比シ小
高射砲ノ撃墜数十一ヲ目撃ス　快事ナリ　相当ノ戦果アリタルヘシ
一、軍事参議官会同（陸相官邸）アリ　予ヨリ戦況、第二部長ヨリ欧州特ニ「ソ」ノ最進情勢、吉積中将ヨリ最近官制改正、国民義勇隊等ニ就キ説明ス
朝香宮殿下、陸軍大臣ニ陸海一体問題ニ関シ　又参謀総長ニ沖縄ノ空陸指揮統一ニ関シ詰問的質問アリ
殿下ノ御心中ハ上下一体国難ニ赴クヨリ御批判的、第三者的不満的心理ニアラセラルルヲ感ス

五月二十四日　木　曇

一、本春来天候不順、冷気激シク農産ニ悪影響大ナルヲ憂フ
一、昨夕野村少将㋘研究ノ進捗状況ニ就テ報告アリ、理論的ニ成立ス、実兵器トシテ尚一～二月ヲ要スト、実ハ更ニ更ニ時ヲ必要トスヘシ
先ニ神光ニ関スル報アリ　共ニ国家ヲ救フ神風ナリ　神ニ祷ツテ戦機ニ間ニ合フ如ク成功センコトヲ
一、電
○1．球〈第三十二軍〉ノ二十二日電ニ依レハ戦力漸次低下、敵ノ猛攻最頂（ママ）ニ達セルモノノ如シ
2．緬甸ハ戦略配置ヨリ戦斗配置ニ転移スルニ昨年初頭

ヨリ満一年余ヲ要シタリ
3．独ヲ巡ル英、米、ソノ関係ハ複雑ナルモノアリ

要処置

一、高射砲及照空隊ノ配置ハ能ク敵ノ進入及退去ノ方向ト縦深的ニ良好ナリヤ

二、戦法委員会ニ挺身攻撃戦法ト装備　対戦車火器（外装砲）ト之カ使用法

五月二十五、二十六日

一、陸海連絡

1．磁気機雷対策
2．敵ノ交通爆撃―高射砲隊ノ陸軍指揮ニ入ル
3．特攻戦隊ノ新設、磁気機雷対策部隊ノ成

一、敵機大挙来襲

二二、三〇～〇一、二〇ニ亙リ　B29約二百五十機帝都ニ来襲、宮城、宮邸?、中央官衙其他ニ被害大、前三回ノ残存地区ハ概ネ焼失セルヤノ感アリ　被災民ノ急速適切ナル救護ハ急務中ノ最大ナルモノナリ

海軍省焼失　早朝総長以下ニ見舞ス　予モ罹災ヲ経験ス、元気ヨキハ若キモノナリ

一、二十六日閣議　第二次閣議ニ於テ戒厳ヲ議セラレタル由、首脳部ニ決戦意気弛緩ノ因子無カラン事ヲ望ム

一、通信遅延、新聞ナシ、予ノ予テヨリ主張シアル状況不明ト地方委権ノ必要ナル情勢現出ス

〔（欄外）南方整理、戦法〕

五月二十八日　月　本日ヨリ加賀町分室ニ移ル

一、陸海連絡

㈠　二十四日　沖縄周辺　A4、aA?10、B9、C8、T240（大）

㈡　菊水第七号24～25日大ナル戦果ナシ
突入ヲ報スルモノ及火柱相当アリ

㈢　二十七日夜　菊水第八号　計五〇機、白菊夜攻二〇
二二回敵ノ警報アリ、十艦船損害ヲ報ス　沖鳥島ニテ十艦船ヲ潜水艦回天攻撃　二艇命中

㈣　機動部隊ハ二群アリ、第三群ハ二十三～四日頃ウルシー出港

㈤　マリアナ方面出動ノ有力艦船出港、次期作戦厳戒ノ要アリ

陸

㈠　二十七日以降沖縄トノ無線不如意　状況不詳
㈡　6FAノ攻撃　相当ノ戦果アルモ不詳
㈢　東京被害　全焼七一万　罹災民二三〇万

○情勢一般〈朱書始まり〉

一、敵ハ支那大陸ニ上陸スルコトナク直接本土ニ来攻スルニアラスヤ
1．此際　上海、武漢ハ如何ニスルヤ
2．重慶軍ノ総反攻激シキ時ハ之ヲ撃ツヘキヤ
3．満鮮ニ徹底兵力ヲ集結スルヤ　当本土ニ兵力転入スヘキニアラスヤ

一、欧州ヨリ太平洋ニ廻航スル敵兵力ト之ニ伴フ戦況推移ヲ如何ニ見ルヤ
1．航空ハ如何↓本土ノ焼土化激化ノ見透
2．地上軍ノ太平洋回航
　海上兵力、船艇ノ回航
3．欧州情勢ノ如何カ右ニ如何ナル影響アリヤ

一、敵ノ本土来攻ノ時期及規模、方面ノ再検討
1．敵ノ我ニ対スル判断、戦力、国力、本土ト大陸
2．敵ノ来攻ノ為ノ偵察及準備

一、米国ノ対太平洋作戦ノ熱意ヲ低下破壊スル方策

一、通信確保ノ準備ト対策

一、国民戦意昂揚ノ方法手段

一、第二部長
1．転用兵団ニ対スル兵要地誌ノ準備
2．離島ノ通信確保

一、第三部長
1．現地ノ通信指導、教育〈朱書終わり〉

一、関東軍ト朝鮮軍ノ関係ニ就テ　具体的研究ヲ開始以来一ヶ月此間方針上ノ案ヲ根本的ニ変更スルコト三、四、結局中途半端ニ落付キ此案ノ細部特ニ両者ノ指揮関係ヲ律スル事項ニ就テ再三案ヲ練リ荏苒時間ヲ空費シテ之又甚シキ中途半端ニ帰決ス

利害相伴フハ戦ノ常ナリ、従テ凡ソ遅疑逡巡ス　低劣ナル妥協ト主義不透徹ニ堕スルコト今更云フ迄モナシ

戦勢不如意タル時殊ニ然リ　統帥ハ人格ナリ　性格ナリト云フ　誠ニ然リ　頭脳ノ明不明、敏不敏ト断ヲ決スルコトトハ往々相容レサル要素ナルカ如ク云フ　実ハ然ラス　是彼妄想ニ捉ワレ　決ヲ求メ得サルハ実ハ不明不敏ナリト云ワサルヘカラス　蓋シ断スルノ要ヲ明ニセサレ

ハナリ　心ノ作用ヲ余リニ分析スルハ　人ヲ見ル上ニ於テモ修養ノ上ニ於テモ当ヲ得タルモノニアラス　小乗的幕僚道ヲ云為シ自ラ己ヲ殺スコトハ実ハ真ノ道ニアラス真ノ忠ニアラス　サリトテ事ハ成スニアリ壊ツニアラス成サントセハ成ルノ方途ニ従ハサルヘカラス　此辺自ラ反省シテ未ダシノ感アリ

五月二十九日　晴

一、昨日ハ関東方面及九州南端方面ニ各二～三十機ノ小型機来襲、主トシテ飛行場攻撃　其企図、傾向観察ノ要アリ　本朝戦爆大挙来襲アリ

B29	五月上	819・中	969	1096・計	二八八四
P51（硫黄島）	〃	65	40	200	三〇五
B24（硫黄島）	〃	17	29	13	
飛行艇（ケラマ）		90	101	42?	

五月三十日　晴

一、幕僚会報

イ．磁気機雷ニ依ル関門海峡ノ長期閉鎖

ロ．測量部ノ焼失ト影響

ハ．Z機械暗号ノ解読成功

ニ．馬糧不足ニ伴フ軍隊馬ノ補充不十分◁

○ホ．東ソノ東側ヘノ兵力輸送⋈〈飛行機〉計二五〇〇～二八〇〇（四千機）人員十六万

ヘ．中央官衙ノ差当リノ疎開ノ必要、可能実施

南方軍ヘノ参謀派遣

ト．中将内ニ段階ヲ設クルコトノ必要アリ

チ．米ヲ更ニ八％切リ上グ　副食物モ尚困難

リ．第三次兵備ノ基準ハ一応目下ノ通リ

議会召集↓全□□□　弱兵ハ

一、第二総軍状況（橋本参謀連絡）

1．205 216両師団―四国・九州（輸送）六月二十日～三十日

2．四国方面ノ作戦準備

イ．決戦思想（軍・師団）不明確、不徹底、右ニ対シ総軍司令官ハ明確ニ決裁シ徹底スヘキヲ命ス

ロ．五月末概成予定ナルモ二十三、四日頃　30％

ハ．火力組織ヲ基礎トセス　洞窟ニ適スルトコロニ執着ス

ニ．西南四国ノ防備強化ノ必要性
ホ．四国、中国ニハ夫々軍管区司令部ヲ設クルコト
　尚大阪軍管区ノ隷下ニ入レル、
　　同時ニ中国ノモノハ野戦軍ノ性格トス　師管区ノ
　ママニテモ可
　　広島ニ野戦軍設置切望
ヘ．第三次ＹＺノ用法（三個、大阪、広島、萩）之カ為
　広島ニ軍司令部設置（人ヲ欲ス）
ト．作戦ニ関シ佐鎮ヲ16HAノ指揮下ニ入レル件ハ原則
　的ニ同意
チ．陸海軍ノ感状付与ノ問題
リ．第四十軍司令部ノ九州到着状況ト之カ用法
ヌ．地方行政協議会長会同ニ関スル経緯

五月三十一日

一、第一総軍作戦準備ノ概況（報告）
参謀長気勢昂ラス、参謀陣弱勢ノ感アリ
柔順ナルモ積極性ニ乏シ
一、第十方面軍司令部連絡
1．台〈第十方面軍、台湾〉ト球〈第三十二軍〉トノ間ノ
　経緯
2．第一次、第二次攻勢ノ決意
3．台ノ主決戦指導時機
　25/3 ―― 5/4
　第一回攻勢ノ決心　4/4聯合艦隊ノ決心
　　〃方面軍命令　〃球ノ決心
　4/5球ノ決心変更、方面軍八日指定
　6/4大本営、方面軍命令
　第二回攻勢ノ決心
　　4/5決行
4　戦訓　陣地ヲ以テ飛行場ヲ直接占領ヲ要ス、火砲ヲ
　以テ之ヲ制スルハ一日ニテ駄目
二、今後ニ於ケル台湾ノ任務ト利用
イ．沖縄ハ「ウルシー」ニ相当ス　特攻基地トスルヲ可
　トス　8FD百五十機、八月迄ニハ更ニ百五十機
ロ．補給線ノ台湾ヘノ送達ヲ巧好ニヤルコト
ハ．台湾ノ警備府ヲ陸軍ノ指揮下ニ入レルコト

六月一日　金　曇

一、航空本部長ノ大臣ニ対スル航空生産報告

海イ．海　菊水八号　約十艦船攻撃
ロ．陸　第九次攻撃　天候不良延期ナラン
ハ．海　第九次菊水予定
ニ．リンガエン　状況大差ナシ
ホ．羅津ノ根拠地隊　元山ニ移転
ヘ．朝鮮沿岸航路ハ直接護衛
ト．五月二十日頃以後「マリアナ」方面ニ艦船ノ集合大ナリ
チ．欧州ヨリ太平洋回航ノ状ハ顕著ナラス
印度洋方面ハ最近激増
リ．沖方面指揮官系改新、新作戦ノ兆アリ
Ｂ29三月三五〇　四月五三　五月七〇〇（約千機ト見ルモノアリ）
陸イ．欧ヨリ回航千機　五月末発、七月末ニハ全部到着
陸兵第一軍（十七、八師）回送　右ノ内88 97 95 104及1D ヲ発送ス　本土ニ在ルモノハ十数師団　計約三十師
海軍　三～四百機程度ノモノヲ数回反復ス
六月二十日頃迄
戦闘機協力ノ困難ノ実情
海第一部長及海次長〈朱書始まり〉
1．九州ヨリノ攻撃ニ戦斗機協力ノ要求ニ応シ得ス
2．川南氏ノ小型船ノ集結整備
一、特攻兵器促進
[（欄外）「此手テ勝ツ」ノ手ヲ考ヘヨ]
飛　キ115生産増強ト之カ運用、旧式機ノ整備、爆弾威力ノ増強、爆烈(ママ)ト焼夷
水上　無音推進　爆弾　発動機ノ点火器ノ機能喪失
対Ｂ29　光線、光線誘導ロケット爆弾
戦車　電流□、放電
大量・長期連続〈朱書終わり〉
一、台湾参謀村沢大佐（井口参謀）次長以下ノ会食
一、総長（天野、中村）午後出発、米子ヲ経テ大連ヘ

六月二日　雨　梅雨気味

一、昨日大内来ル、本日愛三来ル、家族ハ先月信州ヘ疎開ノ由
一、四国、中国ニ軍管区（従来ノ師管区改編）及東京防衛司令部設置ノ件　決定ス

六月三日　晴

次官、次長以下幕僚会報

最近ニ於ケル重要案件（沖縄失陥後ノ処理事項トシテ迫水案）

1．御前会議　重臣（除東条）

2．大詔喚発

3．大本営機構　内閣官制ノ簡素化

（議会関係ノ五百人用防空壕）

4．政府声明

5．臨時議会

6．憲法第三十一条

7．特攻兵器ノ生産査察

重臣、海軍部内ニ相当和平思想滲潤シアリトノ模様ナリ

陸軍部内ト雖モ口ニ云ハズ又口ニハ敢テ和平ヲ云ハスモ内心前途ニ光明ヲ失ヒアルモノアルヘキハ推測ニ難カラス

神州不滅、神風、神国、誠心天ニ通ス

帝国臣民挙テ真ノ誠心ニ帰サハ　神　必ス佑ヲ垂レ給フヘシ

本日菅中将ヨリ照空燈ノ試験大ニ有望ニシテ　既ニ四千五百米ニ達スト　神助ノ顕現ナリ

六月四日　曇

一、陸海連絡

1．二日沖縄索敵　沖大東A2 aA1〈特設空母〉十数、A2 B3其他十数　慶良間aA1大T3其他増援中

通信上ニ沖東南ニ有力艦艇

敵機来□ハ沖及徳、薩共ニ顕著ナラス

二、三日小型機（二日一八〇、三日一五〇）南九州ヘ、石垣島ヘ八〇来襲

2．沖縄周辺ヘノ滲透作戦準備中

沖縄付近（B3、C3～4、D15、T40～60）連日行動中

3．特異情況　三十一日南鳥島ニ敵潜水艦砲撃

「モロタイ」艦船数小ナルモ通信活発

南支方面ニ対スル策動（雷州半島ニ特情員投入）

「スピック」湾C12、D10、T32湾内従来ニ比シC増加ス

敵モ艦隊ハ「レイテ」ヨリ「マニラ」及「スピック」ニ基地推進

4．太平洋方面高級指揮官交代

沖縄作戦、A10～11、aA13～14、B2(3)、C18(11)、D

74(18)、T47(28)、其他24(8)、不55(47)　計三六〇
（M大3小2、其他10、Aa(ママ)30、A2、大B2、大B25、D104）ノ建造
発表
損傷艦　145隻（37万）全部ノ2/3ニ相当ス（細部編者省略）

陸軍側
イ．沖縄ノ陸上作戦　戦線整理
ロ．ビルマ、芷江戦況
ハ．五月中敵機本土来襲状況
　上旬　総機数　一〇五〇機
　中旬　〃　　二八八九〃
　下旬　〃　　一七六九〃
偵察　関東平野、四国南岸、潮崎ニ対スル偵察□□□
爆撃　関東、東海、四国、九州、及中国西部

一、ソ連事情
1．各級指揮官ノ若手、実戦本位ノ抜擢
2．砲兵ノ強大ト用法　軍紀問題
3．内政　為政者ノ先見洞察
共産化セラレタルソ連ノ露西亜化ト総力発揮（服装(?)、宗教、学校）　英雄崇拝精神ノ発揚　平等的不平等、不平等的平等
4．国力　生産力、一般ニ国力ニ余裕アリ　食料余裕アリ〈細部編者略〉

一、航空生産
1．八月迄生産目途　六千七百機
2．下半期（軍需省判断）五千四百機可能
一応航本要求七千四百機
「アルミ」下半期用　A＋B六千機カ最大隘路

六月五日　曇

〈作戦準備、兵站等の特に詳細にわたるものは編者略〉

一、岩越参謀報告　作戦準備
一、築城、九州四国三〇%　東海六〇%
作戦思想ノ不徹底ト水際カ持久カ
指導力ノ不足―飛行機配当
隘路ハ輸送力ト雷管不足
一、作戦資材集積　四国九州ハ六月末概成
東海ハ数日前ヨリ沿岸兵団ノ分ハ若干遅延ス
東部軍ニハ四国九州ノ影響大ナリ
一、装備　満州転用ノ分ハ充足　九州ノ154D（姫路）最不可
（諸種原因ニ依リ）六月十日ニハ大体充足（六月末ニハ充

足）百代ハ½　剣ハ15％
一、現地自活　具体的状況ニ即応スル指導ナシ
✓兵器資材ハ普遍的ニシテ展覧会式ノ観アリ、東海軍ハ可、計画的ニテ可
✓修理力ノ整備ニ関スル着意乏シ
✓食料自活ハ予想以上ニ進捗、陸軍用地、飛行場、甘藷、野菜、馬鈴薯
民間ニ対スル援助―命令発令済
〔（欄外）現地自活ハ命令テ明確ニ示スコト緊要ナリ〕
一、交通防衛、輸送統制
〔（欄外）交通関係ハ担任明確ナラズ〕
九州　機関車掩体⅓完了、防空火器配置
四国　鉄道機関不整備
東海　機関車ノ分散、掩体、列車警乗　貨車MG各一（尚砲一部）、主要鉄橋防護、区間橋梁モ準備進ム、防空火器
今後ノ為　要処置事項
一、防衛分散ト作戦集積トノ調整―四国ハ不良
一、地下収容ト防湿ノ調節
九州　弾薬ハ大体可（還送弾薬ハ防湿ナシ）、糧秣ハ一ヶ月半ニテ腐敗シアリ
四国　極度分散、部落担任
一、四国（松山、兵器補給廠保管）
飛行場周辺ニ千六百竏
松山ノタンクニテ七百竏焼失、ドラム缶ナシトノ事テ
一、作戦準備ト生産トノ節調
九州　石炭―労務ニテ競合ス
東海ハ可　労務ノ重点ヲ明示シアリ
沿岸ハ築城、裏日本ハ□□揚塔・岐阜ハ航工疎開
〔（欄外）海軍側トノ的確ナル協定〕
イ．労務調整不可――不統制
聯合艦隊直轄
鎮守府
厚生省□□□
ロ．松根油　九州、陸軍ハ不熱心
四国海軍支援地区ニテ陸軍トノ競合
地域別　三重県→尼崎工場、四日市海軍工廠
現地協定ス
第二総軍ト呉工廠→現地協定ノミニ止ム
物資多ク確保（萩付近）物ノ給興
一、作戦準備ノ隘路

人、各部、補給廠関係、
資材、燃料、爆薬、食糧
[(欄外) 補給業務関係ノ人的関係]
一、今後ノ施策
○地域的、内容的ニ地方委譲
○国家的ニ食糧ノ全面的地方委譲（地方譲盤）
○食糧増産ニ不徹底、九州ノ煙草（大蔵省）
○地方指導　郷土防衛ノ観念　東海ハ可、南九州宮崎ハ不可、築城ニ依リ耕土ヲ荒廃セル度ハ少シ
一　夏季衛生対策
給水、防蚊、伝染病予防、
兵ノ体重少カラズ減少　実情ニ疎シ（宮崎付近ノ師団156D　飯カ飯盒ノフタ中ゴ一杯）
[(欄外) 地方指導ノ要訣　実情ヲ正シク認識セシメ同心一体タラシム　地方委譲]
一、兵站会報
1．兵器関係　九州水俣、四国　火薬生産影響大ナリ
還送軍需品、機雷ノ影響ニ依ル　鉄道
生産減80～83％（小銃実包、迫撃、機銃）
2．航兵　七一〇機（司偵、重爆不可）来月ハ若干向上予定　空襲被害、小工場（電気部品関東地方）困窮
3．衣料、糧秣
空襲　特殊?組?二割影響三割　被服三割減
4．満州ヨリ転用ノ兵力中未発令（重砲甲二、独重戊一、工司部一、兵站地区一）
一、海軍軍令部浅野大佐（特務関係専門者）〈朱書〉
一、片倉少将
1．機動師団ノ若サノ問題
2．爆弾（大型匍匐用）
3．沿岸配備兵団ト機動兵団トノ用法
一、東、海軍管区
1．三〇三師ト三五五師トノ関係
一、長野師管区内、疎開工場六百四十個アリ
対空其他交通等極テ混雑ス
工廠補給廠関係部隊ノ軍風紀混乱
中央関係方面一切連絡シ整理ヲ要ス
交通処理ノ輸送部隊、師管区ニ右ノ処理ノ権ヲ与フルコト　関係監督官
○兵器行政本部　28H30Hノ弾薬集積処理
○直江津埠頭ニ疎開雑穀堆積（糧秣本廠

○布志木埠頭ニＣ物資ノ綿布綿糸一万二千屯　二ヶ月滞貨ス　大臣処理

二十隻ノ船アリ一二隻滞船　機雷ノ為

○海軍関係連絡　伊良湖ノ射場ノ火砲保管転換

六月七日　曇

一、昨六日　戦争指導会議

○国力（航油）海軍ハ八月迄、陸軍ハ九月迄

海軍大臣　生産克服スル企図アリヤ　又目途アリヤ

書記官長　船ノ問題ハ打開ノ途ナキニアラサルヤ

外務大臣、軍需大臣　空襲激化ニヨリ生業停止セスヤ

陸大臣　勇ヲ以テ断乎実行、政府ハ確信ヲ持スルヲ第一義トスヘキテアル

軍需、次長間ニ　皇土戦場化ニ関シ、又判決ハ戦争遂行ヲ断念セントスルカ如キ言ヲ避ク

○世界情勢判断

次官　敵ノ戦意ヲ挫折シ□□□□□戦ヒ易シ、今直ニ上陸ハ困ル

「有利ナリヤ不利ナリヤ」ノ問答アリ

外務大臣ト次長トノ問答アリ（利害打算ノ傾向アリ）

軍令部総長ノ説明（艦隊、機動部隊ヲ目標トシ、水上、水中特攻ノ組織及準備アリ、対潜兵器ニ対スル小型潜水艦ノ実績有望　進攻作戦ハ不能）

軍需大臣　敵ノ封鎖作戦ハ顧慮シアラサルヤ

軍令部総長　敵ノ爆撃ニ対抗シ得ル防空戦斗機アリ

外務大臣　「出血作戦」ハ攻勢的ナラサレハ外交上不利

「ソ」参戦セハ致命的ナルモ　ソ連ノ態度ハ概定シ今直チニハ立タス　談合ノ余地アリ　但シ厳正中立迄ハ六ヶ敷、日本戦力低下セハ分前ヲ得ル為牽制ス

（言外ニ云フ）外交ハ「戦況不利」ナレハ成立セス

○戦争指導大綱

総理大臣　将来民族発展ノ根基ヲ確保ス」ハ消極ナリ

陸大臣　征戦目的ノ達成ヲ云フ

軍需大臣　「沖縄基地ヲ撃ツ」ヲ第一義トスル要望アリ

次長之ニ対ス

特定兵器、航空、燃料、爆薬

軍令部総長　国民ヲ決戦セシムルコトハ出来テ居ナイ　国民ニ実相ヲ知ラシムヘシ　特攻ノ人間ハ疑問ナシ　飛行機ニハ不安アリ　百機中三機ノミ　工員ノ誠心ニ不足アリ　国民全員ヲ軍隊組織ニ、責任、厳罰

総理大臣　帝国ハ「死守」「固守」ヲ明示ス
飽迄戦争遂行ノ為ニハ帝都ヲ遷スコトハ不可トノ強キ意志アリ　相当ノ問題トナル
海軍務局長　軍需大臣ハ此方途ニ成算アリヤ　之カ成立セサレハ組織的戦争ハ出来ヌ
軍需大臣　力ト物ハ陸海軍ナリ　之カ一元化セサレハ責任ヲトレス
海大臣　要点ハ第三項ニ在リ　政府全責任ヲ負ヘト云フコトトナルヘシ　各大臣ノ奮励ヲ要ス
秋永計画局長　大臣ハグータラ、大臣ハ責任ヲ以テ行ヘ腹ヲ切レ　然ラハ実行ノ成果挙ルヘシ
陸大臣　戦争負ケタラドウスルヤ」ハ問題ナラス「ヤリ損イハ無イ」ト信ス

六月八日　曇　昨夜豪雨

一、戦争指導ニ関スル御前会議　主旨異論ナシ
　1．参謀総長代理ノ決戦意志明確
　2．軍令部総長　敵航母ニハ半数ニ打撃ヲ与フ　再整備後迄ハ大飛躍ハ六ヶ敷　即戦即決ノ準備中ナラン　直路関東方面ナランモ　基地構成スル為　七、八月九州、四国へ、関東平地ヘハ初秋以降
沖縄ニ引続キ徳之島、奄美大島、種ヶ島（ママ）、本土爆撃ノ強化、北部日本海以外ハ航行困難
水上撃破ハ½ヲ期待ス
軍需大臣　要ハ大陸輸送ノ確保ニアリ　交通防衛重視ヘ
農商大臣　悪条件ナルモ主食料ハ事変前ト同様ナリ　九〇万八千屯不足　施策ヲ尽スモ二百万屯不足（配給低下ス）麦作不良、民心、戦意ニ関係アリ　作戦上ノ要求ニ就テハ民需関係ヲ考慮シテ民……
外務大臣（世界情勢判断ハ同意）
米、日本ヲ短時間ニ屈伏ノ自信アリ　故ニ無条件降伏ヲ目途ス　英米「ソ」間ノ離間ハ成立セサルヘシ「ソ」ハ随時自由行動ヲトルヘシ　外交ノ為ニハ戦局最大限厳正中立ガ精々ナリ
重慶ハ日支間ニ於テ和平ハ困難
枢府議長　多大ノ困難ナリト考フ、物量、科学、今後之ニ処スル方策ヲ要ス
国体ヲ護持ス――内乱ノ為ノ汚点ハ自ラ之ヲ正ス
今回敵国ノ為ニ国体ニ汚点ヲ生スルコトナカラシムル為　国民全部カ全力ヲ注ク

皇土ヲ保護ス、如何ナル場合ニ於テモ然リ　国民ノ志気（戦況長期）要スレバ弾圧之カ為権力ヲ要スルモ権利ト平行シ教化ヲ要ス　和平ヲ思フハ此時局ニ合ハヌ　シッカリヤルヘキテアル

［（欄外）尊キ宸念ノ御心ヲ心トシテ指導セヨ］

六月九、十日　曇

一、参謀総長九日夕米子ヨリ立川着、悪天候

一、臨時議会召集　目的ハ

㈠　戦局ノ正シキ認識ヲ国民ニ伝ヘ　本土ノ戦場態勢ヲ確立ス――本件ハ予カ二月初頭参謀本部ニ於テ主唱シ二月末陸軍トシテ一致ノ見解トナレル事項、斯ノ如ク時間ヲ遷延スルハ戦局ノ実際ニ目ヲ掩フ希望的念願ヨリスル戦局前途ノ誤判ニ在リ　海軍側ノ頭ノ不可ナルニモ驚ク外ナシ

㈡　ニ基キ戦時緊急措置法案、国民義勇隊、地方総監等ニ関スル議案提出ニ在リ　九日鈴木総理ノ施政演説、陸海軍大臣ノ戦況説明ニ対スル空気ハ低調且気魄ナシト　総理及其他ノ演説ニモ迫力乏シカリシ由〈本項冒頭には「（臨時議会召集ノ）目的」の語が省略されていると思われる。〉

一、十日朝B29及Pノ関東方面来襲アリ　攻撃目標ハ逐次衛星都市ニ指向セラルヲ認ム　厳戒ノ要アリ〈朱書〉

［（欄外）敵爆撃目標　小都市、生産、交通、戦意］

一、茲数日　連日、名古屋、大阪、神戸方面ノ爆撃ニ依ル軍需生産ニ就キ航空機生産ノ低下ハ憂慮ニ堪エス

一、敵米ノ大陸上陸ヲ示唆スル情報アリ、福州、上海、広東、広州湾

一、最近ノ「ソ」ノ態度ハ東亜ニ於テ戦政両略上、自主積極的地位ノ確保ヲ企図スルモノト見ルヘク　特ニ対日開戦ト断定シ得ス　厳戒ト共ニ積極施策ヲ要ス

［（欄外）五月廿九日ノ佐藤対モロトフ会談］

六月十一日　曇

一、昨十日朝B29二三〇関東方面小都市及飛行場攻撃
午後天野少将帰任、細田、田中　大佐ヘ進級

一、主要電報

1．2HA復帰

✓2．十日北海道西岸ニテ敵潜水艦ノ為二千屯沈没

3．台湾ノ海軍ヲ地上作戦ニ関シ指揮スルコト

南方軍総司令部ノ簡素化、海軍参謀実設（松本中佐引抜）

4．芷江作戦部隊六月十日原態勢復帰

5．✓ボルネオノ敵上陸状況

米子飛行場ノ海軍航空隊（青島練習航空隊、七〇一九戦隊（艦爆）練習隊一五〇名）

裏日本海軍飛行場　三保、小松

三国（二滑走路未完成）浜松ノ第二教導隊重爆三〇機、重爆特攻一隊、大型機ノ根拠飛行場

第二十一飛行団（中練特攻隊一五〇隊、二〇〇隊）大阪□□□

一、陸海連絡

海軍

1．沖　二群内　正二特空三　大破二隻二炎上

2．菊九号　攻一八機　二轟沈其他若干（内半分位）

3．沖ノ飛行場十二、三個所

戦果

正巡沈大一一、特一三－一沈？

4．沖縄県民ノ奮斗ノ実情

5．南方ニテ昭南行陸兵輸送ノ足柄潜沈

△日本海面ニ七件ノ潜水艦現出（九日、十日、四～五隻ノ敵潜）

陸軍

1．沖縄戦況　八日敵最前線ハ我前線ニ触接ス

2．敵ノ次期作戦方向捗観察ト之カ資料

3．本土ノ作戦準備進　状況

一、広東方面状況（棚橋中佐）

1．兵力集約、陣地、洞窟三百粁約三ヶ月

2．教育訓練ノ徹底　迫撃砲三千門（内半分位）

3．自活自戦ノ徹底態勢ノ確立□□可

六月十二日　火

兵一、陸海協同　対戦車肉攻ノ単一化（三種ニ統一）

一、欠陥ノ点

イ．軍刀五万本

ロ．名古屋附近弾丸工場全滅（全部ノ1/4）

△ハ．実包

〔（欄外）◎実包増産対策〕

燃一、全国ノ燃料関係ニハ被害ナシ（除岩国四千竏）

原油生産ノ促進ト兵力増強ノ意見

松根油　陸一万二千　海二万二千〈細部編者略〉
航一、立川航技研被害　風洞（七米使用不能）
一、今後本土ニ対スル敵機来襲ノ傾向ト之ニ対スル覚悟及
　指導上ノ主要着意
　　小都市交通及日本海航行
一、現地ニ臨ミ実情ニ即応スル現地指導ノ必要
［欄外］地方ニ対スル陸海軍ノ調整ノ必要

六月十三日　小雨

一、○船舶輸送ニ関スル「戦力会議」
　要スルニ消極的端末ノ小原因ヲ寄ツテタカッテ云々ス
ルニ終始シ　根本的ノ打開　敵ヲ制スルコトヲ第一義ト
スルヲ要ス
○計画、実績ノ不良ヲズレト考ヘ当初ノ計画ヲ其侭爾后ニ
ズラスコトハ凡ソ戦ノ本質ニ合致セス　戦ハ目下ノ状況
ニ応シ如何ニスルヤカ決心ニシテ部署ナリ
○生産原料ト既製品トノ本質ヲ考ヘヨ
火砲弾薬、燃料等ハ軍隊ト同一ノモノナリ　軍備トハ人
ト物トノ組織ナリ　故ニ絶対ナリ
原料X屯ト製品X屯トノ内容ヲ十分理解セヨ　而カモ今
後ノ生産能率（期待度、時間的）ヲ戦況推移ト合セ考フル
ヲ要ス
○大勢集ッテ困ッタ困ッタテハ結論ハ出ヌ
大局ヲ察シテ決断カ肝要ナリ
事務ノ運方トハ調子ヲ合ハスコトナリト考フヘキヤ　長
シ長シ

六月十四日　連日曇

一、小沼少将比島方面状況説明
所感アリ　敢テ記セス
一、決号作戦ニ関スル海軍航空兵棋ノ研究ノ基礎観念
十五師団　千五百隻　其半数ヲ撃滅
目標　輸送船　機動部隊ニハ一部ノミ
　対機動　四百機　特攻二千四百五十（内二千特攻）
　　偵　三六機　戦斗六百八十
　　三千五百機（実動）
　　四千七百九十機

六月十五日　依然曇

一、沖縄ヨリノ神参謀報告中ノ要点

1. 作戦、戦斗指導計画ト之ニ基ク戦斗訓練ノ要
2. 軍参謀長ト参謀間ニ作戦思想ノ不一致
　消極的性格ノ暴露　八原ノ不忠、一切ハ智ニアラス
人格ナリ
3. 右不統一ノ隷下軍隊ニ及ス重大悪影響
○火柱ノ観察　艦船ニ対スル電探ノ効果
欺騙テープ　ハリツケ特攻ノ効果大
カタパルト発射ノ特攻　戦果確認ノ重要性
敵ノ特攻対策、（ケラマ、欺騙船団）
一、辻堂艦本ノ試験射撃視察

六月十八日

一、閑院宮殿下国葬
一、最高幕僚機関
一、決戦戦力推進会議
　1. 外装タ弾
　2. 土具類ノ急需　繰上ケヲ要ス

六月十九日　晴

一、海軍依頼兵器ト海軍側ノ決戦準備〈朱書〉
一、第二回決戦促進委員会〈朱書〉
一、七月末迄ヲ目途トスル二千二百機ノ練成状況（八戸、
能代、真室川、新潟）能代ノ不躾?
中練六〇時間、直協三〜四百時間
南方向練習飛行隊中ニハ三千時間120中20名
特攻隊ノ教育者ト之カ送リ出シ
一、八戸飛行場ノ破壊予定飛行場ハ何等ノ準備ナシ、飛行
機ノ分散遮蔽状況不良（偽装不備）（松本、宇都宮、北ハ航、
南ハ中島」航空廠の分、特ニ会社ノ分ハ不良）
一、航空廠（宇都宮）ノ偽装不良、情報ヲ伝達スルヲ要ス
一、キ一〇二乙　二月、航空総軍ノ実情把握不良
日本海ノ対潜　能代8　新潟3機（二十四日到着）
一、燃料用原料（概数）第二四半期迄　確保
　　　第三〃　分ハ目途ナシ
一、日本海　対潜水艦　機雷対策

六月二十日　曇

一、戦力会議
　国力戦力ハ全般的ノ調和ヲ第一義トシテ　作戦上ノ重
点主義ト同一要領ニ於テハ具現シ得ス　戦争第四年　日

支事変以来約十年ニ及フ今日　国民各個ノ所有貯蔵ノ尽キタル事情　正ニ深刻ナリ
〔(欄外) 国力、戦力ノ払底、涸渇〕

一、軍需省航兵長官

陛下ノ御言葉―総長上奏ニ際

一、第三十二軍最後電

第三十二軍ハ長イ間□軍後敵ニ対シ孤軍奮斗シ　敵ニ大ナル損害ヲ与ヘ大層ヨク奮斗ス　然モ最後ノ段階ニ迄立派ニヤツテ　国軍ノ為ヤッテヨウニ

一、パラオ、飛第七師団ノバリクパパン　振武集団夫々奮斗シ成果アリシハヨロシ

六月二十一日　半曇

一、戦車第一師団ノ戦車一聯隊増加

巡査ノ憲兵化ノ問題

一、新潟、夜B29十　来襲

六月二十二日　金　晴

一、作戦連絡　全般ノ状況上次期大規模作戦ノ徴明瞭ナリ

対潜作戦状況説明

◎一、広島、呉、姫路等中都市ニ対スル来襲頻々続行、戦力増成上ニ重大影響ヲ及スヘキヲ虞ル

一、吉積軍務局長ヨリ

1．情報ニ依レハ米内ノ宮府入リノ噂アリ　厳戒ト共ニ事前ニ明確ナル処置ヲトルヲ要ストノ意見

2．政変生起ノ已ムナキ情勢ト之ニ対処スル事前準備ニ就テ考慮スヘキ件申入レアリ

事重大且予ハ此種ノ情ニ暗ク　且　触ルルコト嫌ヒナリ従ッテ意見ナシ
〔(欄外) 米内ノ動キ政変ノ兆〕

六月二十三日　曇

一、本日正午頃B29三、P38数十機関東東方沿岸ニ来襲沿岸ヲ数回巡廻ス　敵偵察ノ兆大ナリ　既ニ三回ニ及フ統計的ニ観察ノ要アリ
〔(欄外) ○鹿島灘、九十九里浜〕

一、明二十四日出発　朝鮮軍トノ作戦連絡

○約三師団新編制ノ問題

○満鮮一体ノ統帥機構問題

六月二十五日　九時出
米子ヲ経テ龍山着　京城本町二丁目清香園宿
一、兵棋―朝鮮軍司令部、軍司令官邸、井原参謀長統裁
◎1．北鮮ニ於ケル統一性ノ必要性
［（欄外）○北鮮ノ意義認識］
2．航空、地上　関東軍隷下部隊ト朝鮮軍管区部隊トノ関係
3．北鮮ノ海軍部隊僅小（ママ）
×細部事項――防空力不足（羅津八高二中、清津八高一中、咸興七高一中）
4．北鮮ノ金属、石炭、生産工場、其他資源分布ノ重要性（特殊鋼、ロ号薬甲乙、燃料）
5．米ソ両軍ノ同時作戦ニ関スル観察
◎南北同時ノ際ノ全般兵力量ノ寡少
［（欄外）○平時司令部ヨリ作戦司令部ヘノ転換ノ要アリ］
6．右兵力量不足ヲ補フ応急処置　師管区部隊、特設警備隊、教育隊
7．関東軍トノ関係、作戦地域
◎関東軍、朝鮮軍トノ統一運用ニ伴フ統帥機関ノ組織（南方、元山付近接際部）
［（欄外）実情確認ノ要アリ、兵要地誌、交通ニオイテ然リ］
8．北鮮ノ情報収集上ノ施策　北鮮ノ電探ノ配置
9．弾薬集積ノ実況ト現況　二正面ノ為ニハ不十分、後方部隊ノ兵力不足　自動車ノ配当ヲ要ス
◎総動員ノ余力、警察関係ノ警備用、半島人軍隊ニ対スル期待度
特攻兵力ノ増勢ト之カ温存（電気関係不足）
航空ニ対スル強力ナル協力
◎補給廠関係人員ノ用法、関東軍ヨリ人員　鮮内在郷軍人ノ余力
◎二正面作戦ノ終末ノ分断態勢ト之カ見透　南方地域長期持久ノ可能性アリヤ
◎対ソ作戦初動ノ作戦様相
航空作戦ノ状況
［（欄外）◎南北ヲ判然責任範囲ヲ定ムルヲ要ス　◎京城、平壌ヲ中心トスル戦略兵団ヲ要ス］
10．元山南方地区ニ対シ各方面ヨリ特設警備隊数個ヲ集結ス　之カ為十日ヲ要ス　之カ為鉄道守備不足トナル　京城ヲ中心トシ確保希望ノ意欲ヲ必要トス　之カ為ノ兵力量

11. 永興湾ノ防備兵力ハ微弱ナリ
12. 教育隊ヲ以テスル臨時編成ハ一考ヲ要ス
幹部要員タラシムルヲ要ス
◎13. 補給廠関係ノモノハ兵団用、軍用、方面用ニ区分シテ分散
14. 火砲増加ノ為　迫撃砲ヲ自製スルコトノ着意ト熱望
15. 自活兵器弾薬ハ第一線ニ第一義トスルコト
16. 第三次兵備――半島人25％
未充当　将校六〇〇、下士千四百、兵、既五千　未一万九千、馬一切ヲ代用スルモ六千不足
17. 自戦自活ノ目標　仁川造兵廠ノ製産能力ノ向上、移動、小銃実包一日五万終了
18. 内鮮事情―大体可ト見ル
食料　満ヨリ三二万屯ヲ移入ヲ要ス（二ヶ月分）　衣料ハ特ニ困難
政治力不十分　北方ノソ軍事情、南方ハ婦人問題　中央人事ノ地方分出
19. 決号作戦ニ寄与スル輸送態勢可
20. 関東軍トノ関係、兵備増強
21. （三嶋意見）　半島人ノ戦力トシテノ期待、特警編成ノ内地トノ差異ハ一考ノ要アリ
逃亡150D一六〇人　160D一四〇人
22. 船載野砲台（船司ニ六百台アリ）
23. 済州島ノ築城進捗程度　六月末目途概成ノ程度
歩兵重火器　六月末｝目途
火砲全般ハ　七月末｝
［（欄外）各幕僚相互ノ連絡、書類、電報ノ受取、各部トノ連絡ヲ十分ナラシムコト］
24. 麦作一千万石ニ対シ四百万石ノ見込、
右対策トシテ各種手段ニ依リ三百万石ヲ以テ片付ケ三百万石（七、八、九月）ヲ満州ヨリ移入ス（五十万屯）不足　七月差当リ十七万他ヲ更ニ要求スル筈
25. □七千三百輛、貨車五千輛　実動43％　部品ナシ
◎方面軍司令部ノ位置　総督ノ地位、関東軍司令部ノ部署、関東軍朝鮮軍トノ統帥組織
○意見　二位一体制全員一致ノ意見ナリ
勅令憲兵ハ軍管区憲兵トナス要アリ
総督ノ交代ニ伴フ人事異動ト人心動揺、人事ハ内地ノ内閣ノ……
戒厳施行ノ問題

［(欄外) 一、関東軍トノ協定 二、作戦軍タルノ地位ト気分］

参謀長井原中将意見

1. 課ノ編成
2. 五十八軍高級参謀、兵器部長
3. 方面軍高級参謀
4. 地区司令官中ノ老朽者
5. 要塞参謀　羅津瀬谷中将ニ参謀一
6. 元山永興湾要塞司令官老弱
7. 病院ノ隷属系統　関東軍及航空軍ノ要求アリ
8. 総督府ニ資源関係ノ有力ナル二席アリ

◎方面軍司令官ノ意見

1. 兵力量増強ノ要アリ
2. 指揮機構
   希望トシテ咸北迄ヲ関東軍ニ、他ヲ朝鮮軍ニ入ルルコトトセハ特別ノ機構ヲ作ラサルヲ可トセスヤ　直接大本営ニテ可ナランモ　第三総軍ヲ作ルモノトセハ寺内元帥ナレハ可ナラン
3. 朝鮮総督ノ軍司令官兼任ハ右ノ寺内元帥ナレハ可ナランモ作戦準備ノ上ニ於テハ今直チニ現在ノ人ノ関係ニテハ不適当
   現制ニテ不適当ノ事象ナシ　総督総監共ニヨク協力シアリ
   現制ノママトシテモ一部ノ変更ハ要スルモ作戦準備間ハ変更セサルヲ可トス

京城、龍山ノ全般所感

1. 司令部ノ陣容　作戦転換ノ初動

六月二十八日　雨　釜山

一、輸送統制部　（江崎参謀）

全般ノ業務ノ遂行概可

要処置事項

滞貨　軍需(?)　前　四千百立米
　　　　　　　還　一万五千五百立米

物動　十三万二千屯

塩、糧共ニ滞貨凡シ僅少—最優先

純鉄(?)生産　相当多量アリ　右ニ準ス

困難　ニゴ整理　現物処理ハ規定ニ依リ厳重ニ実行シアリ

六月二十九日　雨

六月三十日　曇后晴

一、午後五時　済州島着（加藤58A参謀長）
作戦準備進捗
1．四月下旬部署、五月中旬部署変更、六月末六～七分通リ　洞窟三万二千米
築城材料ノ伐採運搬上進捗セス　本土ヨリ移入ノ分ハ三〇％到着
軍需品ノ大部ハ到着、現地配置済
○七月末ヲ目途トスル作戦準備トシテ
築城ト訓練ヲ半々、個人戦技ヲ主　築城ハ前地、水際ヲ概成、作戦資材就中近接戦斗資材ノ整備
右ニ依リ　大体七月末ニハ概ネ戦斗シ得
○地形概観　地皺少ク中腹ハ草原、遮蔽困難
六月下旬ヨリ七月初旬ニ亙リ幹部教育、大隊長以下素質極メテ不良、教育技能極メテ不十分
○給養兵員六万八千、糧三十五万人日、目下ハ主食五ヶ月、其他現地取得ノ見込アリ　副食ハ不十分、更ニ七、八月ニテ八ヶ月分ヲ了ル
埠頭滞貨ハ一応処理済、二十五日ノ襲撃ニ依リ相当大ナル被害アリ　糧秣用雨覆不十分、爆薬整備不十分
本格酒精月三百吋、軍ノ所要ニ応シ得
△島民疎開四万人中目下五千人（総人口二十二万）
給水極メテ困難ナル実情、一ヶ月分（水瓶供出）ノ貯水
冬季ニハ一三〇〇以上ノ地帯ハ降雪
○軍司令官　永津中将身心共ニ良好
1．作戦準備ハ四月下旬到着　五～六月間焦躁極メテ不十分ナルヲ感シタルモ過般陣地検閲ヲ実施シ目下安堵ノ感アリ
2．軍隊ノ質モ不良ナリト感シタルモ目下大ニ気強ク感シアリ
3．今後ハ築城ト訓練ト半々トナス考
4．給水、衛生問題ハ重視シアリ
5．機動ニ依ル攻撃ハ実ハ困難ト考フ

七月一日

現地偵察
121Ｄ正面　兵力分散過広ナリ
岩崎師団長〈111Ｄ長である〉元気ナリ　陣地ハ半部完

成、七月二十日頃ニ洞窟完成
西勝里ニ於テ海女ノ漁撈ヲ見ル、
✓海軍（西勝里西側特攻陣地五型27個）
軍風紀不良（少年兵ノ遊興）
陸軍ハ概ネ良好

七月二日

混成旅団、96Dヲ訪ネ、島ノ東半部ヲ視察シ、済州ニ帰還　軍参謀長以下参謀ニ対シ所見ヲ述フ
朝鮮軍ニ関スル全般的処置事項
一、北鮮ヲ含ム朝鮮ト関東軍トノ関係
統帥機構ノ根本解決
第三総軍ト朝鮮総督ノ武官兼任ノ早急ナル施策
朝鮮軍及五八軍ノ参謀人事（機構ト同時ニ考フルコト）
朝鮮方面軍ノ純作戦軍的性格、済州島ノ参謀強化
［(欄外) 南鮮ニ一軍］
一、朝鮮内兵力増加ノ具体的研究
朝鮮内部ノ不安的情態
食料問題ハ処置ヲ要スルモ余裕アリ
鮮人ト内地人トノ関係

一、済州ノ作戦準備進捗
大体軌道ニ乗リ約半部概成七月末ニハ大体概成、
今後水ノ解決ト共ニ重点ヲ西南部ニ集約スルヲ要ス、
済州ノ自力自戦能力ハ大ナリ、之カ活用
一、朝鮮海峡ノ輸送ノ成果ハ著シク進捗ス
一、京城モ釜山モ未タ平時的色濃シ

七月四日

一、次長九州方面視察報告
［(欄外) 九州方面作戦準備概況］
要旨筆記アリ　決戦思想ハ師団長迄ハ徹底セルモ　部隊末梢迄ハ届カス
陣地六月末概成ハ七月末ニ延引ス
畑総司令官ハ具ニ陣頭ニ作戦指導シ努力ス
一、南方連絡報告（杉田大佐一行）
［(欄外) 南方総軍概況、◎作戦準備ハ透徹シアラス］
1. 昭南ヘ十一月以降東西両面ヨリ来攻ヲ予想ス、泰仏印ニ来ラサル旨ノ考方ハ楽観ノ感アリ
2. 昭南　四師一旅外ニ四十大隊、防衛未着手、外ニ一師（ジャワヨリ年末迄）一師団分九月ニハ六月分

3．泰　方面軍　混旅　軍需弾薬〇・四極メテ不十分、
サイゴン防備不可
北二師　バンコック二師　29B西泰
4．仏印　南2D（55Dパクセ）　北一師
5．ビルマ　一軍司令部ト四師　混旅二
方面軍司令部ノ復帰、他ニ二師ト一旅共
以上ニ基キ考慮スヘキ問題
一、泰トマライトノ兵力配置比重？
二、ビルマ方面軍ニ対スル任務ノ過重
5．(ママ)〈6．であろう〉マンダレー、メイクテイラ作戦失敗ノ根本原因　会戦場ノ選定不可　対機甲作戦準備ノ不備
ラングーン莫大（約八屯）軍需品ヲ敵手ニ委ス
モールメンニ　弾薬全部テ〇・七会戦分　糧秣ハ辛シテ十月迄
軍隊ノ志気ハ不十分　特ニ後方部隊ハ不可　上級司令部ニ対スル信頼感低下ス
〔(欄外) 問題一、兵力比重ノ配置　二、ビルマ方面軍ノ統率(?)厳正〕
(二) 兵備関係〈(一)の記述はない〉
百十万、各四分一「比」「ビ」「豪北」中核　幹部ハ特ニ余裕アリ　空中勤務者八百名（内三百ハ優）ノ抽出転用可能
〔(欄外) ○南方幹部過剰、飛行軍、師司令部復帰〕
「現地自活、特ニ兵器弾薬ノ整備ノ促進」
(三) 政務　軍人カ政務ノミニ専ラニシテ作戦ヲ考ヘサル永年ノ積弊カ現地ニ表ハレアリ　陸海軍共ニ然リ
対南方処置上着意スヘキ事項
一、南方軍統帥ノ実相
決号作戦参加　内地帰還希望　ビルマ作戦ニ関連スル高等統帥ニ対スル不信　幕僚連絡ニテ過早ニ私見ヲ伝フ
幕僚カ実相ヲ把握セス　内地ニ引上テ交代頻繁
南方全般ニ亙リ状況ノ変転ニ拘ワラス転換セス　慣性ノママ　環境ノ転換ヲ要ス
〔(欄外) 高級指揮官、幕僚ノ抽出交代ハ統帥上不良ノ影響〕
統帥機構ノ確立ヲ迅速ニスル要アリ
一、対泰武力処理ニ関スル研究ト準備
一、航空ノ戦力化ノ感念ハ未タ状況ニ即応セス
二、決号作戦ト南方軍トノ関係
南方自体カ支作戦ナリトノ観念ナリ　情報（第七方面

軍比較的無関心)、資源地域ノ破壊ニ関スル念薄シ　南方軍自体及東京モ又全般的ニ決号作戦ノ意義　大命更改ノ必要アリ

一、国内決戦態勢ノ確立ノ重要性ト之ノ南方軍ニ及ス影響、要ハ中心カ確立ヲ要ス

一、決号作戦ノ為　対機動部隊戦訓ノ活用ノ必要、
　縦深百粁ニ亙ル対戦車戦闘準備
　飛行場内ニ於ケル直接守備

一、航空整備力ノ不十分　低下

[(欄外) 辻大佐ヲ戦訓係リトシテ招致シテハ、33Dノ参謀ハ誰カ?]

七月六日

一、作戦連絡会議　茲連続海大臣ハ欠

[(欄外) 敵ノ次期来攻ノ兆]

最近ノ情勢ハ　沖縄ノ敵其地ニハ総計八百ニ上ル在地敵機アリ　又数日来約二百ノ船団集結シ上陸作戦準備ヲ概ネ完整シアルモノノ如シ　徳ノ島(ママ)、奄美大島ヘ又ハ石垣ヘ　将又中支沿岸ヘ来攻ノ算アリ　陸兵ハ直ニ使用シ得ルモノハ約八師ト見ユ

尚最近比島方面ニハ兵力抽出転用ノ状アリ

予ヨリ朝鮮方面視察状況ヲ簡潔ニ述フ

二、深堀中将面接　昨日ハ武田中将来ル　尚今朝ハ飯沼中将閣下来室　物申スヘキコトスクナカラス

三、最近、再三各方面無名ノ士(山之内中佐ヨリ)ヨリ対空処置ノ鼓舞激励ヲ受ク　又守勢ヲ避ケ攻勢ヘノ強調ヲ伝フル手書アリ　今後此種ノ要望乃至ハ批難ハ山積スルニ至ラン

南方人事

一、南方総司令官　東京ヨリノ問合セモアリ六分位ハ交代
(総参謀長言) 板垣大将ノ後任ハ可ナルモ木村大将ハ不可
田辺中将ナルトキハ木下中将トノ関係アリ
○中村中将ハ其他ノ方面軍司令官トシ　本多中将トノ関係ヲ考慮ノ要アリ
中村中将ノ参謀長トシテ総軍ヨリ花谷中将
　第一　参謀副長田村中将 ｝上申済ノ由
　第二　〃　　浜田中将 ｝

[(欄外) △忌ムベキ現象多出、人事ト指揮官、幕僚ノ人格]

[(欄外) (四手井中将言) 四手井の言なるを以て信頼に足る]

○方面軍司令官(木村)ト参謀長ノ関係ハ香シカラス

司令官ハ参謀長ノ謀略ニカカラヌコトニ　参謀長ハ強ガリノ一手

六軍参謀長ハ作主ヲ伴ヒ第一線ニ進出　飲酒シ第一線軍テハ殺セト叫フ声アリ

（田中中将ノ言――軍司令官ハ駄目　若イ参謀ハ元気カナイ）

「ラングーン」ヨリ「モールメン」移転ノ経緯

参謀長留守中ニ決裁セラレ、参謀長帰還後之ニ反対セシモ結局撤退スルニ決ス

「モールメン」ニテハ参謀飾緒ヲ脱セルママ

司令部内ニ於テハ「モールメン」撤退主張者青木大佐ナリト評ス

作戦主任山口中佐ハ参謀長ニ付キンチャク

方面軍司令官ヨリ総参謀長ヘ二回　次テ正式ニ参長更迭ヲ上申ス　参謀長ニ対シ参謀ハ全員更迭ヲ希望ス

山口参謀カ総軍ニ招致セラレタル際ノ態度不良トノ難アリ

総司令官ノ木村大将ニハ一言モ伝言ナシ　之総司令官ノ意中ナリ

方面軍内ノ空気ハバンコクニ行キ度

金富参謀（作戦関係主任）ハ無断ニテバンコクニ入院ス（四手井中将着任後）

嘉悦参謀ハバンコクノ司令部派出ヲ設ケ之ニ位置シアリ（右ノ理由ハ総軍参謀連絡ニテ泰軍ヲ指揮下入レル」ヲ知レル為）

後方参謀ハ比較的第一線ニ進出シアリ　作戦関係トハ不良

方面軍参謀ハ一般ニ不良　特ニ山口参謀ハ不評（山口ノ私信ノ如キモ不良ノ動機）

木村大将ハ責任ヲトル覚悟ナリトノ意ヲ述ブ（モールメン後退後大将進級セルハ不思議ナリト人々云フ）

総軍司令部内

副長、参謀等ニハ更迭ヲ要スルモノハナシ

櫛田高級参謀（女　料理屋ノ問題ニテ下級司令部トノ関係不可）

「ダラット」ニ移転セルハ当初ハ総司令官ハ不同意ナルモ今ヤ心境変化シ已ムヲ得サル状態

✓総司令官ノ更迭ノ為ノ一事件?

信部隊〈第三十八軍〉ト総軍司令部トハ問題ナシ

土橋中将ノ言　人事ハ「アット云フ」様ナコトハセヌ様ニ

第二十九軍（タイピン）石黒中将　野戦的ナラズ

✓辻ハ負傷シテバンコックニテ活動中　南方総軍転出ヲ可トセン

竹原中将（49D長）余裕ヲ与ヘ準備シテ戦闘セシムル如ク指導セラレ度

一、陸軍大臣ニ対シ朝鮮出張報告ヲ行フ

大臣　長野等ニ対スル空挺対策ノ研究ヲ要望セラル

一、深堀中将ノ南方統率人事ノ実相　2A司令官豊島中将、参謀長藤塚中将　吉富参謀ノ不可ナル点ヲ縷々述ブ　深堀的ノ放言モアルモ困ッタ事ナリ

一、田中大佐　満州支那出張報告

一、6A　海軍トノ協同兵棋研究

七月九日

一、瀬島少佐　聯合艦隊戦策ノ報告

本年秋頃ノ水上特攻ノ期待度

南鮮、済州島ニ対スル陸海軍ノ力ノ指向ノ観念ノ一致

防空機動員ノ用法ト注意

○本土決戦ニ於ケル陸海協同ト陸軍ノ主動的特攻

○海峡閉鎖作戦ノ強化ト陸軍ノ協力（主動的）

[（欄外）陸軍自体ノ自覚ト主動性]

一、作戦連絡

（海）敵ノ次期作戦準備ハ既ニ完整ト認メラル　敵ノ上陸方式（小舟艇群）ニ対応スル特攻ノ創意

（陸）六月中ノ敵来襲ノ概観　特ニ注目スヘキハ

本土中部、南九州、南鮮及朝鮮海峡ニ濃密

[（欄外）敵ノ次期攻勢ノ判断]

海軍側ノ要望

対馬要塞ノ参謀強化

陸軍ノ保有スル㈧ノ陸海統一運用ノ希望

一、沢田中将四国視察報告

1．本土決戦ノ官民透徹ハ不十分　軍ト官民トノ関係モ不可　軍ノ官（民）ノ指導不可　離間ノ原因アリ　末梢ノ兵ニハ必勝ノ念ナシ

2．義勇隊ノ問題ハ　中央ヨリ各部門毎ニ指示アリテ概ネ　精神及実行部面ニ透徹ヲ欠ク

一、中都市ニ対スル爆撃ノ被害ハ相当強烈ナリ　特ニ大都市ヨリ分散セルモノアルニ於テ益々然リ　之カ対策ヲ急遽行フコトニ就テ対策ヲ要ス

七月十日　火　晴

一、○五三○関東地方全域ニ機動部隊来襲
　右ニ関スル情況判断ヲ欠キアリシ点注意ヲ要ス　関東方面奇襲ヲ受クルコト年頭以来（二月、三月）ヨリ第三回目ナリ

一、部局長会報――各種各方面ノ被害状況甚大
　造兵被害
小銃弾、通信（大部不可）
火薬　二○％減　八月以降恢復
戦車ノ牽制、搬送隊、充足五○％
弾薬信管五○％　航空爆弾二○％
航空タ弾　防空砲弾　充足　四○％
［（欄外）復興ノ為至急具体的方策、真空管ノ根本ノ解決］
右ノ外海軍担任兵器ハ期待シ得ス
六月生産ハ予定ノ五○％
航空　輸送、原材料、全般的ニ検討
　燃料ハ大問題
［（欄外）航空兵器ノ数量ヲ空ニ全般的ニ平均ニスル事］
衣糧
衣袴　第二四半期五○％　第三、三○％
第三次兵備ノ装備ニハ支障ナシ
鉄帽、被甲ハ困難
糧　Ⅰハ九○％完　Ⅱ以降ハ五○％
食糧ハ本年ハ何トカナルモ来年ハ大問題ナリ（六、七月頃）努力ト低下トハ相殺スヘシ　兵糧ノ増加　大陸ヨリノ搬入益?ナシ
［（欄外）来年度ノ食糧対策ノ根本計画ノ策定］
医務局
軍内伝染病月千五百発生　多発部隊ハ航空地上、艦船部隊ニ多シ、統帥系統ノ防疫
地方衛生ハ先年ニ比較シテ不良
衛生材料　Ⅱ/20　60％充足可能
決号作戦準備ハ大体充足済　漢法医ノ研究普及10〜20％
燃料
Ⅰ　訓令ニ対シ実績ノ方大
Ⅱ　月毎一・五万　原料手持アリ
燃料廠ノ松根油ニ対スル熱意ニ対シ不満ノ声強シ
六月中ノ船舶被害
計一五四隻　総屯五九万屯　総数ノ1/4失

電話局　電話機十万個中三十万個焼失
中都市　昨日迄ニ二十数個ニテ既ニ½ニ達ス
〔(欄外)中都市ノ急速疎開――軍管区司令官ニ命令〕

七月十一日　水　曇

一、第三部長　今後ノ大陸トノ輸送作戦計画
朝鮮海峡ノ防空強化
人事　本年中ニ二、三十師団ノ新設ハ人事上不能
海軍ノ力ヲ特ニ朝鮮海峡ニ傾注ノ事
第二部長　敵機動部隊ノ行動判断
「ソ」ノ態度大ナル変化ナシ
第四部長　軍需総監府、航空関係戦斗隊、戦争遂行ニ対スル官吏、国民ノ戦意、海軍ハ必勝ノ信念ナシト海軍側云フト某重臣ノ言、陸軍ハ兵器ナシ」敵機来襲ニ際シ撃墜ナシ
〔(欄外)現在ノ国内一般情勢ハ憂慮スヘキ状況ナリ〕
総長ト次長ノ論議
一、陸大校長殿下ヨリ坂間幹事更迭ノ希望アリシ模様
一、夜軍令部第一部連中ト会食ス

七月十二日　木　雨　引続キ天候不順

一、燃料需給　調整中問報告アリ
燃料特ニ航空揮発油問題ハ極メテ切実ナル問題ニシテ此分ヲ以テ行カハ　十月末ヲ以テ終末ノ状ナリ　作戦上ノ致命的要素ハ　実ニ燃料ト食料ナリ

七月十三日　雨

一、沢田中将ノ四国防衛兵力ニ関スル兵力意見
四国一般ノ総力結集ノ為ノ中心勢力ノ確立、大阪軍管区管下ノ四国ハ寧ロ第二総軍ノ直轄トスルヲ可トセン
対戦車戦斗ニ徹底スル点就中砲兵配置、軍司令官ノ希望、兵站部隊ノ動員、陸海軍ノ労力要求ニ対スル統制ノ要、作戦軍ノ士気昂揚ノ緊要、四国ニ渡ル軍隊ハ全部ヲ宇野高松ニ限定スルハ不可
〔(欄外)窮余ノ策ハ奈辺ニ?〕
戦争終末ノ転換ヲ指導スル為ノ情勢判断〈朱書始まり〉
第一　帝国ハ目下東及南方ノ米・英、西方ノ重・延、北方ノ「ソ」ノ包囲圏内ニ圧迫窘縮セラレントシツツアリ
其実情ヲ譬フレハ左ノ如シ
(一)　東及南ハ猛火本土ニ延焼中

㈡ 西方大陸ハ徐々ニ浸水中

㈢ 北方大陸ハ豪雨増水ニ依リ　其外縁ノ堤防ハ将ニ決潰ニ瀕ス

第二　右帝国ノ四周ニ迫リツツアル侵襲ノ力ノ特性ヲ概観セハ左ノ如シ

㈠ 南方ノ猛火ハ容易ニ食ヒ止メ難ク　ウマク行ッテモ其焔先ヲ一時ニ止メ得ルニ過キス　而カモ飛火ニ依リ内懐ヲコガシ尽サントス

㈡ 西方ノ浸水ハ徐々ナルモ　南方ノ焔ノ飛火ト相俟テ窮極ニ於テ腹背ヨリ火攻メ水攻メトナルヘシ

㈢ 北方ノ豪水決潰ハ堤防ノ補強工事ノミテ以テハ防キ得ス　只々決潰ニ先立チ増水ノハケ口ヲ作ルコトニ依リ　氾濫ヲ局限シ得ヘシ　ハケ口ハ機ヲ延セハ決潰スヘシ

第三　帝国ノ直面スル現実ノ事態ハ自ラ撤イタ種子ノ結果ナルコトヲ率直ニ正視シ　自ラ之ヲ刈リトルノ敢為勇断ヲ要スル

目下帝国ハ四周ノ力ノ圧迫ニ対シ何レニ対シテモ夫々ノ力ヲ配当シテ防ギト抑ヘノ一手ニ汲々トシ　将ニ疲労困憊ニ陥ラントシツツアリ　此四囲ニ迫ル火攻メ水攻メノ力ハ相互ニ関連シ帝国ヲ共同ノ目標トナシアルカ如キモ実ハ夫々独自ノ慾求達成ヲ根基トスルモノナリ　茲ニ略アリ策アリト云フヘシ　此終末ノ遺方ヲ観察スルニ左ノ如シ

㈠ 猛火ノ焔ハ烈風ニ乗テ燃エカカッテ居ルカラ最モ危険ニシテ必死ニナッテ真正面カラ力デカカル外ニ手ハナイ　自ラ下策ト知テ一意果敢断行スルノミ

㈡ 西方ノ浸水ヤ飛火ノ惨害ハ自ラ身ヲ引ケバ脱シ得ル飛火ハ更ニ飛火ヲスルケレトモ浸水ハ追カケテハ来ナイ　飛火ヤ浸水ニ臨テ面子ヤ物ニ執着スレハ自ラノ命ヲ失フヘシ

㈢ 北方ノ氾濫ハハケ口ヲ一刻モ早ク作ルコトテアル其ハケ口ノ作リ方ハ南方ノ猛火ヤ西方ノ浸水ト相殺合流セサル様ニスルノカ賢明デハアルカ　ハケ口ノ浸水カ少シモ己カ身ニ及ハナイ様ニト念願スルノハ凡愚ノ煩悩テアル

要ハ事態ノ正当深刻ナル認識ト無慾ノ境地ニ立テ　果断決行スルコトノミ　能ク此窮地ヲ脱シ己ヲ全ウシ得ル唯一ノ道テアル〈朱書終わり〉

七月十四日　土　曇

一、㋘ノ六月演習ノ総合判決
頭脳部ハ理論的ニヨキモ実行上ニ未シ
十一月戦力発揮ヲ目途トシ努力ス、来春ニハ命中率アルヘシ　科学技術ノ根本的研究ノ態度　米国ノ科学技術ヲ見テノ謙虚ナル態度ヲ要ス

一、敵機動部隊ハ本払暁以来東北及北海ニ来襲　其位置ハ〇九三〇八戸基点90°〜120°—200k　尚一一三五釜石東方20kニ十三隻ヨリ成ル機動部隊（内空母三）ヲ認ム　尚其東方ニ空母二ヲ含ム機動部隊アルモノノ如シ

〔（欄外）釜石艦砲射撃〕

本朝ノ来襲亦奇襲ナリ無念至極
青函連絡船十一中七ヲ失フ

〔（欄外）大臣ノ作戦活発ノ慫慂〕

阿南大臣　政略関係（三国会談其他）上、作戦ノ活溌ヲ慫慂ノ為予ノ室ニ来ラル　御心中ハ十二分ニ御察申ス
「敵ヲ制セスシテ我慾スルトコロヲ行ハントスルモ不能」ヲ覚ル事ハ　過般十日ノ敵関東来襲時ニ於テモ幕僚ニ之カ攻撃ニ関シ意向ヲ強調シ置ケリ　頼ミトスル第三十〈戦闘飛行〉集団カ　僅カ重爆四、戦闘機二〇ニテハ問題トナラヌ

〔（欄外）重大意見〕

一、次長ニ対シ　前記朱記ノ情勢判断ヲ述ヘ且之カ実行ノ為ニハ□□（ママ）ノ更迭ノ要ヲ説ク
次長亦賛意ヲ表ス
此夜　天野ニ前記ノ問題ヲ懇談ス

七月十五日　日　小雨

一、天　我ニ幸セス　我誠心至ラサルナリ
朝来蔭雨　盛夏未タ帝国ニ恵セス
敵艦艇ハ本朝来室蘭ヲ射撃ス

〔（欄外）室蘭艦砲射撃〕

一、□□更迭ノ談ヲ第二部長、軍務局長ニ語ル　吉積中将ハ思慮周密ナリ　云フヲ聞キテ我反省ス　素予ハ裏ハ嫌ヒ策動ヲ毛虫ノ如ク忌ム　予自ラ引クカ敢テ直諫スルカ

七月十六日　月　曇

一、食糧需給対策ノ報告
何モカモ軍　特ニ陸軍カ真剣ニナルコトテハ解決セヌ
国家全般特ニ各責任者カ実行ノ成果ヲ収ムル事ハ出来ヌ

一、作戦連絡
1．敵機動部隊　レイテ発四日又ハ七日
(海)十日関東地方　来襲千二百機　索敵攻撃共セス
空母十隻程度　敵側発表四隻
敵企図ハ航空撃滅戦（我機数三千ト判断ス）
十一日　西ニ移リ中国地方来攻ヲ企図セシモ天候不良ノ
為中止　翌十二日モ南方海面ニアリ
十三日　東北進ノ状アリ
十四日　払暁奥羽北海道ヘ八波七七〇機　接岸シ約四百
哩ニ亙リ駆二、海防二、駆潜一沈　釜石ニ二次ニ亙
リ艦砲射撃、釜石製鉄全滅
十五日　第二次来襲　千二百機
室蘭艦砲射撃
○沖縄方面ノ艦船行動活発ナリ　敵ノ次期企図ハ　北部南
西諸島ノ算大ナリ　十一日　奄美大島、喜界島来襲激化
南方面諸港ノ艦船ハ大ナル増減ナシ
敵全般ノ企図判断ニ関スル感想
我国力、戦力ニ対スル判断ハ従来過大
敵ノ放弃ナル企図ヲ予期セサルヘカラス
［(欄外)　情勢判断上ノ注意、津軽海峡ハ？　朝鮮海峡ハ？
敵機動部隊ニ対シテハ積極的ニ］
✓陸戦隊
舞一万、呉一万六千五百、鎮海九千百、横須二万九千
機雷ハ八月末迄ニ完了
九州三千個　五百　関東五千個
○作戦遅延ノ場合十月以降航機揮発油五千、アルコール二
千二百粁（ママ）
二百五十機戦斗機ヲ三回邀撃
中練二千五百機ノ技倆保持　五百名ノ要員養成
✓作戦燃料一万二千□
［(欄外)　燃料問題、海軍担任陸軍用兵器］
大島島ニ対スル病院船ノ臨検状況
患者千名ヲ収容　（駆逐艦）
残リ千二百名アリ、現有病棟ニテ十月迄

七月十七日　小雨

一、兵站会報
1．（航本）航燃ノ疎開分散ハ一応ヨキモ地下移行ハ今
後（五千名二ヶ月ノ兵ヲ要ス）
2．松根油促進　丸善石油ハ大体駄目

3. 川崎精油ハ電気□□ノ補助（陸軍関係ノ被害少）一週間ニテ復旧スヘシ

4. 軍需省ノ燃料関係ノ実行不良

〔(欄外) 軍需省ノ実行力ナシ〕

5. 南方ヨリ台湾ヘノ飛行機輸送六〇機ヲ了ル

✓6. 大型真空管補充不能ノ為海外放送ハ後一ヶ月ニテ中止ノ止ムナキ事情

7. 特攻兵器生産等ノ奨励表賞

✓燃料廠

1. アルコール資源ハ本年中ノ分ハ目途ツク

✓2. 施設ノ対爆ハ大体陸軍側ニハ大影響ナシ
焼失原料ノ量ハ生産面ニハ大影響ナシ

3. 満州ノ酒精生産量ハ国家分　現地十三万ナリシカ諸種ノ関係上半量トナリ　進捗中

✓航本

1. 燃料一万五千竏ハ揮発油換算一万トナリ更ニ機種的制限ヲ受クル故ニ此一万ハ八千又ハ六千ト見做スヘキモノニシテ　此点天然燃料及松根油ヲ重視スルヲ要ス

2. 宇都宮航空廠ノ移転施設ハ大ニ可　大型ノ洞窟ノ利用ハ大ニ進捗中

✓第三部長

1. 青函連絡船ノ早急復旧

2. 青森、石炭約十万屯ノ滞貨アリ　荷役ノ為軍隊ノ協力ヲ期待シアリ

一、午後　横須賀ニテ大西中将以下一行
特攻練習機ノ成果実験試験見学

一、同夜横鎮長官戸塚中将招宴
此夜常陸沿岸艦砲射撃アリ

七月十八日

一、回龍(ママ)、蛟龍訓練製作視察　正午油壺水中特攻基地　午後伏龍、A金物見学

一、午後三時ヨリ敵艦載機三波ニ亘リ横須賀軍港攻撃　被害小

一、横鎮作戦室地下ニ完備大規模ナリ
電探情報可

一、海軍実施部隊ノ志気ハ可

七月十九日　晴

一、東ソ兵情
1．西正面チョイバルサン線ヲ南下スル軍用列車　十二列車（六月十二日）
2．14～20日／7　一般列車停止
3．東正面　興凱湖南方地区後方整備顕著（夜間四日間三千六百輛自動車）
一、若松新次官着任挨拶アリ
一、航総参謀長ニ状況及対機動部隊作戦準備連絡（田副中将ノ心境）
一、第五回決戦推進会議
地上弾薬ノ整備状況極メテ不良
52D分前半期予定ノ内⅓以下　特別ノ方法ヲ講スル要アリ

七月二十日　曇

一、　作戦連絡
（海）一、十八日横須賀来襲一八〇機
長門其他四　潜二沈
一、敵機動部隊編成　四群
敵機動部隊ニハ機宜奇襲攻撃ヲ令ス
一、沖縄周辺ノ艦船
B若干、C10～20、T100～150／16～17日　18日三百隻
二～三師団ノ次期作戦準備中
一、沖縄基地完整シツツアリ　航空指揮官進出ス　航空作戦強化スヘシ

七月二十一日　土　雨　暴風雨

一、総長
総理ヨリ　陸海軍ニ対スル邀撃ヲ実施セサルコトニ対スル非難強シ
（昨夜）海総長ノ言　海軍総隊ハ温存主義ナルモ此際積極的ニ邀撃実施ニ決定ス」ト
総長　対内的ノミナラス　対外的ニモ戦果ヲ収ムル要重大ナルモノアリ　留意ヲ望ムトノ意ナリ

七月二十二日　日　快晴

[（欄外）ソノ態度]
一、「ソ」ハ外蒙ヨリ北支沿岸ニ進出ヲ企図シ　対外蒙及対支交捗ヲ進メアリ　尚東ソハ対日防勢ヲ企図シアル公

算アリ　作戦上将又攻略上　大陸〈主トシテ支那〉ノ兵力ヲ満州、朝鮮ニ移スヲ要ス〈朱書〉

〔〈欄外〉総長・次長作戦準備視察〕

次長　上海周辺作戦準備視察終了帰還

総長　房総方面作戦準備視察　出発

一、最近　敵機動部隊ニ対スル日本飛行機ノ反撃ナキヲ詮索シ「石油ノ不足」ニ基クモノナリトノ観察表面化ス、ミッチャー〈海作戦部長〉、オードレイ〈海中将〉、レックス、ミラー」評論〈朱書〉

一、不動不変

雲ハ形色一刻モ同シカラス　人生亦一瞬モ不動ヲ得ス一家一宗亦然リ　国家ノ浮沈隆替常ニ同カラス　悠々タル天地、天地ノ間ニ存スル国家ノ姿之雲ノ形色ト同シ

一、戦斗、作戦ヲ学ヒ以テ戦争ヲ遂行スルノ危キコト　当然ナリトナス

七月二十三日　昨夜来雨　冷

一、宮中作戦連絡

一・(ママ)敵機動部隊ノ実情不明

次期作戦ノ機迫ル　各方面ニ牽制行動〈松輪島、摺鉢山、九州南西、済州島〉奄美大島ニ対スル小型魚雷艇没

南鮮ヨリ北九州間ニ亙ル船舶ヲ舞鶴以東ニ移転ヲ発令

沖縄周辺計三百余隻　之ニ対シ一部攻撃

陸海通信ノ速達ニ関スル協力ノ重要性

船腹可動率向上ノ為陸海協同ノ要アリ

海軍ハ奄美大島来攻ニハ約三百機、敵機動部隊用ニハ約六〇機充当

〈陸軍側発言〉誤報多シ　注意ヲ要ス

七月二十四日　火　曇　冷

一、航空総軍司令官報告

一、作戦兵力　人、三九三一〈甲一一七四、乙一四九七、丙一二六〇〉

飛、三二四二〈甲一七〇四、乙七〇四、丙八三四〉

特攻兵力　六月末迄　約二〇〇〇機

八月末迄ニ各種約一〇〇〇機

〔〈欄外〉現在一三六隊、七月末一三七隊、計三六三〕

一、希望事項

1．敵機動部隊ニ対スル邀撃ニ関スル事項
2．地上作戦ニ協力シ得ス
一、次長　支那（上海杭州）視察報告
作戦準備ハ大体内地並
一般ニ志気旺盛　政務関係調整
一、最近　決号情報会報
1．本朝午前中敵機動部隊　機数千
㊀十～十二隻、目標飛行場、船舶、交通
2．沖ノ艦船数約五百ヲ越ユ　目下準備セル兵力ハ大体
四～五師団
3．交通破壊作戦ノ開始時機ニ注視
[(欄外) 敵次期企図ノ判断]

七月二十五日　水　晴

一、陸軍省　参謀副長会同
[(欄外) 軍隊ノ実情寒心ニ堪エズ]
状況報告（軍紀風紀）
第一総軍　逐次弛緩　離隊逃亡違刑ノ六割ニ達ス　対
地方関係ハ当初ハ欠陥アリシモ逐次円滑トナル
第二総軍　離隊―食糧不足、原因、戦局ト必勝確信ノ
低下
航総　特攻隊要員ノ悪質犯罪、半島人ノ徒党離隊
陸軍省ノ軍紀風紀会同而モ之ニ関スル大臣ヘノ報告ノ
実施要領、報告者ノ態度等、既ニ根本ニ於テ軍紀風紀ニ
即応セサルモノナリ
憲兵、自隊ノ状況　相当注意ヲ要スル傾向アリ
物欲色欲ニ起因スル犯罪アリ
一般軍隊中散在スル小部隊ニハ軍紀ノ対外上不良ナル
モノ少カラス　其主要原因左ノ如シ
離隊　半島、本島出身者大部（約八割）
飲酒ニ因ル将校非行＝下級召集将校
軍民離間事象＝大部ハ軍側ニ非アリ
陸軍大臣訓示
[(欄外) 頼ムハ形而上ノミ」勅諭ノ引用]
一、指揮権ノ厳粛ナル承行、
皇軍ノ指揮権ノ世界無比、
皇軍ノ真ノ特色、真価ノ反省、厳乎所命断行ハ必勝ノ
基、軍紀風紀ノ根源ナリ
二、徳義ト情誼
勅諭ノ厳乎　慈味春日

頭首、一心、鞭ヲ以テスルモノニアラス
権利義務ニアラス　親味ヲ基本トナス
他軍ノ悲境ヲ援クルノ武士道　非違ヲ咎ムル涙
逃亡自殺ハ隊内ノ温情無キニ因ル　平素ノ温キ情温ナクシテハ救フ能ハス

三、訓練

必勝信念　戦争全般ニ対シテ必勝信念アリ　会戦作戦自?人ノ必勝信念如何ノ二ニ分ケテ考ヘ得

戦争必勝信念ノ根基ハ天壌無窮ノ神勅、炳乎タル帝国ノ歴史、神勅ヲ信スルニアリ、

松蔭ノ神勅ヲ信セサルノ罪軽カラス　群夷恐ルルニ足ラス

而テ之ヲ具現スルノ道ハ国力戦力ノ培養強化ニ夫々一意邁進スルコトニ依リ成立ス

戦斗必勝ノ根本ハ一切ヲ訓練トスルモ戦斗ヲ主トスル訓練ニ在リ

米兵ハ臆病ナリ戦車ト迫撃砲ヲ制スルコトサヘ成立セハ必勝ナリ

四、軍ノ反省

反省ハ勇ナリ意思ヲ要ス　正気ナリ誠心ナリ

反省ハ自ラ属スルモノニアラス「此勇ト此ノ意志トアリテ又此正義ト此誠アリテ国民ト一体トナリ邁進シ得ルモノナリ

一、南方状況報告　和知総参謀副長

一、レイテ方面ノ軍司令部（鈴木中将）ノ状況ノ悲惨

✓軍司令部ノ解消復帰ノ意見

二、37Dハ馬来頸部ノ強化ニ充当ス

三、パレンバンノ航空地上部隊二万アリ之ヲ地上師団ニ

✓全体的ニ各方面毎ニ独立作戦

昭南ハ歩二大ニ他ノ所在兵力ヲ戦力化シテ八大隊ノ師トス

✓年末迄ニ豪北ヨリ二万数千ヲ昭南ニ抽出　目下約五千ヲジャバニ到着セリ

✓チモールノ46Dハジャバニ移リツツアリ

✓アンダマン、ニコバルノ兵力ハ抽出ニ努メツツアリ

（目下四百名ハ到着）

✓印度支那半島

✓対戦車戦斗―先ツ土俵ヲ選フコト

✓航空ノ戦力化　実用一〇〇之ヲ一五〇トス、特攻四〇

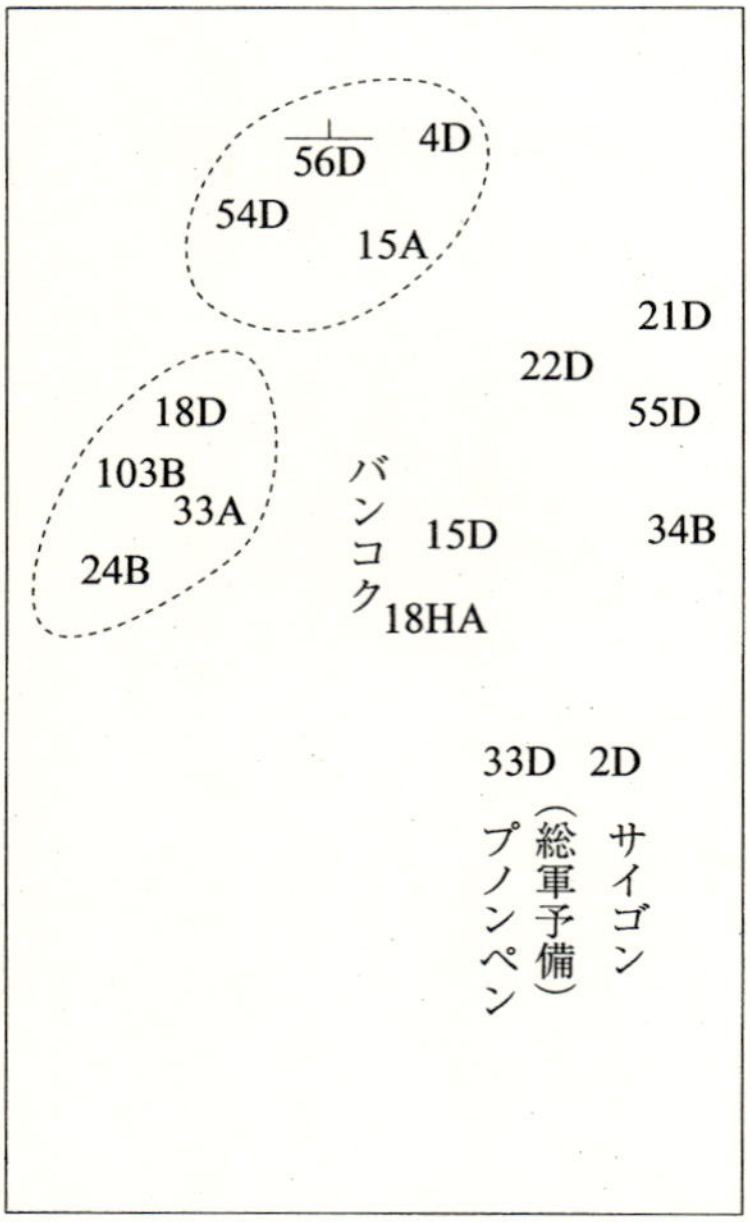

○ヲツクル　海軍　実用五〇　特攻一五〇

✓海軍トノ関係可（福留司令長官）

一、昨日、本日総軍及方面軍参謀副長陸軍省会同、本日作戦関係（本土決戦思想其他）ニ就テ連絡ス

一、在広島　小林中尉発明ノ澱粉（廃物利用）ノ加工代用食ノ価値莫大

七月二十七日　金　晴

[（欄外）対ソ判断]

一、第五課ノソ観察説明

1．八、九月対日開戦ノ公算大

2．兵力ハ九月頃ニ一応　狙五十師

3．米英ソ間ノ関係ハ米ノ解放終戦ト損害軽減ノ為「ソ」ノ対日参戦ヲ希望スルコトトナル（与論・外交）

4．「ソ」ノ対日論調ハ沖縄失陥後悪化シ日本ノ戦力低下ヲ認ムルニ至レル傾向アリ

5．全般的ニ対日参戦ノ傾向ハ遂次（ママ）濃化スルモ決定的ニハ尚余裕アリ

軍事状況

1．七月、兵力狙三〇師、戦車三〇旅、飛五二師　計人百三十万、飛五千六百、戦車三千

2．東送列車ノ急上昇　四月一〇、五月十五、六月十八、七月二五　内容ハ目下戦車、火砲ニ続キ特ニ自動車莫大

3．東境ノ兵力ハ観月台正面ニ戦斗展開中（七月上、中旬）我軍ノ配備トノ関係

4．アムール方面ノ防御及兵力ノ増強

5．西正面　三河及其西方地、チョイバルサン方向　兵力増加ノ状アリ

一、作戦連絡

西正面ニ諜者侵入ノ数遂次（ママ）大

(海)1．機動部隊ハ依然本土南方ニ在リ
　攻撃目標ハ飛行場及艦艇、
(呉)我艦艇被害相当大　機動部隊ノ規模　正特計約二〇、四群
　右ノ外英母五アリ
　29日頃九州来襲ノ算アリ
　沖縄（22日）集結　攻撃部隊ノ勢力大、AA4、B4、
　　C11、D27、T150内外
二三日樺太ニ艦砲射撃、謀略部隊上陸
七月十日敵機動部隊来襲ノ被害
　在地七八七機中　炎上大破三五　中破一一、小被弾九八
剣作戦（マリアナ基地攻撃）ハ盲爆ノ為、整備機損害シ来月ニ延期（陸攻六〇機ヲ以テ八月十八日以降）
沖縄ニ対スル義号作戦準備中、之ニ対スル陸軍ノ協同
一、第二総軍参謀副長連絡
1．決戦思想ニ関スル次長通牒ニ関スル質議
2．朝鮮海峡ノ根本的解決
3．兵力増強
4．〈記載なし〉
5．裏日本ノ機雷投下ハ大ナル心配ナシ
6．敵機ニ対スル防衛　□防ニ対スル軍隊ノ考方不適当
　（対空戦斗計画）
総長
一、海軍側ノ航空隊用法モ好機ニ投スル外邀撃ヲ実施セストノ主旨ヲ実際ニ具現スル為、作戦指導ヲ変更スル筈、大陸指ノ内容変更ノ要ナキヤ
　国民ノ軍ニ対スル信頼度低下シアリ
一、本日〇八〇〇桑港放送ニテ華府発表ノ対日　米英重ノ共同生命ヲ発表セリト報ス
　共同声明ノ内容ハ
1．日本国民ヲ戦争ニ導イタ人物ヲ総テ責任アル地位カラ除クコト
2．指定地区ニ対スル占領軍ノ駐屯
3．主権ハ本州ノ四ツノ島及限ラレタ小島嶼ノミニ限定ス
4．民主主義政府建設ニ対スル凡ユル障碍ヲ除去ス
5．陸海軍其他全武装ノ解除
愈々敵ノ謀略攻勢ノ触手動クニ至ル　死カ屈服カ　肚ダ日本魂ダ

［（欄外）本二十七日敵機ハ全力ヲ挙ケテ皇空本土各方面ニ来襲計三千機、開戦以来ノ記録ナリ、政略攻勢ト作戦攻勢ト相伴フ］

七月二十八日　土　晴半曇

一、昨夕　大西海次長来訪、敵側ノ対日共同声明ニ対スル政府及軍部ノ処置

右ニ関連シ和平思想抬頭ノ折カラ対ソ工作ニ関スル憂慮スヘキ噂等ニ就テ連絡アリ　吉積局長ニ伝ヘ対策ヲ研究セシムルコトトス　右結果ヲ大西次長、海次官、軍務局長ニ伝フ　更ニ夜遅ク軍務局長ニ連絡ス

一、本朝ノ新聞ニ敵側謀略攻勢発表アリ　軍官民ニ対スル帝国ノ堅確ナル決意ニ関シテハ更ニ処置ヲ要スルモノト認ム　本件ハ　対外、対内両方面ノ考慮ヲ要ス　対内的ニハ　元ノ使者ヲ切リタル時宗ノ肚ヲ天下ニ明示スルコト緊要ナリ

疑心暗鬼　疑惑不鮮明ハ特ニ禁物ナリ

七月二十九日　晴

竹田宮殿下関東軍作戦計画報告

一、前計画ト本計画ノ関係

二、対ソ主作戦、対米撃破ナルモ　両者ノ時機的ニ相関的事情上　今後尚検討ノ余地アリ

三、任務達成ノ主要項目（部下ニ明示）

1．自己ノ□ヲ活用スルヲ第一義トス

2．撃破威力ヲ国境付近　但シ北鮮ニ於テハ咸南平地トス

3．兵力、戦力、資材ノ縦深配置ヲ主トシ　機動及兵力ニ重使用ヲ期待セス

4．内線機動ヲ期待セスト雖モ　積極自主ヲ旨トス

5．戦闘様相ハ作戦混戦遊撃挺身

6．航空作戦ハゲリラ、地上直協、敵艦艇、地上作戦ハ航空ヲ期待セス

四、所感

一、大陸特ニ満鮮一体ノ根本理念ニ基ク作戦計画、関東軍司令官以下ノ心境、本土決戦ノ為満州ノ□興ノ目標

二、統帥機構、関東軍ノ威望、若年化

○当面ノ急務　内閣ノ更迭、気慨ト斗志　軍上層部ノ若年化ト之ニ伴フ人事

七月三十日　月　曇

◎最近ニ於ケル所感一括（私ノ補佐道ニ於ケル反省）

一、最近ノ事態ハ戦争終末ニ際スル最モ重大ナル危局ナリ　尽スヘキ万策ハ一日一刻ノ躊躇ナク断乎徹底的ニ実行スヘキ秋ナリ

戦争指導上ニモ作戦指導上ニモ達成スヘキ目標ヲ明確ナラシメ　之ヲ方針トシテ大号令ノ下ニ活躍セシメハ状況如何ニ困難ナリト雖モ志気昂揚ス、疑惑ト沈滞ハ自ラ己ヲ殺スモノナリ

統帥部内ノ一致団結ト士気旺盛ハ最大重要事ナリ

一、先見洞察ト受動作戦指導上ノ緊要事項

先見洞察ハ何人モ然リト為ス時機、何人モ事態ヲ自ラ感スル時機ハ既ニ業ニ遅シ　百人中九十九人然ラスト為スト雖モ自ラ信スル所ヲ行フニ於テ始メテ偉ナリト為ス　気ノ付ク程度ナレハ百中八、九十ハ之ヲ能クス　之ヲ決心シ之ヲ断行スルハ百、千中之ヲ能クスルモノ一ノミ

受動作戦ニ於ケル先見洞察ハ難中ノ難事ナリ　之過去三年間ノ作戦経過ノ示スカ如シ　即チ　既往ノ考方、此考方ニ基ク　統帥ノ心的物的方向ヲ未タ事ノ到ラサルニ変更セントスルモノナレハナリ

先年秋以来ノ大陸作戦モ之ヲ反省セハ統帥部ハ先見ノ明ニ欠クルコト明ナリ

一、地位職分ニ応スル特攻精神ノ発揮

夫々ノ地位ト職分ノ自覚ト反省

今日ノ事態ハ軍隊ノ局部的戦果ノ累積ヲ以テシテハ勝利ヲ獲得シ得ス

松根油ヤ酒精ノ増産ノミヲ以テシテハ、戦争終末ニ所望ノ決定ヲ与ヘス

一、最近部内少壮連ノ戦局前途ニ対スル不安焦燥並ニ上級者ノ優柔不断ニ対スル不信任等ノ模様アリ

昨夜天野少将ヨリ之ニ関スル説明アリ　此大要及今後ノ補佐道ニ関シ　次長ニ対シ報告ス

七月三十一日　火　曇

一、兵站会報

1．自活兵器弾薬ノ補助指導ヲ行フコト

2．交通防護用20㎜機関砲

交通防衛研究会本日実行予定

地上部隊ノ防空射撃ノ実施

一、第二総軍作戦準備報告

✓1．築城　軍隊ノ配置ナキ地域ノ実施要領
✓2．教育訓練ハ今後重点指向
✓3．兵要地誌ノ判決ハ戦術及敵側ニ関スル識量豊富ナル参謀ノ実施ヲ要ス
✓4．情報及通信状況ハ共ニ研究ヲ要ス
✓5．交通確保ノ要大ナリ
✓兵站諸部隊編成ノ要望強シ
✓対戦車資材整備ノ促進

八月一日　晴

幕僚会報〈朱書始まり〉

一、最近ノ敵ノ空襲及機動艦艇積極行動ノ目的ハ過日ノ三国声明ト関連シ政略攻勢ヲ覘フモノト判断ス　此際
1．戦争指導　戦争貫徹ノ挙国一体「忠」ナル所以ト上下信頼ト憂ヲ共ニス
2．軍ノ精神的中核タルノ実、其根本ハ大本営（省部一体ノ陸軍）ニ存ス　此点相互ニ自重ト反省
3．B29及機動部隊ノ横行ト軍官民ノ離間、此温床実在ノ状ニ鑑ミ、好機ニ乗スル
4．地位職分ニ応スル特攻精神ノ発揮ヲ要ス

［（欄外）先制主動　敵ニ対シテト同様、部下軍隊、国民ニ対シテモ］
［世界ニ日本ヲ示ス永遠ニ日本ヲ生カス］
一、中将ニ上級中将（上将）設置ノ件ハ主旨トシテ同意
此際全般ニ亙リ若年化ト適者適任ヲ断行
1．国家ノ危急ヲ救ヘルハ青年ナリ
2．師団長、地区司令官其他ノ感覚ニ於テ今日ノ事態ト□離スルモノナキニアラサルヤ　此点考慮ヲ望ム〈朱書終わり〉

一、人事局長意見
敵ノ上陸判断ハ南鮮ニ次テ関東平野へ　南鮮兵備ヲ至急強化　西日本重点ヨリ　東日本重視へ
兵務局長意見
東京防衛ノ具体化、関東一千万人口ノ処置
第二部長意見
情報勤務ノ改善ト情報速達ノ具体化処置
一、戦場態勢　大本営、第一総軍、航空総軍ノ作戦室（情報室）　戦場勤務ノ確立
陸海軍ノ一体
一、南大将ノ観察　総理大臣ヘノ意見

1．軍ノ大動員ハ国民ニ不安ト疎隔ヲ招キアリ
2．陸海軍ノ一体化ヲ単純トスル要アリ
　飛行機種ノ如キ然リ
3．隠退蔵物資ノ急速疎開ヲ要ス　京都ニ十三億円
4．国務ト統帥ノ一元化ノ為総理ハ現役ニ還レ

一、総長意見
国民戦意昂揚、外交折衝ノ成果ヲ挙クル為ニハ　刻下ニ於テ戦果ヲ挙クルコトニ存ス　国民ノ軍ニ対スル信頼ヲ繋持スル為緊要ナリ
特攻ノ訓練、特攻ニ大ナル期待ヲ持ツハ危険ナル感アリ
燃料不足ニ対スル
好機ハ捕捉セントセサレハ好機ナシ
✓七月十日以降ノ飛行機ト高射砲トノ戦果ヲ調査スルコト

一、次長
特攻教育ニ対スル総長ト次長、兵務局長
陸大参謀旅行視察ノ所見
　航空ノ地上協力ニ関スル考方
　陸大卒業生ヲ直ニ参謀ニ任命セル理由ト之カ用法

一、次官
兵站総監トシテ七月末ヨリ鉄道決戦輸送
✓西日本瀬戸内海ノ石炭輸送作戦
✓交通　防空委員会ノ研究
七月十日〜三十一日迄
一七、九八五　内　B29三、一五〇

撃墜	⋈	B29二	ソノ他四七
	AA	〃一	三五八
撃破	⋈	〃一	三〇
	AA	〃一	四三七
		⋈ 八〇	AA 七九八

八月三日

一、作戦連絡
✓呉ニ於ケル艦艇被害ノ細部ノ艦名等正確ナル実情ハ防諜上特ニ厳戒ヲ要ス
✓今次ノ敵機動部隊ハ　正12、巡改7、計19
七月中船舶被害　一六二隻、四五万屯（沈損計）
六日夜、七日夜ニテ練習実施
✓特攻ノ進入撃突角度30°ハ不可
　右ハ今後確定　指導ヲ要ス
✓次期作戦ハ近ク発動ノ模様ナシ（海）

中旬頃、規模ハ左程大ナラス（陸）
○空襲激化ノ程度　最近頓ニ上昇ス
一、大西中将ヨリ発言アリ　海軍航空ノ敢斗精神発揮ノ要
海軍航空総隊　制空邀撃ノ陸海一体化

八月六日　月　晴

一、陸海連絡
(海)1．敵KDB〈機動部隊〉三~四日消息不明、一部ノ兆アルモ確認セス
2．五日済州島南方海面ニ[記号]3ヲ含ム敵KDBヲ認ム
3．四日ルソン東北海面T60ノ一船団北上
4．南方海面ニ我潜水艦四、更ニ二増加、イ53号ハ四日正午回天二回発射命中ノ状アリ
5．対機雷戦ノ状況
機雷被害漸増ノ状アリ
機雷ニ依ル航路閉塞期間相当大
6．海軍邀撃
一、二〇〇機ニ対シ攻撃セントセルモノ四〇〇機、遭遇二六〇機、撃墜四二　損害三五
(陸)1．昨夜B29 415ニ対シ45邀撃　撃墜二
2．沖縄基地攻撃成果
一、関東軍ヨリ鳥江屯〈于匣屯〉事件第一報ヲ受ク
（八、六、一一五五発、一四三七受）〈朱書〉
一、八時三十分広島ニ特殊爆撃アリ
いわゆる原子爆弾ならんも発表には考慮を要す

八月七日

一、兵站会報
1．兵備用兵器弾薬ハ予定ノ五割（状況ニヨリ三割）以内然モ之カ生産ハ来年以降ニ遅延スル見込
2．七月飛行機生産
第一線機四五一、其他一〇三　計五五四（77%）
海四八二
3．陸大第六〇期　昨六日卒一二〇名　次期ハ五〇予定
4．中小都市工場周辺疎開ハ補償金莫大ナル為実行困難
5．八丈島ノ電探用発電用燃料ヲ速ニ輸送スルコト（後一月分ノミ）

八月八日

一、六日広島ニ於ケル原子爆弾ノ被害ハ意外ニ大ナル模様

ナリ　技術的ニモ約半世紀ノ間隔ヲ生セル感アリ
一、午後　松戸付近ノ藤ヶ谷飛行場ニ到リ、夜戦ニ任スヘキ戦隊ノ実情ヲ視察ス
　適々(?)Ｂ29有力機数ノ帝都来襲アリ　白昼編隊ノ攻撃ハ初メテナリ　我航空威力ノ低下ヲ察知セル為ナリ　夕刻福島県海岸ノ原ノ町飛行場ニ到リ　教育隊特攻隊ノ状況聴取　航空関係間口広ク内容整ハス　二千人ヲ以テ実ハ特攻三機ノミ（藤ヶ谷ハ二千人ニテ三十機ノ夜戦）ト云フ実情ナリ

八月九日

[（欄外）大凶日　屈辱へ]
一、原ノ町ニ於テ朝来敵艦載〈機〉ノ執拗ナル攻撃ヲ受ケ出発ヲ拘束セラル　正午頃天野ヨリ至急帰京ノ電ヲ受ク即チ蘇軍ノ作戦発起ナリ
　夕出発薄暮所沢着　二十二時参謀本部帰着
[（欄外）和平御前会議]
一、御前会議ト　和平　聖断
九日夜十一時ヨリ十日午前二時三十分
戦争指導会議
総理　陸、海大臣　参、軍令部総長　外務大臣　平沼
　枢密院議長
発言要旨
一、外務大臣
左ノ議案ヲ付議ス
客月二十六日付三国共同宣言ニ挙ケラレタル条件中ニ天皇ノ国法上ノ地位ヲ変更スル要求ヲ包含シ居ラサルコトノ了解ノ下ニ　日本政府ハ之ヲ受諾ス
之ニ先ツ閣議ニ於テ
　右案ニ同意ナルモノ六名
　陸軍大臣案ニ同意三（陸大臣・参謀総長・軍令部総長）
　陸軍大臣案　三条件考慮スルヲ可トスルモノ五名
多数同意ノ案アリ　議案トシテ提出セルモノナリト
一、右ニ対シ陸軍大臣ハ戦争指導会議及閣議ニ於テ明確ニ強調セル左記事項ヲ再度主張ス
　1．国体護持　絶対
　2．右ノ外　武装解除ヲ除去
　3．戦争責任者ハ自ラノ問題ニシテ之カ引渡ハ拒絶
　4．帝国本土ノ占領軍ノ拒絶
一、総理ヨリ　枢府議長平沼ニ所見ヲ求ム

右ニ対シ平沼ハ
従来此問題ニ関シ承知シアラス　突然此重大議ニ与ルモ十分ノ考慮ヲ尽ス余裕ナク　用語等モ検討ノ余地アリト思フ　先ツ質問セサルヘカラス
1．外務大臣ニ対シ　対ソ外交ノ経緯如何
之ニ対シ七月十三日（ト記憶ス）
外交ノ手、具体的ナリヤ、拒絶セラレタルヤ、責任者、武装解除、民意、空襲、食料、原子爆弾、敵機動〈部〉隊（海大?）、
（軍令部総長ノ答弁）
治安、将来ノ悪化、戦ヲ遂行スル為　戦ヲ止ムル為
意見要目
国体護持ハ絶対
「国法上ノ天皇ノ地位」ハ「天皇国家統治ノ大権」条件ハ交渉ノ余地アルヘシ
将来見透ニ確信アラハ遂行　然ラサレハヨク考ヘヨ
総理　諸官意見開陳、意見対立、乞聖断
聖断　外務大臣ノ案ニ同意
陸海軍ノ作戦ハ計画ノ如クユカヌ（九十九里、築城　第三次兵備）見透ハ戦利ノ見込ナシ
忠勇ナル軍ノ武装解除ハ忍ヒ難キモ　戦争遂行ノ為此上国民ヲ苦メ世界文化ヲ破壊シ世界平和ニ寄与スル所以ニアラス
明治天皇ノ三国干渉ノ例ニ倣ヒ苦シキヲ忍フ

八月十二日

降伏条件ノ通告来ル
［（欄外）三時頃華府放送傍受、スイスヲ経ル正式回答ハ夜ニ入リ到着セリト］
一、米国務長官「バーンズ」通告ノ覚書
1　日本ハ降伏ノ瞬間カラ日本政府及日本天皇ハ降伏条件ヲ実行ニ移ス為ニ必要ト認メラルヘキ措置ヲトルテアラウ所ノ連合国最高指揮官ニ従属サルヘキモノトス
2　天皇ハ降伏条件ニ対シ日本政府並大本営ノ承諾及署名ヲ得ルヲ必要トス
天皇ハ全日本陸海空ノ全最高指揮官並其指揮下ノ全指揮官ニ対シ何処ニ在リト雖モ戦斗ヲ停止シ　其有スル武器ヲ提出シ　尚連合国最高指揮官カ指示スル如何ナル条件ニモ従フ様命令スルモノトス
3．降伏条件カ有効トナリ次第日本政府ハ全捕虜並収容

サレテ居ル一般人（抑留者）ヲ連合国最高指揮官ノ指示スル安全地帯ニ連合国輸送船ニ速ニ乗船シ得ル様ニ用意スルモノトス

4．日本国民ハ「ポツダム」宣言ニ依テ示サレタル如ク国民ノ自由意志ニ従フ政体ヲ樹立スルコトヲ許サル

5．連合国軍ハ「ポツダム」宣言ニ示サレタル如ク降伏条件カ完遂サルル迄日本国内ニ駐屯スルモノトス

（連合国最高指揮官（複数）ハ天皇ノ権限ヲ通シテ日本ヲ統治シ得ルナラハ日本ノ降伏条件ヲ許諾ス　天皇カ連合国最高指揮官ノ配下ニ置カレレバ四国ハ日本ノ提案ヲ受諾スルテアロウ）

一、北方ソ軍ハ各方面ヨリ急速突進　其先頭ハ十一日正午頃以後前進低調ト認メラル

「ソ」ノ意図、真意奈辺ニアリヤ疑惑アリ

之ニ関シテモ九日早朝対四国和平申込ヲ行ヒタルハ過早ノ憾アリ

一、敵国回答ヲ廻ル悲憤激昂ノ気台上ニ起リ各種不穏風評亦流布セラル　外地各軍ニ於テハ和平ヲ廻ル我国、敵国側ノ放送区々相次ク、ビルマ方面軍、昭南、西貢、南京ヨリ国家滅亡ノ危機ニ方リ一億玉砕ノ覚悟ヲ以テ邁進スヘキ悲創（ママ）ナル意見具申相次テ来ル

一、午後ヨリ深夜ニ亙リ四国回答ヲ廻リ閣議アリ　一般ノ空気ハ回答ノ受諾ノ容易ナラサルヲ自覚セルノ傾向アリ

夜海軍ノ大西中将次長室ニ来訪　海軍関係ノ戦意ハ低調特ニ軍務局側ハ全然意気ナシ

一、支派遣軍西浦大佐連絡ノ為ニ到着、事態ノ急変ニ悲泣ス

（第一部長）

写　軍事機密　用済後焼却

上奏　（課長以上取扱）

「桑港」放送ニ依リ米、英、蘇、支四箇国ヲ代表セル米国国務長官ヨリ「スイス」政府ヲ通シ　帝国政府ニ通告シ来レル覚書ノ内容ヲ承知致シマシタノテ茲ニ右覚書ニ対スル統帥部ノ所信ヲ申上ケ度ト存シマス

統帥部ト致シマシテハ本覚書ノ如キ和平条件ハ断乎トシ

テ峻拒スヘキモノト存シマス
即チ覚書第一項ニ依レハ「日本ハ降伏ノ瞬間ヨリ日本政府及日本　天皇ハ降伏条件ヲ実行ニ移ス為ニ必要ト認メラレヘキ措置ヲ採ルテアラウ所ノ連合国最高指揮官ニ従属サルヘキモノトス」トアリマスルカ斯ノ如キハ申スモ畏レ多キコトナカラ帝国ヲ属国化スルコトニ外ナラナイノテ御座イマシテ断シテ受諾致シ難キコト勿論テアリマス
尚覚書第二項ノ全陸海軍ノ武装解除及第四項ノ国民ノ自由意志ニ従フ政体ノ樹立、第五項ノ日本国内ニ於ケル連合国軍ノ駐屯等何レモ絶対ニ受諾致シ難キコトト存シマス
右覚書ヲ通覧致シマスルニ敵国ノ意図カ名実共ニ無条件降伏ヲ要求シ特ニ国体ノ根基タル　天皇ノ尊厳ヲ冒瀆シアルハ明ナル所テ御座イマシテ過般　御聖断ヲ賜リマシタ御前会議ノ趣旨ニ反スルモノト考ヘラレマス
斯ノ如キ条件ノモトニ和平ヲ行ハントセハ内ニ在リテハ忠誠ナル国民臣子ノ分トシテ寔ニ忍ヒ難ク遂ニハ発スルトコロ収拾スヘカラサル事態ヲ惹起シ外ニ在リテハ決死敢闘以テ悠久ノ大義ニ殉スルヲ無上ノ喜ヒトシアル外征数百万将兵ノ進ムヘキ方途ヲ失ヒ啻ニ外敵ノ攻撃ニヨルノミナラス国家ノ内部的崩壊ヲ来シ遂ニ我国体ノ破滅、皇国ノ滅亡ヲ招来スルト申スモ過言ナラスト確信スル次第テアリマス
以上申上ケマシタル所ハ政府モ亦同一意見ト存シマスルカ尚政府トノ間ニ完全ナル意見ノ一致ヲ求メマシテ御聖断ヲ仰キ度ト存シマス

昭和二十年八月十二日

参謀総長　梅津美治郎
軍令部総長　豊田　副武

八月十三日

皇族会議アリ　大体　陛下ノ御意ニ従ヒ特別ノ事情無キモノノ如ク　竹田宮当初意気アリシモ問題トナラサルモノノ如シ

此夜、参謀総長、軍令部総長、外務大臣会合ス　問題ハ戦勝ノ確信無キ限リ　降伏条件ニ四ヶ条ノ緩和条件ヲ付スルハ却テ　和平ヲ齎ラス所以ニアラストノ外務大臣ノ主張ヲ中心トスル論議ナリシカ如シ

席上ニ大西海軍中将カ臨ミ　高松宮殿下ノ意向ヲ述ヘ必勝ノ作戦計画ヲ策定スヘシト述ブト

尚　高松宮殿下ノ所見ニ依レハ

陛下ハ陸海軍特ニ陸軍ニ対スル御信頼ヲ喪ハレアリ　作戦成果ノ見透ニ関シ　確算アルコトニ関シ　陛下ノ御心境ノ御変化ナキ限リ—而テ此変化ハ今ヤ望ミナシ—不可能ナリト

又、有末中将カ本日　三笠宮殿下ト懇談ノ際　従来ノ陸軍ノヤリ方ニ就テ　陛下ハ久シキ間御不満不同意ナリシモ満州事変以来遂ニ之ヲ抑ユルコト能ハス今日ニ及ヘリ　明治天皇様ナレハ必ス之ヲ抑ヘラレタルヘシ　今度ハ阿南カ猛烈ニ意見ヲ述ヘタカ之ヲ抑ヘタノテアル」ト

又、大西中将ノ　高松宮殿下ニ縷々直言セル際　殿下ハ「要スルニ事ハ陛下ノ信頼ヲ失ヒアリ　戦勝ノ確算ナキ限リ　陛下ノ御決意ヲ翻ス能ハス」ト　之ヲ要スルニ軍部ナルモノノ信任全然無キ事カ根本ナリ

八月十四日

午前十時三十分　陛下ノ御召ニ依リ戦争指導会議員及閣僚全員参内

陛下親臨ノ下　総理ヨリ「和平反対ノ三人（陸軍大臣、総長、軍令部総長）ノ意見ヲ開陳」セシメラレ度御願ノ後　夫々三人ヨリ　国体護持ノ頗ル困難ナル事由、軍隊武装解除ノ実行困難ナル事情、軍内統制ヲ紊ル虞大ナル所以ヲ強調進言セリ

然ルニ　陛下ヨリ最後的ニ左ノ要旨ノ聖断ヲ下シ賜ヘリ

此度ノ非常ノ決意ハ変化ナシ　軽々ニ決心セルモノニアラス　内外ノ情勢、国民ノ状況、彼我戦力ヲ比較シテ考慮セル結果ニシテ此上戦争ヲ継続セハ遂ニ玉砕ニ終ルノミ多少ナリトモ国力ヲ残セハ発展ノ種トナル

国体ノ護持ヲ心配セル心持ハヨクワカルカ此点毛頭ノ不安ヲ考ヘナイ

軍隊ノ武装ヲ解除スルコトハ堪ヘ得ナイトコロテアル（此際龍顔ニ御落涙ヲ拝ス）忍ハネハナラナイ
ドウカ朕ノ考ニ賛成シテ貰イ度イ　朕ノ心ヲ克ク国民ニ伝ヘヨ　早ク詔書ヲ出ス様ニ　尚之ヲ朕自ララジオ放送シテモヨロシイ
右ニ依リ　陛下ノ真ノ自発的ノ大御心ノ程拝察ス　恐懼ニ堪エス
茲三、四日来各方面（ビルマ方面軍、南方総軍、昭南方面軍、支那派遣軍、第二総軍、第五方面軍）ヨリ敵ノ和平攻勢ニ対シ　中央ハ飽迄敢斗ノ決意ヲ堅持スヘキナリ　国体ヲ破壊スルニ至ルコト必然タリトノ激励ノ辞及意見具申来ル
第一線ノ服従ハ事実真ニ困難ナルヲ思ハシム

八月十五日

正午　玉声ヲ以テ終戦ノ詔書ヲ拝ス　一億万民悲憤消沈ノ心喩フヘキ辞ナシ　陸軍大臣阿南大将本暁自刃シテ罪ヲ謝セラル　辞世アリ
敵国側ヨリ正式ニ或ハ単ナル放送ニ依リ停戦ニ関スル幾多ノ情報アリ
国内ノ治安ハ大ナル異変ナキモ問題ハ軍内ノ統制ナリ　航空関係ニ此点アリ
台上ハ日夜書類焼却ノ為炎ノ揚ルヲ見ル　敗戦ノ憂状明ナリ　衛生其他ノ勤務兵最近召集未訓練ノ将兵ノ事ナレハ逃亡頻出ス　軍紀ヲ奈何セン

八月十六日　木

一、停戦命令発令セラル　此種ノ事務　政務命令ノ際ハ一瞬ニ片付ク問題モ　此度ハ二日モ要ス　御心ヲ諒承セヨ
一、軍内ノ秩序保持ノ困難ナル実情ヲ伝フルモノアリ　高嶋少将、青木少将等ナリ　親泊大佐激昂シ　今ヤ陛下ハ日本天皇ニ御在サス　軍ハ直ニ挙ケテ玉砕　護国ノ道ニ邁進スヘシト絶叫ス
夜　朝枝中佐関東軍ヨリ急遽状況報告ノ為帰還ス　新京奉天ノ悲惨ト混乱　満州国皇帝及側近ノ状ヲ述フ　処置トシテハ局地停戦、無抵抗主義ニ帰着スルカ如シ
閑院春仁親王〈閑院宮春仁王〉（南方）　朝香稔彦王殿下〈朝香宮鳩彦王〉（支那）　竹田〈宮〉恒徳王殿下（満州）夫々御大心（ママ）ノ程ヲ総司令官ニ伝達ノ為　明朝御出発　其準備的ノ御説明ヲ申上ク

八月十七日　金　晴

一、軍令部次長大西中将、第二課晴気中佐本未明迄ニ自決ス　森近衛師団長葬儀アリ　当然ノ犠牲ナリ

一、陸海軍人ニ賜ハル勅諭発布セラル　之ニ基ク陸軍大臣ノ訓示アリ

右ノ事務遅々トシテ進マス本日夫々発セラル

一、左記事項意見具申シ速カナル事務ノ進捗ヲ要スト認ム

1．陸海統一シ和平ニ関スル業務ヲ処理スル中央機構ノ研究委員

2．復員準備示達並早期実行ノ為ノ決定　戦争指導会議ニ於テ決定ノ事

一、皇太后陛下　宮城ヘ行啓　陛下ヘ御慰問述ヘラレタルナルヘシ

一、東久邇宮殿下ニ対シ昨日組閣大命降下　本日親任式アリ　殿下陸軍大臣兼摂　陸軍大臣トシテ陸軍省ニ於テ大臣訓示ヲ伝達セラル

一、満州、支那、南方共々大命拝受之ヲ遵奉スル主旨ノ電来ル　諸将ノ胸中断腸ナルヲ案ス

国内ノ軍隊ノ実情ハ不穏ナキモ各軍、師団等、事ノ真相ト大命ノ本旨透徹セス　迷ヒアルヲ真ナリトス

一、「マッカーサー」トノ応答、米ノ論調等ニ依リ大体ニ於テポツダム宣言ノ文辞其モノヲ信用シテ可ナリトノ印象アリ

「マニラ」行ノ軍事使節ノ一行モ本夜ノ最高戦争指導会議ニ於テ決定ヲ見ル筈

正ニ堂々ト主張スヘキハ主張スヘキモ余リ女々シキ条件ヲ付セサル事

八月十八日　土　快晴

一、和平ノ為ノ軍事使節一行決定シ連絡　研究アリ　匆卒ノ間準備資料整ハス　而モ徹頭徹尾受動ノ立場ニ在リ当方ノ希望、要望等議論百出ス

陸軍側　河辺次長、天野少将、南中佐、松田中佐、完倉少佐外二名

一、右席上本土軍隊ノ実情、就中厚木海軍航空隊、陸軍航空士官学校其他一部ノ不穏ノ状況、第二総軍司令官ノ名ヲ以テスル海外各総軍ニ対スル通電等　今尚透徹ヲ欠クモノアリ

一旦此大根本ニ関シ　聖断下リシ以上私情私見ハ一切挟ム余地ナキナリ　唯　聖断茲ニ至レル裏面的事情ヲ憶測

妄断シテ独自的見解ト之ニ基ク行動ニ出テントスルハ困リモノナリ　然レトモ右ノ如キ実ハ予モ亦十日乃至十四日ニ亙ル間ノ心境ナリ　事情ニ疎ク誤伝風評ヲ伝聞シテ迷フモノアルハ亦已ムヲ得サル処ナリ　此際手段ヲ尽シテ之カ徹底ヲ期スヘク　各級指揮官ハ身命ヲ賭シ死ヲ覚悟シテ明確透徹セル態度ニ出ツヘキナリ

一、京城ニ独立運動ニ関スル示威行動アリ　平壌ニ波及シ鉄道ノ運行停止ノ状況ニ在リト

一、細田大佐ヲ別紙申渡ヲ以テ謹慎ニ処ス　涙ヲ振テ馬稷ヲ切ルノ情切ナリ

一、使節一行本早朝出発、羽田ニ見送ル

一部庶号外

処罰ノ件報告

昭和二十年八月十九日　参謀本部第一部長　宮崎周一

左記者ニ係ル首題ノ件別紙ノ通処断シタルニ付報告ス

左　　記

陸軍大佐　細田　熙

処罰申渡

陸軍大佐　細田　熙

聖断ノ下大東亜戦争ハ茲ニ終結セラレントス

吾等職ヲ大本営ニ奉スルモノ罪万死ヲ以テスルモ免レス而シテ停戦ノ大命既ニ発セラルト雖幾百万将兵尚南海大陸ノ戦場ニ在リ

此等諸隊ノ戈ヲ収メ備ヲ撤スル迄ノ形而上下ニ亙ル苦痛困難タルヤ寔ニ空前絶後タルモノアルヘク此ノ間ニ於ケル大本営業務複雑機微ニシテ而モ陰惨ナル且ハ終始念頭ヲ去ラサル幾万戦友ノ遺烈等彼比（ママ）混然トシテ心中感慨無量去就一決シ難キモノアルハ諒トスヘキモノアリ然リト雖トモ自ラノ苦衷ニ迷ヒ難ヲ避ケ責ヲ免レントスルハ断シテ採ラサル処ナリ　今ヤ皇国史上未曽有ノ事態ニ直面ス非常ニ方リテハ非常ノ覚悟ヲ要シ常規ヲ以テ律シ得ス翻テ思フニ当面ノ責務タル各戦線諸隊武装解除国内治安維持若クハ平和克復シ国体護持ヲ見ル迄ノ推移等ニ思ヒヲ致ス時軍中央部今日ノ責任ノ至重至難ナル自ラ慄然タルモノアリ

然リト雖トモ之ヲ了察シテ而モ敢然挺身スルコトコソ即チ真ニ永遠ノ皇国ノ前途ヲ思フ至誠ナリト信ス即チ此時ニ及

ンテ自己ノ感情ヲ交ヘテ職務ノ遂行並選択ヲ云為シ特ニ軍紀ヲ紊リ任務ヲ拒否スルカ如キハ進テ難キニ赴クヘキ中央部上級将校ノ挙止トシテ深ク反省ヲ要スル処ニシテ大佐ノ為国軍ノ為最モ遺憾トスル処ナリ

依テ茲ニ重謹慎三十日ニ処スルモノナリ

但シ此重大危局下戴罰ノ儘服務スヘキハモトヨリ速ニ心頭ノ転換冷静ヲ図リ苟且ニモ軽断スルコトナク常ニ思ヲ部隊将兵ニ致シ　聖旨ノ奉戴具現ニ努メ　皇軍将兵トシテ最後ノ御奉公ヲ完フスヘキナリ　死ハ安シ死ノ時ト処ヲ得ルハ難シ　之ヲ為スハ理ニアラス一切ノ執着ヨリ解脱スル悟道ニ存ス　今刻以後相携ヘテ帝国ノ建設ニ一路邁進センコトヲ切望ス

昭和二十年八月十九日

参謀本部第一部長　　宮崎周一

八月二十日

一、井本参謀（第二総軍）連絡ノ為ニ来ル

本回ノ事情及予ノ心境ニ就テ語リ　一本一体トナリ今後ノ努力ヲ要望ス　井本亦之ヲ諒シ誓テ努力スヘキヲ約ス

一、朝香宮殿下、岡村大将ニ聖旨伝達　武装解除、撤収ノ実行困難性、治安ノ悪化ニ対スル処置、重慶内部ノ真意ト此間ノ暗躍ニハ頗ル機微ナルモノアリ、蔣介石、何応欽、陳誠等ノ使者ノ岡村大将ノ許ニ齎スモノニハ彼等ノ心中ノ苦悩ヲ物語ル点少カラス

八月二十一日　火　晴　暑気続ク

一、停戦協定ノ使節一行本朝帰着　直ニ総理官邸ニ於テ報告アリ　午後之カ実行ニ関シ部内及第一部内ノ連絡ヲ打合セリ

一、大東亜戦争ノ重大責務　日本ハ大東亜戦争ニ於テ東亜諸民族ノ開放ヲ旌標トシテ世界ニ宣言シ　之ニ向ヒ努力セルカ如シト雖モ其結末ハ日本自体　米英蘇ノ為ニ浄土ヲ汚サレ主権ノ制約ヲ蒙リ屈辱ノ憂目ヲ見タルノミナラス　東亜全域、就中戦勝ト見做ス支那ヲ白人ノ為ニ分轄セシムルノ大失態ヲ招来セリ

右ハ満州事変以来ノ軍部ノ抱懐セル武力的侵略ノ謀略的観念ノ禍セル処ナリ
戦争指導ナク　作戦ノ独自的放漫不羈ナル思想カ国家ヲ支配セル結果ナリ　反省スヘキハ此大過失ト其思想ノ根源ナリ

一、外地各方面ノ停戦ハ概ネ順調ニ実施ヲ見ツツアルモ、千島、張（ママ）河口方面ニ於テハ「ソ」軍ノ行動（恐ラク彼ノ企図スル既成事実作為ノ為ノ目標線進出）ハ停戦ノ主旨ヲ具現スルニ不適当ナル行動（我軍使ノ射殺、不法攻撃等）アリテ、現地軍隊ハ上司ノ命令ノ実行ニ多大ノ窮境ニ在ル如シ
右ニ関シテハ連合国側ヘ抗議ヲ申込ムコトヲ要望セリ

八月二十二日　此夜烈風雨

一、支那派遣軍司令官ヨリ再度現地ノ実情ヲ述べ　重慶軍延安軍ノ実情　我軍及在留邦人ノ状況ヲ述ヘ全面停戦ノ困難性ヲ強調シ来ル　断腸ノ思アリ　予自ラ無為ニ此処ニ在ルヲ苦シム次第ナリ

一、現地各軍ニ対シ彼ノ所謂作命第一号中ノ要項ヲ伝ヘ八月三十一日調印以後ノ実相ニ対スル覚悟ヲ為サシムル事トス　衝動ノ大ナルヲ想察シ　涙ナキ能ハス
又次官電ヲ以テ現地復員ノ実行ノ已ムナキ場合アルコトヲ通達ス　敗戦ノ結末タルヤ思フヘキナリ　嗚呼罪深シ

一、田村浩中将来リ　今後ノ国内情勢ノ変転ト之カ帰趨及個人トシテ進ムヘキ方途等所懐アリ　松室来リ一通リノ意見アリ　内ニ自己ニ関スル事項アリ

一、「チャンドラボース」上京途中台湾ニテ飛行機事故ニテ逝去、同時ニ四手井中将死亡、外参謀三名重傷、犠牲ハ多シ　数フヘカラス
隈部少将（第四航空軍参謀長　次テ航空技術審査部本部長）十七日多摩川河原ニテ一家五名（母、妻、二女共）自決セリト

一、国内一般情勢
十六～七日頃　大詔ノ伝達直後「敵兵既ニ上陸」「敵兵上陸セハ云々」等ノ風評世上ニ流布セラレ且陸海軍一部ノ越規行動等ト相俟テ民心動揺ノ状散見セシモ　日ヲ経ルニ従ヒ鎮静ニ帰ス　只此等ノ風評ハ逐次回転シテ旧聞事項ノ残留スルモノアリ
昨二十二日新聞紙上ニ敵進駐ノ予定日時及之ニ対スル

心得等ヲ発表セリ

八月三十一日　金　小雨

一、午前十一時ヨリ午後一時ニ至ル間　横浜税関楼上ノ連合国最高司令部ニ於テ「スザーランド」総参謀長ト会見一行ハ連絡委員長トシテ有末中将、大本営代表トシテ予、海ノ横山少将、杉田大佐ナリ

終始多大ノ好意ト理解トヲ以テ当方ノ軍事及治安ニ関スル一般状況ヲ聴取セラレ　其成果予期以上ニ大ナルヲ神ニ感謝ス

一、此日先方ヨリ　厚木飛行場ノ不備ノ故ヲ以テ調布、立川、所沢、福生飛行場ノ使用ト之ニ伴フ撤退地域ノ北方拡充ヲ要求ス

九月一日　夜来冷雨

一、内閣辞令

連合国最高司令官ニ対シ派遣スル全権随員ヲ命ス

右ニ関シ総長ニ申告ノ際

陛下ヨリ「愉快ナラサル大任　心中ノ苦衷ヲ察ス　之已ムヲ得サル所　オ国ノ将来ノ為ノ第一歩テアル　之ヲ終了スルモ尚将来ニ亙リ克ク朕ヲ輔ケテ呉レ」ノ御言葉アリト

一、召集ノ将校、下士官本日ヲ以テ召集解除アリ　将来ニ対シ雄々シキ発展ノ第一歩ヲ強ク堅ク踏出スヘキヲ訓示ス

一、国家将来ノ為（宮野少将意見）

軍事ニ関スル研究、戦史、外国戦法特別ノ施策ヲ講ス

日本ノ将来ヲ指導スル為軍人ノ優秀者ヲ入レルコト

戦死者ヲ漏レナク靖国神社へ　靖国神社ノ荘厳化

九月二日　曇

帝国史上ノ最大屈辱ノ降伏調印ノ日ナリ

随員トシテミズリー艦上ニ於ケル式ニ臨ム　感深シト雖冷静ノ心ヲ失ハサルヲ自覚ス

全権ハ上奏シ　予ハ陸軍大臣ニ報告ス

九月三日

降伏ノ詔書、降伏文書、一般命令第一号ヲ天下ニ公表セラル

三千年ノ光輝アル帝国ノ歴史ハ実ニ茲ニ終焉ヲ告ケタル

モノナリ　今後ノ日本ハ今迄ノ日本トハ全ク異ルモノナリ
神州不滅、天壌無窮ヲ何ヲ以テカ信スヘキ

今ヤ吾等ハ敵国側ノ要求ヲ忠実ニ履行スル事ノミ専念シアリ　之戦ニ敗レテ　敵ニ忠ナル変節ニアラスト一点ノ曇リナキ信念ヲ抱キ得ルヤ　大御心ニ絶対随順ヲ唯一最大ノ忠ナリトテ　敵ノ要求ヲ誠実ニ履行センコトヲ希求スルモノ果シテ真ニ己ヲ棄テテ義ニ赴クノ忠誠心ト相容レサルモノナリヤ　直轄軍参謀長ヲ召致シテ降伏ノ大命伝達アリ

親泊朝省大佐全家族ト共ニ自決ス

熱情且勇敢ノ戦士ナリ　彼トハ其士官学校生徒時代ヨリノ縁浅カラス　殊ニガダルカナル島ニ於ケル第三十八師団参謀トシテノ彼ハ敬仰ニ値ス

今次聖断後二回ニ亘リ予ノ許ニ議論ニ来ル　更ニ所感ヲ謄写シテ携行シ来ル　内容同感ノ点多シ　惜シキ人物ヲ喪フタリ　国家敗戦ノ犠牲トシテハ云フニ足ラスト雖モ

九月四日　曇　冷

一、昨夜一般命令第二号（参謀長指示）手交アリ　本朝ヨリ対策研究

一、二日夜「マック」布告第一～第三手交セラレ　夜半重光大臣ニ報告　内容ハ行政・司法・立法全般ニ亘ル主権ノ束縛、連合軍裁判ニ依ル軍律処断、軍票及軍政等広汎徹底セル内政干渉ナリ、重光大臣ハ直ニ「マック」ヲ訪レ日本政府ヲ通シテ一切ヲ行フ主旨ヲ力説シ大体主旨ノ了解ヲ得タリト　尚四日大臣ハ「マック」ヲ訪レ懇談スル点アリ

米軍進駐ニ伴ヒ民衆及憲兵、警察官等トノ間ニ不法ニ不軍紀事犯頻出ス　当方厳重ニ抗議シ先方高等司令部ハ同感改善ヲ諾スルモ実行ノ成果ハ期待シ得ス　今後進駐区域ノ拡大ニ伴ヒ不慮ノ事態惹起セサランコトニ厳戒ヲ要ス

九月四・五日帝国議会、敗戦ノ原因ノ発表相当深刻ナリ　新聞ノ論調活発且率直ナリ　日本人ノ頭ノ切換ハ敏ナリト云フヘシ

三、四日重光外務大臣マ元帥ニ対シ　二日夕マ元帥ノ布告ノ発表ハ、帝国政府ノ自ラ任スル所トシ　直接布告ハ取止メノ了解ナル

曰ク　行政、司法、立法其他一切ハマノ命令
曰ク　軍律?会議ノ布告
曰ク　軍票ノ使用

右ハ敗戦ノ現実トシテ直視セサルヘカラス

九月七日　曇　茲数日連続曇

一、終戦ニ関スル国家業務ハ統一ヲ欠キ組織ナク　政軍遂行間ニ於ケル不統一ハ終戦ニ方リ眼前ニマーノ命令強制ヲ視ツツ尚且此不体裁極マルモノアリ

日本ハ敗北スヘクシテ敗北セルモノナリ

一、ビルマノ策〈第二十八軍〉集団ハ三万中二万ハ非常ニ困難ナルヲ冒シ当方ニ収容シ得タリ　南方各司令部ノ風情ハ　新日本ノ建設ニ関シ前途ニ洋々タル青年将校ヲ見ルト　空気ハ一般ニ明朗ニ向ヒツツアリ（岩畔少将）

一、一日夜忠夫来訪　七日夜愛三、忠夫ト会食ス

九月八日

一、軍刀ハマーノ指令ニ依リ本日限リ佩用シ得ス

但当方ノ申入レヲ察シテ各個人家宝トシテ保管方差支ナシ

私服服務トナル

一、昨七日河辺次長　ス総参謀長ト会見約一時間ニ亙リ会見ス

下村大臣ヨリ閣議ノ模様　当方ノ要求事項ノ要旨説明

九月九日

一、航空総軍司令官ト極東航空軍司令官ニ代リ第十三、第二十航空軍司令官ト会見

1．（ママ）此戦争ニテ苦痛甚ク感セル攻撃力

1．終戦ノ聖断ノ根本原因

聖断ノ理由ハ回答シ得ス

2．特攻　精神上ノ理解得度模様

3．俘虜　新聞記者、航空俘虜ノ取扱最不良、航空燃料、噴射式飛行機、B29対策、毒瓦斯

九月十一日—十五日

東條大将外三十八名（開戦当時ノ閣僚及俘虜取扱関係者）ノ逮捕ヲ要求シ来ル　東条大将此日午後自宅ニ米兵ノ連行ノ要求ヲ受ケ　拳銃ニテ自決ヲ図リシモ果サス　重傷ノママ横浜ノ米軍病院ニ入ル　余リ香（ママ）シカラサル事ナリ

十二日　杉山元帥　総司令官室ニテ拳銃自決　此夜拝礼ス御顔イト白キヲ覚ユ

十四日　橋田元文相、小泉元厚相、吉本大将夫々自決セ

ラル
尚賀谷（ママ）元蔵相、岩村元法相、井野元農相、鈴木元国相、村田元比島大使等ハ十四日　米第八軍司令部ニ出頭セラレタリ
十四日朝例ノ如ク靖国神社ニ参拝ノ節表門前ニ米歩哨二人ノ監視シアルヲ見ル　十五日朝表門内ニ十数名ノ米控兵コンクリート又ハ像台上ニ露営シアルヲ認ム　相互ノ為ニ適当ナル家屋ヲ提供シ且歩哨位置ノ選定ヲ工夫ノ要アリ
両日共参拝人一、二ヲ目撃スルノミ　嗚呼何ヲカ云ハンヤ　手洗鉢ハ表門前ノ大キナ分ハ蟬数羽落込ミ水殆ト尽キントシ　杓ハ散乱ス　側門内ノ小サナ分ニハ水無クボーフラワキアリ

九月十六、七日　連日曇　小雨

一、米国内与論ハ「マ」元帥ノ対日方針手緩シト為ス　日本ノ真ニ敗戦ヲ自覚シアラサルヲ危懼攻撃ス
特ニ比島ニ於ケル残虐行為ヲ具体的ニ挙ケテ猛烈ナル批難ヲ為ス
右ニ対シ国内新聞亦昨今判然タル軍部攻撃ノ社説其他ヲ発表ス　反動的作用トシテ亦已ムナキ処ナランモ恐ルヘキコトナリ

新聞面ノ重要事項
毎日○九月十六日現在連合軍進駐軍兵力十二万
更ニ九、十月中ニ更ニ十三ヶ師団十七万五千進駐
○台湾ノ治安平静不安ナシ
○鈴木前首相ノ米英記者面接
○朝鮮ノ不安政情ト将来
朝日　社説東条軍閥ノ罪過　言論自由ノ反動カ相当極端ナリ
比島暴行に対する国民の声　求めたい軍の釈明
ヒトラー来り去る　失はれた言論　前ベルリン支局長守山義雄
読売　首相宮への信書の要約
政治―何故軍・官・政党ハ責任ヲ取ラヌ
経済―食糧配給所ヲ正セ、負肥リニ痛憤
社会―敗戦ニ揺ガヌ学徒
連合軍兵士ノ為大歓楽境ノ計画？

一、昨夜吉本大将通夜　本日午後第一総軍ニテ葬儀
通夜ノ席上ニテ梅津大将、寺倉中将ヨリ吉本大将トノ往時懐旧ノ交話アリ　特権階級ノ不当ナル心理ヲ窺ヒ得、

不愉快ナリ　我モ亦言辞ヲ慎ムヘシ否心ヲ正スヘシ

九月十八日　昨夜来暴風

一、部局長会報席上

1．俘虜ノ不法ヲ処分スル問題ト之カ方法

2．現役軍人職業補導上ノ具体的手段ノ論議アリ

一、新聞報

1．重光外務大臣辞任、吉田茂氏後任

2．マ元帥声明　本土進駐兵力二十万ニ削減

3．軍部右翼ノ処分ヲ戦争責任ト国民ノ態度トシテ強調（朝日）感アルモ敢テ述ベズ

4．敗戦ノ正覚ニ徹セヨ　虚飾一擲官民痛苦ニ起テ（読売）

思想的、社会的革命ノ現実ヲ感ス

軍部攻撃ニテ事済ムナレハ甘受〃〃

事　皇室ニ及ハサル傾向ヲ安神ス

ガ（ガダルカナル）島作戦秘録「残骸録」

陸軍少将　宮崎周一

第十七軍参謀長

宮崎周一業務日誌

前　言

餓島百日作戦ハ当初ヨリ万一ニモ生還ヲ期セス。従テ作戦上ノ機密ニ亙ル虞アル記録ハ一切之ヲ中止セルノミナラス、私的日誌モ亦上陸直後際会セル敵ノ攻勢ニ方リ、怱卒ノ間之ヲ処分スルノ遑ナキヲ慮リ、予メ寸断埋没セリ。今次作戦転機ニ方リ、真ニ不本意乍ラモ、奇蹟的ニモ残骸ヲ母島ニ撤収シ、砲爆ノ躁音ト遠カリ、恣ニ天日ヲ仰キ得テ、思ヲ餓島ニ走スル時、第一線将兵ノ勇戦奮闘正ニ皇軍ノ真姿ヲ極度ニ顕現シ、作戦ノ本質ヨリ来レル幾多ノ困苦欠乏難戦苦闘、反攻敵軍ノ観察等、皇軍今後ノ為教訓タルヘキ事項尠少ナラサルヲ覚ユ。敗将固ヨリ兵ヲ談スル資格ナシ、皇軍伝統ノ精華ニ一大汚点ヲ印シタル予ハ、業々既ニ一個ノ残骸ノミ、他ニ語ルヘカラス、心ヲ専ラ謹慎ニ措クヘキナリ。然リト雖過去ノ回想必スシモ憂苦ノミニアラズ、蓋シ、予ハ最後ノ瞬間ニ至ル迠、前途ノ光明ヲ認メ、任務完遂ノ暁ヲ夢見ルヲ常トセシヲ以テナリ。従ツテ今小閑ヲ得テ、自ラ独リ想ヲ過去百日ニ走スルモ、敢テ不快ナリトセス、寧ロ百難、克服、万苦試練ノ痛快ヲ感スルモノナリ。今日紀元ノ佳節ヲ母島ニ迎ヘ、筆ヲ下シテ予独リノ楽ト為ス。題シテ残骸録ト為ス。

紀元二千六百三年二月十一日

於「ボーゲンビル」島「エレベンタ」

宮　崎　周　一（ママ）

註　周一ハ餓島ニ死スヘカリシナリ、不幸死所ヲ失ヒ、恥ヲ今日ニ忍フ、之再生ノ周二（ママ）ナリ。

東京ヨリ南海戦場へ

昭和十七年九月二十九日

〔(欄外) 命ヲ拝シ出発迄〕

朝早ク、下村校長ヨリ急遽出発準備ノ内命伝達アリ。午後大本営ニ到リ、第二課長（服部大佐）、井本中佐、竹田宮殿下ヨリ、全般ノ状況聴取。容易ナラサル事態ト覚ユ。前任者二見少将病ノ為ト称スルモ、内面ニ根本的理由アリテ、予ノ急遽交代トナレルモノノ如シ。

三十日

午前担任戦術講義ヲ（註1〈該当する文章なし〉）ヲ中途打切ル為一段落ヲ付ケル、剰ス処少ク、既ニ予ノ所懐ノ大要ハ伝へ了レリ、学生亦之ヲ諒トセシナラン。正午、職員会食、下村校長ヨリ「人格ト識見ニ依リ指導ヲ受ク、本校ニトリ余人ヲ以テ代フヘカラサルトコロ、緊急任務ノ為メ、先ニハ、武勲アリシ処再度ノ出征、洵ニ已ムナキ要求トシテ忍ハサルヘカラス、茲ニ嬉テ送リ前途ノ祝福ヲ致ス。」ト。過分ノ御言葉ヲ拝シ、光栄ト感激深シ。

午後後記ノ如ク大本営当事者ト連絡ス。

暮色ニ及ヒ、担任学年学生ニ対シ訣別ノ辞ヲ与フ、「此度ハ、予自ラ平素口ニセル戦争ノ本質（註2〈該当する文章なし〉）ヲ躬ヲ以テ試練セン事ヲ期ス、帝国ノ将来愈々容易ナラサルヲ覚悟シ、更ニ一層自己修練ニ邁進センコトヲ切望ス」トノ要旨ヲ述フ、学生大部ニ感激ノ気ヲ窺フコト深シ、予モ亦嘗テ無キ感慨ナリ。

○大本営ニ於ケル連絡主要事項並所感

㈠、第十七軍ニ対スル、大本営ノ大命ニ基ク任務付与ノ変更ハ、五月十八日乃至九月十八日ノ四ヶ月間ニ、実ニ七回ニ及フ。又作戦兵力ノ大規模ナル増強ハ大体五回ニ達シ、其他各種兵力増加ヲ合セ八十数回ニ及フ。此度ノ戦斗序列ニ依ル増強兵力ハ、内地、満州、北中南支、南方軍ノ全面ニ亙ル。中央部ノ断乎タル決意ト苦心トハ、此点ニ於テモ十分ニ窺知セラルルナリ。

㈡、作戦前途ノ困難察スルニ明ナリ、然レトモ中央ノ決意叙上ノ如ク、此決意ノ漸次、各層各部隊ニ透徹スルニ従ヒ、（而シテ此決意ノ透徹ハ由来困難ニシテ、且時間ヲ要ス、特ニ当初ニ於ケル最高統帥誤判断ハ、爾後翻然正当ナル軌道ニ復スルハ、容易ナラサル事象ナリ）

作戦成果ノ必成疑ナシ、難事ナル哉、奮ハン哉。

予ノ決意頗ル緊ク、心中期スル処アリ、凡ユル困難ヲ克服打開シ、必スヤ、全軍ノ総前衛トシテ、敵反攻ノ先鋒ヲ撃破シ、米本国兵トノ緒戦ニ快勝ヲ恃セン。必ス〳〵ヤツテ見セル、蒙古軍来襲十万生還僅ニ、三人ノ古事(ママ)ヲ、現実ノ上ニ具現セン覚悟ナリ。

㈢、南方ニ対スル大本営ノ作戦指導ヲ通観スルニ、恰モ、南太平洋ノ真只中逐次進展セントスル日米ノ遭遇戦ヲ、大本営自ラ逐一、戦闘指揮ニ任セントスルニ似タリ、何ソ克ク戦機ニ投スルヲ得ンヤ、此点大東亜緒戦ノ計画指導トハ大ニ趣ヲ異ニスルヲ知ラサルヘカラス。目下ノ戦局ニ於テ、「ガダルカナル」ノ敵軍ガ、敵ノ前衛又ハ前兵ナルヤ、或ハ本隊自体ナルヤハ、本作戦ノ前途ヲ支配スル鍵鑰ナリ。若夫レ、本隊自体ナランカ、事ハ容易ナリ。

然ラサランカ、再度受動ノ困厄ヲ招ク虞大ナリ。

㈣、今次直面セル作戦ハ、状況不明、喰フカ、喰ハル丶カ、敵亦自主主動ニ出ス、作戦因子ハ真ニ戦ノ本質ヲ包含ス。

此点亦従来ノ対支作戦、大東亜緒戦ト全然趣ヲ異ニス。

大本営ニ於テ此点ノ深刻ナル認識ヲ祈念シテ已マス。之ヲ要スルニ、今次、軍ノ作戦ハ、大本営ノ此三、四月頃以来ノ誤判ニ基キ投シタル火中ノ栗ヲ拾フニ在リ。大ニヨシ、立派ニ拾ヒ上ケテ大安神ヲ乞ハン。

十月一日

此日、第十七軍参謀長補職発令、翌二日早朝飛行艇ニ依リ横浜出発ノ為一切ノ業務ヲ遂行ス、頗ル多忙ナリ。

午後、大本営ニ於テ、諸般ノ内面的事情ニ関シ、井本中佐及竹田宮殿下ト連絡ス。其内容ノ主要項目左ノ如シ。

軍従来ノ任務変遷及作戦経過概要、

大本営ノ南東太平洋方面ニ対スル作戦指導変遷ノ経緯、直面スル事態ニ対スル大本営ノ鞏固ナル決意、軍司令部及隷下主要兵団ノ実情、「ガ」島付近局部的戦況ノ実相、協同海軍側ノ実情等即チ之ナリ。

中央部ノ決意ト憂慮、刻下該方面戦局ノ戦争指導全般ニ及ス重大意義等深察スルニ余リアリ。予ノ心中勃々ノ意気躍動ス。尚此日正午ニハ、陸海軍集会所ニ於テ、田中第一部長以下（井本、殿下、近藤及首藤少佐）ト会食ノ後、田中中将ヨリ、本作戦ノ重大意義及中央部ノ決意（上奏内容ノ一班)、将来作戦指導、特ニ戦略要線ノ確保並ニ築城施設等ノ大綱ニ関シ、又近藤少佐ヨリ将来ノ防衛配置概要等ニ関シ連絡アリ。

参謀総長及次長申告ノ際ニモ、叙上ノ主旨ヲ強調セラレ、予ノ健斗ヲ要望セラル、予ニ対スル期待ノ重大ナルニ感激、男子ノ本懐之ニ過クルモノナキヲ感ス。

二日、三日

共々天候ノ為飛行機出発延期、予期セサル小閑ヲ得テ、従来ノ作戦経過、戦場全般ノ研究、各方面ニ対スル出征挨拶状等ヲ処理ス。夕刻忠夫ヲ伴ヒ、横浜「ニューグランドホテル」ニ投宿ス。

四日

[(欄外) 横浜ヨリ「ラバウル」へ]

前夜来快晴前途光輝ニ満ツ、〇五三〇発航、高度四千、太平洋上波静穏、〇九三〇父島上空通過、一五〇〇「サイパン」着、日航出張所ニ宿泊、風物南洋調ヲ帯フルモ暑気激シカラス。

五日

「トラック」ニ飛ヒ、大和艦上ニ山本聯合艦隊司令長官ニ挨拶ス、長官室ニ於テ、宇垣参謀長ヨリ、今次作戦ニ関スル海軍側ノ希望アリ。其第一義ハ総攻撃開始期日ヲ十月二十日ヨリ遅延セシメサル件、及其後一週間内外ニシテ聯合艦隊主力ハ再ヒ「トラック」ニ引上ケノ予定ナリト。予、健斗以テ、御期待ニ副ハンコトヲ期ス、宜敷協同アランコトヲ述ヘ、長官以下幕僚等ト夕食ヲ共ニシ、軍艦旗降下式ニ臨ミ、夕陽下荘厳ノ感ニ打タレツツ、大和艦ヲ辞シ、同夜水行社ニ泊ス、

六日

[(欄外) 戦場到着]

早朝、予ノ為ニ「ラヴァール」ヨリ派遣ノ中攻ニ依リ出発、正午稍過任地到着、当事軍司令部ニ於テハ、九月下旬ヨリノ研究並之ニ基キ、海軍側(第十一航空艦隊及第八艦隊)ト協定ヲ了シ、「ガ」島方面ニ関シテハ昨五日既ニ作戦計画ノ発令並細部ノ連絡ハ了シアリ。予ノ着任数日遅レシ為、予ノ参画ヲ欠キシハ責任上遺憾トスルトコロナリ。

午後、「ニュギニア」方面作戦中ノ南海支隊連絡者ノ状況

報告（九月二十日「スタンレー」山脈出発）アリ、該支隊ノ困窮特ニ補給ノ不如意ハ既ニ極度ニ達シアルモノノ如ク、行倒レ患者ノ続出ヲ見ルニ至リ、敵ノ圧迫日ニ加ワリ其兵力漸次強化シ、状況楽観ヲ許ササルヲ察セシム。万事ハ「ガ」島一段落ヲ告ケタル後、十一月初頭ヨリ一挙解決ノ意向ニシテ、当分忍フノ外ナシ。

而シテ司令部ハ、八日「ガ」島へ戦斗司令所ヲ推進スル予定ニテ、予ハ「ラ」ニ残留スルコトニ予定シアリ、予之ヲ肯セス、再研究ヲ要望ス、斯テ一旦ハ「ガ」島行キニ変更セシモ、更ニ翌日、業務本位ニ基キ残留センコトヲ切望ス、蓋シ、間モナク「ニューギニア」作戦開始ニ付キ、之カ作戦準備ヲ促進シ、且海軍側トノ折衝ノ重要性ニ鑑ミ再度残留ヲ要望セラレシヲ以テ、予モ亦之ニ従フ。

此夜軍司令官宿舎ニテ、佐野兵団長、予等ノ会食アリ、所感アリト雖モ強テ認メス。

七日

各方面ニ着任挨拶、沿道瞥見ノ範囲ニ於テモ、「ラ」ノ基地配置ニ雑然不軍紀ニシテ、速ナル整理ヲ要スルヲ痛感ス、特ニ海軍根拠地部隊ニ於テ然リ、由来海軍ノ陸上配置ハ遺憾ノ点少カラス。前任ニ見少将ヨリ、従来ノ海軍トノ協調甚々不快ナリシコト及今次転出ニ至ル事情及予ノ進出ニ至ル経緯ニ就テ語リアリ。一切ハ、「皷動記」ニ載スト。

第二師団乾坤一擲ノ冒険敢行

八日

［（欄外）軍戦斗司令所ノ勇跳出発］

軍司令官以下戦斗司令所要員ハ、正午駆逐艦乗艦「ガ」島ニ出発シ、一同之ヲ見送ル。出発ニ方リ、予ハ特ニ小沼ニ対シ攻撃期日ノ「二十日」ニハ決シテ拘泥スル勿レ、攻撃準備ノ周到ヲ期スヘキヲ強調ス。昨日司令部ニ招致セラレ「ガ」島作戦ニ関シ軍司令官ノ意図遵奉ニ屡々遺憾ノ点アリシ川口少将亦一行ト共ニ出発ス、少将ノ言辞ハ敢テ自ラノ非ヲ覚ルコトナク徒ニ部下聯隊長其他ヲ非難ス、司令官ヨリ厳ニ訓戒アリシモ、将来果シテ如何。

此夜敵Ｂ17（ボーイング一七）十数機ノ大規模来襲アリ司令部海岸寄リ付近ノ狭縮宿営地ヲ主トシ約百二、三十名ノ損傷ヲ出シ、海軍重油ノ爆発アリ、予メ対策不備ニ対スル天罰ノミ。

幕僚及軍隊指揮官共ニ、防空ニ関シテハ従来ノ観念ヲ画期的ニ改ムルヲ要ス。予嘗テ中支ニ在リシ際、此点ニ関シ痛感セルトコロ、今現実ニ之ヲ視ル、事物ハ至当ニ判断セハ予察セラレサルハナシ。

九日

夜、又相当大規模ナル空襲アリ、目標ハ飛行場、碇泊船舶及市街地ナリ。諸隊モ昨夜ノ状況ニ鑑ミ、市街地外ニ分散配宿ニ就キ、且防空壕利用等ニ依リ損害軽微ナリ。

十日

二見少将内地赴任ノ為帰京ノ途ニ就ク、飛行艇発航場ニ見送ル、帰途東南方台上ニ到リ「ラヴァール」一帯ヲ鳥瞰ス、景色佳ナルモ狭シ。

十一日

［（欄外）戦斗司令部上陸直後ノ戦況変転］

軍戦斗司令所ハ九日日没後無事上陸

「タサファロング」東北三粁小流上流付近ニ位置ス。此日早クモ、予期シアリシ、戦ノ本質ヲ発揮セル情報相次テ来ル。即チ「マタニカウ」右岸地区ニ進出セントスル歩兵第四聯隊ハ敵ノ逆襲ヲ被リ苦戦中ニシテ（七日）作戦計画ニ基ク兵力部署ハ上陸第一歩ヨリ変更ノ要ヲ認ムルニ至レリ。

○一〇、一七三五、小沼発ノ電ニ曰ク

第二師団ノ第一線ハ敵ノ逆襲ヲ受ケ「マ」川西方二、三粁ノ線ニ於テ戦斗中ナリ、目下ノ状況ニ於テハ十三日頃ノ飛行場射撃（註　海軍トノ協定ニ基ク計画）及二十日頃ノ本攻撃ハ其ノ実行困難ナルモ、戦況ハ予期以上ニ逼迫シアルヲ以テ、船団輸送（註　十四日ノ予定、其前提ハ陸上ヨリスル飛行場制圧ノ成果ニ期待ス、海軍トノ協定）ハ是非決行セラレ度努力相成度、艦砲射撃ニ依ル飛行場制圧ハ有効ナルヲ以テ実施相成度、歩兵第四聯隊ノ戦力ハ目下三分一ニ減耗、糧食弾薬モ不足シアリ鼠輸送ハ是非強化セラレ度、師団ノ現況上歩二三〇聯隊、独立自動車中隊、工兵第三八聯隊ヲ「ガ」島ニ輸送スル如ク手配相成度。

○一〇、一五五五

第二師団派遣林参謀電ニ曰ク、（註　圏点ハ予ノ付セルモノ）

敵ハ「マ」川右岸地帯ニ対シ強力ナル飛行機、砲兵協力ノ下ニ全面的ニ出撃、河口付近両岸ノ高地一帯敵手ニ帰シ歩兵第四聯隊ハ苦戦中ナリ。

師団ハ歩二九ノ一大ヲ該方面戦斗ニ急行セシメタリ、歩四ノ戦力ハ損害続出糧秣弾薬ノ状況ヨリ半減ニ近キ状態ナリ、本状況ニ於テハ遺憾乍ラ予定計画ノ飛行場射撃ハ再検討ヲ要スルモ輸送ノ現況ヲ以テシテハ既定計画ノ攻撃亦覚束ナシ。

右状況ナルヲ以テ若干危険ヲ冒スモ飛行場射撃ニ依存スルコトナク、船団輸送ヲ断行スルト共ニ、歩兵部隊（三八ノ歩一聯隊ヲ含ム）及歩兵団司令部（三八ノ一聯ヲ含ム）迫撃砲大隊山砲工兵隊ノ緊急輸送ニ関シ飛躍的処置ヲ講セラルルヲ緊要トス、航空射撃艦砲射撃等敵艦艇飛行機ノ跳梁ハ我攻撃準備ヲ妨害スルコト甚シ。

右状況ハ敵亦多大ノ危惧ヲ感シ、身ニ降リカヽル火ノ子ヲ払フニ汲々タリト察ス、蓋シ敵トシテ其飛行場ヲ射撃セラルヘキ要点ヲ奪回スルニ努ムルハ当然ナリ、只此種戦斗ノ反復ニ依リ我戦力ヲ消耗シ、本攻撃ニ支障ヲ来スコトヲ虞ルノミ。茲ニ於テ第十一航空艦隊（大前）第八艦隊（神）作戦参謀ヲ軍司令部ニ招致シ、状況ヲ説明シ、此分ニテハ十二、三日ニ予定ノ飛行場射撃ハ期待薄キコト、而シテ、之ニ拘ハラス船団輸送ヲ決行スヘキ件ニ関シ要望シ、聯合艦隊ヲシテ既定計画ノ遂行ニ誘引スルコトニ約ス。

十二日

［（欄外）聯合艦隊トノ折衝ノ為「トラック」行］

午前第十一航空艦隊司令部（新司令長官草鹿中将）ニ於テ関係海軍側一同及予ハ船団輸送ノ可能性ニ就キ検討ス、予即チ之カ断行ヲ強調シ、陸海軍共飛行場射撃ノ前提条件ノ成否ニ関セス船団輸送ヲ決行スヘキコトニ意見一致ス。

茲ニ於テ右ノ主旨ヲ聯合艦隊ニ連絡ノ為、急遽、予、大前、源田参謀一行「トラック」ヘ飛フ。聯合艦隊司令部（大和艦上）ニハ既ニ参謀長以下参集シアリ、先ツ大前参謀ヨリ、次テ予ヨリ要請セシトコロ、聯合艦隊ニ於テモ船団輸送決行ニ決シ、一四〇〇之ニ関シ発令セラレタルヲ知リ安堵ス。席上第二師団ノ攻撃計画ニ関シ質問アリ、予之ニ対シ必成ヲ断言ス。

夕食後聯合艦隊参謀長ト二三〇〇迄痛飲ス。今回程陸海軍協同ノ極致ヲ精神的ニ味ヘルコトナシ。宇垣少将ト陸海軍ノ統帥等ニ就テ談シ、軍艦陸奥ノ参謀長室ニ到リ宿営ス、同艦ハ大和現出前ノ聯合艦隊旗艦ニシテ艦長山澄大佐ナリ。

前日夜「サボ」島付近ニ於テ第六戦隊夜間不意ニ敵ト衝突シ大ナル損失アリタリ。

十三日

○五〇〇陸奥艦甲板ニテ、艦長以下ト交談十数分、辞シテ大和ニ移リ、司令長官以下一同ト朝食ヲ喫シ、〇七〇〇軍艦旗掲揚式ニ列シ、直ニ離艦、中攻ニテ一二〇〇「ラ」ニ帰着ス。「ガ」島ニ於ケル糧秣弾薬欠乏ニ関シ、状ヲ伝ヘ之カ神速ナル補給ニ関シ、昨日ヨリ本日ニ亙リ軍司令官及第二師団長ヨリ矢ノ催促アリ、其原因ハ「ショートランド」ヨリノ前送（駆逐艦ニ依ル）及「ガ」島揚陸ノ困難性ニ依ル。又「ガ」島ニ於ケル大小発動艇ノ昼間敵機ニ対スル秘匿保存ニ関シ遺憾ノ点多シ、此件将来ノ為技術的ニ研究ヲ要ス、――秘匿ニ就キテ聯合艦隊渡辺参謀ノ一意見アリ、――要スルニ航空基地ヲ整備セル島嶼ニ対シ、航空撃滅戦ナクシテ、上陸作戦ヲ決行スルハ多大ノ危険不安アリ、唯々天佑神助ヲ祈念スルノミ。

十四日

〔（欄外）第一次船団輸送〕

昨夜以来快報相次テ至リ、作戦ノ前途ニ多大ノ光明ヲ認ム。曰ク

○昨十三日、第十一航空艦隊ノ「ガ」島ニ対スル二回ノ撃滅戦ハ多大ノ成果ヲ収メ、敵機約三十機ヲ屠ル。

○昨夜二三三〇―〇〇三〇ニ亘ル間、我戦艦二隻ヲ以テ敵飛行場ニ対スル特殊弾（註　独逸ヨリ伝フ高射用特殊弾）射撃ハ多大ノ成果ヲ収メ、諸所大火災、数ヶ所ノ大爆発ヲ認ム、傍受ニ依レハ「ガ」島ノ敵無線ハ二三三〇以後各方面ヨリノ呼出ニ応セス、今朝〇五一〇緊急通信アリトテ発信ヲ再興ス。

○本日未明「ショートランド」ヲ出発セル船団輸送ハ〇八〇〇頃未タ敵ノ触接ヲ受ケス。

以上ハ午前九時頃迄ニ行タル快報ナリ、船団輸送ノ成功ヲ神ニ祈ル、祈ル、祈ル。

右情報ハ早速東京ヘ電報ス、宸襟ヲ安ジ奉リ得ヘキヲ思ヒ、感激ニ堪ヘス。明十五日未明迄ノ状況推移ハ実ニ勝敗ノ分岐ヲ決ス、心平静ナラント欲スルモ能ハス、午後ニ於ケル状況亦天我ニ恵ヲ垂レ賜フニ似タリ、曰ク、

○「輸送船団ハ、午後、「イサベル」島東北方海上ニ於テ敵機ノ爆撃五ヲ受タルモ損害ナシ」ト。

○「一五〇〇過再度敵機ノ攻撃ヲ受ケ、被害若干ナルモ隊形ヲ整ヘ進行中アト五分ニテ日没トナル」ト。

刻一刻、心モ身モ削ラルル思アリ、試練、試練、進メ、進メ、ノ心境ナリ。矢ハ弦ヲ離レタリ、天命ヲ知ルノミ。

十五日

前夜来、我海軍機ハ大挙シテ「ガ」島敵飛行場ヲ攻撃、船団ハ前夜二三〇〇無事泊地進入、黎明及払暁敵機ノ攻撃アリシモ無事、然ルニ正午頃、一ハ火災、一ハ擱座、二ハ多少ノ損害アリ。

白昼ニ於ケル揚陸ノ困難ハ縦ヒ、敵飛行場ニ対スル攻撃成果アリシ場合ト雖大ニ考慮ヲ要スルヲ訓ユ。此夜半ノ来電ニ曰ク、

「本日揚陸シ得タルハ弾薬ハ積込ノ約五分一、糧秣ハ約半数ニ過キス、十七日ニハ第二次輸送部隊ノ外十五榴及十加弾、機関銃弾、重擲弾筒弾並糧秣ヲ輸送セラレ度」ト。

当時「ラヴァール」ニ於ケル当方トシテハ、既ニ為シ得ル限リヲ尽シ、特ニ処置シ得ル余地ナシ。事一度不如意ニ陥ルヤ、戦線ト後方トハ兎角意志ノ疎隔ヲ招キ易シ、蓋シ相互ニ相手方ノ実情ノ認識十分ナラサルニ依ル。右電報ニ接シタル当時ニ於テハ爾後現地ニ於ケル揚陸状況ノ判明ト、船団積載物資ノ揚陸続行トニ依リ、此要求ハ幾分解決セラルヘシト考ヘタリ。

〔(欄外) この種作戦の実相〕

〔(欄外) 後方での批判　十月ガ進出以前の精神状態と観察〕

此当時ヨリ戦斗司令所ノ来電ニハ事実ヲ稍誇大視スル傾向ナキヤヲ懸念セリ、報告又ハ要求者ノ誠実、懸引的観念ノ排撃、文辞等ニ冷静ト用辞上ノ注意ヲ要スルモノアリト感ス。

戦斗司令所ノ一喜一憂、興奮、憤慨ノ状尤ナリト雖モ意志疎通ノ円滑ノ為ニハ更ニ電文修字ト通信ノ速達トヲ緊要トス、之過去重大戦機ニ直面セル幾多ノ戦例ト其軌ヲ一ニス、平素ノ修養更ニ徹底ノ要アリ。

〔(欄外) 根本問題〕

此日予定計画ニ基ク「ガ」島ヘノ軍最終ノ輸送部隊タル第三八歩兵団長伊東少将ノ歩二二八（一大欠）ハ三輸送船ニ依リ一五〇〇「ラ」ヲ出航ス。

右部隊ノ船団輸送ヲ以テ十八日夜「ガ」ニ揚陸セシムベキ件ニ就テ海軍側ニ要求セルモ、午後大前参謀来リ実行上ノ難色ヲ示ス、蓋シ当時聯合艦隊ニ於テハ此レ以上ノ船団輸

送ハ護衛力ノ関係上忌避セントスル意向ナリシモノノ如ク、聯合艦隊電ニ曰ク（註　圏点ハ予ノ付セルモノ）

［（欄外）陸海協同ノ精神未タ十分ナラス。而モ責任回避ノ言辞ハ武士ノ体面ナラス］

○聯合艦隊一六　〇三〇六電要旨

一、第一船舶団長カ高速輸送船団ヲ揚陸中途ニ帰還セシメタルニ依リ同船内揚陸未済物件ハ、再度護衛輸送ヲ為サレルモノト解ス。

二、沖集参電九九四号ニ依ル陸軍輸送船ノ護衛ニハ艦艇行動及補給ノ関係上今ヨリ間ニ合ハサルヲ以テ実施シ得ス。

尚今次作戦輸送船団護衛ハ軍ニ直衛機及護衛艦隊ヲ付スル程度ノモノニアラスシテ、艦隊ノ大部ヲ各要所ニ配置シ敵機動部隊ノ制圧ヲ要スルモノナルヲ以テ、飛行場占領前再度実施ニ応シ難シ、十七日ノ海軍艦艇ニ依ル輸送ハ第八艦隊ト協議実施ノコトトシ総攻撃ニ必要ナル最少限トセラレ度。

第一項ハ責任回避、第二項ハ協同作戦ノ意ヲ体得スルコトナク海軍ハ陸軍ノ援助スルモノト考ヘアルニアラサルヤ。

依テ、軍戦斗司令所ノ要望ニ対シテハ十七日ノ輸送ハ海軍艦艇ニ依ルコトト為ス、之カ為弾薬糧秣等前送不可能トナリ将来ノ作戦上ニ重大ノ影響ヲ及スニ至レリ。要スルニ、「ガ」島作戦ノ成否ハ、計画上ノ可否ニアラズシテ　此計画カ幾程度敵ノ為ニ実現シ得サルニ至ルヤニ存ス。

尚右聯合艦隊電ニ徴スルモ、陸海相互ニ他ノ作戦本質特性ノ理解ノ必要ヲ訓ユルモノニシテ、自己ノミノ立場ニ於テ敢テ難キヲ、求ムルハ、徒ラニ相互ノ精神的一致協力ヲ阻害スル外益ナク害アリ、特ニ前電第一項ノ如キハ責任忌避予防線ヲ張ルノ意ニシテ適当ナラス、且全般ヲ通シ、相互一致シテ戦勝獲得ニ邁進セントスルヨリハ寧ロ自己側ノ責任ニ依リ作戦不如意ヲ招来セルモノニアラサルコトヲ証セントスル心理無キヲ保セス、陸海協同ノ極致未ダシ、未ダシ。

第一船舶団長伊藤少将ノ、十五日夕ニ於ケル、揚陸未済船艦ノ帰還発令ノ件ニ就テハ、聯合艦隊及現地両艦隊側モ大ニ憤慨ノ状アリ、真ニ伊藤少将ノ処置適切ヲ欠キシニ存ストセル今後ノ処置ハ重大問題ナリ、此間ノ消息ハ追テ判明スヘク、同少将ノ消極的決心ニ基クモノナラサルヲ祈ルノミ。

桜田船舶兵団長（本日着任）及大本営派遣参謀三吉中佐（先月末以来当軍司令部ニ於テ船舶関係ニ関シ大本営トノ連絡ニ任シ軍ノ為大ニ努力セラル）、物部少将（宇品船舶司令部参謀長、当地出張中）共ニ右事態ヲ相当重大視シアリ。

茲数日間ニ於ケル「ラ」司令部ノ苦慮奔走ハ相当ノモノナリ、此点ニ関スル限リ、軍戦斗司令所ノ「ガ」進出ハ四、五日過早ノ感アリ、之モ亦当時状況ヲ軽視セルニ起因ス。即チ想記スルハ八日軍戦斗司令所出発スルニ方リ、「ガ」島作戦ハ本月下旬ニハ終末ヲ告ケ、二十七、八日ニハ司令所ヲ「ラ」ニ帰還シ、次期ノ対「モ」作戦ヲ指導セントノ心組ニアリシヲ以テモ知ルヘキナリ。大本営以下各級統帥部一般ニ此種情況判断ニ捉ハシ点大ニ反省スヘキナリ。

十七日。

［（欄外）予ノ戦斗司令所前進ノ意志ト之カ中止］

此日未明、敵駆逐艦ハ「タサファロング」付近ノ我揚陸軍需品ニ対シ猛砲撃ヲ加ヘ、揚陸弾薬ノ爆発、糧秣等ノ炎上相当多量ニ上レリ。当時「ラ」司令部トシテハ、兵力及軍需品ノ前送ニ関シ最善終局ノ処置ニ努力シ、爾後ハ「ガ」島上ノ作戦進展ヲ一意祈念スルノミ、トノ心境ナリキ。

此頃、予ハ今後「ガ」島ニ於ケル攻撃戦斗指導及爾後ノ指導ニ関シ重要問題アルヲ察シ、自ラ軍戦斗司令所ニ到ルノ至当ナルヲ痛感シ、篠原以下（田中、山之内、山本）ニ此旨ヲ告ケタルモ、一同「ラ」ニ於ケル今後ノ重要処理問題ノ解決ノ為、是非予ノ「ラ」ニ止マルノ必要ヲ強調ス、予、之ニ肯セス、渡島ニ決シ、駆逐艦便ヲ艦隊側ニ要求ス、然ルニ大前参謀　参謀長、特ニ草鹿司令長官ハ口ヲ極メテ、予ノ「ラ」ニ在ル必要ヲ強調シ、「予ノ責任上ノ心境ノ苦衷ハ諒トスルモ、作戦上ノ要求ヲ第一義ニ置キテ依然残置スヘキ」ヲ慫慂セラル、即チ、草鹿司令長官ハ爾後ニ実施スヘキ「モ」作戦ノ困難性ヲ述ヘ、之カ協定整備ノ為ニハ是非共、予ヲ相手トスルノ必要アリト為ス、予モ亦当時未タ「モ」作戦現地海軍トノ協定ハ、海軍側起案ノ「仮案」ヲ有スルノミ、而カモ其内容ヲ検討スルモ尚不備ノ重大問題特ニ第三十八師団主力ノ指向方向（当時迄ハ「ブナ」ヨリ「スタンレー」山脈ニ向ク、然レトモ此案ハ補給上絶大ナル困難アリ、予ハ寧ロ先ツ有力ナル一部ヲ以テ「ラビ」攻略後、師団主力ヲ南沿岸ニ沿フ地区ヨリ進メント欲シ、数日来着々此方向ノ研究、準備、偵察ヲ進メアリタリ）ノ決定ハ十分ナル研究ヲ遂クル要アリト信シアリ。茲ニ於テ、已ムナク、山之内参謀ニ予ノ意図ヲ口達筆記セシメ（特ニ強調セルハ「ルンガ」飛行場北側面ノ敵防備ノ強化状況ハ、空中写真ニ判然タルヲ指摘シ、陣地攻撃ノ準備ニ遺漏ナカランコトヲ指示ス）且敵陣地空中写真及之ニ対スル予ノ判断ヲ指示シテ、之ヲ速ニ軍戦斗司令所ニ致スコトトセリ。

後ニ聞クトコロニ依レハ、小沼ハ之ニ関シ不快ヲ感シ、司令官ニ対シ司令官在島ナルニ拘ハラス之ヲ云フハ僭越ナリトノ言ヲ為セリト、果シテ然ルヤ、更ニ想ヘ後ノ結果ヲ、当部ノ注意ハ実ハ時機ヲ失シアリ且空中写真モ師団司令所迄ハ到着セルモ時既ニ作戦指導ノ先入観ニ依リ大ナル注意ヲ喚起スルニ至ラサリシモノノ如シ、之天命ナリ。

先見洞察ノ明ノ云フヘク為シ得サル思フヘキナリ、互ニ相手ヲ察シテ離ルルモ尚意志疎通遺憾ナキハ困難察スヘキナリ。

午後、草鹿司令長官及参謀長ト二十日二十一日ニ於ケル「ガ」島ノ作戦推移ヲ考察シ、飛行場占領直後ノ処置及陸海空地連絡ニ関シ予メ準備セル案ヲ以テ協定ヲ遂ク。

十八日

「ガ」島ニ於ケル攻撃準備ノ進展ニ関シ好情報アリ（沖戦参三九）、曰ク、第二師団ハ予定ノ如ク十七日早朝出発、前進路啓開作業ハ十六日「ルンガ」上流河谷ニ達ス、此方面土人及敵ヲ見ス、軍司令官ハ十七日〇五〇〇「コカボンナ」東南旧第二師団司令部位置ニ移ル。本朝、先ニ「ガ」島ヘノ船団輸送ヨリ無事帰還セル南海、佐渡、崎戸「ラ」港ニ帰還ス、参謀ニヨリ実地ニ調査セル処、揚陸ハ軍需品大部終了シアリ、感謝ス。此点ヨリ察スルニ第一船舶団長ノ処置ハ必スシモ不当ナラス。此日、第十一航空艦隊司令部ニ於テ、去ル十一日夜「サヴォ」島付近ノ夜間遭遇戦ニ於テ、敵ノ為機先ヲ制セラレ、相当大ナル損害ヲ出セル第六戦隊ノ戦況ニ関シ、該作戦参謀ノ報告ヲ聞ク、曰ク、彼我T字形ニ衝突シ我不利ノ態勢、敵初弾旗艦（加古、古鷹?）艦橋ニ命中、司令官戦死、艦長以下死傷大、三巡洋艦中二ハ沈没、一ハ最後ニ敵ニ反撃ヲ加ヘ、敵二艦ヲ沈没セシム、貴重ナル犠牲ニ敬弔ノ意ヲ捧ク、海戦特ニ夜戦ノ瞬間的決定ニ関シ、具体的実況ヲ聴取シ今更驚異ノ念湧ク。

午後、第二師団ノ攻撃期日（X）ヲ二十日トシX−1夜ノ艦砲射撃、Xノ敵飛行場大攻撃、同夜ノ終夜連続敵飛行場攻撃等ノ件ヲ海軍側ト協定シ、之ヲ「ガ」島司令所ニ報告ス。
十七日夜敵機「ラ」ニ対シ四、五機来攻セシカ、十八、十九日夜共ニ攻撃ナシ、十八日山之内参謀連絡ノ為「ガ」島ヘ出発ス。

十九日

総攻撃期日（確定ハ聯合艦隊司令長官決定）ニ関シ再三聯合艦隊ニ照会セシ処、二十二日ト決定ノ旨通報アリ、第二師団ノ攻撃準備ヲ周到ナラシムル為却テ有利ナリ。軍攻撃準備ノ進捗ニ関シ一括的報告アリ、大体ニ於テ順調ニ進捗中ナルヲ思ハシム。

［（欄外）陸軍航空投入ノ問題］
本日海軍側ヨリ、中央部ニ於テハ陸軍飛行師団（重爆二戦、軽爆一戦、戦斗二戦）ノ当方面進出ニ関シ研究中ニシテ、之カ為南方戦場ニ到ル陸軍機ノ航母輸送ノ能否ニ関シ照会アリ、海軍側ハ可能ナル旨返電セリト。

右ハ当然当初ヨリ考慮セラルヘキ重要事ニシテ、其実現ニ依リ「モ」作戦ノ指導上頗ル有利ナルヘキヲ思ハシム、十日発ニ見ニ托セル予ノ田中第一部長宛書翰ニ於テ「海軍航空隊ノ低調ト敵機跳梁」ノ状ヲ報セル結果ニアラスヤト察ス、但シ陸軍側ニハ　右ニ関シ何等ノ情報ナシ。

此頃、毎夜月明ニシテ、密林内ノ進撃ニ好都合ナルヲ思ハシム、軍司令官以下ノ御心労ヲ察シ心安カラス。

前日ニ引続キ「モ」作戦ニ関スル兵要地誌ヲ研究ス、従来此基礎的研究モ無ク意気込ムハ不可ナリ。

二十日

海軍航空隊連日連夜「ガ」島攻撃ヲ反復シ、今朝ノ〇三三〇頃出発ス、武運ヲ祈ル念切ナリ。「ガ」島攻略ニ関スル海軍ノ協力ハ真ニ涙グマシキモノアリ、連日夜ノ航空攻撃ノ外駆逐艦四ヲ以テ連続艦砲射撃ヲ決行ノ予定ナリ。

攻撃準備ノ進捗ニ関シ、戦斗司令所ヨリ電来ル、修辞上ニ主観的傾向アリ（註　当時ノ此主観的観察及其報告ハ事実ニ於テ之ニ反スルモノアリ、注意スベキナリ）

一、敵ハ我友軍機出動ノ間隙ヲ利用シ依然揚陸点、高射砲陣地、我第一線ヲ爆撃シアルモ、我企図ヲ察知シアラサル如ク、我飛行場射撃ハ効力アルモ弾数僅少ノ為敵活動ヲ封殺シ得ス。

二、軍攻撃準備ハ概ネ予定ノ如ク進捗シ、第二師団ハ地形ノ嶮難ヲ克服シ十八日夕迄ニ「ルンガ」上流河

谷ニ、師団ノ両歩兵団長（一ハ那須、一ハ川口少将）歩二九主力ヲ集結セリ、

三、助攻方面タル住吉支隊ハ十九日ヨリ歩戦砲ノ行動ヲ統一シ且之ヲ組織的ニ律シ　ナルヘク当面ノ敵ヲ該方面ニ牽制スル如ク部署ス。

四、軍後方ニ関シテハ各方面共必死ノ努力ヲ傾注セルモ十四日夜揚陸セル糧秣弾薬ヲ敵機ノ銃爆撃ト艦砲射撃トニ依リ約三分一ヲ炎焼スルノ已ムナキニ至レルト、「エスペランス」付近ノ上陸及揚陸部隊ノ前進及糧秣ノ前送ニハ多大ノ困難ヲ伴ヒ、歩兵第十六聯隊ノ如キ全兵力ヲ、集結シ得ス、第二大隊ハ本十八日当地出発追及セリ、十七日「エスペランス」ニ上陸セル部隊ハ歩一六ノ二中、独工一中及道路隊ナリ。

我「ガ」島攻略ニ関スル海軍ノ協力ハ真ニ涙クマシキモノアリ、軍ハ以上ノ状況ニ鑑ミ、敵ノ弱点ニ乗スルト共ニ、国軍ノ特性ヲ最高度ニ発揮シ敵軍ヲ一挙ニ殲滅スル事ニ関シ軍司令官以下畢生ノ努力ヲ傾注シアリ、戦捷既ニ我ニ在リ御安神ヲ乞フ。

右電ハ冗長且説明的且幾分ノ誇張性ヲ感セスンハアラス、事前ニ如此愁訴的ト云ハンカ、或ハ自己ノ意気ヲ他ニ強調表顕セント欲スルカ、何レニセヨ余リ香（ママ）シキ報告ト云フ能ハス。

文辞ハ人ヲ表ハス統帥ハ人ナリ。

更ニ二十日一一二〇発、戦参電五二号ニ曰ク、

「日米決戦ノ機ハ熟セリ、X日ヲ二十二日ト決定、本二十日発令セリ、将兵一同決死敢行一挙ニ敵ヲ殲滅シ聖旨ニ答ヘ奉ランコトヲ期ス。」

壮絶ナル報告、幸ニ　天佑ニ依リ決定的戦果ヲ収メンコントヲ。

予ハ右電ヲ正午稍前第十一航空艦隊司令官ニ齎シ、攻撃前途ノ楽観的判断ヲ述ヘ、且「モ」作戦ノ構想及準備ニ関シ連絡ス。

戦況報告文辞ニ関シテハ第一次欧洲大戦西方国境会戦ノ事情モアリ、須ク実情ヲ主眼トシ自己ノ主観的判定ヲ以テ将来ノ判断ヲ誤ラシメサルヲ要ス。

南海支隊方面ノ状況ハ、先ニ連絡報告ニ依リ、九月下旬既ニ補給困難ニ陥リツヽアルヲ察セシムルモノアリ。此頃其程度愈々極度ニ達セントシ、前面ニハ本月十二、三日頃以来若干ノ敵兵来攻シ追々急迫ノ状ヲ呈ス。各方面共「戦ノ

本質」ヲ現出シ来リ、心平ナル能ハス、苦シクトモ我邁進セン、死ハ易シ、戦捷獲得ハ辛苦多シ。

二十一日

［（欄外）状況楽観軽視ノ実相］

戦斗司令所ヨリ、X日ヲ一日延期シ二十三日トスル旨来電アリ、其ノ理由ニ関シ、杉田中佐署名ノ電ニ曰ク、

第一線兵団ノ意見ニ依レハ地形嶮難、密林啓開ノ為尚数日ヲ要スト、以上ハ師団参謀長、辻中佐、平間参謀等ノ第一線実視踏査ニ基ク報告ニシテ、師団爾後ノ攻撃準備ニハ懸念ナシト。

山之内参謀十九日到着ノ旨電アリ又小沼ヨリ曰ク、

殲滅戦ノ前日ノ感無量、二十三日「ガ」島攻略完了、軍直大部ハ直ニ反転、爾後五日以内ニ「ツラギ」「レンネル」ヲ次テ「サンクリストバル」ヲ占領ノ予定、第一着々「ガ」島ニ前進セシムヘキハ糧秣、高射砲弾、燃料、患者輸送船。「ラビ」攻略部署ハ「ガ」島ニ於テ行フヲ可トスヘキ故参謀長以下若干参謀ノ「ガ」島前進ノ意見。

右ニ対シ予以下ノ「ガ」島行ハ差支ナシトスルモ「ラビ」攻略ハ更ニ検討シ、攻略ニ任スル部隊ハ一旦「ラヴァール」ニ集結シ所要ノ準備ヲ整フルヲ要スル意見ナリ。

此頃「ラ」「ショートランド」「ガ」間ノ通信速達ヲ欠キ、多クハ戦機ヲ失ス、「ショートランド」ノ中継ヲ廃シ、寧ロ当初ヨリ「ラ」基地ヲ「ショートランド」ニ推進スルヲ要セシナリ。

海上一千粁ヲ隔テヽ、航空基地ヲ整ヘタル「ガ」島ニ対スル攻撃ハ、最モ困難ナル事象ナルヲ痛感ス。

二十二日

「ラ」ノ作戦処理ハ予自ラ作戦計画ヲ新ニ立案シ其他ニ関シ、一段落ヲ告ク、早朝夜来ノ来電ニ関スル処理ヲ了リ、山本参謀ヲ伴ヒ「コ、ポ」ノ第二師団馬匹状況及同師団残留部隊ノ状況視察ス、此方面ハ地形上軍隊ノ宿営ニ最適ナリ、将来待機部隊ノ為ニ利用シ船舶ヲ該方面海岸ニ廻航スルヲ可トスル意見ナリ、途中ニ戦車聯隊待機宿営シアリ、在満部隊ノ訓練軍紀ハ概可ナリ。兵站病院ニハ一木支隊ノ患者十数名アリ感深シ、午後各部長ヲ集メ現ニ進行中ノ「ガ」島作戦ノ状況並攻略直後ノ処置（糧秣前送、患者後送）、「ブナ」ニ対スル補給全般ノ準備、「ラビ」攻略準備等ニ関

シ要望シ、且「ラヴァール」基地整備ノ根本的施策、集積軍需品ノ愛護管理ニ関シ計画実施スヘキ件ヲ指示ス、一同大ニ乗気ニシテ意気旺盛ナルヲ見テ嬉フ。

前夜来ヨリ未明ニ、三来襲セルモ被害ナシ。

二十三日

明二十四日ノ定期航空便ニ托スル為、田中第一部長宛状況報告第二信ヲ記ス、内容ハ「ガ」島攻略ノ必成及爾後ノ作戦腹案ニ関スルモノナリ。

[(欄外) 第五一師団ノ戦斗序列編入]

此日第五一師団外防空、迫撃、兵站諸部隊ヲ広ク関東軍、支那派遣軍ヨリ当軍ノ戦斗序列ニ編入セラル。「ニューギニア」作戦ノ為ナリ。「ガ」島攻略直後予ハ篠原、田中参謀ヲ伴ヒ同島ニ飛フ計画ナリ、依テ占領直後ノ作戦計画(十月五日策定、同八日修正)ニ再検討ヲ加ヘ、予自ラ起案シ、携行ヲ準備ス。

[(欄外) 攻撃期日ノ延期ト之カ情況判断]

夕刻愈々本夜攻撃実行ヲ期シテ、楽シミアリシニ、日没後ノ来電ニ曰ク「攻撃日次更ニ一日延期二十四日トス」ト、一種ノ不安ヲ感ス、即チ当日午後ニ至リ更ニ延期ストハ全般ノ計画ニ齟齬アリシニアラスヤ、又此延期ハ果シテ第一線ニ対シ通信伝達ノ確実ヲ期シ得タリヤ否ヤヲ虞ルルナリ、杉田中佐ヨリ延期理由ノ来電アリ、内容(後記)ヲ見テ安神ス、若夫レ杉田ノ謂フカ如クハ敵ハ随分呑気ナリ、極楽ヨリ地獄ヘノ転落ナリ、敵果シテ之ヲ知ラスト為スヘキヤ、我モ亦我ノ知ラサル点ニ於テ敵カ自主的企図ヲ抱キアルコト無シヲ保セス、敵ヲ侮ルハ不可ナリ。

捕虜ヨリ得タル情報ニ依レハ「ガ」ノ敵ハ海兵第二師団(大西洋沿岸ノモノ、従来ハ太平洋岸ノ第一師団ナルヘシト判断シアリ)ナルヲ知ル、敵カ大西洋岸ノモノヲモ此方面ニ進メタリトセハ真ノ全般ノ攻勢企図以テ案スヘク大ニ警戒ヲ要ス。夜来敵機来襲主トシテ戦艦ヲネラウ。

○杉田中佐ヨリ二三、二一五〇(参戦七八)(註 傍線ハ予ノ付セルモノ)

軍カ攻勢ヲ二十四日夜ニ延期セル経緯左ノ如シ、

一、軍ハ従来ヨリ今次作戦ノ特性ニ鑑ミ攻撃準備上第一線将兵ニ必勝ヲ自信セシムル方針ノ下ニ指導セラレツヽアリタルトコロ、第二師団ハ本日沖参戦電七二号ノ如ク行動ヲ開始セシモ、偶々地形極メテ複雑ニシテ一五〇〇迄ニ約二粁ヲ前進シ得タルニ過キス且師団ハ本夕迄ニ十分ナル兵力ヲ掌握スルコト、困難ナルコト明白トナリシヲ以テ、軍ハ川口支隊ノ前例ニモ鑑ミ、必勝ヲ期シ得ル為ニ徹底セル兵力ヲ敵陣地ニ指向スル為、一日攻撃開始ヲ延期セシメラレタリ。師団今後ノ前進地区ハ他ノ地形ト異リ、起伏緩ニシテ接敵比較的容易ナルモノノ如シ、敵ハ依然我企図ヲ察知シアラス、飛行場南側ニ於テハ「テニス」ヲ興スルヲ目視シ得ト、

二、住吉支隊方面ニ於テハ「ジャングル」ノ関係上攻撃予定ノ如ク進捗セサルモ、敵ハ此方面ニ牽制セラレツツアルヲ以テ攻撃開始一日ノ延期ハ却テ軍全般ノ為有利ナリ。

三、要スルニ軍ノ攻撃開始ノ延期ハ、現地ノ実情ニ鑑ミ即応シ、我必勝ヲ愈々確実ナラシメントシテ処置セラレタルモノナルニ付、御安神セラレ度。

右説明ヲ見ルニ一モ不要ノ因子ナク、主観的ニ益々有利ナルヲ強調セルモノナリ。然レトモ軍司令部位置ニ於テハ、状況シカク確認シ得サルヘク、否第二師団長ト雖モ一列縦隊ノ師団全般ノ態勢ヲ高地ニ認識スルハ難事ナレハ、此主観的判断ニ基キ、全然楽観的判決ト為シ得ルヤ否ヤ、反省ノ余地大ナリシニアラスヤ。因ニ、敵陣地攻撃計画概要ハ左ノ如シ（二〇、一七五〇発 戦参 五六）

一、第二師団ハ二十日一〇〇〇攻撃準備ノ命令ヲ下達ス

二、攻撃部署

右翼隊（一大/一二四聯、二大/一三〇聯）飛行場北側

左翼隊（二九聯）飛行場西北

戦斗地境　草原高地北側東方六百米密林湾入部ノ飛行場北側椰子林突角、「ルンガ」分流点、「ルンガ」西河口

予備隊　歩一六（二中欠）

両翼隊ハ飛行場南方六粁ノ線ニ攻撃準備、逐次夜暗ヲ利用シ、敵陣地ニ近接ス、

三、住吉支隊ハ二十日砲撃ヲ開始スルト共ニ「マ」川左岸ニ進出中

岡部隊ハ本夕「アウステン」山西北麓付近迄ニ進出、明二十一日「マ」川右岸ノ敵陣地ヲ背後ヨリ攻撃スル予定

四、敵ノ活動ハ依然低調ナルモ我砲撃ニ対シテハ敵亦相当ノ砲撃ヲ実施セリ

別ニ歩一大ヲ「コリ」支隊トナシ飛行場占領ト共ニ「コリ」岬ニ上陸セシム
尚当時ニ於ケル本作戦ニ関スル意気込ノ一端ヲ窺フヘキ資料トシテ、左記、宣伝要領ニ関スル杉田中佐電ヲ掲ク
（沖〈第十七軍〉集戦参五四号）
第二部長へ杉田中佐ヨリ
今次作戦ハ事実上日米ノ緒戦ニシテ且決戦タルノ特質ヲ有スルノ外支那及南方ニ於ケル作戦ト著シク其趣ヲ異ニスル点アルヲ以テ報道宣伝ニ関シ左記事項ヲ併セ考慮スルノ要アリト認ム
一、陸海軍ノ直接「ガ」島ニ対シ使用スル兵力ハ大ナラサルモ陸海軍ノ緊密ナル連繋下ニ実施セラレタル極メテ複雑ナル作戦ナル事、協同作戦期間　約七十日
二、軍ノ集中ハ優勢ナル敵航空勢力下ニ航空基地ヲ有シ孤島ニ対シ主トシテ海軍艦艇ニ依リ行ハレタルコト
海上機動距離　一一〇〇粁　使用艦艇数約百隻
三、「ガ」島ニ於テハ輸送機関ナク敵航空機ノ銃爆撃並艦砲射撃下ニ人力ヲ以テ弾薬及糧秣ヲ輸送セル事、
四、現地ニ住民人家並糧食殆ト無ク、軍司令官以下山寨生活ヲ継続セルコト
小部隊ニシテ絶食ノ已ムナキニ至リシ期間約半ヶ月、軍主力部隊ニシテ糧秣半定量以下ナリシ期間約半乃至一ヶ月
五、人跡未踏ノ「ジャングル」ヲ以テ覆ハレタル嶮峻ナル山地ヲ啓開シツツ実施セル放胆且大規模ナル迂回作戦ナルコト
全行程約四十余粁　啓開日数八日間
六、正面ノ抑留牽制ト敵側背ニ対スル急襲トノ調節宜シキヲ得テ敵ヲ急襲殲滅シ得タルコト
七、我乏シキ物質力ヲ以テ近代的装備ヲ有スル敵ニ対シ敢行セル大部隊ノ夜襲ニ依ル殲滅戦ナルコト
（通電先、東京、ラヴァール）

二十四日、五日、

［（欄外）乾坤一擲ノ攻撃頓挫］
此日ニ於ケル情報ハ刻一刻千秋ノ思ヲ以テ鶴首シ待ツ、一般ニ好調ヲ示シ戦捷既ニ我ニ在ルヲ思ハシム来電ニ曰ク
○沖集戦参八一号（二十四日　一二、二〇発）

一、第二師団ハ敵ニ発見セラルルコトナク二二、〇〇頃飛行場南方約二粁付近ニ達シ数条ノ「ジャングル」道ヲ続テ敵ニ近迫中ナリ

二、第一線ヨリノ報告ニ依レハ予定時刻ニ突入シ得ル状態ニ在リト

○沖〈第十七軍〉八三、（二四日　二〇〇〇発）

本二十四日日没前ヨリ戦場一帯ニ豪雨ニシテ各方面トノ連絡意ノ如クナラス、第二師団方面ノ状況未タ判明セス住吉支隊ハ「マ」川右岸高地ノ敵陣地ヲ奪取シ日没頃「ルンガ」左岸高地ニ向ヒ追撃ヲ命セリ

○沖〈第十七軍〉八四号（二十四日　二三五〇）平岡参謀起案

総長〈参謀総長〉、沖参〈謀〉長、岡〈第七方面軍〉、渡〈第十四軍〉参〈謀〉長宛（註　此電ニハ軍司令官署名ナシ）軍司令官二二〇〇稍前第二師団右翼隊ハ飛行場ヲ占領セリ同時頃左翼隊ハ飛行場付近ノ敵ト交戦中

右電到着前「ラ」ニ於テハ『二二〇〇「バンザイ」』（飛行場占領約束符号）ヲ受領　数分後ニハ東京ヨリ「バンザイ」ノ復唱電来ル、我事既ニ成レリ欣喜雀躍ノ外ナシ、此時ノ感激忘ル能ハス、而シテ翌早朝左ノ電アリ

（二五日　〇二三〇発）越次記案、

一、両翼隊共飛行場付近ニ於テ激戦中ナリ、

二、飛行場ハ未タ占領シアラス　次長「ラ」参長　岡、渡参長

然ニ次テ右数電ヲ打消ス来電未リ、昨夜来ノ欣喜ハ聽テ一転シテ憂慮不安ノ渕ニ陥ラントスル感アリ、戦ニ於テ凡ソ此ノ如キ状況一変情報アリ得ヘキヤ、茲ニ於テカ従来ニ於ケル情況判断ノ果シテ確乎タル客観的根拠ニ基クモノナルヤ否ヤ疑惑ナキ能ハス

○沖〈第十七軍〉八六号（越次記案（ママ））「シ〈ショートランド〉」碇舶司、家村、「ラ」参長

戦斗万一交綏スル場合ヲ顧慮シ、左記（重要順序）弾薬ヲ至急前送セラレ度、九六式十五糎、野砲、自動車燃料、機関銃、手榴弾、重擲筒、山砲

○番号ナシ　次長、「ラ」参長、岡、渡参長

「バンザイ」ハ誤ナリ

而シテ右『二二〇〇バンザイ』及『「バンザイ」ハ誤ナリ』ノ両電ハ、共ニ軍司令官ノ当時一切関知セサルトコロニシテ、電信発電原紙ニハ共ニ司令官ノ署名ナシ、幕僚勤務上重大ナル潜越過誤タルヲ免レス、

（而モ後ニ此問題ニ関シ予カ司令官ニ述ヘタル際、司令官ハ一切

関知セサル旨並夫ノミナラス司令官ハ小沼ニ対シ「飛行場占領」トハ一体何ヲ意味スルヤ、飛行場使用可能ヲ意味スルヤ、二〇三高地占領ノ事例ニモ鑑ミ、十分注意スヘキ旨指示セラレタリト）

次テ二五日一二三〇発沖八七号ニ於テ（杉田中佐起案）右失敗ノ経緯ヲ説明シテ曰ク（次長、「ラ」参長宛）

一、第二師団ハ二十四日敵第一線突入ニ関スル命令ヲ下シタルモ、第一線部隊ハ攻撃直前（二四、二〇以降）ノ豪雨ト地形ノ複雑トニ禍セラレ、且敵主陣地ニ至ル距離予想以上ニ大ナリシ為、左翼隊ニ於テハ百足虫型高地中央ヲ東西ニ連ヌル線ニ在ル敵警戒陣地ノ一角ヲ奪取シ得タルノミニシテ攻撃進捗セス、右翼隊亦昨夜敵ヲ攻撃スルコトナクシテ終リタリ

二、然ルニ軍ハ第一線兵団ノ実相ヲ明確ニ把握セスシテ、第一線ノ誤レル報告ハ概ネ其儘提出シ、為ニ上司ニ対シ幾多ノ御迷惑ヲ懸クルニ至リタルハ誠ニ申訳ナキ次第ナリ

第二師団ノ現況及今後ノ部署ニ関シテハ追テ報告ス

○沖九〇号　次長、「ラ」参長、岡、渡参長宛（註　杉田起案）

一、昨夜第二師団ノ遭遇セル百足虫型高地中央ヲ東西ニ連ヌル陣地ハ、鉄条網ヲ有シ「ルンガ」左岸ノ熊高地ニ連接スル主陣地ナルモノノ如シ、左翼隊ハ目下軍旗ヲ奉スルニ大隊ヲ以テ其占領セル百足虫高地敵陣地内ニ在リ

二、師団ハ部署ノ変更ヲ行ヒ、本二十五日一九〇〇夜襲ヲ決行ス、左翼隊（歩一六及工兵聯隊ヲ増加配属ス）ハ敵陣地ヲ突破シ飛行場ニ突進ス

右翼隊ハ新飛行場（旧飛行場東側）ニ向ヒ突進ス

三、住吉支隊ハ引続キ岡部隊ノ主力ヲ以テ「シシ」「ネコ」ヲ中熊部隊ヲ以テ残存セル「マ」川右岸ノ敵ヲ攻撃スル筈ナリ

四、敵ハ「ルンガ」左岸地区ノ兵力ヲ抽出シ、第二師団正面ニ増加シツツアルヤノ疑アルモ依然住吉支隊正面ニ大ナル注意ヲ払ヒアリ、敵機ノ活動ハ活発ナラス

五、軍ハ「コリ」支隊ヲ上陸後第二師団方面ニ招致シ、師団長指揮下ニ入ラシムル如ク、又歩二二八聯隊主力ヲ「コリ」ニ、歩二三〇ノ一大隊ヲ「タサファロング」ニ上陸セシムル如ク考慮シ、之カ準備ニ努メツツアリ（二十五日一四〇〇）

右電ニ依レハ、第二師団ノ攻撃ハ尚大ニ嘱望ノ余地アリ、

予ハ此日午後第十一航空艦隊司令部ニ於テ同司令長官以下及偶々連絡ノ為招致セラレタル両飛行隊司令（〈空白〉中将及〈空白〉少将共ニ体軀偉大ノ猛者ノ感アリ）ニ対シ、二十四日以来ノ来電ヲ基礎トシ戦況推移及之カ判断ヲ述ヘ、未タ戦況頓挫トシテ希望ヲ捨ツヘキニアラス、本二十五日夜ノ攻撃ニ期待シ得ル処相当大ナル旨ヲ述ヘ、一同稍安堵特ニ両飛行司令ハ既ニ絶望ト判断シアリシトコロ事情如此大ニ安神スト、此日聯合艦隊主力ハ敵主力艦隊（戦艦及航母四）ヲ「サンタクルーズ」群島方面ニ追及捕捉徹底的打撃ヲ与ヘタル快報アリ

草加（ママ）司令長官以下予モ加ハリ乾盃ス

扨右沖電九〇ノ伝フル敵陣地判断ハ、既ニ数日前予カ空中写真判断ニ関スル事項ヲ電報シ、山之内参謀ヲ派遣シ重ネテ此旨ヲ伝ヘシメタルトコロナリ（後ニ聞ク所ニヨレハ、小沼等特ニ大ナル関心ヲ払ハサリシカ如シ、先入観ト他ニ聴クノ誠実ヲ欠クハ大ニ慎ムヘキヲ痛感ス、大事ヲ誤ルノ因茲ニ在リ）

即チ予ノ敵陣地判断ニ関スル発電左ノ如シ

○沖集参九九二、　軍司令官宛　参謀長発

発信一五、二一〇〇　着信、一七、一八〇八

受付、一八、〇五〇〇

十三、十四日「ガ」島飛行場付近ノ写真偵察トノ結果ノ要旨左ノ如シ（昭一七、七、一三日撮影写真ニ依ル「ガ」島北岸写真ト対照）

一、中川右岸ニ沿フテ南方ニ延ヒタル草地ヲ主トシテ川ニ沿フ地区ノ河口ヨリ一・五粁付近（五四、二〇〇—四八、六〇〇「A」点ト仮称）ヨリ上流ヘ約三粁（五四、三〇〇—四六、七〇〇「B」点）ニ亘ル一帯ハ顕著ナル施設ヲ見ル、軍需品集積場ナル如ク判断セラルルモ或ハ抵抗施設アルヤモ知レス、付近ノ森林内ニモ点々ト家屋又ハ集積品ラシキモノヲ認ム

二、「B」点ヨリ西走シ飛行場南方ニ細長キ草地（「C」高地）南端（五二、〇〇〇—四六、八〇〇）ヲ経テ熊高地東南ノ小草原地（「ルンガ」河西側「D」高地五一、〇〇〇—四七、〇〇〇）ニ亘リ□ヲ交ユル施設ヲ認ム「C」高地及「D」高地上ニ陣地施設ラシキモノヲ認ム、熊高地ニハ多数ノ自動車道及陣地施設ヲ認ム

三、熊高地西北端ヨリ豹高地ニ自動車道新設ス、豹高地ヨリ虎高地北部ニ亘リ陣地施設ラシキモノヲ認ム、此付近ニ陣地及倉庫等ヲ認ム

四、以上ニ依リ「ルンガ」河左岸ニ於テ、主陣地ハ熊

高地東南「D」東南ヨリ熊東南端ヲ経テ豹東南ニ亘リ虎東南トノ間ニモ増援陣地アルモノノ如ク、「ルンガ」右岸ニ於テハ飛行場南方ニ細長ク延ヒタル「C」高地ニ陣地施設アリ、其東方中川右岸ニハ集積場ラシキモノアルヲ以テ右ニ連繋シ抵抗施設アルヘシト想像セラル

五、空中写真並作図等十七日夜「ガ」島到着予定ノ第三八歩兵団司令部ヲシテ携行セシムルト共ニ一部ハ空中投下ヲ行フ

「ガ」島戦司、第二師団長（次長参考）

交戦ノ結果判明セル敵陣地ノ真状ハ、既ニ右ノ如ク予メ通報セラレアリシニ拘ハラス、此ニ対シ殆ト無関心ナリシカ如キハ頗ル遺憾千万ナリ

而シテ右ノ判断ハ予自ラ殆ト一日ヲ費シテ判読セル処ナリシナリ

当時ニ於ケル補給状況ニ関シテハ沖参戦九一ニ曰ク

一、二十五日調査ノ砲兵弾薬残数（発数）左ノ如シ（　）内ハ現在砲数

十加（二）二五〇　九六式十五榴（一二）三五〇

四年式十五榴（一）二五〇　野砲（七）五〇〇

二、糧秣ハ概ネ二十七、八日頃迄トス

三、第二師団補給路ハ地形嶮難ナルト距離長遠ナルヲ以テ、爾後該師団ノ補給路ハ「コリ」岬付近ヨリト致度ニ就キ、遅クモ歩二二八聯隊ノ「コリ」岬付近上陸ト同時ニ、為シ得ル限リノ糧秣及弾薬（戎式山砲、機関銃、重擲ヲ重トス）ヲ揚陸スル如ク又為シ得ル限リ速ニ砲兵弾薬及糧秣ヲ「タサファロング」ニ揚陸スル如ク是非実現相成度

四、本二十五日残在舟艇小発一

通電先「ラヴァル」「シ〈ショートランド〉」家村参謀

第二師団ノ補給困難性ハ、聴テ「コリ」方面ヨリスル補給ニ着意スルニ至レルモノナランモ、之カ実施ハ第二師団ノ攻撃奏効ヲ前提トスルモノニシテ、現在ノ戦況遂ニ頓挫セハ右ハ到底実行不可能ナルヲ察セサルヘカラス、又「為シ得ル限リ速ニ」「為シ得ル限リ多ク」ノ語ハ避ケ度キモノナリ、何レノ方向モ実ハ「為シ得ル限リ多クヲ為シ得ル限リ速ニ」努力シアルナリ、常套語遂ニ緊急時ノ緊急事ヲ軽視セシムルノ弊ヲ招クノミ受報者トシテ右ハ好感ヲ持テス、統率ハ人心ノ機微ニ投セラルヘカラス

二十六日

［(欄外) 攻撃失敗後ノ事情］

二十五日再度決行セル攻撃ハ、更ニ悲惨ノ結果ニ了レルモノノ如シ、戦ハ躁急焦慮ヲ戒ム、失敗セハ其原因ヲ探求シ之ヲ除去セサルヘカラス、此点知ラサルニアラス、実際ノ事ニ当リテハ前轍ヲ反覆スルノ弊ニ陥ル是即チ「戦」ヲ克ク知ルノ必要ナル所以ナリ

○沖参戦電九四（杉田記案(ママ)）至急親展「ラ」参謀長宛（次長 岡、渡〃）　参謀長

一、師団ハ予定ノ如ク攻撃ヲ実施セルニ、敵ハ我企図ヲ察知シ兵力ヲ増強セント前日ニ比シ敵火熾烈ニシテ、右翼隊正面ニ於テハ敵ノ逆襲ヲ受ケ、為ニ本二十六日早朝迄両翼隊共攻撃進展セス、師団一般ハ志気旺盛（ニシテ損害亦比較的少キモノノ如キモ―ヲ訂正シアリ）ナルモ損害特ニ上級将校ノ損耗相当大ニシテ師団ノ携行セル糧秣弾薬ノ残高僅少ナルヲ以テ依然攻撃ヲ続行スルモ成功覚束ナキ状況トナレリ、但今朝来第二師団正面ノ戦場ハ静穏ナリ

二、軍ハ以上ノ状況ニ鑑ミ「ガ」島ニ於ケル兵力ヲ増強シ、爾後ノ攻略ヲ準備スル目的ヲ以テ、先ツ左ノ如ク部署ス

(イ)、第二師団ハ戦線ヲ整理シ、先ツ一部（歩二三〇ノ二大及「コリ」支隊）ヲ以テ「コリ」付近、主力ヲ以テ「ルンガ」上流河谷ニ兵力ヲ集結シ、爾後ノ攻略ヲ準備ス

(ロ)、住吉支隊ハ主力ヲ以テ「アウステン」山巓頂ヨリ一本橋東西側高地ヲ経テ一本橋付近ニ亘リ攻勢拠点ヲ構成確保スルト共ニ一部ヲ以テ「マ」河左岸ノ線ヲ占領シテ爾後(后)ノ攻略ヲ準備ス

(ハ)、第三十八師団（在「ガ」島部隊欠）ハ「コリ」付近ニ上陸ヲ準備ス

尚同時頃　海軍側ニ対シテ発電シテ曰ク

○沖参戦九六　聯合艦隊長官宛　軍司令官

第十一航空、第八艦隊長官宛　参謀長（越次記案）

貴艦隊ノ全幅的協同ヲ得タルニ拘ラス、今次「ガ」島飛行場陣地攻略奏功スルニ至ラス、誠ニ慚愧ニ堪ヘス、目下ニ於ケル戦局ハ更ニ大規模ノ兵力増加ヲ行ヒ根本的ニ攻撃準備ヲ進メ周到十分ナル準備ノ下ニ攻略ヲ実施スルノ已ムナキニ立到レリ、茲ニ従来ノ熱誠ナル御協同ヲ深謝シ此上トモ御協同ヲ得ンコトヲ祈ル

此頃前記重要電報ノ起案ニ小沼ノ携ルトコロナク、参謀長代理的地位ニアリシハ遺憾ニシテ、参謀長ノ「ラ」残留ノ実ハカヽル末稍的事柄ニモ表ハルノミナラス、「ガ」島発電カ「参謀長」名ナルニ於テヲカシキモノナリ、作戦指導ニ関シテモ　敵陣地判断ト之ニ対スル関心程度、攻撃頓挫後ノ「コリ」方向ニ対スル歩二三〇ノ派遣並第三八師団主力ノ「コリ」方面上陸等、予ノ意ニ反スル処置アリシハ爾後ノ実経過ニ鑑ミルモ適当ナラサルコト明ナリ

此第三八師団ノ「コリ」方面指向ノ如キハ実ハ揚陸ノ困難性ニ関スル従来ノ体験ノ認識不十分ナリシ主因スルモノト考フ

爾後ノ作戦構想ニ関シテ処理スヘキ要件ニ就テ「ガ」島戦司ヨリ相次テ左ノ電来ル、而シテ以下重要ナル三通ノ発電共ニ司令官ノ承認ヲ得タル證(ママ)跡ナキハ最モ奇(ママ)異トスルトコロニシテ、幕僚擅恣ノ忌ムヘキ心理ノ表顕ナリ、又事是ニ至ラシタルハ参謀長ノ「ラ」残留並幕僚ノ司令官ニ対スル意識ノ然ラシメタルモノアルヲ窺ヒ痛嘆ノ至リナリ、将徳将才ト幕僚道ニ就テ予ハ平素ヨリ堅キ信念ヲ懐キ今日迄之ヲ強調シ来リシニ遂ニ事如此ヲ致セルハ自ラ己ノ至ラサリシヲ省ミ慚愧ニ堪ヘス

○沖戦参九七　「ラ」参謀長 「コリ」支隊長 宛　軍参謀長（小沼記案司令官署名ナシ）

一、態勢整理兵力集結ヲ発令セラレ、聯合艦隊主力帰還スル現況ニ於テ敵カ「ルンガ」以東ヨリ上陸シ「コリ」東方地区ニ飛行場ヲ新設スルニ至ルヘキハ想像ニ難カラサルトコロニシテ又作戦指導上重大ナル問題ナリ

二、軍ハ「コリ」支隊ヨリノ「支隊ハ本二十五日二〇〇〇頃上陸ヲ決行ス」ノ電報ニ依リ上陸セルモノト判断シ、本朝ノ態勢整理ニ方リ第二師団ヲシテ歩二三〇主力（弾薬僅少糧秣一、二日分アルノミ）ヲ該方向ニ派遣セシメ要点ヲ占領セシムル如ク部署セリ

三、然ルニ只今「コリ」支隊カ、該方面ニ上陸シアラサルノ報ニ接セリ是非速ニ該支隊ヲシテ「コリ」ニ強行上陸セシムル如ク海軍ト折衝相成度、目下敵ノ航空勢力ハ甚シク滅殺セラレ特ニ爆弾ノ欠乏ニ悩ミアルカ如シ

右ノ「二〇〇〇上陸決行」ノ報ヲ此日早朝「上陸セルモノト判断」ノ下ニ処置セルコト、又縦ヒ「コリ」支隊上陸セルモノトシテモ之カ携行ノ弾薬糧秣ニ歩二三〇主力ヲ依存セシメントスル点、更ニ敵カ「コリ」ニ上陸スルヲ恐レテ

之ニ一部ヲ分割スルハ用兵上考慮ノ余地ナシ

○沖戦参九九号　至急親展　参謀長「ラバール」参謀長　宛　軍参謀長

（此発電亦司令官ノ署名ナシ特ニ注目スヘキナリ）

(一) 軍ハ在「ガ」島ノ全兵力ヲ挙ケテ今次総攻撃ヲ開始シタルモ、前報告ノ如キ結果ヲ呈スルニ至リシヲ以テ、本二十六日更ニ攻略兵力（第三八師団ノ残全力及第五十一師団等）ヲ増加シ、周密ナル攻略準備ヲ復行シ敵ヲ撃滅スルニ決ス

(二) 軍ハ左記ニ着意シ今後ノ攻略準備ヲ進メントス

一、兵力集結ノ基礎態勢ヲ確立ス

(イ) 第三八師団主力ヲ「コリ」「タイボ」間ノ地区ニ他ノ軍主力（2D、51D、軍直主力）ヲ「ルンガ」上流河谷ヨリ「マタニカウ」河口ニ亘ル線以西ノ地区ニ集結ス

(ロ) 右ノ準備トシテ新ニ歩二三〇ノ主力及「コリ」支隊ヲシテ「コリ」付近以東ノ要点ヲ占領シ、第三八師団主力ノ上陸ヲ掩護セシム

二、船団輸送並其上陸ヲ確実ナラシム

(イ) 輸送船輸送ヲ主トスル如ク総テノ処置ヲ講ス

(ロ)「コリ」東方ニ在ル飛行場適地ヲ占領シ飛行場ヲ新設スルノミナラス「ルンガ」飛行場ニ対スル長射程砲及弾薬ヲ増加シテ砲撃ヲ強化シ目下著シク滅殺セル敵航空勢力ヲ封殺スルニ努ム

(ハ) 海軍艦艇ヲ以テスル敵飛行場射撃ヲ強化ス

(ニ) 上陸点ノ防空強化

(ホ) 舟艇ノ増加（「ガ」島ノ大小発ハ殆ト破壊セラレ本日大発二アルノミ）

三、敵ノ上陸及揚陸妨害阻止

(イ) 長射程砲ヲ以テスル敵ノ「ルンガ」上陸点ノ妨害阻止

(ロ) 海軍艦艇及航空機ヲ以テスル敵海上輸送ノ強化（阻止）

四、突破戦力ノ強化

(イ) 火砲及特ニ弾薬ノ増加及強化

(ロ) 同兵力ノ増加（歩兵ニ於テ二分一強ノ補充ヲ要ス）

(ハ) 通信、交通、輸送力ノ強化

(ニ) 堅固ナル陣地ニ対スル近接戦斗用資材ノ増加

五、攻撃拠点（「アウステン」山）ノ占領及其他戦術上及訓練上ノ件略

右ノ兵力集結上ノ基礎配置ニ関シテハ、当時予ニ於テ根本

的異見アリ、其主因ハ揚陸ノ困難性ト爾後ノ補給ノ困難性ニ在リ、彼我ノ形態的配置ハ可ナルカ如キモ真ノ態勢即チ分離兵団ノ戦力（補給ニ基因スル）及兵力分離ヨリ来ル指揮上ノ困難性ヲ無視スルモノナリ、其他ノ事項ハ一般的ノ着眼トシテハ至当ナリ、然レトモ之ヲ達成スルノ困難ハ兵力軍需品ノ不足ニ因ラス、輸送ノ安全揚陸ノ確実ヲ欠クノ一言ニ尽ク、之カ対策ハ自ラ明瞭ナリ、即チ我航空勢力ニシテ今後絶対敵ヲ制圧シ得サル限リ、当分ノ間此根本問題ハ解決セラルルコト無シ

尚右電ニ関連シ第八艦隊参謀長宛左ノ発電アリ

○沖戦参九八　第八艦隊参謀長宛、参謀長

（註　本電ハ記案者、小沼、司令官等何等ノ署名ナシ、幕僚勤務上極メテ粗漏ナリ）

我砲撃ニ依リ敵ハ飛行場ノ全幅使用困難ナル状況ニ在ルヲ以テ新ニ「コリ」東方地区ノ飛行場適地ニ手ヲ延ス算アルニ鑑ミ、次期攻撃拠点確保ノ為第二三○聯隊ノ二大隊ヲ同方向ニ配備スルコトトセリ、然ルトコロ聯合艦隊ノ北上ニ伴ヒ「コリ」付近ニ敵増援ノ虞アリ、又二三〇聯隊ハ今般ノ戦斗ニ依リ弾薬ヲ消耗シ弾薬亦十分ナラス、又之カ陸路補給ノ目途ツキ難キ状況ナルヲ以テ、至急「コリ」支隊ヲ揚陸セシメ増強ヲ図リ度ク、月明等ニ関連シ実施極メテ困難ナリトハ推察スルモ、之カ強行揚陸ニ関シ、特ニ御配慮ヲ得度、追テ右ノ拠点確保ニ関シ、敵ニ機先ヲ制セラルルコトアラハ次期作戦ハ執ルヘキ方策ナキ状況トナルコトヲ憂慮シアル次第ニ有之

電文冗長説明的哀願的ナルヲ想シム、戦一度失敗スルヤ其言亦如此、憐ムヘク考フヘキナリ

尚右ニ関連シ杉田ヨリ総務部長及「ラ」ノ予ニ齎セル沖参戦一〇〇号ハ、敵軍ノ状況ニ鑑ミ今後ノ攻略準備上特ニ着意スヘキ点ヲ報スルモノニシテ其要旨ハ

一、相当ノ準備期間ト兵力トヲ以テ相当ノ長期持久戦ヲ覚悟、陸海軍ノ密接ナル協同作戦ハ一層ノ努力ヲ傾注スル要

二、飛行場制圧ノ強化「ガ」ニ我不時着陸場又ハ飛行場準備、成シ得レハ陸軍航空兵力ノ増派

三、糧秣弾薬ノ事前集結ノ要

相次テ急進ト状況ノ急転ヲ報スル来電ニ接セル予ハ海軍側ト研究折衝ニ努メシモ種々ノ点ニ於テ大ニ難色アリ、就中予ハ第三八師団主力ヲ「コリ」方面ニ揚陸セシムルハ全然

反対意見ニシテ、海軍側（長官、大前共）亦予ト同感、茲ニ於テ予ハ速ニ「ガ」島ニ到リ爾後ノ作戦指導ノ根本ニ重大ナル根本的検討ヲ加フルノ緊要ナルヲ感シ、海軍側トモ協議シ之カ準備ニ着手ス

此数日間ニ「ガ」島―「ラ」間ニ往復セル電信ハ莫大ナル量ニ達シ、同一事項ニ関シ作戦、後方情報等ノ重複セル電文又ハ同事項ヲ反復強調セルモノ等アリ、参謀長ノ在「ガ」ニ必要ナル所以ハ、大ニ作戦指導ノ重大問題ヨリ小ハ左ノ如キ幕僚勤務ノ統制ニ至ル迄、其ノ欠陥ヲ暴露シ遺憾至極ナリ、尚第二師団ノ攻撃頓挫ニ伴ヒ軍ノ攻撃中止ニ関シテハ予及第一部長ヨリ「今一押」ノ意ヲ伝ヘタルモ事既ニ決シ、現地ノ当初状況ヲ軽視シ且失敗スルヤ反動心理ニ懸レル関係モアリ、軍ニ相互ノ意志疎通感情疎隔ノ因ヲ招ク虞アリシ外何等ノ効果ナカリシヲ痛感ス

右関係電左ノ如シ

○沖参一一〇一　軍司令官宛　「ラ」参謀長

軍機　二六、二一一八
二六、二二〇〇着

参謀長ヨリ一、飛行場東側地区ニ於ケル配備ハ山之内参謀ヲシテ伝達セシメタルトコロト一致シア（ル）モノノ如シ　二、略、　三、戦局ハ予期ノ如ク進展セスト雖敵ノ困窮我ニ数倍シアレハ今一押シノ所ナリ

「ルンガ」岬南方約二粁付近ニ対シ、本二十六日夜及爾後連夜爆撃スルト共ニ「タサファロング」沖方向ヨリスル艦砲射撃トニ依リ敵ヲ震駭シ、師団ノ戦斗ヲ進捗ヲ促進スル件断行シ度キ意向ナリ

○参電　二九四　高級参謀宛　東京第一部長　軍機　二七、〇五〇四
二七、〇九一〇

沖集参戦電九四号（二十六日戦況及軍爾後ノ攻撃部署）承知ス、貴軍ノ連日ノ奮斗ヲ敬謝ス

「ガ」島爾後ノ攻撃ニ関シ当方ノ見解左ノ如シ

一、全般ノ状況ニ鑑ミナルヘク速ニ所要ノ措置ヲ講シ攻勢ヲ続行ス、特ニ本二十六日ニ於ケル海軍ノ戦果ハ極メテ大ニシテ米国側ノ放送等ニ依ルモ敵亦苦悩シアル所ナルヲ以テ所謂「今一押」ノ感少カラス

二、攻撃要領ニ於テハ従来ノ如ク白兵奇襲式ニ依ルコトナク、各種戦力就中、砲兵火力ヲ組織的ニ敵陣地ニ集中シテ敵陣地ヲ突破セサルヘカラサルハ予テ愚考シ又御連絡致シアリシ次第ナリ

又作戦目的達成ノ為ニハ敵飛行場ノ使用ヲ封殺スルコト極メテ緊要ノ事ニシテ、此意味ニ於テ「クマ」高地一帯地区ハ正ニ「二〇三」高地ト称シ得ヘシ、

依テ貴軍爾後ノ攻撃部署ニ於テハ、第三八師団主力ヲ「コリ」付近ニ使用スルコトナク、歩砲戦力ヲ統合シ易キ「マ」河方面ヨリ歩砲其他ノ諸戦力ヲ統合発揮シ攻撃セシムルノ要アリト思考ス
之ニ関シ大本営ニ於テハ取敢ヘス左ノ如ク処置セラル
1．独立混成第二十一旅団主力（歩二大基幹）ヲナルヘク速ニ「ラヴァル」（ママ）ニ至ラシメ、貴軍司令官ノ隷下ニ合シメル如ク命令ヲ仰ク予定（「ラバール」（ママ）着ハ十一月上旬ノ予定）
2．第五一師団ノ輸送ハ凡有手段ヲ尽シ迅速ナラシムル如ク処置ス
3．以上ノ外更ニ所要ノ兵力資材等ヲ貴軍ニ増加ス
4．海軍中央部ニ於ケル貴軍爾後ノ企図達成ニ極力協力スル如ク考ヘアリ
三、作戦連絡ノ為、二十八日当地発服部第二課長ヲ貴軍ニ派遣セラル
通電先「ラ」「ガ」
予モ亦前述ノ如ク大体此大本営ノ見解ニ一致シアリ、即チ急遽爾後ノ兵力増強ニ関シ輸送ノ為ノ処理ヲ第十一、第八艦隊ト協定シ此成案ヲ得テ「ガ」ニ到ルニ決ス
尚二十六日一八四六　東京（ママ）発　参謀長発
諸情報ヲ綜合スルニ「ガ」島ノ敵ハ孤立包囲セラレ極メテ窮境沈黙シアルモノノ如シ、正ニ連続力攻一挙ニ撃滅ノ好機ナリ、軍ニ於テハ要スレハ更ニ所要ノ戦力ヲ至急投入シ、形而上下ノ全力ヲ発揮シ飽迄目的ノ貫徹ニ邁進スルモノト確信シアリ、切ニ御健斗ヲ祈ル
通電「戦斗司令所」「ラヴァール」
嗚呼　辛キ哉　身現地ニ無キヲ恨ム　司令官ノ意中果シテ如何　愈々将徳発揮ノ瞬時ナリ
二十七日　此日午後　辻参謀ヨリ来電アリ曰ク
○沖集戦参一〇五　至急極秘　参総務部長 「ラ」参謀長　宛
第二課長へ辻参謀ヨリ（二七、〇六〇〇　第一線）
一、第二師団ノ精鋭ヲ以テ天嶮ヲ克服シツツ完全ニ企図ヲ秘匿シ敵ノ側背ニ進出シテ而モ全力ヲ一点ニ集中シ二日間ニ亙リ突破ヲ企図セルモ遂ニ奏功ヲ見ス、戦力ノ半ヲ失ヒタルハ今尚野戦陣地攻略ノ観念ヨリ脱却シ得サリシ小官ノ過失ニシテ誠ニ申訳ナシ、戦場ノ実相ヲ視ルニ「ガ」島ハ既ニ全正面共要塞化セ

ラレアリ、之カ攻略ニハ新ニ第三十八師団及第五十一師団ノ全力ト特ニ豊富ナル弾薬ヲ集積シ正攻法ニ依ルノ外途ナシト判断ス

MO作戦ノ為ニハ前ニ新鋭ナル山地師団ヲ準備セラルルノ要アルヘシ

二、第二師団ハ極メテ真面目ナル攻撃ヲ強行シタル為戦線大牙錯綜シ、特ニ歩二九聯隊長ハ軍旗ト二中隊ヲ率ヰテ二十五日未明深ク敵線ヲ突破シタルモ主力ト遮断セラレ、昨夕ノ決死隊ニヨル収容モ未タ目的ヲ達成セス、今夜更ニ生存者全力ヲ挙ケテ極力収容ニ努メラレツヽアリ（旅団長戦死、歩一六聯隊長重傷）

又杉田参謀ヨリ軍ノ攻撃中止ニ関シ中央部ヨリ攻撃続行ノ激励的来電（総長及第一部長ヨリ）ニ対シ左ノ釈明的発電ヲ為ス

○沖参戦参一一五　総務部長「ラ」参長宛（親展）

第一、第二部長ヘ杉田中佐ヨリ

参電二九四電ニ依リ軍ノ攻撃中止ニ関シ中央部、軍間ニ於テ見解ノ相違アル趣ヲ拝察シ、派遣幕僚トシテ中央部ニ対シ現地ノ実情ヲ十二分ニ御認識ヲ願フ其努力ニ於テ遺憾ノ点アリシノミナラス、軍ニ対シ多大ノ御迷惑ヲ懸クルニ至リタル其責任ノ大ナルヲ痛感ス、殊ニ敵陣地ノ実相ヲ予メ把握スルヲ得サリシハ真ニ慚愧ニ堪ヘス、軍ノ攻撃中止ニ関シテハ其後ニ於ケル軍ノ報告並服部大佐ノ来島ニ依リ御諒解ヲ得ルコトト信スルモ、状況真ニ已ムヲ得サリシモノニシテ辻参謀モ亦詳ニ第一線ノ状況ヲ把握シ善処セルトコロナリ、又砲兵用法ニ関シテハ軍ニ於テ十分努力セラレアルモ敵カ広正面ニ配置シアルニ反シ我ハ「ジャングル」ノ関係上海岸ノ狭正面ニ一、二門宛縦深ニ配置スルノ已ムナキ実情ニ在リ御諒承アリ度

又小沼ヨリ参電ニ対スル釈明的答電ニ曰ク

○沖集戦参一一二　総務部長「ラ」参長宛　高級参謀

第一部長ヘ　参電二九四号返

御高配ヲ謝ス、今次攻略戦御期待ニ副ヒ得サリシ責任ヲ痛感ス

以下「ガ」島ノ実情ヲ申上ク

一、軍ハ今次「ガ」島戦ニ於テ各種戦力ヲ集中シ、徹底的重点ヲ構成シ、組織的戦斗ヲ計画シタルモ、軍戦斗司令所カ「ガ」島ニ到着シタル際、前報告ノ如ク状況一変シアリテ「マ」川陣地ノ正面攻撃ハ強力

ナル砲兵力ヲ要スルニ拘ハラス地形ハ砲兵ノ展開ヲ著シク制限シ（当初十五榴一門ヲ展開シ得タルノミ）且砲兵特ニ弾薬ノ揚陸ハ海軍艦艇ノ輸送能力、敵機ノ跳梁上十分ナシ能ハス（大小発ノ如キモ約百五十隻カ僅カ二隻トナレリ）又揚陸点付近ニ於テ焼却セラルルモノ多ク、砲兵力ニ期待スル攻撃ハ攻撃時機トノ噛合セニ於テ断念セサルヲ得サルニ至レリ、蓋シ「月」ノ関係ハ敵カ輸送シ得ルニ拘ハラス我ハ中止セサルヘカラス、而モ聯合艦隊ノ出動決戦期間ノ関係モアリシヲ以テナリ、之ハ要スルニ当時ノ状況ニ於ケル「ア」山方面ヨリスル迂回作戦ノミカ軍ノ必勝ヲ期シ得ル唯一ノ方策タリシモノニシテ、迂回路方面ノ「ジャングル」ハ比較的疎ニシテ大部隊ノ行動ヲ許スヲ知リシヲ以テ、茲ニ敵ノ側背攻撃ヲ実施スルニ決セラレタリ

二、敵飛行場ノ制圧ハ当初ヨリ最モ重要視シ、之カ有力ナル実施ニ関シ努力シタルモ、前項ノ理由ニ依リ十分ナル能ハサリキ、目下十加中隊ト「ア」山ノ山砲兵聯隊（二中隊）トニテ之ヲ行ハシメアルモ敵爆撃ノ為損傷ヲ受ケ十加ハ一門、山砲ハ弾薬搬送兵力ノ関係上三門ノミ使用シアル状況ナリ

三、「クマ」高地ノ攻撃亦考慮セシモ、堅固ナル該陣地ノ攻撃ハ砲兵力ヲ基礎トスル関係上従来ニ於テハ実現シ得サリシモノニシテ、次期攻撃ニ於テハ之ヲ考慮シアル次第ナリ、之カ為必要ト認ムル火砲資材等ニ関シテハ目下研究中ナリ

四、「ガ」島ニ対スル兵力集中ハ甚大ナル日数ヲ要スルモノニシテ、絶大ナル努力ニ拘ハラス机上ノ算定トハ著シク異ルモノトス、特ニ資材糧秣関係ニ於テハ十ヲ計画シテ六ヲ送リ、六ヲ送リテ三ヲ揚陸セシメ、二ヲ使用シ得ルカ如キ困難性ヲ御諒承アリ度

五、指揮ノ動脈（ママ）タル通信器材ノ如キモ、揚陸時間ニ制限アル為揚陸半ニシテ帰還シ又揚陸セル器材カ海岸付近ニ於テ焼却セラルル等ノ関係上甚少ク、有線器材皆無ノ歩兵聯隊モアリ、今次攻略戦ニ於テモ当初軍、師団間ノ有線連絡不可能（無線ハ当時封止シアリ）ノ状態ナリキ、之カ為軍ハ辻、林ヲ第二師団ト同行セシメ密ニ、連絡指導セシメタル次第ナリ

六、「コリ」「タイボ」方面ノ価値ニ関シテハ、軍ハ沖集戦参電第一〇七号ノ如ク信シアリ

七、二十六日ノ攻撃中止ニ関シテハ、実情上最後ノ「五分間」ノ問題トハ異ルモノアリト信ス

八、「ガ」島ノ実情ハ本電意ヲ尽サヽルヲ以テ服部大佐ノ現地視察ヲ待望ス、当軍司令官以下次期攻撃ノ必勝ヲ信シアルヲ以テ御安神ヲ請フ、但シ之カ為ニハ相当長キ準備日数ト莫大ナル物トヲ必要トスルコトヲ御諒承相成度

通電先、東京「ラヴァール」

又小沼ヨリ予ニ宛テ当方ノ発電（沖参一一〇九）ノ返トシテ左ノ来電アリ

戦参一一六

○第三八師団ニ次テ「ショートランド」ニ待機シアル部隊ノ輸送ヲ行ハルル報ナルモ、最モ速ニ「コリ」支隊、歩二二八聯隊ヲ「コリ」ニ又歩二三〇ノ一大ヲ「タサファロング」ニ輸送シ、次テ第三八師団ヲ「コリ」ニ輸送セラレ度（当方電九九、一〇四、一〇七参照）

爾後ノ作戦指導ニ関シ、愈々予ト現地トノ間ニ隔離ヲ大ナラシムルヲ思ハシム

二十八日

第十一航空艦隊司令部ニ於テ、予、篠原、大前（航艦作参）、神（八艦先任）爾後ノ輸送ニ関シ研究検討ヲ遂ク、先一応戦司ノ意見ニ就テ検討セシカ、神ハ「コリ」ノ揚陸ハ泊地及揚陸上ハ却テ有利ト云フ、但敵ノ妨碍ノ大ナルハ当然ナリ、更ニ先方ノ意見ニ拘ハラス、予ノ原案ニ就テ輸送計画ノ概要ヲ研究ス、当時月明ノ関係ハ十一月上旬ヲ可トシ、中旬ノ前半以後ハ適当ナラス、又従来ノ船団輸送ノ成果ニ鑑ミ大船団ヲ用フルハ敵航空制圧ノ絶対性ヲ望ミ得サル限リ不可トナス、茲ニ於テ大体二乃至三船団ヲ十一月三日頃ヲ第一次トシテ約三次ニ亙リ実行スルノ腹案ヲ立案ス、既ニ茲数日来次期作戦ノ指導要領特ニ之ニ基ク後続兵団、軍需品ノ揚陸点ニ関シ予ト現地トノ間ニ有スル意見ノ相違ヲ一掃スルコト及之ニ伴フ海軍側ノ意見等連絡ノ為予ト大前ト明二十九日「ガ」島ニ急行スルヲ決ス

大前ハ相当ノ識能ト腕トヲ有ス、先ニハ第八艦ノ作主ナリシ由、神ハ事ノ観察及決定稍軽卆（ママ）ノ感アリ、「ラ」残留ノ各参謀ハ本朝予ノ許ニ進テ意見具申ニ来ル云フ処予ノ考ト一致シアリ（之ハ予ト共ニ在ル者ノ当然ノ事ニシテ、予ト共ニ在ル者ニハ予ノ意見ニ異論ヲ挟ムヲ許サス、又カヽル事態ニ立到

ルカ如キ事無キニ関シ自信ヲ有ス〉
輸送開始ノ機ハ月明ノ関係上切迫シアリ、而モ輸送ノ根本方針未定ノ状況ニ在リ、一度事志ト違フヤ爾後ノ指導ハ極メテ困難ナリ、従来ノ如ク計画戦術ノ弊害ハ是ニ存ス

十月二十九日

〔〈欄外〉ガ島上陸〕
○四〇〇海軍飛行艇ニ依リ先ツ「ショートランド」ニ飛フ、一行予、大前、堺大佐〈司令部付聯隊長要員〉予ノ当番須田上等兵ナリ、陣中慰問品若干特ニ大前ハ草鹿中将カ「ガ」島占領祝賀ノ為ニトテ予テ準備シアリシ生鶏数羽ヲ後生大事トナシテ携行ス
○七〇〇「ショートランド」着水、桟橋ニテ家村参謀ノ出迎ヘアリ、参謀疲労ノ状ヲ認ム意気旺ナリト云フ能ハス、予特ニ従来ノ努力ヲ謝シ爾後ノ輸送大要ノ予定ヲ伝ヘ努力ヲ望テ別ル、〇七三〇既ニ出航準備中ノ駆逐艦〈空白〈時雨、有明〉〉ノ二隻司令〈空白〈瀬戸山安秀〉〉大佐〈空白〈時雨〉〉艦長〈空白〈瀬尾昇〉〉少佐ハ特ニ予等ノ為ニ艦ヲ準備セラレタルナリ〉ニ移乗直ニ全速ニテ「ソロモン」北側航路ヲ南下ス、途中天候稍不良雲足早ク逆風強ク波浪高シ、予ハ未タ覚エサリシ眩暈〈極メテ軽度〉ヲ感シ昼夕食ニ好肴ヲ供ヘラレシモ箸ヲトラス、艦長曰ク、全速ヲ出シアルモ二十五、六節以上ニ達セスト、艦上勤務ノ一瞬ヲ忽ニセサル緊張ニハ大ニ敬意ヲ表ス、二一〇〇予定ノ如ク敵ノ抵抗ナク泊地進入、直ニ卸下セル小発ニ移ル、兵十数名ト米四〇俵ヲ積ム、小発ノ機関始動意ノ如クナラス、全員ノ焦慮刻々タリ、離艦スルヤ月既ニ雲間ヨリ上昇シ海面通視ノ度ヲ増ス、敵機ノ爆音目標指示信号弾ヲ駆逐艦ニ指向ス、敵高速魚雷艇戦艦ヲ襲撃セントス、小発動艇上「ガ」島ノ洗礼ヲ受ク、順調ニ着岸、自己位置ヲ判定シ得ス、大前ト地形ヲ相シツヽ敵地ニハアラサルヘキヲ語リツツ数梱ノ携行品ノ運搬ニ窮シツツ海岸伝ニ東進シ、途中一廃虚ノ白亜建物付近ニ到リ海岸道ヲ発見ス、海岸付近ノ監視警戒皆無ニシテ敵上陸企図ハ随処ニ達成セラルヘキヲ虞ル、海岸道ニ出テ三々五々後退スル兵ニ遭フ、路上ニ憩ヘル際出迎ノ山之内参謀来リ、貨物自動車ニ依リ「コカボンチ」ニ到リ爾後深キ密林中ノ茨刺道ヲ電信線ヲ辿リテ進ミ、夜半勇川河谷ノ戦斗司令所ニ到着、密林ハ月光ヲ遮リ深夜暗胆タリ之予ノ「ガ」島上陸ノ第一歩ニシテ爾後百日ニ亙ル苦難辛酸ノ開幕ナリ、暗黒裡ニ駆逐艦主計長ノ厚意ニ依ル大握飯ヲ噛ル、大前ハ現

地ノ糧秣ヲ消耗セサラン為トテ雑嚢背負袋ヲ自ラ携行ス、巨軀頑健克ク戦ノ任ニ適スル好漢ナリ

三十日

「(欄外) 爾後作戦ノ検討」

朝来予ノ案ヲ示シテ爾後作戦指導ノ変更ヲ促ス

小沼当初従来ノ案ヲ持シテ直ニ予ノ提案ニ同意セス、予更ニ爾後ノ攻撃主目標ハ「ルンガ」西正面ナルコト及輸送及補給上「コリ」方面ノ不確実性ヲ強調シ、之ヲ納得セシム

当時戦司ニ在リシ杉田、越次、山之内、平岡モ自ラ来リテ予ノ案ヲ聴ク、〇九〇〇頃第一線ヨリ辻参謀長途ヲ三昼夜(往行十日行程)ニテ強行帰還シ、過般ノ戦況並其壮絶困窮ノ状ヲ具ニ報ス、辻ノ顔色相貌ハ一目其難況ヲ表顕シテ余ストコロナシ、辻曰ク「生レテ四十年幾度カ戦場ニ立チ此度程辛苦ハナシ」トテ彼ノ元気ナル辻ヲシテ此言ヲ吐カシム以テ其状案スヘキナリ、尚其他第二師団ハ精強ナルモ歴戦ナラサル点ハ大ニ遺憾多カリシコト、兵団長閣下ノ偉大、各部隊ノ勇戦ヲ語ル、「ルンガ」陣地ハ要塞化シ敵迫撃弾ノ集中ノ状ハ兵評シテ曰ク「全クスコールノ如シ」ト、十数日ニ亙リ極度ノ嶮難ヲ突破シ、困苦ニ堪ヘ愈々攻撃ニ方リ惨憺ノ結果ニ終ル、心中洵ニ察スヘシ、「要塞」「スコール」ハ反動心理トシテ稍誇大ニ過キサルヤト推測ス、予更ニ爾後ノ作戦指導案ニ関シ前言ヲ述ヘ、辻極メテ簡単率直ニ変更ノ可ナルヲ云フ、事ハ茲ニ一切決シ予ハ大前ト共ニ直ニ此旨ヲ「ラ」ニ電報シ、之ニ基キ処理スヘキ事ヲ報ス

当時戦斗司令所ノ物資極度ニ欠乏シアルヲ痛感ス、山窩生活ノ状仲々筆舌ニ尽シ難シ

三十一日

予ハ小沼、山之内ノ案内ニテ九〇三高地観測所ニ到リ敵情地形ヲ概観ス、「ルンガ」敵飛行場(ククム飛行場)ハ指顧(ママ)ノ間ニ(直距離約十二粁)俯瞰ス、攻撃地区ノ地形亦起伏密林錯綜シ優勢ナル敵砲火ニ対シ寧ロ有利ナルヲ感ス、当時ノ直感ハ「彼ノ眼前ニ在ル飛行場カトレナクテドウスル」ナリ

山之内参謀亦過般ノ攻撃ニ方リ岡部隊ノ攻撃地区ヲ踏査シ攻撃指導ノ難カラサルヲ云フ、予ハ予ノ攻撃案ニ自信ヲ感シツヽ帰途ニ就ク

九〇三高地ニ到ル沿道ニハ旧一木支隊ノ残存兵実ニ惨状ヲ呈シ一面同情ト共ニ一面憤慨ヲ禁セサルヲ得ス

此日朝来敵艦砲射撃及爆撃勇川河谷付近ニ対シ激烈ナルヲ感ス、上陸第一日ノ印象ハ敵機ノ跳梁甚シク、糧秣其他物資ノ欠乏、一木支隊等ノ惨状等将来ノ困難性ニ対シ十分ノ覚悟ヲ要スルコト是ナリ

十一月一日

［（欄外）海岸道方向ニ対スル敵ノ攻撃］

朝来「マタニカウ」河畔及勇川河口ニ近キ同河河谷ニ対スル敵爆撃及艦砲射撃特ニ熾烈ナリ、戦司令所モ早朝来二回ニ亙リ「ボーイング」ノ猛爆ヲ受ク（予ハ早朝幕舎背後ノ急傾斜ノ樹根ニ於テ上厠中直上ヲ見舞レタリ）

其状計画的組織的ノ感アリ、正午頃ノ爆撃ニ於テハ司令部ヲ挟テ近弾数発アリ、茲ニ於テ司令所位置ヲ移転スルコトトナリ、何等ノ設備ヲモ予メ為スコトナク九〇三高地西南丸山道ニ沿フ谷地ニ移ル、移動間ノ心理沿道ニ眼ニ映スル諸兵痛廃ノ状転々感深シ

夕刻「マタニカウ」河畔ノ第一線ハ敵攻撃ヲ受ケ急迫ヲ告ク、時ニ急報アリ、当時軍ノ掌握シアル一兵ノ戦斗兵力無シ、急遽道路構築隊ノ数十名、海軍陸戦隊ノ百名ヲ海岸道方面ニ掻キ集メ之ニ対応ス

二日、三日

海岸方面ニ於ケル敵ノ攻勢ハ逐次激烈トナリ、敵一部ノ「クルツ」岬ニ上陸シ我第一線（中熊部隊―歩四）ノ背後ニ進出スルヤ「マタニカウ」左岸ノ第一線ハ遂ニ潰滅シタルモノノ如ク、少数残兵ノ敵線ヲ突破シテ後方ニ退クモノアリ、軍ハ更ニ施スヘキ術ナシ、一木部隊ノ残兵約六、七十（全員罹病伏臥中ナルヲ軀リ出ス）ヲ増援シ且第一船舶団長ヲシテ沖川ノ線ニ予備陣地ノ構築ヲ命ス、当時発令ノ軍命令数通ハ全ク一支隊ノ命令ト何等変ルトコロナシ、三日発令ノ軍命令第一項ニ曰ク「海岸方面ノ戦況急迫シ中熊部隊ノ砲兵陣地付近ニ於テ戦斗中ナリ」ト

砲兵陣地ハ沖川付近ニ在リ、中熊部隊長又同線付近ニ於テ軍旗ヲ擁シ、少数残兵ヲ有スルノミ、沖川ノ線ニシテ敵ノ突破スルトコロトナランカ、爾後抵抗ノ要線ナク直ニ勇川河口付近ヲ敵ノ手裏ニ委スルコトトナル然ルトキハ、第二師団方面ニ対スル補給路ハ遮断セラレ「タサファロング」付近ト連絡ヲ失ヒ且同揚地点ヲ直接脅威セラルルニ至ル、其窮境不安極レリト謂フヘシ、当時戦況急迫ヲ告クルヤ発熱臥床中ノ杉田中佐自ラ進テ第一線ト連絡指導センコトヲ申出ツ、而カモ司令部ハ糧秣欠乏シ移転直後トテ毎食ノ

準備モ意ノ如クナラス
三日夕第一線ノ状況ニ関シ、杉田悲愴ノ態度相貌見ル目モ悲惨顔面ハ熱ノ為紅潮シ気息奄々トシテ曰ク
「第一線ノ保持危シ、増援諸部隊ハ指揮官ノミ先行到着セル部隊ハ未タ何レニ在ルヤ不明、中熊部隊長ハ軍旗ヲ捧シテ突撃セントス如何」ト、予以下各参謀此ヲ聞ク
辻言下ニ曰ク「決シテ突撃セシムル勿レ、突撃セハ万事了ル」ト
予亦之ニ和シ、兎モ角最後迄蔭忍ヲ強調ス、杉田直ニ第一線ニ向ヒ、向ハントス心身疲労ノ状ハ果シテ能クスルヤ否ヤ疑ハシ、杉田既ニ意中ニ決死ヲ覚悟シアルヲ察ス、蓋シ過般ノ攻撃頓挫ニ方リ責任ノ重大ヲ感シアレハナリ、予ハ幕舎ヨリ携帯口糧一袋ヲ携ヘ来リ、杉田ノ杖ツキテ出発スルヲ見送ル、海岸方面ノ砲声熾将ニ暮色迫ラントス
尚右ニ関連シ辻カ第一線ヨリ帰還後、総長及第一部長来電ヲ視テ憤慨一方ナラス、即チ
○沖集戦参一三一　総務部長宛　至急親展
第一部長ヘ辻中佐ヨリ
一、本日第一線ヨリ軍司令部ニ帰還シ、総長及部長閣下ノ電報ヲ拝誦ス、大本営派遣参謀トシテノ重責ヲ完ウスル能ハス御心痛ヲ煩シタル罪万死ニ値ス、既ニ大本営参謀トシテノ資格ヲ失ヒタル小官ノ御奉公ハ唯第十七軍参謀トシテ今後ノ戦局打開ニ献身スルノ一途ノミヲ有ス、林参謀ハ病気ニテ相当静養ヲ要スヘキ実情ニ在リ、速ニ小官ノ発令ニ関シ御配慮煩度
二、MO方面ノ戦況ハ楽観ヲ許ササルモノアリ（詳細ハ軍ヨリ報告セラル）、第十七軍ト別個ニ一軍司令部ノ編成ト二師団ヲ増加セラルルノ要アルヘシ
[（欄外）「ニューギニア」方面戦況]
予カ先ニ「ラヴァル」ニ在リシ際十月下旬南海支隊長ヨリ再三具々其ノ困窮極度ニ達セル状況ヲ報シ、予モ亦此際速ニ之カ増強ヲ図ルコト、爾後ノ該方面ニ対スル作戦上緊要ナリト思考シ、予ノ独断ヲ以テ後続歩二二九ノ一大ヲ之ニ割クヘキ旨発令セシモ、次テ「ガ」島ノ戦況予期ノ如ク進展セス、一兵ヲモ重点方面ニ集結スルノ要アルヲ感シ、該命令ヲ取消シ、万事ハ忍ノ一途ニ進ムヘキヲ覚悟シタリ、然ルニ予ノ出発前夜（二十八日夜）支隊長ヨリ現戦線ヲ撤収シ後退ノ決心ヲ報シ来レルヲ以テ、軍命令ヲ以テ退却ヲ

命シ、特ニ命令発令時刻ヲ支隊長退却決心ノ発電時刻前トシテ発令セリ

之軍ニ於テ其ノ責任ヲ持チ支隊長ノ独断決心ノ責ヲ負ハシメサル意図ナリ、右事情ハ従来「ガ」島方面ニハ何等報告スルトコロナカリシモ、支隊長ニ報告ハ事実ニ於テハ「ガ」島へモ転電セラレアリタリ

南海支隊ニ関スル状況ハ左ノ報告電ノ如シ

○沖集戦参一三七　次長、岡、渡参長　至急親展　参謀長

南海支隊方面ニ於テハ十月二十日頃ヨリ「スタンレイ」山系ニ現出セル三、四百ノ敵ト交戦中ノ処　爾後連日ノ豪雨ト補給ノ杜絶トニ依リ、支隊ノ戦力逐次低下シ、二十五日支隊長ハ百名ノ手兵ヲ提ケテ「イスラハ」西方第一線ニ進出セルモ、第一線ノ戦力著シク低下（一中隊二、三十名）シ且敵機ノ跳梁ニ依リ「パパキ」河ヨリ前方へノ補給至難ナルニ鑑ミ、二十七日支隊主力ヲ「パパキ」北岸へ後退スルノ已ムナキヲ判断シ、一部之カ処置ニ着手セル旨報告アリ、依テ軍ハ予テ準備シアル補給（十一月一日「ブナ」上陸ノ運送船二隻）ヲ実施スルト共ニ支隊長ノ決心ヲ是認シ「パパキ」ノ線ニ後退シ之ヲ確保スヘキヲ命セリ

軍各方面ノ戦況ハ実ニ刻々悲境ニ陥リツツアリ

日本トシテハ従来其例ヲ見サル心痛ヲ覚ユルノ戦況ナリ、試練ハ覚悟ノ上ナリ只天佑ト神助トヲ祈ルコト切ナリ

［（欄外）服部大佐来島］

大本営作戦課長服部大佐、近藤少佐二日夜駆逐艦ニテ「タサファロング」上陸、三日朝九〇三西麓軍戦斗司令所ニ到着ス、当時海岸方面ノ戦況急迫ノ極点ニシテ且補給亦意ノ如クナラス、食事ノ如キモ掛盒ニ平ラニ一盛リ、副食ハ塩モナシ、最モ悲痛ノ場面ニ直面セル大佐ノ心中ヲ察シ、洵ニ気毒千万ナリ、近藤起案ノ大本営宛第一信ニ曰ク

「戦況逼迫困窮ノ状ハ予想外ニ甚シク、将兵ノ相貌ハ武漢作戦当時ノ第百六師団ノ夫ニ髣髴タルモノアリ……」

ト

予、服部、近藤、小沼、辻等凝議ノ上、爾後ノ作戦指導トシテ新ニ混成第二十一旅団（二大隊）ヲ増加シ、第三十八師団主力ヲ十一月上旬、第五十一師団ヲ十二月上旬上陸セシメ、尚精強ナル一聯隊（第六師団）ヲ特種船ヲ以テ直接「ルンガ」ニ強行上陸セシメ、概ネ十二月中、下旬攻撃ヲ再興ス、陸軍飛行隊ノ当方面進出ヲ促進決定ス、攻撃兵団トシテ特ニ第三八師団ノ戦力保持ニ着意ス等ヲ決定シ服部

ヨリ東京へ打電ス

当時予ハ服部ニ対シ「此分ナレハ一個月ニ一師団宛ヲ消耗シ、而モ決定的成果ヲ収メ得サル虞アリ、航空ノ優勢ヲ図ラサル限リ戦局ノ前途ニ光明ヲ認メ得ス」トノ旨ヲ述フ、服部ハ「参謀長ノ「ラ」残留ノ已ムナキ事情アリシハ不自然ナルヲ以テ、副長役トシテ軍参謀有末大佐発令ノ件及全般ノ情報収集ノ統制―杉田中佐ノ海岸方面第一線派遣ノ適当ナラサルヲ指ス、後方整理ヲ強化組織化スヘキ件」等ヲ述ヘ困難ナル作戦何卒御健闘ヲ祈ルト挨拶シテ翌日午後辞去ス、大佐ノ心中察スルニ余アリ

四日乃至十日

〔（欄外）軍ノ危機〕

此処数日間ニ次期作戦ノ為ノ兵力、軍需品ノ増強等ニ関シ「ガ」―「ラ」及東京間ニ往復セル電報ハ繁多ニシテ、戦局ノ重大性及戦況急迫ノ状具ニ察スヘキナリ

九〇三高地西麓戦斗司令所移転以来、当面ノ戦況急迫ニ因リ夜間業務及連絡ヲ必要トスルニ拘ハラス、司令部ニハ蝋燭ヲ欠キ又灯火遮蔽ノ設備モ無シ、暗夜ノ着発信又ハ連絡者往復ノ為、司令部付近喧躁ヲ反復シ、時ニハ糧食不足ニ起因スル参謀連ノ副官書記等ニ対スル鬱憤爆発ノ声ヲモ聞ク、小沼、辻等ハ屡々第一線聯隊長及大隊長等ノ意気地ナキニ憤慨シテ之ヲ酷評ス

之ニ対シ予曰ク「本戦況ノ如キニ処シテハ十中一、二ノミ物ノ用ニ立得ヘシ、敵（ママ）ニ他ノ八、九ヲ役立タストシテ貶スルトキハ用フヘキモノ無キニ至ラン、教ヘ導キツ、戦ハシムル外ナシ」ト

〔（欄外）東海林ノ「コリ」方面転進ノ禍根〕

東海林支隊（歩二三〇主力）ノ「コリ」方面派遣ハ予ハ兵力分離ト補給困難ニ基キ実ニ「シマッタ処置」ト感シアリシカ、果シテ、該支隊ハ十月二十四、五日ノ戦闘ニ引続キ絶食ト密林突破ノ困難トヲ冒シ、月末ヨリ月始ニ亘リ辛シテ「コリ」方面ニ進出セルモ、所在ノ敵ト交戦シ且敵機ノ執拗ナル強襲ヲ受ケ且「コリ」支隊（同聯隊ノ一大）ヲシテ相当ノ糧秣ヲ携行上陸セシメタルモ、敵ノ妨害ヲ受ケ之ヲ入手スル能ハス、此間軍司令部ニ於ケル最大緊急ノ問題ハ東海林ノ補給問題トナレリ、支隊長ハ先ニ「ジャバ」作戦ニ於テ「バンドン」突破ノ勇名ヲ馳セ感状ヲ授与セラレアリシモ、此度ノ難戦ハ相当ノ心痛労苦ト察セサルヲ得ス、抑々本作戦ノ特性ハ第一ニ補給ヲ遮断セラル、事甚大ナルニ在リ、

サレハ此点ニ関ス目途ナク兵力ヲ分離スルハ当然大ナル禍根ヲ将来ニ貽スモノナルコト予断ニ難カラス

斯テ東海林支隊ハ単ニ敵背後ニ若干時日間脅威ヲ与ヘ得タルノミニシテ再度招還セシムルコトトナレリ、支隊ハ此行動ニ依リ其戦力ヲ喪失セルコトヲ予期セサルヘカラス、敵側背ニ対スル冒険的突進ハ、他方面ニ於テ直ニ其成果ヲ利用シ得ル場合ニ限ル、単ナル独自的希望ヤ形態的兵力配置ノミヲ以テ兵ヲ動スヘキニアラス、之亦予カ「ラ」ニ残留セル影響ノ一ナリ

予カ「ラ」出発直前、海軍側ト内協議セル船団輸送（二、三隻宛二、四回ニ亙ル）ハ其後「ガ」島ノ急迫セル戦況及補給上ノ緊急及「コリ」方面ニ対スル兵力糧秣輸送ノ為ト、次期船団輸送ニ方リテハ十分ナル軍需品（糧秣、弾薬）及第三八師団主力ノ上陸ヲ要望セルト、船団輸送実行ノ前提条件タル敵飛行場制圧射撃ハ敵ノ攻撃ニ依リ「マ」川左岸ヲ奪取セラレタル為不可能トナリ、然トキハ敵飛行場ノ制圧ハ戦艦ヲ以テスル猛射ニ依存スルノ外ナク、此戦艦ノ出動ハ特殊弾丸ノ整備及海上制圧ノ関係等ヨリ急速ニハ行ハレス、茲ニ於テカ此月初頭ヨリ数次ニ亘リ若干隻宛ノ輸送ヲ実施スヘキ案ハ遂ニ実現セラレス、十三、四日頃ニ至リ一挙大船団ヲ突進セシムルコトトナレリ

這般ノ消息ハ実ハ「ガ」島ニ於テハ具体的ニ適時承知スル能ハス、日々若キ参謀連ハ海軍ノ頼ムニ足ラサルヲ慨シ予ノ海軍側ニ対スル考トハ大ナル径庭アルヲ覚リ、此点機アル毎ニ此邪推ノ是正ニ努メタリ

［（欄外）予ノ最後的覚悟］

海岸方面ニ対スル先月末以来ノ敵攻勢ハ連日連夜ノ猛砲撃ヲ以テ、五、六日ニ至ル迄継続セリ、此間ニ於ケル予ノ心中ハ喩フルニ由ナシ、実ハ当時既ニ深ク決スルトコロアリ、上衣ノ参謀飾緒、階級章ヲ予メ脱シ、作戦ニ関スル諸日誌ヲ寸断埋没シ、何時ニテモ直ニ突撃決行ニ遺憾ナキ準備ヲ整ヘタリ、而シテ此突撃決行ニ方リ発スヘキ最後電案ヲ左ノ如ク準備セリ

○最後ニ処スル電文案（準備セルモ発信セス）

参謀総長宛　軍司令官　軍機

一、軍ハ「ガ」島ノ敵ニ対シ八月中旬以来数次ノ攻撃ヲ反復シ、特ニ今次軍戦斗司令所ヲ「ガ」島ニ進メテ敢行セル乾坤一擲ノ決戦亦遂ニ利アラス

未タ重任ヲ果シ得サルハ千歳ノ恨事ナリ

而シテ此間「ガ」島ニ於ケル部下諸隊ハ絶対優勢ナ

ル敵機ノ跳梁、補給ノ杜絶、嶮峻ナル密林突破、猛烈ナル敵火ニ対スル突破等絶大ナル困難ヲ克服シ、飽迄一意任務ノ達成ニ邁進シ皇軍ノ面目ヲ発揮セシ事ヲ確信ス

二、十月末以来有力ナル敵ハ飛行機及艦砲射撃ノ協力ヲ以テ、海岸方面ヨリ攻勢ヲトリ、抗戦既ニ五日逐次敵ノ圧迫ヲ受ケツツアリ、目下ノ戦線ハ軍戦斗司令所ノ左側背ニ迫リアルモ、軍ハ之ニ投入スヘキ手兵ヲ有セス、全砲兵ハ零距離射撃ヲ以テ敵ヲ阻止スルニ努メアルモ弾薬既ニ尽シントス

三、東海林ノ二大隊ハ「コリ」岬方向ニ於テ所在ノ敵ト激戦中ニシテ、第二師団主力ハ密林内ヲ逐次西進中ナルモ、其疲労極度ニ対（ママ）シ補給ノ難渋ト共ニ戦力ノ消耗甚シク、之カ掌握ニハ相当ノ日数ヲ要スヘシ

四、軍ハ最後迄抗戦ヲ貫徹シ、時到ラハ司令官自ラ最前線ニ進出シ、皇軍ノ最後トシテ遺憾ナキヲ期シアリ

己苦シキ時ハ敵亦然ルノ言フ如ク、此急迫セル戦況モ六、七日頃ヨリ沈静ニ帰シ、当面ノ敵ハ「マ」川ニ向ヒ退却シ、第一線ハ之ニ追躡シテ旧陣地手前付近迄進出セリ

当時予ト共ニ「ガ」島ニ到着セル堺大佐ハ歩一六長ヲ命セラレ直ニ単身丸山道ヲ東進シ、引上ケ中ノ同聯隊ヲ掌握シ、沖川ノ線ニ急行スヘキヲ命セラレ、克ク此任ヲ果シ、堺大佐部隊ノ戦場到着ト共ニ戦況ノ急迫終熄シ、同部隊ハ勇躍敵ノ退却ニ尾シテ「マ」川左岸ニ進出セリ

〔（欄外）通信ノ遅着〕

此頃爾後ノ新事態ニ応スル為ト急遽諸般ノ連絡ヲ遂クルノ必要アリシヲ以テ、通信大ニ輻輳シ、且各無線機材ノ故障、通信勤務兵ノ疾病等ニ依リ通信遅着ノ状顕著ナリ、至急官報ニシテ四日ヲ要スルモノアリ、特ニ「ガ」島ニ於ケル夜間作業ノ実施不可能モ亦一因タリ

〔（欄外）船舶及大小発ノ問題〕

又当時爾後ノ作戦上重大問題ハ、船舶及「ガ」島ニ補充スヘキ大小発動艇ノ問題ナリ、元来関係船舶ハ二十万屯ニシテ主トシテ南方地域ヨリスル集中輸送、「シ」及「ガ」ニ対スル作戦輸送ニ充当セラレシモ、爾後急遽兵力及補給ノ増大並船舶ノ損傷トニ依リ逐次困難ノ状ヲ呈スルニ至ル、然ルニ、十月末ニ至リ沖方面配当ノ二十万屯ヲ抽出スヘキ報（運船電七六七 参 三七〇）アリ、之ニ関シ在「ラ」篠原参謀ヨリ「ガ」

戦司ニ報セル電報ハ此間ノ消息ヲ物語ル故左ニ概要ヲ記ス

○沖参一二一〇　「ガ」島　船舶参謀長宛　「ラ」（篠原起案）
沖方面輸送ノ現況及特性左ノ如ク此点考慮ノ上沖配当船ハ依然継続サレ度

一、沖配当船ノ現況ハ最初三十三隻二十万屯　内　九州、笹子、能登、靖川、相模、住吉ノ六隻約四万屯ヲ減シ　目下二十七隻十六万屯ナリ
外ニ特種船海上トラックノ（五隻）アリ

二、輸送ノ現況
イ、「ガ」島補給輸送及兵力輸送ニ　二十隻　十二万屯
ロ、比島残置整理輸送　三隻　二万屯
ハ、局地輸送二隻　千五百屯
ニ、未到着三隻　五千屯

三、「ガ」島輸送
イ、三万人ニ対スル補給及弾薬其他ノ輸送ハ最小限一日二〇〇立米
ロ、主力ハ補給輸送ノ船舶（欠落）セシム
ハ、駆逐艦輸送　十一月一日二隻、二日十三隻、五日十二隻及天龍　以上ニテ七日迄糧秣ヲ主トス
ニ、船団輸送予定
八日頃七隻（第一次）、十一日以後九隻（第二次）及九隻（第三次）
十二月初旬迄糧秣ヲ主トス
右船団ハ三万人ノ約一個月分糧秣及弾薬其他ト第三十八師主力ヲ輸送スル予定ナルモ其時機ハ確定セス（十一月八日）

三、「ガ」島輸送ノ特性
イ、三万人常続補給ノミヲ実施スルニ駆逐艦ヲ以テセハ毎日五隻（三万人分一日一三五屯弾薬其ノ他ヲ加ヘ二〇〇屯　駆逐艦一隻ニ四〇屯）一個月約百五十隻ヲ要スルモ目下使用可能延数六〇隻ナリ
ロ、駆逐艦九〇隻分ノ不足ヲ輸送船ニ依ルモノトセハ三六〇〇屯ノ為輸送船十五隻ヲ要ス（五隻　船団三回）
ハ、十二月末頃迄ニ約二十日分ノ糧秣及軍需品ヲ集積スルモノトセハ四二隻ノ運送船ト百隻ノ駆逐艦ヲ併用スルノ要アリ
（七隻船団六回及駆逐艦三日毎ニ六隻）以上ノ内軍隊輸送ノ一部ヲ含ミ大部ハ前ニ輸送スルモノトス

ニ、輸送船ノ輸送能率、一夜ノ揚陸時間ハ二〇〇〇ヨリ〇三〇〇トシ、内四時間ヲ実動トシ、大発六隻ノ四往復ニ依リ一輸送船ヲ以テ、最大二四〇立方米ヲ揚陸シ得ルニ過キス

ホ、故ニ一輸送船ハ一日二四時間中四時間実動シ、八千屯船舶ニ二四〇立方米ヲ搭載シ得ルニ過キス、即チ海上トラック、優速船ＳＳ艇等最適トス

四、以上ハ全ク損傷ナキ場合ナルモ、海軍必死ノ護衛ノ下ニ尚二分一乃至三分一ノ輸送船ノ損傷ヲ考慮セサルヘカラス、依テ相当ノ予備ヲ要ス

五、沖方面配当船ヲ他ニ抽出転用セラルルハ、当方向ノ現下ノ給補輸送ニモ支障ヲ生スルヲ以テ、当分ノ間此侭ニ残置セラレ度　但配当船ハ小型（海トラック、千屯級）十浬級以上ニシテ総隻数ノ多キヲ可トス

尚此頃迄ニ「ガ」島ニ送致セル大小発ハ約百五十ニシテ、全部損傷ヲ蒙リ近ク百ヲ此方面ニ増加セラルヽ予定ナリ、大発ノ昼間陸岸引上ケ遮蔽ハ予メ十分ナル施設準備ヲ講シ置カサルヘカラス

当初十一月初頭ヨリ実行スヘキ予定ノ船団輸送ハ、海岸方面ニ於ケル敵攻勢ニ依リ飛行場射撃ニ対スル期待ヲ失ヒシ為遷延スルノ已ムナキニ至リ一方「ガ」島ノ状況ハ兵力増派糧秣ノ緊急補給ヲ必要トスルヲ以テ取敢ヘス駆逐艦輸送ヲ以テ至急ニ応スルコトトナリ、二日巡一、駆逐艦八隻、五日軍艦天龍及駆逐艦一二、八日駆逐艦一二、十日六隻ヲ以テ、第三八歩兵団司令部、歩二二八（一大欠）、工兵、通信隊一部、糧秣弾薬若干、最後ニ第三八師団司令部ト第二二九ノ聯隊長ト歩一中ヲ上陸セシメ得タリ、因ニ本旬以後ノ船団輸送予定ハ三日六隻、六日五隻、九日五隻、十五日七隻計二三隻ノ多数ニ上リシモ、前述ノ理由ニ依リ聯合艦隊司令部ノ船団輸送ノ認可ナキ為、第八艦隊ハ之ヲ中止スルニ至ル、此間若干ノ航空攻撃ヲ実施セルモ、海軍陸攻隊ハ十月下旬ノ総攻撃ヲ目途トシテ活躍セル為戦力殆三分一ニ低下シ其成果意ノ如クナラス、聯合艦隊ニ於テハ右情勢ニ鑑ミ戦艦ヲ以テスル敵飛行場制圧ニ引続キ一挙大船団ノ輸送ヲ決行スルニ決ス

曩ニ軍ノ戦斗序列ニ入ラシメラレタル混成第二十一旅団ハ其後「ニューギニア」方面ノ戦況逼迫ニ依リ該方面ニ使用スル件ニ就テ交渉ス、軍ハ之ヲ目認ス

十一日乃至十五日

[（欄外）敵ノ我後方遮断ノ強化]

十一月上旬ノ終末頃ヨリ「ガ」島及「ツラギ」付近ノ敵艦艇ノ活動積極化シ、八日駆逐艦ヲ以テスル艦砲射撃ノ企図モ「サボ」島付近ニ於ケル海戦ノ為ニ成功セス、此頃ヨリ敵ハ昼間ハ優勢ナル飛行隊ヲ以テ夜間ハ有力ナル艦艇及数隻ノ高速魚雷艇（飛行艇ノ夜間協同ヲ伴フ）等ニ依リ「ガ」島ニ対スル補給遮断ヲ強化シ、其情報、連絡、通信諸施設ノ完備ト相俟テ、組織的ニ各種戦力ヲ特性ニ応スル如ク、指向シアルモノヽ如ク、此点ハ作戦ノ将来ニ対シ頗ル重大ナル問題ナリ

上旬ニ実施予定ノ船団輸送ハ敵飛行場制圧射撃及航空撃滅戦ノ成果共ニ期待シ得サルニ鑑ミ十三日夜巡戦艦（比叡霧島）ヲ以テ特殊弾二百発及一般弾八百発ヲ以テ強行射撃ヲ実施スルコトトナル、「ガ」島戦斗司令所ノ之カ成果ニ多大ノ期待ヲ懸ケ、十三日夕ヨリ九〇三ノ観測所ニ将校ヲ派シ（聯合艦隊ヨリモ特ニ観測将校一ヲ派遣セラル）司令官以下一同モ片唾ヲ呑ンテ時ノ至ルヲ待チシカ定刻直前戦艦二ヲ有スル有力ナル敵艦隊ト海戦ヲ惹起シ、不成功ニ終リシノミナラス一艦ハ「サボ」付近ニ於テ火災ヲ起シ、翌朝敵機ハ無惨ニモ之カ止メヲ刺サントシテ反復攻撃セシモノノ如ク遂ニ施ス術ナシ、残存ノ霧島ハ一旦北方ニ退避セシモ更ニ、翌十四日夜再度前企図ノ遂行ニ邁進セシモ前夜同様ノ結果ニ了レリ

此ノ如クシテ敵機制圧ノ為ノ最後ノ手段モ水泡ニ帰ス、而モ「ガ」島ノ状況ハ刻下ノ補給上ニモ爾後ノ作戦指導上ニモ、此際一大冒険ヲ敢行シテ船団輸送ヲ実施セサルヘカラス、月明ノ関係ハ日時ノ遷延ヲ許サス、十一隻ヨリ成ル大船団ヲ十四日夜強行突入、状況ニ依リ全部擱挫上陸ヲ企図ス、其意気壮ナルモ心中頗ル悲痛ナリ、船団輸送ハ第二船舶団長田邊少将指揮ノ下ニ軍参謀家村少佐同乗、有力ナル艦艇及直衛機護衛ノ下ニ「ショートランド」ヲ発進ス

船団輸送ニ依ル輸送主要部隊及軍需品左ノ如シ

一、主要部隊（馬匹、自動車ハ「ラ」ニ残置ス）第三八師団ノ一部（歩二二九本部及一大　歩二三〇ノ二大、衛生隊、輜重、工兵隊）第二師団ノ一部（衛生隊、野戦病院三個）、独工一九聯隊、無線五三、八〇小隊、第三野戦輸送司令部、独自二一二中隊、独立輜重五二中、第十七防疫給水部、船舶部隊（第二船舶団司令部、第二船舶工兵聯隊、第二揚陸隊等）

二、主要軍需品
在「ガ」島兵力三万人廿日分
主要弾薬（発数）山砲七千、高射砲一万五千、十榴四千、十五榴三千、十加千五百、其他歩兵各種弾薬
三、大発七六、小発七
然ルニ右船団ハ途中敵機ノ猛攻ヲ受ケ、七隻沈没四隻ノミ擱挫着岸ス、而シテ之ヨリ揚陸セル軍需品ハ糧秣約千五百梱（軍所要ノ四日分ニシテ十一月十八日頃迄ノ所要ヲ充足スルノミ）ニシテ弾薬ハ殆ト全部損失スルニ至レリ、蓋シ着岸セル四隻モ十五日黎明以後敵機ノ執拗ナル攻撃及「ルンガ」海岸重砲弾ノ為ニ全部火災ヲ発セルヲ以テナリ（弾薬揚陸状況宏川、鬼怒川、山月ヨリ合計一五〇梱ナリ）
多大ノ期待ト希望トヲ繋持セル船団輸送ハ殆ト潰滅シ、茲ニ作戦ノ前途ニ暗翳ヲ感セサルヲ得サルニ至ル、十四日船団航行間ニ受信セル電報及海没兵員軍需品ニ関スル左ノ電報ハ実ニ心痛以外何物ニモアラス
○GF参謀長発（一四、一二四〇着信）今朝来敵機数十機艦艇ヲ攻撃シ相当ノ被害アリ、船団入泊ノ成否ハ貴方ノ飛行場砲撃ノ効果ニ俟ツ所大ナリ速ニ制圧強行セラレ度」
○GF参謀長発、一四、一三三〇　船団ハ連続空襲ヲ受ケ潰滅シツツアリ、速ニ制圧射撃ヲ強行スル様陸軍ニ申出ラレ度」
○第二船舶団残留指揮官発（一五、一六二五発、一六、〇七〇〇着）
船団ハ一四日一三三〇ヨリ「ニュージョジヤ」東南方洋上ニ於テ空襲ヲ受ケタルモ本一五日〇二四〇、四隻擱挫上陸ニ成功セリ
第二船舶団長ハ駆逐艦ニ移乗「ガ」島方面ニ於テ指揮セリ
佐渡丸ハ中破シ「エレベンタ」帰着収容中、宮下少佐以下戦死四六戦傷四三、長良、カンベラ、プリスベン火災、乗船部隊千六百名駆逐艦収容「エレベンタ」帰着収容中
軍司令部追及者各部長以下同時ニ遭難セシモ幸ニ救助セラレタリ
右ノ結果軍隊ハ火砲諸器材ハ勿論携帯兵器全部ヲ喪失シ、爾後之カ収容整理ニハ多大ノ困難ト努力ヲ払ハレタリ
先ニ十三日十四日夜ノ海戦ニ於ケル戦果当時ノ通報電ニ依レハ左ノ如シ
十三日夜　大巡一中破、大巡、駆逐各一撃沈、駆三大破
十四日夜　大巡二、駆一轟沈、駆一撃沈、大巡及駆各一

大破
戦艦（米「ノースカロライナ」型）一轟沈、同（米「アイダホ」型）一轟沈
船団輸送ノ不結果ハ軍ニ「ガ」島内ノ作戦及補給ニ重大影響ヲ及セルノミナラス、優速船十一隻ヲ喪失セル結果ト爾後ノ補給ノ焦眉ノ急ニ応スル為ニ「ラ」ニ於テモ大本営ニ於テモ緊急重大ナル対策ヲ講セサルヘカラサルニ至ルハ想察ニ難カラス、軍当局ノミナラス戦争指導上ノ大局的見地ヨリモ種々検討ヲ加フルノ要アルニ至レルモノノ如シ
○「ラ」篠原参謀発　運輸通信長官宛　一五、二〇三〇発
一、従来ノ強行船団輸送　特ニ本十四日ノ輸送ニ鑑ミテ「ガ」島三万ノ常続補給ノ為直ニ中央ニ於テ左ノ事項処理相成度
沖配当二〇万屯（目下九万屯）ノ外小型輸送船五〇、大発二百、折畳三百ヲ直ニ「ラ」ニ集中シ新ニ沖配当ニ増加セラレ度
二、補給ニ関シテハ現地陸海軍（海軍ハ十一月直接最大限転用ス）ハ最善ヲ尽シアルモ今ヤ現隻数ヲ以テシテハ到底処理シ難キニ立到レルヲ以テ特ニ御配慮煩度
実ニ十二日夜十三日夜及十四日ヨリ十五日ニ亙ル時間ハ刻々ノ状況推移ニ全神経ヲ集中セリ、即チ其成否ハ直ニ次期作戦ノ能否ヲ決スル唯一絶対ノ条件ナルヲ以テナリ、海戦ノ熾烈ナル砲声、密林ニパット反映スル轟沈火災ノ火炎、船団進行間ニ「ガ」島ヲ飛立ツ飛行機編隊ノ頻繁ナル任務、擱挫船舶ニ対スル敵機、砲撃ノ集中、就中十五日黎明「ルンガ」ヨリスル敵重砲弾ノ逐次射程ヲ延伸シ、遂ニ命中大火災ヲ発セル状ノ如キ真ニ身ヲ削ラル丶思出ナリ
地上ヨリスル敵飛行場ノ制圧射撃モ上旬中頃敵ノ第一線ノ後退ニ伴ヒ、海岸方向ノ我第一線ハ「マ」川左岸ニ進出シ重砲亦困難ヲ冒シテ陣地ヲ推進シ、十三日十四日ニ亙リ不足弾薬ヲ以テ緊急時刻ヲ見計テ敵飛行場ヲ制圧シ、若干ノ成果ヲ収メタリ
此際「ルンガ」上流地区ニ在ル独山砲二門（梶中佐）ヲ以テ、敵第二飛行場ニ狙撃的射撃ヲ行ヒ、之亦若干ノ成果ヲ収メタルモ大勢ヲ左右スルノ実力ヲ発揮シ得サリシハ実ハ已ムヲ得サリシ所ナリ
［（欄外）計画ト実行、実行ト其成果］
「ガ」島作戦ノ特色ノ一トシテ、我企図カ敵ノ妨害ニ依リ如何ニ制肘否拘束破壊セラレタルヤニ在リ、今此船団輸送ニ一例ヲトランカ、当初ニ於ケル予定計画（必スシモ此計画立案ト実行トノ間ニハ長時日アリシニアラス、概ネ二、三日又ハ数

日前ノ事ナリ）ハ左記ノ如ク之カ実行及成果ハ前述ノ如シ、此間ノ実感ハ実際ノ事ニ当ルモノ以外ハ到底味フコト能ハス

○船団輸送ハ三回ニ亘リ実施スヘキ計画

第一次（十一月上旬初頭）？隻

軍隊三八歩兵団司令部、歩二二八主力、歩二三〇ノ一大、十五榴一中、山砲一中、

主要弾薬　十加千二百、十五榴千百、高射砲五千、山砲四千、其他一般弾薬糧秣　三万人十五日分

第二次（十日、十一日揚陸）九隻

軍隊　第三八師団司令部、歩二二九ノ一大、歩二三〇ノ半大十五榴一中、独山一中、独輜一中、第三輸送司令部

弾薬四百立方米、糧秣三万人二十日分

第三次（十五、十六日揚陸）十一隻

軍隊　歩二二九（一大欠）混成第二十一旅団主力（二大）十五榴二中、独山二中、臼砲一中、戦車聯隊（中戦一三、軽一七、貨車一〇）独立工兵一聯（一中欠）、独輜一中

弾薬四百五十立方米、糧秣十八日分

［（欄外）上陸部隊ト其部署］

即チ右計画カ予定ノ如ク成功セハ「ガ」島ノ敵ノ如キ粉砕期シテ待ツヘシ、仮令三分ニ成功セル場合ト雖モ然リ、本月上旬以来第三八師団主力ノ上陸ニ伴ヒ軍爾後ノ攻撃準備ノ為、六日（十一月）ニハ第三八歩兵団長及一部兵力ノ上陸ニ伴ヒ「マタニカウ」河左岸地区ニ対スル攻撃ヲ準備スヘキ命令（沖集作命一三二）ヲ下達シ概ネ左ノ主旨ニ基キ部署ス、

攻撃準備ノ準拠トシテ九〇三、九九〇高地ニ各一中隊ノ捜索拠点、丸山道ヨリ九〇三―九九〇高地ニ通スル遮蔽道構築、其他弾薬及糧秣集積

八日ニハ第二師団主力ヲ速ニ「コカボンナ」付近ニ集結スヘキ件及東海林支隊主力ヲ「マタニカウ」渡河点付近ニ集結スヘキ命令（沖集作命一三六）ヲ下達ス

之カ実行完了ハ月末ニ及フヘシト判断セラル、蓋シ当時第二師団ハ疲労困憊ト志気阻喪トニ依リ其行動頗ル不活発ニシテ之カ鞭撻ニハ先日来大ニ意ヲ用ヒ之カ為ニハ七、八日頃丸山師団長ヲ軍司令部位置ニ招致セラレ全般ノ関係上師団主力ノ兵力集結ヲ極力促進スルノ必要ヲ述ヘ、師団ニ於テハ「ルンガ」上流ニ収容セル担送患者約五百ヲ後送スル為ニハ師団残存ノ全力ヲ用ヒ約一個月ヲ要スト云ヒテ動クコト頗ル緩慢ナリ、予ハ之ニ対シ「非常ノ際ハ非常ノ処置ヲ要ス、大ノ虫ヲ生カス為ニハ小ノ虫ハ犠牲トセサルヘカラス、要ハ作戦第一主義ヲ以テ此際強烈ナル処断ヲ出スル

ヲ要ス」ト即チ重病者ハ残置スヘシトノ意ナリ、己ノ心ヲ意識シテ鬼トスルノ悲哉、又軍砲兵司令官住吉少将ハ曩ニ軍戦斗司令所ノ「ガ」島上陸当初ヨリ海岸方面ノ歩砲兵全力ヲ指揮シアリシカ、上陸直後ヨリ「マラリア」及下痢ノ為実際指揮ヲトルコト能ハス、衰弱加ハリシヲ以テ「ラ」ニ後退入院セシメラレ之ニ伴ヒ重砲隊ハ軍砲兵隊トナシ野重第四聯隊長ヲシテ指揮セシム（作命一三七）

次テ十一日ハ第三八師団司令部ノ到着ニ伴ヒ「軍ハ主力ヲ以テ「マタニカウ」川以西ノ敵ヲ撃滅シ爾後ノ攻略準備ヲ促進ス」ヘキ旨ヲ命令シ、伊東少将指揮下部隊ヲ師団長ノ指揮下ニ複（ママ）帰セシメ、右攻撃時機ハ追テ命令スヘキヲ示ス、蓋シ近ク実施セラルベキ船団輸送ニ依リ、有力ナル砲兵力及豊富ナル弾薬糧秣ヲ揚陸セシメ、其戦場到着攻撃準備ヲ待テ、先ツ「マ」川河畔ノ敵ヲ撃破シ、第三十八師団ヲ以テ従来ノ「アウステン」山守備部隊ニ連繋シ「マ」川河畔ニ地歩ヲ進メ、十二月上中旬第五十一師団ノ到着ニ伴ヒ、本攻撃ヲ実行スヘキ準備態勢ヲトラントスル意ナリ、当初ハ「マ」川右岸ノ高地ヲモ一挙ニ奪取セント企図セシモ敵兵「マ」川左岸ニ相当有力ナル兵力ヲ進メ、其砲兵亦軽視ヲ許ササル状況アルニ鑑ミ、先「マ」川左岸ノ敵ヲ撃破ス其此際ナルヘク南方高地方面ヨリ、海岸方向ニ向ヒ敵ノ側面ヲ衝ク如ク攻撃ヲ指導シ、攻撃期日ハ諸準備ノ関係上二十日前後ト腹案セリ

而シテ右ノ企図ハ前述ノ如ク、船団輸送ノ不成功ニ依リ、之ヲ実現スルニ至ラスシテ持久作戦ヘ転移スルノ已ムナキニ至レリ

〔（欄外）飛行場設定〕

曩ニ予カ「ラ」出発ニ先（立）チ、中央部ニ対シ陸軍飛行師団ノ派遣ヲ希望シ、次テ服部大佐ノ「ガ」島視察ニ方リ、此希望ヲ実現スル如ク意見一致ヲ見タリ、之ニ伴ヒ上旬以来陸（田中少佐）海協同シテ「ソロモン」群島ノ飛行場適地ノ偵察ヲ行ヒ「ムンダ」付近ニ適地ヲ発見シ之カ設定ニ関シ着手スル事トナレリ、而シテ之カ為ニ飛行場設定掩護ノ為、歩兵二、三大隊ヲ割クヘキ希望（「ラ」ノ田中ヨリ）アリ、二大隊ハ忍フ旨応ヘタリ

十六日乃至二十日

〔（欄外）持久作戦ヘノ転換〕

船団輸送ノ不成功ハ是ニ「ガ」島作戦指導上ニ一大転機ヲ招来スルノ已ムナキニ至ル、真ニ残念至極ナリ、即チ参謀

総長発司令官軍機電ニ曰ク、十六日大陸命六七三号ニ基キ、第十七軍方面ノ当面ノ作戦指導ニ関シ左ノ如ク指示ス（大陸指一三三五）

左　記

全般ノ攻勢作戦準備就中航空作戦準備進捗迄ノ間ニ於テハ「ソロモン」群島及「ニューギニア」方面共ニ海軍ト協同シテ現在地付近ノ要地ヲ確保シ爾後ノ作戦準備ヲ為スモノトス、之カ為

一、「ガダルカナル」島ニ於テハ概ネ現在地付近ノ要地ヲ又「ニューギニア」方面ニ於テハ少クトモ「ラエ」「サラモア」及「ブナ」付近ノ要地ヲ確保ス
右ノ為止ムヲ得サレハ一部ノ現戦線ヲ整理ス

二、前項ノ為必要ナル軍需品及緊急止ムヲ得サル一部ノ兵力ハ各種ノ手段ヲ尽シテ輸送シ、爾余ノ兵力及軍需品ハ当分「ラバール」付近ニ待機セシム

三、特ニ「ソロモン」群島方面ニ於ケル航空基地ニ万難ヲ排シテ急速ニ設定ス

右説明トシテ次長発、参謀長宛　軍機電ニ曰ク

参謀次長ヨリ沖部隊参謀長ヘ依命

大本営ニ於テハ貴軍方面ノ作戦指導ニ関シテハ大陸命第六七三ニ基キ、予テ研究中ノ処差当リ目下ノ戦況ニ鑑ミテ、今般当面ノ作戦指導ニ関シ、大陸指一三三五ヲ以テ前電ノ如ク指示セラレタリ

以下要綱説明ス

本件ニ関シテハ目下尚研究中ナルモ概ネ左ノ如シ

(1)　陸海軍協同シテ先ツ速ニ「ソロモン」群島方面ニ於ケル敵航空勢力ヲ制圧シ、之ニ伴ヒ兵力及軍需品ヲ「ガ」島ニ一挙ニ輸送シ、有ユル戦力ヲ統合シテ同島ヲ奪回ス
此間「ニューギニア」方面ニ対シテハ所要ノ作戦根拠ヲ確保シテ爾後ノ作戦ヲ準備ス

(2)　航空基地ノ設定ニ伴フ航空作戦ノ開始ハ概ネ十二月下旬以降、兵力軍需品ノ「ガ」島ニ対スル大量輸送ハ概ネ一月上中旬、攻勢開始ハ概ネ一月下旬ト予想セラル、但シ以上ハ勿論航空作戦ノ成果如何ニ依リ左右セラルルコトアルヘシ

(3)　左ニ基キ航空基地ヲ急速ニ設定整備スルト共ニ陸軍航空部隊ノ派遣特ニ飛行場整備部隊ヲ急速ニ派遣ス
陸軍航空部隊ハ飛行師団長ノ指揮スル戦斗二、軽

爆一、戦隊ト予定シ更ニ軽爆一戦隊ノ増派ヲ予期ス　航空関係部隊派遣及基地ノ設定ノ要領ハ前電ニ依ル

(4)　兵力及軍需品ノ輸送ハ概ネ左ノ如ク予想シアリ

第五十一師団全力ヲ「ラバウル」十二月下旬、第六師団ノ一聯隊ヲ基幹トスル支隊及軍直部隊ノ大部「ラバウル」十二月下旬乃至一月上旬、第六師団主力「ラバウル」一月中旬

右部隊ノ大部ハ航空作戦進展ノ成果ニ伴ヒ一挙ニ「ガ」島ニ輸送ス

(但シ第六師団ノ使用ニ関シテハ当時ノ状況ニ依ル)

二、以上ノ如ク「今後ニ於ケル全般ノ作戦」ヲ予期セラルルヲ以テ、貴軍「当面ノ作戦指導」ハ航空作戦ノ成果獲得迄ノ間ニ於テハ、爾後ノ作戦拠点ヲ確保シ且軍隊ノ戦力ヲ保持スルコトヲ主眼トシテ現戦線ヲ維持シ、爾余ノ力ヲ挙ケテ先ツ速ニ戦捷獲得ノ関鍵タル航空基地ヲ設定整備スルヲ緊要ト思考ス

従ツテ為シ得レハ「ラヴァル」ニ負傷者ヲ後送スル等給養ヲ向上シ、患者ノ増加ヲ努メテ避ケルコトニ留意ス、是等ノ輸送ハ相当困難ヲ予期セラルルモ左ノ如キ方法ヲ可トスヘク中央ニ於テモ所要ノ件ハ速ニ措置ス

潜水艦ニ依ル補給（潜水艦ニ依リ差当リ艀舟曳航）空中補給、海上「トラック」ニ依ル輸送、駆逐艦補給

三、第八方面軍司令官ハ概ネ二十二日頃「ラヴァール」ニ到着シ、二十三日頃統帥ヲ発動セラルル予想ナリ

四、本件ニ関シテハ軍令部トモ協議済ニ付為念

五、相当困難ナル現下ノ戦況ナルモ中央ニ於テハ有ユル手段ヲ蓋シ有スル犠牲ヲ堵スルモ作戦完逐（ママ）ニ邁進スルノ決意確固タルヲ以テ以上説明セル趣旨ニ依リ当面ノ作戦ヲ指導セラレ度

中央部ニ於ケル心痛苦心ノ程ハ右両電ニ徴スルモ洵ニ案スルニ余リ軍ノ作戦失敗ニ依リ　上大元帥陛下ノ宸襟ヲ悩シ奉リ、中央統帥部ノ万般ニ亙ル配慮尽力ニ対シテハ重々応フヘキ辞無シ、只々来ルヘキ攻勢ニ大戦果ヲ収メテ奉答ノ一途アルノミ、サルニテモ一、航空基地ノ推進完成、航空撃滅戦ノ成果　二、攻勢開始ニ到ル迄ノ緊要最小限ノ兵力ト所要軍需品ノ輸送　三、攻勢開

始迄ノ現戦力保存等ニ関シテハ多大ノ不安ナキ能ハス、蓋シ一ハ敵機ノ妨害ト逐次増加スル敵航空勢力ニ対シ果シテ予期ノ成果ヲ挙ケ得ルヤ、二、三ハ共ニ現実ノ問題トシテ現ニ焦眉緊迫ノ問題ニシテ何等カノ創意工夫ニ依ルモ敵機及艦船ハ戦力ヲ以テ制圧撃破セサル限リ実効ヲ収メ得サルコト明カナレハナリ、又我ハ自主的ニ時機到来迄持久策スルトシテ敵ハ果シテ此長時日ニ亙リ拱手シテ我作戦準備ノ進捗ヲ待ツヘキヤ、此点ハ実ニ本作戦ノ発端ヨリ篤ト考慮スヘキ重要事項ニシテ動々モスレハ己独リノ都合ノミヲ考ヘテ敵側ノ主動的企図ノ遂行ヲ算外トスル誤ヲ犯ス、実ハ「戦ノ本質」ヲ根本的ニ知ラサルノ弊ナリト云フヘシ

而シテ此「有ユル手段ヲ蓋シ有ユル犠牲ヲ堵(ママ)スルモ作戦完遂ノ決意確固」タル文辞ハ感激至極ニシテ其措置ニ於テモ皇軍随一ノ精強ヲ派遣セラレタル事実ニ鑑ミ真ニ然リトス

右大本営ノ指示ニ基キ十七日作戦一四九号ヲ以テ「軍ハ「アウステン」山ノ攻勢拠点ヲ強化確保スルト共ニ概ネ現進出線ヲ確保シ敵ノ積極的企図ヲ破砕シツツ爾後ノ攻勢ヲ準備ス」ル企図ノ下ニ、各兵団部隊ニ対シ陣地、海岸防禦、防空、第二師団主力ノ集結等ニ関シ一般的ニ合同命令ヲ下達ス

而シテ右作命令下達後、月末ニ到ル迄ノ間特ニ作命ヲ下達スルコトナクシテ経過セル事実ハ、軍トシテ新ニ増援兵力又ハ軍需品ヲ得ルコトナク、従ツテ軍トシテ何等処置スルトコロヲ要セサル証左ニシテ無為真ニ苦境ヲ物語ルモノナリ

（十二月三日ノ合同命令ハ作命一四九ニ依ル第二師団ノ兵力集結ニ伴ヒ之ヲ第一線担任ヲ命セルモノナリ）

十八日（発電）ニハ右方針ノ策定ニ関シテ大本営ニ報告ス曰ク

○沖集戦参三〇七号要旨（小沼起案）次長宛　参謀長

一、大陸指一三三五受領ス

二、軍ハ一般情勢当面ノ戦況上敵ニ危惧圧迫感ヲ与ヘツヽ持久ヲ策シ、戦力ヲ増強スルノ必要ヲ認メ、本十七日「ア」山ノ攻勢拠点ヲ強化スルト共ニ概ネ現進出線付近ヲ確保シ、敵ノ積極的企図ヲ破砕シツツ爾後ノ攻勢ヲ準備スルニ決ス、部署概要左ノ如シ

イ、防禦主戦ヲ「ア」山ヨリ「マ」川左岸ノ台地線（左翼ハ「クルツ」岬西南側）ニ亙ル線トシテ堅固ナル縦深陣地ヲ占領シ（註　陣地正面ト兵力トノ関係

上堅固ナル縦深陣地ハ事実ニ於テ極メテ「薄弱ナル一線」ニ過キサルナリ　即チ心組ヲ表ハセルニ過キス）、機ヲ見テ「イヌ」高地ヲ奪取ス（註　相当強キ意表ヲ以テ之ガ達成ヲ企図シアリ）

ロ、右防禦ノ主体ハ第三八師団ノ歩六大（実兵力四大）トナシ配属部隊ヲ合シ、歩兵ノ実力約六大ナリ

ハ、第二師団（歩二九等）ハ速ニ「コカボンナ」「タサファロング」間ニ集結ス（集結ハ本月末予定）

ニ、海岸防禦強化

ホ、軍砲兵ノ推進（飛行場射撃強化）

ヘ、後方交通路新設整備等

三、最近ニ於ケル海面ノ状況ニ鑑ミ「サボ」島ノ占領ニ関シ海軍ト交渉中ナリ

四、敵カ連日銃爆撃、砲撃、艦砲射撃等傍若無人ノ振舞ニ出テアルコト既報ノ如ク、此敵ヲ前ニシテ第二項ノ企図ヲ達成スル為状況許ス限リ速ニ揚陸ヲ要スル軍需品ハ糧秣弾薬（十加、十五榴、野砲、山砲、迫撃弾）燃料、衛生材料、通信用消耗品ナリ、尚之ヲ前送スル為貨車、三〇担送要員少クモ二千人ヲ要ス

五、軍司令官以下真ニ地ニ伏シ草ヲ噛テ決死任務ニ前進スルノ決意牢固タルモノアルモ、天候地勢ノ特異性（特ニ最近連日雨）ハ給養ノ不足粗悪ト相俟テ戦力ノ自然消耗（一個月約五割）甚タ多ク新鋭第三八師団ノ戦力保持ニモ大ナル困難性アリ、但シ将兵ノ志気作興軍紀振作ニハ特ニ意ヲ用フルニ付御諒承相成度（十七日　一五〇〇）

此頃各種軍需品ノ窮乏著シク「糧秣ハ目下（十八日）半定量トシテ本月二十二日迄ノ分ヲ有スルノミ……追送品種ハ当分ノ間、米、乾パン、味噌、塩、砂糖、携帯燃料、ローソク、マッチ、等ハ生キ行ク為絶対必要アルニ付確実ナル方法ニ依リ至急前送相成度」「電報用紙通信紙等ノ消耗品殆ト皆無」「無線器故障ト消耗品補充」等ニ再三反復発電シアリ、而シテ消耗品不足ノ事実ハ軍ノ作戦命令又ハ発電起案紙ノ如キ各種用紙ヲ雑然使用シ又ハ先ニ印刷セル軍情報記録ヲ裏面再用等ノ方法ヲ講セリ

［（欄外）旧部下トノ邂逅］

十二、三日ノ事ナリ、十日夜上陸セル第三八師団長佐野中将閣下ノ軍戦斗司令所ニ到着セラルルヲ出迎ノ為、予ハ山之内参謀ヲ伴ヒ九〇三高地西麓戦斗司令所ヲ出発ス、此日朝来此通路一帯ノ地区（勇川ニ沿フ丸山道）ニ対スル交通遮

断射撃相当盛ナリ、前進中ノ予等ト行キ交フ兵共「ハーアブナイナー」ト小声ニ嘆声ヲ洩シ予等ノ危険ヲ気遣フアリ　中ニハ「今暫クオ待チニナツタ方ガヨイト思ヒマスアスコニモ負傷兵カ二、三名今出来テ倒レテ居リマス」ト忠言ヲ与ヘ呉レルモアリ、即チ「ヨシ〳〵有難ウ」トテ依然進ム、忽チ至ル頭上ノ飛弾音ト至近ノ爆烈音数発　即チ路傍ニ伏スルコト二、三回ナリ、路上ニ負傷兵ヲ鼓舞シ携帯スル繃帯包ヲ頒与ス、伊東少将指揮所付近ニモ朝来数発来リ、集結シアル新来ノ三八師団ノ将兵ニ損傷アリ、佐野兵団長ニ一般状況ヲ説明シ軍司令部ニ案内ス、帰途予カ将ニ司令部位置ニ達セントスルトキ前方ヨリ来レル十数名ノ兵中ノ突然「宮崎部隊長デハアリマセンカ」ト尋ヌル者アリ、「然リオ前ハ誰カ」「ハイ「ハンダガイ」当時部隊長ノ部下テアリマス、吉崎隊ニ居リマシタ、旭川帰還後召集解除トナリ、昨年再度召集セラレ一木支隊トナッテ、コチラニ参リマシタ」「宜シイ、最初カラ上陸シテ居ルノカ、非常ニ元気カヨロシイ、昨今来タ様ニ見エルナー」「ハイ最初カラ上陸シテ居マス「ハンダガイ」当時ノモノガ　マダ外ニモ沢山居リマス」「流石予ノ部下タリシ甲斐アリ、今後モシツカリヤレ、皆ノモノニモ宜敷伝ヘテ呉レ」ト其時其兵ノ後方ヨリ更ニ一名「私モソウデアリマス」トテ、ニコ〳〵ト進ミ出ス予ハ凝視シテ眼頭ノ熱キヲ覚エ感激ス、有難キモノナリ、予ノ猛烈ナル鍛錬ハ嘸カシ彼等ノ印象ニモ深刻ナルモノアリシナラン、奇遇ト謂ハンカ、奇縁ト云ハンカ

第三十八師団長到着ノ際、司令官、兵団長、幕僚一同乾パンヲ肴ニ水筒ノ蓋ヲ盃ニ真ノ戦陣宴?ヲ催ス、親泊、黒崎参謀旧知ノ仲ナリ、両人共頗ル元気ヨシ力強キヲ感ス

二十一日―三十日

海岸方面ニ対スル敵攻勢―第八方面軍並第十八軍ノ編制ト機能発動―補給ニ関スル特別要領―敵情推移概況―東海林支隊ノ行動―南海支隊ノ概況―敵国側ノ放送宣伝―軍司令部ノ爆撃ト位置移動

〔(欄外) 十一月下旬ノ小攻勢〕

一、海岸方面ニ対スル敵ノ攻勢

当初ノ計画ニ於テハ、十一月中旬第三八師団主力ノ上陸ニ伴ヒ「マ」川両岸地区ノ敵ヲ撃滅シテ海岸方面ニ於ケル我地歩ヲ前方ニ進メ爾後ノ攻撃準備ヲ容易ナラシメント企図シアリシカ、十四日ノ船団輸送ノ潰滅ニ依リ此根本方針ニ

齟齬ヲ来セリ

然レトモ軍カ爾後約一ヶ月ニ亘リ持久ヲ策ス（第五十一師団ノ上陸ハ当時十二月中旬以後ト予定シアリ、此頃迄ニハ「ニユージョジア」島ノ飛行場整備、陸軍飛行師団ノ戦場進出ヲ予期シアリ）為ニ右翼「アウステン」山ヲ確保スルト共ニ「マタニカウ」西岸ノ敵ヲ撃破シ、此方面ノ地歩ヲ該河右岸ニ進メ、右翼ト相俟テ爾後ノ一般攻撃ノ準備ノ基礎配置ヲトラントノ企図ハ依然放棄スルコトナク、上旬伊東支隊ノ前線進出ニ方リテモ中間、佐野兵団長カ全般ノ指揮ヲ採ルニ方リテモ、機ヲ見テ右ノ企図ヲ遂行スヘキ任務ヲ与ヘラレタリ、但シ当初ハ「マ」川両岸ノ敵ヲ一挙ニ其左翼背深ク遮断シテ捕捉撃滅セントスル考案ヲ抱キシモ、船団輸送ノ蹉跌ニ伴ヒ先ツ左岸ノ敵ヲ撃破シ、次テ右岸ノ敵ヲ攻撃スル考案ニ変遷スルノ已ムナキニ至レリ、此ノ如クシテ第三八師団司令部ニ於テハ、之カ第一着手ヲ十六日前後ト予定シ十七日頃ニハ敵ヲ圧迫シ一時「マ」川左岸ニハ敵ヲ見サルニ至リ、爾後ノ攻撃ヲ準備シツツアリシカ二十三日頃ヨリ海岸方面ノ敵兵逐次活気ヲ呈シ、此方面ニ対スル砲爆撃ハ昼夜ヲ分タス猛烈ヲ極メ且敵ハ「マ」川右岸ノいぬ高地及「マ」川左岸ニ接スル稜線上ニ連日陣地増強ノ状アリ、且海岸道方面ニハ約百輌ノ小型自動車ノ往復ヲ認ムルニ至ル、斯テ敵ノ攻撃ハ二十日前後ヨリ二十四、五日ニ亙リ、我第一線ノ損害ハ連日数十名ヲ算スルニ至リシモ、克ク敵ノ攻撃ヲ撃退シ第一線陣地ノ確保ヲ全ウセリ、此攻撃間敵ハ「クルツ」岬ニ上陸シ、我陣地ノ背後ニ迫リシモ海岸方面ノ陣地ヲ少シク左後（サガリ）ニ配置シアリシヲ以テ、十二月初頭ニ於ケルカ如キ孤立殲滅ノ難ヲ避ケ得タリ

右ニ関シ当時ノ状況報告ノ二、三ヲ摘記セハ左ノ如シ

○二十一日状況報告

一、一昨十九日夜以来第三十八師団歩兵第十六聯隊正面及歩一二四聯隊正面ニ敵小部隊ノ捜索活発化ス、歩一六ハ右ノ敵ヲ反撃シ之ヲ撃退ス、遺棄屍二〇、昨二十日歩二二八（土井）正面ニ敵三、四百ノ敵増加シ同夜之ヲ攻撃シ相当ノ戦果アリ

二、昨二十日飛翔延機数三十一、本二十一日朝来敵機飛翔盛ナリ

二十日敵入泊輸送船二、駆逐艦二、本二十一日入泊輸送船三、巡洋艦二、駆逐艦二、

○同日聯合艦隊、八艦隊、十一航艦宛

「ガ」島ノ敵ハ我陸海軍戦力ヲ軽視シ積極行動ニ出ツル

虞アリ、陸軍ニ於テモ積極的ニ行動シアルヲ以テ貴方ニ於テモ航空進撃、艦砲射撃ヲ極力実施セラレ度

○二十三日　同前宛

（補足追加）

船団輸送潰滅直後ノ補給対策ニ関シテハ「ラバウル」ニ於テモ中央ニ於テモ大ニ痛心セルトコロニシテ、後記ノ如ク輸送並揚陸ノ特別方法及特別工夫ノ資材ノ製作別送等ニ意ヲ注カレタリ、此点真ニ感謝感激ノ至ナリト雖モ大勢ハカヽル姑息的対応策ヲ以テシテハ拾（ママ）収シ得サル事態ニ立到リシコト事実ノ経過ノ証スル如シ

○十八日「ラ」軍参謀（有末、篠原、田中、山本参謀ヨリ）発電

昨夜海軍側ト爾後ノ作戦輸送ニ関シ協議セル処左ノ如シ

一、聯合艦隊先任参謀ハ海軍ハ航空ノ方針ヲ堅持シ如何ナル犠牲ヲ払フモ取敢ヘス陸軍ノ常続補給ヲ継続スヘキコトヲ明言セリ

二、「ガ」島ニ対スル補給ハ月明ノ関係上二十日ヨリ約一週間潜水艦二十九隻（一隻携帯口糧二十五屯）二十七日以降ハ駆逐艦ニ依リ実施スル予定ニシテ「ドラム」缶（一個ニ付一俵）輸送ヲ準備中

三、陸海軍全力ヲ挙ケテ取敢ヘス「ニュージョジア」島ノ新飛行場ヲ急速ニ設定（本日偵察ノ結果判明スル筈）

四、多数ノ二十五糎高射砲、高射機関銃ヲ以テ揚陸其防空強化

五、山縣兵団ハ二十三日及二十八日ノ二回ニ亙リ「ブナ」ニ駆逐艦輸送ヲ実施ス、尚南海支隊方面ニ於テハ昨夜山本大佐ノ指揮スル部隊上陸ニ成功シ本夕「ブナ」ニ向ヒ前進ノ予定ナルモ、支隊司令部及矢沢部隊ハ依然「クムシ」河左岸ニ在ルモノノ如ク連絡付カス、之カ捜索ニ努力中、司偵機ノ捜索ニ依レハ「メガド」付近ニ敵飛行場二、「ブナ」南方約十粁付近ニ一飛行場アルモノノ如シ

本二十三日早朝来「クルツ」岬方向ニ猛砲撃ノ下ニ敵出撃シ来リ、目下交戦中ナリ

○二十四日状況報告

一、昨二三（ママ）日朝来海岸方面ノ敵ハ熾烈ナル砲爆撃下ニ出撃シ手榴弾戦ノ後之ヲ撃退ス、歩一六正面戦死三〇、戦傷大隊長以下五五、従来同方面ノ敵ハ海兵ナリシトコロ二十日敵屍ノ調査ニ依レハ米歩一八二聯隊第一大隊ノ現出ヲ見ル、二十四日朝来平穏ナリ

二、二十三日入泊輸送船二、巡一、駆二

同日飛翔延五六、後方地域ニ対スル銃爆撃盛ナリ
三、軍戦斗司令所ハ爾後ノ戦斗指導ヲ考慮シ丸山道上更ニ一、五粁東南方（九〇三高地南側）ニ転移ス

○二十六日状況報告
一、昨二十五日海岸方向ハ熾烈ナル接戦ノ後、敵ヲ撃退ス
歩一六ノ同日死傷約五〇、戦斗残員約三百余名トナル
敵ノ第一線後方ニハ時々自動貨車約百輌ノ運行ヲ認ム
二、第二師団司令部ハ二十五日「コカボンナ」西南約三粁水無河畔ニ移動ス
三、二十五日飛翔延七〇機、二十六日〇二三〇友軍攻撃機三飛来
敵入泊　二十五日　輸三、　駆四（内二ハ巡？）
　　　　二十六日　輸二、　小輸一、巡二、駆二
四、二十五日夜「カミンボ」ニ潜水艦一入泊、揚陸一回（糧秣一三〇梱 副食物一一八梱）

○二十七日状況報告　次長、方参長
軍当面ノ戦況推移ニ鑑ミ現戦線（要点）保持ノ為、十二月上旬歩兵一聯隊ノ増加ヲ絶対必要トス、即チ敵ハ本月二十日以来「マ」川左岸ニ攻勢ヲ開始シ、二十三日最高潮ニ達シ、其後依然第一線ヲ増加シ熾烈ナル砲爆ヲ繰リ返スノミナラス、数日来敵後方ノ行動活発化シ、連日「ルンガ」方面ヨリ百輌以上ノ自動車大縦列ヲ以テ兵力ノ前送ヲ行ヒアリ、又連日「ルンガ」ノ揚陸ハ軍隊ト軍需品ト相半シアルカ如シ
軍ハ目下縦長戦力殆ト皆無、而カモ近ク集結スヘキ歩二九ノ戦力二五〇名、東海林支隊残余ノ戦力約八十ニ過キス、第一線ハ一日敵砲爆撃ノミニテ約五、六十名多キハ百名ニ達シアル為　之カ到着ト共ニ逐次第一線ニ増加シアル状況
二十五日「カミンボ」ニ潜水艦ニ依ル糧秣（一日分弱）揚陸セラレシモ之ヲ前送スル舟ハ僅ニ、小発一ニ過キサルヲ以テ、今後数日又絶食ノ止ムナキ状況ニシテ第一線ノ戦力ハ益々低下スルコトヲ考慮セラレ度
海岸方面ニ対スル敵ノ攻撃状況右ノ如ク爾後月末ニ至ル迄砲爆撃依然熾烈ニシテ当時ノ状況報告ニハ敵ハ攻撃準備中ナルモノノ如ク近ク攻撃再興ノ兆明ナリト報ス、三十日未明ニハ砲兵ノ奇襲的射撃ト相俟テ局部的攻撃ヲ行ヒ相当ノ

戦果ヲ収ム、敵ノ猛砲爆下ニ二、三週間連続難戦シ而カモ糧秣ノ補給殆ト杜絶ニ瀕スル状況ナルニ拘ハラス、第一線将兵、第三八師団司令部等ノ志気頗ル旺盛ニシテ右ノ如ク機ヲ見テ敵ヲ奇襲シテ敵ノ心胆ヲ寒カラシメタルハ誠ニ感激スベク且力強キ次第ナリキ、尚右戦況ニ基キ第一線ノ損耗日々〳〵累増スヘキヲ以テ歩一六方面ノ陣地ヲ後退セシメントスル希望第二師団司令部ニアリ、現ニ之ニ関スル意見モ聞キシモ軍ハ敢テ之ヲ収レス無為ノ態度ヲ以テ黙殺セリ

二、方面軍ノ編成ト其機能発揮

［（欄外）方面軍及第十八軍ノ戦場到着］

十一月上旬「ガ」島ニ於テハ第二師団ノ攻撃失敗ト「ニューギニア」方面ノ危急ニ鑑ミ、辻参謀ノ名ヲ以テ方面軍及「ニューギニア」作戦軍ヲ別ニ編成スヘキ件ヲ意見具申セリ

方面軍司令部ハ司令官今村均中将、参謀長加藤鑰平少将、副長佐藤傑大佐、作戦情報ニハ有末、井本、杉田（情）、末弘、原、田中等後方ニハ加藤、篠原（船）太田等二十二日「ラヴァール」着、二十五日ヨリ、統帥機能ヲ発揮セラルルコトトナル

当時ハ、「ソロモン」及「ニューギニア」方面共ニ最悪ノ事態ニシテ事、茲ニ至リ此難況ノ拾収（ママ）打開ヲ方面軍司令官ニ申送ルコトハ従来ノ責任ノ重大ナルヲ痛感スルト共ニ何トモ申訳ナキ極ナリ

今夏陸大在職当時、三笠宮殿下ノ為方面軍兵棋ノ研究会ニ方リ、予ハ殿下ニ対シ「直面スル状況ハ其事畧々至レル其経緯ノ如何ハ別トシ最悪ノ事態ヲ継承シ　之ヲ打開シ戦勝ノ一途ニ邁進スルノ御覚悟ノ緊要ナル」旨ヲ申上ケシコトアリ、予カ十月初頭ニ直面セル状況ハ前途ニ多大ノ希望ト燦然タル光明トヲ認ムルモノナリシナリ、然ルニ二個月後ニ於ケル今日方面軍司令官ノ直面スル状況ハ実ニ最悪ノ場合ト云フ用語ノ適切ヲ感ス、司令官閣下以下首脳部ノ心中察スルニ余リアリ、予ハ肩ノ重圧ノ軽減ヲ感スルヨリハ寧ロ方面軍司令官以下ニ対スル責ノ大ナルヲ覚エ却テ心苦シサノ倍加ヲ知ル

○方面軍作命第一号ニ曰ク

剛方作戦甲第一号其一発令セラル要旨左ノ通リ（二六日（ママ）零時）

一、大命ニ依リ第八方面軍戦斗序列ヲ令セラレ予ヲシテ統率セシメラル

二、方面軍ノ作戦目的ハ海軍ト協同シ先ツ「ソロモン」群島ヲ攻略スルト共ニ「ニューギニア」ノ要地

ヲ確保シテ同方面ニ於ケル爾後ノ作戦ヲ準備スルニ在リ、之カ為方面軍ハ一部ヲ以テ東部「ニューギニア」ノ要地ヲ確保シテ爾後ノ作戦ヲ準備セシメ主力ヲ以テ先ツ「ガ」島ノ敵ヲ掃滅スル目的ヲ以テ同島ノ要地ヲ確保シ爾後ノ攻勢ヲ準備セントス

聯合艦隊ハ主力ヲ以テ方面軍ノ作戦ニ協力ス

三、第十七軍ハ大陸指第一三三五号ニ基キ現ニ実施シアル作戦準備ヲ促進シ、概ネ一月中旬ヲ目途トシ爾後ノ攻勢ヲ準備スヘシ

四、方面軍ノ兵站主基（ママ）ハ「ラヴァール」トシ、第十七軍ニ対スル補給点ハ「タサファロング」及「カミンボ」トス

○第八方面軍ノ統率発動ニ方リ全軍将兵ニ対シ別紙ノ如ク訓示セラレタリ（二十六日方面軍参長発）

将兵ニ与フル訓示

大命ニ依リ予ハ爾今第八方面軍ヲ統率ス、「ソロモン」群島及東部「ニューギニア」方面ニ作戦中ノ隷下将兵ハ作戦開始以来長期ニ亙リ執拗ナル敵機跳梁ノ下、炎熱飢餓ノ辛酸ヲ忍ヒ荆棘俊（?）凌ノ苦難ヲ制シ激戦苦斗ヲ重ネ、以テ克ク米濠軍反攻ノ鋭鋒ヲ破摧シ其心胆ヲ寒カラシメツツアリ

将兵ノ忠節勇武実ニ鬼神ヲ哭カシム、予ハ将兵ノ奮戦ニ対シ万腔ノ敬意ト謝意トヲ表スルト共ニ鋒鏑ニ斃レ瘴癘ニ歿シタル幾多将兵ノ英霊ニ対シ衷心ヨリ哀悼ノ誠ヲ捧ク

夫レ皇国ノ興廃ヲ賭スル大東亜戦ノ勝敗ハ一ニ懸リテ軍ノ双肩ニ在リ、予ハ将兵ト共ニ熾烈仭強ナル斗志ヲ以テ断乎万難ヲ克服シ、敵ヲ撃滅セントス

全軍将兵夫レ克ク唯々純真無雑尽忠報国ノ大義ニ徹シ夫々其ノ任ニ邁進シ誓テ聖慮ヲ安シ奉ラン事ヲ期スヘシ、右訓示ス

○今村中将ヨリ百武中将へ

長期ニ亙ル御奮斗特ニ加藤清正以来数列ナキ困苦欠乏ノ実情ヲ詳細辻参謀ヨリ承ハリ哀心ヨリ感激且御同情申上クル次第ナリ、当方面ノ作戦ハ絶対完遂ヲ必要トシ而カモ力攻ニ多大ノ日数ヲ要ス、此ニ於ケル将兵ハ就中閣下並両師団長ノ御健康ヲ祈ルコト切ナルモノアリ、常続補給緊急時ニ於テ此上共海軍ト密接ニ協同シ既定計画ノ遂行ニ努力致ス覚悟ナリ、推察ニ余ル御苦心ヲ考フルニツケテモ愈々御健康ヲ祈ル次第ナリ、両師団長ニモ宜敷御伝へ乞フ

第十八軍司令部（猛）亦二十六日「ラバウル」ニ到着シ、

当分同地ニ於テ爾後ノ作戦ヲ準備スルコトトナル、司令官安達二十三中将、参謀長吉原矩、参謀青津、田中兼五郎其他等ナリ、同軍ニ対シテモ予ハ多大ノ責任ヲ感ス、而シテ遺憾乍ラ如何トモ致難キヲ恨ムノミ

三、補給難渋ト之カ特別創意工夫

［(欄外) 各種補給手段ノ考案］

十一月十四日ニ於ケル船団輸送ノ潰滅ハ下旬以後ノ補給難渋ニ直接重大ナル影響ヲ及セリ

之カ為海軍ニ於テハ十一月下旬ニ至リ糧秣補給ノ為潜水艦ニ依ル輸送及駆逐艦ニ依リ「ドラム」缶入精米ノ海中投下ニ依ル補給(「ドラム」缶輸送ト呼フ)ヲ創意スルニ至ル、何レモ月明ヲ避クル消極的手段タルハ勿論ナリ

而シテ右要領ニ依ル輸送ハ計画上ニ於テハ相当量ヲ計上シアリシモ之カ実行ハ計画トハ甚シク懸隔アリテ要求ヲ充足スルニ至ラス、尚之カ実行ニ方リテモ艦船ニ相当ノ損傷ヲ生ズル実情ニシテ敵機及高速魚雷艇ニ依ル妨害ハ逐次徹底シ我後方遮断ハ所謂水モ漏サヌ程度ニ強化セラレタリ

○二十三日〇六四〇発、状況報告ノ末項ニ曰ク

「ガ」島ニ於テハ二十二日ヲ以テ食糧尽クルニ至ル、同夜ヨリ二十六日ニ亙ル間延二九隻ヨリ成ル潜水艦輸送ニ大ナル期待ヲ懸ケ諸準備ヲ整ヘ待チアリシ処二十一日夜遂ニ入泊ヲ見ス、尚現地部隊ヨリノ電報ニ依レハ二十四日ヨリ計四隻ニ限定セラレアルヤノ疑アリ、斯テハ戦力ノ急激ナル低下ヲ来スヘク作戦上重大問題ナリ、特ニ之等ノ実行ニ関シ配慮アリ度

○「ドラム」缶輸送ニ関スル聯合艦隊参謀長電(十一月十五日)

「ガ」島陸上部隊ノ補給ハ左ニ依リ至急準備シ発送スルコトトセラレ度、追テ本輸送方法ニ依レハ現地大発隻数ニ関係ナク月延駆逐艦僅ニ二十隻余ニテ足ル泊地付近航行一時間ニテ漂泊ノ要ナク月明期ニ於テモ之ヲ実施シ得ルモノト認ム、

一、米、麦、約一五〇瓩(一石程度)ヲ「ドラム」缶(航空揮発油空「ドラム」缶)詰トシ海中投入ノ場合浮遊スル如クス

二、「ドラム」缶ハ五個乃至十個ヲ綱ニテ連繋シ一端ニ曳行索表示ノ為木片ヲ付シ「ドラム」缶ニハ状況許セハ曳行用金物ヲ付ス

三、駆逐艦一隻ニ四百ヲ搭載、後部ヨリ海中ニ投入シ大発其他ニ依リ陸岸ニ曳行ス

四、空「ドラム」缶ハソーダ及蒸汽ニテ内部ヲ洗滌シタル後米麦ヲ充填ス

五、予備魚雷ヲ下シ爆雷ヲ半数トスル等重量ヲ残リ少クス

右ノ着意ニ基キ「ラバウル」ニ於テハ急遽之カ準備ヲ促進シ之カ投入曳航ヲ予習試験シ方面軍司令官以下之ヲ実現スル等、又曳行索其他ノ小綱ニハ砲兵用輓索其他ヲ流用シ相当ノ困難ヲ支配(ママ)シ之カ用具ノ調達其他ニ努力セラレタリト聞ク

右電ニ対シ左ノ電ヲ発ス

　電ノ件至極同意ナリ速ニ実行相成度、尚実施要領ニ於テ左ノ如クセラレ度意見ナリ

一、一駆逐艦ヨリ投下スルモノハ全部ヲ一連結トスル事

二、投下距岸三百乃至四百米付近トスル事（海岸ニハ標燈ヲ設置ス）

三、投下時機ハ出迎ノ発動艇ト密ナル連結ノ下ニ実施スル事

然ルニ潜水艦輸送ハ前述ノ如ク敵ノ妨害ニ依リ実行ニ於テ成果ヲ収ムルニ至ラサルモノ頗ル多ク且駆逐艦ノ「ドラム」缶投下モ各種ノ事故（投下地位距岸数百米乃至千米トナルモノ、曳行索ヲ陸岸ニ確実ニ引渡セサルモノ、索ノ長サ過少ニシテ陸岸ニ達シ得サルモノ、陸岸ヨリ牽引スル浮索ノ切断、又ハ「リーフ」ニ乗上ケ切断セルモノ海流大ナル為牽引シ得サルモノ等）ノ為投入数ト確実ニ収容セル実数トノ比ハ三分一乃至二分一トナリ天明ニ及フヤ浮遊セル「ドラム」缶ハ敵機ノ執拗ナル銃撃ニ依リ沈没ス　此頃ノ状ハ実ニ「塞の河原の小児が積む小石を悪鬼い(ママ)崩す」ノ感深シ、切歯無念詮方無シ当時方面軍ノ計画ニ依レハ此「ドラム」缶輸送ニ依リ、十一月下旬ノ月暗期間ニ一月中旬頃迄ノ主食ヲ補給シ得ヘシト為シタリト実際ハ遥カニ大ナル懸隔アリシヲ以テ十二月下旬ノ重大危機ヲ招クニ至リシナリ

尚食糧補足ノ為諸隊ハ糧秣運搬兵ノ海岸方面往復ニ方リ椰子ノ実ヲ収集セシメ、軍司令部ニ於テモ参謀連ハ衛兵若干名ニ特ニ之カ任務ヲ課シテ毎日其果汁ヲ吸ヒ果肉ノ脂肪ヲ喰フヲ常トセリ、「ラバウル」ニ対スル発電中ニハ「椰子ノ実採取ノ為使用シ度キニ付電信隊又ハ工兵隊等ノ使用シアル昇柱器二十個ヲ十二月ノ輸送ニ方リ前送セラレ度」ノ注文ヲ見ル以テ其状ヲ案スヘシ

又第一船舶団長伊藤少将ノ意見具申トシテ「ガ島方面ノ

補給困難ノ状況ハ将来何年継続スルヤ図リ難キニ鑑ミ速ニ補給輸送用特種艦ノ建造ニ着手スルヲ要ス」ト宜ナリト云フヘシ

四、敵情推移ノ概況

我方ノ輸送ハ日ヲ経ルニ従ヒ愈々其困難性ヲ増シ十一月下旬ニハ月暗ニ乗スル潜水艦ノ接岸モ亦実行極メテ困難ニ陥リシニ拘ハラス、敵側ハ毎日二、三隻又ハ夫以上ノ輸送船ヲ白昼堂々ト「ルンガ」沖ニ投錨シ大発動艇（我軍ノモノヨリ更ニ大型ニシテ航速大ナリ）七、八隻ヲ以テ桟橋（先ニ我海軍設営隊ノ構築セルモノ）ニ依リ揚陸セシメ逐次重量容積共ニ頗ル大ナル軍需品ノ揚搭ヲ認ム、試ニ十一月初頭ヨリ敵側艦船ノ「ルンガ」入泊状況ヲ摘記セハ概ネ左ノ如シ

	軍艦	輸送船			
一日	軍艦二、	輸送船一、	（以下之ニ準ス）		
二日	四、	二、	三日	不明	
四日	一二、	三、	五日	一〇、	四、
六日	六、	四、	七日	二、	二、
八日	二、	一、	九日	二、	〇、
十日	一、	一、	十一日	七、	三、
十二日	一七、	七、			

略（以下毎日必ス若干ヲ認ムルモ毎日ノ分省略　時々ヲ誌ス）

十五日	二、	二、	二十日	五、	三、
二十一日	二、	三、	二十二日	四、	二、
二十三日	二、	二、	二十四日	四、	四、
二十五日	四、	二、	二十六日	六、	二、
二十七日	六、	三、	二十八日	八、	五、
二十九日			三十日	七、	五、

物質量ノ多寡ハ固ヨリ意ニ介スルトコロニ非スト雖我ハ飢餓ニ瀕スルニ反シ敵ハ毎日数隻ノ軍需品ヲ揚陸シ砲弾ニ、爆弾ニ、航空機燃料ニ、飛行場設備材料ニ、糧秣ニ、其欲スル量ヲ補給シ患者ノ後送亦意ノ如ク実施スルニ於テハ作戦力ノ比較ハ今ヤ論スル余地ナシト云フヘシ

其他敵ハ「ツラギ」ニ海軍基地ヲ整備シ「サボ」島ニ魚雷艇基地ヲ進メ、陸、海、空ノ戦力ヲ統一シテ適時要点ニ集中シ且其情報組織並通信施設ハ特ニ組織的且統一的ノ状ヲ窺フニ足ル

又其飛行場ハ着々整備ヲ強化シ、且「ルンガ」河畔及「コリ」方面ニモ更ニ新設シ、機数逐次増加シ昼夜ノ活動ハ敵乍ラ其勇敢ト努力ヲ大ニ認ムヘキモノアリ

五、東海林支隊ノ行動

東海林（二二八）聯隊ハ十月下旬第二師団ノ右翼隊トナリ「ルンガ」敵飛行場南側地区ノ攻撃後直ニ密林内ヲ迂回シテ「コリ」方面ニ前進シ飛行場適地ノ偵察並之カ確保ヲ命セラレ「コリ」ニ揚陸セル一部並糧秣ヲ併スヘキ処、途中敵ノ妨害ヲ受ケ所々ニ戦斗ヲ反復シ補給ト通信連絡ノ不如意、傷病兵ノ運搬等ニ極度ノ困難ヲ嘗メ十一月四、五日頃更ニ「ルンガ」上流方面ニ転進帰還ノ命ヲ受ケ十八日頃ニハ辛ウシテ「ルンガ」上流ニ達シ、更ニ一部（一大）ヲ同地付近ニ残置シ主力ヲ「マ」川上流渡河点付近ニ集結スヘキヲ命セラレ、其先頭ヲ以テ十一月二十五、六日頃九〇三高地南側付近ニ達セリ、支隊ハ「ガ」島上陸以来約二個月ニ亙リ極度ノ困難ヲ冒シ機動ニ次クニ機動ヲ以テシ支隊長以下精魂殆ト尽シントスル状ニ在リ

十一月廿六日支隊長ト邂逅セル際ノ如キ憔衰其極ニ達シ気息奄々歩行モ言語モ絶エ〳〵ノ状ヲ呈シ申訳無シトテ流涕滂沱タリ、根本ニ於テ一歩ヲ誤ランカ部隊ノ困窮如此極度ニ達シ而モ其効何等認ムヘキナシ、深ク省察スヘキナリ

爾後支隊ハ集結兵力七、八百名中日々衰弱ニ殪ルルモノ十数名ヲ算シ殆ト全員、戦斗力ヲ失ヒ残余ハ此頃ヨリ補給難渋ノ為海岸方面ニ移シテ所在ノ補足糧秣ノ採取ニ便ナラシメタルモ遂ニ再ヒ戦力恢復スルニ至ラス悲惨ノ結果ヲ招クニ到レリ

○（補給ニ関スル記事追補）

「ガ」島ニ対スル補給ノ困難性ハ中央部ニ対シテモ重大ナル関心ヲ払ハシムルニ至リ、各方面各機関ハ昼夜兼行ヲ以テ特種資材ノ創意製作ニ努力セラレタリト覚ユ、然レトモ之カ戦場到着ハ約一個月半乃至二個月ヲ要スルモノト考ヘサルヘカラス、事実特別工夫ニ依ル糧食ノ「ガ」島到着ハ一月初頭以後ニ於テ実現セラレ特ニ撤収ノ為ニ兵力ヲ後方ニ集結セル頃其成果ニ浴スルヲ得タリ

大勢上ニハ大ナル効果ヲ齎スニ至ラサリシヲ遺憾トス

○十一月十八日参謀長宛、兵站総監部参謀長

「ガ」島ニ対スル資材補給至難ノ状況察スルモ余アリ当方面ニ於テモ研究ヲ進メ最小限度ノ資材推進確保ニ対シ方法ヲ考案逐次実施ニ移行シツツアリ

1. 防水浮嚢　一、二、三号ノ三種トシ大サハ中径三十珊乃至五十珊長二米ノゴム耐水性浮嚢ニシテ潜水艦若ハ駆逐艦ニ搭載若ハ曳行シ泊地ニ於ケル揚陸作業ヲ簡単ニシ船舶ノ揚陸時間ヲ減少セントスルモノ

二十二日頃約千百個完成駆逐艦ニ依リ前送ノ予定

2．糧食ノ曳綱荷役ニ依ル方法

圧搾口糧、粉味噌、粉醤油、栄養食其他ヲブリキ缶詰トナシ、之ヲ網ニ収容シタルモノヲ長キ曳綱ニ結着シ船舶泊地ニ入ルヤ之ヲ海上ニ投入シ、曳網ハ小発等ニ依リ陸岸ニ引上ケ艦船ノ泊地滞留時間ヲ最小限タラシメントスルモノ本資材モ駆逐艦ニ依リ約二百屯ヲ前送ノ予定、以上方面軍幕僚ニハ連絡済、尚駆逐艦ニ依ルネズミ輸送　潜水艦ニ依ル輸送等ハ海軍側ニ於テモ「ガ」島補給ニ関シ全幅的ニ協力スル如ク努力スル筈

六、南海支隊ノ状況

堀井少将ノ指揮スル南海支隊ノ行動並其終末ハ筆ニスルモ涙ナル悲痛極ルモノナリ、十月下旬末支隊長ノ状況報告及爾後ノ企図ニ関スル報告ニ接シ、予カ独断ヲ以テ軍命令ニ依リ「クムシ」河後岸ニ退却スヘキコトヲ命セシハ既述ノ如シ、其後支隊ハ後方補給ノ杜絶ト飢餓瘴癘ニ依ル戦力極度ノ減耗ト有力ナル飛行隊協力ノ下ニ包囲迂回個々滲透攻撃シ来ル敵ノ為ニ敵トノ離脱意ノ如クナラス、十一月末ニハ「ブナ」付近ノ我上陸根拠地亦海岸沿ヒニ北上セル陸兵及敵機ノ攻撃ヲ受ケ局部的ニ頑強ナル抵抗ヲ持続セルモ遂ニ敵ノ為ニ奪取セラレ、後退中ノ南海支隊主力ハ「クムシ」川ノ線ニ於テ退路ヲ遮断セラレ遂ニ支隊長及田中支隊参謀（豊成中佐）モ戦死セリ、此噂ハ「ガ」島ニ於テハ十二月末頃何レヨリトモナク伝ハレリ、十月末頃ノ状況ニ於テ既ニ難局ノ最極限ニ達シツツアルヲ判断セシモ「ガ」島方面ノ決着ヲ待テ処置スヘキ心算ニテ放置シ遂ニ収拾スヘカラサル事態ニ陥レタリ、之実ニ軍ノ責任ニシテ支隊長以下勇戦奮斗ノ将兵一同ニ洵ニ申訳ナキ次第ナリ、尚方面軍司令部編成当時ハ既倒ノ態勢逼迫シ施スヘキ処置無キ状況ニシテ是亦軍トシテ方面軍ニ対シ慚愧汗顔ノ至リナリ、之カ為「ニューギニア」方面ニ対スル向後ノ作戦ニ重大ナル悪影響ヲ及シタルモ亦其因茲ニ存ス、大勢ハ人力ヲ以テ如何トモ致難シ、意志気力統帥ノ妙等ニハ凡テ或限度アリ支隊苦戦ノ跡ヲ偲フ為、支隊長報告電ノ若干ヲ摘録シ其冥福ヲ祈ルノ資ニ供セン

○十一月一日一二〇〇「イリモ」発南海支隊長

一、「スタンレイ」山系地区ニ於テ二十八日（十月）朝敵ノ全面的攻撃ヲ受ケ各拠点ハ其包囲ヲ受クルニ至ルモ夜間ヲ利用シテ離脱シテ午後後衛ヲ以テ「イス

ラバ」「ギラ」間山地ヲ利用シ、逐次陣地ヲ占領シツツ三十一日「ココダ」ニ達セリ

十一月一日主力ヲ以テ「イリモ」付近ニ集結ヲ終ル予定　敵急迫ノ状況遅?

二、矢沢聯隊ハ主力ノ先頭ヲ以テ二十九日「オイビ」到着昨三十一日陣地ヲ概成セリ、然レトモ同隊モ亦編成定員僅少ノ上「マラリア」脚気多発ノ為、一中隊二十数名ナルヲ以テ海岸警備ノ為「ギルワ」ニ残置セル第三大隊主力ヲモ招致スルコトトセリ

三、支隊主力ハ「イリモ」付近ニ集結整理シ、給養向上ニヨリ速ニ戦力ノ恢復ニ努メ以テ今後ノ反撃ヲ企図ス

四、二十九日空中投下ノ糧秣受領セリ、深ク感謝ス

（註　右ハ予カ「ガ」島ニ向ヒ出発セル当時ノ状況ナリ）

○四日一八〇〇発　　五日　〇六三〇「ガ」着

一、総員僅ニテ現陣地ノ保持ニ努ムルモ已ムヲ得サルニ至レハ沖集作命甲第一一〇号ノ二ニ依リ逐次「クムシ」河東岸ニ後退シ之ヲ確保スル予定ナリ

二、然レトモ敵ハ盛ニ空中補給ヲ実施シアリテ長距離進撃ニ依ル補給ノ困難ヲ緩和スヘキヲ以テ、支隊カ後退セハ更ニ前進スヘク殊ニ雨期ノ末期（或ハ本月中、下旬ナラン）トナレハ「クムシ」河障害ノ程度モ減少スヘク僅少兵力ヲ以テ長期且長大ナル該河線ノ守備亦至難ト思ハル

故ニ適時反撃ヲ加フルコトハ敵ノ前進ヲ阻止スル唯一ノ途ナルヲ以テ極力機会ノ捕捉ニ努メアルモ戦力弱化ニ予期ノ成果ヲ伴フヤ疑問ナリ

三、支隊現在ノ実動兵力ハ「イリモ」集結後ノ調査ニ依レハ上陸当時ノ約一割（一般歩兵中隊）乃至二割（重火器、特科及後方部隊）ニ激減シ殊ニ戦死傷ノ外悪性「マラリア」猖獗ヲ極メ長期栄養失調ト相俟テ逐次兵員減耗シツツアリ

右ハ支隊ノ最モ憂慮スルトコロナリ

四、以上御推察ノ上支隊戦力特ニ歩兵部隊増強ニ関シ然ト配慮御願ス

（増加歩兵一大隊ノ派遣中止並能登丸ノ遭難ハ誠ニ惜シキ次第ナリ）

（註　右ノ増加一大隊トハ十月二十日頃三八師団二二九ノ一大隊ヲ差当リ「ブナ」ニ輸送スヘキヲ命シ、次テ二十五日頃「ガ」島ノ戦況頓挫ニ基キ取止メタルモノナリ＝

又能登丸ハ靖川丸ト共ニ三十一日海軍護衛ノ下ニ主トシテ軍需品ヲ積載シ「ブナ」ニ向ヒシ「セントジョージ」水道付近ニ於テ敵潜水艦ノ攻撃ヲ受ケ沈没ニ至ラサルモ「ラバウル」ニ引揚ケタリ＝尚残リノ靖川丸モ二日帰航ノ途中敵B17二十数機ノ攻撃ヲ受ケ沈没セリ）

○九日二一〇〇「イモリ」発　一〇日〇八五〇着

一、兵員ノ体力ハ補給ハ若干緩和セルモ恢復ノ徴候殆トナク殊ニ「マラリア」患者依然続発シ各隊ノ戦斗兵力逐次減少ス

二、輸送人員馬匹減耗ノ状況最近殊ニ著シク富田部隊方面ハ本月中旬以降支隊ノ為ニ軍需品ノ輸送ハ困難ナリ

三、特ニ十月中旬以来連日ニ亙リ豪雨ノ為自動車輸送ヲ困難ナラシメ、又四、五日ノ豪雨ハ「パパキ」以東ノ輸送路上十数個ノ橋梁流失シ輸送ヲ杜絶セシム、弾薬ノ補給全然不可能ナリ

四、右ノ理由ニ依リ今後更ニ現陣地ヲ保持スルノ至難ヲ認メ明十日「クムシ」河東岸ニ後退シ予定ノ如ク該線ヲ確保ス

○十日一九〇〇「ラヴァル」軍参謀発　宛「ガ」次長

南海支隊ノ状況左ノ如シ

一、支隊兵力配備状況　矢沢聯隊主力「オイビ」（「コ、ダ」東十二粁）付近、山本聯隊ノ一部ハ「イリモ」（「オイビ」東八粁）南方六粁「イスラバ」―「パパキ」間道上ニ陣地占領、支隊主力ハ「パパキ」付近ニ集結、「ギルワ」付近上陸点ハ矢沢ノ一部（三〇名）ニテ警備

支隊戦力ハ全般的ニハ二分一以下ニ第一線歩兵戦力ハ二十パーセント程度ト観察セラル

二、敵情　「コ、ダ」ヲ経テ本道上ヲ前進セル敵ハ四日「オイビ」正面ニ現ハレ、六日ニハ重迫三ヲ有スル約〇（ママ）名ヲ以テ真面目ノ攻撃ヲ為シ来ルモ矢沢ハ之ヲ撃退ス

又「イスラバ」―「パパキ」間道上「サンガラ」ニ六日有力ナル敵兵現ハレタルヲ以テ予メ配置シアル歩一大ニ更ニ山本聯隊ノ主力ヲ増派セリ

敵機我第一線ヲ銃爆スルト共ニ「コ、ダ」「サンガラ」ニ空中投下ヲ実施シアリ　敵ハ若干積極的攻撃企図ヲ有スルモノノ如シ

三、以上ノ状況ニ基キ目下南海支隊ニ対シ爾後ノ戦斗

指導ノ為今後ノ見込ヲ聴取スルト共ニ十七日船団ニ依リ取敢ヘス一四四聯隊長以下七百名ヲ派遣スル如ク処置ス

○八日二一〇〇発　十二日一五〇〇「ガ」着

一、矢沢部隊ハ本朝来重迫ヲ有スル敵ノ執拗ナル攻撃ヲ撃退ス、敵ハ各方面ニ対シ連日重点ヲ変更シテ攻撃ス、昨七日ハ迫撃砲ノ煙弾ト共ニ突撃シ本朝ハ黎明攻撃ヲ実施スル等手段ヲ尽シテ力攻ニ努ムルニ毎回機先ヲ制シテ其企図ヲ破砕シアリ

二、山本聯隊ハ本八日約六、七〇ノ敵ノ攻撃ヲ撃退ス

○一九日（ママ）「ギルワ」横山大佐発、二一日（ママ）一七一五「ガ」着

一、捕虜（旅団書記伍長）ノ言ニ依レハ

敵ノ第二五旅団（第三一、三三、三五大）ノ約二百ハ「パパキ」ヲ渡河シ「バサブア」「ギルワ」南方「ポポンデタ」ニ達ス

後方ニハ四千乃至五千ノ師団来ルトノコトナルモ不明

二、「ラエ」「サラモア」陣地ノ前ニ今朝来約二百ノ敵現ハル「ブナ」ニハ上陸兵ヲ併セテ千二百位有リ

○二一日（ママ）一五五八「ラバウル」軍参謀発「ガ」次長宛

一、南海支隊方面ノ状況ニ鑑ミ支隊ニ属スル補充員ヲ以テ小木中尉（四中隊約八百五十名）ヲ臨成シ二十一日発駆逐艦四隻ニ依リ本夜「バサブア」ニ上陸スル如ク処理セリ、南海支隊ハ六千人約二十日分ノ糧食ヲ有シアリ

二、昨二十日午前「ブナ」飛行場付近ニテ彼我交戦セルモ一般ニハ大ナル敵ノ攻撃ヲ見サリシモノノ如シ

○二四日（ママ）二三二〇「ラ」軍参謀発、二五日（ママ）一〇五七着

「ガ」沖集参一四四七

一、敵ハ二十二日夜来「バサブア」「ギルワ」方面ニ於テ活発ナル攻撃ヲ行ヒ、「ギルワ」ニ於テハ陣地ノ間隙ヨリ数十名ノ敵屡々進入シ彼我混戦シ、二十三日一八〇〇頃横山大佐ヨリノ報告ニ依レハ敵ハ逐次包囲圏ヲ圧縮シ戦況切迫シツツアルモノノ如シ

二、山縣兵団ハ概ネ二十七日ヨリ十一月四日ニ亘リ四回ニ分チ駆逐艦四隻ニ依リ南海支隊ニ増派スル如ク海軍ト協定ス

尚南海支隊長ノ収容ハ未タ成功ニ至ラス、僅ニ「クムシ」河河口ニ於テ先発七名渡河シ得タル状況ナリ

○二五日（ママ）一四一〇「ラバウル」軍参謀発　「ガ」次長宛

一、南海支隊ハ依然現地ヲ保持シアリ
二十四日朝来敵機活動活発ニシテ盛ニ我陣地ヲ銃爆撃ス
敵機種ハ　ボーイング一〇、ノースアメリカン一〇
マーチン八、ダグラス重戦七、ロッキード六
尚敵ハ「ブナ」南方飛行場ヲ使用シアルコト略確実ナリ
二、敵後方ニ派遣セシ将校斥候ノ報告ニ依レハ敵ハ多数ノ土人兵又ハ人夫ヲ使役シ患者ハ後送スルコトナク前送シアリ
又「ギルワ」「バサブア」周辺ノ敵部隊間ニ段々電話網ヲ架設シ「ソプタ」付近ニハ多数ノ土人ヲ使用シ設営中ナリト
○二九（ママ）日一六〇〇「ラバール」剛〈第八方面軍〉発、「ガ」次長宛
一、南海支隊方向ノ状況大ナル変化ナシ
矢沢主力（九百）ハ「バサブア」西方地区ニアリ戦力期待シ難キ状況ニ在ルモ小銃百、軽機一〇、重機一ヲ有ス、山縣兵団ノ逐次上陸部隊（山縣少将ノ指揮スル歩一大（一中欠）山砲一中　剛部隊、喜多、田中参謀同行）ハ昨十九日一九〇〇出発、本二十九日二〇三〇上陸予定

爾後南海支隊ハ方面軍ノ直轄トナリ次テ第十八軍戦斗序列ニ入リ詳細状況ハ知ル能ハサリシモ十二月ニ入リテ以後逐次悲惨ノ状況ニ陥リシコト前述ノ如シ

七、敵側ニ関スル情報並ニ之ニ対スル注意

本作戦初期ニ於ケル情報ハ大本営通報ニ依ル敵国放送、新聞情報、在濠重慶武官報ノ傍受、中立国側ノ放送又ハ新聞報、濠洲側ノ自己擁護ノ為ノ泣訴等ニ依ルモノニシテ作戦初期ニ於ケル概ネ敵側ノ窮境ヲ伝ヘテ我軍ノ志気ニ有利ナル情報ヲ一般トス、殊ニ敵ヲ軽侮シ戦況ヲ楽視セントスルモノヲ強テ摘出シテ之ヲ現地軍ニ電送セルヤノ感アリ、之カ為往々ニシテ現地軍隊ノ敵情軽視ノ傾向ヲ招キ或ハ現地軍ノ実況相当苦難ニ拘ハラス強テ之ヲ無視激励スルカ如キ態度ニ出テ延テ感情上ニモ影響セルトコロ少カラス、大本営、軍司令部情報関係参謀ノ特ニ注意ヲ要スル点ナリ
今試ニ「ガ」島戦ニ関スル敵側情報ニシテ現地軍ニ通電セラレタルモノ並之カ影響ニ就テ若干ノ考察ヲ下サントス
○一木支隊ノ「ガ」島ニ向フ途中八月一七日一〇三〇赤道通過左記情報ニ接ス

「ソ」聯駐在武官発、米軍ノ「ガダルカナル」島方面作戦ノ目的ハ日本軍ノ飛行基地破壊ニアリテ、此目的ヲ達成セル米軍ハ目下日本軍海空軍ノ勢力下ニ在ル同島脱出ニ腐心シアリ

以上ノ情報ニ接シ将兵一同聊カ手応ナサニ落胆ノ感ヲ抱ク

(以上一木支隊戦斗詳細)

[(欄外) 黒溝台会戦前ノDカ得タル情報ト将兵ノ意気=勇躍遠征ノ途ニツイタ一木ノ心理]

(註 黒溝台会戦初動ノ「早ク行カヌト敵ハ逃ケル、敵ハ一旅団ナラン」トノ感想 想起)

○十二日　参謀次長発

「ソロモン」群島方面ニ於テハ増援軍ノ来援ヲ待テ飛行場ヲ占領セント企図シアル日本軍ニ対シ米国軍ハ緊張裡ニ万全ノ用意ヲ整ヘアリ、海兵師団ハ今ヤ「ソロモン」ニ於テ飛行機二一九機ヲ撃砕セリ

○十四日　次長

A情報 (「スヴァ」支那領事九日発重慶外交部宛)

太平洋ノ各島ハ相次テ陥落　「フィージー」諸島ハ一躍連合軍要塞トナリ　軍政両方面要人ハ陸続来島シアリ

○七日　次長

諸情報ヲ綜合スルニ貴部隊正面ノ敵情判断左ノ如シ

一、「ソロモン」群島及「ポートモレスビー」方面ノ敵ハ目下「ソ」方面ニ於テハ極力防戦ニ努ムルモ「ニユーギニア」正面ニ於テ地歩ノ奪回ヲ策スルコトアルヘシ

(イ) 十月五日ノ紐育「ヘラルドトリビューン」紙ニ依レハ日本軍ハ「ニューギニア」「ソロモン」同時攻撃ノ危険ヲ避クヘキヲ以テ連合軍ハ之ニ乗シテ作戦ニ出テ日本軍再攻勢ノ能力ヲ破砕シ得ヘシト

(ロ) 日本軍ハ「スタンレイ」山脈南側ノ陣地ヲ放棄シ「コ、ダ」ニ新陣地ヲ構築シアリ (メルボルン六日放送)

二、「ソロモン」方面ノ敵ハ海兵約一師団 (第二師団ト推定セラル) シテ其主力約一万ハ「ガ」島ニ在ルモノノ如シ「ニューヘブライズ」方面ノ陸兵約一個師団及四及五千ナラン　貴部隊ノ得タル捕虜及左記情報ヲ綜合セル陸兵ノ一部ハ既ニ「ガ」島ニ上陸シアルカ或ハ近ク約一師団ハ同島ニ増加セラルルモノノ如シ

・左記（A情報）
九月廿日付「メルボルン」重慶軍事委員発、重慶軍司令部電報告
(イ)「ガ」島及「カレドニア」島ハ夫々一師団ノ米陸軍ヲ増加セリ
(ロ)□□海戦□□米英ハ□□八ヶ月以内ニ太平洋ヲ奪回開放シ得ヘシ
三、「ポートモレスビー」方面ノ敵兵力ハ当方ニ於テハ少クモ一万ト判断シアリ理由左ノ如シ
(イ)既知歩六大隊基幹ノ外……
敵軍団長「ローエル」中将及「モーリス」少将ノ作戦……
(ロ)在「メルボルン」支那武官三十日付報告（A）ニ依レハ「ニューギニア」ノ濠洲軍ハ二万五千ニ増加セラルト

○十九日　次長発
「ロイター」華府十五日発（スチムソン長官談）
「ソロモン」方面ノ陸軍部隊ハ海軍ノ指揮下ニ統一ヲ為ス「ガ」島ノ米陸軍指揮官ハ「ハーモン」少将ト考ヘアリ　現在「ニューカレドニア」ノ前哨基地ニテ指揮シアリ（含ム「ニュージーランド」?）
右ノ情報ニ依レハ現在「ガ」島ノ陸軍部隊ハ大ナラサルモノト判断セラル

○十八日「ラバウル」軍参謀長発　戦斗司令所宛
十七日桑港放送要旨
一、米海軍省公表
敵ハ多数ノ部隊及兵器ヲ「ガ」島ニ上陸セシメ　敵砲兵ノ二夜ニ亙ル米軍陣地砲撃ハ成功セリ、米海軍及海兵部隊ハ陸軍部隊ニ依リ増強セラレタルモ日軍ノ「ガ」島飛行場ニ対シテ為シタル猛砲撃ヲ効果ナカラシムルニ成功シタルヤ否ヤハ未タ判明セス
二、米太平洋艦隊司令長官「ミニット（ニミッツ）」ノ真珠湾ニ於ケル言明
吾ノ任務ハ実ニ重大ニシテ戦局ノ進展ニ伴ヒ益々困難ヲ伴フモノナリ
米陸軍ハ密林戦ノ訓練ト装備ヲ有ス

○十九日　同右
一、「ガ」島陣地ハ日本軍必死ノ連続砲撃ヲ蒙リ、飛行場ハ此砲撃ニ依リ決定的ニ大損害ヲ予期セサルヘカラス（十八日桑港放送）

二、「スチムソン」陸軍長官ノ談ニ曰ク

米陸軍部隊ハ「ガ」島ノ陸戦隊ニ応援参加シ「ニュージランド」「フィジー」「ニューカレドニア」「ニューヘブリデス」及「ニューギニア」ニハ空軍及地上部隊駐屯シアリ（十六日桑港放送）

○二十六日　参謀総長発　軍司令官宛

諸情報ヲ綜合スルニ「ガ」島ノ敵ハ孤立包囲セラレ極メテ窮境ニ沈淪シアルモノノ如シ、正ニ連続攻撃一挙ニ撃滅ノ好機ナリ、軍ニ於テハ要スレハ更ニ所要ノ戦力ヲ至急投入シ、形而上下ノ全力ヲ発揮シ、飽迄目的ノ貫徹ニ邁進セラルルモノト確信シアリ

○二十七日　次長発

一、諸情報ヲ綜合スルニ米国ハ「ガ」島ノ戦斗ニ関シ既ニ敗戦ヲ予期シ之カ糊塗ニ努メアルコト確実ニシテ其内容左ノ如シ

(イ)「ノックス」海相及米官憲筋ハ「ガ」島確保ニ関シ豪語シアリシカ、十月十八日桑港ヨリハ「新シキ兵力及資材ノ大ナル損害ヲ予期セサレハ「ガ」島飛行場占領ハ不可ナラン」ト弱音ヲ吐ケリ

(ロ)二十四日「ストックホルム」ニ於ケル米英側報道ニ依レハ

「日本軍ハ既ニ機械化部隊ヲ上陸セシメ米国側ニ飛行機ヲ以テ防禦スル外無キヲ以テ更ニ日本軍ノ増強ヲ阻止シ得サルヘク「ソ」ノ米軍ハ危険ナル状態ニ在リ」ト

(ハ)在紐育有力諜報機関ノ報道ニ依レハ「ガ」島ノ決戦ハ勝敗常ナキ戦斗及犠牲ノ光栄アル物語リトシテ米人ノ記憶ニ残ルヘシト

○三十一日　次長発

一、南太平洋海戦ノ敗北カ米国ノ物心両方面ニ与ヘタル打撃ハ本年五月以降ニ於テハ深刻ナルモノアルカ如シ、蓋シ彼カ太平洋反攻ヲ呼号シアルニ反シ大ナル打撃ヲ蒙リ、而モ中間選挙ノ施行前海軍記念日ニ海戦結果ノ明カトナリシニ依ルヘシト判断セラル其反響ノ大ナルモノ左ノ如シ

(イ)大統領付属幕僚長「リーヒ」大将、海軍作戦部長「キング」大将等ハ二十六日鳩首協議シ対策ニ腐心中ナルモノノ如シ

(ロ)「ノックス」海軍長官ハ日本軍ノ強力ナルヲ自認スルモノノ如ク米国軍ノ腐心ヲ声明セルモ日本

軍ノ戦果発表ハ大法螺ニシテ二十八日現在尚「ソ」群島方面ニ於テハ大激戦展開中ナリト、敵ハ其敗北ヲ隠蔽セントシツツアリ

(ハ)　米紙ハ二十八日「欺瞞サレシ六週間」ト題シ「米軍部ハ過去六週間ニ亙リ現実ノ情勢トハ雲泥ノ差アル戦況ヲ発表シ国民ヲ欺瞞スルモ甚シ」トナシ国民ノ憤瞞ヲ強調ス

二、「ガ」島飛行場ノ空中写真アラハ至急送付アリ度

○三十一日　総務部長発　参謀長宛

「ガ」島ノ敵軍配置ニ関スル参考情報左ノ如シ

一、桑港放送（十月二十七日傍受）

「ガ」島ノ日本軍ハ去ル金曜日夜及土曜日（二十三日、二十四日）五回ニ亙リ砲兵掩護ノ下ニ米軍西翼ニ攻撃セルモ米陸軍部隊ハ激戦ノ後大ナル損害ヲ与ヘ撃退セリ

二、華府二十八日発（「ロイター」）

十月二十五日夜　敵軍部隊ハ「ガ」島飛行場南側米軍陣地ノ潜入ニ成功セルモ米陸軍部隊ハ敵ヲ撃退シ陣地ヲ確保セリ、米軍陣地西側ニ於テ活躍中ノ「マリーン」部隊モ激戦ノ後若干ノ戦果ヲ挙ケタリ

○十一月二日　参本　六日一七〇〇「ガ」着

一、三十一日傍受　桑港放送

「ガ」島攻撃参加ノ日本軍攻撃ノ為、連合軍爆撃機ハ続々「ソロモン」群島ノ基地（復数）ニ集中中ナリト

二、三十日傍受「メルボルン」放送

日本軍ハ専ラ「ガ」島飛行場ニ攻撃ヲ集中シ、同飛行場ハ甚大ナル損害ヲ受ケ修理ヲ要スト

三、三十一日傍受倫敦放送

日本軍ハ二乃至三万ノ軍隊ヲ「ガ」島ニ上陸セシメ又「ツラギ」ノ奪回ヲ企図セルモ成功セス、「ツラギ」ハ作戦上極メテ重要ナル意義ヲ有スト

○十日　参本　庶務課長発

伊太利海軍武官通報（九日）

一、信スヘキ情報ニ依レハ米濠連合兵力一万五千（火砲其他ヲ含ム）ハ「チモール」攻略ノ目的ヲ以テ「ウィンダム」ニ待機中ト

右ハ尚査覈（サカク）ヲ要スヘキモノアルモ「チモール」及「アラフラ」諸島ニ対スル敵機ノ活躍及「ニューギニア」方面ノ敵反攻状況ト睨ミ合セ警戒ノ要大ナル

モノト認ム

○十一月十一日　総務部長発

A情報一駐濠重慶武官十日発　重慶軍司令部宛

一、「マッカーサー」ハ七日以来作戦情報主任高級参謀ヲ帯同シ「ニューギニア」ニ在リテ作戦一切ヲ指揮シアリ

二、米軍ハ「ツラギ」占領後直ニ軍港、砲台、防潜網ヲ構築シ十二月七日迄ニ完成シ爾後艦隊ノ使用ニ供スルモノノ如シ

三、密報ニ依レハ「米国ハ英米カ「ブイン」「ショートランド」「ビスマルク」ヲ攻略セハ「ニューギニア」ニ移駐スルコト可能ナリ」ト

四、米英側ハ目下「ソロモン」群島「ニューギニア」ニ亘ル日本航空兵力ヲ左ノ如ク判断シアリ、同方面ハ米英ノ四割ニ過キスト、「ソロモン」百八十四機「ニューギニア」九三機

右情報ハ軍ノ作戦指導上参考トナルヘキ情報ヲ概ネ網羅セルモノニシテ　大局ニ於ケル敵ノ企図並其進捗度ハ一切判断ノ資料ナシ、「ガ」島ニ於テハ触接シアル敵第一線並其後方特ニ自動車送行状況飛行場発着数、毎日ノ「ルンガ」「ツラギ」付近船舶状況ハ高地上ヨリノ視察ニ依リ概ネ現況ヲ明ニセリ、但「ルンガ」飛行場ヨリ東方地区ノ状況就中飛行場拡張並ニ其進捗、規模等ハ一切明カナラス、十二月末ニ入リ既知ヲ含ミ合計六個ノ飛行場ノ設備セラレタルヲ方面軍通報ニ依リ始メテ承知セリ

固ヨリ大局ノ戦況如何ノ如キハ「ガ」島陸上作戦ノ指導ニハ特ニ偵知ヲ欲セス、唯々我力ノ最善ヲ発揮スルニ努ムルノ外、敵兵力及企図ノ如何ニ依リ作戦指導ノ根本ヲ左右スル問題無ケレハナリ

「ガ」島ニ於ケル吾人ハ敵情ヨリハ寧ロ我後方ニ於ケル爾後ニ対スル作戦準備ノ進捗度、就中「ムンダ」「コロンバンガラ」等ニ於ケル我飛行場設定ノ進捗度、後続兵団ノ戦場ニ向フ輸送ノ安否ニ関シ心ヲ砕キタリ、蓋シ右ハ爾後ノ攻撃期日ヲ左右スル重大要素ニシテ、攻撃期日ノ遷延ハ在島戦力ノ低下ヲ招キ十二月下旬ヲ限度トシ爾後時日ヲ遷延セハ現態勢保持ノ為、最小限二、三大隊ノ増援ヲ必要トシ、之カ輸送ハ航空撃滅ノ成果ヲ収メサル限リ至難且多大ノ犠牲ヲ予想セラレ、十一月以降ハ日日逐次其困難性ヲ累加スヘケレハナリ

軍司令部ノ爆撃ト位置転移

十一月二日海岸道方面ニ対スル敵攻撃ノ最高潮時二回ニ亘リ司令部位置ニ直撃弾ノ見舞ヲ受ケ若干ノ損傷アリシヲ以テ志気上ノ関係モアリ急遽其位置ヲ更ニ東南方（敵方ニ近接ス）ニ移転セリ、此処ニ在ルコト約二十日設備モ甚不十分ナカラ付近ニハ勇川ノ水流アリテ最小限ノ生活ハ事欠カサルニ至ル、炊事ハ若干隔離セル地点ニ到リ　毎日没後三食分ヲ炊キ朝昼夕ニ分チ食フ、夕食ハ日没前余光アル内ニ終リ跡片付ヲナス関係上爾後三時ニハ喫食ス、飯ハ温気ノ為時々臭気ヲ帯フ、毎食汁ナク漬物ナク牛肉缶詰少々許ト味噌ノミ　午前午後食間ニ携帯口糧用ノ小型堅パンアリ之丈ニテモ司令官ト予ノミ、参謀連ハ時々全然副食物及調味料ナクシテ椰子実ノ無塩汁ノミヲ吸フ状ヲ知ル

毎日毎夜敵機ハ跳梁ヲ逞ウシ、連日殆ト豪雨アリ、天幕ハ漏リ床敷ノ草葉ハグッショリヌレテ身ヲ横フル余地ナシ吾人然リ其他将兵ノ困窮推シテ知ルヘシ、殊ニ炊事喫食、洗面洗濯等ヲ世話スル当番兵ノ苦心労苦ノ如キ実ニ見ルニ忍ヒサルモノアリ

月明ナキ夜間ニハ所属部隊ノ位置又ハ自己幕舎ヲ尋ネル叫声此方彼処ニ聞エ幕僚ノ電話ノ声、書記当番ヲ呼フ声暗黒裡ニ反響シ一種凄愴ノ感アリ、此ノ如キ生活ヲ反復セシ裡ニモ十一月廿三日ハ忘レ得サル印象ノ日ナリ、十三時三十分敵機ノ投下セル一弾ハ司令官幕舎至近ニ落下シ大樹ノ枝ニ触発シ死傷約二十名ヲ生ス専属副官及護衛憲兵ハ即死セリ、此際参謀部付将校下士官幕舎ハ破砕散乱シ謄写器具一切及情報関係書類事務用消耗品等爆散シ、軍司令部ハ爾後離島スル迄再三ノ補充ニ努メタルニ拘ハラス謄写器具無キ侭業務ヲ処理スルノ已ナキニ至レリ、司令部然リ況ヤ各部隊司令部本部亦然リ、此爆撃ニ方リ司令官ト予ノ在リシ幕舎ハ多数ノ破片ヲ受ケテ倒壊シ司令官ハ左前膊ニ、予ハ右背部ニ小破片ヲ受ケタリ

司令官負傷ノ応急初療ハ実ハ与自ラ携帯セル繃帯包ヲ以テ実施セリ、繃帯包二個ノ内一個ハ十二日頃路傍ノ負傷兵ニ与へ、一個ハ此際役立チタリ、予ノ左側身辺ニ懸ケアリシ、鉄帽、刀帯、戦斗帽等ハ破砕使用シ得サルニ至リ、上衣ニハ比較的大ナル数破片命中シ懐中時計ハ破損セリ、付近ノ破片痕ヲ検スルニ予及司令官共ニ其真上、真下方、前後両側ニハ相当大ナル弾片ノ飛散セルヲ認ム

微傷ニ止リシハ奇蹟ト云フヘシ、十一月初頭ニ於テハ彼我一般ノ態勢上軍司令部ノ危殆ヲ感シ且至近爆弾数個アリ

此日ニハ亦此難アリ死線ヲ越ユルコト既ニ二回ナリ
夕刻迄ニ一応ノ処置整理ヲ了リ、日没後司令官ト予トハ参謀幕舎ノ一側ニ移リテ寝ニ就ク、敵機ノ頭上ヲ飛翔スルモノ依然タリシカ、一七三〇頃再度一爆弾ヲ受ク、其位置前回ト殆ト同一個処ナリ、之カ為前回ノ受傷者ニシテ再度破片ヲ受ケタルモノサヘ生ス、死傷数名ナリ
茲ニ於テ翌早朝司令部位置転移ノ予定ナリシ処、直ニ本夜暗ヲ利用シ更ニ東方約三粁ナル九〇三高地南側地区ニ向ヒ前送スルコトトナル、暗中樹間ヲ漏ル月明ヲ頼リニ急遽身辺ヲ纏メ第一梯団トシテ司令官、予、参謀、司令官当番（高安上等兵）ノ一行約十名ハ泥濘ノ急坂小径ヲ遅々前進ス
途中先ニ爆撃ニ依リ戦死セル兵ノ埋葬シツツアルヲ弔フ、予以下各参謀共ニ一切ヲ身辺ニ纏ヒ越次ハ大トランクヲ担ヘリ、予ハ水筒ノ掩ヲ飛散セシ為紐ニテクヽリ肩ニ懸ク
百鬼夜行トハ蓋シ此一行ノ形容タルヤノ感アリ
又畏クモ笠置落チニ於ケル「天ガ下ニハカクレガモ無シ」ノ御胸中モ今吾身ヲ顧ミテ感深シ　都落チノ先導ハ山内参謀ナリ　滑ル足許ヲ杖ヲ頼リニ粛々タリ
夜半過予定位置付近ト思シキ水無河底ニ到ル付近ニ部隊ノ宿営セルモノアルカ如キモ寂トシテ声ナシ、遇々路傍ニ人影ノ蠢動スルハ疲労ノ極行キ倒レタル兵ナリ
一兵アリ「何ヲシテキルカ」「用ヲ弁シテ居リマス」「何隊ナルヤ」「高橋隊ナリ」「高橋隊トハ」「工兵第二聯隊テアリマス」「汝ノ中隊長ハ何処ニアリヤ其処ヘ案内セヨ」之予トノ問答ナリ、此兵ノ案内ニテ河底ノ通路大小幾多ノ岩石礫砂ノ間奇嶇タル急坂ヲ縫フテ一小幕舎ニ到ル、予曰ク「中隊長軍司令官カオ出ニナツタ、夜ノ明ケル迄済マヌガ貴官ノ許ニ休マセテ呉レ」中隊長ハ一条中尉ナリ、同宿ノ准尉ヲ他ノ幕舎ニ移ラシメ、司令官ト予ノ為ニ辛シテ横臥シ得ルノ余席ヲツクリ中尉ハ一遇（ママ）ニ蹲踞ス、軈テ中尉ハ幕舎ノ一隅ニ設ケタル炉ニ火ヲ点シ熱キ茶ト粉味噌ニテ味噌汁ヲ作リテ歓待ス、茶モ粉味噌モ彼ニトリテノ貴重品ナリ、其熱キ汁ハ得モ云ハレヌ味ニシテ中尉ノ好意ト共ニ忘レ難シ、「鉢ノ木」ノ物語リモ思出サレテ印象深シ、司令官ハ上陸以来熱キ茶モ汁モ始メテナリ、朝食亦中尉自ラ炊事シテ供セラル、今後ハ同様ノ設備ヲ為シ夕食丈ハ日没後温食ヲ喫シ度キモノナリト話シ会ヒタル次第ナリ、二十三日ノ印象深キ日ハ斯クテ過セリ、翌二十四日ニハ付近ニ駐留シアル第二師団司令部ニ至リ、参謀ハ其参謀室ニ同居シテ執務シ、此日ノ昼食ハ司令官以下同司令部ノ接待ニ預ル、米

一粒ト雖貴重ナル此際吾人ノ食ヲ得ル洵ニ心苦シ、師団司令部ハ此位置ニ到リテ十余日トナリ二十五日ニハ予定ニ基キ勇川河口付近ノ新位置ニ移リ、二、三日間ハ其跡ニテ軍司令部業務ヲ執レリ

予ノ当番須田上等兵ハ二十三日ノ爆撃ニ依リ、遇々薪拾中前カヾミノ姿勢ニテ破片ヲ臀ニ受ケ後送入院ヲ命セラレシカハ、予ハ出発ニ方リ之ト袂別ノ辞ヲ交ヘ、私ニ之カ永久ノ別レト思ヒ従来ノ厄介ヲ厚ク謝シタリシニ翌日午後匍フ如クシテ苦痛ヲ忍テ予ノ許ニ追及シ来レリ

約一週間静養ニテ恢復シ爾後例ノ如ク豆々シク世話ヲ続ケ呉レタリ

林参謀ハ大本営参謀ニ転シ、大曽根参謀、軍参謀トナル、林ハ三十日潜水艦ニテ出発セリ、大曽根ハ暫ク引続キ伊東部隊ニ属シテ情報連絡ニ任セシム

方面軍司令部到着ニ付軍司令官ノ状況報告ヲ作製提出ス

其作業ハ第二師司令部位置ノ仮家ニ於テス

丸山街道ニ沿フテ飛ヒ、九〇三高地付近ニ於テ旋回スル敵機ハ、恰モ直上ニテ低空急旋回ノ爆音殊ニ甚シ、但シ爆弾投下ハ必シモ付近ニハ繁カラス

新司令部ノ設営ハ専ラ工兵第二聯隊ノ一部ヲ以テ実施ス、之撤収直前迄ノ最モ苦難ノ且最モ長キ司令部位置ナリ、此頃東海林支隊ハ「コリ」方面ヨリ「ルンガ」上流地区ヲ経テ、極度ノ疲労ト飢餓ヲ忍ヒ、全員気息奄々トシテ三々五々帰着シツツアリ、支隊将兵ハ第三八師団工兵部隊ノ宿営地付近ニ到ルヤ、相互ニ激烈ナル歓声ヲ放テ喜フ、其状誠ニ名状シ難キモノアリ、聞ク処ニ依レハ当方面転進前「ジャワ」ニ於テ同一地付近ニ宿営シ相識ノ間ナリト、中ニハ同郷ノ友モ有リシナラン、生キ永ラエタルヲ相互ニ祝シ相擁サンバカリノ状ニハ真ニ眼頭ノ熱キヲ覚エルナリ

第八方面軍司令官ニ対スル状況報告

十一月下旬方面軍編成当時提出セル軍司令官ノ状況報告書ハ当時ニ於ケル軍一般ノ情況ヲ明ナラシムルモノニシテ其心境ノ一端ヲモ表明シアリ、参考ノ為其要旨ヲ左ニ摘録シ回想ノ資ニ供ス

状況報告（要旨）

第一　作戦経過概要

一、軍ハ昭和十七年五月南太平洋方面ノ作戦ニ関シ、大命ヲ拝シ爾来数次ニ亙リ逐次其任務ヲ変更セラレタリシカ、八月東部「ニューギニア」作戦間「ガダルカナ

ル」島ニ於ケル海軍部隊ノ飛行場ヲ喪失スルヤ之カ奪回ヲ命セラルルニ至ル

当時軍ハ南海支隊、川口支隊、一木支隊等歩兵約三個聯隊余ノ兵力ヲ有スルニ過キス、之ヲ東部「ニューギニア」及「ソロモン」群島両方面ニ分割シ作戦中ナリシヲ以テ東部「ニューギニア」方面ニ於テハ「スタンレイ」山系ノ嶮難ヲ冒シ微弱ナル敵ヲ圧迫シツツ前進セルモ「ガ」島ニ於テハ優勢ナル敵ノ設備セル陣地ニ会シ之ヲ奪取スル能ハサリキ

二、軍ハ九月中旬以後新ニ第二、第三十八及第五十一師団ノ外、野戦重砲兵聯隊、戦車聯隊等ヲ隷下ニ入レラレシヲ以テ、八月廿一日ノ陸海軍中央協定ニ基キ、陸海協同シテ速ニ「ソロモン」群島ノ要地ヲ奪回スルト共ニ東部「ニューギニア」作戦ヲ概ネ既定計画ニ基キ勉メテ速ニ遂行スルニ決シ、第二師団長ヲシテ川口支隊、一木支隊及軍直轄諸部隊ヲ併セ指揮セシメ十月二十日頃諸戦力ヲ統合シ組織的戦斗ヲ指導シ一挙ニ敵ヲ撃滅スル如ク部署セリ、然ニ軍戦闘司令所「ガ」島到着時知得セル戦況ノ激変ト集結シ得タル戦力特ニ砲兵戦力ノ実情トハ正攻法ニ依ルコト能ハサルヲ知リシヲ以テ、茲ニ主力ヲ以テスル迂回作戦ニ依リ「ルンガ」左岸ノ敵軍背後ニ一挙決戦ヲ強行スルニ決シ、地形天候ノ険悪ヲ冒シ十月二十四日夜ヨリ之ヲ敢行セリ、此間一部及砲兵主力ハ「マタニカウ」河盂付近ノ海岸方面ニ攻勢ヲトリ敵ヲ牽制ス

斯クシテ主力方面ノ攻撃ハ猛攻二日ニ及ヒ、此間歩兵第二十九聯隊長ハ軍旗ヲ捧シ、敵ノ猛火ヲ冒シ堅固ナル陣地ヲ突破シテ敵中ニ進入シ、他ノ諸隊亦克ク敢闘シタルモ、戦力忽チ低下シ特ニ歩兵団長以下指揮官ノ死傷甚多ク爾後之ヲ続行スルモ目的ヲ達スルコト能ハサルヲ知リ攻撃ヲ中止シ態勢ヲ整ヘ爾後ノ攻撃ヲ準備スルニ決セリ

三、爾後軍ハ第三十八師団主力ヲ「ガ」島ニ掌握シ得タルヲ以テ逐次攻略ノ準備ヲ進メアリシカ、十一月中旬中央ヨリ指示アリ、航空基地設定及航空部隊推進迄持久ヲ策スルコトトナリシヲ以テ欺瞞陽動及局部的積極行動ヲモ併セ行ヒ、敵ニ対シテ圧迫感ヲ懐カシムルヲ必要ト認メ、目下第三十八師団（歩兵第四、第十六、第百二十四聯隊及野砲第二聯隊主力属）ヲ以テ「アウステン」山ノ攻勢拠点ヲ強化スルト共ニ「マタニカウ」左岸ニ

堅固ニ陣地ヲ占領シ機ヲ以テ「マタニカウ」左岸一本橋付近ノ高地ヲ奪取セシメ第二師団（歩第二九聯隊等）ヲ海岸方面ニ集結セシメツツアリ
目下軍ハ志気ノ作興ト軍紀ノ振作トニ努メ、死力ヲ尽シテ敢斗シアルモ給養ノ不足及弾薬欠乏ハ戦力ノ著シキ低下及最后ニ於ケル敵ノ補給強化並積極的活動ト相俟テ「ガ」島ノ作戦ヲ重大化セントスル虞アリテ、之カ対策ハ懸テ糧秣弾薬ノ補給輸送並揚陸問題ニ在リ、而モ之カ実現ハ日ヲ逐フテ困難性ヲ増大シ、十一月十四日ニ於ケル大兵団輸送ノ壊滅以後補給杜絶状態ニ在リ、既往数十日ニ亙リ二分一定量ヲ継続シ来リシ諸隊ハ雨量多キ密林内ノ生活ト相俟テ戦力ニ不断ノ消耗ヲ感シツツアリ
東部「ニューギニア」方面ニ於テハ爾後ノ作戦ヲ顧慮シ概ネ「スタンレイ」山巓以東ノ確保ト後方交通線ノ整理ヲ行ハントセシモ十月下旬ニ至リ同線ヲ放棄セシムルノ已ムナキニ至リ、目下「ブナ」付近ヲ確保スル為該方面ニ兵力ヲ集結セシムル外戦況ニ鑑ミ一部兵力ヲ増強中ナリ
四、「ガ」島方面ノ敵ハ今ヤ陸海空軍ノ統一且組織的作戦準備概ネ整ヒタルモノノ如ク「ガ」島飛行場ノ敵機ハ各機種約六、七十機ヲ綜合シテ連日連夜猛威ヲ逞ウシ、又敵ハ「ツラギ」付近ニ船舶其他ヲ設備セルモノノ如ク毎日艦艇二、三隻輸送船二、三隻ヲ以テ兵力増強並補給ヲ連続中ナリ
又敵ノ地上兵力ハ海兵第二師団ノ外相当有力ナル陸兵ヲ増加セルコト確実ニシテ、十一月初頭ヨリ「マタニカウ」左岸第一線ニ対シ、相当有力ナル兵力ヲ以テ計画的ニ攻撃ヲ反復シ目下彼我至近ニ対峙シテ連日各所ニ戦斗ヲ継続中ニシテ、我ハ犠牲ヲ顧ミス奮戦克ク現戦線ヲ保持シアリ、敵砲飛ノ猛火ニ対シ、我ハ主トシテ白兵ヲ以テ之ニ対応スルノ已ムナキ状態ハ頗ル遺憾トスルトコロナリ

第二　作戦特性ト海軍協同

当方面ノ作戦ハ全般ニ亙リ陸海空船ノ戦力ヲ時期的、地域的ニ統一組織シテ運用スルコト頗ル緊要ニシテ従来海軍側ノ犠牲ヲ顧サル協力ハ大ニ感謝スルトコロナルモ既往ノ実績ニ鑑ミルニ幾多理由ノ存スルハ固ヨリ諒トスルトコロナルモ、其成果ノ挙ラサル点少カラス

以下「ガ」島ニ於テ観察シアル事項ヲ率直ニ披瀝シ将来ノ作戦指導並海軍側トノ協同ニ関シ御賢察ヲ請フ次第ナリ

一、「ガ」島作戦ノ特性

作戦遂行上当面緊急ノ鍵鑰ハ「ガ」島ニ対スル兵力軍需品ノ輸送並揚陸ノ確実ヲ期スルニ在リ、而シテ之カ条件ハ「ソロモン」方面ノ敵航空ヲ撃滅、已ムヲ得サルモ制圧強化ヲ促進スルコトニ存スルハ自明ニシテ現下ノ情勢ニ於テハ十二月中、下旬ヨリ活動ヲ期待シ得ヘキ陸軍機ノ到着迄、敵機ヲ其跳梁ニ委スルコトハ軍自体ノ最小限ノ生存ヲモ期待シ難キヲ虞ル状態ナリ

二、航空撃滅戦

従来海軍航空隊ノ敵航空撃滅戦ハ戦斗機ノミヲ以テスル場合ニハ殆ト敵機ヲ退避セシメテ戦果ヲ収メサルモノノ如ク、又攻撃機ヲ以テスル場合ハ相当ノ成果ヲ挙ケアルモ目標ハ滑走路ニ限定セラレ而モ数日ニ亙リ連続反覆ノ挙ニ出サル為其成果十分ナラス

加フルニ敵ノ補充ハ活発円滑ニ実施セラレアル為其目的ハ達成セラレアラサル状態ナリ

将来右ノ欠陥ヲ徐クノミナラス攻撃時機（時刻回数）及攻撃法等ニ創意工夫ヲ積ミ各種手段ヲ綜合シ計画的ニ連続実行ノ挙ニ出ツルコト緊要ナリト思考セラル、今後若干ニテモ敵機ノ活動ヲ封シ所望ノ弾薬ヲ揚陸シ得ルニ至レハ軍ハ「マタニカウ」右岸ニ地歩ヲ進メ「アウステン」山等各方面ヨリ敵飛行場制圧ヲ強化シ敵航空撃滅ニ万全ヲ期セリ

三、敵ノ増援遮断

敵側ノ補給状況ニ関シテハ連日状況報告シアルトコロニシテ現ニ敵機活動ノ給油、敵発射弾薬等ノ実況ニ鑑ミテモ敵ノ後方遮断ヘ目下ノ処其成果ヲ収メアラサルモノト判断シアリ

本目的達成ハ海軍側ノ積極的行動ニ俟ツトコロ大ナルヘシト雖現下ノ状態ニ於テモ当地ヨリノ情報ニ基キ機ヲ失セス航空機ヲ以テスル攻撃ヲ実施スルト共ニ実行部隊ニ於テハ敵艦艇以外ニ敵輸送船ヲ目標トスル意識ヲ一層深刻ナラシムル要アリト信ス

〔此着意ハ翌年四月ニ於テ実現セラレタリ、時機遅シ〕

右ニ依リ縦ヒ其都度実成果ヲ収ムルコト能ハストスルモ常ニ敵ニ脅威ヲ与ヘ敵ノ積極的企図ヲ封殺シ十月下旬頃一時的ニ見タルカ如キ敵側モ亦駆逐艦輸送ニ出ツ

ルノ已ムナキニ至ラシムルコト敢テ難キニアラサルヘシ

四、艦砲射撃

戦艦級ヲ以テスル飛行場ニ対スル艦砲射撃ハ効果絶大ナルノミナラス敵側ノ志気ニ重大ナル影響ヲ及スコト前回ノ例ニ依リ実証セラレアリ、若シ此種射撃ト航空機ヲ以テスル攻撃トヲ計画的ニ数日連続的ニ実施セハ其時期ニ於ケル航空制圧ハ大ニ期待シ得ルトコロナリ

尚将来艦砲射撃ヲ敵軍需品集積場又陣地等ニ対シ時々積極的ニ実施セハ相当ノ効果ヲ期待シ得ヘク更ニ敵ノ積極的企図ヲ封殺シ在「ガ」島陸軍兵力ノ消耗防止トモナリ得ルモノト判断シアリ

又「ツラギ」方面ニ敵ハ艦艇基地ヲ有スルヲ以テ常ニ此等ノ敵トノ交戦ヲ予期シテ如上ノ行動ヲ計画セラルノ着意ヲ要スヘシ

五、常時不断ノ協同ト企図秘匿

海軍ノ協同方式ヲ観察スルニ概ネ其ノ方式ハ一定化シ既ニ交戦長期ニ亙ル現下ニ於テハ敵ヲシテ予メ我企図ヲ察知セシメ、且之カ対応ノ処置ヲ着々進メアリ之カ為今ニモ協同方式ヲ改メスンバ協同関係ハ更ニ悪化スル虞大ナリ、之ヲ更ニ具体的ニ例示セハ船団輸送又ハ大規模艦艇行動ノ前後ニ於テノミ敵航空制圧及艦砲射撃ヲ活発ナラシムルモ其他ノ時機ニ於テハ殆ト攻撃ヲ行ハレサル現況ナリ

右ノ実情ヲ諒察ノ上海軍ヲシテ常時不断ノ協同ニ依リ敵ヲシテ我企図ヲ端睨セシメサルト共ニ攻撃方法等ニ関シテモ常ニ創意工夫セシメ以テ協同作戦ノ成果ヲ収メシムル如ク御配慮ヲ請フ次第ナリ

之ヲ要スルニ海軍ノ作戦協同ハ尚一層緊密一貫ヲ要スヘキモノ少カラス

今後ノ作戦指導上篤ト御賢察ヲ垂レンコトヲ念願ス

第三　補給衛生

海上輸送ノ不如意ニ主因シ「ガ」島作戦ノ当初以来軍需品ハ欠乏ニ欠乏ヲ重ネ目下皆無ニ近シ

衛生ハ時恰モ雨期ナルト特種（ママ）ノ風土的熱病ノ為、特ニ平病ノ多発ヲ見将来益々之カ発生ノ増加ヲ予想セラル

軍需品ノ前送ハ海岸地方ヲ除キ全部担送ヲ要スルニ拘ハラス補給輸送ニ任スヘキ部隊寡少ニシテ適時之カ輸送ヲ実行シ得ス

止ムナク第一線自隊所要ノ兵員ヲ以テ長遠行程ヲ連日

担送セシメ辛シテ其日々々ノ補給ヲ実施スル状況ナリ細部ノ状況左ノ如シ

一、糧秣現在二分一定量トシテ十一月二十六日迄ヲ有スルモ副食物ハ皆無ナリ　何レノ部隊ニ対シテモ上陸以来二分一定量以上ヲ交付シ得タルコトナシ、ナルヘク速ニ精米及副食物ノ定量ヲ交付シ戦力恢復ヲ切望ス

二、海上輸送

二回ノ艦(ママ)団輸送ニ於テ観察スルニ第一回ニ於テハ軍隊兵員ノ全力及精米全搭載量中五千俵、弾薬ハ全搭載量ノ約五分二ヲ第二回ニ於テハ部隊ノ一部及精米全搭載量三万三千五百俵中約二千俵、其他弾薬極メテ僅少ヲ揚陸セリ

「ガ」島海岸ノ状況ハ一挙大輸送艦団ヲ揚陸スルコト困難ナルト上空掩護ノ困難「ショートランド」ニ於ケル企図秘匿等ヨリセハ輸送船二乃至三隻ヲ時々入泊セシムルヲ適当トスル意見ニシテ、尚第一、第二回共海軍ハ同一要領ニ依リ飛行場制圧ヲ実施セルモ斯テハ企図秘匿ノ虞大ナルニ鑑ミ爾後ノ掩護及敵飛行場ノ制圧要領ニ付テハ更ニ研討(ママ)ノ余地大ナルモノアリ

第一、第二回ノ船団輸送以外ニ依ル軍需品及一部軍隊ノ輸送ハ殆ト駆逐艦ヲ以テセルモノナリ、駆逐艦ニ依ルモノハ軍需品ノ揚陸僅少ナルモ部隊（重火砲ヲ除ク）ノ揚陸確実ナリ、故ニナルヘク速ニ所要駆逐艦ヲ輸送ニ適スル如ク改造スルト共ニ大小発動艇代用ノ軽易ナル木造船多数ヲ準備シ、之ヲ輸送ニ専用スルハ現下ニ於ケル最モ有効ナル輸送方式トス

三、「ショートランド」ト「ガ」トノ連絡ハ通信ノ輻湊遅延ト「ショートランド」ニ於ケル後方業務関係者ノ寡少トニ依リ、事前連絡迅速適確ヲ欠キ且弾薬ノ品種等ニ関シテモ軍ノ要求ト一致セサルモノ少カラサル実状ナリ、軍ニ於テハ爾後ノ「ショートランド」ニ於ケル後方関係ノ強化、通信疎通ヲ図リ連絡ノ神速円滑ヲ企図シアリ

雨天ノ連続ニ依ル糧秣ノ腐敗防止ニ関シテハ極力其方法ヲ講シアルモ貨物用天幕ノ前送ハ絶対必要ナルヲ認メ十二月輸送時ニ於テ之ヲ前送スル如ク処置シアリ、尚「ガ」島ハ椰子実ノ外殆ト利用スヘキ現地物質ナキモ、要スレハ野菜等ノ栽培ヲモ企図シ専門ノ現地物資調査隊ヲシテ捜索調査中ナリ

四、弾薬

軍ノ保有弾薬付表ノ如シ

軍ハ長期持久ノ為状況変化ニ対応シ得ヘキ弾薬ハ絶対必要ナリシヲ以テ之カ迅速ナル前送ヲ要求シアルモ未タ実現シアラス、尚戦場ノ地形ニ鑑ミ曲射火砲ハ極メテ有利ニ使用セラレアルヲ以テ弾薬ニ就テハ曲射火砲ノ弾薬ヲ主トシ、歩兵弾薬ニ於テハ重擲及手榴弾ヲ主トシテ前送スル如ク処置中ナリ

雨期ノ関係上銃砲手入用脂油手入用布ノ相当量ハ之亦絶対保有セサルヘカサルモノト認ム、目下脂油ナキ為機関銃ノ如キハ連発不可能ノモノ漸次増加シツツアリ

五、衛生

給養不良並雨天ノ連続トハ著シク平病患者ヲ多発セシメツツアリ、入院患者数付表ノ如シ、入院患者ヲ極力「ラバウル」ニ後送ヲ企図シアルモ現在迄後送シ得タルモノナシ（実ハ十月上旬迄ニ主トシテ一木其他ノ約七百名ヲ「ラ」ニ収容ス、之ハ衰弱殆トナシ、後日東京ヨリ来レル衛生関係者ニシテ此患者ヲ見テ大シタコト無シト云ヘルモノアリト聞ク現地ニ臨メルモノノ報告ノ真相ナルモノニハ之ニ類スルモノアリ、注意ヲ要ス）

各隊現在ノ兵員中、殆ト大部分ハ栄養失調及過労状態ニシテ三分一ハ下痢、熱発、脚気等ノ為勤務ニ堪ヘサルモノナリ、特ニ脚気ハ精米ノミノ偏食並減食ニ起因シ「ビタミン」ノ不足ト過労ニ依ル栄養失調ト共ニ多発シツツアリテ兵員減耗上軽視シ得サルトコロナリ

六、補給前送状態

第一船舶団長ヲシテ軍全般ノ兵站ヲ統轄セシメアリ

之カ為第一船舶団長ニ第三野戦輸送司令部輜重兵第二、第三十八聯隊並砲兵隊ノ自動貨車約十輌（殆ト砲兵隊ノ有スル全力）ヲ配属シアリ

交付所ハ「コカボンナ」及「マタニカウ」河上流六粁付近ニ開設シ第一線部隊ハ自ラ右交付所ニ於テ補給ヲ受クル如クシ、輸送兵力実動人員計三百七十名ハ輸送力ナキ部隊（「ルンガ」上流地区ニ在ル部隊）ニ対スル補給ニ任シ辛シテ補給ヲ実施シアリ

「ルンガ」上流及「アウステン」山北麓ノ部隊ニ対スル弾薬ノ前送ハ現在ノ輸送兵力ヲ以テシテハ不可能ナリ　将来同方面ニ配置ヲ予定セラレアル山砲及軽迫撃砲ニ対スル弾薬ノ前送ノミノ為ニハ更ニ之ヨリモ担送要員二千名ヲ要ス

第四　通信

目下「ガ」島ニ在ル通信兵力ハ本部、有線一中隊、軍無

線四小隊（内一小ハ戦力ナシ）及固定無線二隊ニシテ、有線部隊ノ主力ハ尚後方ニ待機シアリ
「ガ」島内通信ハ有線ヲ主トシアルモ、敵砲爆撃ノ為屡々長時間ノ不通ヲ常トシ且保線ノ為ノ努力ハ甚シキモノアリ
無線ハ電源全般的ニ衰損シ殊ニ最近各部分ノ故障続出シ通信用消耗品ノ補充不能ト相俟テ屡々通信中絶ヲ見ルハ遺憾ナリ
目下廃棄自動車機関ノ利用ニ努メ部品ハ中央ニ対シ補給請求中ナリ、各隊ハ上陸時ニ於ケル携行荷物ヲ極度ニ減少セシ為（船舶輸送ノ為）有線器材ノ大部ハ乗船地ニ残置シアリ、現ニ各隊ノ器材融通ニ依リ辛ウシテ用ヲ弁シアリ

付表第一　在「ガ」17A軍隊区分

2D‖ 29i　2P　DTL　兵勤　経勤　S　1FL　4FL　／24BD（註 4i 16i 2Aハ38Dヘ」2Tハ1船属）
（P23　1/3MG　RiA）ノミ

38D‖ 228i　229i　230i（6.　−1/35）　38P　38T（1船属）　DTL　1/3S」　4i　16i　124i　ITKs（戦車九）　IITA（1ノミ）　DTTA　2A（−III.4）

軍砲兵隊‖ 2/XX1SAs　10BAS（−1.I）　XXBAs　III迫　4SA（−II）　2/7SA

防空隊‖ 長中村少佐　（38AA）−3　45AA（−1、2、3）　1/47AA

軍通信隊‖ 17A通本　独無中　88（−小）　独無中3、16、53、有線各小　／15電聯　固無小33　45

船舶団‖ 1船団　一部/2船団　船工聯　1. 2. 3.｝聯　3/38AA　1/45AA　船高砲1 2｝聯　船通

揚陸隊 1. 2.　第三輪司　52TS　2T（一木支隊）　兵勤　経勤　主/2D　軍補廠ノ一部

海軍「ガ」島守備隊　11 13設営隊　警務隊　拠特5　舞特4

通信隊

十二月、兵団長会同―方面軍参謀副長一行ノ来島―飛行場推進―困窮悲境ニ処スル第一線師団及将兵ノ意気―補給杜絶ト各種対策ノ成果―敵軍戦力ノ充実ト圧力―軍司令部首脳トシテノ心境

一、軍全般態勢整理ト兵団長会同

十一月中旬以後船団輸送ノ成果ヲ待テ「マ」川河畔ノ敵ヲ

撃破シ、本攻撃ノ為ノ準備態勢ヲ促進セントスル企図ハ右船団輸送ノ潰滅ニ依リ、之ヲ放棄スルノ已ムナキニ至リ単ニ局部的攻撃ヲ以テ努メテ此主旨ニ副フ如ク行動スルニ決シ、第三十八師団主力ノ兵力集結ニ伴ヒ　十七日之ニ関スル軍命令ヲ下達セラレタリ、爾後年末ニ至ル迄後続部隊ノ揚陸皆無ナリシカハ軍トシテハ特ニ作戦ニ関シ部署スルトコロ無シ、即チ前記十七日ノ命令ニ次テ二十七日ニハ「軽機ヲ有スル少数ノ敵兵「マルボボ」付近ニ上陸」セルヲ知リ之カ剿滅ヲ第一船舶団長ニ命セルト、十二月二日「レガタ」海軍水上基地掩護ノ為在「ショートランド」旧川口支隊ノ歩一中及独山第十聯隊ノ一中隊ヲ海軍警備隊長ノ指揮ニ入ラシムヘキヲ部署セル外、十二月三日ニ至ル迄作命ヲ発セス

活動セントシテ力無ク、部署セント欲シテ兵力無キ程退屈ノ事ナシ

十二月初頭ニ至リ第二師団諸隊モ辛シテ勇川河口付近ニ兵力集結ヲ了ラントスルニ至リシヲ以テ、従来第三十八師団長ヲシテ第一線全般ノ指揮ニ委セラレアリシヲ改メ、海岸付近ノ狭正面ヲ第二師団長ニ譲ラシムルコトトセラレタリ、第二師団ハ曩ニ乾抻一擲ノ戦闘ニ力戦奮斗以来戦力極度ニ消耗シ且師団長以下各部隊長ノ戦意亦旺盛ナラサルヲ察シ、大ニ懸念シアリシトコロ之カ対策ハ一ニ第一線ノ急迫緊張セル場面ヲ担任セシメ自ラ志気ノ昂揚ニ導クノ外無シ、此考ハ予カ上陸当初ヨリ懐キタルトコロニシテ実ハ更ニ更ニ速ニ之カ実現ヲ希望シアリタルナリ、即チ此命令ハ軍隊区分ノ整理ト第二師団長ノ第一線左翼方面担任ヲ主眼トスルモノニシテ作命甲一五三号ナリ、次テ六日兵団長会同ヲ実施シ現任務及軍ノ新企図ニ基ク各兵団行動ノ準拠ヲ示シ、全般ノ情勢愈々困難増加ヲ予想セラルルニ対シ将兵一同益々堅確ナル意志ト旺盛ナル気力トヲ以テ前途ノ光明ニ向ヒ邁進スヘキ旨ヲ強調セルモノナリ、此際ニ於ケル軍司令官訓示ハ前項ノ如ク予自ラ起案セルモノニシテ、参謀長口演ニ方リテハ訓示ノ各要項各事項ヲ具体的ニ説明セル真ノ口演ナリ

此際口舌ハ殆ト実効果ヲ期待シ得サル実情ニ在リシト雖司令官ノ確乎タル強調ハ必スヤ前途ノ光明ニ云フヘカラサル力ヲ与ヘタルヘシト感ス

本会同ノ際方面軍参謀副長一行亦列席陪聴ス、懇談ノ際第二師団長ハ「師団再建ノ為現ニ生存シアル将兵ヲ温存シ基幹タラシメント欲ス、軍ニ於テモ此主旨達成ニ考慮ヲ払ハ

レ度」ト率直ニ言ハレ、第二師団諸隊ハ戦線後方ニ集結休養セシメントスルモノナリ

師団ノ現況上亦已ムヲ得サル要望ナリト雖モ軍全般トシテハ考慮ノ余地無キ処ナリ

又第三十八師団長ハ状況頗ル困難ナリト雖モ持久ハ可能ナリ安神セラレ度旨ヲ述ヘラル、全般ノ窮境ハ人皆知ル処ナリ、而シテ之ヲ打開スルコトハ目下ノ軍自体ノ力ヲ以テ如何トモシ難キコトモ亦明々白々ノ事実ナリ、持久可能ナリトノ判断ヲ聴キテ全然楽観スルモノ無シト雖モ此際此言ヲ耳ニスルハ其意気ト心構トニ感奮シ他ノ志気ヲ鼓舞スルコト絶大ナリ　実ニ心強キヲ感スルモノナリ、此点伊藤船舶団長ノ態度亦可ナリ

懇談後ノ会食ニハ司令部ニ残リアル最後ノ一升瓶ヲ展開ス肴ハ若干ノ牛缶肉携帯口糧ノパン、水菜ト呼フ自然ノ茎ナリ、苦難ノ裡ニ統率上ノ何等ノ不安不快モ無ク自他共ニ一死報国ノ覚悟ヲ胸ニ秘シテ談笑ス、亦味フヘカラサル戦陣ノ快ト言フヘシ、席上丸山将軍曰ク「君ノ様ニ元気ノ声ヲ出セル者ハ師団ニハ一人モ居ラヌ」ト之予カ口演ノ際熱弁ヲ弄シタルヲ諷シタルカ褒メタルカハ別トシテ事実ハ正ニ然ラン

船舶団長伊藤少将健康勝レサルコト顔貌ニ明ナルモ最近実施中ノドラム缶輸送ノ頗ル有望ナルヲ述ヘ一同ニ明キ気分ヲ与ヘラレタリ

予ハ秘カニ此頃第二次ノ会同ヲ行フノ日ハ即チ総攻撃開始ノ時ナリ、諸将ノ弥カ上ニモ健勝ニテ一日モ速ニ其日ヲ迎ヘンコトヲ念願セリ　但シ言トシテ口ニスルコトヲ敢ヘテセサリシハ、前途ニ云ヒ知ラヌ一機（ママ）ノ疑念アリシヲ以テナリ

二、方面軍参謀副長一行ノ来島

佐藤副長、末広、太田参謀一行、三日夜潜水艦ニ依リ「タサファロング」上陸、翌四日午後九〇三戦斗司令所ニ到着ス、予ハ待遠シサヲ感シ途中迄単独ニテ出迎ヘタリ

方面軍司令部ニ於テハ「ガ」島ノ現況ヲ大ニ憂慮シ実情視察ト共ニ爾後ノ作戦計画立案上ノ現地実情連絡ヲ任トスルモノナリ、一行ハ甘味品等ノ贈与ヲ準備スルト共ニ各自約十日分ノ糧食ヲ携行シ来レリ

作戦連絡ノ主要事項ハ、一、将来二個師団ヲ「ガ」島ニ進メテ攻撃ヲトル場合、其一又ハ二個ヲ一挙ニ「ルンガ」東方地区ニ上陸セシムルノ可否、二、攻撃ノ為ノ計画腹案特

ニ所要砲兵力及準備弾薬量、三、持久間現戦線ヲ整理シ更ニ後方要地ノ狭正面ニ於テ敵ノ来攻ニ方リ機動戦ニ依リ之ヲ撃破スル着想ハ如何、四、最後ニ攻勢発起ノ時機遷延スル虞アル場合持久達成ノ可能性——航空兵力ノ展開及飛行場準備月明関係ト関連シ——其他右ニ関連シ、補給、海軍関係、飛行隊協力、敵側ノ情報等ニ関シ連絡ス

右ノ研究主要項目ニ対シテハ先方ノ問ニ対シ予自ラ応ヘテ筆記セシメタリ、唯此際特ニ奇異ニ感セシハ航空撃滅戦後約十日間ニ計五十隻ニ達スル大船団ヲ揚陸セシメントスルカ如キコトヲ夢想シアリシコトナリ、之即チ方面軍司令部ハ依然事態ノ真相ヲ把握セス当軍カ二回ニ亙リ多大ノ犠牲ヲ払ヒテ失敗セル貴重ナル体験ヲ依然無視シアルカ如キ感想ヲ得タルコト之ナリ、即チ航空撃滅ノ成果ハ時間的地域的ニ甚シク局限セラルヘキ事態ヲ認識セス、且「ツラギ」付近ニ海軍基地ヲ設定セル敵ニ対シ八月初頭頃ト同様ノ考案ヲ抱ク如キハ洵ニ意外千万トスルトコロナリ

此方面軍ニ一切ノ計画ヲ委シテ前途ノ難局ヲ打開スルハ真ニ心安カラサルノ感ヲ深クセリ、尚攻勢開始時機遅延ノ問題ニ関シテハ固ヨリ早キヲ可トスルハ勿論ナルモ急速ヲ要求シテ準備整ハス

新鋭飛行隊ヲ逐次戦斗ニ加入セシメテ終始不徹底ノ成果ヲ招クハ断シテ避クヘク、之カ為ニハ若干ノ遅延ハ涙ヲ呑テ忍フヘキナリト判断セリ、当時ノ状況並連絡結果ニ就テハ左記方面軍宛副長報告電ニ依リテ知ルヘシ、尚佐藤副長カ予等ノ快活談笑スル状ヲ視テ予想ト外レ大ニ安神セリト、又参謀長ハ楽観的積極的ナルモ小沼ハ之ニ反ストノ意向ヲ漏シ小沼ヨリ大ニ難セラレ、表面ヲ視テ実体ヲ察スルノ明ナシト評サレタリト聞ク

将ハ敵将ト争闘シ、敵将ノ策ヲ撃ツノ根本原理ヲ覚ラサルヘカラス籌画トハ事務的業務ノ処理ニアラス、此辺ノ心得ハ戦術教育及之ニ任スル者常ニ己ヲ練リテ、此根本ヲ把握シ之ヲ訓フルコトニ熱ト意気トヲ以テセサルヘカラス

参謀副長発電

○五日（到着直後沖司令部ノ印象）

一、一般状況ニ関シテハ林参謀ノ携行セル状況報告ニ依リ承知セラルルコトト存スルモ、目下戦況ハ小康ヲ保チアリテ憂慮スヘキ事態ノ発生モナク、出発当時予想セル如クニハ急迫シアラス

但シ軍ニ於テハ、敵ハ目下攻勢準備中ニシテ近ク（八日頃）攻勢ヲ開始スルニアラスヤト判断シ之カ対策ニ

遺憾ナキヲ期シアリ

二、「ガ」島ニ兵力増加ノ件ニ関シテハ既ニ軍ヨリ返電アリタル通リニシテ、増加ノ必要ハ認ムルモ、現ニ実施シアル補給輸送量ヲ減シテ迄モ、之ヲ絶対要求スルノ意ニアラス、即チ海軍ノ援助ヲ更ニ強要シテ実施セラレ度希望ナリ、特ニ在「ショートランド」第三十八師団残置歩兵部隊（約千百名）ニ於テ然リ

［（欄外）真ノ心技ハ表ハレアラス。要ハ兵力ハ必要ナリ。補給ヲ減スルハ許サストイフニ在リ］

○七日（攻勢ニ関スル腹案要旨）（予ノ口述ヲ成文セルモノ）

一、兵力

新鋭二個師団ノ増加ヲ必要トス、第五十一師団ノ投入ノミニテハ攻勢ノ成功ヲ確実ナラシムル所以ニアラス更ニ新鋭一師団ノ増加ヲ要ス

二、攻勢開始時機

本作戦ノ成否ハ一ニ航空撃滅戦ノ成果如何ニ関スルヲ以テ、軍トシテハ航空作戦ヲ最モ有利且効果的ナラシムル為、攻勢開始ノ多少ノ遅延ハ之ヲ忍フ意見ナリ、尚攻勢開始ニ関スル軍ノ意見ハ前進陣地攻略ニ必要ナル戦力（第三十八師団補充員、所要弾薬及第五十一師団一部等）ノ整備ニ伴ヒ攻勢ヲ開始シ先ヅ前進陣地ヲ攻略セントスルニ在リ

三、攻勢方法

先ツ前進陣地ヲ逐次攻略シテ敵主陣地攻略ヲ準備シ、次テ新鋭兵団ヲ戦線ニ投入シ主陣地ヲ突破スル腹案ナリ（第三十八師団ハ前進陣地攻略間ニ相当減耗スルモノト考ヘアリ）

四、攻勢方向

従来研究ノ通リナリ、「タイボ」方面ヨリスル主力ノ攻勢ハ該方面ノ陸上ニ拠点ヲ有セサルト、航空撃滅戦ノ成果絶大ナラサルヲ以テ大船団ノ一挙上陸ヲ困難トスル現況ニ於テ適当ナラスト判断シアリ、但シ有力ナル一支隊ヲ「コリ」又ハ「タイボ」方面ニ上陸セシムルハ是非実行シタキ意見ナリ、「ルンガ」ニ対スル一部ノ上陸ハ敵防御施設ヨリ判断スルモ主力攻撃ニ吻合セシムル点ニ於テモ難点アルヲ以テ之カ成功ノ見込少シト考ヘアリ

○七日（補給ニ関スル事項）

一、「ガ」島ニ対スル補給ハ左ノ如クセラレ度

(1) 精米、圧搾口糧、粉味噌、醤油、食塩、砂糖トシ

缶詰類ハ希望セス

(2)　弾薬ノ緩急順序、数量ハ沖集戦参三二二及同二九八ノ趣旨ニ依ル、特ニ手榴弾、重擲弾筒ヲ含マシム、兵器手入用脂油（目下皆無ニシテ特ニ機関銃等ハ連発不能ナリ）

(3)　衛生材料、通信用消耗品、其他ハ計画通リニテ可ナリ

二、「ドラム」缶輸送ハ現地部隊ノ絶大ナル希望ヲ懸ケアルトコロ計画逐次順延セラレ駆逐艦ノ入泊回数ノ減少スルコトニ関シ危惧シアリ

副長一行ハ九日「カミンボ」入泊潜水艦ニ依リ帰任ノ予定ノ処同潜水艦（イ号三号）ハ潜望鏡ヲ顕スヤ否ヤ瞬時高速魚雷艇ノ集中火ヲ受ケ直ニ潜没セリ、後ニ判明スルトコロニ依レハ実ハ沈没セルナリ、十日十一日入泊駆逐艦入泊セス、一行ハ暫時「カミンボ」ニ待機スルノ已ムナキニ至ル

依テ左電発信ヲ依頼シ来レリ

○十四日一四〇〇発、「カミンボ」参謀副長　方面軍参謀長宛

数次ニ亙ル海軍側予定延期ノ為、未タ当地ヲ発スルニ至ラス報告ノ機ヲ失シ甚遺憾ナルモ当分帰還ノ見込立タサルニツキ取敢ヘス要旨ヲ電報ス

「ガ」島ノ真相、軍今後ノ企図、希望等ニ関シテハ、既ニ林参謀ヨリ聴取セラレ、亦沖電小官ノ報告等ニ依リ概ネ了承セラレ、作戦要領決定ノ為十分ナリト信スルモ尚重複ヲ厭ワス、主要事項ニ関シ辛シテ小官等ノ観察セルトコロヲ綜合シ報告ス

戦力ノ実相

(1)　第十七軍ハ軍司令官、参謀長　各参謀共健在、士気旺盛ニシテ飽迄作戦目的ノ完遂ヲ期シアリ

方面軍トシテハ差当リ万難ヲ排シテ補給ヲ強行シ戦力ヲ恢復増加スルコト絶対緊要ナリ

従来ノ計画実施相伴ハサルハ甚タ遺憾トスルトコロニシテ自今ハ飽迄海軍側ヲシテ計画ヲ完遂セシムルノ極メテ鞏固ナル決意実行ヲ要望ス

(2)　第二師団ノ大部ハ戦意喪失シ、其一部分カ辛シテ現線ヲ保持シアル現況ニシテ、縦ヒ補充員ヲ充足スルモ攻勢兵力トシテ期待シ難シ、但シ軍ハ統率上一部補充員ヲ充足セラレ度キ意見ナリ

(3)　第三十八師団モ現在ノ如キ補給ノ状態ヲ以テセハ其

大部ノ防御戦斗能力ハ概ネ本年末迄ヲ以テ限度ト判断セラル、但シ有力ナル補充員ヲ充足セハ攻勢兵力トシテ若干期待シ得ヘシ
○同右
軍ノ持久作戦指導要領
軍ハ目下ノ戦局ニ鑑ミ、敵ニ対シ我弱点ヲ秘匿スル為勉メテ積極的行動ニ依リ、敵ニ圧迫感ヲ与ヘツツ持久ヲ策スル方針ニシテ現戦線ヲ確保シテ敵ノ攻勢破砕ニ努メツツアリ
而シテ一部戦線ヲ後退整理シテ逐次抵抗セントスルカ如キ方策ハ考慮シアラス、蓋シ現戦線ハ各部隊ノ精神力ニ依リ辛シテ之ヲ確保シアルニ過キスシテ逐次抵抗ノ如キ巧妙ナル戦斗指導ハ全戦線ノ崩壊ヲ来スノ虞大ニシテ到底採用シ得スト拝シアリ
本件ニ関シテハ現地ノ実情上已ムヲ得サルモノト考ヘアリ
尚現地軍ハ無益ノ損害ヲ防止スルコトニ就キ周到ナル注意ヲ加ヘラレアリ
○同右
「ガ」島西部ニ同時ニ入泊セシメ得ヘキ船舶数

現揚陸能力（上陸部隊ノ援助ヲモ含ム）ヲ以テスレハ六隻ヲ最大限トスルモ最モ確実ニ月没後入泊シ日出前迄ニ揚陸セントセハ二〜三隻ヲ適当トス、蓋シ完全ナル制空権獲得ノ見込十分ナラサル状況ニ於テ日出後ニ揚陸ヲ続行スルハ至難ニシテ、而モ陸上ノ荷役、集積能力十分ナラサルヲ以テ前轍ヲ踏ムコト明ナリ
尚船団ニ於テハ暗闇時ニ於ケル一隻ノ揚陸可能屯数ハ約八百屯ト概算シアリ
○同右
傷（患）者ノ状態及之カ収容
病院収容三千、隊治療七千ナルモ衛生材料皆無ニシテ之カ治療十分ナラサル状態ニ在リ、軍ハ駆逐艦ニ依ル後送ニ関シテハ感謝シアルモ、之カ成果ニ就テハ大ナル期待ヲ懸ケアラス、将来ノ大輸送時ヲ利用シ後送シ度キ意見ナリ
[（欄外）隊治療多キハ病院ノ飽和度ヲ過キ却テ治療上給養上ニ欠陥アレハナリ]
○総攻撃ニ方リ特ニ必要トスル資材等
弾薬　三師団会戦分（外ニ持参〇、二師団会戦分）
爆薬　十屯、土嚢　十万、リーヤカー二千、自動車六〇、

爆薬投擲器　五〇、木工、土工、石工器具　雨覆五千枚、被覆線三千巻、被服特ニ軍靴五千足

輸送力トシテ担送人員三千人（ナルベク速ナル時期ニ）

○同右

一、補給ノ実相ニ関シテハ状況報告ニ依リ承知セラレアルトコトナルモ、現糧秣ノ保有量ハ半定量ニシテ二十二日頃迄ト判断ス

二、従来ノ補給輸送ノ実績ノ挙ラサリシ原因ヲ左ノ如ク思料ス

(1)　海軍側ノ計画ハ実行部隊ニ於テ常々必スシモ着実ニ実行セラレス、計画変更ノ如キハ敵情ノ変化ト称シ極メテ簡単ニ考ヘアルコト、特ニ海軍実行部隊ノ揚陸ヲ躊躇スルハ敵水上艦艇ノ妨害ニシテ本月末ヨリ予定セラレアル「ドラム」缶輸送モ先ツ「ツラギ」付近ノ敵艦艇ヲ撃破掃蕩セサル限リ今回同様若クハ其レ以上ノ不成績トナルコト想像ニ難カラス

(2)　揚陸点ニ於ケル味方識別法簡略ニ失シ誤解ヲ生シアルコト本件ハ海軍側ニ一任スルヲ可トスヘシ

(3)　「ドラム」缶輸送ニ於テ船舶工兵ノ小発艇員カ主索ヲ確実ニ陸上員ニ手渡シセサルコト

右報告ノ骨子ハ何レモ予等ノ言ニ基キタルモノニシテ大体異議ナキトコロ、特ニ海軍艦艇入泊予定変更ニ依リ副長一行自ラ帰任ノ途ニ就ク能ハサルコトハ切痛ナル体験ニシテ此等ノ観察認識モ一、二日ノ体験又ハ現地軍側ノ口頭連絡ノミヲ以テシテハ真体ヲ極ム能ハサルナリ、而カモ一行此ノ如クシテ遂ニ月明ノ関係上便船ヲ得ル能ハス、方面軍ヨリハ第十七軍ノ業務援助ニ任スヘキ臨機ノ命令アリシモ、何レノ時機ニ潜水艦ノ便ヲ得ルヤモ知レサル状況ニ於テ一旦九〇三高地ニ帰還セリ、往復ニ数日（少クモ五日）ヲ要スヘキニ依リ「カミンボ」ヲ離ルルコトモ心許ナク、且副長以下健康ヲ害シ其行動モ意ノ如クナラサルニ至リ、不健康ト飢餓トハ身ヲ以テ体験セルモノノ如ク「ラバウル」ニ着キタルハ十二月三十日ナリ即チ往復一個月ナリ、其「ガ」島戦ノ真相ノ一端ヲ語ルモノナリ

参謀副長一行ノ司令部辞去後連絡事項ノ主要問題ニ関シ軍ヨリモ念ノ為左ノ報告ヲ為セリ、其内容ハ副長一行ノ齎セル連絡要項並口吻ニ鑑ミ認識是正ヲ要スヲ認メタル事項ナリ此点小沼ハ強調罵詈ス

[（欄外）第一線ノ体験ヲ後方ニ切実ニ知ラシムルハ難シ、知ラシメタル結果、上級統帥ノ不安ト志気挫折トヲ招クハ

更ニ辛シ」

沖集戦参四二九　剛参謀長　次長宛　参謀長

剛方参一電八〇返（註　作戦連絡ノ為参謀長又ハ小沼招致ノ件）

佐藤副長等九日夜ノ潜水艦ニテ帰還ノ為本朝出発セリ

軍ノ戦力企図考想等ハ同官連絡済ニシテ軍ノ現況ハ小官小沼共「ラバウル」行至難ノ状況ニ在ルヲ以テ諒セラレ度

経験及現況上上司ノ参考迄ニ特ニ強調セル点左ノ如シ

一、当方面作戦成否ノ鍵ハ海上輸送並揚陸ニ存シ其成功ノ主因ハ航空撃滅戦ニ在リ、海上ニ於ケル航空勢力ノ価値ハ絶対ニシテ制空権ヲ喪失シアル軍カ海上輸送ヲ行ヒ、敵ノ航空基地厳存スル小島ニ上陸（揚陸）ヲ行フ困難性ハ絶大ナリ、「ガ」島ニ於テ予定ノ戦力整ハスシテ不成功ノ攻撃ヲ反復シタル主因茲ニ存ス

二、「ガ」島ノ航空撃滅戦ノ成果ニ大ナル期待ヲ懸クルハ甚危険ニシテ、之カ為ニハ陸海軍航空ノ絶大ナル集結、統一的使用ト之カ補充縦深トヲ必要トス、敵航空縦深ノ甚大ニシテ其補充迅速ナルハ「ガ」島戦ノ特徴ニシテ、大東亜戦初期ノモノトハ雲泥ノ差アリ

海軍主力艦ヲ以テ敵飛行場射撃ヲ行ヒ、之ニ甚大ナル損害ヲ与ヘタル際モ、其翌日ニハ既ニ損傷機ノ補充ヲ行ヘリ、従テ精鋭ナル我海軍航空部隊カ八月以来約四百機ノ損耗ヲ以テ「ガ」島ノ航空制圧ヲ行ヒシモ、敵機ハ連日連夜ニ亙リ跳梁シ逐次其機数ヲ増加シアル実情ナリ

三、敵ノ艦船ハ「ツラギ」ヲ基地トシ、逐次西方ニ威力圏ヲ拡大シ鼠輸送サヘ成功率ヲ減少シ来レリ、今ニシテ速ニ「サボ」島ヲ攻略シ付近ノ海面ヲ制圧スルニアラサレハ間モナク「カミンボ」ノ揚陸サヘ不可能トナルヘシ、十一月三十日ヨリ本月九日迄ニ計画セラレタル輸送駆逐艦数ハ三二隻（四回）ニシテ内揚陸セシメ得タルハ七隻（一回）ノミ、而カモ其七隻海中ニ投シタル「ドラム」缶ト実際ニ揚陸セシメ得タル「ドラム」缶トノ比ハ五対一ナリ、七日夜ノ如キモ我十隻ノ駆逐艦ハ敵魚雷艇六ノ攻撃ヲ受ケ軽戦ノ後揚陸セスシテ帰還セリ

「サボ」島ハ軍ノ現兵力特ニ将来ノ補給上海軍ヲシテ速ニ占領セシムルヲ適当トス、尚次期船団輸送開始ニ「ツラギ」ヲ強度ニ制圧スルコト緊要ナリ

四、次ノ船団輸送ハ必成ヲ期セサルヘカラス、之カ為、同時ノ大船団輸送ヲ行フハ前記「ガ」島航空撃滅戦ノ特質上絶対不可ニシテ、空海ニ対シ確実ニ掩護シ得ル程度ノ小船団ヲ以テ航空撃滅戦ト連繋セシメ反復行フコト必要ナリ

右ハ国力及海軍ノ主義及能力上困難性アリト雖日米決戦ニ乗リ出シタル此「ガ」島戦ヲ遂行スル為ニハ万難ヲ排シテ行ハサルヘカラサルトコロト確信ス、特ニ万一次ノ船団輸送失敗セハ之ヲヤリ直ス力ヲ失ヒ之カ「ガ」島戦ノ終末トナル虞少カラサルニ於テ然リ

（次長参考）

埋草　後記一八、四月

［（欄外）埋草ハ笑草ナリ、然レトモ余リ無キ笑草ニハアラス］

東京ヤソコラカラ第一線ノ状況視察ニ来ル連中一寸一端ヲ見タリ聞イタリシテ天晴何等カノ因果関係デモ発見シテ何カ一言ノ土産報告ニデモセン哉ノ気分ヲ起ス、無理モナキ事ナリ、カク教ヘ来レハナリ、而シテ体験ニ依リ痛切ニ理解モ得ルハ不健康ノ天象地象ノ一事ナリト、蓋シ一週間ヤ十日間ノ滞在ニテ己自ラノ健康ヲ害スレハナリ、方面軍参謀副長一行ハ三名共帰還後病床ニ横ハリ某々ハ入院セリト他ノ苦ヲ見テ快哉ヲ感スルモノニアラス、左程ノ狭量ヤ婦女子根性ハ持タヌナリ、然シ此事実ハ正ニ然ルヲ如何セン、三月頃美山大佐一行数名母島（ママ）ニ来リ、編成上ニ関シ親切ニ面倒ヲ見テ呉レタリ、後日聞ク処ニ依レハ美山課長一名ノ外皆病症ニ臥シタリト

昭和十七年夏以来十八年初頭ニ亙ル南東方面ノ作戦ハ国軍ニトリ魔ノ戦ナリキ、将兵全般ノ損傷ハ別ニ記述シタルモ予ト同輩ノ少将ニ一例ヲトルニ作戦全般ニ関係アルハ八名中二名戦死（那須、堀井）二名転役（川口、二見、後更ニ住吉少将ヲ加フ）二名重症還送（住吉、石川）残ル二名ノミ辛シテ健、即チ予ト伊東少将ナリ」

三、飛行場推進ニ関スル問題

［（欄外）戦前海軍航空ノ達識］

「ラバウル」―「ガ」島ノ距離ハ約一千一百粁ニシテ帝国海軍ノ達識ニ依リ海軍機ノ航続距離ハ比較大ナルヲ以テ今次作戦ニ於テ多大ノ成果ヲ収メ得タリ、然レトモ零式戦斗機ハ「ラバウル」ヲ根拠トシテ「ガ」島上空ニ到ルトキハ戦斗ノ為ニ制シ得ル時間ハ二、三十分ニ過キス、陸攻ト雖モ

「ラバウル」ヨリ「レンネル」島沖ニ至ルヲ活動圏ノ最大ト為ス、陸軍機ニ至リテハ、重爆ト雖「ラ」「ガ」間ノ飛行活動ヲ許サス

［（欄外）飛行基地ノ遠近ト其効率］

右ノ事実ヲ以テ彼我航空隊ノ活動実力ヲ比較セハ「ガ」島ノ敵ノ一機カ若シ一回ノ活動時間三時間トシ我機カ「ラ」ヨリ「ガ」島ニ飛ヒ該地付近上空ニ於テ活動シ得ル実動時間ヲ二十分ト仮定セハ、敵ノ一機ハ我九機ニ相当スル活動効率ヲ発揮ス、茲ニ於テカ「ソロモン」群島ヲ飛石トシテ飛行場ヲ推進スルハ極メテ緊要ナルノミナラス陸軍機ノ戦斗参加ノ為ニハ絶対的要求ナリ

［（欄外）陸軍機ノ短足］

海国日本ノ飛行機カ独仏陸軍飛行隊ノ糟粕ヲ嘗メタル罪ナリ」

十一月初頭服部大佐ノ来島時　既ニ陸軍機ノ此方面進出ヲ具体化スヘキ結論ニ達シ「ラ」ニ於テハ田中参謀ハ海軍側ト協同シテ「ニュージョジァ」島及「イサベル」島ニ於ケル飛行場適地ノ偵察ニ任シ一方飛行場設定ノ為ニハ十一月中旬ニ亙リ工兵第五聯隊（昭南ニ於テ復員ノ為集結中ノ第五師団ヨリ工兵聯隊及歩兵二大隊ヲ取敢ヘス此方面ニ輸送セラル）第三十八師団歩二二九聯隊臨時編成（補充兵等ヲ臨時集成ス）三大隊、川口支隊ノ歩兵一中、独山第十聯隊ノ二中隊（以上何レモ「ガ」島ヘ推進ノ為「ブイン」付近滞留部隊）及第五十一師団ニ属スル歩六十六聯隊ノ一大隊爾多ノ防空部隊等ハ逐次「ムンダ」及「コロンバンガラ」島並「イサベル」島ノ「レガタ」等ニ輸送セラレ飛行場ノ設定並之カ掩護ニ充当セラレタリ、而シテ右諸隊ノ配置輸送等ハ凡テ方面軍ニ於テ直接処理シ「ガ」島ニ於テハ之ヲ関知スルコト殆ト無ク、「ショートランド」ヨリ駆逐艦又ハ潜水艦ニヨリ来島セル幹部ノ口ヨリ伝ヘラルル噂又ハ「ムンダ」飛行場設定隊長ヨリ唯一回ノ通報（十二月十五日迄ニ滑走路ノ概成ト飛行機掩体半部ノ完成予定）時々「ムンダ」ニ対スル輸送ノ予定又ハ実行成功ノ報ヲ接受セルノミナリ、而シテ之等ノ飛行場ハ当初十二月中旬迄ニハ完成シ航空撃滅戦ト共ニ十二月末ヨリ翌年初頭ニ亙ル兵力軍需品ノ大輸送ヲ掩護シ一月中旬ヲ目途トスル、大攻勢ノ準備ヲ成立セシムル鍵鑰タラシムル筈ナリキ、従テ第一線将兵ニ対シテハ兵団長会同席上ノ説明又ハ其後ノ参謀相互ノ情報連絡等ニ依リ十二月下旬ニハ大規模ナル航空撃滅戦ヲ開始セラルヘシトノ期待ト希望トノ下ニ食料ノ欠乏モ疫病ノ苦難モ昼夜ニ亙ル敵

砲兵爆撃等ノ跳梁ニ対シテモ唯々忍ノ一字ヲ申シ聞カセ相互ニ慰撫シ激励シテ一日送リニ機ノ到ルヲ待チシ次第ナリ、従テ十二月末頃ニハ師団参謀長又ハ参謀、時ニハ兵団長ヨリ或ハ第一線部隊長タル予ノ同期生等ヨリ、或ハ其時機未タ到ラサルヤ、飛行場作業進捗度ハ、友軍飛行隊ノ進出ハ、等々ノ質問ヲ受ケ、其都度同シ思ヒニ心ヲ悩シツヽアリシ軍参謀ヤ予ハ其返答ノ辞ニ窮シ、慰撫ノ工夫ニ悩タルコト少カラサリキ

〔（欄外）十二月下旬ノ航空撃滅戦ノ期待ト空頼ミ〕

尚十一月中旬ニ於ケル船団輸送及爾後ニ於ケル我艦艇ノ行動ニ対スル敵機又ハ海上艦艇ノ機宜ニ適スル行動ヨリ察スルニ「ソロモン」群島ノ要点ニハ敵側ノ情報見張機関（当初ヨリ残置シアルモノノ外爾後艦艇特ニ潜水艦等ニ依リ上陸セシメタルモノニシテ無線連絡ヲ為ス）ノ配置アルヘキヲ知リ、我方トシテハ之ヲ封殺スルト共ニ遂ニ敵側ノ行動ヲ偵知スル為所要ノ部隊機関等ヲ配置スルノ要ヲ認メタルモ之カ実施ハ幾多ノ困難特ニ所要艦艇直衛機補給持続ノ困難性ヨリ仲々実行ニ移サレサル状態ニシテ、十二月二十九日ニ歩二二九ノ一大隊ヲ「ウイラハム」ニ上陸セル外特ニ無シ、又「ガ」島西部ニ飛行場適地ヲ求メ、要スレハ我不時着場トシテ日没後迄直衛ニ任シタル友軍機ノ一夜宿リト給油トニ供セントスル着意ノ下ニ軍ニ於テハ十二月初頭「アルリゴ」付近ニ二個所ノ飛行場適地アルコトヲ報告スルト共ニ中旬ニハ之カ偵察ノ詳報ヲ為セリ、我軍カ遅レ乍ラ右ニ関シ着意シ多大ノ困難ヲ冒シ椰子筏除ヨリ着手シテ飛行場ヲ設定セル間「ガ」島ノ敵ハ連日悠々トシテ多大ノ資材ヲ揚陸シテ「ルンガ」東方地区ニ更ニ数個ノ飛行場ヲ増強シ、且在来ノモノヲモ其設備ヲ拡張完備シ其鋪装ノ如キハ鉄筋鉄網ノ鋪装ヲ施シツヽアリタリ（十二月十二日第三十八師団工兵聯隊中沢挺進斥候確認）

〔（欄外）敵飛行場ノ拡張増設〕

敵飛行場ニ関スル情報ハ十二月十二日突然左ノ電報ニ依リ其増設ノ意外ニ大ナルヲ知レリ

○十二月十一日剛参謀長　至急親展　参謀長宛

一、空中偵察ニ依ル「ガ」島敵情左ノ如シ（天候ノ関係上延期シアリテハ八日実施ス）

(イ)　従来使用シアリタル三飛行場ノ外中川上流四粁（第四飛行場）東川河口東川（第五飛行場）「コリ」岬南方四粁（第六飛行場）付近ニハ夫々増加新設セリ第四飛行場ハ南北、東西二滑走路ヲ有シ其幅員特ニ

大ナリ長サハ約千米アリ
第五飛行場ハ完成途中ニ在ルモノノ如ク現在ノ長サ約五百米
第六飛行場ハ約千八百ノ細長滑走路完成シ且第五飛行場ト連接シ半径約三粁内外ハ自動車重畳シ要点ニ施設ヲ見ル、B17専用ノモノナルヘシ、又第六飛行場ノ東方約六粁付近ニハ川ニ平行シテ約四粁ノ直線道路ヲ認メラル、新施設ノ前兆ナルヘシ
(ロ) 敵陣地ハ更ニ強化セラレアルモノノ如ク「ヘウ」「トラ」「クマ」「ムカデ」高地南側、中川ノ線付近各地区及「サル」高地ニハ其ノ痕跡ヲ認メラルルノミナラス、更ニ之ヲ連接全飛行場ヲ囲繞スル如ク陣地ヲ構築中ナルヤニ判断セラル（空中写真近ク実施ス）
註 右空中写真ハ遂ニ一月初ニ至ル迄ノ間ニハ入手セス
尚十二月、一月、三月ノ敵飛行場ノ空中写真ヲ比較スルニ其作業進捗度ノ大ナルコト並最後ノ分ハ徹底的ニ施設セラレタルモノナルコト一驚ニ値ス

四、戦斗序列　方面軍処理業務ノ拡大複雑、軍後方一切ノ処理
［欄外）方面軍ノ編成当時ノ一般態勢］
十一月下旬方面軍司令部及第十八軍司令部夫々「ラバウル」ニ到着シ二十六日零時ヲ以テ戦斗序列ニ基ク統帥権ヲ発動セラレタリ、然ルニ当時ニ於ケル当軍諸隊ハ主力ヲ以テ「ガ」島ニ、有力ナル一部ヲ以テ「ニューギニア」ニ、更ニ「ガ」島ニ前進途中或ハ遭難シ、又ハ輸送ノ方法ナクシテ「エレベンタ」付近ニ待機セルモノ、果テハ十月初旬以来「ラバウル」ニ集中セシモ前進輸送不可能ナル為、自然ニ該地付近ニ滞留セルモノ等、部隊数ノ上カラモ兵力資材火砲等ノ上カラモ夥シキ部隊雑然トシテ去就ニ迷アリ、其他第三十八師団其他ノ補充員ノ到着スルモノアルモ其所属部隊ハ「ガ」島ニ在リ更ニ一部ハ建制ヲ破リテ「ニューギニア」ニ在リ、更ニ「ガ」島及「ニューギニア」方面作戦部隊ハ幹部ノ死傷大ナリシ為、之カ補充タル将官以下聯隊、大、中隊長要員タルモノ陸続トシテ到着ス、第一線ノ戦況ハ詳カナラサルモ死傷、沈没、補給難渋等ノ風評ハ当然伝聞ヲ重ネ、「ラバウル」ニ対スル毎夜ノ空襲モ神経ヲ煩ス一因タリ、飛行場設定之カ掩護飛行隊ノ展開等ノ為ニハ早

急事ヲ処セサルヘカラス

右状況ノ下ニ此最悪且切迫セル戦況ニ処シ、何事ヲ為スニモ先ツ海軍トノ協議ヲ必要トスル作戦ヲ処理セラレタル方面軍司令官以下並第十八軍司令官以下ニ対シテハ何ノ辞ヲ以テ御詫シ、何ノ言ヲ以テ感謝スヘキヤ、而カモ己自ラ苦境ノ渦中ニ在ルカ故ニ動々モスレハ此御詫此感謝ヲ忘レ易キニ陥ル、自ラ省テ汗顔ノ至リナリ

而シテ右ノ複雑至難ニ処シ、其縺レヲ解キ体系ヲ整ヘ統帥指揮関係ヲ律シツヽ新作戦ノ準備ヲ進捗セシムルハ国軍参謀ノ手腕ヲ以テシテ始メテ成就シ得ヘキハ予ノ断言スルニ憚ラサルトコロニシテ、我統帥部ノ伝統、陸軍大学校使命ノ賜ト云フヘシ、後人決シテ之ヲ無視スル無カランコトヲ望ム、「ガ」島軍司令部ニ於テハ戦斗序列ノ変更並之ニ伴フ指揮転移又ハ差当リノ任務行動ヲ律セント欲スルモ「ショートランド」「ラバウル」「ニューギニア」方面ノ部隊ノ実情ヲ知ル能ハス、従テ之等諸隊ニ対スル命令ノ如キモ在「ラ」残留参謀及新ニ方面軍ニ転入セル参謀ニ於テ方面軍参謀ト緊急連絡ノ上司令官ノ名ヲ以テ発令セシメタリ、今其部隊ノ複雑然タル状況ヲ想起スル資ノ一端トシテ一事例ヲ摘録セハ左ノ如シ

沖集作命甲第一二三号ノ二

第十七軍命令　十一月二十六日零時「ガ」島軍司令部

（註　本命令発令後「ガ」ヘ電報アリシハ十二月十二日ナリ）

一、新ニ第八方面軍ノ戦斗序列令セラレ南太平洋ニ於ケル優位態勢ヲ企図セラル

二、独立混成第二十一旅団（自動車部隊欠）

野戦高射砲第三九大隊（乙）

野戦高射砲第四十一大隊（乙）

第三十七固定無線隊　　独立飛行第七大中隊

第四十二固定無線隊　　第六兵站地区隊

第十野戦飛行場設定隊　　独立輜重兵第二聯隊

独立自動車第三十八大隊　　第二十一野戦勤務隊本部

独立輜重兵第三聯隊　　近衛師団第七陸上輸卒隊

陸上勤務第九六中隊　　水上勤務第三十一中隊

第八師団第九陸上輸卒隊　　同第四十九中隊

水上勤務第三十五中隊　　同第五十一中隊

建築勤務第四九中隊　　同第六十一中隊

同第五十五中隊　　第一〇三兵站病

第七野戦建築隊本部

患者輸送第六十三小隊　　同第六十四小隊
第二十四野戦防疫給水部乙（一部欠）
第十六兵站病馬廠
ハ従来ノ指揮系統ニ拘ハルコトナク予ノ隷下ヲ脱シ現
在地ニ於テ第八方面軍司令官ノ隷下ニ入ルヘシ
三、第十七軍野戦兵器廠、野戦自動車廠、野戦貨物廠
（軍需資材ヲ含ム）ハ現態勢ヲ以テ第八方面軍司令官ノ
指揮下ニ入ルヘシ
四、第五十一師団
第三十八師団　歩兵二大隊、山砲兵一大隊（一中欠）
戦車第八聯隊、独立山砲兵第十聯隊ノ一中隊
野戦重砲兵第七聯隊（一中欠）
独立重砲兵第三大隊（戊）
野戦高射砲第四十五大隊ノ一中隊
野戦機関砲第二十五中隊
野戦機関砲第二十八中隊　第四工兵司令部
独立工兵第八聯隊
在「ラバウル」第十七軍通信隊
電信第十四聯隊ノ無線二小隊
電信第十五聯隊ノ有線一中隊
独立有線第八八中隊ノ一小隊
在「ニューギニア」第十七軍臨時編成諸部隊
追撃第二十一大隊
独立輜重兵第五十四中隊　同五十五中隊
第三十一野戦道路隊
第六十七、第七十六（各一部欠）、同九十四兵站病院
第十患者輸送隊本部及患者輸送第五十三小隊、同五十
四小隊
ハ従来ノ指揮系統ニ拘ハルコトナク現在地ニ於テ第八
方面軍司令官ノ指揮下ニ入ルヘシ
五、南海支隊（編成戦斗序列ノ如シ）　歩兵第四十一聯隊
独立工兵第十五聯隊（甲）
独立工兵第四聯隊（重渡河）
独立無線第四小隊、同第七小隊
第四十五固定無線隊
第九師団第一架橋材料中隊（駄）
ハ従来ノ指揮系統ニ拘ハルコトナク予ノ隷下ヲ脱シ現
在地ニ於テ第十八軍司令官ノ隷下ニ入ルヘシ
六、隷属指揮転移ノ時機ハ十一月廿六日零時トス、但シ
同日南太平洋方面ニ到着シアラサル部隊ニアリテハ該

部隊ノ内地、満洲、支那及南方港湾出帆ノ時トス
七、予ハ「ガダルカナル」ニ在リ
　下達法　印刷交付　　要旨、山本参謀ヲシテ伝達セシム
註　右命令ノ根基タル戦斗序列及第八方面軍命令ハ十二月三日「ガ」島上陸ノ方面軍参謀副長之ヲ携行伝達セラレタリ
又当軍隷下部隊ト雖モ在「ラバウル」諸隊ハ之ヲ実情ニ即応スル如ク適時部署スルコト殆ト不可能ナルヲ以テ方面軍司令官ニ於テ指揮セラルルコトトナレリ、即チ方面軍ハ一切ノ煩累ヲ挙ケテ自ラ之ヲ処理シ「ガ」島軍司令部ヲシテ当面ノ作戦指導ニ専念セシメラレタルナリ
十二月十五日発令方面軍命令ノ要旨電ニ曰ク
一、第十七軍隷下ノ「ラバウル」残留部隊（剛方作命甲第一号ニ依ル方面軍直轄トナル部隊ヲ除ク）ハ自今予ノ直轄トス
二、第五十一師団長ハ前項部隊ヲ併セ指揮シ第十七軍残留部隊ノ戦力強化ニ任スヘシ、大隊長要員タル矢野少佐外四名及中隊長要員タル日比大尉以下十名ヲ「ラバウル」到着ニ伴ヒ其指揮下ニ入ラシム
三、本命令ニ基ク指示
　1．残留部隊長左記部隊ハ特ニ教育訓練ヲ実施セシメ随時「ガ」島方面ニ進出シ得ル準備ニ在ラシムルモノトス
山砲兵第三十八聯隊（一部欠）、独立砲兵第十聯隊四中隊、野戦重砲兵第四聯隊第六中隊、独立臼砲兵第一聯隊ノ一部
　2．第二師団若シクハ第三十八師団等ノ補充員ハ其充当予定部隊毎ニ歩兵ニアリテハ大隊単位其他ノ兵種ニアリテハ中隊単位ヲ編成シ教育訓練ヲ容易ナラシムルト共ニ情勢ニ即応スル作戦行動ニ支障ナカラシムルモノトス
　3．右臨時編成部隊ノ教育訓練ハ歩兵ニアリテハ大隊、其他兵種ニアリテハ中隊ヲ以テ独立シテ各種戦斗行動ヲ遂行シ得ルヲ目的トス
右ノ趣旨ニ依リ臨時編成部隊ハ翌年ノ作戦転機ニ方リ或ハ「ルッセル」或ハ「ガ」島ニ派遣セラレタル立岩大尉大隊又ハ矢野少佐大隊トシテ活動シ或ハ「ムンダ」守備部隊トシテ爾後引続キ作戦ニ従事セルモノアリ

十二月二十三日ニハ大陸命第七二八号ニ依リ第四十一師団ヲ第八方面軍ノ戦斗序列ニ、第二十師団ヲ第十七軍ノ戦斗序列ニ編入セシメラレ、＊軍ハ来ルヘキ攻勢作戦ノ為第六師団及第二十師団ノ国軍最精強ヲ集中シテ乾坤一擲ノ快勝ヲ要望セラルルコトナリ、中央部ノ堅確断乎タル決意ト其徹底セル兵力投入ニ感激シ愈々吾等ノ重責益々大ナルヲ痛感スル次第ナリ

＊同日付大陸命第七二九号要旨ニ曰ク

一、第五十一師団ヲ第十七軍戦斗序列ヨリ除キ第十八軍戦斗序列ニ編入ス

二、第六師団ヲ第八方面戦斗序列ヨリ除キ第十七軍戦斗序列ニ編入ス

三、独立混成第二十一旅団（自動車部隊欠）ヲ第八方面軍戦斗序列ヨリ除キ第十八軍戦斗序列ニ編入ス

四、左ノ部隊ヲ第十七軍、第十八軍戦斗序列ヨリ除キ夫々第十八軍第八方面軍ノ戦斗序列ニ編入ス

(1)　第十七軍ヨリ除キ第十八軍ヘ編入スル部隊

野戦機関砲第二十五中隊

同　　　第二十八中隊

(2)　第十八軍ヨリ除キ第八方面軍ニ編入スル部隊

野戦機関砲第三〇中隊

同　　　第三一中隊

（＊ニ返ル）

抑々一木支隊以来毎次ノ攻勢失敗ニ伴ヒ大本営カ北ハ関東軍ヨリ支那南方軍及朝鮮及内地ノ全域ニ亙リ師団及防空部隊、砲兵、後方機関等ヲ相次テ抽出シ、之ヲ輸送シ護衛シ戦場ヘ集中セシメ更ニ莫大ナル軍需資材ヲ集中輸送セラレタル苦心ハ実ニ想像ニ絶スルモノアリシヲ推測シ感無量ナリ

五、敵情一般ノ推移

十二月ニ於ケル敵軍行動ノ全般ヲ約言セハ、一ハ攻撃ニ関スル諸準備ノ進捗ト、一ハ海上並空中戦力ヲ以テスル我後方遮断ノ強化徹底トニ存ス、即チ地上ニ於テハ上旬中旬頃海岸ニ沿フ地区及一本橋付近一帯ノ地区ニ於テ各方面ニ亙リ少数ノ敵兵屡々我陣地ニ近迫シテ陣地ヲ構築シ海岸ト「アウステン」山トノ中間地区ニ於テ三、四条ノ自動車道構築シ時々百輌内外ノ小型自動貨車ノ往復逐次頻繁トナリ敵砲兵就中迫撃砲及重砲ノ射撃ハ昼夜間歇的猛射ヲ実施ス、次テ中下旬ニ亙リ「アウステン」山正面ニ於テ敵ノ捜索並近迫漸ク顕著トナリ、従来敵ノ注意ヲ免レアリシ該方面ニ

攻撃、自動車道構築ヲ見ルニ至リシノミナラス「ルンガ」上流地区ノ丸山街道方面ニモ少数ノ敵兵近迫スルノ状ヲ認ム、尚敵歩兵ハ従来密林内ノ行動ヲ避ケシモ此頃ヨリ相当有力ナル兵力ヲ密林ノ内ニ進メツツ、敵我一線ニ接触スルニ至リ、其最前線ニハ黒人（土民ナリヤ黒人軍ナリヤ判明セス）若干ヲ交ヘ或ハ陣地構築作業ニ使役スルヲ認ム、海上ニ於テハ上旬二回ニ亙リ我補給任務ノ駆逐艦隊トノ間ニ夜戦ヲ惹起シ或ハ逐次高速魚雷艇ノ活動頻繁トナリ毎夜「エスペランス」「カミンボ」等一帯ノ沿岸ヲ横行シ我駆逐艦ノ泊地進入又ハ潜水艦ノ揚陸ヲ妨害シ、為ニ我軍ノ補給ハ多大ノ支障ヲ来シ事実後方ハ殆ト遮断セラルルノ結果ヲ招クニ至レリ

敵機ハ毎日ノ離着陸数五、六十乃至七、八十ノ間ニ在リ昼間ハ爆銃撃ノ外砲兵射撃及艦砲射撃ノ観測ニ任シ、夜間モ絶ヘス主トシテ後方遮断ノ為ノ捜索並爆銃撃ニ努メタルモノノ如ク其勢逐次強化ヲ思ハシムルノミ、一方敵ノ後方補給ハ毎日必ス三乃至五、六隻ノ輸送船ヨリ「ルンガ」付近及其東方海岸ニ揚陸シ之カ護衛艦ハ四、五隻乃至六、七隻ノ巡洋、駆逐艦ヲ以テスルヲ常トス、就中時々大型（一万屯級）輸送船一又ハ二隻ヲ以テ重材料ノ揚陸中ナルヲ目撃ス、尚揚陸ハ従来同様天明時ヨリ午後三時頃迄ノ間ニ実施シ其他ノ時間ハ「ツラギ」港内ニ待機スルモノノ如ク、更ニ「ツラギ」ニハ海軍基地用資材等ノ揚陸亦相当大ナルモノアリシヤヲ推測セラレタリ

我補給ノ殆ト完全ニ封止セラルルニ反シ、敵軍ノ白昼堂々タル此大規模不断ノ補給実施ヲ目撃スルハ実ニ切歯扼腕ノ外ナク、戦局ノ前途ニ多大ノ不安ヲ禁シ得サルト共ニ敵兵何時攻撃ニ転スルヤノ懸念頗ル強ク、殊ニ我後方沿岸ニ対スル艦砲射撃及魚雷艇等ノ強行偵察行動頻繁ナルニ鑑ミ「タサファロング」「エスペランス」付近ニ対スル強行上陸ヲ受ケンカ、軍ノ運命ハ一挙ニ悲愴混乱ニ陥ルコト火ヲ睹（ママ）ルヨリ瞭ナリ、先月末敵ノ一部カ「マルボボ」ニ上陸セル状アリシコトモ亦決シテ軽視ヲ許サス、参謀連ハ敵ノ攻勢徴候顕著ナルニ鑑ミ状況報告ニ屡々之ヲ記述シ、予ハ固ヨリ然ルノ至当ナルヲ知リツツ敵ノ企図ハ敵ニ聞カサル限リ知ルヘカラス、此徴ハ他ニモ観方アルヘシト云フテ之ニ関スル辞句ヲ削除セシメタルコト再三ニ及フ　特ニ十二月八日大東亜一週（ママ）年日二十五日「クリスマス」前後ノ如キ特別日付ハ此種状況ニ於テハ何トハナシニ敵ノ為スナラント推測スルコト状況判断トシテ書イタリ云フタリシテ見度キ

モノナリ、之モ受身ノ心理ノ悲シサトモ云ヘキモノナラン、此月ニ於テハ毎隔日状況報告ヲ剛並次長宛発電セリ、今其内戦況ノ変化、敵入泊艦船飛行機数ノ大要ヲ摘記セハ左ノ如シ

				飛行機 離陸数又ハ着陸数	
一日、	此夜駆逐艦入泊ニ方リ海戦アリ	敵輸送船 三、	軍艦 三、	飛行機 三三	
二日、		輸送船 二、	軍艦 三、		海岸方面小出撃
三日、		〃 四、	〃 五、	飛 四三	砲撃熾烈
四日、		〃 一、	〃 二、	〃 六七	
五日、		〃 五、	〃 七、	〃 六二	
六日、		〃 三、	〃 五、	〃 六〇	
七日、	此夜海戦 砲撃熾（砲撃熾 歩四、大隊長、兵四五戦死）、				敵後方自動車運行盛、土人ノ工事ヲ認ム
八日、		輸 〃 五、	艦 七、	飛 七〇	
九日、	砲撃熾烈〃	〃 五、（内二万屯二 一万屯一）	〃 六、	〃 九三	
十日		〃 三、	〃 六、	〃 八八	「ムンダ」攻撃
十一日、	敵人員揚陸目撃	〃 四、	〃 七、	〃 八九	
十二日、		〃 四、（内大型二）	〃 七、		飛行場材料（重資材）揚陸目撃
十三日、	夜間砲撃熾、攻勢ノ兆	〃 五、	〃 六、	〃 七八	
十四日、	後方上陸ノ兆アリ	〃 八、	〃 一六、	〃 九二	
十五日、	海岸小出撃	〃 五、	〃 三、	六〇（十五日・十六日）	
十六日、	寺沢少尉帰還	〃 八、	〃 四、		38D迫撃砲ノ急襲射撃実施
十七日、		〃 四、	〃 七、		敵ノ我後方遮断愈々徹底ス 情報主任者会同ス
十八日、	「ア」山方面敵進接	〃 三、	〃 六、	〃 四〇	
十九日、		〃 四、	〃 五、	〃 五〇	
二十日、		〃 三、	〃 五、		第一線部隊此日ヨリ絶食
二十一日、		〃 三、	〃 四、		此日一般状況綜合報告 38D若林中尉ノ勇戦
二十二日、		〃 四、	〃 五、		
二十三日、		〃 三、	〃 五、		
二十四日、		〃 二、	〃 五、		一般状況綜合報告（後掲）
二十五日、		〃 三、	〃 八、		
三十一日、					年末ノ一般状況報告

右下旬末期ノ状況報告ヲ欠キシハ一般状況愈々急迫困難ニ陥リ九〇三高地上ノ観測所ハ敵重砲ノ集中射ヲ被リ破壊セラレ、各方面ノ通信線ハ保線スルモ堪ヘス、在「ガ」島全将兵ノ心中ニ謂フヘカラサル不安ト危惧ノ念トヲヒシ〲感セシメタル時期ナリ、尚補給ノ実相ハ次項ニ掲クヘシ

二十三日ノ一般状況報告　沖集戦参五一七、剛参長 次長 宛

（軍機親展）

一、「ア」山正面ニ対シテハ我陣地前至近ノ距離ニ百乃至数百ノ敵触接シ、時々兵力ノ増減アルモ逐次攻撃ノ兆ヲ増加ス

「マ」川右岸ハ敵ノ小出撃アル外、戦況変化ナシ、敵軍後方ハ依然活発ニシテ十八日ニ於ケル敵戦艦三其他艦艇ノ「ガ」島方面現出ト併セ考ヘ特ニ後方上陸ニ対シ大ニ警戒ヲ要ス、二十二日朝空中補給ヲ敵ニ発見セラレシ状況ニ於テ特ニ然リ

二、我第一線特ニ「ア」山方面ハ二十日頃以来絶食状態ニシテ、僅ニ木ノ芽、水菜等ヲ食シアルモ大部ハ歩行サヘ容易ナラス、先般敵ノ積極的企図封殺ノ為挺身斥候ヲ敵中ニ投入セシモ之カ為ニハ約一週間特別ニ給養シ、体力ノ恢復ヲ待テ派遣セシ次第ナリ（註　此特別給養ノ為ニハ軍参謀ニ於テ部隊ノ要求ニ基キ僅ニ数名ノ為ニサヘ特別配給ヲ処理セルモノナリ）

空中補給ハ二十日二十一日夜ニ於テ計九十五個ヲ拾収セルモ未タ前送シ得ス、軍ハ二十六日ヨリノ揚陸カ確実ニ成功スルコトニ絶対ノ期待ヲカケアルモ「カミンボ」以西ノ揚陸ハ大発ヲ増加セサレハ前送容易ナラス

三、此際方面軍ニ於テ非常手段ニ依リ最モ速ニ処置セラレ度キ件左ノ如シ

イ．敵カ西部「ガ」島ニ上陸セシ際ノ神速具体的対策ノ準備

（途中ノ要点ニ対スル速ナル一部兵力ノ事前推進ヲ含ム）

ロ．沖集戦参電五〇九号ノ確実ナル実行

（速ナル「サボ」島以西要点ノ占領ト併行シ戦斗ヲ予期シ之ヲ排除シツヽ行フ揚陸ヲ必要トス）

右十二分着意ハ努力ノコトト信スルモ任務ノ重大ニ鑑ミ現況上敢テ具申ス（二三、〇七〇〇）

次テ二十四日更ニ同様事項特ニ補給関係ニ就テ剛、海軍、次長宛電報、

参長発

○沖集戦参電　五二一　GF、8F、11F、剛、次長宛、

一、「ガ」島ノ輸送意ノ如クナラサルコト久シク而モ月ト共ニ甚シキヲ加フ

軍ハ特ニ弾薬糧秣ノ補充困難ナル此ノ際敵カ大規模ノ攻勢ヲ敢行スルコトヲ憂慮シ、此ノ敵ノ企図ヲ事前ニ封殺スル為、殊更ニ示威的積極行動ヲトリ来リシカ、

今ヤ打続ケル糧秣ノ不足殊ニ二十日以後僅少ノ木ノ芽、椰子ノ実、川草等ノミニ依ル生存ハ第一線ノ大部ヲシテ戦斗不能ニ陥ラシメントシ歩行サヘ困難ナルモノ多ク一斥候ノ派遣モ至難トナレリ

今ヤ「ガ」島ノ運命ヲ決スルモノハ糧秣トナリ而モ其機ハ刻々ニ迫リツツアリ

軍ハ目下敵カ「ガ」島ノ軍後方ニ上陸スル際之ヲ自力ニテ撃滅シ得サル実情ニ在ルモ軍ノ最モ必要ト認メアルモノハ兵ノ体力ヲ維持増大スル為糧秣（主食、食塩ノミニテ可、止ムヲ得サルモ一日四合ヲ切望ス）註、「キニネ」剤、脚気剤等ノ衛生材料ナリ

二、「ガ」島ニ対スル輸送ハ敵ノ妨害ヲ排除シテ之ヲ敢行スルニ非サレハ目的ノ完遂至難ナリ

1．蓋シ敵ハ我後方補給ノ遮断ニ重点ヲ置キアル如ク観察セラルル処「サボ」島ヲ根拠トシアルカ如キ魚雷艇ハ既ニ「カミンボ」付近ヲ警戒シアリ　其ノ以南ニ警戒力ノ拡張セラルルハ唯時間ノ問題ニシテ「サボ」島ヲ攻略セサル限リ輸送ニ方リ海上妨害アルハ当然予期セサルヘカラス

2．航空撃滅戦ヲ実施スルニ至ルモ夜間ニ於ケル「ガ」島西部ノ海面ハ必スシモ遽ニ我行動ノ自由ヲ予期シ得サルヘシ

三、毎月月明時、軍ハ給養ノ危機ニ逢着シ而モ逐月毎ニ其度ヲ加ヘツツアル状況ナリ、一月ノ輸送ニ於テハ月明ノ所要量ヲ暗夜時ニ於テ輸送終了スル如ク　特ニ初期ニ於テ迅速ニ大量ヲ輸送スル如ク此上共配慮相成度

四、右ハ十分御承知ノ事ハ信スルモ為念

（二四日　〇九三〇記）

年末ニ於ケル一般情況ハ付録状況報告ノ如シ

六、補給困窮ノ状況

年末頃ニ於ケル補給困難ノ状況ハ前掲状況報告並年末状況報告ニ依リ其一般（ママ）ヲ窺知シ得ヘシ

方面軍ニ於テハ十二月初頭ノ暗闇期間ニ於テ駆逐艦ノ「ドラム」缶輸送並潜水艦輸送ニ依リ一挙ニ在島兵力ノ一個月分半定量ノ二個月分即チ一月末頃迄ノ分ヲ揚陸セシムヘキ計画ノ下ニ海軍側ヲ激励実行ニ着手セリ、然ルニ第一（一日夜）、第二回（七日夜）ノ駆逐艦輸送（夫々七、八隻）ハ海戦ノ為ニ全ク揚陸スルコトナク帰還シ、其他ノ場合ニ於テモ時々敵魚雷艇

ノ妨害ヲ受ケ、特ニ「ドラム」缶揚陸ハ諸種ノ不備欠陥ニ依リ予期ノ成果ヲ収ムル能ハス、潜水艦揚陸亦第一回（九日夜）ハ「カミンボ」ニテ沈没其他モ浮揚ト同時ニ敵機又ハ敵艇ノ攻撃ヲ受ケ帰還セルモノ少カラス、一例ヲ軍司令部ノ小口軍医中佐ノ行動ニ徹シ之（ママ）ヲ見ハ其一斑ヲ窺ヒ得ヘシ、即チ同中佐ハ十二月始三回ニ亙リ駆逐艦ニテ揚陸ヲ企図セルモ不成、次テ二次ニ亙リ潜水艦ヲ以テ前進シ、最初ニハ約一週間艦内生活ヲ為シテ揚陸シ得ス、最後十二月末辛ウシテ上陸シ得タリ、頑健ナル中佐モ為ニ到着直後熱発持続セリ、サレハ待ツ身ノ不安危惧モサル事ナカラ毎回瞬時ノ緊急ヲモ忽ニセス反復敢行スル海軍艦艇ノ将兵ノ心中労苦亦決シテ少カラス、尚之カ為ニ艦艇ヲ損失シ幾多ノ犠牲ヲ払ヒシコト固ヨリ多大ナルモノアリシハ痛根ノ極ナリ、此間櫛ノ歯ヲヒクカ如ク補給ノ窮状ヲ愬ヘラレタル方面軍首脳者並大本営ノ当事者ニハ寝食安カラサル心配ト苦慮トヲ煩シタルコト何トモ申訳ナシ、畏クモ之ニ関シ宸襟ヲ悩シ奉リシコト恐懼身ノ措キ処無シ

十二月廿三日ノ一般状況報告（前掲沖五一七電）ニ対シ廿四日発（二七日着）ニテ剛参謀長ヨリ左ノ返電アリ剛司令官以下ノ苦衷ヲ察ス

○剛方参一電　一五五　参長宛

沖集戦参電第五一七号敬承ス

貴軍ノ現況ニ対シテハ司令官以下日夜寸時モ脳裏ヲ離レタルコトナク、万般ノ考慮ヲ廻シアルトコロニシテ貴軍カ現況ニ処シ毅然トシテ、任務ニ邁進セラレアル心状ニ対シテハ感激ノ外申上クヘキ言葉モナシ

軍ハ年末年始ノ夜暗ヲ利用スル補給輸送ニ於テ是非共所望量ノ揚陸ヲ実現スヘク海軍ト協同計画シ、補給基地ノ推進ト併セ既ニ其実施ニ着手セリ、右具体的計画ノ全貌ハ畧ス

敵ノ西部「ガ」島上陸ニ対シテハ機ヲ失セス艦艇及陸海軍航空兵力ヲ使用シテ其企図ヲ撃摧スル如ク協定ヲ進メツツアリ其他一部兵力ヲ推進シ之ヲ強行上陸セシムル貴電ノ趣旨ニ関シテハ補給基地推進ト関連シ研究中ナルモ、敵ノ攻勢ノ時機ニ依リテハ前記艦艇及航空部隊ヲ以テスル手段ニ依ル外ナキ場合アルヲ予期セラレ度

此月補給ノ促進並之カ実行上ノ連絡及相互ノ意志疎通等ノ為往復セル電報ハ夥シキ数量ニ達ス、今其主要ナルモノヲ日ヲ逐フテ摘録シ当時ノ実情ヲ想起スルノ資ニ便ス

駆逐艦又ハ潜水艦ニ依ル輸送ハ、先ツ方面軍ニ於テ方面艦隊及第八艦隊トノ間ニ協定ヲ遂ケ其計画ノ大要ヲ「ガ」島、「ショートランド」家村参謀、在「ラ」船舶兵団長ヘ通達、次テ之カ実行特ニ軍需品ノ積込ニ関シテハ在「ショートランド」第二船舶団及家村参謀ニ依リ処理セラレ其結果ヲ更ニ「ガ」島ヘ電報シ来ル、愈々実行ニ移ルヤ駆逐隊司令又ハ潜水隊司令ヨリ在「ガ」海軍ニ電報アリテ之ヲ電話ニ依リ戦斗司令所ニ転送シ来ル、随テ右ニ関スル電報ハ相次テ各方面ヨリ来リ、時ニハ都合ニ依リ変更アリ何レヲ信スヘキヤニ迷フコトアリ

而カモ愈々実行ニ移リ第一回ノ輸送カ敵ノ妨害其ノ他ノ事故ニ依リ失敗スルヤ爾後ニ関スル計画ハ何レモ変更セラルルヲ以テ其都度右掲同様ノ電報往復ヲ重ネサルヘカラス、更ニ此間揚陸物件ノ数量ニ関シ相互通報ヲ反復シ或ハ「ガ」島揚陸作業ニ任スル第一船舶団ト海軍実施部隊間ニ入泊揚陸物件接受、標灯設置等ニ関シ連絡ヲ要スルモノアリ、等々幾多ノ理由ニ依リ電信往復繁多混雑ヲ招キ洵ニ容易ナラサルヲ知ル

陸海通信系ノ整理、指揮機構ノ改革等ハ切実ノ問題ト云ハサルヘカラス、一般ニ戦史的記録トシテノ往復電報ノ意義ハ其成果影響等ヲ爾後ノ状況推移上ニ認メラルルモノナルモ「ガ」島作戦特ニ其補給ニ関スル事項ハ各方面ノ間ニ交ハサレタル反復、変更、問合セ等無数ノ電報ハ逐一之ヲ掲クルモ特別ノ意義ナキモノ少カラス、但之ニ依リ補給業務及其成果ノ不十分ナリシ事実ト之カ為如何ニ努力セラレ此間如何ニ困難ニシテ且複雑ナル経過ヲ辿リシカヲ想起スル一助タルヘシ

◎十一月下旬以後ノ潜水艦輸送ニ関スル件

○沖集参一三八三　十一月二十日「ラ」軍参謀発「ガ」参謀長宛

潜水艦四隻（搭載物件精米一千梱缶詰二百梱）ニ依リ二十二日夜「タサファロング」ニ糧秣輸送実施スルニ付之カ揚陸ノ準備相成度、尚潜水艦敵ニ制圧セラレタル場合ハ「カミンボ」ニ入泊ノ予定ニ付、予メ「タサファロング」「カミンボ」ノ二個所ニ揚陸ヲ準備セラレ度（戦司、参考一船団、二船団）

○右ト殆ド同時ニ　沖集参一三七二

潜水艦ニ依ル揚陸地「カミンボ」ニ「タサファロング」ヨリ小発二隻回航可能ナリヤ、至急返

○運船八六三　運輸通信長官発

「ガ」島ニ対スル糧秣等揚陸ノ為特殊輸送資材（揚搭時間ヲ極力短縮スル為潜水艦又ハ駆逐艦ヨリ泊地ニ投入シ舟艇ニテ曳航スル揚陸ゴム製嚢）及特殊輸送用糧秣（二〇〇立方米）ヲ軍艦ニ依リ十一月二十二日呉ヨリ先ツ「トラック」島向ケ発送ス
爾後ノ輸送ニ関シ現地海軍ト連絡ノ上処理相成度
右資材取扱指導ノ為船舶司令部高橋大尉外将校二名ヲ派遣ス
（沖「ラ」「ガ」参考、船司、船兵）

○二船団二二八　在「ショートランド」第二船舶団長発
第一回潜水艦輸送ニ依ル四隻ノ搭載糧秣左ノ如シ

○8F参謀長発　二五〇九二五　参謀長宛
昨二十四日一七〇〇頃潜水艦「カミンボ」距岸三浬ニ近接セリモ舟艇来ラサル為引返セリ、今夜再進入ノ予定ニ付陸上ニ灯火ヲ点出スル外舟艇ニ灯火ヲ持タシメ連絡ニ出サレ度

○沖集参　一四四九　「ラ」軍参謀発　参謀長宛
沖集戦参三四六返（待望潜水艦入泊セス状況問合セ電）
一、二十二日夜ノ潜水艦ノ入泊ハ中止セラレ此結果海軍ヨリ「ガ」島第十七軍宛電報セルモ何等カノ手遅（ママ）アリシナラン、自今当方ヨリモ変更アリ次第連絡致スヘキニ付諒承アリ度
二、本二十四日夜「タサファロング」及「カミンボ」ニ各一隻二十六日夜「カミンボ」ニ一隻潜水艦入泊予定
三、家村参謀ヨリモ変更アリ次第「ガ」島及「ラ」ニ連絡アリ度
（「ガ」島、家村参謀、参考、次長）

○乙潜水部隊指揮官発　二五、〇九〇九　電話転送　二六　一一四〇受付
一、伊十九号糧秣輸送ヲ止メRXE経由PTニ帰投スヘシ
二、伊十七号ハ予定通リ糧秣ヲ揚陸スヘシ
三、伊三十一号「カミンボ」ニ於ケル舟艇準備状況判明スル迄RXEノ出港ヲ延期スヘシ

○伊三号潜水艦長発　二五　一六一四　電話転送　二六、〇九二〇
一、伊二、伊三、伊四、伊五ヲ以テスル第二次輸送ニ方リ潜水艦、陸上間ノ連絡揚陸用船艇準備、標識等及作業人員派出等ハ第一線輸送ト同一要領ニテ実施ノ事トセラレ度シ

二、各潜水艦ハ特種大発（汲水装置付）一隻宛搭載運搬スルモ大発ハ揚陸点ニナルヘク多数準備セラレ度

○沖集参　一四六〇号　　二五、一八一〇発　　二六、〇四〇〇着

一、二十四日潜水艦各一隻「タ」及「ガ」ニ進入セシモ敵ノ進出ノ関係上舟艇トノ会合ヲナシ得スシテ揚陸セス帰還セリ

二、本二十五日夜更ニ潜水艦二隻ヲ二十六日夜潜水艦一隻ヲ「ガ」ニ進入セシムルニ付「ガ」ニ舟艇ヲ廻航シ且標灯ヲ掲ケ連絡確実ヲ期シ揚陸セラレ度

○二船団計二三五号　　二五、一八二四　在「シ」二船舶団発

一、潜水艦伊九号及伊三一号ハ二船団計電二〇二号ノ通リ糧秣搭載ヲ完了ス

二、両艦共ニ船団計電二〇二ノ号ノ如ク　　伊九号二四日一三〇〇、伊三十一号二五日一三〇〇「ショートランド」出港ノ予定

○海軍?　発二五、二三一〇発電

一、昨二十四日伊一九号ハ「カミンボ」ニ於テ揚陸用舟艇ヲ認メス錨地付近ヲ素通リセリ

二、潜水艦ニ依ル輸送ハ揚陸地ヲ「カミンボ」ニ一定セラレタルニ付大小発ヲ同地ニナルヘク多数集中必ス一七〇〇迄ニ待機位置ニ進入潜水艦ノ到着ヲ待ツ如クスヘシ

○乙潜水部隊指揮官　　二五、〇九二〇　電話転送　二六、〇九二〇着

第二潜水機密第二四二三〇三番電ニ関連シ「カミンボ」ニ於ケル船艇ノ派遣ニ関シテハ協定通リ確実ニ実施スル如ク更メテ希望ス

第一潜水隊潜水艦ニ依ル輸送ハ船艇ノ準備無ケレハ不可能ナルニ付同地ニ於ケル船艇準備不可能ナラハ輸送ヲ中止ス

大発ヲ搭載スル第七潜水隊潜水艦ニ依ル輸送ハ二十八日実施ノ予定「カミンボ」ニ於ケル船艇準備数至急報セラレタシ

○二船団計二三九号　　家村参謀発　　二十五日一二五〇発　二十六日一一五〇着

沖集戦電　三四六返

一、第一次潜水艦輸送ハ予定計画ノ通リ左記ノ如ク「タサファロング」ニ入泊スルニ付準備アリ度

1．伊十七号、伊十九号ハ二十四日
2．伊九号ハ二十六日
3．伊三十号ハ二十七日

二、第二次潜水艦四隻ハ本二十五日「ラバウル」ヨリ「ショートランド」ニ入港ノ予定、貴地着日次確定次第報告ス

○二船団計　二三四　二五日（ママ）発　二六日（ママ）着
家村参謀ヨリ　沖集戦参　二四五返

一、潜水艦伊一七号、伊一九号ハ二十三日、伊九、伊三十一号ハ二十四日若ハ二十五日貴地入泊予定

二、伊九、伊一七、伊一九、伊三一号ハ一回限リナルモ更ニ伊二、三、四、五ニ依リ折返シ輸送ヲ実施セラルル筈

尚月末ヨリ駆逐艦ニ依ル輸送ヲ開始セラル（二四日（ママ）一五三〇記）

○剛方参一　第一一号　二七日（ママ）一四二〇発　二八日（ママ）着
剛参長発
沖集戦参電　三六五返

一、潜水艦ノ行動ハ敵情其他ニ依リ急ニ変更セラルルコトアリテ確定ナル行動ハ潜水艦ヨリ直接其都度「ガ」島海軍守備隊ヲ経テ軍ト連絡ス

但シ潜水艦ノ特性上数時間遅ルルコトアリト

二、潜水艦ノ軍需品ノ積載ハ予メ「ショートランド」家村参謀ヨリ連絡ス

三、家村参謀ハ右連絡ヲ担当セラレ度

○8F機密　8F参謀長発　二八〇五五五着
8F機密二六一八二〇番電中、潜水艦「カミンボ」入泊時刻ハ一七〇〇ニ付訂正ス

○二船団計　二五〇号　二七日（ママ）一四四三発　二八日（ママ）着
家村参謀ヨリ

一、第二次潜水艦輸送ヲ左ノ通リ実施セラル

伊三号ハ二十八日、伊二号ハ二十九日、伊四号ハ十二月一日、伊五号ハ二日夜貴地入泊ノ予定、揚陸点ハ全部「カミンボ」トス、各艦糧秣二〇屯ヲ搭載シ大発二ツ携帯シアリ

二、前記四隻ハ第二次輸送終了セハ「ショートランド」ニ帰還シ更ニ第三次輸送ヲ実施ス

○一船団計一〇五号　二七日（ママ）一〇〇〇発　二八日（ママ）一二〇〇着

一、二十五日—二十七日間ノ揚陸物件左ノ如シ

二十五日　精米　二六〇　箱物二〇九

二十六日　精米　八九〇　箱物三九〇
二十七日　精米　九〇〇　箱物二五〇　精米ハ二〇屯トス
二、箱物ハ乾パン、粉味噌、粉醤油、缶詰、酒、砂糖二俵（内一俵ハ四分三空ナリ）ハ本夜ヨリ大小発各々ニ依リ前送ノ予定

○剛方参一　二一号　二八日(ママ)　一四〇〇発　二九日(ママ)　〇四一五着

一、弾薬一四〇屯（六〇屯ヲ二〇〇屯ニ増加）第二回以降ノ駆逐艦ニ依リ追加輸送ノ為、九〇〇屯ノ予定ノ糧秣ヲ七六〇屯ニ減少、弾薬ヲ追加輸送スル如ク取計レ度
二、右ノ弾薬ハ九六式十五榴一五〇〇発、高射砲弾一〇〇〇発、山野砲弾二〇〇〇発、其他ニシテ既ニ「ショートランド」ニ集積ノ外、海トラ、博洋、石見ニ搭載シ、二十八日「ショートランド」ニ到着ノ予定ニ付、駆逐艦ニ転載セラレ度、輸送ニ利用スヘキ「ゴム」嚢モ逐次追送スヘキモ夫迄ハ小発ニ依ラレ度

○剛方参一　二四号　二八日(ママ)　四〇〇発　二九日(ママ)　〇四一九着

沖集戦参電三七四ニ依レハ第一船船団ハ主力ヲ以テ「マルボ丶」付近ノ敵ヲ掃蕩中ナル趣ナルモ、三十日夜以降ノ駆逐艦ニヨル「ドラム」缶輸送ノ揚陸準備ニ関シテモ遺憾ナキコトトハ存スルモ「ドラム」缶ノ第一回ニテ海軍ト機微ナル関係モアリ特ニ予メ手配アリ度右為念

○一船団計　一〇八　二九日(ママ)　一三〇〇発　二九日(ママ)　一五〇〇

第一船舶団長発　参長宛

一、第一次潜水艦輸送ニ依リ、精米（二〇屯）一九五〇、砂糖（五〇屯）四、塩干魚（叺入(カマス)）八〇、食塩（三〇屯）八、乾パン四五二、代用缶二四六、粉醤油一五六、粉味噌四六、「カミンボ」揚陸
二、昨二十八日精米九〇〇、箱物三五〇「カミンボ」ニ揚陸ス
三、在「カミンボ」脂油類ハ軽油三、「モビール」一、「グリース」一
四、船舶団長ハ昨夜「カミンボ」ニ前進、無線分隊ヲ掌握セリ

○二船団計二五五　在「シ」第二船舶団長発　二七日　一四〇〇発　二九日　一三〇〇着

一、「ムンダ」第三次　千早丸、山霜丸本二十七日朝出港セリ
第二報運丸（宝運丸）ノ当地出発ハ護衛アリ次第出発

セシム

二、「ドラム」缶ヲ集結シ駆逐艦輸送ノ試験ヲ実施中ニシテ二十七日早朝駆逐艦入港ノ予定

三、海軍ヨリノ通報ニ依レハ第一回潜水艦輸送ノ伊一九号ハ全部未揚陸

本二十七日五時伊一七号ハ一〇屯未揚陸、二十八日朝「ショートランド」ニ帰還ノ予定

○第一船舶団長発　二九日（ママ）　一六〇〇発　二九日（ママ）　一九〇〇着

昨二十八日ノ揚陸ハ無事完了、揚陸物件精米六〇〇俵

缶詰三五〇箱

以上ハ十一月下旬実施ノ第一次潜水艦輸送ニ関スル着電ヲ羅列セルモノニシテ、此間当方ヨリ問合セ又ハ報告ノ発電少カラス、発電時刻着電時刻ヲ併セ考察シ、実際如何ナル実情ニ在リシヤ想像スルニ難カラス、着電通数二十四ニ達ス

爾後潜水艦輸送ハ十二月ニ入リ第五次ニ亙リ実施セラレ、駆逐艦ヲ以テスル「ドラム」缶輸送ハ十一月三十日ヨリ数次ニ亙リ実施セラレタリ、此間前記同様ノ相互交渉、予定通知、変更通知、揚陸ニ関スル海軍実施部隊ノ意見、及之ニ関スル現地陸軍揚陸実施部隊ノ意見、揚陸物件ノ報告（之ニ関シテモ海軍ト受領陸軍揚陸部隊トノ間ニ大ナル差異アリ）並之カ再調査要求等、往復電報ノ夥シキコト想像外ト云ハサルヘカラス、就中駆逐艦ノ「ドラム」缶輸送ハ十一月三十日及十二月七日ニハ海戦ノ為全部揚陸不能、敵ノ妨害ニ依リ一部実施ノ場合亦少カラス、且「ドラム」缶引索ノ受授確実ナラサル為、投入数ノ二分一又ハ三分一ヲ牽引シ得タル場合又ハ牽引中海流ノ為ニ「リーフ」ニ懸リテ索ノ切断セルモノ更ニ之ヲ翌天明ニ拾収セントスルモ敵機ノ為ニ銃撃沈没スル等ノ惨状ヲ呈シ其実情ハ予想ニ反シ甚シク懸隔アリ、尚海軍艦艇ハ「タサファロング」「エスペランス」ハ勿論「カミンボ」ト雖モ、敵ノ妨害頻繁ナルニ鑑ミ揚陸点ヲ「マルボヽ」又ハ更ニ西方ニ転移セント希望シ来ル、一方「カミンボ」ニ揚陸セル糧秣ヲ前送スル為ニハ陸上輸送機関ナキ為揚陸ノ翌夜大小発ヲ以テ沿岸ヲ伝ヒ「タサファロング」又ハ「コカボンナ」ニ輸送セサルヘカラス、然ルニ大小発ハ常時僅ニ二、三隻ヲ辛ウシテ剰スノミナレハ廻送ノ為ニ充当スルノ余裕ヲ有セス、若干宛揚陸セル糧秣モ之ヲ適時第一線ニ前送スル不可能ナル状況ナリ

尚「ドラム」缶輸送ノ体験ハ今後ノ為ニモ若干ノ教訓タルヘキ事項アルヲ以テ其主要事項ヲ左ニ摘記スヘシ

○沖集戦参　四六〇　方面軍参長　第二船舶団長宛
糧秣半定量トシテ、十五、六日頃迄ナル刻下切迫セル状況ニ於テ月明時ノ輸送ニ於テハ弾薬ハ迫撃弾、重擲弾、手榴弾ノミトシ極力糧秣（極端ニ主食ヲ多カラシメ要スレハ副食物ナキモ可）ヲ多量ナラシメラシ度
○沖集戦参　四六一　剛　家村　8F（次長参考）
現在迄ニ揚陸セラレタル糧秣ハ半定量十二月十六日迄ニ過キス、目下月明ナリト雖是非即急ニ適当ナル補給策ヲ講スルヲ要ス、殊ニ敵ノ大規模ナル攻勢アルニ於テハ軍ハ重大ナル決意ヲ要スルモノト認ム
（註　末頃ニ「目下ハ論議ノ時機ニアラス実行ナリ」ト認メ之ヲ抹殺シアリ）
之ニ対スル返電ト思ハルルモノニ曰ク、剛方二参電九一、『一、ドラム缶輸送ノ大部ハ不成功ニテ補給ノ実績挙ラス、貴部隊ノ苦心ノ状真ニ想察スルニ余リアル次第ニテ其後海軍側トモ更ニ協議シ潜水艦輸送ニ努メ又空中補給ヲモ実施スル如ク具体的ニ進メツヽアリ
二、「ガ」島ノ我後方地区ニ対スル敵ノ上陸企図ニ対シテハ、制空権ノ関係上海軍艦艇又ハ航空機ニヨル対応策以外ニ応急手段ナキ次第ニテ他方面ノ関係ト照応

五日実施ノ意見
1．牽索ハ堅牢トシ十分点検シ置クコト
2．発動艇ノ推進機ニ依リ切断又ハ巻キ付ク虞アルヲ以テ其行動ニ注意牽索ヲ横断セサルコト
3．駆逐艦搭載ノ小発ハ陸上勤務兵ニ確実ニ索ヲ渡スコト、帰還ヲ急ク為不確実トナリ易シ
4．一本ノ索ニ連絡スヘキ「ドラム」缶ノ数ハ一五〇本ニ限定スルヲ可トス
5．入泊予定地ヲ勉メテ変更セサルコト、陸上勤務兵少キニ拘ハラス遊兵ヲ生シ不経済ナリ
十一日実施ノ結果ニ基ク希望
1．潮流ニ依リ「ドラム」缶流サルル為駆逐艦ハ勉メテ海岸ニ近ク進入スルコト
2．揚陸時間ヲ勉メテ大ナラシムル如ク状況許ス限リ早ク入泊スルコト
3．揚陸翌日仮令一時期ニテモ泊地ヲ制空シ未揚陸ドラム缶ノ拾収ヲ容易ナラシムルコト
十一月下旬以来潜水艦ノ数次ニ亙ル又駆逐艦ノ大規模ナル「ドラム」缶輸送実施セラレタルモ、其成果ハ予期ニ反シ十二月上旬初頭ニ於テ相次テ左ノ電ヲ発スル状況トナレリ

シ海軍ト共ニ具体策ヲ研究中』

○沖集戦参　四八五　　剛参長宛

剛方参二電九七返（註　揚陸点ヲ「カミンボ」西南方ナラシメントスル希望）

一、貴電中ノ「バビ」ハ発動艇ノ海岸達着困難ニ付「マルボ、」ニセラレ度

二、潜水艦輸送ノ為揚陸ニ使用シ得ル発動艇ハ大二小三ナリ

（註　之ニ関スル問合セ現数通報ハ「ガ」島内及外間ニ殆ド二、三日ニ一回ハ往復セラレタル問題ナリ）

三、潜水艦輸送ハ二隻宛隔日トセラレタシ、蓋一隻宛毎日ノ場合ニハ敵ノ（ママ）妨害ノ為揚陸ノ確実ヲ期シ得サルノミナラス発動艇ノ関係上切角揚陸セル軍需品ヲ前送シ難キニ依ル

（註　一見勝手ナル希望ヲ述フルカ如シト雖、実ハ傍線ヲ付シアル理由ニ依リ、急迫一日モ忽緒ニ付シ得サル第一線ノ補給ヲ考ヘ已ムナク希望スルトコロナリ、此点後方ニ在リテハ痛切ニ感シ得サルヲ常トス即チ「ガ」島ノ一角ニ揚陸セハ猫顎ノ地ニ於テ補給ノ第一線ニ及ハサルハ不可解ナリト思ヘハナリ）

四、（註　空中補給ニ関スル故ニ後記ス）

十二月中頃迄ノ各種補給輸送ノ成果ハ前記ノ如ク且駆逐艦輸送ハ月明ノ関係上実施困難トナレリ、茲ニ於テ方面軍ニ於テハ最後ノ手始トシテ、空中補給ノ実行ニ着意スルニ至ル

○剛方参二電　八五　　十四日　二二三五発

貴地ニ対スル補給ハ敵ノ妨害ト月明トノ関係上漸次困難ノ度ヲ加ヘツツアルヲ以テ夜間中型攻撃機ヲ以テ空中輸送ヲ実施スヘク海軍ト交渉中、就テハ其ノ実施ニ対スル貴軍ノ希望投下地点連絡法等至急承リ度（次長　参考）

右ニ対シテハ左記返電ヲ発ス、実ハ軍ハ元来我内情殊ニ補給杜絶困窮ノ状ヲ絶対敵ニ秘シ、寧ロ敵ヲシテ常ニ受動的心理状態ニ措カンコトヲ切望シアリシナリ

○

一、空中補給ニ関スル件ハ地形上森林多ク投下物料ノ拾収容易ナラサルト敵ニ軍ノ補給困難ヲ極メアル現状ヲ益々深刻ニ暴露スルトニ鑑ミ軍トシテハ進テ希望セサル所ナルモ空中補給ヲ実施セラルル場合ヲ顧慮シ準備ヲ進メツツアリ

二、投下地点ハ「アルリゴ」付近飛行場適地又ハ「ドマ

リーク」西南方地区ヲ可トス

三、軍ハ揚陸ヲ確実ナラシムル如ク、二、三隻ノ「ドラム」缶輸送ヲ継続スルト共ニ、掩護ヲ至厳ニセル潜水艦ヲ「カミンボ」又ハ「エスペランス」或ハ「タサファロング」等適宜地点ヲ変更シテ揚陸ヲ継続セラレ度キ意見ナリ

○沖集戦参電　四九〇号　剛参長　8F 11F参長宛

一、十二月九日軍ノ糧秣皆無ナリシトコロ同日以来揚陸セル主食ノ数量左ノ如シ

精米（二五瓩入）二六五俵
精米（二〇瓩入）一八一五俵
精麦（二〇瓩入）三三七俵　パン　四三一俵
「ドラム」缶（精米）　二二二〇本
（註「ドラム」缶ハ十一日揚陸セルモノナリ）

二、右総量ハ軍（二、七万人）ノ半定量約八日分ナリ、軍ハ極力右糧秣ノ受付ヲ適切ナラシメ且椰子実ノ混入等奨励シアルモ二十日以降ノ食延ハ困難ト認メアリ

○沖集戦参電　四七七号　剛参長　十二月十六日発

一、剛参謀副長一行八日以来「カミンボ」ニ在リテ潜水艦ヲ待機中ナルモノ如キモ軍ト連絡ナシ

二、十五日現在　在「カミンボ」糧秣（主食）左ノ通リ

米（二五瓩入）六三俵、米（二〇瓩入）一五四俵、乾パン　一八六梱

右ハ軍ノ半定量約一日分ナリ　現況ニ於テハ二十日以降迄延食スルハ困難ナリト認メアリ

十八日発剛参長発十九日着在「カミンボ」剛参謀副長宛電ニ曰ク

「一、貴官等ハ帰還ノ機ヲ得ル迄当分ノ間沖集団ノ業務ヲ援助スヘシ右依命

二、「ガ」島ヘノ潜水艦補給ハ目下尚折衝中ナルモ遺憾乍ラ二十五日依然（ママ）ニハ望薄ト了承相成度」ト補給ノ前送特ニ月末、年始ニ於ケル危機ノ発生免ル能ハサルヲ察セサルヘカラス

○沖集戦参電　四八八　十二月十九日発、剛、8F、11F、宛

一、「カミンボ」ニ揚陸セル糧秣ハ最モ円滑ニ前送シ得タル場合ニモ「ア」山北麓ノ部隊カ之ヲ口ニシ得ル為ニハ揚陸後四日、沖川方向ハ三日ヲ要スル実情ニ付、右考慮ノ上速ニ糧秣輸送ヲ実施相成度

二、月明中ノ輸送ハ糧秣ノミトシ取敢ヘス副食物ハ不要

ナリ

尚揚陸糧秣ノ前送ニ関シテハ後方主任越次参謀ハ勿論小沼モ亦細部ニ亙リ万般ノ処置注意等ヲ講シタルモ、結局ハ第一線部隊自ラ戦線ノ兵力而カモ此兵力ハ活動力ニ余裕アルモノヲ選抜シテ、之ヲ実施スルノ外ナク「アウステン」山方面ノ部隊ヨリ派遣セル兵力泥濘急坂ニ杖ツキテ俵入リノ米ヤ乾パンノ箱ヲ運搬スル状態ヲ目撃スルハ実ニ堪ヘ得サルトコロナリ、而カモ二十日前後ニハ所命地点「コカボンナ」又ハ「タサファロング」糧秣交付所ニ到ルモ之ヲ得ル能ハス、更ニ独断ニテ「エスペランス」ニ到リ少量ヲ得、或ハコヽニテモ一物ヲ得ル能ハス、自ラ二、三日ノ空腹ヲ忍ヒ空手(カラテ)ニテ部隊ニ帰還スル能ハサルノ苦衷ヲ屡々耳ニシ断腸ノ思身ヲ切ラルル感ナキ能ハス

方面軍及海軍側モ「ガ」島ヨリ日々反復シテ補給ノ窮状ヲ愬ヘラレテ気ヲ悪クセルヤモ知レサルモ、軍参謀トシテハ後方ニ対シ火ノツク催促ヲ繰リ返ス以外施ス手モナク、又第一線将兵ニ対スル申訳モナキ次第ナリ

○沖集戦参　四九一　「タサファロング」第一船舶団長宛

一、剛参長発　剛参副長宛電報ニヨレハ二十五日以前ニハ潜水艦輸送ハ実施セラレサルモノノ如シ

二、爾後ノ補給及現地物資取得困難ナル山ノ手部隊ニ対シ為シ得ル限リ多ク乾パン食塩等ノ糧食ヲ前送スル如ク配慮アリ度

三、椰子実其他ノ野菜等ノ収集（椰子ノ木伐採ハ禁止）ハ概ネ各隊毎ニ将校ノ指揮スルモノヲ派遣スル如ク又収集地域ノ最西端ノ線ハ「セキウラ」川ノ線トセラルル筈ナリ

四、空中投下ニ依ル糧秣ハ「ポハ」以東ノ部隊　特ニ第一線部隊ニ対スル優先補給糧秣ト致度、尚一夜ノ投下量等判明次第速報ス

窮余ノ策タル空中補給モ云フハ易ク之カ成果ヲ収ムルハ実ニ難シ、当時「ガ」島ニ於テハ新ナル企図ノ下ニ少数ノ兵力ヲ移動配置スルモ極メテ困難ニシテ、投下物料拾収兵力、之ヲ確実ニ集積スルコト（働ク者一切極度ノ飢餓ニ瀕シアルコトヲ察セサルヘカラス）空地連絡標識、投下量及拾得量ノ連絡等ニ皆然リ、毎夜連続四、五回ノ実施ニ於テ拾収シ得タルハ投下量ノ概ネ半数ニ達セサリシカ如シ、時ニハ飛行隊カ敵ノ攻撃ヲ受ケ、或時ハ投下地点ヲ誤リ、或時ハ風ノ為密林中ニ散乱スル等、想像以外ノ故障アルモノナリ、而シテ之ニ関スル相互ノ連絡モ亦繁雑ヲ免レス、殊ニ時機切

迫セル電報ハ「ガ」島戦司ニ到着スル時既ニ機ニ遅シ更ニ之ヲ実施部隊ニ通スル為ニハ再三無線ニ依ルヲ要シ、而カモ夜間ハ蝋燭皆無ノ為作業不可能ナリ

其通信ノ一事例左ノ如シ

○沖集戦参電　五一四　剛　11F宛

一、空中投下糧秣収得数（既ニ五一一号　五一三号電ニテ概要報告セシ所ナルモ更ニ電報ス）

二十日夜　四五（「ドマリース」）二十一日夜　五〇（「アルリゴ」）二十二日夜調査中

尚付近一帯ヲ極力捜索中

二、点灯状況（註　此件ニツキ再三督促注意アリ）

1．二十日夜及二十一日夜ハ投下時刻ノ予報ナシ

2．二十日夜ハ敵機来レル為消灯セシ所ヘ友軍機来ル

3．二十一日夜ノ投下時刻ハ〇三〇〇頃ナリシ為、当方意表ヲツカレ点灯間ニ合ハス

4．二十二日夜　投下時刻ノ予報モアリ、点灯セリ

（二三〔ママ〕日〇七二〇記）

右電文内ニ伏在スルトコロヲ察スルモ、彼此ノ間ニ起ル齟齬ハ軈テ陸海軍間ニ感情上ノ問題ヲモ惹起スル虞アリ、海軍飛行隊トシテハ多大ノ危険ヲ冒シテ、之ヲ敢行スルモ陸軍部隊ハ之ヲ受領スル手配ニ周到ト熱トヲ欠クト感セシコトモアラン、又陸軍側ヨリ之ヲ視レハ海軍飛行隊ハ投下実行部隊ハ毎日ノ負担ヲ平均シ連日異ル部隊ヲ以テ之ヲ充ツル計画ナル故経験ハ次回ニ影響ヲ及サス、相次テ行フ異ル部隊カ毎回同様ノ事例ヲ反復シテ成果ノ向上ヲ見ス等々夫々言分アリテ六ケ敷シキ次第ナリ

此ノ如クシテ補給杜絶ノ実情ハ軍司令部内ニ於テモ下旬以来甚シク将兵ノ気力体力ノ衰弱日々ニ顕著トナリ某々将校等ノ口ニ元気ヲ見セツツモ其顔貌ヤ歩行ノ状態ハ掩フヘクモアラス、雨ニ湿潤セル襦袢ヲ乾シ自ラモ林空ヲ湿ルル盆大ノ陽光ヲ逐フテ日光ニ浴セントスル裸体ハ飢饉ノ民ヲ視ル此ノ如キカト涙双流アルノミ

補給難渋ノ影響ハ軍紀上ニモ重大ナル事象ヲ頻発スルニ至ル、之カ為軍トシテ採リタル処置トシテモ曰ク「立入禁止区域ノ設定」（註　揚陸点付近貨物集積場付近）曰ク憲兵、補助憲兵ノ強化ト非違摘発、曰ク軍法会議ノ設定ト非違布告等々然レトモ大勢ハ如何トモスル能ハス、隊長ヲ失ヒ又ハ其手裡ヲ脱シタル兵ニシテ三々五々揚陸点又ハ交付所付近ヲ彷徨シ、或ハ困難ヲ冒シテ第一線ヨリ糧秣運搬ニ往復スル者ノ糧秣ヲ奪ヒ之カ為筆ニスル能ハサルカ

如キ忌ムヘキ事例サヘ惹起セリ

尚一例ヲ予ノ身辺ニ関スル事ニ徴スルモ宰領者ヲ確実ニ付シタルニ拘ハラス、慰問品ノ入手シ得タルハ十中一、二ノミ、予ハ十二月二十二、三日頃司令部将校全員（集合シタルモノ二十数名ニ過キス）ニ対シ困苦ヲ克服スル意気、根拠ナキ風評ヲ信シ又ハ之ヲ伝フルカ如キコトハ司令部職員ノ衿持ヲ忘ルモノナリトノ訓話ヲナシ、志気ノ高揚ニ努メタルコトアリ、又此頃ノ状況報告ノ起案中ニ「補給困難ニ伴ヒ忌ハシキ流言蜚語流布セラレツツアリ」トノ一節アリシヲ予ハ抹殺セシメタリ、事実ハ正ニ然リナラン

予自ラハ十一月初頭既ニ最悪ノ事態ヲ覚悟シ肚ハ十分キマリアリシカハ内心ニモ動揺ノ気ヲ持チシコト無シ、唯最後迄責任ノ地位ヲ辱シメサル如ク奉公スヘキヲ思ヒシノミ、但シ時ニハ予ハ数日後四十九歳ヲ迎フル筈、古来英雄ニシテ四十九歳ニ殪レタル者アルヲ印象シアリ、古来私人タル英雄ノ興廃ハ史ヲ左右セリト雖モ固ヨリ私人ナリ、此戦不首尾ナランカ帝国将来ニ如何ナル影響ヲ及スヤヲ深察シ、気易カラサルト共ニ邁進ノ意気自ラ湧ケリ、此困窮ナル環境ニ於ケル志気ノ状態ニ就テハ別ニ更メテ一括誌サン

付記　十二月下旬ニ至リ従来ノ艦艇補給ハ帝国第一線艦艇ノ損傷愈々増大ナル傾向ニアルヲ以テ、旧式特殊艦艇又ハ海上「トラック」等ヲ以テ島伝ヒニ夜暗ヲ利用シテ補給ヲ行ハント着意シ十二月二十二、三日頃二隻ノ海上「トラック」ヲ進メタルモ「ニュージョージア」島東端付近ニテ沈没セリ

七、通信状況

十月初中旬頃ヨリ通信ノ輻湊ニ伴ヒ無線通信ノ遅延ヲ来シ発信統制ノ強化ヲ必要トセリ、十一月下旬ニハ各種無線機ノ故障続出シ消耗品欠乏シ之カ補給ニ関シ再三要求セシモ一方糧秣ノ補給ハ焦眉ノ急ヲ要シタルヲ以テ一個月前又ハ一週前ニ要求セル電文ノ如キハ一切顧ラレス、「ガ」島ニ於テハ再三請求シアルカ故ニ当然補給セラルヘシト為シ其到着ヲ待チアルモ宰領者ヲ付セスシテ潜水艦又ハ駆逐艦ニ依リ揚陸セル物件ハ必スシモ所要ノ部隊ニ送致セラレスシテ放置セラル、一方通信部隊ハ日ヲ逐フテ兵員ノ損耗累加シ辛シテ毎日ノ発受信ニ専念スルモ他ニ何等ノ余裕ナシ、発電機ノ故障ハ自動車ノ機関ヲ以テ代用シ、揮発油ハ各方面ヨリ少量ヲ融通シテ其急ヲ凌ク等ノ困難ヲ重ネタリシカ十二月下旬ニ至リテハ器材全般ノ衰損湿気ノ影響消耗品涸

渇等ノ為一切ノ無線ハ其機能殆ト停止シ僅ニ一機ノミ「発信可能受信不能夫レモ一月四、五日迄」トノ状況ニ直面セリ、此頃ヨリ已ムナク「タサファロング」ノ海軍無線ニ緊急通信ヲ依頼セシモ電話ハ殆ト断線連続シアレハ伝令ニヨリ約十時間ヲ経テ之ヲ依頼ス、然ルニ先方ハ軍機電ト雖モ内容ヲ明示セサレハ発信ニ応セストテ無為ニ帰来スルカ如キ状況ナリ

又此頃ニハ無線通信手殆ト殪レ、重症ノ患者一名ニテ発受信ニ当リ中途ニ殪レテ通信ヲ杜絶スルカ如キ悲惨事サヘ耳ニス

後ニ調査判明スルトコロニ依レハ無線手補充員各種補充資材ハ十二月下旬二隻ノ「海トラ」ニ依リ前進セシメタル由右二隻ハ敵機ノ攻撃ニ依リ沈没セリトノ風聞ヲ耳ニセルノミ

第一線部隊用無線ハ当初ヨリ携行数ヲ制限セルト密林内ノ連続戦斗消耗部品ノ補給ナキ為殆ント用ヲ弁シタル例ナシ、有線器材ハ第二師団上陸時一部ヲ揚陸セルモノノ外増強セラレス、各部隊用器材ハ駆逐艦輸送ノ為極メテ一小部分ヲ携行シ、大部ハ「ラバウル」又ハ「ショートランド」ニ残置セリ、爾後之ヲ招致スルカ如キハ糧秣ノ一俵ヲモ多ク焦眉ノ急ニ応セシメントスル状況持続セル為到底不可能ニ属セリ

而カモ通信線ハ指揮機関ノ移動ニ伴ヒ之カ整理撤収ヲ行ハントスルモ作業力之ヲ許サス、且十一月特ニ十二月ニ入リテハ敵ノ砲爆撃ノ為ニ断線甚シク、保線ノ為ニハ電信中隊長自ラ陣頭ニ立チテ叱咤スルモ不通時間大部ニシテ時々通スルノミ、之ヲ十二月下旬以後ハ一切不通ノ状況トナレリ、軍司令部ト船舶団長トノ間ニハ各種重要事項ノ速達ヲ要スルニ拘ハラス、電話線ハ海岸ニ沿フ長遠ナルモノアリシヲ以テ、艦砲射撃ニ依リ甚シキ断線ヲ惹起スルコト多ク、連絡ハ無線ニ依ルコト少カラス、其時間遅延ニ依リ艦艇揚陸実施ト陸上ニ於ケル作業隊ノ連繫ヲ失セルコト少カラス、更ニ通信ノ不通及遅着ハ唯々戦機ヲ逸スルノミナラス、問合セ、反復要求等ノ為不知不識通信量ヲ増加シ、特ニ相互ノ意志疎通ヲ害シ動モスレハ感情ノ為ニ軌ヲ逸スルカ如キ虞ナシトセス

軍司令官ハ通信監タリシ関係モアリ、特ニ専門的識量アル故ニ種々細部ニ関スル注意等アリシカ如キモ大勢ハ如何トモスル能ハサリキ、十一月末将来ノ推移ニ考ヘ通信器材人員ノ増強及消耗品補充ニ関シ要求セルトコロアリシカ十二

月中頃ニ於テ通信現況並将来ノ補充ニ関シ左ノ電ヲ発セリ

○沖集戦参電　四七九　十二月十七日　剛、第二船
　団長宛

通信現況報告

一、第二師団
1．師団通信隊　現在員有線八、無線一五、
三号三、電話機四、被覆線一五巻
2．歩四、現在員、有無線計四〇　目下有線ニ使用中
五号四、電話器一六、被覆線五〇巻
3．歩一六、現在員　有線一〇、無線六、五号二、被
覆線六
4．歩二九、概ネ右ニ同シ
5．消耗品辛シテ十二月末迄ノ分ヲ有ス

二、第三八師団
1．師団通信隊　現在員　有線二七、無線五三、
三号四、有線二小隊（電話機一〇　線八八）
2．歩二二八　電話機一〇、線四〇、五号五　消耗品ナキ為無線器使用不能
3．歩二二九　通信隊ハ上陸シアラス
4．歩二三〇　現在員有線二〇　無線殆ント消耗シアリ
5．消耗品辛シテ一月中旬迄ヲ有ス

○沖集戦参電　第四八〇号　十二月十七日　剛、第
二船舶団長、8F宛

「ガ」島ニ於ケル軍後方ノ通信状況左ノ如キニ付
艦船入泊特ニ其為ノ上陸準備等ニ関スル要求事項等ハ
少クモ入泊一日前当部ニ到達スル如ク配慮煩度

左　記

有線ハ軍司令部（九〇三高地西南麓）ヨリ第一船舶団
（「タサファロング」）迄ノミ通シアルモ遺憾乍ラ敵ノ砲
撃特ニ艦砲射撃ニ依リ断線シ一日ノ内断線ノ方却テ多
キ状況ナリ
架換ヘヲ企図シ目下線ノ収集中ナリ
其他後方ニハ船舶団トシテ其部隊ヲ指揮スヘキ有線ナ
シ

二、無線　第一船舶団（三号）、「カミンボ」　祝部隊
（三号）
軍司令部（三号）ワ型、但シ「カミンボ」及船舶団ニ
於テハ暗号手少キト体力衰弱トニ依リ作業能力著シク
低減シアリ

軍ハ「カミンボ」及「エスペランス」ノ重要性ニ鑑ミ少クモ之ニ有力ナル無線ヲ配置セントスルモ目下其人員資材等ニ付苦慮シアリ

尚目下通信輻湊シ「ショートランド」「ガ」島間ノ至急官報二日ヲ要スルコトサヘアルヲ承知相成度

通信ニ関シテモ、軍参謀、通信部隊長以下将兵、暗号手等何レモ奮励努力シアラサルニ非ス、降雨暗夜、夫々ノ作業室ハ彼此泥濘急坂ヲ辿リ、杖ヲ頼リニ湿ツタ通信紙ヲ持チ運ヒ、天幕ト云フモ名ノミ雨滴ノ落チサルトコロナキ小屋掛ケノ内ハ作業用トナスヘキ空箱モナク懐中電灯ハ勿論蝋燭ノ残リモ甚心細シヲ案シツヽ暗号書ヲ繰ル、漸クシテ暗号ニ組立タルハ無線所ニ電話セントシテ更ニ電話所ニ到ル、同処ハ防空壕内恰モ水濠ト化シテ通信不通ナリ、伝令ヲ準備シテ約三百米ヲ隔ツル無線所ニ到ルハ之甚シキ困難ニシテ一時間ヲ要シ、途中転倒二、三回ニ止レハヨキ方ナリ之ヲ受ケタル無線所ニハ軍通信隊長自ラ衰弱ノ病体ヲ扛ケテ発信手ノ傍ラニ之ヲ激励且監督シアリ、途中発電ニ故障アリテ発信停止故障個所ヲ点検セントスルモ燭ナク、蓋ヘル天幕ハクサリテ雨ノ漏ルコト甚シ、何レハ夜ノ明クルヲ待チテ故障個所ヲ発見スル外ナシ、若シ器械内部ノ湿潤ナレハ分解乾燥ヲ要スルモ、此分ナレハ天候依然雨ナラン以上ハ想像ニアラスシテ予自ラ且聞キ且見且調査シ且叱リツケタル間々ニ告白セルトコロ等ニ依ル、通信速達ハ今ヤ着意ヤ努力ノミヲ以テハ期待シ得サル実情ニ立至リシナリ、補給ト云ヒ通信ト云ヒ一ノ手段ナリ、此手段ノ実行不如意ハ誰ノ罪ニモアラス、敵ナリ、敵ナリ

八、勇敢死ヲ視ルコト帰スルカ如キ第一線将兵ノ奮闘

敵軍一般ノ状況ニ於テ述ヘタル如ク、敵ハ逐次新鋭兵力ヲ増加交代シ莫大ナル軍需品ヲ揚陸集積シ、絶対優勢ナル砲爆下ニ白昼堂々自動車ヲ連ネテ其欲スルトコロヲ実行スルニ対シ、我軍ノ実情ハ補給衛生等万般ニ亙リ最悪ノ事態ニ陥リツツモ、軍司令官ノ企図セル一般方針ニ基キ飽迄積極的ニ活動シ所謂「人ノ能ク為ス能ハサルヲ為シ人ノ能ク忍フ能ハサルヲ忍フ」ノ言ヲ如実ニ具現セルハ皇軍伝統ノ精華ヲ遺憾ナク発揮セルモノニシテ敬仰頭ノ下ルヲ覚ユルナリ

特ニ第三十八師団ニ於テハ師団長ノ意図ニ基キ、第一線ニ堅固ナル支撑（しとう）陣地ヲ構成シ、機ヲ見テ砲兵及迫撃砲ヲ以テ至短時間最有効ナル急襲射撃ヲ行ヒ、又第一線中隊長以下

ハ薄暮夜間等ヲ利用シテ敵ノ第一線ヲ奇襲シテ、敵小部隊ヲ殲滅シテ兵器其他ヲ鹵獲スル等動々モスレハ沈滞シ易キ戦況ニ強キ清涼剤ヲ与ヘタリ

就中工兵第三十八聯隊ヨリ派遣セル寺沢及中沢挺身斥候ノ如キハ実ニ此種斥候ノ活規範ト謂フヘク、或ハ敵ノ砲兵陣地或ハ敵飛行場ニ潜入シテ沈着周到剛胆克ク五名ノ将兵ヲ以テ、恰モ平時ノ演習ト同様ノ行動ヲ敢行シ偉大ナル戦果ヲ挙ケ敵ノ心胆ヲ寒カラシメ全軍ノ志気ヲ鼓舞セリ

両挺進斥候ハ十二月十五日頃無事帰還シ岩渕部隊長ニ伴ハレ軍司令官ニ対シ報告セリ

飛行場攻撃ニ任シタル中沢少尉以下五名ニ対シテハ間モナク感状ヲ授与セラレタリ、感状授与ノ際軍司令官ヨリ自ラ其功ヲ稿[?]ヒ当時蓄ヘ残リシ最後ノ御賜ノ酒一瓶ヲ賜ハリタリ

○沖集戦参　電　四九二　十二月十八日発　剛、次長宛

一、工兵第三十八聯隊ノ中沢少尉斥候（長以下五名）ハ糧食弾薬欠乏シ窮境ニ在ル際周密適切ナル計画ト勇敢積極的ノ行動トニ依リ、敵中ニ挺身潜入シ十三日夜西飛行場ノ飛行機二、給油タンク二、探照灯一ヲ爆破シ、又同聯隊ノ寺沢少尉斥候（長以下五）モ同夜「ルンガ」河下流左岸陣地ヲ爆破シ、敵ニ大ナル損傷及危惧不安感ヲ与ヘ、軍ノ戦斗指導ニ寄与セシノミナラス、爾後ノ作戦乃至攻撃計画上有利ナル資料ヲ収集シ得タリ、帰還後詳細調査ノ結果其実施確実ナルヲ確メ得タルヲ以テ取敢ヘス報告ス

二、軍ハ目下糧食欠乏シ大部ハ歩行サヘ困難ナル実情ニ在ルモ挺身斥候ノ外一部ノ砲兵迫撃砲及歩兵重火器ヲ以テスル敵休宿地ノ火力奇襲及俘虜獲得ノ為ノ小奇襲等ヲ指導実施セシメ敵ヲ脅威攪乱シテ其攻勢企図ヲ事前ニ封殺スルニ勉メツツアリ

右ニ対シ剛及参謀総長ヨリ左ノ電アリ「ガ」島作戦間少シニテモ気分ヨキ報告及返電ハ此位ノモノナリ、順調ニ進展セル作戦就中、武漢作戦進攻中ノ如ク相次テ祝電ヲ受ケ戦フ者ノ喜悦ヲ味ヒタルヲ偲ヒ感無量ナリ

○剛参謀長ヨリ　　十二月二十日発

補給困窮ノ極ニ拘ラス周到ナル注意ノ下ニ小部隊ヲ以テスル挺身奇襲ヲ敢行シ敵ヲ脅威擾乱シ其ノ心胆ヲ寒カラシメアル貴軍ノ旺盛ナル闘志ニ対シ衷心ヨリ敬意ヲ表ス　右依命

○参謀総長ヨリ軍司令官　親展

難局ヲ克服シ果敢敵中ニ挺進シ、敵ニ多大ノ脅威ヲ与ヘタル第三十八師団工兵挺進隊ノ勇敢ナル行動ニ関シ十八日上聞ニ達セシトコロ御機嫌麗ハシク御満足ノ御模様ニ拝シタリ（剛、沖）

第一線陣地ヲ占領シアル部隊中「ア」山方面ノ最右翼第三十八師団歩二二八ノ稲垣大隊ハ補給路長遠且険峻ニシテ糧秣ノ杜絶スルコト甚シカリシモ、大隊長以下克ク陣地ヲ死守シ、敵ノ近迫、側方及間隙滲透侵入ヲ撃破セリ、其左方ニ連接セル歩兵第一二四聯隊（岡聯隊）ハ九月中旬以後ノ川口支隊ノ攻撃以来兵力ノ損耗甚シク、兵員中ニハ「タサファロング」及其以西地区ニ残留セルモノ少カラス、岡部隊長モ部隊ノ実情ニ鑑ミ「ア」山方面ニ対スル敵ノ注意ヲ喚起スルヲ避ケントスル考慮強ク其行動積極タル能ハサリシハ亦已ムヲ得サル実情ニアリシカ如シ

又同隊ニ配属シアル独立山砲兵第十聯隊（北山中佐聯隊長トシテ山砲二門ヲ有スルノミ）ハ聯隊長ノ志気頗ル旺盛ニシテ苦境ニ処シ克ク部下ヲ掌握活動セリ

以上右地区ノ外見晴台ニ歩二二八ノ一部ヲ配置シ、之ヲ第三八歩兵団長伊東少将指揮シ、堅忍決死ノ覚悟ヲ以テ躬ラ窮境ノ打開ニ邁進セリ、伊東少将地区ト海岸ニ沿フ地区トノ中間ニハ歩二二八主力之ヲ占領シ、当初土井大佐同大佐戦病篤キ為交代セル陶村大佐ノ指揮掌握適切ナリシ為長期ニ亙リ敵ノ猛砲爆撃下ニ侵襲スル敵ヲ其都度撃退シ又局処的ニ積極奇襲ヲ敢行シ克ク陣地ヲ保持セリ

海岸ニ沿フ地区ヲ占領シアル歩十六ハ聯隊長堺大佐ノ率先陣頭ニ立ツ勇敢適切ナル指揮ニ依リ、敵砲撃最モ激シク「クルツ」岬ヨリスル側方上陸及艦砲射撃ノ惨烈ナル裡ニ死傷相次テ続出、聯隊ノ戦力甚シク減耗セルニ拘ハラス最後陣地ヲ堅守シ動々モスレハ第二師団ノ其他聯隊ノ気魄沈衰ノ状アリシニ拘ハラス克ク第一線タルノ重任ヲ完ウセリ

第三十八師団司令部ハ曩ニ香港攻略戦ニ於ケル赫タル戦績ニ依リ内鬱勃タル衿持ヲ蔵スルト共ニ外大ナル期待ヲ懸ケラレアリシカ、十一月中旬初頭師団長上陸以来困難ナル状況ヲ制シ常々積極的企図ノ発揮ニ努メ、克ク軍ノ企図ニ順応シ正純無私ノ心情ヲ以テ終始一貫セルハ戦況苦難ノ状況裡ニ於テ軍トシテ統率上感銘深キトコロナリ

又同師団参謀親泊中佐及黒崎少佐ハ屡々苦戦中ノ第一線部隊ニ連絡シ自ラ躬ヲ最前線ノ危険裡ニ投シ志気ヲ鼓舞シ克

ク第一線部隊ニ対シテ師団長ノ意図徹底ノ実績ヲ収メタリ、是該師団第一線カ最モ困難ナル戦況ニ処シ最後迄守地ヲ確保シ微動タニセシメサリシ因ノ主要ナル一ト観ルヘキナリ、両参謀カ自ラノ糧食ヲ負ヒ泥濘嶮路ヲ攀シテ最前線ニ進出セル途中、軍戦斗司令所ニ立寄リ連絡セル姿ハ髣髴トシテ眼底ニ在リ、予カ配給乾パンヲ下痢ノ為残シ置キタルヲ分与シ其労ヲ稿?シタル当時ノ相貌ナト回想スルタニ涙ヲ催スモノアリ

此ノ如キ際親泊参謀ハヨク云ヘリ「今ヤ第一線ハ何日迄持久シ得ルヤハ問題ナラス、将兵一同現陣地ヲ死守シテ殪ルアルノミ」ト之実ハ彼ノ心境ナリシナラン予モ亦然ルノミ

九、隷下指揮下部隊ノ散乱状況

九月十八日ノ大命及戦斗序列ニ基ク諸隊ハ北満北支中支南支南方ノ諸戦場ヨリ急遽神速ナル輸送ニ依リ十月上中旬ニ亙リ、逐次「ラバウル」ニ集中シタルモ当時ニ於ケル情勢判断ハ「ガ」島方面ハ概ネ十月末迄ニ結末ヲツケ、十一、十二月初頭ニ亙リ対「ポートモレスビー」作戦ヲ遂行セントスルニ在リタリ

而シテ十月末ニ於ケル第二師団ノ攻撃頓挫後ハ兎モ角全力ヲ挙ケテ「ガ」島ノ作戦ヲ遂行スルニ決セリト雖モ之カ為ノ兵力並軍需品輸送ハ殆ト杜絶状態ニ陥レリ、従テ「ラバウル」及「ショートランド」ニ集結待機セル部隊ハ日ヲ経ルニ従ヒ雑然トシテ其数愈々増大スルニ至レリ、特ニ十一月十四日ノ第二次船団輸送ノ潰滅ニ伴ヒ「ショートランド」ハ待機部隊、遭難収容部隊、各種莫大ナル軍需品等ノ去就明確ナラサル部隊ノ混雑愈々極レリ

一方「ラバウル」ニ於テハ「ニューギニア」方面ノ切迫セル戦況ニ基キ第三十八師団ノ一部後続部隊ヲ急拠之ニ投入シ、次テ「マーシャル」群島警備ノ為ニ航行中ノ独立混成旅団ノ「ラバウル」転進（途中故障アリ）、第五十一師団ノ到着、第二、第三十八師団其他軍直諸隊ノ補充員ノ到着等ニ依リ、狭隘ナル宿営地ハ逐次各方面ニ拡張セラレ各地ニ雑然配置セラレ第一線ノ状況所属部隊ノ苦境ヲ耳ニスル外爾後ノ行動ニ関シ的確ナル指示ナシ

方面軍司令部及第十八軍司令部ハ実ニ此ノ如キ状況ニ於テ戦場ニ到着セシナリ

更ニ「ガ」島作戦遂行ノ為ニハ飛行場ノ推進並補給ノ為ノ中間飛石ノ設定等ノ為ニモ急拠各部隊ヲ派遣シ、之カ建制及指揮系統ハ彌カ上ニモ混雑ヲ招クニ至レリ、即チ「ムン

ダ」及「コロンバンガラ」飛行場ノ設定及掩護ノ為、第五師団工兵聯隊、第五十一師団ノ歩六六ノ一大隊、第三八師団ノ歩二二九（聯隊長、軍旗歩一中隊ハ「ガ」島ニ、歩一大ハ「ニューギニア」ニ在リ、此処ニ派遣セラレタルハ補充員タル将校以下ヲ以テ臨時編成セルモノ）又「レガタ」海軍水上基地掩護ノ為ニハ川口支隊ニ属スル歩一中（大隊長以下約四百?名）独立山砲第十聯隊ノ一中隊ヲ十一月下旬乃至十二月ニ亙リ輸送セラレ夫々海軍部隊長ノ指揮下ニ入ラシメラレタリ

後記　右中部「ソロモン」群島ニ配置セル兵力ヲ建制ニ復帰セシムル為交代輸送ヲ実施セルハ、四月末ヨリ五月上旬ニ亙リ、其整理ヲ終了スルハ六月上旬ニ亙ル予定（五月上旬ノ状況）

又「ガ」島ニ進出セル諸隊ハ夫々有力ナル残留部隊ヲ「ラバウル」ニ残置シ、隊属貨物就中将兵ノ私物ノ大部モ亦然リ、従テ人事補充其他ノ業務ニ関スル連絡ノ如キ困難ナリト云ハンヨリ寧ロ実行不能ニ近カリシ状況ナリ、此事態ニ処シ兎モ角之ヲ整理運用シテ即急ノ状況ニ対処シ得タルハ実ニ方面軍司令部不眠不休ノ活動ニ依ルモノナリ

十、苦難ニ顕現スル皇軍ノ真姿

十二月八日早暁軍司令部将兵一同遥々皇居ニ対シ奉リ拝礼シ、軍司令官宣戦ノ大詔ヲ奉読ス

開戦正ニ一年本夏以来南東方面ノ戦局ニ関シテハ夙夜、宸襟ヲ悩シ奉リ、恐懼ニ堪ヘス、謹ミテ罪ヲ深ク謝シ奉ルト共ニ御稜威ニ依リ来ルベキ攻勢ノ必成ヲ祈ル

数日前以来ノ諸徴候ニ鑑ミ、此日頃敵ノ大攻勢アルヘシトハ参謀連ノ言ナリシカ朝来比較的平静ニシテ無事ナリ

軍司令部周辺ノ情況ト志気昂揚ニ努メタル人々

九〇三高地南麓ノ軍司令部周辺ニハ第三十八師団ノ工兵聯隊（岩渕中佐）及軍通信ノ無線小隊アルノミ、司令官予ノ窟居ヨリ眼下ニ見下ス丸山街道（街道ト云ハンヨリハ嶮路桟道ト呼フヲ当レリト為ス）ニハ三々伍々第一線ヘノ糧秣運搬兵ヲ見ル其足取リハ日ヲ経月ヲ閲スルニ従ヒ逐次重キヲ増ス、負ヘル糧ノ重キニアラス、餓ヘタル身ノ重キカ為ナリ時々空身（カラ）ニテ気力ヲ失ヒツツ第一線ニ復帰スル兵ヲ見ルハ心淋シキ極ナリ

東京標準時ノ四時ハ即チ天明ナリ、将兵一同起床点呼軍人勅諭奉唱、戦陣訓ノ唱和、保健体操ノ呼称ハ降ルモ晴ルルモ渝（カワ）リナシ、司令部ニ隣接スル部隊ニモ元気ナキ奉唱ノ声

ヲ聞ク、餓ハ愈々迫リ体力気力ノ衰退ハ徐々トハ謂ヘ、茲一個月カ程ニ我他人共ニ口ニハセネド蔽フベクアラズ、此間ニ於テ司令部将兵ノ志気鼓舞ニ力ヲ致シ、我身ノ痩スルヲ忘レ、我精魂ノ尽クルヲ顧ミス、病ヲツヽミ笑顔ヲ作リ苦難ノ裡ニ率先典令ノ精神ヲ顕現セルハ真ニ偉大ト謂フ外ナシ、弾雨ニ猛進スルヨリハ寧ロ難キト為ストコロナリ此等ノ人々ノ名ヲ掲クルハ楽シクモ難有事ナリ、即チ曰ク軍副官新国大尉、曰ク司令部付（実ハ軍砲兵司令部高級部員）堺大佐、司令部付偵察将校河合中尉等是ナリ

夕刻（十五時）ニハ日夕点呼アリ一般ノ状況ハ軍参謀長タル予ニ報告アリ、十二月中旬某日司令部総員百二十名下士官以下九十名（中ニ第二師団ヨリ司令部衛兵トシテ約二十名ヲ含ム）中患者四十数名アリ、翌日ノ報告ニ依レハ患者二十名ニ激減ス、予其理由ヲ尋ヌ、新国副官声ヲ落シテ曰ク司令部ニ於テモ為シ得ル限リ糧秣ノ節約ヲ要スルヲ以テ昨日ヨリ一般一合五勺、休務セルモノハ日朝夕点呼ニ整列スル者ニ一合、然ラサルモノニハ五勺ト定メシトコロ、本朝ヨリ休務患者半減スト泣クヘキニ笑フノ境地ナリ

司令部自体ニ於テ然リ、大局ヲ知ルト否トニ関セス前途ノ不安ヲ憂フルノミ刻下ノ窮乏ハ忍フヘシ

扨テ翻テ察スルニ第一線将兵ノ困窮ハ実ニ絶頂ニ達シ日ヲ経フルモ変リナク、愈々逼迫ノ度ヲ深ムルノミ、此事態ニ直面シアルニ拘ハラス、前記ノ如キ真摯忠順ナル将兵ノ行動ハ実ニ皇軍ノ真姿其物ニシテ、今更皇国ノ皇国タル所以、皇軍ノ皇軍タル所以ヲ泌々身辺ニ透徹スルヲ覚ユ、第一線将兵ノ言動中時々流言ニ類スルモノナキニアラサルカ如シト雖這ハ世ノ常ナリ、軍ノ真姿ヲ表ハスモノニアラス、千百ニ一、二ノ特異事象ノミ

言語ニ絶スル困苦ニ於テ恨ム無ク不平無ク唯々一途ニ守地ニ死センコトニ徹ス、固ヨリ軍司令官ノ威徳ニアラス、統率スル各級指揮官ノ人格ニモアラス、将兵一人一人ニ流ルノ尊キ伝統ノ血ナリ、此血ノ存続スル限リ皇国ハ大磐石ナリ、一時的局部的戦局ノ波瀾ノ如キ一瞬明滅スル微象ナリ、大海波浪ノ上下ノミ誠ニ有リ難キハ皇国ナリ皇軍ナリ

十二日　陛下　大神宮御親拝ヲ偲フ

十九日　左ノ電アリ

○陸亜密電　第一五二一号　陸軍大臣

天皇陛下ニ於カセラレテハ本月十二日親シク神宮ニ御参拝宣戦以来ノ赫々タル戦果ヲ謝シ給フト共ニ現下ノ難局ヲ克服シ、聖戦ノ目的ヲ達成スルト共ニ東亜ノ安定ヲ確

保シ以テ祖宗ノ遺烈ニ応ヘ奉ルヘク、皇祖神霊ノ御加護ヲ御祈願遊サレタリ

聖慮明遠誠ニ恐懼感激ノ至リニ堪ヘス、全軍将兵ハ愈々軍務ニ精励、謹テ聖慮ニ副ヒ奉ランコトヲ期スヘシ

外地各軍司令官及内地軍司令官、師団長

右電ヲ拝シタルトキ、現下ノ難局ヲ克服シ」云々ニ至リ特ニ恐懼ノ至リニ感ス、曩ニ南海支隊ノ「ブナ」付近ノ難戦苦斗ニ関シ上奏アリシ際ニハ参謀総長ヨリ左電アリ

○剛方参一電一三

十一月二十七日参謀総長ヨリ左ノ通電アリ謹テ伝達ス

十一月二十三日　沖部隊方面ノ戦況上奏ノ際「ブナ」方面ノ我部隊カ困難ナル状況ノ下ニ於テ善戦克ク要地ヲ確保シアルコトニ対シ御嘉賞ノ御言ヲ拝シタリ　茲ニ謹テ光栄ヲ頒ツ

後聞スルトコロニ依レハ　陛下ニハ夙夜南東方面ノ戦況ヲ御宸念被遊概ネ毎日戦況ニ関スル参謀総長ノ上奏アルヲ常トスルモ上奏ナキ場合ニハ侍従武官ヲ召サレテ御下問アリ御心痛ノ状ヲ拝シテ誠ニ畏キ極ナリト（坪島武官談）

又十二月ノ何レ頃ニヤ　陛下ハ「ガ」島方面戦局ノ前途ヲ明鑑遊サレ之カ撤収（?）ニ関シ再度迄陸海両幕僚長ニ御下問ノ由此際再度共ニ飽迄邁進ノ旨ヲ奉答セリト（田辺次長談）

皇祖皇宗ノ神明ヲ継カセ給フ　陛下ノ御心鏡ニハ神ノ御心カ其侭映シ給フト拝察ス、臣下ノ補弼ハ即チ　陛下ノ御心鏡ニ曇リヲ懸ケマジキコトニ已先ツ神ノ御心ヲ以テ心トスルノ修ヲ第一義トス

「ガ」島戦局ノ前途ト撤収作戦断行ニ至ル経緯」（後聞綜合）

年末ヨリ年始ニ亙リ「ガ」島ノ一般情勢ハ愈々困窮ノ一途ヲ辿リ一トシテ、我ニ有利ト観ルヘキ事象因子無ク一トシテ敵側ノ優勢充実ヲ否定セシムヘキモノナシ、然レトモ屡々筆ニセル如ク、予ハ最後ノ瞬間（十五日夜ノ方面軍井本参謀ノ来島将校命令伝達翌十六日正午頃軍司令官ノ大命一意遵奉ノ決心）ニ至ル迄、前途ノ光明ヲ抱キ千辛万苦ヲ経テ、此重任ヲ貫徹センコトヲ期セリ、又内心特別ノ有形的根拠ナシト雖、必成ノ信念ハ常々悲境ノ戦局推移裡ニ己自身ヲ鼓舞シアリタリ

サレハ十二月末自ラ赤痢ニ悩ミツヽアリタル際ニ於テモ床上ニ伏臥シテ「次期作戦指導ニ関スル意見」ヲ起草シ方

面軍参謀長ニ電報セリ

翻テ此事態推移ニ於テ東京及「トラック」並「ラバウル」ニ於テ戦局前途ヲ如何ニ判断シ如何ニ対処センヤ、後聞ヲ綜合シ付記シテ回想ニ資ス、事実ト相違スル点アルヘシ

第一部長（旧 田井中将 新 綾部少将）　第二課長（旧 服部大佐 新 真田大佐）ノ交迭ハ十二月中旬行ハレタルモノノ如シ、其根本的理由ハ要スルニ「ガ」島作戦ノ転機ヲ措イテ他ニ無シ、蓋シ十一月初頭服部大佐来島時ヨリ南東方面戦局愈々重大化シ、方面軍第十八軍ノ編成ト之ニ伴フ戦斗序列ノ発令アリ、十一月下旬頃迄ノ情勢ニ於テハ中央ノ確乎強烈ナル完遂意志ニ微動タモ無カリキ

然ルニ「ガ」島方面ノ敵ノ海上封鎖ハ日ヲ経ルニ従ヒ強化セラレ、新鋭二師団（第六及第二十）及之ニ伴フ軍直ト相当有力ナル軍需品ヲ「ガ」島ニ揚陸スル為ニハ更ニ六、七十万屯ノ船舶ヲ充当シ、状況ニ依リテハ其大半ヲ犠牲トスルヲ覚悟セサルヘカラサルニ至ル

此点陸軍省側ノ戦争計画遂行ノ見地ヨリスル反対アリテ遂ニ部長、課長ノ交迭トナレルカ如シ

十二月二十日頃新課長真田大佐「ラバウル」ニ来ル当方ノ状況ヲ聴取観察スルノミニテ一切ノ自主的意見ナシト、察スルニ方面軍ノ空気ヲ窺フニ在リタルナラン（方面軍ニ於テハ杉田ハ今後完遂ノ頗ル困難ナルニ鑑ミ之カ中止ノ要ヲ認メアリタルモ其他ハ従来ヨリノ中央ノ意図ヲ遵奉スルノミナラント）

一方「ラバウル」ニ於テハ十二月八日開戦一週（ママ）記念日ニハ方面艦隊参謀ハ威儀ヲ整テ方面軍司令部ヲ訪レ、海軍ハ之以上一隻ノ艦艇ト雖犠牲トスル能ハサル事態トナレル旨夫々力強ク談リ伝ヘタリト、此際方面軍参謀ハ此ノ如キ言ハ談話トシテ聞知スヘキトコロニアラスト応ヘタリト謂フ、当時既ニ海軍側ニ於テ「ガ」島作戦放棄ノ強キ意向抬頭シアリシヲ察スルニ足ル

山本聯合艦隊司令長官ノ遭難直後聯合艦隊作戦参謀渡辺中佐ノ言ニ依レハ長官ハ「仍公カ悪者ニナルノミ」トテ作戦転機ニ関スル件ヲ東京ヘ意見具申セリト、「ガ」島作戦中止ノ責ヲ海軍側ニ於テ負ヒタリトノ意ナルヘシ

付記尚「ケ」号作戦ノ為海軍艦艇損傷程度ヲ聯合艦隊側ニ於テ研究ノ結果約二分一ノ犠牲ヲ覚悟セサルヘカラスト為セリ、此際山本長官ハ「半分ノ犠牲ナレハヤル」ト決断セラレタリト　（渡辺談）

「ラバウル」ニ於テハ十二月中、下旬ニ亙リ現地陸海軍

首脳部参集シ兵棋ニ依リ、次期作戦ノ推移ヲ検討セルニ二度ニ亙ル研究共ニ成功ノ望無シトノ判断ニ達セリト（井本談）

東京ニ於テハ年末参謀本部軍令部間ニ同様ノ検討アリ同様ノ判決ナリ、年ノ暮レノ日御前ニ於テ最終ノ図上検討ヲ演シ、撤収最後ノ断ヲ下サル（井本談）

一月一日綾部少将東京発、三日「ラバウル」着大陸指ニ依リ、方面軍司令官ヲシテ「ガ」島ノ撤収ヲ要望ス、司令官即チ指示ニ依リテ此大事ヲ決行シ難シ、大命ヲ拝センコトヲ要望セラル、翌四日前述大陸指ト同様ノ報ヲ大陸命トシテ電伝セラル、同時ニ南東方面陸海軍部隊ニ対シ勅語ヲ下賜セラル　（井本談）

追記

予カ十二月末方面軍参謀長（次長参考）宛電ヲ以テ次期作戦遂行ニ関スル意見ヲ具申ス、東京ニ於テハ之ヲ見テ「ガ」島ニ於テハ今尚攻勢ヲ考ヘアリト談リ合ヘリト　（〈空白〉中佐談）

年末陸軍大臣参謀総長連名ノ激励電ニハ「……想像ニ絶スル苦難ヲ克服シ毅然トシテ其ノ任務ニ邁進シ数次ニ亙ル挺身隊ノ活動等超人的ノ気魄ヲ発揮シアル壮絶ナル心事ニ至リテハ申ス言葉モナシ……」トアリ軍ノ攻勢意志ノ微動タモセサリシコトハ当時既ニ撤収ヲ決定セル東京ニ於テモ十分ニ諒察シアリシ所ナリ

紀元二千六百三年（昭和十八年）

【（欄外）年頭】

一月元旦乃至九日頃ノ状況

餓島ニ於ケル元旦ハ同島占領後ト覚悟シアルノミナラス諸般ノ事象ハ正ニ然ラサルヲ得ス

補給ハ旧臘二十二、三日頃以後軍トシテハ全然中断ノ已ムナキニ至ル、各兵団各部隊ハ僅ニ危急予備タル携帯口糧一、二日分ヲ分配シ或ハ予メ此事ニ備ヘシ所謂食延ニ依リ、毎日一合内外ヲ口ニスルノミ各兵員ハ既ニ二乃至三月間ニ亙ル連続ノ補給難ト連日連夜ノ降雨、強健兵ハ自隊ノ糧秣運搬ニ悪路強行等ノ為、マラリア、脚気、赤痢性下痢疾患ニ悩ミ、全般的ニ体力気力ノ抵下甚シク日々各部隊共数名乃至十数名ノ病死者ヲ出ス状況ナリ、就中補給ノ最困難ナル「アウステン」守備隊タル伊東（武夫）少将指揮下将兵ハ歳末及元旦共ニ口ニスヘキ一物モ無キ有様ナリ（後ニ伊東少将涙ト共ニ語ルトコロニ依ル）

陣中而モ極度ノ困苦欠乏裡ニ暦日上ノ元旦ヲ迎フ、本春コソ任務完遂ノ機運タレ一日モ速ニ航空基地ノ推進完了センコトヲ祈リツヽ砲声、爆音変リナキ環境裡ニ元旦ヲ迎フ司令部将兵一同早暁遥ニ北方ニ面シテ宮城ヲ拝シ大元帥陛下ノ万歳ヲ唱フ当時司令部将兵約百名中約四十名ハ罹病シアリ、右ノ儀式直後衛兵長〈空白〉大尉、兵器係高橋中尉ハ二、三日来昏睡中ノ処遂ニ殪ル、余リヨキ縁起ニモアラサルナリ

予ノ先月十七日夜発病ノ赤痢性疾患一度小康ヲ得タルモ元旦早暁以来再発猛威ヲ逞クス、意気固ヨリ旺盛ナルモ夜間三十分毎ノ催便ハ不快至極ナリ、実ハ十二月十七日早暁以来ノ「アミーバー」赤痢性下痢ニハ毎日高木軍医大尉ノ朝夕ノ診療ト当番兵須田上等兵ノ三度三度ノ粥食ニ依テ十二月廿（ママ）四、五日一旦好調ニ趨キシ処、食慾増進ト共ニ一部ノ不摂生モアリシナラン、再発状況トナリタリ、十二月以来雨季ノ為ナラン連日連夜雨ノナキコトナシ

　餅も無ければ　酒もなし
かゆのみそかに　かゆの元旦

十二月卅（ママ）一日入泊ノ潜水艦ニ依リ「カミンボ」ニ揚陸セシ糧秣アリ、其成功ハ枯渇ノ極度ニ在ル軍ニトリ干天ノ慈雨ナリ、一月初頭ニ入リテモ大体成果良シ前途ノ補給ニ光明

ヲ与フ、然レトモ第一線ハ既ニ諸隊絶食状況ニ在リ且「カミンボ」揚陸ノ糧秣ハ夜間発動艇ニ依リ更ニ「エスペランス」又ハ「タサファロング」「コカボンナ」ニ廻送セサルヘカラス、発動艇ノ逐日ニ於ケル損傷ハ此回送ヲ意ノ如クナラシメス、従テ第一線諸隊ハ多クハ、此頃其戦闘兵力ヲ以テ往復数日ヲ費シテ自ラ糧秣運搬ヲ実施セサルヘカラス、此糧秣運搬コソ「ガ」島戦ニ於ケル癌ニシテ泥濘ノ山路ヲ糧秣ヲ負フテ行軍スル毎ニ戦力ハ一段ト減耗シ、其兵員ノ大部ハ必ス熱発四十度トナリテ臥床ノ已ムナキニ至ル、喰ハント欲セハ遠路モ意トセス糧秣ヲ運搬セサルヘカラス、運搬セハ健兵ハ必ス殪ル、斯テ砲爆撃ニ依ラスシテ兵員ノ損耗ヲ来ス、之「ガ」島作戦特異状況ノ一ナリ、而シテ「ガ」島上陸部隊ハ約一個月ニシテ概ネ健兵ヲ失ヒ、二個月ニシテ大体戦力ノ大部ヲ失フ、之ヲ以テ常態トナスカ故ニ、吾人ハ敢テ之ヲ意トセス

又年末ヨリ年頭ニ亙リ、全島ノ陸軍無線全部故障ニテ発受信全ク不可能トナリ最緊急信ノミ軍機電報トシテ海軍通信所（在「タサファロング」）ニ依頼ス、而シテ同所ト軍司令部間ノ有線通信網モ敵ノ砲爆撃ノ為ニ昼夜数回断線シ之カ保線ノ為ニハ有線中隊長自ラ之ニ当ル状況ナルモ連日連夜断線不通ノ声ヲ聞ク

後ニ「ボ」島上陸後参謀次長ノ言ニ依レハ年頭以来「ガ」島ノ通信絶無トナリ第十七軍ハ憤慨ノ極一切ノ報告通信ヲ絶テルニアラズヤト噂セリト

新年ニ入リテ以後ノ敵情ハ旧臘以来引続キ戦線各所ニ小部隊ノ積極的偵察、密林ヲ突破スル我配備間隙ヘノ侵入、「マ」川河畔ノ陣地強化、海岸道ト「アウステン」山トノ中間ニ三、四条ノ自動車路ノ構築、毎日百輛内外ノ軽自動車ノ往復、此自動車ハ幌ヲ有シ往復共ニ兵員ヲ搭載ス、案スル（ニ）兵員ノ交代又ハ負傷兵ノ後送ト判断セラル、昼夜ニ亙ル敵ノ重砲、野砲射撃ハ恰モ試射ノ如ク又ハ観測所制圧射撃ノ如ク日没直後又ハ夜間射撃ハ依然無意味ニモ継続ス、

一月三日

三日ニハ「ア」山方面ノ戦局切迫ヲ思ハシム即チ最右翼稲垣大隊ノ右側背ニ相当有力ナル兵力迂回スルヲ思ハシム、見晴台方面ニ対スル局部的射撃猛烈ニシテ該地守備部隊ハ戦力消尽シ残兵ハ之ヲ後方ニ撤スルノ已ムナキニ至ル、「ルンガ」渡河点守備部隊（東海林聯隊ノ一大隊ニシテ該部隊

ノ「ルンガ」「コリ」方面作戦後、後退ニ方リ残置ス、当初ハ二百数十名ヲ有セシモ戦病急増シ、此頃ハ活動兵力僅ニ大隊長以下二、三十名トナル）前面ニハ土人ヲ伴フ敵兵近迫シ之ヲ撃退セルモ陣地前至近ニ停止シテ我ニ触接ス、旧臘以来敵ノ第一線ハ逐次間隙ヲ閉鎖シ最前線兵力ハ増強ノ状アリ其捜索亦積極ニシテ全般的ニ積極行動ヲ準備スルモノナルヤノ感アリ

右状況ニ基キ山之内参謀ハ「近ク敵軍攻勢ノ企図アルモノ、如シ」トノ状況判断ヲ方面軍ニ報告セントシ予亦辞句ヲ緩和シ之ヲ認ム

又「ア」山方面ノ兵力増強ノ為従来海岸道方面ノ突破ニ対応スル為第二師団長ノ指揮下ニ入レアリシ瀧沢大隊ヲ原所属タル第三十八師団長ノ指揮下ニ復帰ス

一月六日

全般ノ状況ハ依然大差ナシ、此頃第三十八師団ニ於テハ「ア」山方面ニ増強スヘキ兵力ヲ有セス、軍亦然リ、即チ師団参謀親泊中佐ハ伊東少将（「ア」山方面地区指揮官）ノ許ヘ又黒崎少佐参謀ハ「ルンガ」守備隊ヘ夫々自ラ背嚢ヲ負ヒ往復三、四日ヲ費シテ状況視察並全般ノ情況上、我航空撃滅戦開始近キニ在リ、新鋭兵団並補充部隊ノ揚陸亦遠カラサルヲ告ケ志気ノ皷舞（ママ）及連絡ニ任ス、其往復ニ方リテハ両参謀共軍司令部ニ密ニ連絡シ其意気行動言辞全ク敬服ニ値ス、真ニ理想的師団参謀トシテ特筆スルノ要アリ、サレハ該師団ノ将兵ハ参謀ノ第一線進出ヲ歓迎シ其勇敢ナル第一線活動ヲ制止シ将兵一同喜テ師団長ノ意図遵奉ニ帰一ス、皇軍統率上ニ於ケル幕僚ノ活躍トシテ後輩ニ伝フヘキ好事例ナリト信ス、右両参謀カ予ノ許ニ立寄ル際予ハ下痢ノ為自ラ食フ能ハサリシ乾パン等数個ヲ与フ、両参謀ノ両眼ニ涙シテ之ヲ受クルノ状今尚眼前ニ髣髴タリ、又此際伊東少将、岡大佐、北山中佐（独立山砲兵第十聯隊長ニシテ予ノ士校同期、元気旺盛ナル事同隊随一、旧臘以来屡々詩ニ歌ニ旺盛ナル意中ヲ伝ヘ来ル、所有火砲僅ニ二門ヲ擁シテ此元気ヲ見ル、実ニ第一線隊長トシテ敬服スヘキナリ）等ニ対シ煙草キャラメル等一、二個ヲ新聞古紙ニ包ミ煙草ノ箱裏ニ記文シテ贈ル参謀帰途ニハ夫々感激ニ満々タル御返事ヲ頂キガ島ナラデハ味ヒ得サル友情ヲ知ル

一月八日

本旬ニ入リテヨリ連日降雨多ク、早朝一時間太陽ヲ見ルモ

爾後曇リ午後夜降雨ヲ常トス憂鬱限リナシ

従来屢々後方海岸方面ニ対スル敵高速魚雷艇ノ強行偵察、駆逐艦時ニハ巡洋艦ヲ合セ二、三隻乃至七、八隻ノ威嚇射撃アリ、二、三日来再ヒ此積極的行動瀕繁（ママ）ノ状アリ、依テ従来「アルリゴ」付近ニ於テ主トシテ戦力恢復ニ専念セシメアリシ東海林部隊ヲ伊藤船舶兵団長ノ指揮ニ属シ海岸防備ヲ強化ス

東海林部隊ト雖此頃戦力トシテ期待スヘキモノ殆トナシ

東海林大佐疲労ノ極休養中ナリ

八日、九日両日ニ亙リ、勇川河谷一帯ニ亙リ敵重砲射撃及爆撃昼夜殆ト間断ナク一分ニ一発又ハ二分ニ一発ノ割リニシテ、九〇三高地東方地区ヨリ勇川河口付近ニ亙リ散射ス

軍司令部至近ニ破烈スルモノ昼夜数発ヲ下ラス、破片ハ付近ノ密林ニ散飛シ予ノ天幕上ニモ二片、参謀室前庭ニハ大破片落下セリ

右ノ射撃ハ察スルニ後方遮断ヲ目的トスルモノノ如ク近ク積極的企図ノ起ルヘキヲ予察セラレタリ

山之内参謀ハ十二月中旬以来微熱アリ、意気消沈他ノ参謀ニモ悪影響ヲ及ス虞アリ、又大曽根参謀ハ川口支隊上陸当初ヨリ精神的肉体的ニ極度ノ疲労ニ陥リ二十一貫ノ体軀ハ十三、四貫ト見ユルニ至ル、依テ両名ニ対シ一旦「ラバウル」ニ到リ、状況連絡ニ任スヘキヲ命シ一方中央ニ対シ命課換上申ヲ為ス、特ニ任務ヲ授ケタルハ任務ニ依リ精神ノ緊張ヲ与フルコト必要ヲ感シタレハナリ

一月十日

敵ノ全面的総攻撃

「ガ」島作戦間忘レ難キ暦日ノ一ナリ、此日黎明予ハ再発後ノ赤痢ノ為用便中「ア」山帯ノ広範囲ニ亙リ一種凄壮ナル各種砲兵ノ咆哮スルウナリヲ耳ニス、天未タ全ク明ケス砲声ハ個々ノ破烈音ヲ区別スル能ハス、全ク特種ノウナリノ連続ナリ、従来ト雖モ局所的並一時的ニハ此種砲声ヲ屢々耳ニセルモ此朝ノモノハ其規模及長時間継続ノ状ヨリ只事ニハアラストノ直感アリ、四年前（昭和十四年）三月二十日南昌攻略ノ初動、修水渡河攻撃ニ於テハ二百数十門ノ各種火砲ヲ以テ三時間ノ猛砲撃ヲ実施シ瞬時ニ敵ヲ圧倒セリ、砲声ノ感ジハ地形特ニ密林ノ関係ナランカ今次ノモノハ其凄味ニ於テ比較シ得サル感アリ、当時脳裏ニ去来セル感ノ主ナルモノ左ノ如シ

一、我新攻勢ニ就テハ最近通信不如意ノ関係上（実ハ必

スシモ之ノミニアラス）航空撃滅戦開始時機及新鋭兵団タル第六、第二十師団ノ戦場集中及「ガ」島ニ対スル作戦計画特ニ其期日ハ詳ナラサルモ、旧臘佐藤（傑）方面軍参謀副長一行来島時ノ言ニ依レハ当初ノ予定計画タル一月中旬ハ更ニ遅延スルナラン然ル時ハ月明ノ関係上二月上旬タルヘシ、今日ニシテ敵ノ全面的攻勢ヲ受ケシハ爾後更ニ一個月ノ持久ハ彼我戦力ノ関係上到底期待シ得ス、即チ我戦力ハ十二月末以来飢餓ト「マラリア」、脚気、下痢等ノ疾患ニ依ル自然消耗続出シ、生存者ト雖殆ト患者タラサルハ無シ、剰ヘ現ニ糧秣ハ第一線ニ於テ皆無、弾薬亦然リ

一月四日　軍ノ保有シアル手榴弾八百個　重擲弾八千ノミ

一月二日　弾薬二百六十梱揚陸ス

刻下ノ状況ニ即応スル為ニハ一部兵力ノ急速ナル増援ヲ必要トス（付録参照）

二、第一線各部隊ノ兵力ハ第二師団部隊ハ歩兵一聯隊総員百数十名、第三十八師団ニ於テモ中隊兵員ハ概ネ半減又ハ三分一トナリ、特ニ上陸当初ニ於テ建制ヲ欠キ残留部隊ノ追及ハ十一月十四日ノ船団輸送潰滅ニ依リ初頭ヨリ兵員充足シアラス、第二二九聯隊（田中）ノ如キハ聯隊長ハ軍旗ト一小隊ヲ掌握シアルノミ此師団ノ砲兵ハ一切上陸シアラス

右ノ如ク守備兵力ハ「ア」山ヨリ海岸ニ亙ル図上十数粁（高原、深谷錯綜シ且密林中ニ草原点在ス）ノ正面ヲ占領スルハ恰モ前哨配置ト択フ処ナク而カモ各單位部隊共一兵ノ予備隊ヲモ有セス（当初縦長配置ニ着意セルモ船団輸送ノ失敗、十二月以後ノ第一線兵力ノ自然消耗ニ依リ之ヲ保持スル能ハス）ト雖、従来ニ於ケル敵攻撃力ニ鑑レハ現態勢ノ保持敢テ不可能ニアラス

三、持久ノ目的ヲ達スル外広正面ノ現態勢ヲ保持セントシ、第一線ヲシテ飽迄死守ヲ貫徹セシムルハ戦理上考慮ノ余地アルカ如シ（第二師団長丸山中将ハ此種意見ヲ後日予ニ語ラレタルコトアリ）ト雖逐次抵抗ハ既ニ縦深兵力皆無ノ状況ニ於テ実際上不可能ナルノミナラス、此困窮ノ極度ニ達シアル戦況ニ於テ第一線ヲ後方要地ニ後退セシムルハ彼我ノ志気上特ニ敵ニ与フル戦勝感ヲ慮ラサルヘカラス、持久戦指導ノ方針ハ既ニ十二月六日ノ兵団長会同ニ於テ明示シアルトコロ、目下ノ戦況ノ如キモ当然予期シアルトコロ寧ロ其時機ノ今日迄

遷延セルヲ奇異ニ感シアル状態ナルヲ以テ軍ノ戦斗指導ノ方針ハ何等ノ動揺ナシ、唯々第一線将兵ノ戦力極度ニ低下シアルニ対シ、当初ノ敵兵ハ「ア」山方面一師団、海岸方面一師団ト判断セラレ、最近数週間ニ於ケル砲兵ノ推進顕著ナルニ鑑ミ、克ク防守ノ目的ヲ達シ、新作戦ノ発動迄持久シ得ルヤ否ヤノ懸念アリ、此
際ハ即チ無処置ヲ最善ノ処置ト断スルノ外ナシ

十一、十二、十三日ニ亙リ昼夜ノ猛砲撃及敵機ノ活動ハ頗ル旺盛ナリ、且海岸方面ニ対シテハ殆ト連続的ニ艦砲射撃ヲ我軍戦線内一帯ノ沿岸ニ対シテ実施ス、沈痛ノ気分ト謂ヘシ、即チ此頃ノ感ナリ、此頃第三十八師団司令部ヨリハ屡々状況報告アリ、十二、三日頃ニハ第一線ハ処々ニ於テ(最右翼　稲垣大隊)及(左翼　見晴台)敵兵包囲的ニ外翼又ハ我拠点中間ヲ突破シ来リ依然頑強ナル抵抗ヲ継続中ナルモノノ如キモ(歩兵戦斗ノ銃声ニ依ル)通信線ハ一切遮断シ刻々ノ連絡付カス、勇敢ナル伝令ニ依テ、敵包囲ヲ突破シテ司令部ニモタラス概活的情報ヲ知ルノミ、而カモ概ネ前日午前ノ状況ヲ翌日夕頃ニ知ル状態ナリ、十三日ニハ伊東少将ヨリ「ア」山ノ守リヲ失ヒ将兵幾多ヲ失ヒ罪万死ニ値ス、伊東ハ残兵ト共ニ最後迄現位置ヲ死守ス、十五日ヲ以テ戦死ト認ラレ度旨ノ悲壮且冷静見事ナル最後ノ報告来ルト報ス

一月十二日

敵ノ総攻撃開始後ニ於ケル天候ハ従来ト同様日夜数次ノ降雨アリ、敵亦相当ノ難渋ヲ嘗メツツアルヲ察シ聊カ自慰ス、十一日夕以後雨、十三日零時砲弾ニ依リ参謀掩壕崩壊シ海軍連絡参謀轟中佐越次参謀戦死ス、当時ノ状況ハ想起スルモ、余リニ悲壮無念ナリ、徹宵掘開ニ努メタルモ作業意ノ如ク進捗セス、天明英骸ヲ安置シテ纔ニ告別ノ意ヲ表ス、当時ハ緊張ノ為ニヤ戦局ノ重大ヲ案セシ為ニヤ夢ノ如キ突破事件ニ対シテモ告別ノ際ニ於テモ「悲」ノ感毫モナク寧ロ「感謝」ト「仇撃」トノ念ニ満々タリ

[(欄外)越次参謀]

越次参謀ハ当初ヨリ軍参謀トシテ活躍シ、九月末青葉支隊上陸当時ヨリ「ガ」島作戦指導及連絡ニ任シ、十月以降ノ主作戦後殊ニ十一月、十二月各末旬ノ極度ノ補給杜絶当時ノ如キ熱発三九度時ニ四十度ナルヲ押ヘ日夜一発一俵一缶ノ微ニ到ル迄忽ニセス、常ニ後方揚陸点、補給点、第一線、両兵団司令部ト密ニ連絡シ通信線殆ト遮断ノ状況ニ処シ通

信部隊ヲ督励シ夜半ニ於テモ大声ニテ揚陸物件及前送軍需品数量、第一線補給量ノ実情調査等ニ努メ、駆逐艦又ハ船団輸送ノ度毎ニ揚陸点ニ到リテ実際ニ指導シ帰来セハ必ス四十度ノ熱発ヲ常ニスルニ拘ハラス、他ノ制止ヲ肯セス其任ニ邁進ス、又業務上ノ着眼及技倆優秀ニシテ、此ノ如キ極度ノ困窮ニ処シ越次ナカリセハ補給ノ混乱滅裂ハ免ルヘカラサリシモノト断言シテ憚ラス

而カモ状況苦難ニ際スル毎ニ益々志気旺盛夕刻及暗黒裡ノ幕僚室ニ大ナル朗声ヲ聞クハ常ニ越次ナリキ、特ニ作戦主任小沼参謀トノ無二ノ組合セニテ、克ク作戦主任ヲ補佐シ積極的ニ有利適切ナル事前ノ意見ヲ提シ予ハ内心此点大ナル信頼ヲ懐キアリ、越次ノ如キハ人物ト謂ヒ識量手腕ト謂ヒ間ニ稀ニ見ル優秀参謀ニシテ軍ノ為ニハ勿論国軍ノ為其喪失ヲ悲ムコト切ナリ

轟参謀ハ体軀頑丈ニシテ頑健ノ典型寡言ノ人、着任ハ一月六日ナレハ一週日ニシテ此最後ヲ遂ケラル本作戦ノ貴キ犠牲トシテ敬弔ノ意ヲ捧ク

当時戦況ハ前途ニ危懼不安漸ク萌ス　重大ノ責任ノ地位ニ在ル予ハ固ヨリ求メテ死期ノ早急ヲ念願セサリシモ両参謀ノ戦死ハ寧ロ幸福ナリ、此上如何ナル惨烈ヲ耐忍シ戦ヒ抜カサルヘカラサルヤヲ思フ時、真ニ両君ノ死所ヲ得タルヲ寧ロ羨望セリ

［欄外］十三日爾後作戦指導ト司令部位置］

軍司令部位置ハ「ア」山ノ第一線守備ノ破綻ト共ニ直接敵歩兵ノ脅威ニ暴露スルニ至ル、司令部ニ於テハ予メ此状況ニ対処スル為部内下士官兵全員ニ小銃ヲ交付シ、弾薬ヲ整備シ二小隊七分隊ヲ編成シテ昼夜ノ直接警備配置ヲ定メアリシカ、此日ヨリ其配置ニ就ケリ、尚当時付近ニ在リシ軍通信ノ下士官兵及岩渕（第三十八師団工兵聯隊）ノ残留下士官兵（部隊主力ハ「ア」山特ニ見晴台ノ敵兵九〇高地ニ向ヘルヲ阻止スル為師団命令ニ依リ之ヨリ曩第一線ニ進出シ残留者ハ患者ノミ）等ヲモ掻キ集メ司令部東側丸山街道上及北側九〇三高地ノ守備ニ就ケ、司令部ノ保管セル暗号書其他ノ重要書類ヲ焼却ス

状況右ノ如ク司令部位置ノ移動及爾後ノ作戦指導ニ関シ重大ナル決意ノ秋ニ逢着セリ

抑々九〇三高地南麓ノ司令部位置ハ十一月二十三日先ノ司令部位置ニ連続二回ノ爆撃アリシ際、急遽選定セルモノニシテ其主眼ハ敵艦砲、敵地上砲弾ニ対シテ掩護セラレアルト爆撃集中地域ヲ避ケ司令部業務ノ遂行ニ支障ナカラシメ

ントスルニ在リシカ其ノ全般的関係位置ハ稍々前線ニ過近且右翼方面ニ偏セル慊(キライ)ナキニアラス、而カモ後方補給ノ整理連絡、海軍通信トノ連絡有線通信ノ保安、各兵団トノ連絡等ニハ多少ノ不便アリシハ拒ム能ハス、然レトモ此特異ナル苦境ニ在リテハ全軍ノ志気昂揚ノ為ニハ形而下ノ不便ヲ凌キ大ニ執ルヘキ意義アリト為ス、而カモ何レノ時機カ攻勢ヲ発動スルニ方リテハ「ア」山方面ヨリ主攻ヲ指向セントスル意向アリシヲ以テ、当初ヨリ此処ニ相当ノ設備（住居ノミナラス通信中枢等）ヲ施設スルヲ適当ト考ヘタリ、「十二月頃ヨリ司令官トモ屡々口ニセシハ此司令部位置ハ何レ「ルンガ」一帯ノ攻略完了迄変更ノ要ナク、作戦終末ノ前途稍々遅延ノ傾向ヲ案セラルル此際、設備ハ為シ得ル限リ十分ナラシメ置クヲ可トス、此意味ニ於テ司令官ハ自ラ朝夕ニ亙リ所在ノ物料ヲ収集シテ、居住、炊事、食器代用品等ノ製作ニ努メ実ニ見事ナル洞窟生活設備ヲ完成セラレタリ」

（実ハ其模様ヲ写真又ハ画筆ニ貽シ得サリシハ遺憾至極ナリ）

扨テ此司令部位置モ本状況ノ急迫ニ際シテハ爾後ノ作戦指導要領ノ決定ト共ニ其ノ転移ニ関シ断定ヲ下ササルヘカラサルニ迫レリ

即チ軍ハ「ガ」島ニ於ケル第一線守備ノ右翼方面ニ於テ破綻ヲ見ルニ至レリ　第一線将兵ハ旧臘六日ノ軍司令官訓示ノ主旨ヲ体シ現陣地死守ヲ如実ニ具現シ今ヤ其戦力消尽シ再ヒ之ヲ後方陣地ニ後退セシムルノ余力ナシ、殊ニ「ア」山方面指揮官伊東少将ノ如キハ自ラ之ヲ決シテ最後ノ報告ヲ致セリト聞ク、旧臘以来方面軍ニ就テ爾後作戦計画ノ内示、作戦主任参謀ノ派遣等ヲ連絡セルモ返ナシ、本月初頭以来再三新鋭兵力ノ急遽増派ヲ要望セルモ之亦何等ノ応答ナシ（何等カノ返信アリシモ不達ナリシヤ否ヤ、兵力増派ノ処置モ既ニ実行セラレタルヘシト判断セラルルモ之亦杳トシテ消息ナシ）航空撃滅戦開始時機ニ関シテモ亦適確ナル報ナシ、軍ハ統率上自ラノ位置ノ危険ヲ恐レテ後退スルモ極メテ不本意ノ事ナリ

サレハトテ此処ニ止リテ司令部先ツ敵ノ局部的第一線ト接戦散華スルハ自ラ死地ヲ求メテ軍司令部タルノ責務ヲ完ウスル所以ニアラス、彼我全般ノ関係ヨリスレハ海岸方面一帯ノ陣地モ亦二、三日来敵ノ猛攻ヲ受ケ其拠点ハ各所ニ突破セラレツツアリ、後続部隊縦ヒ到着スト雖モ今ヤ現戦線付近ニ投入シ之ヲ確保スルノ不可能ナルハ火ヲ睹(ミ)ルヨリ明ナリ、茲ニ於テカ軍ハ逐次兵力ヲ後方要線タル「エスペラ

ンス」付近ニ集結シ、飽迄「ガ」島ノ一角ニ拠点ヲ占領シテ、隷下ノ新鋭精強ナル二兵団及第二、第三十八師団ノ補充員ヲ揚陸セシメ得ル配置ヲトラサルヘカラス、之即チ軍カ任務ヲ達成スヘキ唯一ノ道ナリ、之カ為司令部位置亦同地付近ニ後退スルヲ要ス（其経過トシテ先ツ「タサファロング」付近ニ到リ海軍無線ノ利用ヲ策ス）

右ノ決心ハ実ニ十三日午後遅ク決定スルニ至レリ而シテ実行ハ状況上一刻モ速ナルヲ要スルヲ以テ、十四日黎明ト共ニ出発スヘク此夜間ニ一切ノ準備ヲ整ヘ残置物件等一切ノ処理ヲ決セリ、当時ノ心境ハ此境地ニ在リシモノノ外克ク察シ得ル処ニアラス

予ハ年頭以来赤痢再ヒ逆転ノ為三食共粥ナリシカ、十三日朝以後状況急転ニヨリ常食ニ依ルノ外ナシ、此頃漸次恢復ノ状アリテ内心何等不安ヲ感セサリシモ司令官及医官ハ十数時間ノ歩行ヲ危マレタリ、此夕身辺一切処理貯ノ煙草モ兵ニ分与スヘク副官ニ交付ス、身ニ付ケタル外ハ毛布一枚ヲ兵ニ携行セシメタルノミ、家郷其他ヨリノ通信一切ノ書類相当量ヲ司令官土窟カマドニ焼ク

此夜久振ニテ司令官ト共ニ其ノ土窟ニテ食事ス、司令官ハ取テ置キノ「ブランデー」一本ヲ全部平ケ更ニ余リノ葡萄酒一本ヲモ併セ平ク心中察スヘキナリ

［（欄外）九〇三高地司令部］

九〇三高地南麓司令部ヨリ急傾斜稜線ヲ約二十分ニテ同高地ニ達ス、時々予ハ単独ニテ此処ニ到リテ展望ス、惜ラクハ九〇三巓頂ニ攀登セサレハ敵方ヲ視察スル能ハスト雖沖川河畔ニ至ル高原ヨリ延々トシテ「タサファロング」ニ到ル椰子林ヲ眺望シ海上ニ「ツラギ」「マライタ」島ヲ望ム、天日麗ニシテ海波穏ニ微風徐ロニ肌ノ汗ヲ去リテ気爽トナル、之密林内ノ天日仰クニ由ナク湿潤ガ物ヲ腐饋セシメゲン虫ノ幼虫泉ノ如ク流動シ其不快極リナシ、毛布ハシツトリ蚊帳ハズブヌレ其悪息吻々タルニ比シ自然ノ恩恵ヲ享クルノ爽快ヲ一段ト感セシモ外ナラス自然ノ恵ハ平常之ヲ満喫シアリテハ真ノ有難味ヲ知ル能ハサルナリ

一月六日ニ於ケル「ア」山方面及其西南地区戦力概要

沖集参電一九号　剛参謀長、次長

一、「ア」山確保ノ部隊ハ十二月初旬岡聯隊ノ主力（二大隊計五二〇名）及第三十八師団ノ精鋭ナル歩兵第二三〇

聯隊第二大隊（約七〇〇名）ナリシカ其後ノ消耗（敵砲爆撃ニ依ルモノノ外　毎日平均約十名ノ糧秣欠乏ニ依ル死亡及戦斗力殆ト皆無トナリタル岡部隊ノ一大隊抽出後退）ノ為今ヤ岡第二大隊（一三〇名）及歩兵第二三〇聯第二大隊（一二〇名）計二五〇名ヲ以テ有力ナル敵ノ被包囲下ニ十乃至二百米ノ距離ヲ以テ対戦中ナリ

二、右部隊ハ十二月下旬以来逐次延食ニ延食ヲ重ネ遂ニ二十八日ニ至リ絶食ノ止ムナキニ至リシカ一月五日ニ至リ右部隊ニ対シ漸ク圧搾口糧ヲ補給シ得タリ

三、「マ」川左岸ニ於ケル第三十八師団担任正面ニ於ケル我守兵密度ハ十米ニ対シ一名ニシテ「ア」山面同様連日無茶苦茶ノ砲爆撃ヲ受ケツツアリ

四、該方面地区隊伊東部隊本部ハ既ニ暗号書及重要書類ノ迅速ナル焼却準備ヲ完了シアリ（一月六日　一四三〇）

一月八日状況報告

沖集参電二二二号　剛参謀長、次長、南東方面艦隊参謀長

一、「エスペランス」「アルリゴ」方面ニ於テハ一月六、七日両日ニ亘リ敵砲艦駆逐艦ノ偵察的行動頻繁ニシテ特ニ敵魚雷艇ハ約千米ノ沖ニ近接シ威力偵察ヲ行ヒアリ、七日ハ同所ニ敵水上艇着水ス、軍ハ該正面ニ火砲ヲ配置シ海岸防禦ニ任セシムル如ク部署セルモ機動力ナキ為未タ高射砲一門（船舶射撃用）ヲ配置シアルニ過キス

二、「ア」山方面ニ対シテハ勇川河口付近ノ海岸防禦ニ任シアリシ部隊及患者合計百五十名ヲ掻キ集メ増援セシメ目下逐次到着シツヽアリ、該部隊ハ陣地ヲ墓所トナシ逐次増加中ノ敵ト至近距離ニ於テ激戦中ナリ

三、「ア」山東南方「ルンガ」渡河点ヲ固守シアル関谷部隊（歩兵半大隊目下ノ戦斗員約五〇名）ハ三日土人ヲ混シタル約百ノ敵ノ攻撃ヲ受ケタルモ之ヲ撃退ス

四、通信器材ノ消耗ト兵員減少ノ為「ガ」島内外ノ通信状況甚不良ニシテ卅〔ママ〕一日東京発ノ急電及四日「ラヴァール」発急電ハ孰レモ本八日到着セリ

五、年末ヨリノ糧秣輸送ハ良果ヲ収メツツアルモ「ガ」島ノ特性（長期ニ至ル給養不良、衛生材料不足其他）ハ最近加速度的ニ病死者ヲ増加シ、軍砲兵隊ノ如キモ上陸人員ノ半数（四八六名中二三四名）ノ病死者アリ（八日一五〇〇）

一月十日敵総攻撃ニ関スル状況報告

沖集参電三三号　軍機　軍司令官発　剛司令官、参謀総長宛

一、本十日朝敵ハ統一アル集中射撃ヲ続ケテ第三十八師団正面ノ間隙ヲ突破シ我陣地内ニ侵入ヲ開始シ伊東部隊唯一ノ補給路ハ脅威ヲ受クルニ至レリ

二、軍ハ目下一線配備（シカモ大部分ハ患者）ニシテ予備隊ナク、第一線ヘノ糧秣輸送力モ皆無ナリ
軍司令部ハ志気旺盛ナルモ最後ノ決意ヲ以テ機密書類ノ焼却ヲ開始ス

三、沖集参電二九号ニ拘ハラス至急為シ得ル限リ多数兵力ノ増派ヲ望ム

（十日　一七〇〇）

沖集参電三四号
剛参謀長　次長宛　参謀長

一、砲兵観測所ノ報告ニ依レハ第三十八師団正面ヲ突破シ来レル敵ハ本十一日朝九八六高地及其西北方地区ニ侵入セルモノノ如シ、我第一線ノ状況明ナラサルモ陣地ニ残リ死守シアルモノト判断セラル

二、軍ハ戦線ノ後退移動ヲ許サレサル現況ニ在ルヲ以テ軍司令官以下一名ニ至ル迄其位置ヲ死守シアリ　（十一日〇八〇〇）

沖集参電　四二号　軍機、　軍司令官
剛及南東方面艦隊司令官、総長

軍ノ戦況ハ各正面ニ亘リ執拗且熾烈ヲ極メアリテ航空撃滅戦及大兵力輸送ノ開始ハ本月二十日以後ニ遷延ヲ許ササル状況ナリ
断乎御処置アリ度

（十二日　〇九〇〇）

九〇三高地南麓軍司令部ハ十一月廿六日（ママ）ヨリ一月十三日ニ亘ル約五十日間ノ思出深キ土窟生活ナリ、谷地狭窄シテ密林深ク土人ト雖モ未踏ノ地域ナリ、特ニ思出深キ数々ハ雨又ハ雨ノ悪天候、短小時間ノ晴間ニハ樹々ノ間隙ヲ漏ル陽光ニ浴シ、驟雨ノ度毎ニ天幕ニ滴タル天水ニ褌ヲ洗濯シ、約三十日間（十二月十七日ヨリ一月十三日）ハ毎夜真ノ暗黒裡ニ夕食ノ粥ヲ運フ当番兵（須田上等兵）ノ足音ニ耳ヲスマシ水筒ニ熱湯ヲツメテ毛布下ニ腹ヲ温メ、通信不通ノ為

来信更ニ無ク古新聞ヲ毎日反復通読、日夜砲爆声ヲ聞キッツ前線ノ苦難ヲ偲ブ、事務用品一切皆無ニシテ命令起案モ使用済ミノ藁半紙ノ裏ヲ用フ、謄写器一切ハ十月二十三日以来再三送致ヲ処置セルモ入手スルニ至ラス、蠟燭無ケレハ参謀モ暗号班モ夜間業務不可能、軍司令部将兵ハ此間一日平均一合五勺而カモ添加スヘキ補足物資ヲ現地ニ獲得スル能ハス、一月ニ入リテ以後殆ト毎日司令部至近ニ砲弾落下セサル日ナク予ノ掩蓋上ニモ亦二、三ノ破片落下セリ、十一月二十三日受傷ノ跡ハ約一ヶ月後ニ完全治癒何等ノ苦痛障碍ナシ、当番兵ハ約五百米ヲ隔ツル勇川屈曲部ニ水ヲ求ム往復一時三十分乃至二時間、然レトモコヽニ移リテヨリ毎夕温食ヲ摂ルコトヲ工夫セリ

一月十四日

司令部ハ二梯団トナリ先頭ハ司令官、予、小沼、高木軍医大尉、滝口専属副官、衛兵三名ナリ、黎明直後泥濘山路ニ杖ツキツヽ「タサファロング」ニ向フ、予以下一切ヲ身辺ニ纏フ、其状悲惨ニ似タルモ胸中意気衰ヘス、此種軍司令官ノ行動ハ日清戦役以来数次ノ外征ニ於テ未タ嘗テ見サルトコロナリ

途中先ツ佐野兵団次テ丸山兵団ニ立寄リ一般状況及軍爾後ノ作戦指導軍司令部位置後退ノ意義ヲ伝ヘ、且左ノ要旨ノ軍命令ヲ下達シ各兵団長ノ自重ヲ要望ス

此際佐野兵団長ハ暗夜来熟考ノ結果軍司令部位置ノ転移ニ関シ意見具申（今朝九〇三出発直前電話ニテ承知）ヲ述ヘ且昨十三日伊東少将ヨリ送致シ来レル最終報告文ヲ被見セシメラル、佐野兵団長ノ常々軍ト時期ヲ同ウシテ公正至当ノ意見開陳ヲ感謝スルト共ニ伊東少将ノ責任観念ト皇軍第一線部隊長トシテノ天晴ノ覚悟ヲ知リ敬意ヲ表ス

軍命令要旨（一月十四日午前）

一、敵ハ「ア」山付近ヨリ見晴台南端ヲ経テ小川ノ線付近ニ進出シ依然攻撃続行中

二、軍ハ差当リ九〇三高地西南方勇川左岸高地ヨリ小川ニ亙ル線付近ヲ確保シ敵ノ攻勢ヲ阻止セントス　云々

丸山兵団ニ於テハ兵団長曰ク軍カ持久任務達成ノ為ニハ現陣地確保ノ一点張リハ考慮ヲ要ス、逐次後方要地ニ於テ敵ノ前進ヲ阻止スル如ク決戦ニ先チ後退スルヲ可トス、師団ノ担任正面ハ目下ノ状況ニ於テハ現陣地ヲ確保スルコト難カラスト、当時海岸方面ニハ依然有力ナル砲兵至近ニ対峙シ砲撃又相当盛ナルモ歩兵ノ真面目ノ攻撃ハ未タ開始シア

ラサルヤノ感アリ、予曰ク、戦術上ノ定石ヲ超越スルトコロニ本状況ニ処スル道アルカ如シト
○九四〇丸山兵団ニ於テ昼食ヲ摂リ出発ス、勇川河口付近及其西方高射砲陣地付近一帯ノ椰子林ハ数ヶ月ニ亘ル敵砲爆撃及艦砲射撃ノ為惨憺タル状況ヲ呈シ、若シ住民地帯ナランカ、其惨害ノ如何ニ大ナルヤヲ思ハシム、勇川河谷及海岸ニ沿フ道路傍ニハ処々白骨露ハニ新旧ノ屍臭気ト共ニ吾等ノ胸ヲ打ツ重症患者ニシテ付添ナク或ハ単独ニ或ハ三々伍々後退スルアリ、糧秣前送ニ蜿々点々トシテ前進スルアリ、午後「タサファロング」東方地区ニ於テ第一線ニ、駆ケ付ケツツアル第二師団工兵部隊（聯隊長先行）、歩兵第二十九聯隊等ノ将兵（小原聯隊長アリ）気息エン〳〵トシテ牛歩ヲ運フ、此等ノ将兵ニハ、三十名カ敵ノ猛攻ニ対シテ何ノ役ニ立ツヘキヤヲ思ハシム、然レトモ軍トシテハ最後ノ一兵ヲモ病弱負傷者ト雖モ全力ヲ挙ケテ此危急ニ応セサルヘカラス
遇々昨夜「カミンボ」上陸後九〇三司令部ニ向ヒ前進中ノ軍参謀山本少佐ニ会遇シ、且喜ヒ且奇遇ヲ談シ早速路傍ニテ携行シ来レル「ミルク」ノ馳走トナル、尚従来屢々要求シアリシ予ノ赤痢剤「エメチン」アルヲ聞キ喜ヘリ、海岸道前進間ハ屢々敵機ノ往復ニ遭ヒ其都度司令官以下分散シテ椰子樹ヲ盾ニ庇掩スル状オカシクモナサケナクモアリ、「コカンボナ」西方沿道ニハ十加十五榴同弾薬車、牽引車等ノ残骸アリ「タサファロング」ニ近（ヅ）ケハ過般ノ船団輸送ニ際シ擱挫セル船舶ノ奮闘炎上セル廃軀ノ横（タ）ハルアリ、思ヘハ多大ノ犠牲ヲ傾注セルモノ哉ノ感慨深シ、惨状ニ接セハ悲シム勿レ、憤ルヘシ不思議ニモ予ニハ其何レモノ感慨ナシ、然ラハ意気喪失シ多感強慨ノ予ハ既ニ其力ヲ失シタルニヤ否ニ然ラズ、戦ノ常態トシテ当然ノ事象ト観ルノ余裕アルニ依ルノミ、一四三〇予定ヨリ約二時間早ク一行ハ「タ」ノ第一船舶団司令部（伊藤少将ハ先般来「エスペランス」ニ在リテ揚陸指揮ヲ任ス）ニ到着シ同司令部ノ居住設備ノ一部ヲ借用ス、滝口副官、高木軍医大尉、衛兵共未着ナレハ結局司令官、予、小沼、及途中邂逅セル山本参謀ト其一行ノミ、司令部爾余ノ主力ハ一部先行シタルモ未到着主力ハ〇九〇〇出発ナレハ途中一泊ノ筈夕食以後一切船舶団本部ノ厄介トナル宛然落武者ノ体ナリ
該本部ニハ予テヨリ船舶団長ニ配属セラレアル第二師団細川参謀アリ軍補給ノ一切ニ関シ大ニ努力ノ跡ヲ認ム

一月十五日

「ボネギ」河左岸ノ海軍「ガ」島守備隊ニ隊長笹川海軍中佐航空参謀藤村少佐ヲ訪問シ軍司令部ノ当地転移ノ経緯並今後ノ作戦ニ関シ連絡ス、同地付近ニハ陸軍ノ第六十七兵站病院、海軍陸戦隊、海軍設営隊（当初「ガ」島占領ニ方リ派遣セラレシモノ）等ノ患者ノ宿舎夥シク、其ノ不軍紀、不潔、重応患者ト墓地ノ錯綜実ニ目ヲ掩フヘキモノ蜿蜒トシテ河畔ニ連ル

軍司令部位置選定ヲ小沼ト共ニ視察ス、到ル処ニ多数ノ墓地アルニ今更驚キ且悲シム、又各隊長共ニ墓地ノ選定等ニ関シ無関心ニシテ徒ラニ生存将兵ニ志気上悪影響ヲ及スヘキヲ察セス、路傍ノ行キ倒レト共ニ、戦場掃除ノ要ヲ痛感ス

同夜独リ寝ニ就ク俄然真暗ニ強キ懐中電灯ヲ点シツヽ元気旺盛ナル新来者ラシキモノノ到着ヲ耳ニスルヤ間モナク「第八方面軍井本参謀」ナル声ヲ聞ク、予即チ「軍参謀長此処ニ在リ井本中佐ヨ」ト、之即チ作戦転機ノ重大命令ヲ齎セル井本参謀カ本日早朝「エスペランス」ヲ発シ、九〇三高地ノ司令部ニ向ハントスル途上船舶団ニ連絡ノ為立寄レルモノナリ、直ニ予ノ天幕ニ於テ小沼ト共ニ井本中佐（佐藤少佐参謀同行）ノ使命ト（ママ）ニ関シ伝達ヲ受ク、其内容ハ

別紙

勅語（写）下賜並作戦転機ニ関スル方面軍命令ナリ

当時井本参謀ノ説明セル此作戦転機ニ至ル経緯大要左ノ如シ

一、旧臘八日大東亜戦争宣戦一週年（ママ）紀念日ニ南東方面軍艦隊参謀全員ハ方面軍司令部ニ来訪シ夫々各参謀ニ対シ「此以上駆逐艦ノ犠牲ヲ払フコトハ聯合艦隊トシテノ機能喪失ノ虞アルヲ以テ此点諒承セラレ度」ト蓋シ当時既ニ第一線駆逐艦数ハ□□隻ヲ割ラントシ今後「ガ」島方面ノ作戦ヲ継続セハ其損傷甚シキモノアリト判断セラレタルニ依ル

二、旧臘大本営ニ於テ「ガ」島方面作戦ニ関シ研究セルトコロ成算乏シク船舶ノ犠牲多大ナルモノアリトノ判決ニ達セルモノノ如ク二十日頃新作戦課長真田大佐来「ラ」アリ一切ノ意見ヲ開陳スルコトナク方面軍内部ノ意向空気等ヲ観察セルモノノ如シト

当時方面軍ニ於テモ屡々図演等ニ依リ新作戦ノ検討ヲ遂ケタル結果ハ概ネ同様ノ判定ニ達シ司令部内ノ空気ハ蔭惨ノ状アリシト

三、一月三日第一部長綾部少将来「ラ」作戦転機ニ関シ大陸指ヲ携ヘ来レリ、方面軍ニ於テハ事重大ナルヲ以テ大陸命ヲ仰クヘキヲ要望セシトコロ翌四日大陸命発令ノ大本営電アリ、茲ニ本方面軍命令ノ発令ヲ見ルニ至レリト

四、方面軍司令官ハ堅確ナル決意ノ下ニ一切ノ毀誉褒貶、後世史家ノ批評等ニ介意スルコトナク、本命令ヲ下達セラレタリト（此辺ニ若干不可解ノ点アリ、大命ナルノ故ニ厳乎トシテ之ヲ実行スル決意ナラハ、敢テ他ノ意向ノ如キ勿論意ニ介スヘキニアラス、何カ毀誉褒貶ナリヤ、方面軍内ニ於テモ意見アリト其意見トハ何ナリヤ）

右ノ経緯ヲ知リ且当時既ニ第一線兵団ハ其守備(ママ)ヲ失ヒ将兵ノ大部ハ戦死セル現況ニ於テ「ガ」島撤収ノ決心カ大命ナルノ故ヲ以テ容易且一途ニ確定シ得ヘキヤ否ヤ

予ハ直感的ニ軍司令部ヲ第一線ニ近ク推進シ、軍司令官以下全力ヲ揮テ突撃スヘキ決心ナリキ、井本曰ク「カヽル意見モアルヘシト予期シアリ」ト

同夜ハ右ヲ以テ一先打切リ、更ニ熟考スルコトトシ小沼ノ外ニ杉之尾、山本参謀ヲモ招キテ一行ノ携行シ来レル「ウィスキー」「チョコレート」ヲ貪リ喰ヒ悲壮ノ空気ノ裡ニモ和気洋々トシテ大ニ気勢ヲ挙ケタリ

一月十六日

昨夜ノ問題ニ関シ軍司令官ノ決心ヲ乞フ

事頗ル重大ニシテ進退ヲ決スルハ将帥ノ唯一最高責務ナレハナリ、而シテ決心ニ必要ナル資料並現戦況推移ノ判断ニ関シテハ予ノ信スルトコロヲ開陳セリ

決心ハ簡単ニ大命遵奉ニ帰着ス、決心ニ関スル経緯ニ就テハ別紙電報ノ主旨ヲ予ヨリ反復開陳セルモ敢テ之ニ同意セス、文案ヲ再三読ムニ及テ然ルヘク処置スヘキコトニ同意セラル

右決心ニ関シテハ当時ニ於テハ勿論爾後之ヲ想起スル毎ニ甚シク不快ト割リ切レサルモノヲ感ス将来終生ニ亙リテ然ラン

十四日井本中佐一行ト共ニ上陸セル歩二二九聯隊ノ集成、矢野大隊（山砲一中属）総員約七百名ハ此日勇躍「タサファロング」ヲ通過シテ前線ニ進ム、茲ニ於テ軍ハ勇川河畔以東ニ於テ敵ヲ阻止スル為矢野大隊主力ヲ第三十八師団ニ一中隊ヲ第二師団ニ属ス当時敵ハ所々ニ於テ其先頭部隊ノ捜索部隊勇川ヲ越ヘテ侵入ス

軍ノ新企図決定ニ伴ヒ小沼参謀ヲ第三十八、第二両師団ニ派遣シ、両兵団長ヲシテ軍ノ企図ニ透徹セシム、小沼ハ同日日没後出発シ十七日早朝両兵団ニ対シ右ノ主旨ヲ伝フ十三、四日頃迄猛烈ナル砲撃ハ十五、六日頃ヨリ逐次重砲射撃及艦砲射撃ヲ主トスルニカハリ、第一線軽砲ハ前方ニ推進中ナルヤヲ思ハシム

十四、五日以来我海軍陸攻隊二、三機ハ数次ニ亘リ「ガ」島敵飛行場ヲ攻撃シ友軍ノ志気奮フ、実ニ待望久シキ攻撃ナル哉

方面軍命令ニ基ク作戦計画（案）ノ大綱ハ一月二十七日航空撃滅戦開始二月一日、四日、七日ニ夫々「エスペランス」「カミンボ」ニ駆逐艦ヲ入レ、残部ハ「ラッセル」島ニ向ヒ舟艇機動ヲ行ヒ、更ニ二月下旬ヨリ三月上旬ニ潜水艦ヲ「カミンボ」ニ入ルル計画ナリ、之カ為一月二十七日一部兵力ヲ「ラッセル」ニ上陸セシメ舟艇機動ノ拠点タラシム

然ルニ右計画ハ一月十日以前ノ彼我対峙状態ヲ基礎トシテ立案セラレタルモノニシテ今ヤ状況ハ一変重大化シアリ、乗艦ノ為ノ兵力集結ハ敵ノ圧迫追究下ニ行ハサルヘカラス、而カモ第一線将兵ハ戦力喪失シ若シ撤収シ得タリトセハ後方ニ残留セル患者及揚陸部隊ヲ主トスルモノニシテ勇敢ニシテ飽迄戦闘ヲ完遂セル将兵ノ殆全部ハ遺棄屍体トシテ之ヲ残置セサルヘカラス、過去数ヶ月ノ困窮状況ニ処シ第一線ニ対シテハ現地死守ヲ強要シ文字通リ将兵ハ之ヲ如実ニ具現セリ、今大命ナリト雖モ軍司令部以下両兵団司令部カ勇敢奮戦ノ将兵ノ屍ヲ「ガ」島ニ残シテ己ノミ撤収セラルル果シテ皇軍統率ノ道ナリヤ、上級司令部トシテハ飽迄見殺ヲ避クヘク縦ヒ各司令部ノミナリトモ撤収シ度キハ之人情ニシテ又統率ノ本旨ナリ、之ヲ命セラレタル軍司令官カオメ〱唯大命遵奉ノ美名ニカクレテ特ニ煩悩苦悶ナク自ラ撤収セラルルコトノミヲ考ヘテ可ナリヤ、結局ハ己ノ命カ惜シキニアラスヤ、此残骸カ今後何ノ奉公ゾヤ、此等ノ点ハ予自身トシテハ終生解決シ能ハサルトコロナルヘシ

斯テ十八日、十九日、二十日ニ亘リ部隊ノ後退及之ニ伴フ患者ノ先行後退、掩護陣地収容陣地ノ占領「ガ」島守備隊タル海軍陸戦隊、第一乃至第三海岸防備隊等ニ軍企図ヲ秘匿シ患者ヲ先行セシメ残置患者（単独行動不能ノ重症ニシテ命旦夕ニ迫リアリモノ）」ノ処置、後退ニ伴フ弾薬糧秣ノ集積補給等相当困難ナル問題アリ、且前線ノ敵ノ圧迫状況ハ我主動行動

ヲ拘束スルコト重大ナルヲ以テ、先ツ速ニ航空撃滅戦ヲ開始シ陸戦協力ヲモ必要トス且乗艦日次モナシ得レハ更ニ繰上クル必要アリ、複雑困難ナル状況ノ処理ニ関シテ井本中佐ノ援助ハ頗ル大ナリ、二十日ノ軍命令ニ於テ「軍ハ「エスペランス」付近ニ機動シ爾後ノ攻撃ヲ準備スヘキ」企図ノ下ニ二十二日夜（第三十八師団）及二十三日夜（第二師団）勇川ノ第一線ヲ撤シ二十七日迄ニ逐日ノ行動準拠ヲ示シテ機動ヲ律スル命令ヲ下達ス

此命令ハ「タサファロング」ニ於テ両兵団、「ガ」島海軍守備隊、第一海岸防備隊其他ノ軍直部隊ニ対シ予メ招致セル命令受領者ニ口達筆記セシム、此際予ハ冒頭ニ於テ特ニ左ノ注意ヲ述ヘ各隊長ニヨリ之ヲ伝達スヘキヲ指示ス

一、軍ノ新企図ノ遂行ハ至難中ノ難事ナリ、各級指揮官ハ冷静、沈着、周到、掌握ニ最善ヲ尽スコト、前後左右ノ連絡ヲ緊密ニスルコト

二、事態ハ非常中ノ非常ナリ

各兵団長各部隊長ハ大局ニ鑑ミ最後迄統帥指揮ノ責任ヲ貫徹スヘキコト

三、新企図実行ノ為行動不如意ニアル将兵ニ対シテハ皇国伝統ノ武士道的道義ヲ以テ万遺憾ナキヲ期スルコト

（籠城ニ方リ老幼子女ノ処理ヲ遂ケタル往昔武士ノ例話）

「タサファロング」滞在間、司令官ハ終日ウィスキー又ハブランデーニテ鬱気ヲ散セントスル模様ナリ、当然ナリ、皇国武将ニシテカヽル事態ニ直面セル司令官ハ未タ嘗テ無カルヘシ、サレハ参謀長タル予ニ於テモ亦然リ

二十二日薄暮「タサファロング」ヲ出発シ「エスペランス」ニ向フ、一行司令官、予及、井本、佐藤各参謀等十数名ニシテ軍参謀ハ連絡及指導ノ為暫残ル、途中月明ニ海上ノ銀波、「ツラギ」ヲ眺メ感無量、誰カ知ラン「ガ」島ノ月ヲ此心ヲ以テ眺メントハ椰子林ニ憩ヒテ星ヲ仰キ驟雨ニヌレテ泥濘ヲ進ム、夜半「セキラウ」河畔ニ於テ本日同地付近ニ着任セル松田教寛大佐ト邂逅シ、軍命令及之ニ基ク任務達成要領ニ関シ説明ス誠ニ劇的場面ナリ、同地付近ハ「タサファロング」ト「エスペランス」中間ニ在リテ「エスペランス」ヲ掩護スルニ適当ノ距離ナルノミナラス「セキラウ」河谷ハ密林内ニ深キ湿地ヲ為シ　道路二条及右翼方面ノ草原ヲ確保セハ敵ノ前進ヲ阻止スルニ最適ナリ

斯テ「エスペランス」付近ニ到着シ一先ツ船舶団付近ノ仮

幕舎ニ休憩ス、時ニ天未タ明ケス途中泥濘ト歩度稍々速メタル為少々疲労ノ感アリ、司令官携行セシメタルブランデーニテ之ヲ医シ一行ノ大部ハ熟睡ス、此頃ニハ当番兵モ「コプラ」ヲ以テスル炊事ニ熟練シ少時ニシテ飯ヲ作ルニハ感心ス、船舶団長贈ルトコロノ飴煙草アリ、又今朝同地ニ潜水艦ヨリ運河筒ニ依リ揚陸セル組合セ食料見本トシテ披露アリ、正午前新ニ設営セル司令部位置ニ移ル食料揚陸用ノ防水ゴム布及土人家屋ヨリ採取セル材料ニテヨキ小屋出来タリ

同地付近ハ密林ノ樹齢小、疎散ニシテ対空遮散十分ナラサルモ地面ハ砂質ナレハ乾燥シ気分ヨシ　又農作地点在シ土人部落亦少カラサルカ如シ

此日夕砲兵司令部付堺大佐海岸付近ニ於テ艦砲弾破片ニ依リ右足部重傷、手術ヲ施セルモ翌未明遂ニ戦死ス、大佐ハ戦闘司令所「ガ」島上陸以来長時日ニ亘リ元気旺盛ニテ時々疾患ヲ冒シテ自ラ重砲砲列観測所等ニ至リ危険ト疲労ヲ意トセス克ク努メタリ、本日モ「エスペランス」海岸ノ弾薬交付所ニ至リ之カ調査ヲ行ハントシテ受傷セルモノナリ、部隊長トシテ最適ノ人物ナリ、住吉少将以下砲兵司令部ハ之ニテ全滅トナレリ、東京ヨリ「ラ」ヘノ赴任途中行ヲ共ニセシ関係モアリ感慨深シ

一月二十二日

二十二日夜勇川河畔第三十八師団第一線ハ、所命ノ如ク後退ヲ開始ス、二十三日夜後退スヘキ第二師団第一線ハ右翼方面開放セラレ右側背ニ敵兵侵入ノ状（実ハ誤ナリ）アリトテ二十三日未明行動ヲ起シテ退却ニ就ケリ

此頃以後第二師団ノ指揮ハ適確ヲ欠キ屡々軍命令ノ主旨ト合致セス、又ハ歩兵団長或ハ聯隊長ノ位置後方ニ過キ第一線ハ命令ニ依ルコトナク遂次後退スル等、意ニ満タサル点少カラサリシハ頗ル遺憾ナリ、盤井少将、小原大佐ノ指揮ノ如キハ卑怯ナリト断セラルルモ已ムナキ節アリ、心スヘキコトナリ、二十三日ニハ後方ニ残留又ハ逐次後退シ来レル患者ヲ掌握シ、爾後ノ行動ニ移ラシムル為「軍ハ「アルリゴ」付近並「カミンボ」付近ノ海岸防備ヲ強化スル」命令ノ下ニ（実ハ企図秘匿）第二海岸防備隊（東海林大佐）第三海岸防備隊（馬場大佐、六七兵站病院、海軍諸隊及諸隊残留者）ヲ編成シ各隊ノ患者残留者ヲ集結掌握セシム、真企図ヲ表示セスシテ此部署ヲトリ各指揮官亦全然軍ノ新企図ヲ承知セシメスシテ実行ニ移ラシム

二十四日矢野大隊ハ「コカボンナ」付近ノ陣地ニ於テ約二千ノ敵ト対戦ス、一方「エスペランス」付近ノ乗艦ハ第一回一月三十一日（当初ノ計画二月一日ヲ当方ノ要望ニ依リ一日繰上ク）迄尚一週間アリ、此間当面ノ敵ヲ力メテ東方ニ阻止スルコト緊要ナルヲ以テ、此日第二師団長ニ対シ「海軍守備隊ヲ併セ指揮シ「タサファロング」付近ヲ確保シ後続兵団ノ揚陸ヲ掩護」スヘキヲ命セラル、又二十五日ニハ迫撃第三大隊主力ハ「エスペランス」付近ニ後退セルヲ更ニ反転シテ「タサファロング」ニ到リ第二師団ニ配属セラル、当時特ニ考慮スヘキハ「タサファロング」付近ニシテ敵ノ奪取スルトコロトナランカ「エスペランス」揚陸点ハ敵砲兵火ニ暴露スル虞アリ、且先頭兵団ノ揚陸ハ先ツ順調ニ経過セリトスルモ第二次ハ二月三日（変更シテ実施ハ四日ナリ）ナルヲ以テ其際乗艦スヘキ第二師団ノ為ノ掩護陣地ヲ力メテ前方ニ確保シ置クヲ要スル状況ニアリシナリ

二十七日ニハ「軍ハ後方ノ防備ヲ強化セントス」トノ企図ノ下ニ「第三十八師団ハ二十八日夜現在地ヲ発シ主力ヲ以テ二十九日朝迄ニ「アルリゴ」川右岸地区ニ一部ヲ以テ三十日朝迄ニ「カミンボ」付近ニ集結シ爾後ノ作戦ヲ準備スヘキ」ヲ命令シ、翌二十八日ニハ第二師団長ニ対シ右ト同様趣旨ノ命令ヲ下達セラル

一月二十八日

二十八日正午第三十八師団長ニ対シ　別紙第一ノ部隊（軍直轄、病院、海軍等無慮数十ノ軍位名アルモ内容ハ本属師団其他若干以外ハ諸隊患者残留者ノ掻キ集メナリ）ヲ指揮シ「エスペランス」地区ニ於ケル揚陸ヲ実施スヘシ　第三十八歩兵団長ハ別紙第二ノ部隊ヲ指揮シ「カミンボ」地区ノ揚陸ヲ実施スヘシ、第二師団長ハ現任務ヲ続行シ、第三十八師団ノ揚陸ヲ容易ナラシムヘシ」トノ要旨ヲ下ス、本命令ニ於テ軍企図トシテ口達ヲ以テ

「軍ハ命令ニ依リ海上機動ヲ実施シ新作戦ヲ実施セントス」

各兵団部隊モ亦本命令ニ基ク命令ニ於テ右ト同趣旨ノ企図ヲ示スモノトシ其下達時機ヲ遅クスル旨ヲ注意ス

此間ニ於ケル複雑且詳細ナル揚陸計画ノ策定之ニ基ク軍命令ノ起案等ハ一切井本中佐ノ腕ニ成ルモノニシテ同参謀ノ努力及力量ニ対シ敵意ヲ表スルモノナリ

又此頃第十一航空艦隊参謀篠原海軍中佐連絡参謀トシテ到着シ揚陸実施ニ関スル海軍側トノ連絡、揚陸実行等ニ関シ協力セラレ其亦少カラス、同参謀ハ従来南方ニ関係シ、今

次作戦モ、海軍行動ノ当初ヨリ活動セラレ頗ル明朗ナル人物ナリ、又此頃神谷中佐、田態少佐着任ス、両参謀ハ大曽根、山之内参謀ノ代行ニシテ全ク撤収ノ為ニ赴任セルモノトナレルハ気ノ毒ナリ

一月二十九日

敵情中「タサファロング」付近ノ我陣地ニ対シテハ数日来「ルンガ」海岸重砲、「マタニ」川河畔ノ重軽砲主トシテ射撃中ナルモ其規模大ナラス又海岸ニ対シテハ殆ト毎日時トシテ一日数回艦砲射撃アリ、然ルニ昨今ニ至リ敵ハ迫撃砲若干ヲ前進?ニ推進シ海岸道ニハ装甲車二、三輛ヲ散見ス又敵ハ大発動艇ヲ以テ糧秣弾薬等ノ前送ヲ実施中ニシテ逐次「タ」付近陣地ニ対スル攻撃ヲ準備中ナルヤノ状アリ、又一部ノ捜索部隊等ハ我右翼方面ニ迂回シツツアル模様ナリ

〔（欄外）第二師団ノ作戦指導〕

抑々第二師団ハ主力ヲ以テ「タ」付近ノ陣地ヲ確保シ、第三十八師団ノ揚陸ヲ掩護セサルヘカラス、而シテ第三十八師団ノ揚陸ハ必スシモ駆逐艦ノ入泊予期ノ如ク行カサルコトアルヘク、従ヒ入泊ヲ強行スルモ揚陸ノ完全ニ実行セラレサル公算亦少カラス、茲ニ於テ特ニ「第二師団作戦指導要領」ヲ策定シ　同師団ニ連絡ノ為派遣シアル杉之尾参謀、神谷参謀（杉之尾参謀ハ軍司令部ノ「タ」ヨリ「エ」ヘ転移ニ方リ先ツ海軍守備隊次テ第二師団ノ後退ニ伴ヒ同師団トノ連絡ニ任セシメアリ、当時第二師団司令部ハ「セキラウ」河付近松田部隊位置付近ニ在リテ之ト電話連絡アリ）ニ示シ第二師団ノ各種状況推移ニ応スル作戦指導要領ヲ示達セリ

一月三十日

神谷参謀ヲ第二師団ニ配属シ杉之尾参謀ノ軍司令部帰還ヲ命セラル、茲数日来第二師団ノ状況ヲ派遣参謀連絡ノ結果ニ徴スルニ軍ノ企図ニ十分合致セサル点アリ、即チ師団司令部ハ「タ」付近陣地ノ後方十数粁ニ在リテ第一線ノ指揮ハ盤井歩兵団長ニ委シ盤井少将亦其位置前線ニ遠ク直接第一線ニ指揮ノ徹底ヲ欠キ第一線指揮官ノ状況自然ノ推移ニ委シテ敢テ自ラノ意志ヲ強制スルノ威力ト迫力トヲ有セス、而カモ第一線隊タル最高指揮官小原大佐ハ例ノ弱気ヲ遺憾ナク発揮シ最前線ノ矢野大隊ニ対シテハ勿論海岸守備隊（隊長笹川中佐ノ言モ以下ノ実情ヲ証スル談アリ）ニ対シテモ、敵情ヲ過大視シ状況ヲ悲観スルカ如キ言行アリ、師団司令部ニ於テハ乗艦撤退ノ準備ニ関シ懸念シアルモ前線ノ直面

スル戦況ニ対スル関心薄キ憾アリ、依テ此日予ハ直接第二師団参謀長玉置大佐ニ電話シ左ノ件ヲ強調セリ、即チ「茲数日来貴師団ノ作戦指導ニ鑑ルニ後方ニ対シ懸念セラルルニ反シ第一線ノ指導ニ関スル関心薄キヤヲ虞ル、後方ニ関シテハ海岸防備ニ於テモ揚陸準備ニ於テモ軍ニ於テ十分整備シアルヲ以テ専ラ前線指導ニ意ヲ用ヒラレタリ（ママ）、第二師団ノ現ニ担任シアル任務ノ完遂如何ハ軍ノ新企図遂行ノ成否ニ重大ナル影響アル次第ナリ、此点師団長閣下ニモ篤ト申上ケ可然配慮ヲ望ム」ト玉置参謀長ハ言下ニ克ク了承セリ

軍ノ意図ニ副フ事ニ一意努ムヘシト

由来此師団ノ参謀長以下ハ軍ノ意図ニ忠順ナランコトニハ大ニ意ヲ用ヒアルモ兎角毅然断乎タル気象ニ欠ケ動々モスレハ第一線ノ命令外行動ニ追随シ又直接威令ヲ及シ師団長ノ自主的方針ヲ貫徹セントスル気迫ニ乏シ、是十月攻勢ノ不首尾及之ニ引続ク心身ノ疲労困憊ノ極ニ陥リシ関係モアルヘク一面各参謀及参謀長ノ性格ノ然ラシムルコト亦決シテ少カラサルヲ感ス

小原大佐ニ至リテハ再三ノ面接（第一回ハ十一月十四日船団輸送）直後軍司令官申告時、第二回ハ十一月廿（ママ）五日旧第二師団司令部ニ於テ「ルンガ」方面ヨリ後退中ノ部下ヲ指揮後退途中、第三回ハ一月二十二日「タサファロング」東方ニテ歩兵第二十九聯隊ノ残兵ヲ指揮シテ第一線ニ追及復帰途中（時ノ印象――予直接彼ノ言動ヨリ受ケタルモノニシテ第一回ノ初印象ハ爾後ノ事象ニ依リ之ヲ確認スルニ至ル）戦況ニ基ク部隊ノ行動、就中聯隊長タル彼ノ行動特ニ戦線ヨリ遠ク後方ニ位置シ、屡々戦況過大状況悲観ニ類スル報告ヲ提出セル事実ニ徴シ誠ニ遺憾ニシテ其風貌平素ノ大言壮語ト反踵的ナル頗ル意外トスルトコロナリ、之実ハ彼ノ真価真正ノ暴露ナルヘシ、平素ニ於ケル人ヲ見ル明亦難キ哉ト知ルヘシ

　此際之ニ関連シ第二師団中最モ偉彩ヲ発揮セルハ歩兵第十六聯隊長堺吉嗣大佐（二九期）ナリ、寡黙ニシテ実行力強ク海岸付近ノ敵攻撃常々猛烈ナル第一線ノ守備ニ任シアル間（師団カ「ルンガ」方面ヨリ転進間十月末ヨリ十一月初頭ニ亘ル危機ニ方リ師団ノ先頭部隊タル歩十六ヲ先ツ急行以テ此危機ノ閉塞ニ任セシメラレタルカ、実ニ克ク部隊ノ疲労困憊セルヲ鼓舞シ戦線ニ駆付ケ敵兵攻撃ヲ断念シ「マタニ」河畔ニ後退スルヤ之ニ追躡シテ「クルツ」岬付近迄前進シ、此処ニ陣地ヲ構築シ爾後之ヲ守備ス）敵ノ砲撃猛烈トナルヤ自ラ本部位置（前線ト

離隔極メテ小）ヨリ実ニ第一線陣地ニ至リ、其掩壕内ニ在リテ直接聯隊長ノ威徳ヲ部下ニ及シ苦難克服ニ努メタリ、又部隊ノ掌握確実ニシテ後方ニ在ル将兵ノ前進招致ヲ行ヘリ、此日揚陸兵団（部隊）ニ対シ「特ニ乗船以後ノ軍紀維持、行動ノ整斉確実並爾後ノ作戦指導ノ為ノ準備ニ遺漏ナカラシム」ヘキ旨ヲ命令セラレ、尚参謀長ヨリ細部指示ヲナス、要ハ「ボーゲンビル」到着時ハ勿論、駆逐艦内ニ於テ各級指揮官ノ軍紀上ニ於ケル指揮ノ徹底ヲ期シ、皇軍トシテ困苦ノ極ヲ経タリト雖志気並風紀上ニ些ノ遺憾ナキヲ期シ度キ念願ニシテ、右ノ件ハ其後両兵団長ヲ軍司令官ノ許ニ招致セラレ直接司令官ヨリ強調セラルルコトトセリ

一月三十日

三、四日前以来快晴ノ日ニハ時ニ高空ニ彼我戦闘機ノ空戦ノ音響ヲ聞ク、「ガ」島上空迄飛来セル友軍機ノ戦斗ハ彼ニ比シ疲労燃料消尽等ノ条件悪シキヲ察ス、航空撃滅戦ノ成果ニ関シテハ余リ適確ナル情報ナシ

此日第三十八師団長及第三十八歩兵団長ノ指揮スル第一次乗艦地付近ノ第一集合場ニ移動ヲ終了セリ、然ルニ海軍側通報ニ依リ第一次揚陸ハ都合ニ依リ一日延期シ二月一日トナレル旨電信アリ

此日第三十八師団長ニ対シ「第三十八師団長ハ揚陸地ニ到着セハ第一次揚陸部隊全部ヲ指揮シ所要ノ配置ニ就カシメ、且各部隊ヲ整理シ、次期行動ヲ準備スヘシ、右ニ関シテハ差当リ第八方面軍司令官ヨリ命令又ハ指示アル筈」トノ命令ヲ発セラル、之ニテ第一次揚陸部隊ニ対シテハ所要ノ件一切ヲ処置セリ、爾後ハ天佑ヲ恃ミ時ノ至ルヲ待ツノミ

二十九日日没前及三十日払暁ニ於テ我中攻隊ハ「レンネル」島付近ニ於テ戦艦二巡四撃沈シ其他ノ戦果ヲ挙ケタリ、「ガ」島方面ノ戦局活況ニ（ママ）呈スルニ及ヒ敵海上艦艇亦活動ヲ開始セルモノナルヘク、此機ニ方リ此大捷ヲ挙ケタルハ新作戦ノ遂行ニ好影響ヲ齎スコト必然ニシテ大ニ喜フヘキナリ、又二十九日夜我潜水艦一ハ「カミンボ」付近ニ於テ「リーフ」ニ擱挫シ之カ爆破ニ相当ノ困難ヲ嘗メタルモノノ如シ

三十一日ニハ第二師団ニ対シ前同断ノ揚陸規定ヲ付与セラル、第二師団ノ為ニハ第三十八師団ニ比シ移動及揚陸準備

ニ充タル日時一日少ク（第三十八師団ハ三日三夜、第二師団ハ二日二夜但乗船準備ニ関シテハ第二師団ハ二名ノ参謀ヲ先遣シテ第三十八師団ノ要領ヲ視察セシム）移動ノ為ニハ時間稍々乏シキ感アリタリ（実行上ニハ何等支障ナカリキ）

第三十八師団ハ揚陸一日延期ノ為部隊ハ海岸ヨリ五、六百米付近ノ密林内ニ待機セシモ幸ニ艦砲射撃又ハ爆撃等ノ敵ノ積極行動ナカリシヲ以テ、大局ニ於テ何等ノ支障ヲ及サス、又三十日三十一日頃ハ依然「エスペランス」「カミンボ」上空ノ哨空アリシモ敵ノ発見スルトコロトナラサリシハ幸ナリ

二月一日

[（欄外）第三十八師団乗艦]

夕刻軍司令官ニ出発挨拶ニ来訪セル第三十八師団長佐野閣下以下参謀長参謀一同ト共ニ「エスペランス」揚陸場第四揚陸点ニ向フ、途中日没トナリ他隊ト混淆シ道路泥濘ノ為行進難渋ス、一八〇〇頃海岸ニ到リ一応揚陸ノ為ノ点灯其他揚陸監督員（揚陸作業隊ノ将兵）ノ勤務ヲ点検セルモ其確実性ト意気ニ於テ甚タ不十分ナルヲ感シ痛烈注意ヲ与フ、此種部隊ノ軍規ハ頗ル不良ナルハ予テ留意シアリタル処ナルモ其程度甚シク将校ニ於テ其然ルヲ認ム

時間ノ経過ト共ニ揚陸点付近ニ逐次部隊ノ集合スル気配ヲ感シ、時々道ヲ失シタル部隊ヲ大声疾（?）呼スル噪音アリ、遇々海岸付近ニ一発ノ小銃声聞ユ、参謀、就テ調査セルニ此処迄戦友ノ肩ニ依リテ辿リ付ケル一兵（歩二二九田中聯隊）予テ隊長ヨリ示サレタルトコロニ基キ、今後ノ行動不能ニ付自決ヲ許サレ度旨申出テ隊長之ヲ許可スルヤ、天皇陛下ノ万才ヲ唱ヘ自決セルモノナリト

当時椰子林内ニ艦艇ノ入泊ヲ待機シツヽ佐野中将閣下ヨリノ直話トシテ右自決ニ関シ左ノ現象アリシヲ聞ク、即チ佐野部隊ニ於テハ第一線撤退ニ方リ爾今単独行動不能ノ者ハ自決スヘク其際其時ヲ以テ戦死ト認ムル旨申伝ヘタルトコロ其後処々ニ於テ屡々銃口ヲ自ラ口ニ含ミテ最後ヲ遂ケタルモノ少カラスト、又最モ愉快ナルハ師団カ愈々乗艦転進ノ命令ヲ下達シ一般ニ携帯兵器ノ外処分スルコト将兵ハ背嚢ヲ除キ雑嚢ニ糧秣一日分ヲ収ムル外私物ノ携行ヲ禁止スル旨示達シ師団ハ乗艦スルヤ「ルンガ」ニ転進シ敵飛行場ヲ攻撃セントスト説明スルヤ部下隊長ヨリ重機ノ携行或ハ糧秣一日分ハ心モトナシ（当時各隊ハ「エスペランス」付近ノ剰余糧秣ノ交付ヲ受ケ茲数日完全定量ヲ用ヒ得ル状況ナルノミ

ナラス尚三、四日分ヲ携行シアリ）ト為シ意見ヲ具申スルモノアリ、之ニ対シ各部隊長ハ夜間一挙ニ白刃ヲ揮テ突入ヲ覚悟シアルヲ以テ軽装一点張リナル旨ヲ申聞セタリト謂フ一挿話タルヘシ、尚後日「エレベンタ」上陸後ノ話ニ依レハ駆逐艦ニ乗艦セル将兵ハ「ルンガ」転進ト思レアルニ夜半ニ至ルモ航行ヲ続ケ不案内トセシニ天明トナルヤ進路ノ両側ニ島嶼ヲ認メ「ガ」島トハ全ク状況ヲ異ニスルヲ知リ次テ愈々「エレベンタ」上陸ノ旨ヲ告知セラレ呆然タリト、愉快ナル語草ナリ、待ツ駆逐艦入泊予定時刻ハ二一〇〇ナリ

間ノ長ク感セラレタルハ恐ク将兵一同ノ胸中ナリシナラン、予定ニ遅ルル約四十分ニシテ「サボ」島中央付近ノ敵魚雷艇ニ対シ俄然戦艦砲ノ射撃起ル須臾ニシテ炎上ス、其火災ハ爾後久シク海上ヲ照シ進航中ノ友軍駆逐艦ノ行動ヲ暴露スルナキヤヲ恐ル、次テ遥カ十数浬ノ沖合ニ東進スル艦影ヲ認ム再ヒ我三、四艦「カミンボ」方向ヨリ「サボ」島方向へ突進中ト思シキ敵魚雷艇ニ対シ集中射起ル数発ニシテ之亦炎上ス、右二隻ノ炎上ハ数分間ノ出来事ニシテ我駆逐隊ノ射撃精度ノ良好ナルニ敬意ヲ表スル次第ナリ

斯テ二二二〇頃駆逐艦ノ入泊ヲ認メ点々信号灯ヲ確認セル時ハ胸ヲ撫下シテ一先安堵ス、佐野兵団長以下幕僚一同、井本中佐、佐藤少佐以下方面軍派遣将兵一同ハ田中聯隊軍旗ト同時ニ発航シ海浜ノ暗中ニ亘リ挨拶ヲ交ス、間モナク艦艇ヨリ発進セル大小発動艇、折畳舟等相前後シテ達着ス、乗船ニ方リ喧噪ノ声甚シク指揮徹底セス、集団毎ニ先ヲ争ヒ乗レルハ遅レタルヲ呼ヒ遅レタルハ指揮官ヲ呼ヒ危急ニ際会セル人間自然ノ弱点ヲ暴露セルハ頗ル遺憾ナリ、海浜ニ於ケル乗艇順序ノ規正並集合位置ノ選定乗艇地点ヘノ誘導法等ニ関シ考慮スヘキ余地大ナルヲ感ス

大小発動艇ノ往復間第四揚陸点ノ乗艦「浜風」ハ距岸近ク近接シ来レルヲ以テ爾後ノ効程ハ意外ニ進捗シ予定ノ二三〇〇過クル十分ニシテ約千名ニ達スル兵員ノ乗艦ヲ終了シ駆逐艦ノ発航ヲ認メシ時ハ真ニ安神ヲ自覚シテ自己ニ還レル感アリ、当時ノ自己ノ胸中ヲ自ラ反省シ今次揚陸ノ実行ハ其成否頗ル疑シク、敵ニシテ従来ノ如キ積極的妨害ヲ敢行シ一部艦艇ナリトモ挑戦シ来ラハ当然海戦ヲ惹起スヘク然ル時ハ入泊ハ全然不可能ナルノミナラス第一次ノ失敗ハ軈テ今後ノ計画遂行ニ根本的ノ暗翳ヲ投スヘキヤ必セリ、即チ此夜ノ成否ハ不安中ノ不安ノ最大ナルモノナリ、第三十八師団モ状況ニ依リテハ反転シテ第二師団正面ニ注入シ、

最後ノ決ニ突入スヘキ公算決シテ少ナカラサリシナリカヽル多大ノ不安裡ニ在リシニ拘ハラス入泊ヲ待ツ長キ感慨無量ノ時間モ案外平静ニ胸ノ皷動ヲ自ラ触リシモ何等ノ異変ナカリキ、人間ハ度胸ヲ決スレハ何事モ無キモノナリ而シテ此成功ハ人事ヲ尽シテ天佑ヲ与ヘラレタル始事例ナリト信ス

軍司令部ノ乗艦時機ニ関シテハ数日前井本参謀ヨリ第一次ト為スヘキ意見アリシモ予ハ否第三次ヲ希望スルモ目下第三次ハ状況ニ依リ舟艇機動ノミニ依ルコトアルヲ予期セラルヽヲ以テ第二次ニシ度キ旨ヲ答ヘ彼モ亦之ヲ諒セリ、主旨ハ軍ハ努メテ最後迄「ガ」島ノ指揮ヲ完ウシ其実行ヲ確認シタル後撤島セントスル意ナリ、尚井本中佐ハ更ニ軍司令部ト同行スヘキ旨申出タルモ予ハ方面軍参謀トシテ撤収計画ノ実行上今後尚海軍側ト折衝セラレ度キ儀モアリ是非第一次ニ依リ離島センコトヲ切望シ彼亦之ヲ諒トセリ

[(欄外)「マルボボ」ノ敵情]

本夕得タル情報ニ依レハ一日〇七〇〇頃敵駆逐艦二、大発二、機帆船ハ夫々兵員ヲ搭載シ「マルボボ」ニ上陸セルモノヽ如シト、尚二、三日前ニモ土人兵ヲ交ユル敵兵若干同地付近ニ出没シ我兵ノ野菜採取ニ赴ケルヲ射撃セリトノ情報アリ、在「カミンボ」船舶部隊ヨリ若干兵力ヲ派遣シテ此敵ヲ掃蕩シ「マルボボ」確保ノ処置ヲ講シアリシトコロナリ

此夜乗艦スヘキ部隊中約三百名ハ「カミンボ」ニ於ケル西水道（同地ハ距岸近ク「リーフ」アリ之ニ東西二ノ水道アリ幅夫々二、三十米ヲ出テス）ニ波浪アリ（駆逐艦入泊ノ余波）テ大発動艇ノ顚覆反復アリ為取リ残サレ、又「エスペランス」地区ニ於テハ第四揚陸点ノ田中聯隊杉浦中隊（中隊長以下四十数名）ハ第一集合場ヨリ第二集合場ニ前進スル僅々二、三百米ノ密林内ニ道ヲ失スルコト四時間遂ニ乗艦ニ間ニ合ハサリキ、而カモ密林内ノ進路ハ前日昼間指揮官自ラ現地ヲ踏査標示シアリテ尚且然リト

二月二日

方面軍命令ニ基ク作戦計画案（海軍ト協定ノ上成立セルモノ）ニハ駆逐艦輸送ハ三次迄爾後ノ残余ハ舟艇機動ニ依ル、之カ為一月廿九日ニハ第三十八師団ノ集成大隊約二百数十名ヲ「ラツセル」島ニ揚陸シ之カ収容且給養ニ任セシメ爾後群島ノ島伝ニ舟艇機動ス、更ニ残余ハ数次ニ亘リ潜水艦ヲ以テ収容シ最後ハ三月上旬ニ亘ル計画ナリ、然ルニ右ハ表

面ノ計画ニシテ海軍側ノ意向ハ第二次駆逐艦輸送ヲ以テ打切リ、爾後ハ舟艇機動ニ依ルモノニシテ実行途中此ノ如ク変更ヲ申出ツル公算大ナリト（井本中佐ノ言）、茲ニ於テ舟艇機動ヲ二月六日（第二次ノ翌々日）実施スルコトトシ具体的計画ヲ立案シ之カ準備ヲ命セラル、該舟艇機動ハ最後ノ後衛部隊松田大佐指揮スル諸隊及揚陸作業部隊ヲ主トシ松田大佐ヲ指揮官トシ、軍参謀山本少佐ヲ之ニ配属援助セシムルコトトス、従テ此計画並諸般ノ準備ハ一切山本参謀ヲシテ之ニ当ラシム仲々ノ困難且重大任務ナリ

而シテ右人員ハ計画上千三百名ニシテ尚第二次揚陸ノ残留兵アルコトヲ予想セハ更ニ増加スヘク軍トシテハ努メテ第三次駆逐艦輸送ヲ希望セシヲ以テ井本中佐ニ先行主トシテ之ヲ海軍側ト折衝セシメントスル意向ナリ、中佐ノ先行ヲ肯シタルモ亦此等ノ重要任務アリシ為ナリ

二月四日

［（欄外）三日、四日］

第二次揚陸ノ日ナリ、軍司令部ハ特ニ痕跡ヲ残サヽル為残置物件一切ハ確実ニ深ク埋没シ、宿営設備ノ小屋ヲモ全部毀却シ且環境ヲ清掃シ遺憾ナシ　薄暮迄ニ一切ノ準備ヲ遂ケ海軍側ト連絡シ　爾後山本参謀ハ松田部隊行動指導要領ヲ携ヘ同隊ニ派遣残置ス、当時「セキラウ」付近ノ陣地ニ対シテハ敵兵未タ現出セス、主力ハ「ボネギ」左岸ニ停止シ陣地構築中ナルモノノ如ク、尚勇川左岸ノ要点ニモ所々陣地占領ノ状ヲ認メ、敵ノ急追ナキヲ察シ爾後ノ推移ヲ稍楽観シ得ルニ至ル

尚此日海軍側ノ連絡ニ依リ六日ニ予定ノ如ク第三次駆逐艦（乗艦四隻其他若干掩護用）ノ「カミンボ」入泊ヲ知リ一先ツ安神ス

［（欄外）マルボボ］

一方「マルボボ」方向ノ敵情如何ハ爾後ノ「カミンボ」乗艦又ハ舟艇機動実行上ノ重大ナル関係上（「マルボボ」ト「カミンボ」間ハ僅十数粁ニシテ途中若干ノ起伏アルモ中間地区ハ概ネ椰子林ニシテ抵抗上特ニ拠ルヘキモノナシ）田熊参謀ハ二日午後「カミンボ」ニ向ヒ出発シ三日集成中隊（約七十名、揚陸作業隊及第二師団補充兵等ノ集成）ト連絡シ「マルボボ」ノ状況ヲ確ムル為前進ス、然ルニ同参謀ガ翌日早朝中隊ト同行「マルボボ」ニ向ヒ前進中「カミンボ」「マルボボ」中間ノ小川ノ線ニ於テ略同等ノ敵ト不期遭遇戦ヲ惹起シ、敵屍三捕虜二ヲ獲、一時敵ヲ追撃セシモ地形上同河手

前ノ線ニ陣地ヲ占領セリ、右ノ捕虜ハ田熊之ヲ同行シテ同夜軍司令部ニ引致ス、途中一名ハ歩行シ得サル為処分セシモ他ノ一名ハ訊問ノ結果無邪気ニ其知ルトコロヲ一切自供セリ、之ニ依レハ「ガ」島ニ上陸セル兵団ハ第二十五師団、海兵第二師団、第三十三師団、海兵第八師団及「アメリカル」師団ノ五師団ニシテ内海兵第二師団ハ海兵第八師団ト第三十三師団ハ「アメリカル」師団ト夫々交代シ十二月ヨリ一月上旬ノ間後退セリト、即チ一月十日ヨリノ総攻撃ハ此等交代セル新鋭兵団第一線少クモ二師団ヲ以テ実施セルモノノ如ク、又在「ガ」島飛行機ハ計二百機ナラント、尚此一日「マルボボ」ニ上陸セルハ歩兵一大隊（約六百）ニシテ此方面ニハ千名ノ兵力上陸スル筈ナリト

果セル哉四日早朝ニハ再ヒ前回ト概ネ同様ノ艦船「サボ」島方面ヨリ「マルボボ」ニ向ヒタリトノ情報アリ、敵ハ「タサファロング」及「マルボボ」両方面ヨリ之ヲ挟撃セント企図シアルモノ如シ、若シ夫レ敵軍若シ日本軍タランカ一日ニシテ勇川河畔ヨリ「カミンボ」付近ニ至ル間ヲ掃蕩シ得ヘク、一度猛烈果敢ニ且努メテ高地寄リノ草原ヲ経テ突進セハ我カ危機之ニ過クルモノナク新企図ノ遂行ノ如キハ全然問題タ（ママ）ラサルナリ

〔（欄外）敵我企図判断〕

抑々今次ノ我軍ノ企図ハ敵ニ察知セラレス、敵ハ反テ我新鋭部隊ノ揚陸ヲ予想シ之ヲ危懼シアルニ似タリ、這（コレ）ハ我軍ノ行動ヲ其経過ニ従ヒ観察スルニ動々モスレハ受動ニ陥リ易キ戦場心理トシテ当然思考シ得ルトコロナリ、即チ一月十三、四日ヨリノ夜間敵飛行場攻撃、十四日ノ矢野大隊ノ上陸及前進追及、二十五日ヨリ開始セル航空撃滅戦之ニ伴フ「ブイン」「パラレ」「ショートランド」「コロンバンガラ」「レガタ」各飛行場ヘノ我飛行隊ノ展開、二十九日ノ「ラッセル」揚陸、二月一日夜ノ大挙駆逐艦入泊、二十九日及三十日ノ「レンネル」島沖ノ我海軍戦果等ニ皆日本軍ノ攻撃勢ヲ思ハシムルモノアレハナリ

日没稍々前軍司令部ハ二梯団トナリ揚陸点ニ向ヒ薄暮海岸付近ノ糧秣交付所ニ至リ時ノ至ルヲ待ツ、駆逐艦ノ入泊ハ予定ノ如ク予メ回航セル大発ニ依リ混雑ナク浜風ニ移乗ス、約一時十分間ニシテ第四揚陸点約千百名ノ乗艦ヲ終了ス、極メテ順調、敵ノ妨害ナシ天佑々々

愈々身ヲ駆逐艦ノ士官室ニ置キ司令官ト共ニ煙草ニ火ヲ点シタル時ノ万感交々ハ筆舌ニ表シ難シ、我命ヲ全ウシ得タ

ルヲ喜ヘルヤ否然ラス、行動不如意ノ将兵ノ身上胸中、第三次果シテ成功スルヤノ心配、之ニテ愈々嫌応ナシニ明日ハ「エレベンタ」ニ揚陸セサルヘカラス、何ノ顔有テカ人ニ見エン、曰ク何々曰ク何々到底筆ニシ難シ

艦内ニテハ歩兵第二十九聯隊軍旗及同聯隊長ト同室ス、聯隊長堺大佐ハ予カ嚢ニ「ガ」島上陸ノ為十月二十九日飛行艇及駆逐艦ヲ共ニス真ニ奇縁ト謂フヘシ、船中第一線奮戦ノ状ニ就テ幾多知ルヲ得タリ

浜風艦長神浦少佐温和端正ナル容子(ママ)決シテ海ノ猛者タル観ナキモ其謂フ処頗ル我意ヲ得テ敬意ヲ表ス「今頃吾等任務ハ陸兵ヲ輸送スルニ在リ、任務ノ為ニハ最善ヲ尽スヘク、推進機ヲ海底ニツケテハ困リマスカ艦首位ハ少々ツッ込ミマシテモ反転スレハ何デモアリマセン、夫レテ泊地ヲ努メテ岸ヘ近付ケマシタ」ト実ニ言ノ如シ、第一次第二次共本艦ハ泊地ヲ最モ近ク推進シ、今回ノ如キ或ハ三、四百米ニアラスヤト察セラル、之海軍魂ニシテ此意気アリテコソ従来ノ偉大ナル戦果ヲ収メ得タルナリ、実行部隊指揮官ノ意気ハ誠ニ貴フヘク敬スヘキナリ

二三〇〇稍前発航ノ音ヲ聞ク、愈々「ガ」島ヲ離レントス、任務ハ同島ニ散華セル将兵ハ、残留将兵ノ心中ト将来ハ万感特ニ尽キス、携行ノ握飯ニテ空腹ヲ医シ、接待ノ「パインアップル」缶詰ニ舌鼓ヲ打ツ、疲労ト精神ノ弛緩カ屡々マドロム、海上極メテ平穏、後半夜月出タル筈ナルモ灯管シテ望ム能ハス

二月五日

払暁船窓ニ「チョイセル」島、「コロンバンガラ」又ハ其北方島嶼ヲ望ム、甲板上及中央通路ハ収容将兵横ハリ(ママ)足ノ踏所モナシ、元気アル将兵ハ無言裡ニ四顧シテ僚艦ヤ「ソロモン」ノ島々ヲ眺ム大半ハ病ニテ気力ナシ、久振リニ陽日ノ直射ヲ受ケテ楽メルカ如シ、甲板上ニ一兵其戦友ラシキモノノ横ハ(ママ)ルヲ看守ル、横ハ(ママ)レルハ眼開キアルモ屍ナリ、「ドウカ」ト問ヘルニ看守ル者曰ク「未タ死ニキレマセン」トテ己カ手ヲ戦友ノ腹部ニ当テ恰モ体温ヲ感シアルノ状ナリ、実ハ己ノ手ノ温味ヲ感セルモノナリ、予船室ニ帰リ之ヲ堺聯隊長ニ告ク大佐出テ暫時シテ帰リテ曰ク「水葬ニ付シタリ」ト戦友ノ情思フヘシ、恐ラク負フテ船梯ヲ攀シタルモノナルヘシ、十時過迎ヘノ高速艇ニ依リ司令官以下参謀一同「エレベンタ」ニ揚陸、出迎ニハ次長（田辺中将、高瀬中佐随行）、剛参謀長、同副長、第六師団長（神田中将）

先着佐野中将桜田船舶兵団長等ニ敬礼、答礼、無言無言互ニ感慨ノミ、沈痛ノ風ノミ」

予メ準備セラレアル司令部位置ニ就ク、兵用被服各種栄養食等各室ニ配付シ万端ノ準備至レリ尽セリ

爾後第六師団長、軍司令官ノ「ボーゲンビル」到着ノ時ヲ以テ其ノ指揮ニ入レル旨申告アリ、次テ次長ニ対シ第六師団、第二、第三十八師団長（眩暈気味ニテ参謀長代理）ノ状況説明、予モ亦若干各師団ノ行動就中将兵ノ美談ニ就テ説明ヲ付加ス

之ヨリ先次長ノ挨拶アリ総長ノ伝言アリ次長予ノ許ニ至ル、予初メテ鳴咽シテ言尽ス能ハス「今次ノ件申訳ナシ　宜敷転役ノ上此方面ノ第一線部隊長トシテ死所ヲ与ヘラレンコト」ヲ乞フ、次長曰ク「予自ラコウヤツテ御奉公シアリ此度ノ事ハ一切中央部ノ責任ナリ、今後司令官ヲ補佐シ健斗ヲ望ム」旨之亦言必スシモ整ハス、互ニ興奮ト感慨トノ会話ナリ次テ高瀬来ル予礼スルノミ一言ナシ、方面軍参謀長ニ対シテモ「御心配ヲカケオ世話ニナリ申訳ナシ」ノ一言ノミ、入浴ノ準備アルモ用ヒス　予予メ司令官ニ云テ曰ク「第三次ノ了ル迄ハ私人トシテノ休養ヲトル能ハス、将来公ノ会食等ニハ一切辞退ノ方針ヲトルヲ至当トス」ト

二月六日

次長ニ随行シ両兵団及兵站病院ヲ視察ス、第二師団長同参謀長発熱、状況報告ハ松本参謀代行、第三十八師団長ハ稍恢復、帰還将兵一同新品被服ヲ装ヘルモ流石天日ノ下ニ見ル疲労ノ状甚シ、宿営設備交通施設等ハ諸隊残留者及第六師団、兵站諸部隊ニヨリ概成セラレ差当リノ寝食ニ差支ナク、短時日（一月廿三日（ママ）頃着手）ノ間ニ此施設ヲ為セル労ニ対シ感謝ノ外ナシ、正午前「ブイン」飛行場ニ次長及剛参謀長ヲ送ル

午後ハ明七日朝第三次輸送ノ為出航スヘキ第三水雷戦隊ノ会議ニ参列ス、議既ニ了ラントシ結論ハ「第三次入泊ノ困難性ニ鑑ミ乗艦部隊ハ予メ舟艇、筏等ニヨリ泊地付近ニ待機シ各艦ハ小発ヲ携行シ之ヲ泛水スヘキモ陸岸ニ迎ヘニ行クハ状況之ヲ許ス場合ノミ、前項ヲ以テ本則トス」ト第八艦隊司令長官三川中将亦列席シアリ、結論低声極メテ透徹ヲ欠キ積極的ノ状ヲ認ムル能ハス、恐ラク聯合艦隊及方面艦隊ヨリ特別示達ニ接シアルナラン、之ニ実行部隊ノ参謀又ハ艦長ノ意見ハ比較的積極ニシテ上長ノ決定不明確ノ点ヲ確ムルニ努ムル状ヲ認ム、予茲ニ於テ長官ニ断リ一言全般ニ対シ今次ノ協力ヲ謝スルト共ニ明日ノ積極的行動ヲ念

願シ特ニ「カミンボ」収容担任指揮官東海林大佐以下ニ熱意ヲ以テ懇望ス

同夜「ガ」島ノ山本ヨリ（松田大佐ノ名ヲ以テ）一般状況緩ニシテ敵ハ依然積極的行動ニ出テサルヲ報ス、依テ之ヲ翌早朝小沼ヲシテ第三水雷戦隊長ニ将ニ出発ノ直前其艦ニ至リテ通報シ、重ネテ積極行動ヲ要望ス

二月七日八日

第三次駆逐艦輸送ハ何等敵ノ妨害ヲ受クルコトナク且残置大小発ノ損傷軽微ナリシ為全員乗艦待機シアリシ為約三十分ニシテ移乗ヲ終リ、更ニ陸岸ニ至リテ残留者ナキヲ確メテ発航シ、予定ヨリ約二時間早ク「ラツセル」部隊（全員）ヲ併セ二千余名（当初ノ計画ニテハ千八百）ヲ収容シ得テ大成功ナリ

八日

○九〇〇頃揚陸点ニ於テ上陸中ノ将兵ヲ見ル衰弱セルモ元気ヲ認ムルハ嬉シ、特ニ松田大佐、山本参謀等一行ノ姿ヲ舟艇ニ認メタル時ハ真ニ感慨深カリキ、実ハ曩ニ任務ヲ与ヘテ残置セル場合無事収容シ得ル公算ハ五分五分ナリト考ヘ、独リ心ヲ痛メアリタレハナリ、天佑、天佑、松田大佐ヲシテ司令官ニ報告セシメ賞詞ヲ与ヘラレ、予亦大ニ大佐ノ奮斗ヲ謝ス、百日目ノ入浴ノ心地爽々感深シ且勿体ナシ

二月九日

○五〇〇軍司令部将校一同ヲ集合シ司令官ヨリ過般下賜ノ勅語ヲ伝達シ　予ヨリ「ガ」島撤収ニ関シテノ心構ニ就テ説明ス　要旨ハ、

一、将兵ノ奮戦力斗自ラ矜ヲ持セヨ、撤収ハ大命ニ依ル

二、従来ノ彼我戦力ニ不安ヲ抱ク勿レ、中央及上司並海軍ノ最善ノ努力ニ感謝ノ念ヲ忘ル勿レ

三、今後ノ戦力恢復ト重要ナル作戦任務、爾後各部長ヲシテ司令官ニ対シ状況ヲ報告セシム

司令官、第六師団ノ慰霊祭参列（特ニ施行ス）

二月十日

軍司令官、両師団、兵站病院、貨物廠巡視、至ル処ニ於テ予故ラニ強烈ナル刺戟ヲ与ヘ今後ノ緊張ヲ促ス

第六師団、長司令官ニ状況報告

二月十四日十五日十六日

方面軍司令官以下（有末大佐、加藤大佐、原少佐随行）状況視察ノ為到着、司令官ヨリ一般的ニ申告並今次作戦ノ不首尾、感謝

午後戦況報告ヲ予ヨリ実施、爾後幕僚間ニ細部ノ連絡打合セ、一般ニ適確ヲ欠キ政治的ニ有耶無耶ニ過サントスル風ヲ感シタルハ予ノ誤解ナレハ幸、翌十五日各部隊巡視、方面軍司令官ハ軍司令部其他各兵団ニ於テモ将校一同ニ挨拶セラレ温情アル言葉ヲ拝ス

此夕方面軍司令官以下司令官、両司令部参謀会食、今村閣下談少カラス、遇々戦斗間ノ軍旗ノ処置ニ関スル見解ニ関シ中将ノ意見ト共ニ阿南中将ノ意見ヲモ紹介セラル、特ニ訓ヘラル、事ナシ

十六日

方面軍司令官　第一根拠地隊（板垣少将）在「バラレ」航空隊（三木大佐）在「ショートランド」第十一航戦　訪問、「ショートランド」ノ風景佳、守備高射砲中隊ノ野菜見事、「バラレ」ハ狭少ノ珊瑚島全島椰子海水紺碧、敵空襲ニ対シテハ防護困難、飛行場設定ノ為ニ、三八衛生隊中隊長（仙田）ノ指揮スル部隊アリ、仙田大尉ハ情報連絡ニ克ク努ム、午後出発予定ノ処天候ノ為一日延期ス

十七日

方面軍司令官出発帰途ニ就ク

数日来敵機ノ活動ハ漸次活発トナル、十四日ニハ「ブイン」飛行場ニテ日昼敵大編隊ニ対スル空中戦ヲ目撃ス

敵ハ「ガ」島ノ完全占領ニ伴ヒ、先ツ「ムンダ」ヲ主目標トシテ来襲シ時々数十機ノ大編隊ニ及フ

二月十八日

［（欄外）発熱］

各兵団長及独立隊長等ヲ会同シ、司令官ヨリ訓示、予ヨリ作戦後ノ兵力整備並諸調査ニ関シ口演ス

此日午後ヨリ発熱、夕ニハ三十九度二三分トナル、二三日（ママ）来軽キ風邪気味ナリシカ「マラリヤ」ノ前駆ナリシカ如シ、十九、二十、二十一日、夜間及天明ニ及ヒ敵機ノ来攻執拗ヲ感ス

二十二日

砲兵監部付金岡少将一行来島、防空部隊ノ訓練及兵器調査（兵器課長）アリ、防空部隊ノ実情ハ全然不可ニシテ基礎訓練ノ強行ヲ要ス、防空参謀ノ特別教育ヲ必要トセン

二十三日、二十四日、二十五日

［（欄外）第三課長一行］

参謀本部第三課長美山大佐一行（美山、細田、山口、軍事課高崎、補給課山下　参庶吉江）主トシテ部隊改編、編制整備上部隊ノ実情調査ニ当ル、杉山大将閣下ヨリ予ニ宛テ「粗品折角御自愛ト健斗ヲ祷ル」ト刺ト海苔ヲ恵与セラル、感激ナリ、又家郷通信ヲ得（吉江ノ厚意）

二十六日

出発ニ方リ吉江少佐ニ托シ越次参謀遺族ニ戦死ノ状ヲ報ス、又家郷ニ通信ヲ托シ忠夫ノ入校許可ヲ祝シ将来修養ノ心得ヲ訓ユ右ハ吉橋中佐宛書状ニ同封ス

二十八日

家村参謀此度陸軍船舶練習部研究部主事ニ転出ノ為此夕司令官以下参謀、各部長　岩佐少将ト会食ス、談四方山ニ亘リ老人ノ昔物語リニ花咲ク

家村参謀ハ昨年九月以来当軍参謀トシテ二次ニ亘ル船団輸送、海軍艦船ニ依ル補給処理、前送軍隊軍需品ノ「エレベンタ」中継、遭難軍隊前送、停滞軍隊ノ処理、海軍トノ協定、特ニ輸送実施、後ニハ「エレベンタ」兵站地ノ参謀トシテノ処理、撤収軍隊収容準備等ニ長期ニ亘リ復雑（ママ）且困難ナル業務ヲ単独ニテ処理シ、此間三回ニ亘リ熱発アリシモ克ク最後迄其任務ヲ完ウシ且口舌少シ、真ニ良キ参謀ナリ

特別資料

十二月六日　兵団長会同ノ際ノ訓示

訓　示

軍ハ正ニ日米決戦ノ焦点ニ立チ帝国ノ愈々牢固強烈ナル決意ノ下ニ全陸海軍ノ総前衛トシテ「ソロモン」方面ノ敵ヲ撃滅スヘキ重任ヲ担フ之カ完遂ノ容易ナラサル固ヨリ言ヲ俟タス

今ヤ「ガ」島作戦開始以来四閲月ニ垂ントシテ此間十月下旬第二師団ヲ主体トシテ決行セル乾坤一擲ノ攻撃ニ於テハ密林嶮峻ヲ踏破シ猛火ヲ潜リ以テ将ニ敵軍ノ心臓ヲ刺サントシ爾後月余ニ亘リ全軍将兵悉ク極度ノ困苦欠乏ト凡ユル辛酸苦難トヲ忍ヒ昼夜猛火ノ圧迫ニ耐ヘ就中新鋭第三十八師団ハ寡兵克ク策ヲ尽シテ積極行動ニ出テ屡々敵ノ攻勢ヲ機先ニ制スル等何レモ真ニ壮烈鬼神ヲ泣カシメ具々（ママ）皇軍ノ伝統ヲ発揮シツツアルハ誠ニ感激ニ堪ヘサルトコロナリ

曩ニ方面軍司令部及「ニューギニア」作戦軍ヲ編成セラレ当方面ニ対スル作戦機構並戦力ノ強化ヲ具現セラレタルノミナラス　近ク軍ニ直接協力スヘキ陸軍飛行隊ヲ推進セラルルコトトナリ　之カ飛行場ノ設定ハ既ニ着々進捗シツツアリ　又補給ニ関シテハ方面軍及海軍側ニ於テ犠牲ヲ顧ミス万策ヲ尽シアリ

軍ハ全局ノ情勢並当面ノ敵情ニ鑑ミ　今後勉メテ積極行動ヲ以テ敵ニ受動圧迫感ヲ与ヘツツ　概ネ現態勢ヲ以テ持久ヲ策シ　我空中勢力ノ優勢ヲ期スルニ至ルヤ一挙強大ナル新鋭兵力及豊富ナル軍需資材ヲ招致シ周到ナル準備ヲ整ヘ猛然起テ「ガ」島ノ敵ヲ撃滅センコトヲ期シアリ　而シテ其攻勢時機ハ目下ノ処一月中、下旬ト予想セラルヘキヲ以テ今後月余ニ亘ル持久ノ成否ハ実ニ軍戦勝ノ為唯一ノ鍵鑰ニシテ此間既往ニ比シ更ニ幾倍ノ困苦ヲ克服シ数次ニ亙ル敵ノ大規模ナル攻勢ヲ撃砕スルノ覚悟ナカルヘカラス

各級指揮官ハ克ク軍ノ地位及本作戦ノ特性ヲ深察シ自ラ七生報国ノ意気ヲ堅持シ　部下軍隊ヲ確実ニ掌握シ特ニ志気ヲ昂揚シ厳粛ナル軍紀ヲ振作シ　極力戦力ノ向上ヲ図ル事ニ関シ万策ヲ尽スト共ニ敵ノ攻勢ニ方リテハ全力ヲ揮テ機ヲ失セス之ヲ撃破スヘキ準備ニ遺憾ナキヲ要ス

之ヲ要スルニ軍ノ直面スル非常ノ事態ニ処スルニ非常ノ覚悟ヲ要ス　一切ノ事須ク作戦目的ノ貫徹ヲ第一義トシ恩愛ノ私情、過去ノ追憶、前途ノ疑心ヲ一掃シ唯々一途ニ最後ノ勝利ヲ確信シ前途ノ光明ニ邁進スヘシ　人ノ為ス能ハサルヲ為シ人ノ忍ヲ能ハサルヲ忍フ

是皇軍将兵ノ矜持ニシテ戦勝ハ常ニ之ヲ確信スルモノノ頭上ニ在ルヲ銘心スヘシ

今後愈々堅忍力闘以テ如上ノ訓諭ヲ具現センコトヲ期スヘシ

昭和十七年十二月六日

軍司令官

次期作戦指導上ノ意見

十二月二十六日　至急親展

加藤中将へ宮崎少将ヨリ

田中第一部長へ　同

次期作戦ニ関シテハ過般参謀副長一行ニ連絡シ置キタルモ一行ハ未タ「ガ」島ヲ出発シ得サル状況ナルニ鑑ミ且ハ小官ヲ「ラ」ニ招致シテ状況聴取ノ御意向モアリシ事ナレハ甚差出ガ（マ）シキ次第ナルモ小官既往ノ失敗ヲ顧ミ自己反省及今後ニ処スル念願ノ若干事項ヲ披瀝シ御賢慮ノ一助ニ供シ度

其一　既往ノ反省教訓

一、状況（敵情特ニ企図、航空威力）ノ認識適切ヲ欠キ不合理ナル条件下ニ意気ノミヲ以テ無理押ヲナス勿レ

当面ノ敵ハ今ヤ大東亜緒戦トハ形而上下共ニ大ニ趣ヲ異ニス

二、陸海空船ノ運用ヲ統一的組織的ナラシメ特ニ強力ナル権威ノ下ニ上下左右統帥ノ一貫ヲ期スルヲ要ス　海軍ニ於テハ計画機関ノ権威ハ実行部隊ニ徹セサル風習ナキヤ

三、陸海（空）共ニ統帥運用ニ術ヲ尽シ主動的ニ新手ヲ打ツコト緊要ナリ失敗ニモ拘ハラス同一手ヲ反復セルコト多シ　予メ第二、第三ノ手ヲ準備スルコト又敵（飛行機及揚陸点付近ノ敵海部隊ノ如シ）ヲ制セスシテ己ノ欲スル所ヲ為スニ吸々タルヘカラス

四、時期ノ遷延ト共ニ敵ノ戦力及組織ノ強化セラルルコトヲ考慮シ対策ハ之ヲ超越スルモノタルヲ要ス

其二　今後ノ方策ニ関スル着想

一、合理的且堅実ナル段階ト各種方策ヲ尽シテ輸送及揚陸ノ確実ヲ期ス　之カ為ノ着意左ノ如シ

イ、速ニ「ソロモン」群島ノ飛石的拠点ノ利用ヲ十分ナラシム　特ニ「ラッセル」及「サボ」ヲ重視シ揚陸点付近ニ於ケル敵海上部隊ノ活動ヲ封殺ス

ロ、各拠点ノ防空ヲ強化シ且偽飛行場其他ニ依リ　敵空中戦力ヲ分散セシム

ハ、状況許ス限リ「ガ」島西部ノ飛行場ヲ利用ス

ニ、状況ニ即応スル各種船舶小船ヲ整備強化ス

二、航空撃滅戦ハ陸海戦力ヲ強力ニ統合シ綿密十分ナル協定ノ下ニ実施ス　試ニ第一回攻撃ノ要領ヲ例示セハ左ノ如シ　（素人ノ見当外レ笑草迄）

第一次　海軍中攻ヲ以テ夜間主トシテ滑走路

第二次　陸軍戦爆ヲ以テ払暁主トシテ防空機関

第三次　陸海戦斗機ヲ以テ右ニ引続キ地上及空中攻撃（「ツラギ」ヲ含ム）

尚第二回以後ノ分モ第一回ノ成果ノ依リ少クモ二案ヲ準備ス

敵航空ノ撃滅ハ所望ノ成果ヲ収メ得タル場合ニ於テモ持続期間ハ三日以上ヲ期待シ得サルヘシ　故ニ我空中戦力ハ相当長期ニ亘ル集中輸送並其後ノ補給ヲ確実ナラシムル為十分ナル縦長配置ヲ特ニ重要トス

敵後方遮断ノ為ニハ特ニ有利ナル目標ニ対シ臨機実施スル外当初ハ之ニ戦力ヲ割クハ不利ナリ

三、船団輸送ハ航空撃滅戦ト密ニ関連シテ実施スルハ勿論ナルモ成果持続期間ノ短少ナルニ鑑ミ比較的大船団ヲ以テスル場合ニ於テモ長時間ノ揚陸ヲ継続スルハ困難ナリ　尚当初ニ於テハ先ツ小船団ヲ以テ所要ノ兵力及軍需品ヲ揚陸シ地上ヨリスル敵飛行場制圧ノ地歩ヲ確保シ其成果ト相俟テ大船団輸送ニ移行スルヲ可トセン　泊地ハ各種手段ニ依リ大規模ノ煙ヲ利用シ敵機ノ攻撃ニ対シ庇掩ス

四、航空撃滅戦及船団輸送ト関連シ相当大規模ノ海戦ヲ予期セラル、此機ヲ捕捉シテ海上艦艇ノ大戦果ヲ祈念スルト共ニ直接其戦力ノ有力ナル一部ヲ「ガ」島ニ指向セラルルコトヲ期待ス

五、速ニ陸海空ノ情報通信ノ組織的強化相互ノ連絡ヲ神速周密ニスヘキ具体策ヲ講ス

六、作戦計画ハ相当細項ニ亘ル迄統一的ニ検討整備シ之カ決定並爾後ノ作戦指導間大本営ノ立場ヲ代表シ両次長ノ「ラ」ニ出張アランコトヲ切望ス　尚輸送並揚陸ニ関シ　陸海空計画機関ト実行部隊ト会同シ図演ヲ実施ス

右ハ着々実行セラレツヽアルトコロニシテ分際ヲ弁ヘサル妄言ナリ

幸ニ「ガ」島白昼ノ迷夢トシテ御寛恕相成度」

年末ニ於ケル一般戦況報告（一七、一二、三一、一五三〇）

剛参謀長　　　　参謀長

参謀次長　宛

一、敵ハ逐次制海区域ヲ「サボ」島以西ニ拡大シ航空戦力ト相俟テ益々「ガ」島ノ補給遮断ヲ強化シ地上部隊ニ対スル砲爆撃亦依然熾烈ナリ　敵ハ「コリ」以東ニ二飛行場ヲ設定中ナルカ如シ　従来敵ハ海岸道方面ニ対シ攻撃ヲ反復シアリシカ本月中旬以来「ア」山及見晴台方面ニ積極的行動ヲトルニ至レリ　「マ」川河畔ノ敵陣地ハ強化セラレ　其堅固度ニ於テ「ルンガ」陣地ト大差ナキニ至レリ　「マ」川河畔ノ敵兵力ハ鹵獲書類ニ依レハ陸兵約一師団ニシテ最近其砲兵増加セラレツヽアリ　敵軍主力ハ依然「ルンガ」河畔ニ在ルモノノ如ク其警戒ハ依然厳ナラス　敵ノ入泊輸送船（一日平均四隻）ハ依然白昼揚陸ヲ行ヒアリ　「ガ」島ノ敵兵力ハ総計約三師団（海兵一師団ヲ含ム）ナルモノノ如ク確認セル火砲合計野山砲以上約七十門高射砲約三十門ニシテ外ニ約三百門ノ迫撃砲ヲ有シ　飛行機合計百余機ナリ　但シ飛行機ハ此外

「ガ」島以外ヨリ飛来シ又飛去スルモノ相当数アルモノノ如シ
二、軍ハ依然「ア」山ヲ攻勢拠点トシテ主陣地線ヲ確保シ敵ノ小出撃ヲ撃退シアルノミナラス選抜セル挺進斥候小部隊ヲ以テ敵ヲ奇襲シ　又火力急襲ヲ行ヒ敵ヲシテ不安危懼感ヲ懐カシメ　大規模ノ積極行動ヲ未然ニ封殺スルニ努メ其効果ヲ収メ来リシモ目下第一線ハ糧秣ナク木ノ芽、川草等ヲ食ヒ居ル状態ナルヲ以テ戦力愈々低下シ辛シテ陣地ニ座シテ来襲セル敵ヲ射撃スルニ過キス　糧秣補充ノ為後方ニ赴ク兵力ニ窮シアル状況ナリ　軍師団共ニ予備隊ナク第一船舶団亦三千名中作業可能兵力百二十名ニ過キス　軍砲兵隊ハ観測通信兵ヲ合シ編成換シテ僅々三門ヲ使用シ得ルニ過キス
三、本月二十日以来連続行フ予定ナリシ糧秣投下ハ三回行ハレシノミニシテ海上トラツク亦遺憾乍ラ沈没セリ　威力ヲ以テ敵ノ抵抗ヲ排除シツツ行フ必要ヲ痛感ス
目下「カミンボ」ニハ潜水艦ニテ揚陸セル米（二五瓩）一二〇〇俵其他副食物アルモ前送力皆無ナル為各師団ハ依然一月三―五日絶食ヲ続ケサルヲ得サル状態ナリ
四、各隊ノ衛生状態ハ逐次「マラリア」脚気、栄養失調等ノ患者ヲ増加シ目下兵站病院、野戦病院共ニ過飽和状態ニ在リ　衛生材料（キニネビタミンB）ノ急送及患者後送ハ緊急問題ナリ
五、無線通信ハ機材故障続出ト戦力消耗トニヨリ軍内ノミナラス方面軍トノ迅速ナル通信至難ナル状態ニ在リ　軍ハ今後已ムナキ通信ノ外極力之ヲ制限シ通信ノ速達ヲ期シアリ
「ガ」島ニ於ケル通信ノ最大欠陥ハ材料不足ニ基キ軍ト揚陸点並後方部隊間ニ有線連絡ナク通信甚シク遅延シアルコト之ナリ
之ヲ要スルニ軍ハ真ニ死力ヲ尽シテ難局ヲ克服シ　新年度ニ於ケル赫々タル戦勝ヲ以テ重任ニ応ヘント期シアルモ目下ノ補給杜絶ニ基ク戦力減耗ハ上司ノ尽力ニ拘ハラス解決セラレアラス糧秣次テ弾薬等ノ外　特ニ其揚陸並前送ノ為ノ発動艇ノ増加ト自動貨車ノ燃料トヲ迅速ニ交付セラルルコト及最少限ノ所要兵員ノ増加ハ軍目下ノ念願ナリ

通電先　剛、次長
GF〈聯合艦隊〉、11AF〈第十一航空艦隊〉、
8F〈第八艦隊〉

撤収命令　受領時ノ決心ニ関スル報告

沖集参電五三号　一月十八日　発信受付
二十一日一七〇〇　了解済
第八方面軍司令官　宛　軍司令官
参謀総長（参考）

嚢ニ大任ヲ拝受シ「ガダルカナル」方面ノ主作戦開始以来四閲月、此間上司並海軍側ノ最善献身的ノ推挽協力ノ下死力ヲ竭シタルモ戦遂ニ利アラス　重任ノ一端ヲモ達成シ得サルノミナラス　精強有為ナル部下将兵ノ大部ヲ喪ヒ畏クモ　夙夜宸襟ヲ悩シ奉リ終始上司並海軍側ニ多大ノ心痛ヲ煩ハシ其罪正ニ万死モ償フ能ハス

然ルニ此度優渥至仁ナル　勅語ヲ拝シ感泣奉答ノ辞ヲ知ラス

今次作戦転機ニ方リ与ヘラレタル方面軍命令ハ大命ニ基キ皇軍統帥ノ真髄ニ率由シテ当軍ヲ遇セラレタルコト洵ニ感激ニ堪ヘス—難軍(ママ)ハ既ニ万身創痍ノ残骸タルニ過キス　之カ撤収ノ為此重大戦局ニ方リ更ニ貴重有為ナル海空戦力ヲ傾倒セラルルハ軍トシテ作戦全局ノ為真ニ申訳ナキトコロ之忍ヒ難キ第一ナリ

軍ハ持久間長期ニ亘リ現戦線死守ヲ主義トシテ作戦ヲ指導シ第一線将兵ハ本月十日以来ノ優勢ナル敵歩砲兵ノ連日連夜ノ猛攻撃ニ対シ全員克ク此主旨ヲ如実ニ顕現シ皇軍伝統ノ精華ヲ遺憾ナク発揮シ今ヤ将ニ戦力消尽セントス　此状ニ方リ各司令部ノミ僅少ノ残兵ト共ニ離島スルハ縦ヒ新任務ヘノ転換トハ云ヘ統率上ニ於ケル皇軍ノ伝統ニ一大汚点ヲ印スルノミナラス　全軍将兵ヲ永遠ニ生カスヘキ道ニ反ス之忍ヒ難キ第二ナリ

然レトモ翻テ惟フニ大命ハ固ヨリ寸毫モ犯スヘカラス　且上司及海軍側ノ苦慮亦極メテ大ナリ　即チ進退両難ノ苦衷茲ニ極レリ　斯テ熟考沈思ノ上理ト情ヲ超越シ一切ヲ大命遵奉ノ一途ニ決ス　希クハ微衷ヲ想察セラレンコトヲ　今ヤ凡ユル執着ヨリ蟬脱シ再生ノ下心機一転新企図遂行ニ万全ヲ尽シ全軍ヲ挙ケテ一途ノ方針ニ徹底シ実行ノ周到確実ヲ期シツツアリ　目下ノ戦局ハ遂次(ママ)急迫ヲ告ケツツアリ事ノ成否ハ固ヨリ意トスルトコロニ非ス　最後迄軍統率ノ本義ト責任並皇軍ノ武士道的道義ヲ本旨トシ万難ヲ排シテ新企図ノ貫徹ニ邁進セントス　終リニ唯々万般ノ御指導御援助ヲ敬謝ス　（終リ）

撤収ニ関スル方面軍命令

剛方作命甲第八十一号　一月十一日〇八〇〇　ラバウル

第八方面軍命令

一、大命ニ依リ方面軍ハ海軍ト協同シ「ソロモン」群島及「ビスマルク」群島ノ各要域ヲ確保シ又「ニューギニア」ノ要域ヲ占領確保シテ同方面ニ於ケル爾後ノ作戦ヲ準備スルト共ニ現ニ「ガダルカナル」島ニ在ル部隊ヲ後方要域ニ撤収セシメラル

二、第十七軍司令官ハ海軍ト協同シテ「ガダルカナル」島ニ在ル部隊ヲ北部「ソロモン」群島ノ要地ニ撤収シ　爾後同群島ノ要域ヲ確保シ同方面ニ強固ナル戦略態勢ヲ確立スヘシ「ボーゲンヴィル」島ニ於テ第六師団ヲ其指揮下ニ入ラシムル予定

三、第六飛行師団長ハ海軍航空部隊ト協同シ　前項ノ作戦ニ協力スヘシ

四、船舶兵団長ハ第十七軍司令官ニ協力シ第二項ノ作戦ニ関スル船舶作戦ヲ実施スヘシ
「ガダルカナル」島ニ派遣スル船舶部隊ハ同島到着ノ時ヨリ作戦終了迄第十七軍司令官ノ指揮下ニ入ラシムルモノトス

五、細部ニ関シテハ参謀長ヲシテ指示セシム

剛方作命　第八十一号ニ基ク指示

一、ケ号作戦ニ関スル陸海軍協定別冊ノ如シ

二、参考ノ為第十七軍ケ号作戦計画（案）ヲ交付ス

三、個人携帯以外ノ兵器資材ハ適宜処置スルコトヲ得

四、其他細部ノ事項ハ幕僚ヲシテ連絡セシム

撤収完了ニ方リ方面軍司令官電報

二月八日

軍司令官宛　　　剛軍司令官

至難ナルケ号作戦ヲ完遂シ得タルハ偏ニ御稜威ノ下軍司令官閣下ノ大命遵奉ノ大義ニ徹シタル統率指導ノ賜ニ外ナラス

茲ニ深甚ナル敬意ヲ表スルト共ニ将兵ノ労ヲ深ク多トシ速カナル戦力ノ回復ヲ祈念シテ已マス　陣歿将兵ノ英霊ニ対シ謹テ敬弔ノ誠ヲ捧ク

第八方面軍司令官

撤収完了ニ方リ参謀総長電報

二月九日発　十一日着

軍司令官宛　　参謀総長

貴軍出戦以来約半歳ヲ超過シ「ガ」島作戦開始以来四閲月正ニ言語ニ絶スル悪戦苦闘ヲ続ケ　而モ飽ク迄任務ニ基キ勇戦敢斗　克ク太平洋印度洋等帝国ノ広域ニ亘ル米英ノ反攻抵抗ヲ一ニ引受ケ敵戦力ヲ撃砕セラレタル段　曩ニ畏クモ深キ叡慮ヨリ　勅語ヲ賜リ其ノ勇戦ヲ嘉賞セラレ誠ニ恐懼感激シアル所ナリ　而シテ今次大命ニ依リ貴軍ヲシテ「ガ」島方面ヲ撤退新任務ニ転用セシメラレタルニ方リ貴軍克ク第八方面軍司令官ノ意図ニ基キ極メテ周到ナル計画ノ下ニ真ニ陸海軍一体異常ナル努力ヲ以テ　ケ号作戦ヲ完遂セラレタル段茲ニ深厚ナル祝意ヲ表ス　申ス迄モナク南太平洋方面作戦ノ前途ハ尚遼遠ニシテ従テ貴軍ノ新任務ハ今後益々重大ヲ加フ　宜シク速ニ新任務ニ基キ態勢ヲ整ヘ且戦力ヲ昂揚充実シ凛乎トシテ新ナル負荷ノ重責ニ邁進セラレンコトヲ祈ル

参謀総長

勅　語　写

「ソロモン」群島並東部「ニューギニア」方面ニ作戦セル陸海軍部隊ハ長期ニ亘リ緊密ナル協同ノ下ニ連続至難ナル作戦ヲ敢行シ所有難苦ヲ克服シ激戦奮闘屢々敵ニ打撃ヲ加ヘ克ク其ノ任ニ膺レリ朕深ク之ヲ嘉賞ス

惟フニ同方面ノ戦局ハ益々多端ヲ加フ汝等愈々奮励努力陸海協戮以テ朕カ信倚ニ副ハンコトヲ期セヨ

註一、本勅語ハ、従来ノ慣例ニ依ラス畏クモ叡慮ニ基キ下賜セラレタリト漏レ承ル

二、方面軍ヨリ伝達セラレタル写ニハ日付ナキモ一月四日「ガ」島撤収ノ大命ヲ発セラルルニ方リ下賜セラレタルモノナリト

年末ニ於ケル参謀総長陸軍大臣連名ノ辞

年末　参謀総長　陸軍大臣ノ辞

貴軍ヨリノ報告並派遣幕僚ノ報告等ニ依リ第十七軍ノ現状及其絶大ナル健斗ヲ承知シ真ニ感激措ク処ヲ知ラス　特ニ補給輸送ニ関シテハ中央トシテ海軍側トノ折衝等ニ於テ御期待ニ副フコト得サリシニ拘ハラス想像絶スル苦難ヲ克服シ毅然トシテ其ノ任務ニ邁進シ数次ニ亘ル挺進隊ノ活動等超人的ノ気魄ヲ発揮シアル其ノ壮絶ナル心事ニ至リテハ申ス言葉モナシ　茲ニ衷心ヨリ感謝ノ意ヲ表スルト共ニ第十七軍方面ノ戦局愈々重大且困難ヲ極メントスル時ニ当リ切ニ今後ノ御奮斗ヲ祈ル

昭和十七年十二月三十一日

参謀総長

陸軍大臣

「ガ」島損耗人員及毀損亡失兵器概数

「ガ」島ニ於ケル損耗

一、人員損耗　上陸　三万二千（撤収　一万　戦死　一万四千五百、戦病　四千、不明　二千五百）

総計　二一、一三八（三一五）

部隊名	「ガ」上陸人員	ケ号作戦撤収兵	差引	戦（戦傷）死	戦病死	行方不明
軍司令部	一九二	一四二	五〇	戦死 一七 戦傷兵 一		
第二師団	一〇、三一八	二、六四七	七、六七一	二、三三四 一、一七九	二、五五一	一、一三一
第三十八師団	七、六四六	二、四七三	五、一七三	四、五六二 一八六	一三六	一一九
歩第三十五旅団 歩一二四聯	三、五四五	六一八	二、九二七			
一木支隊	二、一〇八	二六四	一、八四四	四、八八六	一、〇二七	一、一〇七
軍直部隊	四、二四八	一、六六六	二、五八二	三九三		
兵站部隊	八一五	四八〇	三三五			
陸軍計（除船舶）	二八、八七二	八、二九〇	二〇、五八二			
船舶部隊	二、四八六（船員三一八）	一、五二七		七三三（船員三〇七） 一七二（船員三六）	四八五	
海軍部隊		八四八				
総計		一〇、六六五		一二、五〇七（船員三一三） 一、九三一（軍属三六）	四、二〇三	二、四九七（七）

二、「ガ」島毀損亡失（海没ヲ含ム）兵器概数

軍刀	三〇〇
銃剣	一九、〇〇〇
歩銃	一二、〇〇〇
騎銃	一、四〇〇
機関銃	六五〇
重擲	六五〇
迫撃砲	一〇〇
火砲	二五〇
眼鏡	一、二〇〇
電話機	三〇〇
無線機	一七〇
自動車	一三〇
戦車	一〇

軍司令官進退伺ノ辞〈編者挿入〉

進退ノ儀伺

晴吉儀

昨年五月大命ヲ拝シテ南太平洋方面ノ作戦ニ任セラレタルモ事志ト反シ終ニ閫外ノ重任ヲ完ウシ得サリシハ誠ニ慚愧ノ至リニ堪ヘス　特ニ作戦当初敵反攻ノ大勢ヲ適時洞察スルノ明ヲ欠キ　為ニ中央統帥部ノ籌画ニ重大ナル影響ヲ及シ　次テ累次反復セル「ガダルカナル」島奪回作戦並東部「ニューギニア」初期作戦ハ上級統帥ノ熱烈ナル指導及海軍ノ絶大ナル協力並将兵ノ敢闘死ヲ視ルコト帰スルカ如キニ拘ハラス　遂ニ重任ノ一端ヲモ達成シ得ス

光輝アル　皇軍ノ伝統ニ汚点ヲ印セシコト　一ニ晴吉ノ不明不徳ト統帥機宜ヲ失セルトニ因ラサルナシ

之カ為　畏クモ日夜　宸襟ヲ悩シ奉リシコト誠ニ恐懼ノ至リニシテ　其罪万死モ償フ能ハス　而カモ至仁優渥ナル勅語ヲ拝スルニ及テハ感激ノ極ミナルト共ニ自責ノ念愈々切ナリ

曩ニ作戦ノ半途ニシテ戦場ヲ撤スルノ已ムナキニ至リ　忠勇義烈ナル幾多将兵ノ英霊ヲ残シテ心ナラスモ　今日依然

自ラノ残骸ヲ保ツト雖日夜兢々謹慎ヲ思ハサルノ時ナシ
今ヤ「ソロモン」方面ノ戦略態勢漸ク定ラントシ作戦後ノ
諸整理亦一段楷ヲ画スルニ方リ茲ニ微衷ヲ具シテ骸骨ヲ乞
ヒ奉リ候

昭和十八年四月

第十七軍司令官　　百武晴吉

陸軍大臣　東條英機殿

伊東少将進退伺之辞

進退伺

不肖武夫儀

十一月五日夕「ガ」島上陸後間モナク第一線ノ指揮ヲ拝命ス　十八日師団右翼第一線部隊トシテ右翼ハ「アウステン」山ヨリ「マタニ」川河谷ヲ　左翼見晴山ニ亘リ守備ノ重任ヲ拝ス　爾来五十余日　日夜敵砲爆撃ノ為将兵ハ損耗シ且栄養不良ト糧秣補充ノ為体力消耗スルコト甚シ　然リト雖将兵一同善戦苦斗能ク陣地ヲ死守セリ
越ヘテ一月十日ヨリノ敵ノ猛攻ニ際シテハ　敵砲飛ノ砲爆撃ノ為各陣地ハ其原形ヲ認メ得サル迄ニ破壊セラレ　守兵為ニ逐次殲滅スルニ至リシモ各部隊共残存ノ兵力ヲ以テ辛シテ砲飛ニ膚接猛攻シ来ル敵部隊ヲ其都度撃退シ陣地ノ一角ヲ保持スルヲ得タルモ遂ニ其大部ヲ失セリ　加之軍隊区分ニ依ル一時的指揮下部隊トハ云ヘ聯隊長以下之ニ殉ヒタルモノト推定スルモ軍旗ヲ完全ニ保護シ奉リ得サリシハ誠ニ遺憾千万ニシテ恐懼ニ堪ヘス
是一ニ小官ノ不徳不才ニ起因セサルハナシ
一月十九日命令ニ依リ敵ノ包囲ヲ突破後退セント雖既ニ生

ケル残骸ノミ茲ニ謹テ責ノ重大ナルヲ感シ骸骨ヲ乞ヒ奉リ
度相伺候也

昭和十八年二月六日

第三十八歩兵団長伊東武夫

陸軍大臣東條英機殿

（註　付箋ニ曰ク
陣中所要ノ用紙ナキヲ以テ本紙ヲ使用セリ）

作戦全般ニ関スル総括的所見

南太平洋方面　作戦ノ特性並教訓

昭和十八年三月
於「ソロモン」
宮崎少将

目　次

第一　敵ノ反攻ト戦機ヲ制セラレタル作戦

全局ノ情勢判断―事態真相ノ認識―最高統帥ノ作戦指導―現地陸海軍ノ協同作戦―現地軍ノ機能発揮ノ実情

一、南太平洋方面ニ於ケル昨年初夏以来ノ作戦ハ「ガ」並「ニューギニア」方面共ニ全局ニ亘リ終始戦機ヲ逸セル所謂後手ニ次クニ後手ヲ以テセルモノニシテ其主要原因ハ全局ニ亘ル情勢判断適正ヲ失セルニ存ス　蓋シ大東亜緒戦ニ於テ戦争奇襲ノ齎ラセル予期以上ノ成果ハ一種ノ眩惑的印象トナリ為ニ敵側ノ意志及其方図ニ関スル実情ヲ適確予察セス戦局ノ前途ヲ軽視楽観スルノ傾向ヲ生シ時ヲ経ルニ従ヒ作戦上ノ主動的地位ヲ敵側ニ与フルコトトナレリ　五月中旬第十七軍出動当時ニ与ヘラレタ任務ノ内容並兵力ハ其最モ顕著ナル事例ニシテ爾来軍ノ任務及兵力ハ逐次変更増強セラレ　九月中旬ニ至ル約四個月間ニ大陸命ニ依ル作戦任務ノ変更五回ニ及ヒ其都度戦斗序列ノ変更ヲ令セラレ逐次兵力ノ増強ヲ見タルハ之カ証左ナリ　又此間第十七軍ニ対シ東部「ニューギニア」ノ「ブナ」ヨリ「オーエンスタンレイ」山脈ヲ越ヘ「ポートモレスビー」ニ向フ研究作戦ヲ命シタルカ如キ或ハ「ソロモン」方面ハ全然海軍ノ担任トシ八月八日ノ「ガ」島飛行場喪失ノ失態ヲ演シ或ハ「ミッドエイ」作戦珊瑚海作戦ニ関連スル作戦目的ノ達成意ノ如クナラサリシカ、此々皆然リ

更ニ「ガ」島作戦ニ就テ観ルニ八月ノ一木支隊九月ノ川口支隊及青葉支隊十月ノ第二師団ノ作戦ノ如キ亦逐次兵力増加ノ経過ヲ辿リ毎次今一押ノ処迄漕キ付ケタルモ戦運ニ恵マレスシテ成功ヲ見サリシモ之ヲ今ニシテ顧ルニ時機的ニ十日乃至半月溯リテ上陸ヲ実施シ得タリトセハ何レモ勝算我ニ在ルコト確実ナリシト信ス　次テ十一月初頭ノ第三十八師団ノ増強、十一月中旬以後逐次混成第二十一旅団、第五十一師団、第六、第二十師団ノ戦斗序列編入並之ニ伴フ各種軍直轄部隊ノ逐次増加或ハ最後ニ於ケル飛行第六師団ノ進出ノ如キ断乎タル決意ノ下ニ思切リタル兵力増強ヲ敢行セラレタルモ此間敵亦必死的努力ヲ以テ対応手段ヲ講セシヲ以テ遂ニ我後方補給ハ殆ト完封セラルヽニ至リシナリ　実ニ尚フヘキハ機ナリ　喪フヘカラサルハ時ナリ　九月末頃ノ情況ニ於テ今後ノ作戦指導ニ関シ私ニ案シタルハ『目下「ソロモン」方面ニ惹起セル戦局ハ「ガ」島ヲ戦場要点トスル遭遇戦ト見ル

へク其作戦推移ハ現ニ表面ニ顕ハレアル敵前衛ノ後方ニ幾程ノ本隊カ縦深配置ニ在ルヤ及時日ノ経過ト共ニ幾程ノ本隊カ何レノ時機ニ戦場要点ニ増加スルヤノ問題カ戦敗ノ鍵ナリト為ス点ニ存セリ、果セル哉爾後ノ作戦推移ハ不幸ニシテ此懸念ハ最悪ノ場合ニ属スル事逐次明瞭トナレリ

扨テ全局ニ於ケル情勢判断ニ過誤ヲ招キシ原因ヲ討スルニ一ハ前述ノ如ク大東亜戦争緒戦ノ予想以上ニ進展セル為不知不識ノ間敵情ヲ軽侮スル心理ヲ招キタルト　一ハ戦争勃発ニ依リ敵側ノ状況ハ頓ニ不明トナリ　総テ在濠洲支那武官ノ重慶宛電報、欧洲南米中立国側ノ新聞情報及敵国側ノ放送等ニ依ル極メテ曖昧不確実ナル資料ノ外適確ナル情報資料ヲ欠キシノミナラス　敵国側就中濠洲側放送ノ如キハ対内外的ニ状況ノ困難急迫ヲ愬（ウッタエ）テ対日抗戦気力ノ昂揚、濠洲側ノ米国援助吸引等ノ魂胆ニ発セルモノ多ク我国ノ対内外宣伝トハ其ノ趣旨ヲ大ニ異ニスルモノアル点ニ注意ヲ要スルモノアリシニアラサリシカ尚現地ニ在ル軍司令部ニ於テモ状況ノ推移ニ鑑ミ適時事態ノ真相ヲ把握シ最高統帥部ノ籌画ヲ適正ナラシムル点ニ一層ノ明敏ト勇気トヲ要セシナラン

此ノ如クシテ大局ニ於ケル戦機ヲ逸セル作戦ハ十一月初頭頃以後航空消耗戦数次ニ亘ル海戦ノ反復、補給ノ難渋ヲ打開スル各種創意工夫等ニ対処スルニ吸々トシテ無理押ノ強行ヲ継続シ　極度ノ苦戦ヲ経テ遂ニ「ガ」島「ブナ」撤収ノ已ムナキ事態ヲ招来セリ

二、大局ニ於ケル作戦指導ノ経過ヲ観ルニ南太平洋方面ノ戦局変転ニ伴ヒ其都度大陸命及大陸指ノ発令ニ依リ局部的作戦ノ指導ヲ逐一規正セラレタリ　是恰モ遭遇戦ノ尖兵、前兵、前衛等ノ戦斗ヲ逐一後方ノ師団長又ハ軍司令官カ指揮命令スルト同一轍ニシテ到底戦機ノ機微ニ投スルコト能ハサルハ当然ナリ　而シテ何故此ノ如キ不自然且不合理ナル統帥形態ヲ採ルノ已ムナキ事情ニ在リヤ蓋シ最高統帥部ノ機構ハ陸海軍二元対立シ戦場ノ局部的作戦指導ト雖モ先ツ　陸海軍ノ中央協定ヲ必要トシ之ニ基キ現地陸海軍ニ更ニ協定ヲ遂クルニ非ラサレハ一支隊艦隊ノ協同ヲモ成立セサルカ如キ実情ニ在ルヲ以テナリ又陸海協同ハ其精神ニ於テ「戦勝獲得ヲ最高唯一ノ目的」ト為シ夫々基本然ノ特性ヲ相互活用スヘキニ拘ハラス　或ハ地域的ニ両者ノ戦力発揚ノ地域ニ区画ヲ設ケ或

ハ独自ノ見解ニ執着シテ戦力指向ノ目標ヲ選定スルカ如キ全般ノ協同ニ遺憾ノ点少カラス　例ヘハ「ガ」島飛行場ハ掩護スヘキ陸兵ヲ欠シ為　易々トシテ之ヲ敵兵ニ委シ或ハ陸戦能力低劣ナル新募ノ陸戦隊ヲ以テ「ラビ」飛行場ノ奪取ヲ企図シテ失態ヲ招キタルカ如キ　或ハ敵艦隊ノミヲ攻撃目標トシテ敢テ全局ニ於ケル敵企図ノ封殺ニ力ヲ傾注セサリシ為八月七日「ツラギ」海戦ニ於テ敵ノ大輸送船団撃滅ノ機ヲ逸シ其他各方面ノ攻撃ハ常ニ敵艦艇ヲ追フテ敢テ敵ノ為最モ痛痒ヲ感スル輸送船撃沈ヲ企図セサルカ如キ現象ヲ表ハセリ　「ガ」島作戦ノ中期以後陸軍ノ補給極度ノ困窮ニ陥ルヤ　海軍亦献身的ニ犠牲ヲ意トセス陸軍側ニ協力セリト雖モ此ノ如キハ即チ消極的受動的行動ニシテ幾多ノ犠牲ヲ払ヘリト雖モ殆ト補給杜絶ノ結果ヲ来セル実際ノ経過ノ示ス如シ　即チ統帥機構ノ根本的変革及全目的ノ明確ナル確立ト陸海空戦力ノ此全目的帰一ノ精神ヲ透徹セシムルコトハ同作戦上最大ノ急務ナリ

三、現地陸海軍間ノ協同ハ最高統帥部ノ意図ヲ必スシモ如実ニ反映セス、聯合艦隊司令部ノ威力ハ軍令部ヲ凌駕スルヤノ噂サヘアリ　従テ全局ノ作戦指導ハ聯合艦隊独自ノ立場ヨリスル意向ニ依リ　支配セラルル傾向アリ　蓋シ十月下旬第二師団ヲ以テスル攻撃ニ方リ其攻撃期日ヲ拘束セルコトハ此ノ如キ陸軍作戦ヲ指導セサルヘカラサル主因ヲ為セリ

此点ハ当時海軍側ノ異口同音ノ告白ナリシナリ　或ハ艦艇損傷ノ前途ヲ憂ヒ補給ノ為ノ行動頗ル姑息的トナリ敢テ力ヲ以テ敵ヲ圧倒シツツ我企図ヲ遂行セントスル気迫ヲ欠キ　暗夜ノ「コソ〳〵」ノミヲ以テ彌縫的行動ニ出ツルカ如キ固ヨリ全般的戦力ノ関係上洵ニ已ムヲ得サルモノアルハ諒トスルモ危殆ノ渦中ニ在リシ体験者ニトリテハ実ニ切歯ノ念禁シ得サルモノアリ　然リト雖海軍側ノ献身的協力ハ大ニ感謝スヘキトコロニシテ例ヘハ十一月末乃至一月上旬ニ亘ル艦船ヲ以テスル補給ハ潜水艦ニ在リテハ第一次十二、第二期三〇隻ヲ計画シ　駆逐艦ハ七次ニ亘リ四十四隻ヲ計画セラレタルモ（第一、第二次ハ海戦ノ為不成功第七次ハ矢野大隊ノ輸送）其実蹟（ママ）ハ計画トハ甚シキ懸隔アリシハ洵ニ遺憾トスルトコロナリ　之ヲ要スルニ作戦不如意ノ主因ハ凡テ戦機ヲ逸セル後手ニ存シ日ヲ経ルニ従ヒ其度ヲ加速度的ニ増加シ彼我戦勢ノ懸隔ハ到底若干ノ戦運ヤ局部的敢

斗ニ依リテハ償ヒ得サルモノトナレリ敵ヲ知リ己ヲ知ルノ難キ亦極レリト謂フヘシ　尚之ニ関シ一言特記スヘキハ国軍ハ満洲事変以来比較的軽易ナル作戦ヲ反復シ　上海戦斗「ノモンハン」戦ヲ除ク外概ネ順調ニ進展シ　大東亜緒戦亦「バタン」戦ヲ除ク外短期間ニ意外ノ成果ヲ収メタリ　従テ戦争又ハ戦斗ノ本質換言スレハ『我勝ツニアラスンハ敵ノ為ニ敗ル』即チ所謂喰フカ喰ハルルノ真諦ニ関スル深刻ナル体験ヲ有セス　サレハ高等統帥部ノ主脳（ママ）者タル人物ハ「戦況ヲ悲観シ悲鳴ヲ挙クルコト勿レ」トノ印象強烈ナリシ為現地軍トシテ前途ニ不安ヲ感シ中央部ノ考慮ニ愬フヘキ事態ヲ認メタル場合ニ於テモ敢テ之ヲ報告スルヲ潔シトセサル観念深シ　而シテ此点ハ固ヨリ大ニ嘉スヘキ事ナリト信スルモ其度ヲ越ユル時ハ上級統帥部ヲシテ事態ノ真相把握ヲ誤ラシムルコトトナリ大軍ノ作戦指導上大ニ戒慎ヲ要ス

又最高統帥部ニ於ケル首脳者カ過度ニ戦斗指導就中対内的業務ノ為ニ忙殺セラレ作戦統帥ノ大綱ヲモ少壮ノ俊敏ニ委シ敢テ干与セサルカ如キナキヤヲ懸念セラレサルニアラス　最高統帥部ノ首脳者ハ統帥一点張リニ力ヲ傾注シ政治的業務ノ会議等ニ煩ハサルルコトナク終始先見洞察ニ意ヲ致シ方向ト機トノ操縦ヲ適正ナラシムルコトニ専念セラレンコトヲ念願ス

機先ヲ制セラレタル作戦ハ統帥部ノ陣容及其機能発揮ニ於テモ亦極メテ不良ナル結果ヲ招クノ已ムナキニ至レリ、即チ第十七軍ハ当初ノ任務特ニ其兵力ニ鑑ミ司令部機構並人的要素ニ於テ貧弱ナリシカハ九月中旬「ガ」島作戦ノ為取敢ヘス参謀部ノ充実向上ヲ図リ従来三名ノ参謀ハ急遽十一名（内二名ハ大本営派遣）ニ増員シ其大部ハ直接大本営主任課ノ少壮有為ヲ充当セリ　然レトモ其着任怱々（ソウソウ）直ニ作戦発起トナリ恰モ大演習ノ幕僚然タル観アリ　司令部内各部各機関ハ何等統一的ニ掌握セラレス　新ニ任命セラレタル軍参謀長着任ノ際ハ作戦計画及命令下達後ニシテ其翌々日ニハ軍司令官以下戦斗司令所ヲ「ガ」島ニ送リシ状況ナリ

又各部モ亦之ト同時ニ強化セラレタルモ部長要員ハ司令部トシテ軍司令官出発後ニ逐次着任シ軍司令部編成改正ハ相当ノ時日ヲ経テ発令セラレタリ　如此事情ニテ司令部機能ノ発揮ニ欠陥ヲ招クハ当然ナルノミナラス爾後ハ作戦推移特別困難ナリシ為相互ノ意志疎通意ノ如クナラス業務ハ相互ニ相手方ノ状況ヲ十分認識セ

サル状況ニ於テ遂行セラレタルヲ以テ彌（イヤ）カ上ニモ円滑ヲ欠クニ至レリ

次テ十一月下旬ニ至ルヤ第八方面軍編成セラレ其首脳部ノ大部ハ一応東京ニ於テ従来ノ作戦経過ヲ連絡セルノミニシテ作戦特性ノ認識ハ必スシモ深刻ナル能ハス而カモ海軍トノ協定後方補給ハ一切該司令部ノ担任スルトコロトナリ当時「ガ」島方面ノミナラス「ニューギニア」方面亦最悪ノ事態ニ陥リ　此両方面ニ対シ急遽焦眉ノ急ニ応スル作戦指導ハ一トシテ対症的且善後的処置タラサルハナク其困難推シテ知ルヘク其性質ノ受動的傾向ニ陥リシコト亦已ムヲ得サリシナリ

第二　陸海空船一体作戦

作戦戦力要素―有機的統一運用ト統帥一元化
―協同精神ノ顕現

一、今次作戦ノ如ク作戦根拠地ヨリ海洋ヲ隔テヽ遠隔セル島嶼ニ対シテ行フ作戦ハ㈠集中及兵站基地ノ設定ニ於テ先ツ船舶輸送並其護衛ヲ要シ　㈡集中地又ハ兵站基地ニ於ケル陸兵海軍艦艇飛行隊船舶ノ組織的編合ト此編合ヲ以テスル陸地戦場（島嶼又ハ上陸点）ニ向フ前進及上陸㈢前項ト同一要領ニ依ル補給並兵站業務ノ実行等ヲ一般的経過トス

従テ以上陸海空船ノ諸要素ハ有機的ニ組織セラレ統一的ニ運用セラルルヲ要スルコト論ヲ俟タス　即チ航空撃滅戦、敵艦艇撃破ノ為ノ海戦、船団ノ直衛（艦艇及飛行機ニ依ル）上陸又ハ揚陸時ノ右諸要素ノ密接ナル協同等ハ当時ノ状況ニ即応スル如ク全般的ニ統一セラルルコト緊要ナリ　而シテ作戦目的達成ノ為ノ最後ノ決ハ陸上作戦ニ依ル所期目的達成ニ在ルヲ以テ　如上諸要素ノ運用亦此最終目的ノ達成ヲ主眼トシテ実施セラルルヲ要ス　換言スレハ敵航空ノ撃滅、敵海上艦艇ノ撃破等モ要ハ陸兵ヲ以テスル行動ヲ有利ナラシムルヲ主眼トスル如ク着意スルヲ要ス　蓋シ制空制海権共ニ地域的時機的ニ制限セラルルコトハ実ニ想像以上極端ナルヲ以テ此時機此地域ニ於テ其成果ヲ直ニ捕捉利用セラルルニアラサレハ効果無ケレハナリ　固ヨリ我戦力圧倒的優勢ニシテ制空制海権ノ絶対的獲得ハ望ム所ナリト雖現下ノ情勢ハ全然然ラス　否戦ハ敵ニ一籌ヲ輸シ殊ニ空中勢力ニ於テ其然ルヲ見ル実情ニ於テ此絶対的制空制海ノ欲求ノ如キハ全然成

立セサルナリ

二、右ノ如ク陸海空船ノ戦力ヲ統一組織シ一途ノ方針ニ基キ運用スル為ニハ現地作戦軍ニ於ケル統帥指揮ノ一元化ヲ必要トス、然ルニ事実ハ前述ノ如ク某作戦目的ヲ達成セントスルニ方リテハ先ツ陸海軍中央協定ヲ必要トシ作戦軍ハ之ニ基キ更ニ協定ヲ遂ケ実行部隊間ニ更ニ之ヲ反復スルノ煩ト時機ノ遷延トヲ敢テシ　而カモ此間両者夫々独自ノ立場ニ於テ主張全目的達成ニ帰一スルノ観念ヲ欠クカ如キ事アランカ実ニ由々シキ恨事ニシテ戦勝獲得ノ道ニアラサルコト火ヲ見ルヨリ瞭ナリ

右ノ理論ハ進攻作戦ノ場合ノミナラス某地域ヲ確保セントスル戦略的持久ノ場合ニ於テモ亦然リ

抑々地域的ニ陸海軍ノ担任ヲ区分セントシ某方面ハ海軍ノ担任、某線ヲ境界トシ其前方ハ海軍ノ担任ト為スカ如キ見解ハ最モ不可トスルモ両者協同ノ根本観念ニ欠陥アルコトヲ端的ニ暴露スルモノニ外ナラス

縦ヒ百歩ヲ譲リ一元的統一指揮問題ノ根本的確立ヲ今直ニ具現シ得ストスルモ捜索、情報、通信連絡ノ全般的統制ト其成果ノ相互交換ノ速達ハ直チニ実現スルコト緊要ナリ　又陸海軍統帥部ハ勉メテ相隣接シ幕僚室ノ如キハ同一司令部内ノ夫レト同様ノ関係ニ置クヲ可トス凡ソ同一環境ニ在リテ同一目的ノ下ニ同一情報ヲ観察セハ之カ対策ノ大綱ハ先以テ一致スルヲ自然トス固ヨリ衆愚ヲ以テ折衷セントスルノ意ニアラス衆人卓ヲ共ニスルコト久シケレハ卓抜ノ士達識ノ論ハ彼我ノ間ニ自ラ穎脱スヘシ敢テ其人ノ陸海軍籍ノ何レナルヤハ問フトコロニアラス尚全般的統一ノ立場ニ在ル者ハ某々ノ専門的技術ニ捉ハルルコトナク純作戦的識見ニ立脚スルヲ要ス

右ノ理念及実行ヲ具現スル為ニハ先ツ中央部ニ於ケル最高統帥部ノ機構変革ヲ第一義トスヘキモ要ハ人ト人トモ問題ニ関ス　現地軍ニ於テハ事実某問題ニ関シテハ中央協定ニ拘ラス現地ノ状況ニ即応スル如ク協同ノ精神ヲ実質的ニ収メタル事例少カラス

又右ニ関シテハ陸海軍大学校ノ首脳教官ニ於テ深刻徹底セル認識ヲ以テ相互ノ教育連絡ニ着意スルコト緊要ナリト信ス

第三　海上ニ対スル飛行機威力ノ絶対性

作戦遂行不如意ノ根本原因―敵側戦略ノ主眼

ハ後方遮断—我対抗戦略勝敗ハ空中戦力ト其運用ニ存ス—差当リ採ルヘキ方策

一、南太平洋方面ニ対スル作戦不如意ニ関スル個々ノ事象ヲ挙クレハ数限リナシ曰ク作戦資材就中重量大ナル火砲資材弾薬等ノ不足、補給不如意ニ基ク飢餓、患者後送不能ニ基ク戦病死ノ多発等更ニ船団輸送ノ潰滅及之カ護衛ノ困難性、海軍艦艇ニ依ル補給実施ノ成果ト之ニ伴フ犠牲等此々皆然リ

而シテ一言ニ要約セハ叙上諸事象ノ全部ハ凡テ敵機ノ海上ニ及ス威力ノ絶対性ニ存ス　換言スレハ駆逐艦及潜水艦ヲ以テスル兵力及軍需品輸送又ハ所謂鼠輸送、蟻輸送ノ如キ、月明ヲ避クル暗夜期間ノミノ活動、大小発動艇ノ莫大ナル損耗、補充等是皆敵機活動ノ海上ニ及ス威力ニ封殺セラレ已ムナク工夫セル対策ニ外ナラス、之ニ反シ「ガ」島ニ於テハ敵ハ終始白昼堂々数隻ノ運送船ヲ以テ兵力補給輸送ヲ実施セリ　蓋シ地上作戦ニ及ス敵機ノ威力モ又決シテ軽視スル能ハスト雖モ銃爆撃ノ実害及上空ニ対スル我行動ノ庇掩ハ密林ト夜間利用ニ依リ之ヲ軽減スルコト不可能ニアラス　之ニ反シ海上ニ対シテハ一発動艇、潜水艦ノ潜望塔ト雖モ真ノ暗夜ニアラサル限リ敵機ノ攻撃ヲ免ル、コト殆ト不可能ト云フモ過言ニアラサル実情ニシテ飛行基地ニ近接セル海面ニ於テハ絶対的ト断定スルニ憚カラサルナリ　要スルニ我ハ兵力、軍需品ニ於テ敵ニ劣レルニアラス積極的意志ト努力ニ於テ一籌ヲ輸スルニアラス一切ハ懸テ海上ニ及ス敵機ノ威力ニ封殺セラルルノ已ムナキ状況ニ在リシナリ　今ヤ敵機ヲ撃破セスシテハ攻防共ニ一切成立セサルナリ　コソ〳〵敵ノ眼ヲ免レテ我企図ヲ遂行セントスルハ一小部隊ニアラサル限リナリ（ママ）

二、敵側ノ戦略ハ之ヲ観方ニ依リテ慎重緩慢ト評スヘク或ハ堅実合理的ト謂フヘシ　而シテ敵ノ戦略指導上ノ要求ハ敢テ急速ヲ絶対ノ要件トセス　寧ロ我ノ疲弊ヲ待ツテ決戦ヲ強要セントスルニ出スルハ寧ロ首肯シ得ルトコロナリ　之ニ反シ我ハ諸般ノ関係上其欲求ハ全然対蹠的立場ニ在リ　従テ我ハ冒険果断ヲ彼ハ着実堅歩ヲ主義トスルハ自然ノ勢ナリ「ガ」島及「ブナ」方面共ニ敵ハ我後方遮断ニ専念シ其成果ヲ待テ徐（オモム）ロニ其豊富ナル物的威力ヲ発揮シテ攻勢ヲトレリ　此戦略ハ今後ト雖モ当分ノ間ハ敵ノ採ルヘキ常套手段タルヘク敵カ着々増加スヘキ

空中戦力及之カ活用ノ為飛行場ノ推進増強強化ニ努力シ又最近改装航母ノ出没ヲ見ツツアル実情ハ正ニ其証左ナリ

而シテ之ニ対抗スヘキ我戦略ハ積極的ニハ空中戦力然リヲ以テ敵ト同様ノ策法ニ出スルヲ第一義トス　之カ為ニハ航空資材及人的要素ノ画期的増強ヲ急務トスルモ作戦上ヨリ観ルトキハ全航空戦力ノ統一ト運用並訓練ノ精到ヲ以テ敵ノ優勢ヲ凌駕スルニ在リ　其消極的対策トシテハ敵機ノ攻撃ニ対シ我戦力ノ消耗ヲ極力減少スルコト及予メ各地域各島嶼ニ所要兵力ヲ配置シ築城交通通信ノ施設ヲ整フルト共ニ豊富ナル軍需資材ヲ集積シ特ニ後方補給遮断ニ対応スル現地自活ノ施策ヲ確立スルニ在リ　要ハ戦斗持久ノ為万般ノ方途ヲ速ニ確立スルコト緊要ナリ

三、凡ソ事態ノ真体ヲ明確ニ把握シ之ニ基ク対策ヲ果敢断行スルハ戦勝ノ要決（ママ）ナリ　現下敵米英反攻ニ関スル事態ノ実相ニ対処スヘキ方策ハ奈辺ニアリヤ　一言ニ要約セハ空中戦力ノ充実ト防空施策ノ完備ニ在リ　空中戦力充実ノ第一ハ飛行機生産額ノ飛躍的向上ニ存スルコト前述ノ如シト雖差当リ運用上ニ於テハ陸海両軍ノ資材訓練上ノ共通性及融通性ヲ図ルト共ニ陸軍大学校及航空士官学校ノ航空要員ノ画期的増員並質的向上ヲ直ニ実行ニ移スヲ要ス　特種ノ要望トシテ対「ボーイング」戦斗飛行機ノ生産及之カ訓練ハ焦眉ノ急務ナリ　防空施策トシテハ防空火器及之カ付随ノ技術的改善ヲ第一トスルモ差当リ之カ運用並訓練ノ徹底的向上ヲ急務トス　事実相当数ノ防空火器ヲ排列スルモ訓練極メテ不十分ナル故ヲ以テ単ニ弾薬浪費ニ陥リツヽアルハ当方面ニ在ル部隊ノ現況ナリ　之ニ関連シ軍司令部以上ノ高等司令部ニハ敵航空ノ戦法観察並之ニ対応スル戦法ノ研究及普及ヲ主任務トスル航空及防空参謀ヲ必要トス　現下敵飛行部隊ノ戦法ハ日々月々創意工夫ヲ加ヘ同一手法ヲ反復スルコト無キニ鑑ミ我モ亦特ニ此点ニ着意スル事緊要ニシテ単ニ作戦命令起案ニ没頭スル一名ノ若輩参謀ヲ以テシテハ到底右ノ要求ヲ充足シ得サルコト明ナリ

之ヲ要スルニ当方面ノ作戦ニ関スル限リ陸上作戦兵力ハ縦ヒ半減又ハ三分一減トスルモ航空並防空戦力ヲ充実コト緊要ナリ　又之ニ関連シ飛行場設定隊ノ器械化ハ火砲、戦車ノ生産ヲ転換スルモ速ニ実現ヲ必要ナリト信ス

第四　陸上作戦ノ体験ヨリ得タル判決ノ若干

作戦地ノ特性ト装備―敵軍戦法ト之カ対応策―皇軍ノ真価―困難ナル戦況ト人物

一、南東太平洋方面ノ戦場ノ特性ノ主要ナルモノハ密林、湿潤、交通網未発（ママ）、瘴癘ナリ　而シテ優勢ナル敵空中勢力ノ下ニ作戦スルコトヲ前提トスル以上、密林ハ我ノ求メテ利用セントスルトコロ従テ湿潤、交通不便、瘴癘等ノ特性ハ益々甚シキヲ加フルハ当然ナリ　而シテ敵ハ優勢ナル空中戦力ヲ以テ直接戦斗協力及補給ニ資シアルヲ以テ　敵我ノ間ニハ同一戦場ニ於テモ右悪条件ノ程度ニ若干ノ差異アルヲ認メサルヘカラス

右条件ヲ前提トスル作戦ニ於テハ重量大ナル火砲資材ハ一切不向ナリ（此点海上輸送及揚陸行動困難性ヨリ来ル判決ト一致ス）極言スレハ火砲ハ山砲、迫撃砲ヲ以テ十分ナリ特ニ密林内戦斗ヲ顧慮スル時ハ迫撃砲ノ有難味ハ又格別ナリ

次ハ補給用輸送力ノ解決ナリ　急速ナル進攻作戦ヲ実施セントセハ小兵力ニ在リテハ担送ヲ以テ事ヲ弁シ得ヘシト雖モ後方補給ニ充当スル兵力ハ作戦ノ進捗ニ伴ヒ戦斗兵力ノ数倍ヲ要スルヲ覚悟セサルヘカラス　而カモ此際補給糧秣ノ大部又ハ殆ト全部ハ輸送兵力ノ為ニ吸収セラルルコトヲ予期セサルヘカラス「ガ」島及「ニューギニア」ノ南海支隊ノ実情ハ之ヲ証シテ余リアリ　従テ大軍ノ作戦ニ在リテハ作戦進捗ノ度ハ後方補給路ノ構築速度ニ左右セラルヘク進攻距離ノ長遠ナルニ従ヒ補給ヲ限度トスル躍進ヲ行フコトトナルヘシ

湿潤ハ弾薬特ニ薬包及迫撃弾ノ不発ヲ招来ス　第一線隊長ノ強調スルトコロニ徴スルニ防湿不十分ナル千発ヨリ発火確実ナル五十発ヲ欲スト事実二十発ニ一発ノ発火ヲ見タル例アリ　単ニ効力上ノ問題ニ止ラス彼我ノ志気ニ重大ナル影響ヲ及スヲ案スヘキナリ

密林啓開、優勢ナル敵機ノ下ニ於ケル炊事、瘴癘特ニ「マラリア」、下痢、脚気ニ依ル戦力消失等ノ対策ハ各部隊ニトリテハ由々敷問題ニシテ之カ経験、対策等ハ速ニ小冊子ニ纏メテ戦陣将兵ノ参考ニ供スルヲ要ス

尚右ノ如キ悪条件ニ対応スル為各方面各機関ニ於テ研究整備セル装備ヲ逐一具備セント欲セハ兵ノ負担量ハ尨大トナリ　一旦戦況急迫行動敏活ヲ要求セラルル時ハ何レモ悉ク放棄スルニ至ルヲ実相トス之カ全般的ノ統制及作戦行動ニ方リ各上級指揮官ニ於テ適宜緊急度ニ応シ其若

干ハ後方ニ残置スル等ノ処置ヲ講スルコト必要ナリ
二、米軍ノ戦法ハ一言ニ尽サハ火力万能主義ナリ　彼我相対スルヤ彼ハ数十名乃至百数名（概ネ一中隊ナラン）ヲ我陣地前ニ触接シテ偵察ニ任ス　而シテ其最前線ハ我陣地ノ二、三百米時ニハ数十米前方ニ停止シ我軍ノ抵抗ヲ確認セハ主力ハ数百米後方ニ後退シ次テ迫撃砲及野砲重砲ヲ以テ連続数日ニ亘リ猛射ヲ加フ其未タ攻撃準備ノ完備セサル間ハ我奇襲的攻撃ヲ恐レ昼夜ニ亘リ迫撃砲又ハ重砲ノ阻止射撃ヲ実施ス　黎明、薄暮、夜半、降雨等ニ於テ特ニ然リ　蓋シ此等ノ時機ハ我軍ノ奇襲ヲ再三受ケタルヲ以テナリ
総攻撃愈々迫ルヤ第一線陣地、後方地域特ニ主要交通路一帯ノ地域　展望点観測所等ニ対シ数日ニ亘リ間断ナキ野、重砲ノ射撃ヲ実施シ艦砲射撃亦執拗反復ス、此等ノ射撃ハ概ネ空中観測ニ依リ爆撃ヲ伴フヲ常トス
愈々総攻撃ヲ開始スルヤ黎明ヨリ全砲兵ヲ挙ケテ猛射撃ヲ数時間乃至二、三日ニ亘リ実施スルト共ニ歩兵ハ我陣地ノ側背又ハ間隙ヲ求メテ侵入ス　其砲撃ノ猛烈ナル其弾数ノ莫大ナルハ実ニ馬鹿々々シキ程ナリ
第一線指揮官ノ言ニ依レハ此砲撃ニ依リ巨木ノ密林ハ一面ニ全ク敞（ママ）開シテ林空ヲ現出シ兵ハ之ヲ評シテ「スコール」ト呼フト　敵歩兵ノ攻撃進捗要領ハ逐次其砲兵ヲ推進シ砲撃ヲ反復シ　我陣地ノ守兵生存セハ之ヲ四周包囲シテ砲撃ヲ続行ス陣地ノ翼側又ハ間隙部ニ侵入セル敵ハ抵抗部分ヲ避ケテ右同様ニ側背又ハ間隙ニ向フ即チ其攻撃要領ハ火力ニ依ル浸透的前進ニシテ一挙突破乃至ハ全縦深一挙攻撃等ノ観念ハ全然認メ得ス　而カモ陣地ノ側背又ハ間隙部ニ侵入セル敵モ亦其砲兵（主トシテ迫撃砲）ノ効果ヲ待ツテ爾後ノ前進ヲ企図スルカ故ニ攻撃前進速度ハ我抵抗ノ有無ニ関セス緩慢ナリ　追撃ハ我軍ノ観念ト全ク異リ前述ノ攻撃要領ヲ反復シ逐次躍進シ我抵抗ニ会セハ慎重ニ行動シ砲兵特ニ弾薬ノ推進ヲ待テ攻撃ヲ開始ス
防御ニ於ケル火力組織及其運用ハ巧ニシテ射撃計画ト之カ運用ノ為ノ通信連絡ハ周到ナルモノノ如シ　陣地ハ特種地形ノ関係モアリシカ必スシモ組織的縦深配置ニアラス但シ要点ニハ必ス陣地ヲ設備シ豊富ナル弾薬ヲ準備シアリ　陣地前ノ密林ハ深サ数百米ニ清掃シ更ニ其前方二、三百米ニ簡単ナル鉄条網ヲ設ケ密林内ニハ蹄係〈わな線式〉

手榴弾ヲ装着シ主陣地直前ニハ深サ四米ノ有刺鉄条網ヲ設ク又陣地最前線ニハ所々ニ聴音機ヲ樹幹等ニ装シテ攻者ノ近接ヲ偵知スル如ク準備シアリ

作戦初期ニ於テハ攻防共ニ前方ニ捜索又ハ警戒部隊ヲ配置セサリシモ我軍ノ為屡々奇襲ヲ受クルヤ逐次捜索及警戒ノ為ノ小部隊ヲ配置スルニ至レリ　又作戦当初ニハ敵ハ密林ヲ避ケ草原ノ稜線ニ沿フテ行動セシモ我軍ノ密林内ノ行動ニ刺激セラレ作戦中期以後ニハ密林内ノ行動ヲ敢テ為スニ至リ之カ為往々土人又ハ黒人部隊ヲ伴フ傾向ヲ認メタリ　敵歩兵ハ至近距離ニ於テハ自動小銃ノ腰ダメ射撃及手榴弾投擲ヲ為スモ白兵突撃ハ全然実施セス

又作戦初期ニ於テハ捕虜又ハ遺棄屍体ヨリ地図文書等ヲ獲得シ得タルモ中期以後一切ノ文書ヲ携行セス此点我軍ノ秘密保持ニ関スル観念ハ極メテ薄ク寒心ニ堪エサルモノアリ

敵兵ハ一般ニ呑気ニシテ陣地後方ノ警戒ハ厳ナラス又将兵ノ言ニ依レハ敵兵ハ我奇襲ヲ受ケ又ハ突撃ヲ受クルヤ悲鳴ヲ挙ケテ潰走スルコト恰モ婦女子ニ類スト

右ニ述ヘタル敵軍戦法ニ対シ我軍ノ採ルヘキ戦法トシテ特ニ云フヘキモノナシ　要ハ既ニ典範令ニ尽サレアリ唯之カ確実ナル実行ノ如何ノミ特ニ敵火力ヲ制圧スルコトナク猪突猛進スルカ如キハ昼夜ノ如何ニ拘ハラス絶対不可ナリ

三、凡ユル悪条件ノ下ニ於ケル皇軍ノ持久戦斗力就中絶対優勢ナル敵砲兵及飛行機ノ猛砲爆撃下ニ最後ノ一兵ニ至ル迄守地ヲ確保シ全員殪レテ後止ムノ気慨ト軍人精神トハ流石伝統ノ精華ヲ遺憾ナク発揮セルモノニシテ洵ニ心強ク且頼母シキ極ニシテ此点日露戦争以来ノ戦例ニ於テ屡々見タルカ如キ已ムヘキ現象ハ絶無ナリキ　然レトモ直接敵ト触接シアラサル後方地域ニ在ル部隊中ニハ往々積極的意気ニ欠如スル弊アルヲ認ム　蓋シ指揮官ノ掌握並志気ノ影響ナリ　軍トシテ一時的戦略持久ノ為現陣地確保ノ方針ヲ飽迄堅持セルノ可否ハ別トシ此方針カ第一線将兵ニ徹底シ前後迄微動タニセザリシ事ハ統率上多大ノ誇リヲ感スルトコロナリ　尚戦術的理論ヲ以テセハ敵ノ来攻ニ方リ逐次後方要線ニ後退シ抵抗ヲ持続シ殲滅ヲ免ルヽヲ可トストノ意見モ成立スヘシト雖当時ノ第一線将兵ハ既ニ飢餓ニ瀕セサルモノ無ク全ク行動ノ自由ヲ失ヒ陣地ニ拠リテコソ戦斗ヲ継続シ得ルモ適時機動ヲ実施スルカ如キ体力的余裕ヲ有セス　又予メ予備陣地ヲ設クルノ兵力ノ縦長ヲ欠ク故ニ一度設備セル陣地ヲ放棄センカ敵火ニ対シ生存ヲ托スヘキ余地ナキ状況ナリ　況ヤ敵ニ我弱点ヲ暴露センカ益々敵ノ積極的行動ヲ自ラ誘致スル結果トナルヘキヲ以テ此理論的戦術ハ当初ヨリ一貫シテ軍ノ断シテ採ラサルトコロナリシナリ

四、今次作戦ノ如ク極メテ困難ナル戦況ニ際シテ真ニ役立ツ人物ハ十中一、二、アルノミ　従来ニ於ケル幾多戦例ノ如ク順風ニ帆ヲ挙ケタル作戦ニ在テハ此残リノ八、九ノ者モ亦勝者トシテ勇者トシテ自ラ任シ他ノ認ムルトコロナリシナリ

比較的上級地位ノ指揮官ノ勇怯、責任観念ノ如何ハ作戦経過ヲ逐ヒ困苦ノ愈々加ハルニ従ヒ悲惨ナル事象ニ遭遇スルニ伴ヒ其態度言動上ニ天賦修養ノ真実ヲ発露シ一方ハ誠ニ敬仰頭ノ下ルヲ感セシムルニ反シ一方ハ其不甲斐ナキニ悲憤発スル能ハサルモノアリ

陸大卒業者ニシテ見劣リスル人物アリシハ国軍ノ為悲シムトコロナリ

又真ノ勇怯ハ平素ノ言動又ハ容貌ト全ク相反スルアリ従来屢々兵ニ関シテハ此間ノ消息ヲ聞キタルモ上級将校ニ於テモ亦其然ルヲ知ル自ラヲ省ルト共ニ平日人ヲ識ルノ難キヲ痛感ス

終リニ誠ニ惜ムヘク悲シムヘキハ勇敢ニシテ強キ大隊長以下ノ将兵ハ殆ト全部斃レ然ラサルモノニシテ生残レルモノ多キコト之ナリ

第六方面軍
参謀長

宮崎周一陣中秘録

禁他見

陣中秘録

宇垣

國難秘録

自　昭和十九年五月
至　　　　　十二月

陸軍

〈この前に、「勅諭謹写」として軍人勅諭、「詔書謹写」として開戦の詔書を筆写しているが、略〉

昭和十九年五月八日

一、大詔奉戴日ナリ。奉読式ヲ行ヒ億兆一心国家ノ総力ヲ挙ケテ聖戦ノ目的達成ニ遺憾ナカラシムヘキ大御教ヲ銘肝シ、日々夜々自ラ己ヲ顧ミ反省自鞭ノ要アルヲ訓話ス。帝国今ヤ興隆衰替ノ岐路ニ立チ真ニ果シテ億兆一心ノ実ヲ挙ケアリヤ。一心トハ即チ　天皇ノ心ナリ。輔翼ノ衝ニ在ルモノノ責任観念ハ当然ナリト雖モ、其誠心ニ於テ厘毫ト雖モ大御心ニ副ヒ奉ルニ遺憾ナキヲ得アリヤ。己自ラ我ヲ顧ミテ慙愧不忠ノ罪ヲ痛感セスンハアラス。〈朱傍点〉

一、情報

「ホーランヂア」上陸ニ基ヅク戦訓〈輝部隊〈第二方面軍〉〉

一、三月三十日—四月二十一日ノ二十三日間、爆撃日数十、延一一二一機、上陸前日ニハ陸軍機ニ艦載機協力、「サルミ」「ワク」ニ補給遮断ノ目的ニテ艦載機六百ノ攻撃アリ。要スルニ従来ニ比シ至短時間ニ制圧成果ヲ収メントス。

○豪北地区ニ対スル敵機ノ来襲漸次頻繁トナリ、且夜間✓〈朱チェック〉攻撃ヨリモ寧ロ昼間攻撃ノ顕著ナルハ一ニ我航空戦力ノ低下ヲ看取セルニ因ルヘク、一ハ敵側ノ前方基地ノ整備向上セル為小型機ノ活動容易トナリシコト、一ハ夜間攻撃ハ敵側トシテモ素質ノ低下ニ伴ヒ損害増大スル傾向ニアル為ニアラスヤ。

○河南方面ニ於ケル北支方面軍ノ作戦ハ順調ニ進展中ニ✓〈朱チェック〉シテ蔣軍ノ抵抗力低下ヲ証ス。多年ニ亘リ蔣軍ヲ対手トシ得意ヲ覚ヘ、大東亜緒戦ニ於テハ蔣軍ニ比シ更ニ戦意低劣ナル米英植民地軍ニ対シ戦争奇襲ノ成果ニ基キ神速果敢ナル作戦進展ヲ経験セル帝国軍ハ一昨年夏以来始メテ現代戦ノ洗礼ヲ受ケ苦戦ヲ継続シアリ。当然ニシテ有難キ試練ト心得ヘキナリ。〈朱傍点、朱傍線〉

今ヤ北支軍ノ作戦ニ就テモ四月末ヨリ五月五日ニ亙ル八日間ニ延八十数機ノ空中攻撃ヲ受ケ死傷数十、自動車及同✓〈朱チェック〉燃料若干ノ損傷ヲ出セリ。対支作戦ニ於テ対空顧慮ニ於テ殆ト落第点ヲ付スヘキ日本軍ニトリテハ之亦良キ清涼剤ナリ。〈朱傍点〉

○緬甸〈ビルマ〉作戦　方面軍主力ノ「インパール」「コヒマ」付近ノ作戦ハ漸ク交綏状態ヨリ更ニ敵側ノ計画的反撃ノ状態ニ転移セリ。其戦況ノ一端左ノ如シ

一、敵ハ五月三日、菊兵団〈第十八師団〉方面ニ於テ全線

ニ亙リ計画的総反攻ヲ実施ス。

右ハ従来ノ浸透的作戦トハ趣ヲ異ニシ、歩戦砲飛ノ緊密ナル協同ノ下ニ行ヒタル米軍式正攻法ナリ。

一、我一大隊ノ陣地正面ニ対スル敵攻撃ノ攻撃順序

イ、山砲及十榴級ヲ以テ我砲兵ニ対シ八〇〇発以上ノ射撃

ロ、飛行機二〇ヲ以テ爆撃三、四〇発投下、銃撃無数、発煙弾ニヨリ戦線及目標指示

ハ、迫撃砲弾二千数百ヲ以テ我第一線ヲ制圧（之ニヨリ我指揮連絡用、砲兵連絡用通信ハ全部遮断）、後戦車約三十台ヲ以テ歩戦砲飛一体ニナリ我配備間隙ヲ突破ス。

局部的戦術問題ハ勿論全般ニ亙ル作戦目標ノ選定、作戦期間ノ予定、攻撃終末時ノ我保有戦力並補給等ニ関シ将来共十分ナル注意ヲ要ス。然ラサレハ結局敵ヲシテ所謂佚ヲ以テ労ヲ待タシムルノ結果ヲ招クニ至ルヘシ。〈朱傍点、朱傍線〉

航空拡充ニ伴フ内面的事情

七日航空軍司令部ヲ見学セル際、航空ノ急速拡張ニ伴フ各種ノ困難及欠陥等ニ就テ幾多ノ看過スヘカラサル事情アリ。要ハ教育成果ヲ収ムルニ緊要ナル教官ト兵器資材ノ問題ナリ。〈朱傍線〉例ヘハ航空通信ノ教育ニ於テハ一通信機ニ八、九十名カ蟻ノ如ク凝集シテ而カモ三部又ハ四部教育ノ已ムナキ事情ニ在リ、或ハ甲幹四、五百名ニ対シ少尉候補者出身ノ大尉カ一名、航空戦術ノ教育ヲ担任シアルカ如キ之ナリ。✓〈朱チェック〉量ノ問題ハ一応算数上ニ計上セラルヘシト雖モ質ノ問題ハ外面不見ニシテ而カモ各種ノ困難ハ之ヲ精神的ニ克服スヘシト云フテ省ミサル実情ニ在ルニアラスヤ。〈朱傍線〉又航空優先ト口頭禅ヲ唱フルモ、将校以下ノ人事特ニ大量ノ航空転科転属ノ如キモ質的ニハ甚シク自己主義ノ考方ノ未タ払去セラレサル実情ニアラサルカ。

尚一般ニ教育特ニ将校教育ノ強調セラル声ハ聞カス。之ニ関シテ中央部ニ於テ急速、具体的処置ヲ講スル要アルヘシ。即チ教官タルモノノ集合教育之ナリ。之カ為ニハ中央ニ於テ広ク人物ヲ網羅シテ一週間位ノ教育ヲ実施シ、之ニ計画ノ資料ヲ与フルコトトセハ大ニ意義アリト思考セラル。

✓〈朱チェック〉東條参謀総長ノ学生乗馬演習ニ関スル注意

参謀総長本日一五二五頃、明治神宮表参道ヲ自動車ニテ

通行ノ際、第二学年航空以外学生ノ乗馬通過中ナルト邂逅セラレ、隊列整ハス敬礼ヲ行ハサリシ由、態々車ヲ学校玄関ニ寄セラレ幹事ニ対シ厳ニ訓戒セラル。訓言峻烈ナリ。大ニ慎ムヘキナリ。又別ノ意ニ於テ自ラ学ヒ反省スルトコロ大ナリ。〈朱傍線〉

五月十日

一、初審試験場ノ一部航空軍及東部軍（軍人会館）参謀本部（戸山学校）ヲ視察ス。受験者ノ態度ヲ見ルニ、或ハ控室ニ於ケル刀、帽、携行品ノ整頓ノ不良、或ハ受験中喫煙スルモノカ有ルカ如キ（試験監督官ノ許可セルモノト思ユル故注意ヲ与ヘ置ケリ）共々候補者トシテノ人物的修練ノ遺憾ナルヲ覚ユ。〈朱傍線〉戦時下将校団教育ノ中絶状況ヨリ来ル一現象ニシテ、入校後ノ修養指導上特ニ意ヲ用フルノ要アリ。

一、午後約二時間ニ亙リ訓話ヲ行フ。

○学生服務上ノ躾ニ関スル件

馬術、剣術実施ニ方リ規律、節制特ニ礼儀ヲ重スヘキコト

外乗実施上ノ注意（剣ヲ帯ヒ、敬礼ヲ正シ、訓練実行ノ着意ヲ持スルコト）

校内ニ於ケル敬礼（脱帽行進間停止シテ行フコト）

○軍隊統率ノ本旨

✓将兵ノ心ヲ一誠ニ帰シ一致団結以テ軍ノ本義ニ邁進スルニ在リ。

一誠、軍ノ本義

✓明治天皇陛下、勅諭

大正天皇、今上陛下ノ軍人ニ賜リタル勅語

✓明治天皇ノ慈育愛撫シ給ヘル軍隊、明治軍人―武将トシテノ修養―真ニ戦ノ御用ニ立ツ修練、躾、明治軍隊軍人ノ伝統―将校団―満州事変前後以来特ニ最近大拡張ニ伴フ将校ノ質ト修練

✓教ヘ導カサルノ罪

ガ島ニ於ケル皇軍ノ真姿

吾等生活ノ根本義―勅諭ノ実践躬行―朕ト一ツ心トナル。

○軍紀

✓軍紀ノ根源―服従―礼儀

四月号偕行社記事ノ軍紀違反ノ事例

戦時下軍隊ノ実情ト吾人ノ覚悟心構

敬礼ノ意義―達眼ノ士ハ営門ヲ入ル一歩ニシテ克ク軍

隊ノ実容ヲ察ス。

敬礼ト軍ノ精強度視察ノ準縄―武漢作戦―「ノモンハン」戦直後聯隊長赴任当時ノ状況―「ボーゲンビル」島ニ於ケル第六師団将兵ノ敬礼厳正

統帥部内ノ事情一斑

夕刻総務課伊藤中佐来訪シ、急遽航空学生十四名ノ卒業ニ関シ大臣、総長決裁済ニ関シ連絡アリ。校長不在ニ付一応ノ連絡事項トシテ承リ置ク旨ヲ告ク。経緯ノ実情ハ知ル由モナシ。司々ニ依ル誠ヲ盡シテノ補佐奉公ノ円満適確ナル運営ニ欠陥ナキヤ。〈朱傍線〉延テ戦時下ノ統帥機能ノ発揮ニ影響ヲ及スコト無カランコトヲ祈念シテ已マス。事小ナリト雖モ一斑ヲ以テ全貌ヲ知ルヘク憂ナキヲ得ス。〈朱傍線〉

五月十一日

一、航空学生一部ノ卒業繰上ケニ就テ教官及第二学年学生ニ告知ス。目下ノ課業ハ明十二日午前ヲ以テ打切リ、午後ハ主トシテ関係方面ニ就テ最近ノ航空作戦状況ヲ連絡セシムルコトトシ青木大佐ヲシテ準備セシム。
午後所沢航空士官学校飛行場ニ於テ航空学生ノ実地勤務ニ参加ス。

一、読物「スターリングラード」の悲劇（水野正次）

五月十二日

一、午前繰上ケ卒業学生ニ対シ青木、斎藤、石川各大佐ヨリ指揮官及幕僚トシテノ餞ノ言アリ。午後関係教官参集、卒業学生ニ関スル成績会議ヲ行フ。田中、是松両少佐優秀ト決定ス。

一、前聯合艦隊司令長官古賀峯一元帥ノ海軍葬行ハル。

五月十三日

一、九時戦況会報出席、作戦推移判断ニ於テハ「ニューギニア」西北端（亀地区）ニ対スル敵ノ攻撃準備着々進捗ノ模様、目下進捗中ノ作戦状況トシテハ緬甸西境地区ノ作戦ノ激戦展開中。敵ノ抵抗及反攻依然執拗。北支河南方面作戦成果及之ニ伴フ謀略及京漢鉄道建設ノ進展、在支航空軍ノ南支敵空軍ニ対スル撃滅戦、南方ニ対スル戦略展開兵団ノ状況等々

○一、先見洞察ト全般ノ統一〈冒頭朱マル〉
戦ノ事ヲ処スルニ神速ヲ尚フハ論ナシ。唯最高ノ地位

ニ在ルモノノ特ニ着意スヘキハ個々ノ問題事件ヲ夫々神速ニ決断スルコトヨリハ寧ロ状況ノ推移ヲ先以洞察シ方針大綱ヲ機ヲ失セス決定シ、全般ノ運営施策ヲシテ円滑且統一的ナラシムルコト是ナリ。〈朱傍点、朱傍線〉蓋シ事ニ方リ個々ノ問題ニ関シ急遽大角度ノ変転ヲ決スルモ、徒ラニ死節時ヲ生シ且之ニ伴フ他方面ノ準備整ハサル限リ所期ノ成果ヲ収ムルコト能ハス。今次ノ一部学生ノ卒業期日繰上ケノ如キ、事小ナリト雖モ其事例ノ一ナリト云フヘシ。

五月十五日（月）

一、秦校長昨十四日正午飛行機ニテ立川着　南方視察ヨリ帰還セラル。

本朝参謀本部ニ挨拶ス。

九時ヨリ秦次長ノ南方連絡ニ関シ作戦室ニ於テ状況報告アリ。午後二時ヨリ剛〈第八方面軍〉参謀副長公平少将ノ状況報告アル由。

○一、〈冒頭朱マル〉秦次長ニ随行セル某参謀本部課長ノ言ニ依レハ、南方第一線ニ於テハ中央部ノ指示ニ基キ、僅々一週日中ニ統帥命令ノ重要事項ニ関シ四次ニ亙ル変更ヲ余儀ナクセラレ、今ヤ中央ニ対スル統帥上ノ信頼ノ念ヲ甚シク害シアリト。〈朱傍線〉方面軍及其以下ノ兵団長以下今ヤ唯々諾々トシテ、又命ニ従ヒ自己ノ任務達成ニ関シ自主積極ヲ失ハントシ、唯々第一線ニ殪レンノミトノ気風ヲ窺ハシムト。飜テ中央統帥部ニ於テハ総長、高級次長ノ二人ト夫以下トハ全然遊離シ、反対ノ方向ニ向キアリ。従来海軍トノ間ニ存セル暗影ハ既ニ陸軍部内ニ萌シツツアリテ、戦争ノ全局ト一心一和ノ戦力統一上ニ由々敷問題ヲ惹起シツツアリト。〈朱傍点、朱傍線〉局部ノ地位ニ在ル予ノ脳裏ニモ、右事象ハ極メテ判然ト感知セラルル状態ナリ。斯テハ国家国軍ノ為ニ誠ニ憂慮スヘキ事態ニシテ、不忠之ヨリ大ナルハ無シ。而シテ之カ是正ハ人ノ問題ニ存シ、区々タル一事象ニ関スル問題ナラス。此侭推移センカ前途ノ破局火ヲ看ルヨリ明ナリ。嗚呼以テ如何トナス。〈朱傍点〉

五月十六日（火）

一、正午稍前、上野駅発群馬ニ向フ。一年現地戦術視察ノ為ナリ。

同夕富田大佐、田中中佐及在群馬東部百十一部隊〈飛

行教育隊）長遠藤功中佐（三七期、予科当時ノ中隊生徒）ト会合ス。遠藤ヨリ銘酒二本、林檎二箱送ラル。林檎ハ学生ニ分配ス。同部隊副官桑原大尉ハ予ノ歩二六長当時ノ部隊ノ准尉ナリキ。

翌十七日午前、富田、田中両班ヲ視察ス。学生ノ服装態度厳正ヲ欠クモノ、精錬教養深キ将校ノ集団ト認メ難シ。午後、牧、山口両班ヲ視察ス。全般ニ亙リ想定初期ノ分ニシテ研究ノ細部ニ及バザル関係モアリ、且過度ニ高キ展望点ニ登リ所謂高燈台ノ下暗ガリノ憾アリ。地形ノ影響ヲ具体的ニ認識スルニ十分ナラズ。夕刻飯坂ニ移ル。

十八日早朝ヨリ大庭、林（少）、林（大）、岡村ノ四班ヲ視察ス。岡村大佐ノ教育ハ其熱意、内容ノ適切、指導ノ徹底、説明根拠ノ確固タル点大ニ可ナリ。戦術教育亦統率ノ範疇ニ在リ、被教育者ノ心ヲ攬リ、之ニ我信念ヲ徹底セシムル事ガ第一義ナリ。

夕刻、高阪征氏宅ニ於テ一家ヲ挙ゲテノ歓待ヲ受ク。席ニ中山前公使モ在リ。赤腹トイウハヤノ味殊ニ佳、酒亦佳、十九日朝福島発夕刻校務整理。

五月二十日（土）

航空学生卒業ニ就テ参謀総長、校長訓示アリ。総長訓示ハ意気頗ル旺盛、御心中察スルニ余アリ。必勝ノ信念ハ自ラ養フヘク又養ヒ得シムル如クスルノ要アリ。必勝ノ信念カ、七生報国ノ至誠カ、真ノ力ハ己ヲイツハラス他ヲ欺カサル所ニ発ス。

夕（一六三五）関東及奥羽地方ニ警戒警報発令サル。本未朝南鳥島ニ敵機動部隊ニヨル敵機来襲セル為ナリ。夕ヨリ前半夜雨、茲三、四日冷気旧ニ復ス。イト心淋シキ感アリ。

五月二十一日（日）

十時ヨリ参謀本部ニ於テ戦術的必勝方策確立要綱（案）ニ関スル審議アリ。内容ハ左ノ如シ

航空ノ戦術的必勝方策

地上ノ戦術的必勝方策

海洋ニ於ケル戦術的必勝方策

戦法研究及教育訓練

戦術的必勝方策確立ノ為業務処理要領

席上後宮高級（参謀）次長ヨリ貧乏国ノ採ルヘキ根本的考方、即チ国軍独特ノ戦法、兵器ノ重点徹底ニ関シ明確端的

ノ意見発表アリ。作戦上ノ要求ト物動特ニ鋼資源関係トノ調和ニ当事者ノ苦衷ヲ察ス。

五月二十二日（月）

第二学年航空学生一部（十六名）ノ卒業式ヲ三笠宮殿下御差遣ノ下ニ厳ニ挙行セラル。同夜卒業学生ノ為三長官ノ主催スル壮行会ヲ陸相官邸ニ於テ実施セラレ、教育担任関係教官一同モ相伴セシメラル。卒業学生ノ感激深大、東條陸軍大臣、参謀総長トシテ親心トシテ切々ノ情ヲ述ヘラル。東條閣下ノ胸中察スルニ余リアリ。

五月二十三日

二十三日乃至二十五日ニ亙リ一年戦術教官ヲ主体トスル航空研究ヲ大宮ニ於テ実施シ、予モ二十四日参加ス。航空教官ノ頭脳モ実ハ戦局即応ヨリ視テ旧式ノ点アリ。学生ヲ対称（ママ）トシテ教育者側ノ立場ヲ保持セントスルヨリハ現戦局打開ノ為ノ真剣ナル研究ヲ相共ニ精魂ヲ傾ケテ実施スル境地ニ入ルコト緊要ナリ。

五月二十四日（水）

此夜偕行社ニ於テ秦校長ト第二学年戦術教官ヲ主体トスルモノト会食アリ。馳走ト酒肴過度ニ失スル点アリ、準備係ニ注意ス。自粛ハ上ニ立ツモノノ自ラ特ニ留意ヲ要スル事項ナリ。〈朱傍点〉

五月二十五日（木）

過般航空学生一部ノ卒業ニ関連シ某学生ノ退校ニ関スル意見ヲ青木大佐口外セル事ニ端ヲ発シ、次官、次長ノ耳ニ入ル。軽率ノ輩ノ口舌ハ実ニ困リモノナリ。軽兆（ママ）多弁ハ武人トシテ将帥トシテ大ナル欠点ナリ。

五月三十一日（水）

夕偕行社ニ於テ秦校長ト航空及戦史教官一部ノ会食アリ。✓〈朱チェック〉陸大教育ニ関スル根本的抱負モ識見モナキ一部軽率ノ輩カ妄リニ学校教育ノ内容ニ就テ言挙スルカ如キ徴アリト聞ク。実ニ心外ナリ。官僚的優越感ノ一種ナリ。口ニ統帥ノ尊厳、幕僚服務ノ道ヲ云々シ、自ラノ心ヲ反省シ正シキ道ヲ行ヒ能ハサルモノアルコトハ何レノ時代、何レノ場所ニ於テモ国軍ノ為正ニ蠹毒ナリト云フヘシ。〈朱傍点〉

六月一日（木）

花本大佐（一年航空教官）講義ヲ視察、内容ハ航空事故及航空ニ関スル心理学応用ナリ。

航空事故ハ昭和十六年度ニ於テ実ニ約千六百件ニ達シ、殉職約六百名、負傷約六百ト飛行機約千七百ヲ損傷ス。事故ノ内八割ハ指導及注意ノ適切周到ヲ欠ク点ニ存ス。過般航空総監ヨリ此点ニ関シ訓示アリ、尚之カ対策ヲ至急策定実行ニ移サレツツアリ。

六月三日（土）

第一学年航空技術研究所見学ニ同行ス。第一乃至第八研究所ハ夫々各個ニ航空総監ニ直属ス。最近ノ編成改正ニ依リ研究ノ外ニ審査業務ヲ担任シ、目下実質的業務ノ重点ハ審査ニ充当セラレアリト。之ヲ要スルニ研究ノ名ハ尤モラシキモ、其内容ハ極言セハ児戯ニ類シ、各研究所内ノ分科ノ科長ハ航技大尉級ニシテ此種業務ノ関係ニ携リタルコト二、三年程度ノモノナリ。

研究方面ノ基礎ハ平時ニ存シ戦時急速ナル拡充増強ヲ行ハントスルモ其内容之ニ伴ハス。全研究所ニ総計八千数百名ヲ収容シアルモ其内容カ貧弱ナルコト驚クニ堪エス。

六月五日（月）

昨四日秦校長北中支方面へ作戦要務連絡ノ為出発ス。

参本戦況会報ニ於テ東條総長鋭敏ナル頭脳ノ閃ヲ発揮セラレ、部長課長等恟々タリ。又其細部ニ亙ル記憶及着眼ノ敏ナルコト他ノ追随ヲ許サス。唯其ノ着眼ノ鋭敏ヲ広ク一般ニ感知セシムルコトノミニ了ラサル為ノ補佐ハ必スシモ要ナシトセス。

飯村前校長ヨリノ来信アリ。御壮健ニテ緊急策画ニ並々ナラヌ御苦心ノ程ヲ察ス。御留守宅ノ件ニ就テ謝意ヲ表セラル。

牡丹江四手井中将ノ来翰アリ。学校業務ニ関シ戦局即応ノ名ニ依リ先見ヲ欠ク当座ノ変更ニ深ク同情ヲ寄セラル。尚満洲方面ニ於テハ目下幕僚ノ大部ハ専科出身然モ三個月教育ノ者多ク司演ノ結果ニ鑑ミ作戦命令ノ起案ノ如キ著シキ不備アリトテ中将ノ行ヘル注意事項ノ印刷物ヲ送付セラル。

六月六日（火）

✓〈朱チェック〉参本総務課長ノ連絡ニ依レハ昨五日今次陸大学生採用予定人員（専科五〇、一般二百五十名）ノ決裁ヲ東條陸軍大臣ニ提出セル処「今迄カカル事ヲ考ヘアルヤ。陸大ハ目下在学中ノ学生ヲ本年秋卒業セシメ、学校ハ閉鎖スヘシ〈朱傍点〉」トノ意ヲ表明セリト。又何事カ云ハンヤ。今ヤ帝国ノ情勢ハ極度ニ逼迫セリ。全般ノ状況ヲ深刻ニ考慮シアル地位ニ立ツ総理兼軍需大臣兼陸軍大臣兼参謀総長トシテハ局部的業務ノミニ没頭シアル軽輩ノ窺知忖度シ得サル苦衷ト情勢判断トヲ抱懐セラレアルハ勿論ナリ。然レトモ一方ニ於テ刻下ノ情況ハ実ニ準備シツツ戦ヒ教ヘツツ戦フコトノ最モ緊要ナル時期ナリ。特ニ物質戦力ノ整備不如意ナレハナル程訓練ノ向上、統帥業務ノ刷新ヲ図ルコトハ最大唯一ノ急務ナリ。第一次欧州大戦ニ於テ一九一六、七年頃参謀ノ不足急ヲ告ケ、戦術ニ於ケル各集団司令部ニ於テ参謀ノ急速教育ヲ実施シ、其成果不十分ナルニ鑑ミ中央ニ於テ大量ノ参謀要員教育ヲ要望セラレタル事実、又今次事変ニ於テモ従来屡々陸大ノ閉鎖ヲ口ニスルモノアリシカ、今日ニ至リ各方面共優良ナル幕僚ノ不足ヲ訴ヘ、且其損耗時ノ経過ト共ニ増大シツツアル現況。海大ハ一時之ヲ閉鎖シ又一時開校、目下已ムナク閉鎖ノ実情ニ在リト雖モ之全ク学生タル要員ノ欠乏ニ依ルモノナリ。

戦争ノ長期性ハ已ムナキ大勢ナリ。今明年ハ決戦ナリト判断セラレアリ、事実然ラン。但我ハ戦略持久ヲ方針トシ万般ノ施策ハ之ニ基キ指導セラルルヲ要ス。今明年ノ決戦ヲ持久ニ転換シ得ハ我目的達成ノ方向ニ進ミツツアルモノ△〈朱三角〉ナリ。苦シクナリテカッートナリテ他人ノ云フ処ニ耳ヲ傾ケルコト能ハス、唯々目先ノ電撃処理ト極端ナル独裁ヲ以テ大戦争ヲ指導シ得ヘシト為スハ大ナル誤ナリ。大指導者ハ方向ト力トヲ指向付与スルヲ最大最高ノ任務トナス。又之ヲ為ス人ノ力、徳望ヲ具備セサルヘカラス。又偉大ナル人物トハ衆力ヲ心カラ己ノ欲スル方向ニ結集指向シ得ルヲ云フ。已単リハ大ナル力ニアラス。反省々々、帝国ノ前途ノ為ニ祈リテ已マス。」〈朱傍点、朱傍線〉

「ニューギニア」戦線ニ於テ向井少佐、上野（航）少佐其他、戦死スト。嗚呼尊キ犠牲哉。最大ノ困苦ニ処シ今日迄克ク御奉公ヲ尽サレタルニ対シ敬意ト謝意ヲ表シ、冥福ヲ祈ル。帝国ノ前途ヲ加護セラレンコトヲ祈ル。」

此度ノ学校及学生数ノ問題ニ関シテハ主務者タル秦次長兼校長ノ不在中ノ出来事ナリ。以テ内部的心理ノ動向察スヘキナリ。

昨五日午后歩兵学校ニ於テ「対戦車戦闘」ノ研究演習アリ。後宮高級次長、第一部長並参本及教総〈教育総監部〉

首脳列席セリト。何ソ着眼ノ狭少（ママ）ニシテ先見ノ達識ヲ欠キ且人ニ委シメサルコトノ甚シキ。大本営首脳部カ第一線ノ戦闘ヲ戦フノ不可ナルコトハ一昨年夏以来ノ体験ニ基ク痛切ナル所感ナリ。今日ニ至リ再ヒ本傾向ノ益々顕著ナルヲ認ム。帝国ノ為悲シムヘク痛ムヘキ哉。〈朱傍点、朱傍線〉

六月七日（水）

欧州大陸ニ対スル米英軍ノ上陸作戦ハ愈々昨六日未明ヨリ開始セラレタリ。今次世界戦争ノ運命ニ一大転機ヲ齎スヘキ重大戦局ナリ。独側発表ハ目下戦況有利ナルカ如キ、幸先ヲ祈テ已マス。

午後外務書記官牛場信彦氏〈独逸駐在、昨年十一月末出発二月帰還〉ノ独逸事情ニ関スル講話アリ。ナチス党ノ政治力トヒ〈ヒトラー〉総統ノ統帥力トノ一致調和、偉大ナル意思ト団結力ト必勝信念ヲ強調ス。

〈この間記述なし〉

七月五日

○〈朱マル〉最近ニ於ケル戦局ノ急速ナル変転ヲ見テ憂慮ノ感深シ。〈以下、本日記述の傍点、傍線はすべて朱〉今日ノ事態ヲ招来セル最大ノ原因ハ当事者ニ其人ヲ配置シアルサ（ママ）ルコト之ナリ。孫子兵法ノ第一歩タル　敵ヲ知リ己ヲ知ルコトノ難キ正ニ此ノ如シ。

一昨年夏ガダルカナル作戦初頭以来事ノ真相ヲ認識シ、爾後ノ作戦指導ノ根本理念ヲ確立スルコトニ最大ノ欠陥アリシヲ拒ムヘカラス。熟々当時以来特ニ最近ニ於ケル最高統帥ノ遣方ヲ窺フニ、一言ニ約セハ戦ヲ知ラサルモノ国家ノ危急存亡ヲ誤ルト断スルノ外ナシ。

今其事例ノ著顕ナルヲ挙レハ概ネ左ノ如シ

曰ク一、根本方針ヲ確立スルコトナク最前線ニ惹起スル個々ノ現象ニ対応シテ衝動的ニ而モ後手後手ニ彌縫的処置ヲ講スルノミ。

曰ク二、最高統帥自ラ戦場局部ノ戦闘ニ全神経ヲ集中シ其一進一退ヲ危懼苦悩シ、戦闘成果ノ香シカラサル場合ニハ其責ヲ第一線ノ指揮官ニ嫁シ、根本原因ヲ窮メ自ラヲ省念スルコトニ薄ク、第一線指揮官、幕僚ノ交迭ヲ以テ時局ヲ収拾セントスル風アリ。

曰ク三、最高指導者ノ駿敏且一元的ノ統帥指導ハ其主旨ニ於テ大ニ認ムヘシト雖モ人事其要ヲ得ス。国家ノ大事ヲ私的ノ狭小ナル範囲ノ人選ニ求メ、真ニ国家ノ有用ヲ其処ニ活動セシムルノ抱容力無シ。従テ最高一人叱咤激励スルモ下之ニ随ハス。妄リニ大言壮語シテ内心ノ苦悶ヲ自ラノ壮言ニ依リ掩ハントス。側近ハ威圧ニ懼レテ敢テ国ヲ憂フルノ意見ヲ具申セス。又其自信ト識見トヲ有セス。

曰ク、真ニ頼トスルニ足ル人物ハ海外ニ遠カケテ其意ヲ上達スルニ由ナカラシム。少シク意見ラシキモノヲ抱クモノハ事ノ如何ニ関セス処理スル等。

曰ク、目先ノ事象ニ捉ハレアルカ故ニ情況ノ進展ニ伴ヒ必ス常ニ虚ヲ衝カル。従テ周章狼狽其処ヲ知ラサルノ醜体ヲ演ス。嗚呼已ヌル哉。

七月四日朝来小笠原群島敵機動部隊（空母約十ニ達ス）ノ来襲ヲ受ケ、戦艦、巡洋艦各数隻ノ艦砲射撃ヲ受ケ、将ニ上陸直前ノ状ヲ呈スルヤ、最高統帥部内異状ノ緊張ヲ来シ、同夜ヨリ翌五日ニ亙リ急遽内地防衛態勢ノ確立ニ関スル諸般ノ事項ヲ処理ス。其大要左ノ如シ、

一、内地留守師団ヲ動員シ更ニ其跡ニ留守師団ヲ編成ス。
一、伊豆諸島ノ防衛ヲ充実ス。
一、北満ヨリ某々兵団ヲ内地ニ招致ス。
一、帝都ノ防空ヲ強化ス。
一、神域ノ防護ヲ実施ス。

凡ソ右ハ一昨年来考慮セラルヘク今春以後着々具体化セラルヘキ事項ナリ。茲ニモ戦機ヲ失セルノ状明カナリ。本夏ヨリ秋冬ニ亙ル情勢ハ非常ノ覚悟ヲ要スルモノト思ハサルヘカラス。

小笠原方面ノ来襲ト時ヲ同ウシテ「サイパン」及「ビルマ」方面ノ情勢亦極メテ重大ナリ。即チ「サイパン」ハ全員玉砕ノ決意ヲ報告シ、「ビルマ」ハ総軍命令ニ基キ「ウ」号作戦ヲ中止スルノ已ムナキニ至リ、終ニ之ヲ発令セラレタリ。

右ニ関スル現地軍ヨリノ報告ノ主要ナルモノ左ノ如シ、

○七月五日　〇〇三〇発、〇五四八着　備部隊（第三十一軍）参謀長

通電先　次長、軍司令官（司令官ハパラオニアリ）

一、最後ノ抵抗線占領ニ関シ努力スルモ遂ニ利アラス。午前中ハ辛ウシテ敵ノ前進ヲ阻止セシモ、午後ニ至リ敵戦車ハ遂ニ二二一高地両側地区ヨリ陣地内ニ侵入、戦線錯綜乱戦ト化シツツアリ。

二、守備隊ノ戦力ハ猛烈ナル砲爆撃ニ逐日消耗シ、今ヤ敵戦車ヲ支フル一門ノ火器ダニナク、全員肉弾突撃ヲ準備シアルノミ

三、守備隊ハ飽ク迄守地ヲ固守シ或ハ挺進シ敵中ニ突入シ最後迄健闘スヘキモ、其状況ヲ由ナシ通信ヲ確保スルモ時間ノ問題ナリ。爾後ノ状況御賢察アリ度。

四、近ク最高指揮官ヲ先頭ニ総員突撃ヲ決行セントシ、最後ニ　天皇陛下万歳ヲ高ラカニ唱ヘ太平洋ノ防波堤トナリテ散華スル将兵ノ事ヲ伝フ。

七月四日一五三〇発、五日〇五一五着　備部隊参謀長

軍機　総長、(第三十一軍司令官) 宛

臣等微力ニシテ

陛下ノ股肱ヲ喪ヒ而モ克ク任務ヲ完ウシ得サリシコト深ク陛下ニ御詫申上クルト共ニ　陛下ノ股肱ハ善戦各々死所ヲ得タルヲ欣ヒ、非戦闘員ハ支廳長ヲシテ「サイパン」島北部ニ退避セシメ、軍ハ最後ノ一兵迄陣地ヲ死守シ玉砕セントス。

然レトモ海没部隊　諸勤務隊等戦力ナキモノ極メテ多数ナリシハ戦闘ヲ妨害セルコト大ニシテ指導上最モ苦慮シアル所、而モ決戦ニ於テ当兵団ノ所ヲ得サリシニアラスヤヲ慮カル。

暗号書其ノ他機密書類ハ遺憾ナク処置セリ。

航空機ノ増産活躍ヲ望ミテ止マズ。軍ノ精否ハ一ニ指揮官ノ如何ニ依ル。大隊長以上ノ選定ニ留意ヲ望ミ皇軍ノ隆昌ヲ祈リテ

聖寿万歳ヲ唱フ　　斎藤中将

七月四日一五三〇〈発〉、五日〇四三三〈着〉

備部隊参謀長

軍機親展　次長、(軍司令官) 宛

一、米国独立記念日ニ祝杯ヲ挙ケシメサル如ク奮闘セシモ既ニ一梃ノ火器モナク、最後ヲ飾ルヘク努力シツツアリ。

二、陸、海協同一致攻撃シ、本作戦ニ於テ其ノ真骨頂ヲ発揮ス。一体トハ此ノ事ヲ謂フ。

三、幕僚、臨時配属ノ幕僚ハ共ニ優秀ニシテ此難局ニ不眠不休遺憾ナカラシメタルハ其ノ優秀ト努力トノ成果ナリ。

四、大津中隊ニ比スヘキ皇軍ノ真価ヲ発揮セル戦闘続出シアルモ特ニ枚挙セス御推察ヲ乞フ。将兵ノ大部ハ実ニ勇敢ナリ。

五、終リニ臨ミ　皇国ノ隆昌ト参謀総長閣下ヲ始メ各位ニ克ク其ノ任務ヲ完遂シ得サリシヲ御詫ヒ申上ク。功績モ仔細申シ述フルヲ得スシテ一様ニ斃レ行ク将兵並其ノ家

族ニ対シテモ御詫ノ他ナシ。

因ニ「サイパン」島ニ在ル将帥幕僚ヲ編制表ニ依リ摘記シ其ノ奮闘ト冥福ヲ祈ル。

第三十一軍

司令官　中将　小畑　英良23（一九、二、二五命課）
参謀長　少将　井桁　敬治27　〃
参謀副長　少将　公平　匡武31　〃

公平少将ハ元来第八方〈方面軍〉参副〈参謀副長〉、「ラバウル」ヨリ状況報告ノ為上京、帰途サイパンニ敵上陸シタル為命課換トナル。

参　謀　航大佐　伊藤　盛逸36　〃
輜中佐　泉　莱三郎33　〃
歩中佐　橋田　精40　〃
中佐　河野　武彦　六、二〇
〃　木村　正治　〃
〃　黒田　孝男　〃
少佐　金重　利久50　二、二五
〃　堀江　芳孝　六、五
〃　関　乙彦　六、五

第四十三師団

長　中将　斎藤　義次　一九、四、六
参謀長　大佐　鈴木　卓爾32
参　謀　中佐　平櫛　孝41
〃　吉田　正治　一九、四、五
少佐　岡野　佐喜男

尚、「ビルマ」方面ノ作戦転機ニ関シテハ四日南方総軍司令官及森〈ビルマ方面軍〉司令官ヨリ左ノ電アリ。

南方軍総司令官発、総長宛

各方面ノ戦局益々苛烈且微妙ナルモノノアル折柄多大ノ期待ヲ以テ発動セシ「ウ」号作戦ヲ遂ニ予期ノ如ク完遂スル能ハス。多数ノ将兵ヲ喪ヒ、洵ニ恐懼ニ堪エス。右御執奏ヲ請フ。

森部隊長発、次長、威〈南方軍〉宛

作命甲第四三号要旨（摘録）

一、方面軍ハ総軍ノ命令ニ基キ且情勢ノ変化ニ即応シテ「ウ」号作戦ヲ中止シ速ニ次期作戦準備ニ転移セントス。

爾今「マニプール」方面ノ敵ニ対シテハ「チンドウィン」河畔以西ノ地区ニ於テ持久ヲ策ス。

二、林〈第十五軍〉集団長ハ自今「パレル」付近要域ヲ核心トシ且之ニ連繋シテ概ネ「ホマリン」「フミネ」付近及「トンザン」以北「マニプール」河西岸要城ニ亘ル線ヲ確保シテ持久ヲ策スベシ。使用兵力並作戦防衛地域ハ差当リ現在ノ侭トス。（以下略）

因ニ緬甸方面軍首脳陣容左ノ如シ、

司令官　河辺中将、参謀長　中中将、副長　一田少将、参謀　西郷大佐、青木一枝大佐、楠田中佐32、倉橋中佐、不破中佐、横田洋中佐36、金富少佐45、北沢少佐46、後少佐48、嘉悦少佐48、河野少佐50、司令部付　沢本理吉郎少将、林正直大佐30

第十五軍司令部職員ハ

司令官　牟田口中将22、参謀長　久野村桃代27、参謀木下秀明大佐35、橋本洋中佐35、平井文中佐40、藤原岩市少佐43、薄井誠三郎少佐45、高橋巌少佐48

右司令官以下ハ概ネ親懇ノ方々ノミ、心中察シテ悲涙ナキ能ハス。就中河辺中将、中中将、牟田口中将ノ胸中如何。各方面共大体力ノ均衡破レタルヲ思フヘシ。

状況右ノ如シ

「我ハ恐レス、敵ヲ恐レス、臣民中ノ至誠ナキヲ恐ル。」方今ノ逼迫セル戦局ニ処シ将来ヲ洞察シテ採ルヘキ方策項ヲ更メテ記セン。

左ノ文字ハ克ク此事態ノ未タ至ラサルニ之ヲ察セルヲ思ハシム。（後記　賀陽宮が徳富氏に対し、時局に関する意見を問はれたるに氏が筆記して答えたもの。賀陽宮から予に対し「これを読め」と示されたのを写したもの）

「さる宮殿下に対し徳富猪一郎氏の上りし意見書」

過日拝謁ノ際忌憚ナク卑見ヲ上陳スヘク台命ヲ辱ウス。謹テ茲ニ譾劣ヲ顧ミス当今ノ時勢ニ就キ懐抱ノ一端ヲ拝披シテ御取捨ヲ仰キ奉ル。

畏レナカラ　今上陛下ハ御歴代ノ中ニテ最モ英明盛徳ノ天皇ト仰キ奉ル。唯憾ムラクハ登極以来已ニ二十年ニ近キモ不幸輔弼ノ臣僚ニ此ノ盛徳ヲ皇民ニ光披セシムル政治家ノ欠乏スルコトヲ。

今日ノ政治家ハ志趣卑近、規模狭小、米ヲ数ヘテ炊キ髪ヲ簡シテ梳リ、維新当時ノ大規模大精神ハ今ヤ煙散霧消スルモノノ如シ。従ッテ政治ハ国民ノ頭上ヲ掠メテ行ハレ、殆ト国家ノ政治ハ国民ヨリ遊離シ去ルノ状態也。要スルニ現在ハ政務アリテ政治ナク、事務家アリテ為政者ナク、細工師アリテ国家大計大略ヲ企画実行スル経世家ナシ。

此弊ヲ匡救スルノ第一ハ維新興国ノ精神ニ立帰リ、天皇親政、万機親裁ノ実ヲ挙クルニ在リ。万機親裁ト申スコトハ細大軽重ヲ挙ケテ悉ク至尊ノ御心ヲ煩シ奉ラン〈ト〉スルニアラス。唯タ一切ヲ　天皇中心ノ政治トスルニ在リ。維新以来已ニ七十余年、最初ハ薩長藩閥ニ妨ケラレ、明治中期以降ハ政党政治ニ妨ケラレ、政党政治ノ凋落スルヤ更ニ官僚政治ニ妨ケラル。現在ハ官僚政治ノ余焔尚頗ル旺盛ニシテ其ノ弊害ヲ挙クレハ政党政治乃至藩閥政治ニ過クルモ及ハサルナシ。何故ナレハ藩閥者流ハ固ヨリ政党者流モ自作自受、決シテ其責任ヲ忌避セサルモ、官僚者流ハ責任ノ所在ヲ曖昧ニシ功ハ自ラ掠メ罪ハ我関セサルモノノ如シ。

之ヲ改革スルノ途ハ再ヒ維新ノ精神ニ立還リ、天皇親政、皇室中心ノ大義ヲ昭明ニシ、一切ノ行政、司法、議政ヲ挙ケテ悉ク天皇中心ノ政治ト為スコトニ存ス。此ノ如クニシテ始メテ真ニ滅死(ママ)奉公ノ実ハ行ハルルコトヲ得ヘシ。

今日ノ戦局ヲ見ルニ尾大振ハサルノ状アリ。人心不安、憂鬱ノ気全国ニ漲ル。真ニ憂フヘキノ時期ト謂フヘシ。現首相東條大将ハ　今上輔弼ノ臣トシテ最モ忠誠ノ人物タルヲ認ム。其ノ卓励、風発、寝食ヲ忘レ国務ニ尽悴シ、臣道実践ニ於テ未タ至レリト謂ハサルモ他ノ重臣等ニ比スレハ確カニ一日ノ長アリト謂フヲ憚ラス。唯タ其ノ部下ニ至リテハ果シテ然ル歟、恐ラクハ孤掌鳴リ難キ感アルヲ免レサルヘシ。故ニ今日ノ時局ヲ打開スルノ途ハ

第一ハ、一億国民ニ向テ国難突破ノ聖詔ヲ渙発アラセラレ、至尊自ラ陣頭ニ御立チ遊ハサレテ此ノ一大危機ヲ超克シ国家幾千歳ノ宏謨ヲ恢宏ナラシムルコトニ在リ。

第二ハ、大本営ノ強化ニ在リ。大元帥陛下御前ニ於テ重要ナル軍機ノ会議ハ開催アルヘキコト。

第三ハ、聖上陛下ニ近侍奉仕スル人物ノ選択是レナリ。

以上ハ単ニ其ノ眼目ヲ上陳シタルニ止マル。要スルニ今日ノ現状ハ戦時体制ト謂フモ事実ハ文書亡国ノ姿ヲ見ル。一事ヲ行ハントスルモ文書山ノ如ク、ソノ為一方ニ於テハ無用ノ官吏ヲ養ヒ他方ニ於テハ無用ノ時間ヲ徒費セシメ、国民ヲシテ唯タ其ノ法網ノ中ヲ右往左往シ、彷徨顛沛セシムルニ過キス。今日下意上達、上意下達ナトト云フモ空言ニ過キス。縦ノ障碍ハ竹カ立チタル如ク一節一節ニ止マリテ更ニ流通セス。横ノ障碍ニ至リテハ十重二十重ニ鉄条網

ヲ張リ廻シタル如ク、今日ノ状態ハ所謂縦横千本アレハ横槍万本アリ。官府自ラサヘ蜘蛛ノ自ラ張リタル網ニ罹リタルモ同様、殆ト其ノ活動力ヲ失ヒツアリ。況ヤ人民ヲヤ。況ヤ官民ノ力ヲ一ニシ総力戦ノ功ヲ挙クルヲヤ。今日ノ官ハ民ノ為ニ存セス、民ハ官ノ為ニ在シ居ルノ状態也。官僚政治ノ弊モ殆ト極端ニ近シト謂ハサルヘカラス。而シテ人民ニ向テノミノ新体制ニシテ支配者殆ト皆旧体制也。故ニ今日ノ改善ハ政府自ラ改善スルヲ第一ノ急務トセサルヘカラス。頭ノ切リ替ハ当局者ノ頭ヨリ切リ替ヘサル可ラス。

昭和十九年五月初ニ

徳富猪一郎

敬白頓首

七月八日

大詔奉戴日ナリ。八時三十分　詔書奉読。本部職員以下ニ対シ空襲必至ノ覚悟ト心構ヲ説キ、堅キ決意ヲ以テ勝ツ（ママ）抜ク努力ト耐忍ヲ望ム。

茲数日来ノ戦況会報ハ各方面ノ戦局全面的ニ憂鬱暗澹タリ。曰ク「サイパン」トノ通信杜絶、該守備隊ハ四日ノ悲壮ナル　聖寿万歳ヲ唱ヘル電ヲ最後トシテ同夜又ハ五日頃ニハ玉砕ヲ遂ケタルヘシ。戦闘兵力一千ニ満タス。残存ノ戦闘力ナキモノ約一万、在留邦人婦女子約二万、怨霊如何テカ撃敵ヲ遂ケスシテ已ムヘキ。曰ク、小笠原列島ノ大規模ナル空襲（延約千）及猛烈ナル艦砲射撃、我方艦艇喪失五。曰ク、「ヌンホル」島上陸、通信遮断、勢（ママ）〈堅、第十九軍〉部隊長（北野中将、森赳少将）ハ戦況急迫ニ伴ヒ空路「サルミ」ニ前進スト。散華ヲ急ク心理ニアラサルヲ望ム。曰ク、「ビルマ」方面ハ怒江対岸、北緬ノ苦境、「インパール」平地各方面ノ悲況転々トシテ憂フルノミ。

本日未明北九州ニ対シ再度目ノ来襲アリ。機数十数機、B－29ナル算大ナリ。天空雲多ク被害ナキモ、我邀撃及直接上空庇掩ノ戦闘隊三戦隊ハ遂ニ敵ヲ捕捉スルニ至ラス。

五月二十二日、繰上卒業ノ航空学生田中少佐、過日「ハルマヘラ」付近ニ於テ航空事故ノ為殉職スト、惜シムヘキ哉。少佐ハ識能ノミナラス識見性格ニ於テ優レタル有為ノ材ナリ。

夏目少佐34A参謀トシテ漢口ニ転出、本日送別ノ意ヲ表ス。教官大部ハ演習ニテ不在。

七月九日　参謀演習（現地八日―二十日）

参謀旅行視察ノ為午後本部出発夕刻清水着。京稲投宿。

翌十日午前坂井大佐班ノ清水港湾水上偵察ト同行。

午前遅ク秦校長ヲ迎ヘ、午後山縣侍従武官ヲ迎ヘ清水女学校ニ於テ　聖旨伝達。次テ清水港ニ於テ坂井班ノ教育御実視（軍参謀トシ清水港ノ価値判断、破壊計画）。現下ノ戦局ト照合シ極メテ切実ノ感深シ。研究ノ内容具体的ニシテ研究ノ根拠実際的ナルヲ喜フ。

夕ハ秦校長、柴田総務課長ト会食ス。過般ノ司令部演習講評ヲ校長ノ一覧ニ供セシ処「丸テ参謀本部カ叱ラレテ居ル様タ」トノ言アリ。実ハ或ハ夫然ラン。

十一日朝、清水発自動車ニテ静岡、焼津ヲ経テ大井川右岸青柳高地ニ至リ石川班ヲ御実視。海岸防御ノ拠点構成ニ関スル研究ナリ。吉橋、田中両中佐補助官ニシテ着実ナル研究ト認ム。此班ノ宮崎重信少佐過般ノ司令部演習ノ過労ニテ発熱休養中。昼食ヲ青柳小学校ニテ行フ。村長（退役大尉）、校長、助役ノ心尽シニテ鮮魚ノ刺味〈身〉ト鰻ノ蒲焼ヲ恵マル。午後焼津小学校ニテ寺倉班ノ講堂研究ヲ御実視。午後一挙沼津静浦ホテルヘ車行、途中静岡ニテ寺平家ヲ一寸訪問ス。

十二日午前、三島東方台上ニテ第一班御実視。箱根山径ノ広大正面ノ防支ニ任シアル師団長ノ爾後ノ戦闘指導ニ関スル研究ナリ。河越少将ノ統裁稍不同意ノ点アリ。戦況ノ推移ニ応スル決心ノ動揺ヲ戒ムル為一言ス。盛厚王殿下ノ決心及理由ハ主旨ニ於テモ根拠ニ於テモ首肯シ得ル点アリ、心強キ次第ナリ。但教官ノ統裁指導ハ之ニ反スルモノナリキ。正午三島ニテ昼食、此際三島旅団長ト会食。科学ニ関スル創意ト当局者ノ之ヲ容ルルノ槌(ママ)ナキヲ喞ツ談アリ。

午後三島国民学校ニテ寒川班御実視大ニ所見アリ。恰モ退却戦闘ノ指導中ナリシカ此退却ノ動機カ師団長ノ任務ヲ無視セル独断ニ発セルヲ知リ、大ニ厳戒シ置ケリ。統裁官ノ此種重要問題ニ関スル識見ニ不徹底ノ点ヲ認ムルハ頗ル遺憾ナリ。

十三日、朝沼津発御殿場ヲ経テ長尾峠ニ至リ、斎藤班ノ敵降下部隊ニ対スル戦闘研究ヲ実視ス。之ニテ侍従武官ノ御実視ヲ無事終了シ夕刻強羅ホテルニ投宿ス。夕刻小沢大佐到着。

十四日朝、侍従武官ヨリ演習御実視ノ所感トシテ内容ノ戦局即応、態度ノ熱誠心強ク感スル旨漏サレタリ。

此日午後ヨリ十六日午前ニ亙リ杉山元帥ノ視察アリ。元帥ハ過般ノ現戦、司令部演習ト今般演習引続キ視察ノ結果大ニ進歩シ、此分ナレハ何トカナルヘシトテ満足セラレタル由校長ヨリ伝ヘラル。

演習地ヨリ十四日夕帰校。

十五日午後伊藤中佐来校、教官ノ人事ニ関シ連絡ス。

十八日午後演習へ再出張。

十八日

昨十七日嶋田海軍大臣ハ呉鎮〈鎮守府〉司令長官野村大将ト交迭ス。其経緯ハ固ヨリ忖度スヘキニアラスト雖モ喜フヘキニアラス。戦争遂行上ノ根本問題ニ関シ首脳者ノ一致団結ヲ心カラ冀望シテ已マス。

敵ハ量ヲ頼ムト云フ。量ト質トヲ分離シテ考フルコト果シテ真ナリヤ。質ノ優レタル優リ得ルモノハ量モ亦然リ。今ヤ敵ハ量質共ニ我ニ絶対優越スルニアラスヤ。〈朱傍線〉

ラヂオ朗読ニテ昭和十年ノ蘇峰氏ノ冨士八態アリ。其内ニ「山ヲ征服スルノ語」ノ其ノ心ニ於テ排スヘキヲ強調ス。大ニ同感ナリ。

先頃卒業南方戦場ニ赴任シ殉職セル田中岩男少佐ノ遺族ヲ訪フ。田中ノ厳父、夫人ノ厳父郷里香川県ヨリ上京シアリ。俊秀ナル人材ノ家庭ハ概ネ田舎ノ簡素ヲ通常トス。真ニ国家ニ報ユルモノハ自ラハ他ヨリ恩恵ヲ受クルノ少キモノナラスヤ、果シテ如何。〈朱傍点、朱傍線〉

七月二十二日

十七日ニ海軍大臣ノ交迭アリ。翌十八日、参謀総長ニ梅津大将、教育総監ニ杉山元帥、関東軍司令官ニ山田大将ノ発令アリ。同日「サイパン」島陸海軍将兵全員ノ壮烈ナル戦死発表セラル。容易ナラサル多事多難ヲ思フ秋、二十日早朝ノ「ラヂオ」ハ十八日東條内閣総辞職ヲ報シ後継内閣ノ大命ハ小磯陸軍大将及米内海軍大将ノ協力ノ下ニ組織スヘキコトトナレルヲ報ス。

右ハ来ルヘキコトノ来レルヲ感スルノミ。寧ロ其来レルノ遅キヲ憾ムノミ。東條内閣総辞職ノ理由ハ内閣強化ニ関シ百方手段ヲ尽クシタルモ事志ト違フニ依ルト。東條総理ハ我意余リニモ強シ。今日トナリテ更ニ内閣強化ヲ図リテ其地位ニ在ラント努力シ而モ総辞職ノ理由ニ於テ自ラ努メタルモ事成ラサル故ニト云フハ何タル不遜、何タル自己反省ノナキ云分ナルソ。戦争ノ事態ヲ此処ニ至ラシム其根源ハ挙国一心ノ徳ニ欠ケタルニ依ラスンハアラス。自ラ罪ヲ闕下ニ乞イ潔ク自決スベキノミ。〈朱傍線〉

後継内閣ノ組織ハ二十二日中ニ閣員名簿ヲ奉呈シ、午後親任式挙行ノ予定ナリト。

後任陸軍大臣ハ杉山元帥ナリト噂セラル。新内閣成立ト共ニ軍部首脳ノ内容ヲ一新セラルヘキヲ期待ス。

昨二十一日朝、グアム島ニ上陸ス。其兵力二師団内外ナリト。同島ノ守備兵力ハ29D（一聯〈隊〉欠）及混成旅団二個計十二大隊、住民二万五千、邦人五百人ナリト。相次テ悲惨事各島嶼ニ起ルヘキヲ覚悟セサルヘカラス。内外多事多難。

〈朱チェック〉独逸ニ於テハ二十日「ヒットラー」総統、爆発物ノ謀略ニ依リ軽傷ヲ負ヒ、側近ニ十数名ノ重軽傷者ヲ出ス。謀略ハ独陸軍及空軍ノ内部ニ在リト。参謀総長及憲兵司令官交迭スト。忌ムヘシ、忌ムヘシ。帝国ト独ヤ伊トハ違フ。独裁者ノ英雄的行動ヲ推賞絶讃シ、自ラモ之ヲ真似ントスルガ如キ輩ハ日本臣民ニアラス。口ニ忠ヲ唱ヘ、統帥ノ絶対ヲ部下ニ絶叫シ、自ラ以テ非ナル独裁者ヲ気取ルカ如キハ国体ヲ異ニスル帝国ニ於テ絶対排撃スヘキナリ。〈朱傍線〉

午後ラヂオニテ後継内閣閣員ヲ発表セラル。

首相	小磯国昭	文	二宮治重
外務大臣	重光　葵	厚	廣瀬久忠
陸軍	杉山　元	軍需	藤原銀次郎
海軍	米内光政	運輸通信	前田米蔵
内	大達茂雄	国務大臣	町田忠治
大蔵	石渡荘太郎		児玉秀雄
農商	島田俊雄		緒方竹虎
司	松阪廣政		

二十二、二十三日頃、今次ノ内閣交迭ニ至ル経緯、就中東條首相ノ態度ニ関シ憂慮スヘキ悪評、流言等耳ニ入ル。戦局不如意ニ伴フ国内民心ノ動揺ニ乗シ、敵側謀略ニ罅隙ヲ示スノ虞レ頗ル大ナリ。尚後継内閣ノ政治力就中強烈ナル実行力ニ関シテハ之亦同様ノ危惧ヲ抱クモノアルカ如ク、其ノ継続期間ノ如キモ必スシモ長カラサルヲ云フモノアリ。下村定中将閣下ヨリ切々ナル書状ヲ頂ク。嗚呼、天下志ヲ

同クシ憂ヲ等シクスルモノハ比々皆然ラン。嗚呼。冷静、沈着、楽観、意思ヲ以テ試練ヲ乗リ切ランノミ。〈朱傍点〉

昨二十三日、林忠彦少佐参謀要務ヲ帯ヒテ上京ノ途上、箱根山中ニ於テ飛行機事故ニ依リ殉職スト。少佐ハ豪放剛毅、苦難ノ戦局ニ処シテ特ニ役立ツ勇士ニシテ一昨年秋ハ第十七軍参謀トシテ「ガ」島ニ於テ具ニ苦難ヲ共ニシ、昨年末以来陸大兵学教官トシテ新鋭潑剌タル意気ヲ振ヒ、過般第三十四軍〈三十二軍〉参謀トシテ赴任シ月間ニ至ラス。惜ムヘキ哉。

二十四日午後、稲垣正治大佐（本初夏「ニューギニア」ニテ戦死）ノ告別式ニ参列ス。老父及妻ト三子アリ。哀悼ノ情切ナリ。尚前学校教官白石少佐、南方ニテ機上戦死スト聞ク。

七月二十五日、此日過般来鉾田飛行学校ニ隊付勤務中ノ第一学年学生金沢正憲、同遠藤正郎、爆撃演習中墜落殉職ス。洵ニ惜シキ犠牲ナリ。金沢少佐ノ夫人ハ石田保秀中将令嬢、遠藤少佐ハ遠藤五郎少将ノ一男ナリ。夕刻鉾田ニ到リ善後処置ヲ講ジ、翌二十六日夕帰校ス。

二十七日午後、両少佐遺骨夫々自宅ニ迎フ。遠藤少佐厳父ノ御態度真ニ立派ニシテ感激ス。金沢少佐ノ後事ハ稍不安ノ点アリ。

林忠彦少佐遺族ヲ見舞フ。相談相手ナク気ノ毒ナリ。戦争事態ノ深刻トナルニ及ヒ、心カラノ親切ハ大切ニシテ且之ヲ実行スルニハ幾多ノ困難アリ。

「ニューギニア」ニ転戦苦難ノ極度ヲ継続シアル猛〈第十八軍〉部隊ハ七月初頭ヨリ「ホーランジャ」ニ対スル攻撃ヲ開始セルモ、戦況不振ノ如シ。左記電報ハ猛部隊長ノ心境ヲ明カニスルモノニシテ、悲憤惨烈ノ涙ナクシテハ読ミ得ス。此電信ノ遅着ニ関スル諸般ノ事情亦戦況ノ大要ヲ察スルニ余リアリ。曰ク、〈六桁数字の前二桁は日、後四桁は時刻を示す〉

七月一二一二〇〇発、一八〇七二〇着　七月一八二一〇〇受付、二七一一〇〇提出

猛戦参電第三四号

猛号作戦本格的攻撃開始ニ方リ、七月五日全軍将兵ニ対シ左ノ通リ訓示セラレタルニ付報告ス。

左　記

軍ハ今ヤ猛号作戦攻撃各部隊ヲ「ヤカムル」周辺地区ニ集結シ、将ニ本格的攻撃ヲ開始セントス。

惟フニ各地戦局益々重大化シ目下西部「ニューギニア」「サルミ」及「ビアク」島方面竝ニ中部太平洋「サイパン」島方面ニ於テ両軍主力ノ決戦ヲ惹起シアリ。且本土ノ一部モ空襲ヲ受ケアル情況ニシテ形勢必スシモ逆睹シ難キモノアリ。

本職従来ノ決心ノ如ク「ホーランジャ」ノ奪回ニ依リ「ニューギニア」方面ニ於ケル戦勢ヲ打開スル方針ハ今遽ニ望ミ難ク、軍ハ茲ニ東部「ニューギニア」ニ於テ絶対不退転ノ境地ニ対処セサルヘカラサル状況ニ立到レリ。本職ハ深ク信頼スル全軍将兵ノ心事ヲ思ヒ断腸痛心是此事ニ外ナラス。

然レ共静カニ国史ヲ思ヒ、現在ニ於ケル他国ノ状況ヲ観ルニ、遠征ノ軍ニシテ斯ノ如キ状況ニ遭遇スルコト敢テ稀ナリトセス。

「本職ハ茲ニ先訓ヲ思ヒ更ニ不屈ノ信念ヲ振起シ、全軍相率キテ皇軍独特ノ本領発揮ニ邁進以テ訓示ノ趣旨ニ副ハンコトヲ期ス。」

而シテ其途タルヤ優勢ナル火力ノ確保持久ト敵戦力破摧ニ存スルト雖モ国軍諸般ノ実情ヲ察スルニ戦略戦術的ニ解決スヘキ合理的万全ノ方策ヲ求メ得ス。本職ハ此難局ニ処スル方策ヲ皇軍多年ノ鍛錬ニ依ル軍人精神ノ訓ユル道ニ求メントス。今ヤ敵ハ正ニ「アイタペ」付近ニ我ニ好餌ヲ呈シアリ。是天佑ニシテ軍ノ有スル戦力ヲ最モ有効ニ発揮シ敵戦力ヲ撃滅シ得ヘキ絶好最後的ノ機会ナリ。

若シ戦当初ヨリ持久ヲ主トセンカ、終ニ保有戦力ヲ発揮シ得スシテ悔ヲ千歳ニ遺スニ到ランコト必セリ。持久ノ如キハ猛号作戦ノ〈原電文四字?不明〉タランノミ。況ヤ西部「ニューギニア」ニ於テ皇軍主力ノ死闘シアル現下ノ急迫セル戦況ニ於テオヤ。即チ本職愈々意思ヲ鞏固ニシテ全軍渾身ノ力ヲ此点ニ一挙ニ凝集シ『「アイタペ」付近ノ敵ニ対シ徹底的攻撃ヲ加ヘ、之ヲ撃滅シテ且軍ノ収ムル戦果ニ依リ全軍ノ志気ヲ作興シ、且西部「ニューギニア」ニ於ケル友軍ノ戦闘ニ応ヘテ急迫セル戦況ニ策応シ、以テ皇軍ノ真価ヲ発揚セントス。之今次猛号作戦ノ終局的意義ニシテ、本職ノ誓テ達成セントスル宿志ナリ』

真ニ全軍畢生会心〈原電文二字?不明〉ト。誰モ余ス処ナク他日悔ナキ戦闘ヲ敢行スルヲ要ス。夫レ必勝ハ各人夫々其ノ任務ニ渾身ノ努力ヲ捧ケ之ニ殉スル〈原電文二字?不明〉ニ於テ初メテ獲得シ得ヘシ。皇国ノ彌栄ハ各人夫々皇国ノ危急ニ殉シ……

上ハ戦局ノ推移ト軍ノ動キニ垂レ給ウ無限ノ聖慮ヲ安シ奉リ、下ニ股肱ノ分ヲ全クシ悔ヲ千歳ニ遺ササルコトニ於テ遺憾ナカラシムコトヲ期スヘシ。

（註『　』内ハ傍受電ニ依ル。其後ノ接続ハ確実ヲ期シ難シ。）

七月三十日、約一個月振リテ忠夫帰宅ス。元気ナリ。

七月三十一日、曇後逐次快晴ニ向フ

大元帥陛下　行幸ノ下、第五十八期学生八十七名ノ卒業式ヲ挙行セラル。決戦日ニ急迫セル状況ニ於テ一切ヲ従来ノ例ノ如ク実施シ得タルハ光栄感激ノ至リナリ。

小沢大佐統裁ノ比島方面ニ於ケル防衛作戦ヲ実施ス。時間一時〈間〉十分間概ネ順調ナルモ時間稍長ク内容少々多岐ニ亙ル為ニ感激ト印象ニ乏シカリシ遺（ママ）アリ。

優秀学生ハ南重義（50）高杉恭自（50）小林一男（50）中津川七良（51）ナリ。南ハ謹厳純真ニ徹ス。其他ハ頭脳ヨキ所謂秀才型ナリ。特ニ大ナル器トハ云ヒ難シ。

東久邇宮盛厚王殿下ニハ概ネ優良ノ御成績ニテ御卒業遊サル。夕刻ノ祝宴ニハ杉山元帥（陸軍大臣）、梅津大将（参謀総長）、荒木大将等臨席セラル。荒木大将ノ祝辞アリ、「兵ハ勢ナリ」ヲ説カレ、卒業学生ノ大部ハ内地、各十名満洲及支那、南方ヘ十六名ナリ。

寒川大佐北支方〈面軍〉参〈謀〉、牧大佐4A参〈謀〉、山口少佐関〈東軍〉参〈謀〉発令。

八月三日、田中静壹大将軍事参議官兼陸大校長ニ親補セラル。午後秦前兼任校長ノ離任ノ辞アリ。校長在職僅ニ四個月余ナリ。陸大幹事着任以来岡部大将、飯村中将、秦中将、田中大将ノ四校長ニ仕ウ。河越少将第五軍参〈謀〉長、寺倉大佐65iB長発令。

八月四日、青山斎場ニ於テ金沢正憲、遠藤正郎両中佐ノ学校葬ヲ施行ス。

夕刻警戒警報発令、小笠原方面ニ敵機動部隊現出スト。

八月五日、新校長田中大将着任式ヲ早朝実施ス。

午前第五十九期学生ニ対スル今後卒業迄ノ教育実施ニ関シ兵学教官ニ対シ要望ス。内容ハ戦局即応徹底ニ在リ。稍具体的ニ過度ノ統制ヲ加ヘタル感アルモ、従来ノ実情ニ鑑ミ其要アルヲ認メタル為ナリ。

教官一同大ニ積極的ニ一心協力邁進ノ熱アリ。国軍、当校ノ為同慶ナリ。教務ノ事、吉橋中佐ノ人格ト努力ノ効ニ俟ツトコロ頗ル大ナリ。

夜ハ偕行社ニ於テ秦前校長ノ招宴アリ。

八月八日、海洋島嶼防衛作戦ニ関スル教官研究会ヲ実施ス。成果頗ル大。翌九日夕迄及フ。

八月十日十一日、十日朝福生飛行場発浜松ニ至リ跳飛攻撃実験ヲ見学ス。

中央統帥部ニ於テ、戦況推移ニ応スル必勝方策ヲ根本的ニ確立シ、此方針ニ基キ作戦上ノ戦機（予メ予定シ置クヲ要ス）ニ方リ、航空、陸海ノ全戦力ヲ組織的ニ統合発揮シ一挙ニ敵ヲ覆滅スルノ準備ヲ速ニ整エサルヘカラス。然ルニ各部門各部隊毎ニ個々問題ヲ研究シ、而モ該研究ハ夫々狭少（ママ）ナル範囲ニ於ケル個々ノ問題ニ限定セラレ、之ヲ綜合シ戦力（兵器生産、部隊装備、訓練ニ依リ）組織化シ予定スル某戦機ニ投合セシムルノ着意ニ大欠陥アルヲ痛感ス。少クトモ参謀本部ノ次長ハ主トシテ此カ方針確立ニ専念スルヲ緊要ナリトス。悲イ哉、本日ノ事態ヲ以テ荏苒推移センカ、戦局ノ悪化ハ益々加速度的ニ急転シ、施スヘキ策ナク、敵ヲシテ其欲スル処ヲ擅ニセシムルヤ必セリ、恐ルヘシ。〈朱傍点、朱傍線〉

八月十五日東京発、李鍵公殿下ノ御召列車ニ便乗ヲ許サレ、翌十六日朝広島着。船舶練習部ニ於ケル学生ノ隊付教育視察ス。司令官佐伯中将（最近26D長ヨリ転補）及馬場英夫少将多大ノ熱意ヲ以テ本校学生教育ニ努力セラレ感謝ニ堪エス。

十八日、夜似島ニテ恰モ学生ノ夜間舟艇機動演習出発セントスル直前、東京ヨリ電報アリ、急遽出発、広島発ハ十九日〇二四一ナリ。

十九日夕遅ク東京着。

二十日十時、校長閣下訪問、予ノ転出ニ関シ内示アリ。

二十三日、参謀本部ニ於テ作戦ニ関スル連絡ヲ行フ。

二十五日、転補発令、第六方面軍司令官岡村大将（岡村大将後任ハ岡部大将、岡部大将後任ハ後宮大将）ナリ。此日本部職員一同ニ挨拶。

二十六日、学生、兵学教官ニ転補挨拶、各方面ニ挨拶、正午学校ノ送別会食、夕ハ偕行社ニテ田中大将ノ職員招宴ニ出席ス。

二十七日、終日休養且書籍其他ノ整理。

二十八日、陸軍大臣杉山元帥、参謀総長梅津大将ニ申告。此朝信州ヨリ西村久到着、酒肴ヲ携ヘテ出征ヲ祝フ。故父母ノ墓碑建設ニ就テ予定ノ如ク実行方連絡シ、入費八百円ヲ渡ス。夕ニハ大井大佐ノ好意ニテ多大ノ珍味ヲ贈ラレ赤飯ニテ祝酒ヲ頂キ万端ノ準備成ル。

二十九日一三〇〇立川発、双発輸送機白雲号ニテ出発、同行中村参謀、乗田参謀（第五航空軍参謀帰任ノ為）。天候爽快頗ル快適ノ飛行ヲ続ケ一六三〇福岡雁ノ巣飛行場着。福岡偕行社ニ一泊、角参謀来訪。

三十日、夜来天候快晴、前途ヲ祝福スルニ似タリ。〇九〇〇稍前出発、同行ニ参謀本部伊藤中佐加ハル。

南京ヲ経テ漢口へ、八月三十日

快晴ノ空ヲ翔テ大陸ニ向フ。東支那海波静穏ナリ。航行船舶ヲ見サルハ心淋シ。揚子江北方地区ニテ大陸上空ニ入ル。青緑ノ耕地洵ニ懐シ。云フヘカラサル親味ヲ感ス。之予ノ支那大陸ニ対シ従来ヨリ抱懐スル心情ニシテ、今茲ニ再ヒ其思出ノ湧出ヲ感ス。一三〇〇南京着、総司令部ニ唐川総参謀副長ヲ訪ネ久闊ヲ叙シ、甘味、煙草ノ贈与ヲ受ケ、再度一六〇〇機上ニ上ル。航路ヲ北方ニトリ六安（合肥）、大別山上ヲ直進シ、一八〇〇漢口着。機上ヨリ満五年前ノ往時ヲ回想シ、感無量、親味懐味ハ掬スルモ尽キス。飛行場ニ天野、青木、今関ノ出迎アリ。漢口江岸ヲ経テ偕行社ニ入ル。昨午後東京ヲ発シ今夕漢口ニ在リ。

八月三十一日、午前畑総司令官、松井総参謀長始メ総軍各関係、呂武〈第三十四軍〉、隼〈第五航空軍〉、海軍根拠地隊ニ挨拶。

総司令官閣下ハ元気ニ拝ス。御心労ヲ察シテ感深シ。種々交談。

午後天野ヨリ従来及今後ニ関シ一般情況聴取。

三十日、最高三十四度、夜亦暑シ、敵機二、三来ル、五月蝿シ。

三十一日夜ハ驟雨アリ、稍冷気ヲ覚ユ。

九月一日　曇、涼

午前第一課関係情況、午後第二課関係情況説明。

✓〈朱チェック〉今次作戦ノ様相及特性ニ関スル認識ハ一応徹底シタルカ如キモ、今後之ニ対処スル実行ハ頗ル困難ナルヲ思ハシム。又今後長期ニ亙ル難戦ヲ控ヘ、第一線部隊ハ一日一夜ノ休養モ一食ノ十分ナル給養モナク、既ニ行軍戦闘数百里ニ及フモノ皆然リ、其戦力ニ関シテハ多大ノ心配ナキ能ハス。凡ソ無理ニハ限度アリ。統帥ノ調節宜シキヲ得サレハ徒ラニ軍ヲ死地ニ投スルノミ。一城一地ヲ奪取セハ事足ル戦闘主義ノミヲ以テ大軍ノ長期作戦ヲ弄ハ其結果タルヤ思フヘキノミ。〈朱傍線〉

九月二日　曇、涼

総司令部ニ於テ第二期作戦ニ関スル後方関係研究会アリ。鉄道、船舶、航空、各部関係ニ亙リ一般ノ状況ヲ聴取シ、今後ノ兵站一般ニ関スル検討ヲ遂ク。状況ヲ深察スルニ伴ヒ益々困難ナルヲ知ル。然レトモ事前ニ十分之ヲ察シテ之カ対策ヲ決定シ置カハ概ネ大ナル過誤ナキヲ得ヘシ。天野ト安崎ノ組合セナレハ諸事信頼スルニ足ルヲ信ス。

本日夜十一時迄研究ヲ継続ス。

九月三日　曇、涼

岡村軍司令官閣下到着予定ノ処天候不良ノ為延期。

昨二日、武田功大佐当軍作戦課長ニ、井本大佐第十一軍作戦課長ニ、島貫大佐航空本部付発令。之ニテ此方面ノ一切ノ人事ハ一段強化且軌道ニ乗ル。

九月四日　曇、逐次好転、涼

岡村将軍〇九四〇漢口飛行場着、着任セラル。御元気且溌剌タル御様子ヲ拝シ誠ニ喜ハシ。一二〇〇統部隊〈第六方面軍〉将校一同申告ス。予代表シ、微力ナレトモ大将閣下ノ御威徳ト御武運ノ下、精魂ヲ尽シテ御奉公申上クル覚悟ノ旨申告ス。御大将ヲ迎ヘテ意気健昂（ママ）、万事佳。昨夜南京ニ空襲アリ、軍需品ニ損傷若干アリ。

九月五日　連続曇、涼

岡村軍司令官ニ対スル総軍幕僚ノ状況説明アリ。将軍昨夕ト本夕釣魚ヲ楽シム。

✓〈朱チェック〉**九月六日**、吉野少将ノ西南軍ニ対スル謀略ノ状況説明アリ。支那ノ事ハ岡村大将ハ百モ承知ノ達者ナリ。予ハ作戦ノ事ハ兎モ角此方面ノ事ハ一切駄目ナリ。而シテ此種ノ駆引ニ於テハ数千年来ノ伝統ト試練ヲ経タル漢民族ハ日本人ノ相手トシテハ到底我及ハス。北支方〈面〉軍堤参謀ニ托シ、岡部大将、吉本中将、塩澤中将、堀毛・矢野各少将ヘ書状ヲ托ス。東京ヨリ第二課長服部大佐以下数名ノ一行作戦連絡ノ為漢口着、内大佐以下若干ハ同夕衡陽ニ向ヘリ。編成期日迫ル。漢口司令部ハ平時的ノ施設ト気分アリ。人ノ往復繁シク五月蝿シ。漢口偕行社ノ毎夜ノ宴会モ不快ナリ。此ノ処戦場ト内地トノ気分往昔ト反対ナリ。

将ハ緘黙ヲ尚フ。明朗快爽ト饒舌トハ自ラ異ル。〈朱傍点、朱傍線〉往年武漢作戦当時ニ於ケル感想ヲ思出シテ再ヒ此感ヲ深クス。果シテ如何ニ考フヘキヤ。

九月十日　二、三日引続キ小雨、涼ニ過ク

本日零時ヲ以テ統〈第六方面軍〉兵団司令部編成完結。総司令官訓令。統軍司令官ノ司令部職員ニ対スル訓示。午後司令官ノ作戦及統帥ニ関スル理念（司令官之ヲ統帥理念トイフ）ニ関スル教示アリ。予ヨリ職員全員ニ対シ司令部業務遂行ニ関スル注意ヲ与フ。

岡村軍司令官ノ司令部職員ニ対スル訓示ハ、要領ヲ口演セラルルノ外、特ニ今次ノ大命拝受ニ関スル閣下ノ所感ヲ力強ク且率直ニ披瀝セラル。其内ニ曰ク、予ハ既ニ出戦八回ニ及ヒ、今回ヲ以テ九回目ナリ。三年前ニ於テ既ニ全軍最先任ノ方面軍司令官ナリ。然ルニ再度此方面軍ノ統率ヲ拝ス。其意義真ニ深遠ナリ。曰ク参謀長宮崎少将ハ武漢攻略戦当時ノ作戦課長ニシテ、副長天野少将ハ当時ノ作戦主任ナリ。予ノ老骨ニ配スルニ此参謀長及副長ヲ以テセルコトハ之亦頗ル意義深ク、率直ニ申セハ「コレテモ出来ヌカ」

トノ配慮ヲ中央ニ於テ執ラレシコトト感ス。〈朱傍線〉曰ク隷下指揮下部隊長ニ対スル懇切、情誼ニ関シテハ、武昌ニ於ケル兵団長会同ノ際ノ事例ヲ挙ケ、故井上少将ノ茲ノ努力ヲ賞讃セラル。之ヲ要スルニ、将トシテ其赤心ヲ腹中ニ置テノ熱情溢レ多大ノ感銘ヲ受ク。

午後幕僚及各部長ニ対スル教示ニ於テハ、左ノ九項目ヲ挙ケテ自己ノ「統帥理念」トシテ懇諭セラル。曰ク、

一、軍司令官ト幕僚トノ事務関係（大綱主義、陣頭指揮、参謀長信任）

二、統帥ノ純正（統帥ノ確立、軍紀ノ振作徹底、事例トシテ職記奉宣ヲ示サル）

三、対支作戦指導上ノ主義（放胆果敢、必勝確信）

四、敵素質ニ応スル戦法ノ採用（支那軍ノ組成ト実戦力、直、雑、米化、蔣直属、胡宗南、約三〇師）

五、上級司令部ニ対スル心得態度（妄リニ増援ヲ乞ハス、妄リニ意見具申セス、黙々実行主義）

六、資材ノ節用

七、民心ノ把握（第一歩カ緊要、姑娘ノバロメーター）

八、賞罰ノ厳明（作戦中ニハ疎略トナル傾向アリ。戦功ト混同スル勿レ）

感状ハ小部隊主義

九、隷下指揮下協力関係部隊トノ融和団結、第一印象カ大切、飛行隊トノ協同

夕偕行社ニ於テ総司令官以下総軍幕僚ト統〈第六方面軍〉司令官以下幕僚ト会食アリ。

九月十一日

十時、呂武〈第三十四軍〉集団司令部視察、訓示。

午後竹下中将ノ湖南軍政処理ニ関スル意見報告。

大本営参謀服部大佐一行ノ状況視察結果並之ニ基ク所見開陳アリ。内容ハ至当妥当ノ所見ナリ。予ノ所見亦概ネ同様ナリ。其要旨左ノ如シ（略）別紙日誌

要ハ十一月一杯ニ桂林、柳州ヲ片付ケル作戦目的ニハ従来ト変化ナシ。

防空（機関砲40）、航空兵力ハ甚シク低下セシメサルコトニ努ム。

後方地域ノ統轄ニ当ツヘキ一軍司令部ノ増加ハ望ミ少シ。兵站監部ニテハ如何。

作戦全局ノ見透シ（必成確度）、総軍司令部ノ要求ニ基ク四師団増加問題（之ハ吾人ノ関知セサル問題ナリ）

右ニ対シ予ヨリ判決的ニ左ノ件ヲ連絡ス。

一、作戦全局完遂ニ関シテハ目下何等ノ不安懸念ナシ。
但シ本年末以後ノ状況ニ関シテハ確言シ得ス。

二、全県付近ヨリノ攻勢前進時機ハ方面軍司令官ニ一任セラレ度（此件ハ後方推進強化ニ依リ、十月末頃ノ行動発起ヲ要望セラル。之ハ当方ノ担任事項而モ11A及23Aヲ併立統帥スヘキ立場ニ在ル方面軍司令官自ラ当時ノ状況ニ基キ決定セラルヘシ）。

三、後方地区ニ軍司令部ハ速ニ編成スヘキ件ニ就テ再度考慮ヲ望ム。若シ不可能ナレハ方面軍司令部ニ参謀三名ヲ増加配属ヲ希望ス。

右概要ハ軍司令官ヘモ報告シ了承ヲ受ク。
此際軍司令官ヨリ「軍司令部新設不可能ナレハ一時駐蒙司令部抽出」ノ意見アリシモ、予ハ「之ハ総軍司令官ノ関スル問題ニシテ、統〈第六方面〉軍トシテハ表（ママ）的ニ関与シ得サル件ナリト申置ケリ。

本日、参謀総長電ニテ「海軍ヨリノ通報ニヨレハ、敵兵本十日十二時三十分「ダバオ」ニ上陸開始セリ」ト。真ニ奇異ナリト為セシ処、果セル哉「誤報ナリ」ト追電アリ。大本営幕僚シッカリセヨ―。

午後下山航空軍司令官挨拶ノ為来訪。本日夕ヨリ総司令官邸ノ階下ノ一隅ニ居ヲ定ム。官邸ノ豪壮広大稍度ニ過クルヲ感ス。カカル気持カ支那事変ヲ遷延セシメ、大東亜戦ノ逆転ヲ招来セルモノナリ。〈朱傍線、朱傍点〉

九月十二日　小雨、陰湿涼

午前、軍司令官第五航空軍司令部訪問。和気藹々トシテ威容ヲ主トセス淡トシテ自然ナリ。将トシテノ天分遺憾ナシ。真似ント努ムルモ能ハサルトコロナリ。夕刻橋本航空軍参謀長来訪、航空協同ニ関スル基本的事項ニ就テ連絡アリ。要項左ノ如シ。

一、基地周囲ノ眼（少クモ百粁前方、相互間隔三十粁、通信）

一、基地施設（滑走路、掩体、設定地、指揮官ノ区処ニ入ラシムルコト）

一、基地集積（燃、弾、計画ハヨキモ実行及状況推移ニ伴フ強行力不足）

○一、彼我航空戦力ノ消長ニ依ル作戦指導

イ、月明　月齢、上弦七日～十二日（五日）
下弦十八日～二十三日（五日）
十三日～十七日不可

ロ、当方ノ兵力増加時機〈戦二戦隊〉

ハ、我航空戦力発揮

地上火力ニ依ル敵機制圧、欺騙行動、欺騙施設

十三日　夜、予ノ官邸ニ於テ天野副長以下各主任者会同シ、今後ノ作戦指導ニ関スル研究ヲ行フ。大体ニ於テ観ル処一致シ、同一ノ考ヲ以テ進ムヲ得ヘキヲ信ス。

九月十五日

旭〈第十一軍〉司令部ト連絡ノ為、早暁漢口発白螺磯ニ飛行ス。一行安崎、中村、東参謀、白螺磯憲兵隊傍ノ宿泊地ニテ休憩。昼寝、入浴、釣魚ニ閑ヲ楽ム。殊ニ大鮒ノ大漁ハ愉快ナリキ。

一九一〇発薄暮ヲ利用シテ飛行シ、一時間二十分ニテ衡陽飛行場着。航空軍橋本参謀長先着シアリ。午後湘江ヲ渡リ廃墟ニ化セル衡陽市街ノ一角ヲ横断シ勝木塘ノ旭連絡所ニ於テ乗馬シ、稲田ノ畦路ヲ約六粁行軍シ、翌未明二時三十分軍司令部ノ宿泊所タル〈下牌沖ノ〉民屋ニ到ル。同所ニ軍政部員タル寺平中佐アリ久闊ヲ叙ス。

十六日　司令部ニ横山軍司令官ニ挨拶シ、中山軍参謀長ヨリ一般情況ヲ聴取ス。此際予ヨリ軍司令官ニ対シオ伝ヘセル事項並軍司令官ヨリ開陳セラレタル主要ナル件、左ノ如シ。

予ヨリ軍司令官ヘ

一、方面軍司令官トシテ統帥統率上ノ意図。方面軍司令官ハ爾後ノ任務達成ノ為専ラ第十一軍ト第二十三軍トヲ統帥シ、特ニ両者ノ関係ヲ律ス。

尚第二十三軍ニ対シテハ方面軍司令官トシテ統率上ノ親心ニ就テ考慮アリ。

右ノ外、方面軍ハ第十一軍ノ後方地域ヲ担任スルト共ニ補給ノ推進ニ任シ、第十一軍ヲシテ後顧ノ憂ナク前方ニ対スル作戦ニ専念シ存分ノ力ヲ発揮スルニ遺憾ナカラシム。

二、今後ノ作戦指導ノ大観

次期作戦ニ於ケル重要問題ハ、敵空中勢力ノ増勢ニ伴フ後方交通線ノ脅威、長遠長期ニ亙ル作戦ノ後方補給ノ確保ニ在リ。敵地上戦力ハ大ナル問題ニアラス。只十二月以降来年初春頃迄ニ米〈式〉化敵軍ノ決戦的反攻ニ対シ対策ヲ確保スルノ要アリ。〈朱傍線〉

三、第十一軍ノ第二期作戦準備及指導ハ、前項ノ主旨ニ鑑ミ、戦力保持ト長期戦ニ対応スルノ着意ヲ緊要トス。
四、其他、方面軍直轄管区設定、湖南軍制、方面軍戦闘司令所推進時期等
横山軍司令官ヨリ特ニ述ヘラレタル所懐左ノ如シ。
一、総軍カ従来軍ノ前方進出ヲ引止メタルハ何等カ国内其他全局ノ情勢上表面ニ表シ得サル理由ノ存スル為ナリヤ
　予曰ク「カカル事由一切ナシ。御懸念ナカルヘキヲ要ス。方面軍司令官ニ於テモ何等ノ疑惑ナク任務ニ邁進セラルル意気旺盛ナリ。
二、従来統帥上幾多ノ雑音ヲ耳ニシ、予自ラ之ニ関シ苦キ経験ヲ有ス。〈朱傍線〉之カ為上級統帥ノ命令以前ニ他ノ事ヲモ考慮ヲ払フヲ要スルカ如キ状況ナリ。例ヘハ七月次長来訪ノ際ノ参謀総長ノ意向ナリトテ、贛州、遂川飛行場攻略ノ希望ノ如キ其一ナリ。
　予曰ク「此件ハ統帥ノ純正ヲ期スル事ヲ強調セラレアル方面軍司令官ノ境地ニ鑑ミテモ、今後御懸念ナカルベキ事項ト信ス。方面軍司令部ニ於テモ自ラ此点ハ確乎明徹ヲ期セラルルコトト信ス。」
三、軍ハ其司令部ヲ第一線ニ近ク推進シ、直接戦闘ヲ指揮スルヲ至当ト考ヘアリ。第一線兵団ノ気持亦然リト感得シアリ。
　予曰ク「克了解セリ。方面軍司令部ノ行動等ニ依リ、如上ノ主旨ヲ妨クルカ如キナカラシムルハ勿論、第十一軍司令官自ラノ行動ニ即応スル如ク、方面軍司令官ノ行動ヲ律セラルヘシ。」
四、桂柳ノ作戦目標ニ関シテハ従来明確ナル意思表示ニ預カリアラス。軍ハ桂林ノミヲ目標トスト云ヒ、或ハ柳州ヲモ一挙攻略スト云ヒ、或ハ波〈第二十三軍〉集団ハ柳州ヲ攻撃セストモ云フ。実際ハ如何。
　予曰ク「此点ハ明瞭ナル筈ナリ。方面軍ハ桂柳ヲ目標トス。此際両軍ニ対シテハ統帥上夫々ノ目標ヲ与ヘラレ、之カ協調策応ヲ律セラルヘシ。」
（付記、前記ノ「雑音」ト云ヒ、尚此件ト謂ヒ、横山閣下自ラ其脳裏ニ各種ノ混濁ヲ招カレアルニアラスヤ。又参謀長ニ於テ統帥理念ノ確立ヲ欠キ、個人的ノ所見カ意見ナル等対立的ニ統合セサル考ニ迷フニアラスヤト考ヘラル。）
五、軍カ一挙全県付近ニ進出セルコトハ上司ノ意図ニ合セルモノナリヤ、或ハ反セルモノナリヤ、一体ヨカッ

タカ悪カッタカ。

予曰ク「当面ノ状況ニ即応スル軍司令官ノ統帥ニ関スル問題ニシテ其可否ヲ論スル主旨ノモノニアラスト考フ。抑々統〈第六方面軍〉軍司令官ハ前述ノ如ク今後ノ作戦様相ニ鑑ミ十分ナル戦力ヲ保有シ弾発力ヲ蓄ヘテ爾後ノ作戦発起ヲ見ルノ重要性ヲ感シアルモノニシテ、戦況ノ推移ニ応スル作戦指導ヲ云為スル云（ママ）レナキモノト信ス。カカル意味ノ御質問ヲ拝スルコト自体小生ハ頗ル不審トスルトコロナリ。

付、右ノ言ヲ拝シタルハ予トシテモ統率補佐上ニ欠陥アリシヲ感ス。即チ全県攻略ハ十三日ニシテ、当時統ハ統帥発動ノ直後ニシテ且従来ノ経緯上総軍ト旭〈第十一軍〉トノ間ノ問題ノ明確ナル落着ヲ見サル統帥上ノ転換機ナリシナリ。従テカカル点ニ就テ気付カサリシニハアラサルモ迂闊ノ為処置セサリシナリ。此種ノ問題ハ武漢作戦当時、軍カ統帥発動ノ初頭ニ於テ第六師団カ黄梅攻略ノ報告アリシ際、之ニ対スル祝電ヲ至急報トセサリシ為、発信遅延シテ先方ノ感情ヲ害セシコトアリ。統帥上人心ノ機微ヲ察スヘキナリ。

最後ニ今回ノ旭訪問ニ依リ受ケタル感想ハ判然ト表明シ難キモ、司令部業務特ニ司令官ト参謀長以下、司令官・参謀長ト参謀トノ間ニ脈絡一貫ノ点ヲ欠キ、且統帥ノ根本ニ関スル理念ニ明徹ヲ欠クルモノナキヤヲ思ハシメタリ。〈朱傍線〉

特ニ参謀長中山少将トノ雑談中、総軍司令部ニ対スル批判的言辞アリシヲ大ニタシナメ置ケリ。要スルニ余リ愉快ナル気分ヲ抱ク事能ハサリキ。

十七、十八日 旧知ノ各参謀トモ且連絡且指導シ、十八日午後井本参謀ノ前線視察帰来ニ伴ヒ、次期作戦準備要綱案ノ説明ヲ受ケ、夕刻司令官邸ニテ会食〈参謀長、井本列席〉。夜行勝木塘ニ至リ、二十三時自動車ニテ易俗河ニ向フ。

井本大佐ノ案ハ、一応十一月上旬末全県付近ヨリ六兵団全力ヲ挙ケテ攻勢前進シ、行ク〃〃桂〈林〉ヲ屠リ一挙ニ柳〈州〉ヲ波〈第二十三軍〉ト協力シテ攻略スルニ在リ。攻撃開始時機ハ勉メテ速ナラシムルニ努ム。

右ニ対シ予ハ一応此案ヲ承リ帰ルモ、爾後更ニ検討研究ノ上如何様ニモ変更アリテ然ルヘシ。統ハ旭ノ考ニ即応スル如ク後方関係ヲ律スルニ努ムヘシ。尚、井本ニハ旭ノ人ニ成リ切リテ、現在ノ状況ヲ想定トシテ捉ハルルコトナク方策ヲ決定スルコトニ留意ヲ望ミ置ケリ。

十九日、衡陽—易俗河間道路ノ景況大体可。夜半二時戦車壕ニ突込ミテ自動車転覆、同乗ノ寺平中佐外兵二名骨折ノ受傷アリ。

天明後モ走行ヲ続ケテ〇九〇〇頃易俗河着。野戦予備病院及兵站支部ヲ視察シ、日没頃湘江ヲ渡リテ湘潭飛行場ニ至リ地区大隊ニ一泊ス。

二十日、朝来此付近ニ在ル開〈第六十四師団〉、森（ママ）、鉄（ママ）、船（ママ）、補給廠関係一同ヨリ状況ヲ聴取シ、一応ノ所懐ヲ述へ置ケリ。後方地域ノ諸業務モ追々軌道ニ乗レルモ、確実適切ナル実行ハ未タシノ実情ナリ。

夕遅ク白螺磯ニ向ヒ飛行シタルモ該飛行場ニ警報アリテ漢口ニ帰来ス。

二十三日、二十二日夜漢口、武昌地区ニ敵機数機来襲。武昌中央弾薬庫ニ火災爆発アリ、多大ノ損害ヲ出セルハ頗ル遺憾ナリ。即チ弾薬ハ武漢保有量八千屯中、20%タル一千六百屯、燃料ハ同15%ノ損失ナリ。右ニ関シテハ第三十四軍司令官ヨリ総司令官及統〈第六方面軍〉司令官ニ、又同軍参謀其他ヨリ実情ニ就テ状況説明アリ。要スルニ平時的都会的環境ニ狎レ、対空ノ対敵観念頗ル低調ナルヲ思ハシム。

尚、本日午前中村参謀ヨリ旭方面視察ノ状況報告アリ。

此際、予ヨリ参謀一同ニ対シ予テヨリ謂ハント欲スル一端ヲ伝へ置ケリ。〈朱傍線〉

其要旨左ノ如シ

一、司令部ノ一心同体、同一状況下ニ同シ物ノ考方、観方ニテ行フ事。部隊ニ対シ個人ノ私見等漏スヘキニアラス。

一、司令官ハ大綱主義ナレハ、参謀長ハ強力ニ統轄シ徹底ト実行貫徹ヲ期ス。参謀副長ハ勤務令ニ示ス如ク参謀長補佐ノ任ヲ重視ス。

一、司令部ノ率先垂範〈作戦本位ニ徹底スルコト、軍紀態度敬礼ノ厳正〉、作戦ノ様相ヲ認識シ、思索研究シ、教ヘツツ誘（ママ）キツツ戦フ主旨ヲ実行スル事。

一、司令部ノ地位ハ方面軍トシテ第十一軍ト第二十三軍ノ両者ヲ統帥シ、其相互関係ヲ律スル為ノ大綱ヲ示シ、両軍自体ノ積極潑剌タル活躍ヲ期待ス。

右ノ外、第十一軍ノ後方地域及補給ノ推進ヲ自ラ之ヲ行フ。即チ一ハ方面軍トシテ、一ハ軍司令部ノ性格トシテ、細部ヲ周到綿密ニ直接指導ス。

尚、過般旭ト連絡セル時ノ状況ニモ鑑ミ、統帥ノ正統以外ニ雑音的言辞ヲ漏スヲ慎ムコト、方面軍自体ノ遣リ方モ亦此主旨ヲ徹底スルコト。」

尚、最近ニ於テハ若キ参謀カ特別ノ訓練期間ヲ経スシテ重要繁劇業務ニ服スル為、統帥ノ根本ヲ十分弁ヘスシテ業務ヲ事務的ニ軽率ニ処理スル弊風アリ。又文章モ甚シク低劣ニシテ高級統帥部ノ幕僚トシテノ能力不十分ナルモノアリ。作字ノ拙ハ最モ甚シ。〈朱傍点〉

二十三日夜、司令官以下幕僚部長ノ第一回ノ懇親会食アリ。老輩元気旺盛、若輩ニ壮気乏シ。

九月二十五日

一、早朝司令官〈天野副長、高橋参謀随行〉南方〈第二十三軍〉集団訪問ノ為飛行場出発セラル。御出発直前面談ノ節「今次作戦ニ就テハ東京方面ノ報ニ依リ察スルニ、第二部及陸軍省関係ニ於ケル相当ノ異論アリ。所謂インパールノ覆轍ヲ見サル為、後方補給ノ確保ニ就テハ更ニ一層ノ慎重ヲ期スル要アリ」トノ旨申サル。〈朱傍線〉

聞クトコロニ依レハ、総参謀長作戦要務等連絡ノ為上京ヲ命セラルト。捷号作戦ノ計画ヲ実行ニ移サレアリト云フ折柄、当方作戦ニモ全然影響ナシトハ断シ得ス。心ニ懸ル事共ナリ。

二、旭〈第十一軍〉作戦地域ノ一部ヲ方面軍直轄トスル作命甲及丙本日発令。之カ実行ニハ逐次着手シ、十月一日零時ヲ以テ指揮転移スルモノナリ。此命令ノ実行ハ頗ル煩瑣ニシテ実行兵団ノ着意ト実行力ニ俟ツトコロ大ナリ。依テ来月上旬末頃ニハ、直轄地域ノ兵団長会同ヲ実施シ、此際之カ実行ノ細部徹底ニ関シ説明ノ要アリト認メ、之カ研究ヲ命ス。

三、波〈第二十三軍〉集団ノ作戦モ概ネ予定ノ如ク進捗シ、敵機ノ妨害モ甚シク大ナラス。十月二十五、六日頃ニハ丹竹、平岡付近ヨリ梧州ニ向フ作戦ヲ開始シ得ル見込ナリト報ス。

旭方面ノ桂林ニ向フ作戦準備ノ具体化ニ伴ヒ、次期作戦ノ発動ニ就テ研究ヲ進ムル要アリ。

第五航〈空軍参謀〉副長堀場大佐来訪、明日ヨリ衡陽ニ至リ、該地ノ基地設備ヲ促進スト。其際曰ク、将来ノ状況推移ヲ考フルニ捷号方面ノ関係モアリ、桂柳地区ト広東地区及雷州半島付近ニハ確固タル航空要塞ヲ保持スルヲ要ス」ト。予曰ク、広東ニ関シテハ然リ、而シテ之ヲ行フ為ニハ、桂柳方面ノ落着後速ニ衡陽方面ヨリ粤漢線ニ沿フ地区ヲ約二個（ママ）ヲ以テ打通シ、広東軍ヲ構成スルヲ要ス。之カ為速ニ二個（ママ）ヲ増援ヲ受ケ得ハ可ナルモ然ラサレハ自ラ之ヲ行ヲ要スヘシ。

九月二十六日、ココ十数日連続快晴、最高三六度、暑熱ヲ感ス。

午後部長幕僚会報ヲ行ヒ冒頭予ヨリ左ノ件ヲ示達ス。

一、十月一日零時ヨリ湖南省北部地域ヲ統軍〈第六方面軍〉直轄トスヘキ命令発令（二十五日）セラル。依テ今之ニ基キ若干ノ説明ヲ為ス。

第一、命令ノ主旨ト之カ実行

一、作命甲丙ノ関係　軍司令官ノ一途ノ方針ニ基キ、一ハ作戦警備其他ノ大綱ヲ示ス。一ハ主トシテ後方関係事項ヲ具体的ニ示スモノナリ。

二、本命令（甲丙）及軍政（ママ）（軍政部長ニ示達セラレタル軍政指導要綱並軍政ニ関シ軍隊ノ措置スヘキ要綱等ニ基キ各部隊長ハ作戦地域及軍隊ノ実情ニ即シテ自ラ所要ノ計画ヲ策定シ、之ニ基キ軍隊ヲ部署シ之カ実行ノ具現ヲ期ス。

之カ根本ノ発令者ハ軍司令官ニシテ之カ実行ノ責任者ハ受令者ナリ。此間ニ於テ之カ実行ヲ神速確実統一セシムルモノハ各部長、幕僚ナリ。

三、各兵団ノ任務タル現地自活ノ物資取得ノ要領ニ就テハ別命セラルヘキ事ヲ命令セラレアリ。現地自活ノ意義ハ此際根本的ニ確立徹底セシムルコト緊要ナリ。即チ各兵団ハ自ラ現地ニ生クルノミナラス、長遠ナル進攻作戦ニ任スル尨大ナル兵団ノ為主食ノ全量ヲ補給スヘキ基地タル任ヲ有スルモノナリ。而シテ作戦ノ成否ハ一ニ懸テ此点ニ存スト雖モ過言ナラス。」

物資取得ハ作戦遂行上及更ニ帝国ノ戦争遂行上緊急ナル問題ニシテ、之亦作戦目的ノ一部分トシテ軽視ヲ許ササル事項ナリ。而シテ之カ実行ハ主トシテ軍政部ノ計画指導ニ依ルヘシト雖軍隊亦之ニ積極的ニ協力シ、所要ノ警備、輸送等ヲ援助スルヲ要ス。

四、撃米愛民ト軍紀ノ確立ハ如上ノ作戦目的達成上絶対必須ノ要素ナリ。蓋シ米穀及物資ノ取得ハ華人ノ積極的協力ニ依ラサレハ到底十分ナル成果ヲ収ムルコト能ハサレハナリ。統司令官五訓、将兵ニ告ク戦捷ノ要訣、戦陣訓、皆此主旨ニ基クモノニシテ、根本ハ勅諭ノ実践躬行ニ外ナラス。

✓第二、執務上ノ注意若干

○一、統帥上ノ根本事項ニ関シテハ慎重且徹底セル識見ヲ有スルコト。

命令ニ依ラスシテ一兵ヲモ動ス能ハス。（例、補充兵ノ鉄道工事援助）

命令ハ任務ヲ明確ニシ死力ヲ尽シテ之ヲ貫徹ス。

（例　兵器廠ノ弾薬拾取、過（?）大又ハ気付ヲ羅列シ重点無カラシメ、命令実行ヲ軽視セシム。）

命令ノ任務ニハ必ズ所要ノ能力ヲ伴ハシムルコト。

＝「方向ト勢」「任務ト力」

二、幕僚各部等計画ニ任スルモノハ自ラ全知全能ヲ挙ケテ実行ノ成果ヲ確実ニスルコト。

之カ為要スレハ実行方法ノ細部ヲモ規正ス―受令者ノ識能ニ応スル命令。

例、爆撃損害防止ノ指示ト之カ実行ヲ可能ナラシムル仕向（計画セシメ点検シ要スレハ力ヲ付ケテヤルコト）

乱梱防止ノ具体的方法―只上ノ注意ヲ伝声筒トナルノミニテハ不可。具体的手段ヲ講シ実行ヲ監督ス。

三、計画ニ任スルモノハ、特ニ先見洞察ト機ヲ失セサル先手ヲ打ツコト」〈朱傍線〉部下ニ対シテ主動ト先手（間合セ又ハ実行シテ力不十分ナルハ不可）

三（ママ）、信務ニ関スル業務ノ敏活確実ニ一層ノ努力ヲ要ス。

「執務規定」ノ徹底ト実行

着発信電報中単ナル事務以外ハナルヘク予ノ一閲ヲ得ルコト。之ニ依リ全般ノ状況ニ通暁セシメ、司令部業務全般ノ運営進捗ヲ会得セシメ且司令部業務ノ統括ヲ明徹セシムルコトヲ得レハナリ。

九月二十七日　曇　久振リニテ曇

一、先般服部作戦課長来漢ノ際連絡セル湖南地区軍司令部ハ第二十軍司令部ヲ充当スル事ニ内定。之カ戦闘序列ニ関スル意見ヲ照会シ来ル。依テ概ネ現在ノ衡陽西方付近ヨリ以北ノ一般兵団ヲ之ニ入レ、兵站関係部隊ハ之ヲ方面軍ノ直轄トスル意見ヲ定ム。尚右ノ外独立速射砲大隊、高射機関砲若干ノ増加ヲ通達シ来ル。

二、竹下中将二十五日付東部軍司令部付ニ転補ノ旨人事局

長ヨリ来電アリ。理由不明。差当リ軍政部業務ノ軌道ニ乗ラントスルニ方リ難有カラサル異動ナリ。之カ後任ナク、従テ次級ノ松永大佐ヲ取敢ヘス代理トスルコトニ定ム。

一、作戦情報上特異ノ点

✓Ｂ－29基地ハ成都ノ外、天水、延安ノ疑アリシ処、天水ニ関シ具体的情報アリ。

✓Ｂ－29出動前ノ通信異常状況アリ。20/8、8/9ト同様ノ状ヲ昨日認ム。

✓南京ニＢ－25十数機来襲、目標ハ軍需品、桟橋、船舶、ち号。(?)

「ち」号ノ配置個所ハ他ノ目標ニ近接セシメサルコト緊要。又其施設ノ防空遮蔽ニ注意。

二十六日一三三〇～一四三〇在支米空軍Ｂ－29八十～九十、鞍山、大連、本渓湖来襲。撃墜(不確実)

二、撃破四。

在新郷飛行隊ハ師徳(往路)、彰徳(帰路)撃墜五、(不確実一)、撃破八。

隼〈第五航空軍〉ノ成都追尾攻撃、炎上七、撃破七。

〈成都追尾以外〉計二十、総計三四、内十五炎上又ハ撃墜。

九月二十八日　前日夜雷雨、朝曇涼

一、情報

○支那軍、団、営、連ニ無線電信班ヲ増設スル件ニ就テ最近米側ヨリ華県(西安東北七〇)ニ於テ交付ス」ト。(Ａ)

○従来衡陽東南方地区ニアリテ側撃シアリシ二十七集団軍(第九戦区主力)ハ藍山―永明ヲ経テ桂林ニ前進ス。(二六日(ママ)Ａ)

○駐柳州戦車営ノ一連(戦車八)、桂林作戦ニ参加シ、残余二個連ハ宜山方向ニ撤退ヲ企図ス。(二五日(ママ)Ａ)

○第四八師ノ戦車連ハ衞立煌ノ命ニ依リ、怒江方面ニ赴ク。(二十五日)

右ハ昆〈第三十三軍〉集団ノ攻勢ニ依リ怒江方面ノ危急ヲ感セル結果ニシテ、我方面軍ノ攻勢発起ヲ神速ナラシムルコトハ昆方面ノ作戦ニモ重大ナル影響アリト判断セラル。

二、重要事項

○大陸命第一一四三号発令、其要旨

1、第二十軍司令部ヲ第六方面軍ノ隷下ヘ

2、独速射砲第二十八大隊ヲ第六方面軍ノ戦闘序列へ
○節号演習状況　二十七日未明、乙支隊ハ上陸ニ成功ス
（連江河口両岸ニ奇襲上陸シ、連江ニ向ヒ前進中）
二、航空状況、二十六日衡陽以北戦場敵機来襲セス。祁陽方面亦敵機活動低調。
夜ハ官舎ニテ牛肉スキ焼参謀ト会食

九月二十九日　小雨時々曇、涼

一、情報
各方面共我作戦順調ニ進展ス。

旭〈第十一軍〉ハ二十七日午後宝慶ノ完全占領ヲ了リ、光〈第三十七師団〉ハ同地付近ニ集結シテ軍主力方面へ転進ヲ準備シ、岩〈第百十六師団〉ヲ以テ宝慶周辺ノ要点ヲ確保シテ軍右側背ノ掩護ニ任セシム。

南〈第二十三軍〉集団ハ川挺進隊ヲ以テ二十七日丹竹飛行場ヲ占領シ、又集団主力ノ前進及西江啓開作業亦順調ニ進捗中ニシテ、天野副長ノ報告ニ依リテモ、集団ハ所要ノ攻勢準備ヲ十月下旬中頃ニ整ヘ得ル見込ミナリト。
一、本日旭ニ対シテ宝慶占領ヲ機トシテ曩ニ全県付近ニ向フ主力ノ猛追撃ト併セテ賞詞ヲ送ラル。這ハ予カ曩ニ旭司令官ト面接セル際ノ印象ヲ軍司令官ニ報告セルニ基キ司令官自ラ執筆セラレタルモノナリ。尚、南集団長及南支艦隊司令長官ニ対シ、西江啓開隊司令松永大佐戦死ニ対シ其偉功ヲ謝シ、弔意ヲ表ス。
一、桂柳地方ノ兵要地誌ヲ研究ス。情報ニ依レハ広西方面ハ自警団ニ依ル武装抵抗相当アリ。尚、敵ハ桂柳ノ放棄ヲ決意シテ之カ基地撤退ヲ実行スルト共ニ、奥地飛行場ノ拡張整備ニ着手セルモノノ如シ。其概要左ノ如シ、
安順（拡張中、程度不明）
独山（拡張予定、二千×三百）
黄平（拡張着手、程度不明）1550×550（九月二六日（ママ））
恩南 1420×380 西端河ニテ拡張余地ナシ。
秀山 1300×380 従来ト変化ナク拡張余地大
一、戦訓活用ノ熱意ト努力乏シ。
優勢ナル敵飛行機ニ対スル対策就中後方基地ニ於ケル軍需品ノ集積愛護ニ関シテハ、更ニ徹底シテ戦訓ヲ活用スルコト緊要ナリ。

一ハ従来ノ戦訓カ当方面ノ状況ニ関係ナク重要度ニ顧慮ナク断片的且整理不十分ナリ。之ヲ一括シテ整理シ、実行上ニ具体化スルノ着意ヲ要ス。

呂武〈第三十四軍〉ノ兵器弾薬疎開ノ部署ノ如キハ更ニ根本的ニ研究シ、速ニ着手シ実行ノ成果ヲ収ムル要アリ。

右ノ着意ニ基キ「戦闘教令」又ハ「戦訓抄録」トモ云フヘキモノノ蒐録ニ関シ若干ノ着意ヲ示シ、第一課ニ研究ヲ命ス。

九月三十日　小雨、曇、涼

一、集成ノ高等司令部ニハ其初頭何トナク遺漏不円滑ヲ惹起シ易キモノナリ。過般ノ作命ニ於テ具体的ニ其例ヲ暴露ス。曰ク、鉄道、通信、独工等ノ指揮転移時機ノ脱漏、又ハ二重配属ノ如シ。

一、重要事項

過般来中支方面ニ於テ活躍セル防衛総司令官隷下ノ飛行第一戦隊及台湾ノ飛行第十四戦隊ハ、夫々他ニ転用ヲ発令セラル。此転用ニ伴フ航空戦力ノ急低下ノ暴露セサルコトヲ望ムヤ切ナリ。

○悲壮ナル大本営発表（九月三十日一六三〇）

一、大宮島〈グァム島〉及テニアン島ノ我部隊ハ、其後何レモ一兵ニ至ル迄勇戦力闘シタル後、遂ニ九月二十七日迄全員壮烈ナル戦死ヲ遂ケタルモノト認ム。同方面ノ陸軍指揮官ハ陸軍中将小畑英良ニシテ、大宮島ノ陸軍部隊指揮官ハ陸軍中将高品彪、海軍部隊指揮官海軍大佐杉本豊、テニアン島ノ陸軍部隊指揮官陸軍大佐緒方敬志、海軍部隊指揮官ハ海軍大佐大家吾一ナリ。

二、同島ノ在住同胞亦終始軍ノ作戦ニ協力、全員我将兵ト運命ヲ共ニセルモノノ如シ。

七月二十二日大宮島、其翌二十三日テニアンニ敵兵上陸以来約二個月ニ亙ル孤軍奮闘後、万斛ノ恨ヲ呑テ憤死セル先輩同僚若キ将兵ノ冥福ヲ祷ル。

一、午後五時間ニ亙リ、集団司令部ニ於テ次期作戦ノ為合同研究及連絡ヲ実施ス。矢嶋中佐ノ説明及要望ハ相当研究整理セルモノト認ム。其主要点左ノ如シ、

1、攻勢発起時機

衡陽飛行場群（衡陽、湘潭、来陽、零陵）ノ整備、燃弾集積（九月末マテ一二五〇屯）、情報警戒部署ノ月明関係（之ノミヨリ見レハ十月二十五、六日頃ハ一案ナリ）。

2、桂柳ハ同時攻略ヲ希望ス。此際南寧ニ対スル脅威ヲ与フルコト。

3、作戦目標攻略時ノ最前線ノ選定（柳州前方約百粁ヲ希望ス）。

4、桂柳飛行場ノ整備

5、情勢ノ変化ニ伴フ対策

敵空中降下部隊ニ対スル処置策、贛遂飛行場地帯ノ処理問題及宜昌東方地区ニ敵降下部隊アリシ際ノ処置、航空兵力ノ全面的転用ノ場合ノ覚悟。

右研究終了後、両軍参謀長以下偕行社ニ於テ会食ス。

［(欄外) 以下十月一日ニ移ス］

一、呂武〈第三十四軍〉ノ鏑木参謀長、龍崎、田畑参謀ヲ招致シ、武漢基地ノ集積軍需品ノ保安確保ノ急速実行ニ関シ根本的且徹底的計画ヲ立案シ、自ラ之カ実行ニ当ルヘキコトヲ強調シ、且過般ノ爆撃被害ニ関スル必罰ニ関シ速ナル処理ヲ要望ス。

一、第三十九師団長澄田中将来訪。久闊ヲ敍シ昼食ヲ共ニス。元気旺盛ナリ。

十月一日　小雨、涼

一、仲秋ノ名月ハ雲低ク冷雨ニ妨ケラル。従テ茲数日敵機ノ戦場活動緩ナリ。

一、波方面ノ後方、頗ル順調ナリ

一、敵ハ既ニ桂柳撤退ノ決断ヲ定メタル如ク、主要施設ノ撤退、破壊ヲ虞ル。我準備ヲ周到ナラシメントスル間ニ敵亦撤退ノ処理ヲ了ル。兵ノ自然ナリ。

一、暗号書ヲ喪失ス。此種ノ着意末梢ニ徹底セサルハ返ス返スモ遺憾ナリ。幹部特ニ下級将校下士官ノ責任観念ト実行力トハ急務中ノ急務ナリ。之ニ関スル隊長ノ努力ト能力ヲ望ムヤ切。

一、神田正雄著、湖南省綜覧ヲ看ル。大ニ参考トナル。此種一般的ノ兵要地誌資料モ、予メ着意シテ整備シ置クコト緊要ナリ。

一、湖南ノ人物

周代　屈原（離騒）　痩軀美髯、風丰朗秀、奇服?高冠ヲ好ミ、一日三度纓ヲ濯シト。

宋代　周茂叔、李芾

明代　李東陽、劉大夏

清代　曾国藩（湘郷）、胡林翼（益陽）、庚才常（瀏陽）

民間　黄興（長沙）、蔡鍔（邵陽）、譚延闓（茶陵）、何鍵（醴陵）

一、湖南人ノ性格　自尊心強シ、排外思想旺盛、尚武ノ気風ニ富ム、寺観信仰強シ、祖先崇拝、金銭欲（ママ）ニ淡泊、反抗心ニ富ム、迷心（ママ）ノ念強シ、嫉妬慨擠（ママ）ノ気風多シ、悲歌慷慨ス。

一、苗族ノ分布、性状、　紅苗、黒苗、　苗寨猺族ノ特性

十月二日及三日　小雨、涼　　昨今寒気ヲ覚ユ。昨最高一二、〇

一、広東方面ト連絡中ノ天野副長ハ悪天候ヲ冒シ、本日午後司偵ニテ南京ヨリ帰着。

右連絡事項ニ就テ三日部長幕僚ニ連絡アリ。

一、第二十三軍方面ノ作戦全般ハ敵地上兵力ノ寡少、敵航空活躍ノ少、陸海協同ノ適切等ニ依リ、目下ノ処予定通リ極メテ順調ニ進捗中。

尚細部ニ関スル諸般ノ状況ニ徴スルモ一般ニ志気旺盛ニシテ明朗ナリト。

作戦上ノ考想及気分ニモ妥当性ト積極性ヲ認ム。

一、統軍〈第六方面軍〉主催ヲ以テ次期作戦ノ後方関係事項ノ検討ヲ実施ス。其判決トシテ概ネ十月末迄ニハ旭〈第十一軍〉ノ所望量ヲ軍隊位置ニ輸送補給シ得ベキ見透シヲ得タリ。

午後ヨリ夕ニ亙リ天候稍回復。司令官閣下南京ヨリ飛行シ、夕刻安着。南〈第二十三軍〉集団トノ連絡成ル。

十月四日　晴時々快晴

一、天候快復ニ伴ヒ早朝ノ乗馬演習ヲ実施シ心気爽快ナリ。全局ノ情報ハ不愉快ナリ。東京ノ当事者ノ心労察スルニ余リアリ。曰ク「独逸最悪ノ事態ニ処スル独逸側……処理ノ準備云々」、曰ク敵側ノ宣伝用語ニ「東南及西南太平洋ヲニミッツ海ト称呼シアリ云々」ト。状況如何ニ困難ナランモ吾ハ邁進セン。只々任務邁往アルノミ。

一、桂柳地域攻略ノ為ノ旭〈第十一軍〉、波〈第二十三軍〉両集団ノ関係及該作戦終了後ノ一般態勢、竝粤漢打通ノ為ノ第二十軍ノ使用兵力、之ニ伴フ該集団ノ作戦地域等ニ関シ一応ノ検討ヲ遂ケタル結果、左ノ結論ニ到達ス（内容省略）。

㈠第二期作戦終末後ノ旭、波ノ配置

㈡粤漢打通ノ為ノ軍ト使用兵団

㈢広東地区ノ作戦準備ノ早期完成

㈣前各項終了後ノ旭、波、桜〈第二十軍〉ノ基本配置

右ノ決定ニ方リ、特ニ㊂項決定ニ関シテハ、作戦本位ノ考方ト従来ノ因縁関係ヲ重視加味スル考方トニ依リ、相当趣ヲ異ニスル点アリ。右ニ関シ岡村大将閣下ハ先般田中中将ト面晤ノ節、波ト広東トノ関係ニ就テ一部ノ口約ヲ与ヘラレタル事情アルモノノ如ク、爾後ナルヘク速ナル時機ニ於テ根本的ノ思想ヲ一致セシメ置カサレハ、司令部内ノミナラス隷下各軍司令官トノ間ニ観念ノ統一ヲ欠ク問題ヲ惹起シ、作戦指導上五月蝿イ事情ヲ貽ス虞アリ。依テ天野副長ニ此点ノ確乎タル研究ヲ望ミ置ケリ。

一、暗号書喪失ニ関スル事件頻発スルハ頗ル遺憾ナリ。一ハ、極〈第二十七師団〉ノ松井支隊ノ九月十二日夜ノ師団暗号喪失（暗号手カ図嚢ヲ屋内ニ懸ケテ休憩後出発セントセル際、喪失ヲ発見ス）。一ハ、数日前旭ヨリ第百十六師団ニ配属ノ為前進中ノ無線小隊（暗号書行李ノ駄馬ヲ、馬持兵ノ不注意ニ依リ同行ノ輜重兵中隊ノモノニ連行セラレ、此間衡陽西方ノ洪橋ト泉市間（約十八粁）ニ於該行李ニ代ルニ粉味噌ヲ積載シアリ）ノ事故ナリ。各級指揮官ノ監督注意ニ重大ナル遺漏アルヤヲ思シム。依ッテ旭ニハ「行方探索ニ就テ徹底的処置ヲトルヘキコト」、一般ニハ事例ヲ挙ケテ注意ヲ喚起シ置ケリ。

同軍ノ機秘密保持ニ関シテハ、根本的ノ観念ヲ確立スルノ緊要ナルヲ痛感ス。

一、松井少将（第二十七師団聯隊長ヨリ第二十三軍付転出）前戦ヨリ帰着来訪ス。久闊ヲ敍シ一夕会食ス。時期ノ戦陣ニ戎衣破ル、第一線将兵ノ労苦忍フヘシ。

十月五日　薄曇

一、午前、軍司令官ニ随行シ漢口第一陸軍病院及同第二陸軍病院視察。司令官ヨリ金一封ノ見舞及独歩程度患者ニ対スル見舞及激励ノ辞ヲ与ヘラル。

一、次期作戦計画ノ審議ヲ行フ。天野副長ノ思想ハ予ト一致シアリ。予テ課長以下ニ於テ研究セル案ニ所要ノ修正ヲ命ス。適々旭〈第十一軍〉ノ作戦計画モ到着シ参酌セルニ、大体異議ナキモ稍緊実ニ力ヲ注キ、放胆ト戦機ニ関シ稍慎重ニ失スルヤノ感アリ。特ニ柳州攻略ハ局地占領ノ意ニ偏シ、敵戦力撃滅ノ意熱ニ於テ欠クルトコロアリ。此点ハ方面軍ノ作戦計画ニ依リ所要ノ修正ヲ払ハシムル要アリ。

一、夕刻呂武〈第三十四軍〉集団司令官ヨリ統〈第六方面軍〉集団司令官ニ対シ、過般ノ武昌弾薬爆撃事件ニ関スル爾後ノ対策及責任者所罰（ママ）ニ関シ報告アリ。対策ハ概ネ至当ニシテ徹底シアリ。又責任者所罰（ママ）ハ過重ト感セラルル程厳ナリ。特ニ軍参謀長ノ重謹慎二十日ハ気ノ毒ナリ。此旨ニ関シテハ、過般予ヨリ鏑木参謀長ニ対シテ所見ヲ述ヘル点、薬利キ過キノ感アリ。

一、夜ハ在武漢兵団長特ニ其部隊長ニ対シ招宴アリ。

一、二四〇〇前後空襲警報アリシモ敵機来ラス。

十月六日

一、午前統〈第六方面軍〉司令官ニ随行シテ武昌陸軍病院及兵站病院ヲ視察ス。

武漢大学ノ隣境ニ到リ五年前ノ往時ヲ回想シ感深シ。

一、一四三〇第二十軍司令官坂西中将閣下北満ヨリ着任セラル。

一、夕、偕行社ニ於テ統司令官主人トナリ、出陣ノ為統軍及総軍司令官以下幕僚部長ヲ招キ御礼及出陣ヲ挨拶ス。

十月七日　曇、涼

一、岡村大将、坂西中将ニ対シ方面軍統帥上ノ方針ヲ明示セラル。予及第二十軍福富参謀立会。

一、軍司令官ニ作戦計画ノ決裁ヲ仰ク。全般ニ亙リ御異見ナク、特ニ柳州周辺ニ於ケル両軍ヲ以テスル包囲撃滅ノ理念及黔桂鉄道ニ沿ヒ深ク敵鉄道収容ノ件、第二十三軍ヲ以テ柳州攻略ニ任セシムルコトヲ明瞭ニシアル件等ニハ同意ヲ表セラレタリ。

一、昼食ノ際、食堂ニ於テ出陣ノ為ノ乾杯アリ。特別ノ感激モナク平常ノ心ニ変リナシ。

一、予ハ畑総司令官閣下ニ対シ、編成以来ノ御恩ヲ敬謝シ、作戦ノ前途ニ対スル見透ヲ述べ、御安神ヲ請ヒタルニ、元帥閣下モ頗ル御機嫌ヨク且前途ノ成功ヲ祷ル旨申サレ、特ニ北緬レド公路放棄ヲ大本営ニ於テ決シタル今日、当方面ニ対シ昆明方面ヨリスル敵兵力ノ増勢ハ中央ニ於テモ大ニ考慮シ、統〈第六方面軍〉軍ヲシテ「インパール」作戦ノ覆轍ヲ危ミアリトノ事。此点ニ考慮ヲ望ムト御注意アリ。

尚予ハ閣下ニ対シ、過般来統軍統帥発動後ノ重大失態タル武昌弾薬爆撃被害、重要暗号書喪失、第一野戦補充隊第五大隊ノ中隊長謀殺事件ノ三件ニ就テ、深ク補佐上ノ重責ヲ感シアル件及将来此種問題ノ絶滅ニ就テ特別ノ注意ヲ払フ件ヲ申シ上ケタリ。尚此件ニ就テハ、統司令官ヨリ総司令官ニ対シ特ニ御断リ申上ケタル筈。

一、午後周章ノ間急遽呂武〈第三十四軍〉集団司令官及第五航空軍司令官ニ対シ前進出発ニ就テ御挨拶ス。十六時三十分司令部玄関前ニ於テ総司令官閣下以下ノ御見送リノ許ニ岡村大将出発セラル。飛行場ニハ呂武司令官、航空軍司令官、唐川参謀副長見送アリ。予定時刻ニ一行ハ三機ノ軍偵ニ分乗シテ四、五百米高度ニテ湘潭ニ向ヒ安着ス。機上ニテ岳州南方地区ニ於ケル追及軍隊ノ集合出発ノ状及鉄道建設列車ノ運行、湘江上ノ民船団ノ運行等ヲ目撃ス。

一、湘潭飛行場大隊長ノ世話ニテ一泊ス。森村少将状況報告アリ。一般ノ状況ハ逐次進捗シツツアリ。復興、民心収攬、現地自活、軍隊ノ軍紀風紀等逐次軌道ニ乗リツツアリト考ヘラルルモ、更ニ一段ニ強力ナル統制ト一途方針ニ基ク神速ナル運営トヲ必要トス。概括スルニ着意及企図ハ進ムモ、実行ハ遅々タルノ憾アリ。

〳〵〈朱チェック〉第一野戦補充隊第五大隊ニ生起セル西川中隊長（中尉）ニ対スル部下石山軍曹ノ謀殺事件モ捜査処分終了シ、目下該大隊全般ニ亙リ所要ノ改編ヲ実行中ナリト。大隊長以下ノ幹部ノ素質低下ト訓練期間乏シク、且新編部隊ノ編成ニ方リ集成転属部隊等ノ原因ニ依リ、此種事故ノ出現ヲ見ル素因アルハ大ニ注意ヲ要スル事ナリ。〈朱傍線〉

十月八日　細雨、曇続ク。雲高二、三百、視度数百米

一、衡陽ニ飛行。朝来小雨。予定時刻タル七時ハ飛行ニ適セズ。依テ八時、戦闘機〈鏑木戦隊長以下六機〉ノ直掩ヲ止メ、搭乗機三ヲ以テ衡陽ニ向フ。飛行高度百米内外。航路湘江沿線。

一、八時四十分衡陽飛行場着、同地防空壕ニ到リ旭〈第十一軍〉司令官一行ニ対スル行事アリ。

初頭岡村大将ヨリ横山中将ニ対シ訓示ノ伝達アリ。岡村大将ハ自ラ旭集団司令部ヲ訪問視察シ得サリシヲ兼ネ〳〵残念トセラレタリ。尚方面軍統帥ノ方針ニ就テ明示セラル。主旨明確ナリ。旭司令官ノ状況報告ニ次テ今後ノ作戦計画ニ就テ井本参謀ヨリ説明アリ。此際統〈第六方面軍〉軍司令官ハ直ニ「前段ハ異議ナキモ、柳州攻略ニ関スル部署ニハ異見アリトテ方面軍作戦計画ノ大綱ヲ説明シ、「修正ヲ望ム」ト明確ニ示サレタリ。〈朱傍線〉

岡村大将閣下ノ統師振リノ明確ナルト要点ヲ的確ニ認識把握セラレアルコトハ、大イニ敬服ノ至リナリ。爾後夕刻ニ至ル迄懇談数時間ニ及ヒ、談ハ夫ヨリ夫ヘト尽クルトコロナシ。

第六十八師団長堤中将亦臨席アリ。

一、統作戦計画ニ就テハ予ヨリ井本ニ対シ、柳州周辺ノ作戦的成果ヲ覘フ主旨及第二十三軍ニ対シ同地攻略ノ功ヲ譲ル件ニ就テ強調ス。〈朱傍線〉細部ハ武田大佐ヨリ説明シ且爾後ノ作戦指導及第二十軍ノ編組、作戦地域等ニ就テ説明ス。

一、薄暮湘江ヲ渡リ、旭司令官一行ト別レ、衡陽南方約二粁ナル第六十八師団司令部ニ至リ宿泊ス。途中ヨリ道少シク泥濘四面暗シ。

十月九日　曇、雲高クナル

一、堤部隊本部ニ於テ伺候、次デ状況報告アリ。第六十八師団ハ現下将校ニ於テ四割強、準士官以下ニ於テ三割半ノ欠員アリ。〈朱傍線〉月末ニハ将校九十五名（五十五名幹部候補生出身、爾余ハ現地召集）、下士官兵二千数百名補充到着ノ予定。

目下、衡山付近ヨリ衡陽、祁陵（ママ）、其南方地区ノ広大地域ノ警備ニ任シアリテ、昨今警備配備ノ変更ヲ実施中。

一、野戦衛生長官部ノ派遣軍イ〈医〉二名当地ヲ視察中。長尾中佐及〈空白〉中佐アリ。

一、朝来師団長閣下ト共ニ鮒釣、夕刻ニ及フ。岡村閣下ハ第一ノ上々首尾ニ御満足ナリ。

一、夕ハ師団長閣下ト会食ノ上、南岳ニ向フ。

十月十日　曇、小雨

一、九日夜二十三時南岳戦闘司令所着。四面暗澹、山地ノ満ツルヲ覚ユルノミ。司令官閣下ニハ三百ノ石段ニ不機嫌ナリシハ尤モナリ。岡村大将閣下元来余リニ意気壮ニシテ若壮年ヲ凌ク壮者振リナル為、補佐ニ任スルモノ往々ニシテ六十一歳ノ老将ナリトノ事実ヲ忘ルル虞アリ。注意スヘキナリ。

一、朝来戦闘司令所付近ノ状況ヲ視察シ、司令官宿舎ヲ外廓ノ独立家屋ニ移転スルコトニ指定。

一、参謀連（武田大佐以下、田村、井上、西岡、高橋）ニ対シ、戦闘司令所開設当初ニ於ケル統帥機能中断就中通信ノ連絡確実ヲ期スヘキ事ニ関シ注意ス。

先月二十五日頃、漢口ヲ出発セル戦闘司令所要員及荷物ハ二週日ヲ経ルモ未到着且其消息不明ナルハ不可ナリ。参謀連ハ状況ニ即応スル緊急要務ノ着眼未熟ナリ。

一、方尖覚ノ参謀長及師長一、昨夜脱走ノ報アリ。此種ノモノハ、取扱ヒハ坊チャン育チノ若キ参謀ノ裏ヲ掻クモノナル事ニ注意。

一、波〈第二十三軍〉集団ニ対シ作戦計画ノ骨子ヲ電報ス。湖南・広西省境ニ到ル間ノ方面軍直轄地域ノ拡張ニ関スル命令ヲ準備ス。（十六日零時指揮転移）

一、情報中、特ニ今後ノ推移ニ鑑ミ審査ヲ要スヘキハ

1．胡宗南軍ノ広西方面転用ノ有無ノ観察（総軍情報）

2．成都方面ニ対スル敵空輸ノ増加ト対日空襲基地強化ノ推移（大本営情報判断、十月ノ対日攻撃延機ハ三百ト予定ス。）

3．八日夜、第八飛行団ハ成都ヲ攻撃シ、蝟集セル敵大（B－29）小型機計四四ヲ爆破炎上ス。戦機ニ投スル奇襲ノ成果大ナルハ可。今後此種ノ攻撃ヲ執拗ニ敢行シ得ル能力ヲ蓄フル要アリ。

十月十一日　朝来小雨

一、蔭雨熄マス。山荘ノ秋気ヲ味フニ至ラス。

一、局地通信通セス、三、四日前長沙ニ到着セル筈ノ戦闘司令所要員荷物未タ消息ナシ。安崎、中村参謀ノ行動亦不明。待ツ身ハ何レノ地位ニアリテモ憂キ事ナリ。

一、左記決定

1．桂柳方面ニ対スル作戦ノ遂行ニ関スル命令、攻勢発起ハ後命トス。

2．十月十六日零時ヨリ第百十六師団、第六十八師団、第二十七師団ノ方面軍直轄命令

3．攻勢発起ニ方リ方面軍司令官ノ下ス訓示（慰ノ為予自ラ起案）

一、夕食ノ際、軍司令官トノ談中左ノ件アリ。軍司令官ノ意図亦然リト知リ、大ニ意ヲ強クス。

1．今次作戦ハ東京ニテハ相当其終局ニ関シテ憂慮シアルカ如キモ、予ハ大ニ東京ヲシテ事実ニ即シテ安神セシメン。〈朱傍線〉

2．諸般ノ情勢ヲ案スルニ、将来ハ機ヲ失セス韓中、梁山ニ進攻シテ直接成都ヲ我戦闘機ノ威力圏内ニ収ムルヲ要ス。尚之ニ先チ又ハ同時ニ常徳ヲ我手中ニ収メテ

重慶ノ糧道ヲ制約スルヲ要ス。

右ハ今次作戦遂行中着々準備ヲ整ヘ、速ニ第三十四軍ヲシテ之ニ当ラシム。之カ為第三十四軍ノ混成旅団三個位師団ニ改編シ、之カ装備ハ鹵獲ソノ他ヲ以テ自弁スル事テ速ニ着手スルヲ要ス。斯テ日本本土及満洲ニ対スル敵襲ヲ封殺シ、且方面軍トシテハ第三十四軍ノ地位ヲ立ツルコトヲ得ヘシ。本作戦間ノ第三十四軍ハ、独リ後方基地ノ推進役トシテ蔭ノ労苦誠ニ大ナリト云フヘキナリ。

参謀長ハ克ク軍司令官ノ意図ヲ承知スヘキ主旨ハ、幸ニシテ岡村大将閣下ノ許ニ在リテハ遺憾ナク其実ヲ収メ得タルニ近シト信ス。此上共ニ自戒自謹、将ヲシテ彌カ上ニモ其天分ヲ発揮セラルル如ク補佐スヘキナリ。〈朱傍線〉

十月十二日　小雨、蔭鬱

一、明ケテモ暮レテモ連日蔭鬱ナル天候テ霊山ノ爽気ヲ味フ能ハス。特ニ司令官閣下ノ無聊ハ察スルニ余リアリ。北京ニ於テ百万石ノ大名ハ今日戦野ニ於テ一切現地ニ依ル。而シテ之ヲ大ニ快トスル御心情コソ野戦軍司令官タルノ天分ヲ享有セラレアルモノト謂フヘシ。食後ノ談中、愛読書トシテ名将言行録アリ、又陸海協同ノ海軍側ノ傑物トシテ大西中将ヲ推賞セラル。〈朱傍点〉

一、今朝、安崎、中村参謀暗雨ヲ冒シテ到着ス。先月十六日出発ノ先発隊ノ消息ニ関シテ漸ク其先頭若干車両昨日頃易俗河対岸ニ到着セルモ同渡河中止ノ為停滞セルモノノ如シト。依テ田村参謀ヲ同地付近ニ派遣シテ之カ推進輸送並後続隊ノ招致ニ関シ処置セシム。

一、当地到着以後ノ通信状況不良ナルヲ指摘シ大ニ参謀連ヲ督励ス。方面軍参謀ノ能力モ大ニ低下セルヲ痛感ス。唯事態ノ推移ヲ見テ時ニ処置スルノミ。見エサルヲ看取シ、聞エサルヲ聴クノ着意ト努力ト勘トヲ具ヘサルヘカラス。〈朱傍線〉

[(欄外) 三略ニ曰ク「将見ザルトコロアリ、視ルハ即チ明ナリ。将聞カザルトコロアリ、聴クハ即チ神ナリ」]

昔日（武漢作戦当時）ノ師団参謀ハ優秀ナリ。今日ノ軍参謀ハ劣等ナリト概評シテ中ラサルモ遠カラサルヘシ。〈朱傍線〉

一、大井大佐ヨリ九月十九日付書翰到着

九月十二日付、勲二等ニ叙シ瑞宝章ヲ賜ル。

謹ンテ御礼申上クルト共ニ責益々大ナルヲ感ス。学校モ其後順調ニ進ミアル如ク報告モ無シ多忙ナラン。学校モ存続ノ状アリト、当然タルヘキナリ。

留守宅モ九月二十四、五日荷ヲ発送。其後二、三日ニテ出発スト。既ニ米沢ニ落付ケル事ト察ス。

忠夫ノ卒業モ十月十三日頃ト聞ク。何レノ隊ニ属セシメラルヤ、前途ノ多幸ト忠勇ノ将タルヘキヲ祷ル。

十月十三日　曇、冷

一、司令官朝食後直ニ釣魚ノ為下山セラル。

朝、桜集団〈第二十軍〉福富参謀連絡ニ来ル。衡陽付近戦闘司令所予定地偵察ノ為ナリ。

一、戦闘司令所到着以来其配置、警備、通信等誠ニ不十分ニシテ機能発揮頗ル緩慢不敏活ナリ。本日ハ警備中隊長二名ヲ招テ状況ヲ聴取シ、防空、通信等ニ関シ細部ノ処置ヲ講ス。

一、夕食ノ際、司令官本日ノ釣魚ノ際超特大ノ鯉魚四尾ヲ何レモ釣糸ヲ切ラレテ揚クル能ハサルヲ物語リアリ。

又航空事故ニ関連シ、塚田大将（前原大佐）ノ事故ニ及ヒ、偉大ノ人物ヲ喪ヒシ旨申サル。尚、予ハ公平、田村両少将ノ俊材ヲ南溟ニ失ヒシコトヲ語リシトコロ、閣下モ惜シキ人物ヲ段々ニ失ヒ残念ナル旨申サル。

一、南岳ニ於テ世話ニナリシ当番兵ハ長瀧上等兵ニシテ岡山県津山出身ニシテ渡支三年余、当初ハ九江ノ混成旅団ニ属シ、若渓、武寧付近ノ警備ニ当リアリシト。真面目ナル兵ナリ。

一、旭〈第十一軍〉司令部ニ属セシ特別任務ノ間瀬大尉矮小ナルモ勇敢ノ貌ヲ具フ、特別志願出身ニシテ昭和十一年中野学校第一回出身ナリ。入隊前高文試験ニ合格シアリト云フ所仲々勇敢ニシテ此方面ニ特別ノ努力ヲ重ネアリ。

十月十四日　雨、此所十数日霖雨纏綿タリ。

一、昨夜田村参謀易俗河ヨリ司令部第三次先発ノ自動車十三輌ヲ率テ帰着ス。先月十五日頃出発ノモノ未タ長沙以北ニ停滞シアリ。

一、太平洋方面情報（同盟ニュース）

✓十月十二日、台湾全島ニ敵機延千百機来襲、内百十機撃墜

✓十月十一日、沖縄、奄美大島ニ敵機来襲、内二六機撃墜

✓十二日夜、台湾東方海面ニ於テ敵機動部隊ヲ攻撃

戦果　空母一撃沈、一撃破。艦種不明一撃沈、一撃破

一、読書摘録（我国土、我国民）

曾国藩ノ訓「養魚、養豚、種蔬、種竹」

子女か奢侈に慣れた官族は栄ゆる事僅か一、二代、勤勉質素の商家は三、四代、地を耕し書を読み簡素にして慎重な家は五、六代、孝悌と友情の家は八乃至十代間栄ゆる。」

簡素生活、田園生活、家族制度

人は濁を避ける如く歓楽を選ふにも意を用ふへし。

淡々たる幸福を選ふに若かす。

右ハ支那人ノミナラス東洋的ノ美点ナリ。

支那人（民族）ノ性格ノ特徴

穏健、簡素、自然ヲ愛ス、忍耐、無関心、老獪、多産、勤勉、倹約、家族生活ヲ愛ス、平和主義、知足、諧謔、保守主義、肉欲ニ耽ル。

一、十四日一四〇〇台湾全土ニ対シ第二次敵機動部隊ノ空襲アリ。延四五〇機。同日夕大本営発表ニ依レハ、戦果轟撃沈　空母三、艦種不明二、駆一。撃破　空母一、駆一。我方飛行機、地上、船舶、若干ノ損害アリ。

比島方面ハマッカーサー、台湾方面ハニミッツ相提携シテ我本土ト南方トノ遮断ヲ企図シアルモノノ如シ。大本営ノ捷号ノ重点決定モ甚タ困難ナル問題ナリ。防勢待機ノ作戦指導ハ偉大ヲ要ス。真ノ偉大ハ防勢即チ大局上劣勢ニテ一旦受ケテ立ツノ已ムナキ状況ニ於テ生起スルモノナリ。〈朱傍線〉

一、本日朝来（〇八四〇―一七〇〇間数次）敵機ノ爆音頻ナリ。其目的ノ奈辺ニ在リヤヲ疑ヒツツアリシ処、翌朝判明スルトコロニ依レハ、成都方面ヨリB―29約百機我上空ヲ経テ台湾ニ来襲セルモノト推定セラル。〈朱傍線〉

一、本日山腹ノ宏壮ノ館ヨリ谷地ノ黄園（聖教学校職員家宅ナルカ如シ）ニ転移ス。

十月十五日　曇

一、岳州ヨリ南下中ノ天野、片山一行、霖雨泥濘ノ為行動難渋ヲ極メ、新市ヨリ徒歩行軍、昨夕長沙到着ノ予定、十七日朝ニハ岳陽着ノ計画ナリト。連絡ノ結果鉄道ノ長沙迄完成ハ十一月十五日ニ延引ノ已ムナキ実情ニアリト。

一、京漢線打通シ、北京発第一列車ハ十月十一日無事漢口ニ到着セリ。慶祝此事ナリ。

一、一五日（ママ）一五〇〇大本営発表　戦果
台湾ニ来襲セル敵機動部隊ノ退避ニ乗シ数次ノ攻撃ヲ加ヘ、判明セル戦果　空母轟沈七、撃沈三、撃破二、計一二。其他撃沈破十数隻。万歳々々。東京モ安堵ト喜トニ満チアラン。日本国民モ喜ニ舞ヘルナラン。台湾亦然ラン。我亦然リ。〈朱傍線〉

一、司令官本日ハ大鯉二尾ヲ収メタリ。好報ナリ。曰ク、一ツ司令官ニハ大鯉ヲ続々揚ケテ頂クニ限ル。然ラハ快報至ル事必セリ。

十月十六日　曇、小雨、朝霧深シ

一、主要情報

✓桂柳地区ニ砲兵団七個（完全編成ナレハ野山砲約二五〇門）アリ。

✓第一、第八戦区方面ヨリ一部兵力ノ転用ヲ企図シアルモノノ如ク、河南、山西方面ニ於テ積極的行動ヲ準備シアルヤヲ思ハシム。

尚一部兵力ハ重慶ヲ経テ南方ニ転進スルヤヲ思ハシムルモノアリ。

✓十一、二日頃以来、西江沿岸丹竹及江上ニ対スル敵機ノ来襲稍頻繁ナリ。

目下ノ桂柳方面ノ敵軍一般ノ配置概要左ノ如シ〈地名を補足〉

一〇～一二師（実七師）　平楽

六師　柳州

三師（実二師）　桂平

八～一〇師（実六師）　桂林

右合計三十師（実勢力二十師）、砲兵団七個、戦車一営、敵地上兵力三百数十個師中、而カモ既ニ再三撃破セラレタル三十数個師ヲ。

一、大本営発表（十六日十五時）
台湾東方海面ノ戦果左ノ如ク増大ス（既発表ヲ含ム）。
轟撃沈　空母一〇、戦艦二、巡三、駆一。撃破　空母三、戦艦一、巡四、未詳一一。合計　空母一三、戦艦三、巡七、其他未詳一二。総計三五。
同（同日十六時三十分）右敗走艦隊収容ノ為「マニラ」方面ヲ攻撃セル敵機動部隊ヲ攻撃セル戦果
撃沈　空母一。撃破　空母二。

之ヲ要スルニ敵空母沈没一一、撃破五計一六ナル偉大ナル戦果ハ賀スヘシ、大ニ奮フヘシ。〈朱傍線〉
一、本日当方面後方交通路ニ対シ敵ノ来襲アリ。投爆、銃撃アリシモノノ如シ。天候不良ナルモ漸ク敵ノ進攻再起ヲ語ル。今後ノ推移ヲ注視スル要アリ。
一、一昨夜ハ判然タル夢ヲ見タリ。曰ク満艦飾ノ花、観艦式ノ如キ盛儀、宴席ニ於ケル交歓、相手ノ中ニ成富利武閣下アリ。例ニ依リ何等ノ意義ハナキモ久シ振リニテ夢見ルノ楽ヲ味ヘリ。

十月十七日　曇、朝霧深ク終日大体同様

一、安崎参謀衡陽ニ到リ、旭〈第十一軍〉後方主任ト連絡ノ結果、作戦緊急輸送ハ弾薬ノ一部ヲ除キ大体衡陽発送ヲ終了シ、爾後ノ見通シモ概ネ順調ナリト。
右ヲ大本営及総軍ニ具体的ニ報告ス。
一、通信状況モ大体順調ナリ
一、昨十六日亦成都米空軍台湾方面ヲ空襲ス。尚柳州又ハ南寧方面ヨリ香港ニ対シ、戦爆約六十ノ来襲アリ。埠頭及船舶ヲ覘ヘリ。敵ハ愈々我本土ト南方トノ交通遮断ヲ強化スル為各種手段ヲ採リアルモノノ如ク、之カ対策上差当リ衡陽、湘潭地区ニ戦闘機ヲ配置シテ成都ヨリスル出撃ヲ邀撃スルヲ要スヘク。
一面粤漢線打通ト之カ交通路ノ確保ヲ緊急トス。同時ニ之ニ連接スヘキ沿岸小舟艇ノ油輸送ヲ準備スルヲ要ス。
一、十六日台湾東方ニ進攻セル新機動部隊ヲ攻撃シ空母及戦艦各一ヲ撃破セリト。司令官ノ当日ノ釣戦果大鯉（三尺）二本、型ノ超大ナルハ従来ノ記録破リナリ。

十月十八日　雨稍強シ

一、霖雨約二旬ニ及フ。道モ悪カラン、人馬モ濡レタリ。湖南ノ支那大衆モ亦家ナク食ナク寒冷至リ憐レム可シ。角和善助大佐ノ来電ニ曰ク「未タ何人モ経験セサル最悪道云々」ト、或ハ夫然ラン。〈朱傍線〉
一、夕食時長雨ニ関連シ、南昌攻略当時ノ回想談ニ花咲ク。司令官ノ云ク、南昌戦ノ終了後当時ノ青木参謀副長ノ云フニハ「二月末東京出発当時ノ中央部ノ噂ニテハ、第十一軍司令官ハ物好キニモ第百一ト第百六トヲ併走シテ此作戦ヲ遂行スル由、何トカ之ヲ是正スルヲ可トストノ示唆ヲ受ケタリ。然レトモ当時既ニ万事決定後ニシテ敢テ之ヲ云ハサリシト。戦後ニ考フルニ、如此ヲ統帥ノ妙ト云フカ」ト。予曰ク「然リ。朝香宮殿下御視察ノ為御来訪ノ節ニ於テモ、閑院総長宮殿下ニモ右同様ノ御言葉アリシ由申サレタリ」ト。曰ク霖雨ト古老ノ言、三月十日ノ大雷風ト天候恢復、徳安川ノ増水、二百六十門ノ準備砲撃二時間、二万本ノ赤筒、第百一師団参謀ノ攻略所要日数三個月補充ヲ要スノ言等々。苦難ノ後ニハ愉快アリ。苦敢テ人ニ訴フル要ナシ。快ハ即チ独リ己ノモノナリ。

一、司令官ノ書類電報ノ観方、注意周密ニシテ大ニ面喰フコトアリ。亦読ムコト聞クコト視ルコト少ニシテ、知ルコト察スルコト真実ヲ把握スルコト凡輩ノ追随ヲ許サス。流石大将ナリ。戦運強キ名将タルノ実ヲ具フ。大ニ敬服スヘキナリ。

特ニ其意気ノ旺盛ニシテ時ニ稚気満々タル、体力気力ノ壮者ヲ凌キ往ニシテ大ナル諧謔アリ。面ヲ冒シテ率直直言、而モ人ヲソラサス、心カラ愛シ憐ミ、特ニ部下ノ将来ヲ図リ、其長ヲ伸シテ他ニ推賞シ、決シテ棄ツヘキヲ殺サス。能ク之ヲ活カスノ道ヲ実際ニ行ハル。大ニ学フヘキナリ。特ニ諸事簡素ニシテ野戦ニ適応シ、常ニ機嫌ヨキコト之主トシテ天分ノ然ラシムル所ナルヘシ。

十月十九日　小雨

一、竹下中将東京帰還ニ付申告ノ為態々南岳へ来訪。軍政方面ニ多大ノ抱負ト努力トヲ傾注セラレ、今将ニ軌道ニ上リテ活動ヲ開始セントスルニ方リ転出ハ残念ナリ。閣下ノ司令官ニ対スル申告謹御礼ノ言辞中ニモ此点アリ。尚統〈第六方面軍〉司令部ノ温味アル懇篤ナル指導ニ感謝スル旨申サル。

一、夕刻天野副長一行約二週間ニ亙ル岳州—長沙—易俗河間ノ現地視察指導ハ多大ノ意義在リシコト多大ナリ。副長ノ視察成果ノ要点ハ、一、命令伝達ノ杜絶ト遅滞ノ甚シキコト。二、後方要点ニ於ケル各種部隊機関ノ統一指揮ニ多大ノ欠陥アリ、〈朱傍線〉今後ハ適時要点ニ参謀ヲ派遣シテ実情把握ト現地指導ニ勉ムル要アリト為ス。予ノ見解亦全然同様ナリ。

一、予ノ波〈第二十三軍〉集団連絡ニ関係スル重要事項ノ打合セヲ行フ。案ハ一応武田大佐ニ於テ研究セラレアリ。要点ニ関スル見解予ト天野ト全然一致ス。尚予ノ波トノ連絡ハナルヘク速ニ実施シ、ナルヘク速ク帰還スルヲ可トスル故ニ、同日夕食〈司令官、竹下、天野、予〉後二〇二〇自動車ニテ先ス易俗河ニ向フ。

一、出発前、予ハ南方トノ連絡事項ノ主旨ヲ一応司令官ニ報告ス。内容ハ一、攻勢発起時機、作戦一段落後ノ各軍司令部ノ配置ト主任務及兵団数、粤漢打通時機、方法、兵団、広東ノ対海正面防備強化及香港総督府ノ問題等々ナリ。

此際司令官ヨリ大陸要塞構成ノ着意ニ関シ御意見アリ。至極尤ニシテ何レ南方ヨリ帰還後具体的ニ一文ヲ草シ度キ考ナリ。

十月二十日　小雨、逐次激シク冷気加ハル。北風稍強シ。

一、南岳—易俗河間八十五粁ノ行軍ニ連続十六時間ヲ費セリ。自動車道ノ悪化ハ一両日前ヨリ急激ニ甚シキモノアリ。

一、一二〇〇易俗河着。村端ニ於ケル日兵支女子ノ状況、雨ニ打タレ赤土ニマビレタル将兵ノ青ザメタル顔貌、汚穢店頭ニ於ケル油揚ダンゴヲ貪(ママ)ヒ喰フ我兵ノ状況等特別奇異ノ感ナキ能ハス。

一、易俗河渡河時ニ於テ戦車第十七聯隊ノ二中隊ノ渡河準備中ナルヲ認ム。予ハ従来長沙ニハ第十七聯隊（一聯隊全部）ノ長沙滞留ヲ理ノ当然ト考ヘアリシモ、旭〈第十一軍〉ハ未タ此主旨ニ徹底セス。二中／百一・iヲモ祁陽ニ到着セシムル如ク部署シアリト。依テ予ハ自動車道路悪化ノ情況ニ鑑ミ、一先ス易俗河ニ集結シ、前進ニ関シテハ一応統〈第六方面軍〉参謀部又ハ統連絡所ニ連絡指示ヲ受クヘキコトヲ申付ケ置ケリ。之一ハ道路ノ実情ニ鑑ミ前進不可能ナルノミナラス、道路ヲ徹底的ニ破壊スル虞アリ。一ハ予ハ元来一聯隊位ハ是非長沙付近ニ控置シ置キ度意向ナリ。

十月二十一日　湘潭飛行場、朝来雲高ク時々雲ノ切目ヲ見ル。

一、昨日ノ所見ニ基キ
一、易俗河—衡陽間道路補修ノ件。
二、長沙ヨリ前進中ノ戦車第十七聯隊ノ前進抑制ノ件。
三、易俗河統〈第六方面軍〉連絡所強化ノ件ヲ天野副長ニ電報ス。

一、湘潭飛行場及易俗河付近ニ於ケル風物ヲ観ルニ付近ノ土人ハ漸ク帰来シ、安堵シテ日本軍ヲ相手ニ食料等売ルモノ小供(ママ)ノ兵ニ親シム状アリ。追々有力土民ノ復帰促進ニ伴ヒ、生活及生産方面モ期待シ難キニアラサルヘシ。

一、戦車第十七聯一部ノ前進ニ関連シテモ思フニハ、旭〈第十一軍〉ノ部署ハ戦力ノ第一線展開ヲ過度ニ行フヤノ感アリ。今後相当長期ニ亙ル作戦トモ照シ注意ヲ要スル点アリ。

一、一四三〇湘潭発軍偵ニ依リ雨中ヲ漢口ニ飛ヒ夕刻到着。司令部ニ於テ東、井上参謀ヨリ状況ヲ聴取シ所要ノ指導ヲ与へ、総軍宮崎参謀ニ作戦指導ニ関シ連絡ス。要点ハ後段作戦ノ中止、粤漢打通及爾後ノ基礎配置ノ見透ナリ。意見ハ完全ニ一致シアルモ尚決定ハ東京ト連絡ノ上ニ於テ指示セラルル筈。

一、夜官邸ニ中西少将来訪、種々交談。中西曰ク、航空ニハ人物ナシ。目下ノ南方ヘノ兵力輸送戦機ヲ失スル虞アリ。今後ノ作戦ハ後方交通ヲ重視ス。旭方面兵力過大ナラスヤ等々ナリ。雨降リ寝醒勝ナリ。

十月二十二日　夜来雨、漢口モ十数日太陽ヲ見スト。

一、比島上陸ニ関スル情報アリ、曰ク

一〇、一九

一、十七日早朝一部ノ敵艦艇「サルアン」島（「レイテ」島東八〇粁）付近ニ現出、八時一部ヲ以テ同島ニ上陸セリ。

二、十八日A〈空母〉二、B〈戦艦〉五、C〈巡洋艦〉及D〈駆逐艦〉約二〇、T〈輸送艦〉二〇ノ艦艇現出シ、「レイテ」湾ノ掃海並「レイテ」島ヲ砲爆中ナリシカ、十九日兵力未詳ノ敵九時十分「カバリアン」（同島東南端）ニ又十一時二十分「タクロバン」ニ上陸ヲ開始セリ。

敵兵力ハ一師団内外ト判断セラル。

別ニ十一時二十五分「ミンダナオ」島東方二三〇粁ヲ大輸送船団前進中。

三、比島東方ニハA六～八アリテ、十八日北中部比島ヲ延約千機ヲ以テ攻撃シアリ。

記　敵ハ台湾沖ノ敗戦糊塗等ヲモ考慮シ強引ニ本格的比島作戦ヲ開始シ、其第一目標ヲ「レイテ」島ニ指向シタルモノノ如シ。

一〇、二一

比島方面十九日現在左ノ如シ

一、台湾方面ノ損害ニ関ハルコトナク強行スル現「タクロバン」方面ノ戦況ハ、比島ニ対スル敵ノ大規模作戦ノ序幕ニシテ、敵ハ「レイテ」湾周辺地区ニ本格的相当大ナル兵力ヲ揚陸シ、空軍基地ノ確保ヲ図ルヘシ。之ニ関連シ有力ナル空挺部隊ヲ「タクロバン」南方飛行場付近ニ使用スル公算大ナリ。

状況ニ依リテハ「デルモンテ」（「ミンダナオ」「ダバオ」北方約百粁）付近ノ飛行場群ニ空挺作戦ヲ指向シ、之ヲ占領シテ「モロタイ」島方面ヨリ有力ナル戦闘機兵力ノ推進ヲ企図スヘキコトアルヘシ。

二、敵ハ現作戦ノ目的達成ニ先ツ全力ヲ傾注スヘク、之ニ使用スル兵力ハ空輸二個師団、海兵一個師団及落下傘一個師団程度ナルヘシ。

而シテ後方準備兵力ハ船舶集中ノ状況ニ徴スルニ目下約二個師団程度ナルト、敵海軍ノ蒙リタル損害トニ鑑ミ、今俄カニ自他方面ニ大作戦ヲ指向スルハ困難ナルヘシト判断セラル。

三、比島海域敵航母ノ兵力ハ十数隻（特空母ヲ含ム）ニシテ執拗ニ前記上陸作戦ニ主トシテ直接協力スヘシ。

四、右ニ協力スル基地航空兵力ハ目下「モロタイ」島二～三〇〇機、（他、後方兵力、爆撃機七～八〇〇機）「ペリリュー」約五〇機ナリ。

五、比島ニ対スル今後ノ作戦構想ハ今俄ニ断定スルヲ得サルモ、現作戦ノ推移如何ニ関ハルモノ大ナリト云ヒ得ヘシ。我戦力ノ発揮容易ナルト敵ノ基地戦闘機協力圏外ニ於テ堅実ナル戦法ヲ廃シ稍冒険ヲ顧ミス作戦ヲ強行シ且其指導従前ト趣ヲ異ニシ、統制ヲ欠キアルカ如ク観察セラルルハ将ニ撃滅ノ好機ナリト云ヒ得ヘシ。

一、台湾沖ノ敵側損害（哈爾濱特情）

失、A八、B一、C三、D三、FM?五〇〇

残、A八、B一、C五、D一四　（残中A五、C三、D八ハ損害大）

即チ撃沈破計　A一三、B二、C六、D一一

無傷　A　三、B〇、C二、D六

艦隊全勢力　A一六、B二、C八、D一七

敵国側ノ発表ニ依ルモ偉大ナル戦果ナルコト明瞭ナリ。此戦運ノ天恵ニ乗シ比島方面ノ大戦果ヲ収メ得ンコトヲ祈リ祷テ已マス。

十月二十三日　漢口曇リ、南京・上海大体晴、台湾大体晴、西方暗シ。

漢口～上海～嘉義

一、〇九三〇第十八戦隊司偵機ニ搭乗、大別山北方ヲ次テ南京南方ヲ経テ一一三〇上海着、昼食後更ニ台北上

空ヲ経テ嘉義ニ飛ヒ一六〇〇稍前同地着。途中台湾西海岸ノ諸飛行場及処々陣地設備中ナルヲ目撃ス。尚嘉義ニ於テハ十二及十三日ノ空襲ニ依リ、格納庫ニ相当ノ被害アリシヲ認ム。同時地上ニ炎上セルモノ一六機ヲ出セリト。夜ハ嘉義駅前青柳旅館ニ投宿ス。調度ニ数奇ヲ凝ラセルモ食料乏シ。

十月二十四日　嘉義朝霧深シ、汕頭付近雲低、香港天候不良、広東曇。

一、朝霧深キ為〇九二〇嘉義飛行場発、膨湖島上空、汕頭上空、香港上空ヲ経テ一一四〇広東天河飛行場着。同地ニ山津参謀、吉野少将、松井少将ノ出迎ヲ受ケ、南〈第二十三軍〉集団司令部ニ到リ状況ヲ聴取シ且連絡シ、珠江沿岸ノ長堤大馬路ノ広東ホテルニ休憩ス。

山津参謀ノ連絡ハ左ノ件ナリ、

一、新情勢ニ基ク情報及総軍及統軍〈第六方面軍〉命令ニ基ク台湾、比島ニ関連スル船舶、飛行部隊ノ前進退避ニ関スル所要ノ援助ノ件〈統命令ニ基ク具体的命令ノ件ヲ考察セシム〉

一、攻勢発起時機

一、第二期作戦一段落後ノ兵力配置及第三期作戦ニ関スル問題

一、澳門〈マカオ〉処理問題、対捷号作戦後ノ防備強化

一、広東地区ノ軍需備品ノ確保

諸種ノ情報ヲ綜合スルニ、広東方面ハ此際一段ト作戦本位ノ見地ニ基キ一切ヲ処理シ、司令部自ラ活模範ヲ示スコトニ努力スルヲ要スト感ス。

一、吉野少将ヨリ、其後ノ西南工作ノ経過ヲ聴取ス。所要経費ハ要スレハ一時軍ヨリ、立替ヘ置クヲ可トスルモ、兵器ニ関シテハ実質的ニ援助セス。兵力ハ工兵的ニ使用スルヲ主旨トスル事ヲ伝フ。

一、一八三〇発襲撃機ニテ単独先ツ梧州ニ到リ、翌朝丹竹ニ至ル予定。警戒上已ムナク田村参謀ヲ広東ニ残置スルコトトス。

十月二十五日

一、軍部署　十月末迄ニ河ノ西岸地区ヘ進出

一、二十日乃至二十二、三日頃反攻アリ、之ヲ攻撃中

一、各兵団ノ状況

岩〈独立歩兵第九十八大隊〉部隊、鹿〈独立混成第二十二

旅団〉六大半、四百粁、月末迄
防空部隊（A二中、MA一中）月末迄ニ丹竹ニ到着
後方関係　西江水路輸送ハ約十日遅レタルモ、作戦緊急軍需品ハ大体補給シ得。

梧州～白馬関ノ水路ノ景況予想以上ニ不良
丹〈竹〉～白馬〈関〉～梧州間ノ自動車道ハ大体出来タルモ一部岩盤アリ、水路、自動車ヲ併用ヲ要ス。途中ノ弾薬ノ消費僅少。

現地物資ハ追送ノ要ナシ。

兵站諸部等月末迄ニハ機能発揮ノ予定。

衛生、人ハ6％内、戦病5/4、概良好。

馬八千七百中20％↓大体所要ニハ差支ナシ。

自動車ノ前送ハ二十二日三水ヨリ徳慶西方地区
爾後ハ水路ヲ併用ス。

取敢ヘス60、尚200輌ヲ出ス。

船舶損傷ハ、修理（梧州）　蟻輸送ノ成果。

民心ノ動向　全般ヲ通シテ敵ノ妨害ヲ受クル事ナシ。

広西省内ノ自治保甲制度ハ強力ナルモ我ニシテ対民衆軍紀ノ確立ニ依リ成果ハ可。

物資収集班ノ編成ト其成果概可。

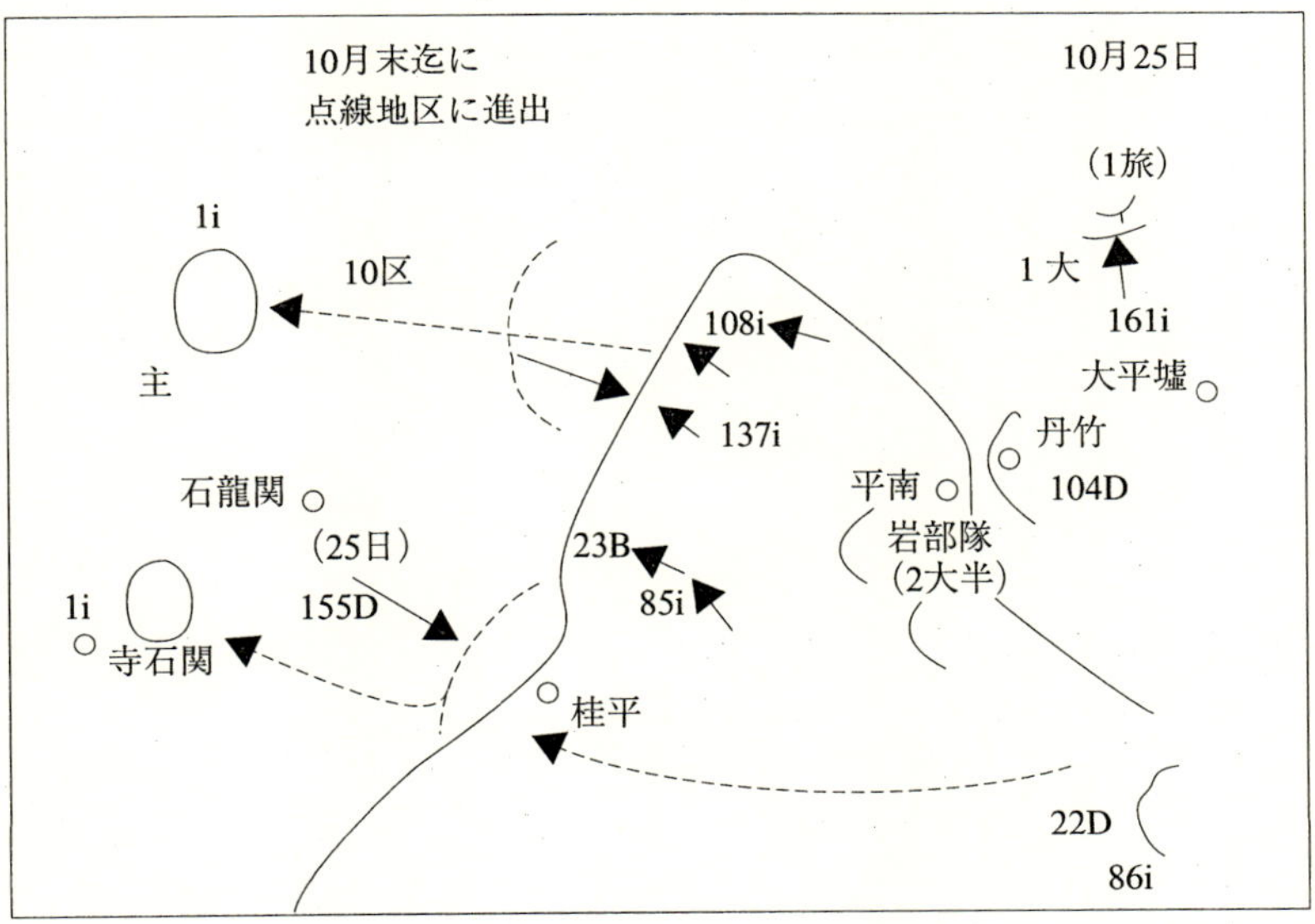

道路指導中ナルモ十七、八日中止

タングステン日産百屯（六都南方山地内）
通貨問題ハ心配セルモ事実ハ良シ（欠1/2）
参謀長　作戦構想
一、作戦緊急（靴、電池、蹄鉄、医療品）軍需品ヲ一先ス補給シ、目下攻勢出発地域ニ進メツツ作戦準備（補給）ヲ充実ス。

十月二十四日夕→二十六日

一、二十四日一八三〇天河飛行場発、小林准尉操縦ノ襲撃機ニテ西江ニ沿ヒ飛行シ、殆ト夜暗トナリ梧州飛行場着。同地飛行場ニテ一泊。翌二十五日未明（〇六四〇）離陸、通信手同乗ノ上〇七〇〇丹竹飛行場ニ到着、数回旋回ノ上〇七一〇黎明ヲ待テ着陸。出迎ノ小林（友一）参謀及一〇四師団佐藤参謀ノ案内ニテ乗馬ニテ、一時間三十分後丹竹東北方約十粁ナル南（第二十三軍）集団司令部着。途中第百四師団司令部ヲ訪ネ、鈴木貞（次）中将閣下ニ敬意ヲ表ス。南集団司令部ニ於テハ午前、前掲ノ連絡（情況報告ヲ遂ケ、午後司令官及安達参謀長ニ対シテ、今後特ニ第三期作戦及其後ノ基礎配置ニ関シ連絡ス。
司令官モ大ニ満足且愉悦ノ状ヲ拝ス。

主要連絡事項左ノ如シ、
一、統（第六方面軍）作戦計画及参考ノ為旭（第十一軍）作戦計画。
二、攻勢発起時機ハ十一月三日トスル件差支ナシ（南トシテハ十月末迄ニハ一段落ノ準備ヲ整フ—作戦緊急ノ程度）。
三、作戦直後ノ態勢
四、南寧作戦中止ニ関スル件ヲ検討、研究中ナル件（司令官ノ意見モ同様ナリ）。
五、第三期作戦ノナルヘク早期実行ト之ニ関連スル南兵団ノ行動（司令官ハ速ニ広東ニ帰還、兵力ノ多寡ニ関セス第二十軍ニ対シ軍司令官直接指導ノ下ニ協同センコトヲ希望セラル）。
六、第三期作戦終末後ノ南集団ノ配置兵力、特ニ其主要任務（北方ヨリ二兵団南下、広西ヨリ一兵団招還、海南島及雷州半島及其東方沿岸ノ防備強化）。
右ハ司令官ノ研究セルトコロモ全然一致シアリトテ大ニ満足ノ意ヲ表セラル。
七、香港、海南島ノ陸海軍ノ統帥指揮関係ノ調整。
（司令官ノ意見ハ香港総督ハ南司令官ノ兼任トス。又海南島ニハ差当リ速ニ一混成旅団ヲ入レ、之カ実施ハ今次作戦直後帰還ニ方リ直ニ之ニ転移スルヲ可トセン）。

予ハ将来海南島ノ戦略的意義ノ重大性ニ鑑ミ、更ニ兵力ヲ増強シ、且同島ノ防衛ニ関シ陸海中央協定ヲ必要トスヘキ旨付言シ、当方ニ於テ総軍ニ対シ之カ意見ヲ具申スヘキ件ヲ述ヘ置ケリ。

八、其他

一、広東地区ノ状勢ノ変化ニ伴フ作戦的地位、任務ノ重要性ト之ニ関連スル防衛計画ノ研究。

二、広東地区ニ於ケル軍需品対空防護ノ強化徹底。

三、粤漢打通ト鉄道術工物破壊防止ニ関スル着意ト努力。

夕食ハ司令官以下幕僚、予ヲ合シテ八名会食シ、第一線ノ不足ナル酒ヲ消費スルコト大ナリシモ、司令官以下大ニ歓ヲ尽シ二十三時ニ及フ。参謀一同モ大ニ愉快ナリシ模様ナリ。又予ノ来訪ヲ大ニ喜ヒ呉レ、今次ノ任務ヲ十分ニ達成セルヲ満足ス。

二十六日未明（〇五三〇）暗黒中ヲ乗馬ニテ出発。安達参謀長、岡田大佐参謀、岩坪参謀見送ラル。途中104D佐藤参謀誘導ニ任セラル。

〇七〇〇搭乗機上空ニ現ハレ、〇七一〇着陸。松井少将到着。〇七二〇離陸、〇八三〇天河着陸。

此日天候上海付近不良ノタメ出発見合。夕刻吉野少将来訪、関係事項ニ関シ詳細連絡アリ。予ハ不案内ナルモ常識ノ範囲ニ於テ急所ニ関スル意見ヲ伝ヘ置ケリ。夜ハ同少将ト会食ス。夕ヨリ夜ニ亙リ雨。

先ニ一昨日天河着ニ方リ新藤錦一郎中佐出迎アリ。今日又再度来訪、父ノ死去ト留守宅ノ秋田疎開ニ関シ詳細ノ状況ヲ予ヨリ求ム。予又詳細ヲ知ラス。中佐相変ラス消極意気昂ラス。実ニ頼リ無キヲ憾ム。

十月二十七日　朝来豪雨、出発見合セ待機

一、二十六日夕大本営発表ニテ比島沖及「レイテ」湾ノ大戦果ノ報道アリ。比島方面ノ敵空母撃沈破計十六隻ニ上ルハ大ニ可ナルモ、敵運送船ニ与ヘタル打撃ハ沈没四ノ他総計二十二、三隻ニシテ稍少ナル感アリ。今後ノ作戦推移特ニ我方ノ損害ニ関シ大ナル関心ヲ払ハサルヲ得ス。

大本営発表　十月二十六日一六五〇

一、レイテ島ノ我陸上部隊ハ十月二十日以降タクロバン南方及ドラッグ付近ニ上陸セル約三ケ師団ノ敵ヲ邀撃奮戦中ナリ。

二、我航空部隊ハ十月十九日以降レイテ湾内ノ敵輸送船団

及之ノ護衛艦艇ヲ連続攻撃中ニシテ我艦隊亦二十五日未明同湾内ニ突入、之ニ強襲ヲ敢行セリ。現在迄ニ確認セルレイテ湾ニ於ケル綜合戦果（自爆未帰還機ノ収メタル戦果ヲ含マス）次ノ如シ

輸送船　撃沈五、炎上一一、擱挫四、撃破二
航空母艦　撃破二
戦艦　擱挫一、撃破二
巡洋艦　撃沈二、撃破三
駆逐艦　撃沈一、撃破三
大型上陸用舟艇　撃沈一七、撃破炎上二
我方ノ損害　戦艦沈没及中破各一ノ他若干ノ自爆未帰還機アリ。

大本営発表　十月二十六日一七〇〇
フィリピン東方海面ニ於ケル彼我海空戦ハ依然続行中ニシテ現在迄ニ判明セル戦果ノ追加次ノ如シ
撃沈　航空母艦二、巡洋艦一
撃破　航空母艦四

十月十二日ヨリ十六日ニ至ル台湾沖航空戦及十五日ノ比島沖航空戦、十九、二十、二十一日レイテ湾ニ於ケル海空戦等ノ綜合戦果ハ

空母	轟撃沈一六、	撃破一五〈朱傍線〉	㉛
戦艦	二、	五	⑦
巡洋艦	五、	六	⑪
駆逐艦	二、	三	5
巡又ハ駆	一、	一	2
輸送船	五以上、	二〈他ニ炎上一一、擱挫四〉（一七）	㉒
艦種不詳		一三	13
計	三一	四五	

轟撃沈破総計　七六（九一）隻〈朱傍線〉（炎上、擱挫ヲ除キ六〇）

空母計三一隻ノ撃沈破ハ可、敵輸送船ニ対スル戦果寡少ナルハ遺憾ナリ。

右ヲ以テ大体敵艦上勢力ノ大半少クモ半数ハ一応撃破セルモノト推定シ得ヘク、捷号第一号作戦モ大体順調ト云フヘシ。尚今後敵側ノ強引ニ対シ我方ノ勢力補充如何カ勝敗ノ帰趨ヲ定ムヘシ。

神明ニ誓ヒ益々精進益々日本臣民ノ道ヲ尽シテ、歴世祖宗ノ加護ヲ祈リ奉ル次第ナリ。

更ニ大本営発表ニ曰ク、

十月二十五日ヨリ二十六日ニ亙ル彼我艦隊ノ戦闘ニ於ケル総合戦果並被害左ノ如シ

一、戦果
撃沈　空母八、巡三、駆二、輸送船四以上
撃破　空母七、戦一、巡二
飛行機撃墜　約五百機

二、被害
沈没　空母一、巡二、駆二
中破　空母一
未帰還　一〇六機

右ノ前、昨二十六日発表ノ如ク、レイテ湾ニ於テ戦艦一沈没、二中破。巡二沈没

更ニ大本営発表　十月二十七日一五〇〇
我航空部隊ハ引続キレイテ湾内ノ敵艦艇及レイテ島ニ上陸シタル陸上部隊ニ対シ猛攻中ニシテ、二十五日夜間及二十六日昼間迄ノ戦果中判明セルモノ次ノ如シ
撃沈　輸送船一、炎上六、撃破一一
二十六日炎上ノモノ二十九隻
撃沈　巡一、　撃破　巡一、駆一、巡又ハ駆一
油槽船　撃破一、　種未詳三
飛行機撃墜二、炎上マタハ撃破七〇
陸上炎上二ケ所、一七ケ所、内四大爆発

佐藤中将報告
一、航通、一、汽関庫、一、橋梁ノ永久化（旧、新府）、
一、運転（夜間ノミ、昼間ノ待避）

十月二十八日　広東時々晴、香港同シ、台湾晴、杭州曇、南京・漢口晴蒙気アリ。

一、〇九一五天河飛行場発、香港、汕頭、新竹ヲ経テ台北着陸、給油後杭州ヲ経テ南京へ、給油後漢口前進、一八五〇着。官邸へ。

台北ニテ秦参謀次長ニ邂逅、〈朱傍線〉比島方面ノ戦況視察ノ帰途ナリ。次長ノ言ニ依レハ、ココ暫時ハ鍔セリ合、飛行機ノ一機モ二機モ欲シイ。地上部隊ハ敵戦車ノ為ニ蹂躙セラレ我飛行場ヲ奪取サレタ。上陸当初天候不良ノ為ニ上陸セラレタ。

此間展開ノ為ノ我飛行部隊途中ノ落伍多ク、内地二十機中比島着六、七機、第一線活動ノ二、三機トナリ、紙上ノ計画ノ如ク実現セス。馴レタ飛行機ニアラサレハ機能ノ発揮十分ナラス。四式戦カ泥土ノ為脚ヲ収ムル事能

ハスシテ飛フ有様ナリ」等々。予ハ此機会ニ第三期作戦ノ実行及後段作戦中止ノ件及作戦一段落後ノ兵力基本配置ニ就テ意見ヲ述ヘ、且海南島防備、香港ニ関スル統帥指揮関係ヲ中央ニ於テ速ニ確定セン事ヲ望ミ、次長ハ東京ニ帰ラハ速ニ何分ノ指示ヲ発スヘシト諾セラレタリ。

十月三十日　晴

一、留守中ノ情況異状ナシ。

司令部内及漢口内ノ一般情況ニシテ予ノ目ニ触ルルモノ軍紀ノ厳正ト躾ノ徹底ヲ欠クモノ頗ル多シ。在漢ノ総軍（統〈第六方面軍〉、桜〈第二十軍〉）、呂武〈第三十四軍〉等、確然タル強烈ナル責任司令部ノ欠如ニ依ル現象ナリ。此形式ハ速ニ是正ヲ要スト認ム。〈朱傍線〉

一、総軍第一課長榊原大佐今朝前線視察ヨリ帰任。一般ノ状況ヲ聴取セルニ、作戦準備ハ旭〈第十一軍〉モ能ク進捗、殊ニ第一線部隊ノ体力気力志気旺盛ナルヲ目撃セル由心強シ。新情勢ニ応ズル支那全般ノ件ニ就テ意見アリ、予ノ意見ヲモ徴セラル。人格ト新鋭ト大ニ見ルヘキモノアリ。

極〈第二十七師団〉　兵力ノ極度ノ減耗甚シク補充ノ急
　ヲ要ス。計「七千」戦病五千ハ不可
武昌到着迄
人　四八〇〇、馬二四〇
一中百名内外、砲三門
目下一中四〇〈甚シキハ二〇名〉、山砲一門、一門弾薬
五〇
人八千余、馬三千、　十月二二千名ノ補充
藁物、蹄釘、蹄鉄ノ補充不足

◎一、作戦的ト事務ノ簡素化、　状況報告ノ用紙、フクロ、徴シ等ノ型、功績上申用紙

一、通信実施、信務　　独立小部隊ノ指導〈下級幹部〉

一、行衛不明者　一一六（岩〈第百十六師団〉）百四十余名ノ多数

一、対民軍紀ノ実情ト之ガ取締
　森村部隊長ノ報告内容

一、補充兵ノ要求ノ念強シ。
　歩一中　六五名ハ頗可ナルコトヲ知ラサルヘカラス。

◎一、一般ニ状況報告カ作戦準備ノ実際ニ合セサル点アリ。頭ノ切レ換ヲ要ス。

㊄一、長沙下流左岸ノ敵状不良、関係部隊トノ緊急連絡、端末部隊ニ徹底ノ重要性

一、各部隊ノ経理処理　対民船給与ノ問題

㊅一、通信部隊ノ配属ノ必要

一、38Ps〈独立工兵聯隊〉ノ架橋ノ為ノ材料

一、自動車8万〜15万粁ノ程度ハ不良

[〔欄外〕通信]

一、発電器類補充

一、各地域復興状況如何

◎一、常徳地域ノ占拠ト物資収集

一、現地自活（米）ハ収集シアルモ之ガ運搬力不足

一、宝慶付近、砂糖、木材、葉煙草ハ有、塩ナシ。

一、車輌及馬ノ防空壕ノ着意

一、衡陽ニ於ケル大型民船ノ利用法

一、華人初頭（ママ）教育ノ準備

◎一、極ノ補充馬ハ第一優先〔山〈第三師団〉ト共ニ〕

一、補充兵ノ兵器　　初年兵到着後ノ重複期間

一、典範令ヲ欲ス。

一、民船自衛用兵器ノ交付

十月三十一日　　小雨

一、留守中ノ件ニ就テ連絡ス。特別ノ事項ナシ。司令官閣下風邪ノ気味ニテ静養セラル。

一、旭〈第十一軍〉方面ノ第一線ハ当面ノ敵ノ動揺ニ伴ヒ桂林前面ニ進出中ナリ。旭司令部ハ此状況ヲ事後的ニ命令シ、一挙ニ桂林付近攻撃ヲ部署セシモ、桂林ニハ依然三師団ノ守備兵力アルヲ知リ、四、五日頃迄ニ準備ヲ整ヘ之ヲ攻略スル事ニ変更セリ。旭ノ統帥ハ第一線ニ追随スル傾向アリ、先ニ全県付近ニ到ル間ノ追撃亦然リ。

一、旭司令官ノ曩ニ総軍柳原参謀ニ申聞ケタルト同様ノ意ヲ電報シ来レリ。横山中将ノ意ハ一寸忖度ニ苦ム点アリ、将来更ニ考フヘシ。

一、留守中ニ於テ兵団長会同ノ諸準備ハ概ネ完成シアリ。

十一月一日　　豪雨。　　二日　　朝晴後曇

一、兵団長会同第一日、参集スルモノ坂西集団長、落合・堤中将、斎藤大佐〔開〈第六十四師団〉〕立薗大佐〔岩〈第百十六師団〉〕、森少将、岩本少将、今村大佐、角和大佐、

平尾大佐、児玉中佐（通）、宮永大佐（軍政）。
予定業事（ママ）ヲ了リ、夕ハ一同会食。

一、第二日ハ懇談ヲ行ヒ大体会同ノ目的ヲ達成セルモノト信ス。

一、右終了後、桜〈第二十軍〉集団長ノ命令、訓示ノ下達アリ。爾後懇談的ニ坂西中将ヨリ

1．人間ハ不完全ナルモノ、相互ニ協力援助ス独断ヲ強調ス。

2．相当長期ニ亘リ警備ニ努メ、上下左右ノ連絡、通信力ノ不足。

3．軍政ヲ積極的ニ、治安ハ重点主義ニ、経済工作、物価、民心把握、治安工作ノ辛棒（ママ）。

一、唐川総参謀副長（石川参謀共）会同ニ列席。軍司令官ヨリ「病状報告ヲ提出スルヲ以テ総司令官ノ裁量ニ委ス」旨伝ヘラレ、稍意外ノ感アリ。唐川モ困惑ノ情アリ、取敢ヘス内科専門軍医ヲ見舞ノ為派遣スルコトトシ、爾後病状ニ依リ処置スルコトトス。

一、第四十七師団及噴進二ケ大隊ヲ方面軍ニ増加セラル。之カ意図ハ未詳ナルモ、先般台北ニ於テ秦参謀次長ト連絡セル際ノ口吻ニ依レハ、一ケ師団ヲ今回作戦ニ於テ仏印ニ入ラシメ該方面ノ防備強化ヲ企図シ、其後詰トシテ一ケ師団ヲ増加セラレタルニアルヘシト判断ス。尚広東地区ノ防備強化及海南島ト香港トノ指揮問題モ併セ考フルコトニ関シ唐川ト連絡ス。

十一月三日　曇時々小雨

一、一〇〇〇将兵一同整列遥ニ東北面シテ、宮城次テ明治神宮ニ対シ奉リ拝礼ス。司令官微恙ノ為静養。

午後司令部一般ノ巡視ヲ行フ。司令部施設及運営未タ細部ニ亘リ十分ナラス。

中級幹部ノ能力低下ニ伴ヒ諸事末梢業務ノ円滑積極的活動極メテ不十分ナリ。教ユヘキ幹部亦昔日ノ能力ト熱意トニ欠ク憾アリ。

夜ハ副長以下全参謀予ノ官舎ニ参集、予ノ進級ヲ祝ヒ呉レタリ。多謝々々。

一、本三日一三〇〇発電ニテ、作戦上重要ナル事項ニ就テ旭〈第十一軍〉司令官ヨリ統〈第六方面軍〉司令官宛来電アリ。其要旨ニ曰ク、

「軍ハ柳州付近ノ敵ノ配備薄キト軍前面ノ敵主力ハ南集団前面ニ転進セルトニ鑑ミ、一挙ニ柳州ヲ攻略スル為鹿

（13D）、山（3D）ヲ以テ同地ニ向イ突進スル如ク発令セリ」ト。而モ此発信ハ南〈第二十三軍〉、隼〈第五航空軍〉（以上ハ必スシモ咎メス）ノ外、総軍及大本営ニ対シ打電セリ。

右ハ戦術上ノ見解ニ関スル問題ニアラスシテ統帥上ノ重大事項ナリ。其発電先ノ件ヲモ併セ考ヘ然リトス。依テ直ニ左ノ要旨ヲ特別緊急信ヲ以テ要求セラレタリ。

「統集団ノ企図ハ深ク敵ノ退路ヲ遮断シテ柳州周辺ニ敵ヲ包囲撃滅スルヲ方針トシ、之ヲ明示シ之カ実行ヲ要求シアリテ、城鎮ノ速ナル攻略ノ如キハ希求シアラス。

柳州周辺ノ作戦ハ旭、南両軍ノ作戦節調ヲ予テ特ニ念願シアル所ニシテ、現下ノ状況ノ如キハ何等特異ノモノニアラスシテ既定方針ヲ変更スルノ要ナシ。

叙上予ノ見解ニ基キ桂林攻略ノ余剰兵力ハ之ヲ挙ケテ深ク柳州西北方ノ退路遮断ニ指向スル如ク部署ヲ変更スルヲ要ス。」

右ノ事態ノ惹起ハ、察スルニ旭司令官横山中将自身ノ発意ニ基クモノト憶測セラル。何レニセヨ甚タ面白カラヌ事態ニシテ岡村大将閣下モ「之ハ越権ナリ……司令部内ノ状況モ看取スル必要アリ、幕僚ヲ派遣スル要アラン」ト述ヘラレタリ。

十一月四日　曇

一、司令官閣下本日朝大ニ気分ヨロシク約九日続キタル微熱モ三六．六ト下リテ一先安神ス。十月六日認ノ忠夫書面榊原大佐ノ厚意ニ依リ本日入手。忠夫ノ素直純真ナル心根大ニ頼母シ。頑健ニ成長シ真ニ御国ニ尽ス心神ヲ彌カ上ニモ伸張センコトヲ念願ス。

一、十一月三日我航空部隊ハサイパン、テニアン飛行場ヲ急襲シ、相当ノ戦果ヲ挙ケタリ。我ヨリ進テ攻撃スル意気喜ハシキ事ナリ。

十一月一日、神風特別攻撃隊ハレイテ湾内ニ於テ巡一撃沈、戦一、戦又ハ巡一、巡一、駆一撃破。

十一月一日夜、航空隊ニ依リレイテ湾スリガオ海峡ニテ輸一、巡一、駆三ヲ撃沈セリ。

十一月五、六日　共ニ雨、六日稍強シ

一、昨夜来猛烈ナル下痢数回アリ。自ラコレラト判断シ、五日天明ヲ待テ天野副長ヲ起シテ直ニ万般ノ処置ヲ乞フ。早朝軍医部長関野軍医少佐来診ノ結果、大体コレラニアラスト。兎ニ角消毒ソノ他ハ機ヲ失セス一応ヲ為ス。五、六日両日ノ静養ニテ全ク回復ス。大腸炎ナリシカ如シ。

回復モ亦速ナリ。六日夜ハ例ノ温灸ヲ為ス。結果顕著ナリ。

十一月七日　雨

一、四日夕以来ノ下痢全ク快癒シ出勤ス。
朝司令官閣下見舞ニ来ラル。既ニ起キアルヲ見テ安神セラル。

一、両三日中ノ重要事項左ノ如シ、

1. 旭〈第十一軍〉ノ独断柳州直接攻撃ノ企図ニ対シ当方ヨリ修正ヲ申送リタルニ対シ、機遅レテ返電アリ。内容ハ適確ヲ欠クモ唯理由ヲ述フルノミ。旭司令官ノ心事ニ大ナル疑問アリ。用兵ト皇軍統帥トヲ混同シアリ、皇軍統帥トシテ大権承行ノ精神ニ透徹ヲ欠クモノアルハ断シテ不可ナリト信ス。
之ニ対シ如何ニ処置スベキヤハ問題ナルニ予ハ無言ヲ第一トシ、已ムヲ得サレハ城鎮攻略ハ第二義ニシテ敵撃滅ヲ第一義トスル司令官ノ根本方針ヲ再電スヘシト為セシカ、結局司令官ノ言中最モ適当ナルモノアリシヲ其侭簡潔ニ申送ル事トス。曰ク「予ハ柳州ヨリ宜山ヲ重ンス。岡村大将」ト。

其後ノ一般情勢、吾人ノ判断ノ如ク敵ハ柳州周辺ニ於テ抵抗ヲ企図シアリ。戦闘ノ焦点モ亦ココニ在リ。更ニ情報ニ依レハ宜山ノ重要性益々顕著トナル。

2. 第三期作戦及後段作戦ノ実行時機、兵力等ヲ後方特ニ鉄道並自動車燃料関係検討ノ上総軍へ報告ス。

3. 現地自活及内地還送重要物資ノ取得、輸送要領ヲ具体的ニ規定シ、之ヲ命令トス。

4. 南ヨリ広東方面ノ作戦的意義ノ重大性、海南島、雷州半島ノ防備、海軍及香港ノ指揮問題ニ関シ意見具申アリ。上司ニ報告シ検討中ナル旨通報ス。

二、総司令官閣下十一日発同夕南岳着。十二日当方面視察。十三日午前休憩、午後出発ノ予定ニテ来訪ノ報アリ。

三、比島方面ノ戦果引続キ相当ナルモノアルモ敵亦強引ニ「レイテ」ニ増強シ五師団ニ及フ。正ニ決戦焦点ナリ。力ノ不足ニ依リ、遂ニ力負ケスルノ悲運ヲ再ヒ繰返ササルコト祷リテ已マス。〈朱傍線〉
司令官曰ク「若キ者ノ力ナリ、年寄リ一層奮発ヲ要ス」ト。国家ノ危急ニ之ヲ救フハ常ニ青年ノ力ナリ。老人タルモノ口ニ説キ力乏シク、又ハ老人口ニ説キ胚（ママ）ニ熱ノ炎ユル無キヲ戒ムヘキナリ。

十一月八日　曇

一、宣戦大詔ヲ拝シテヨリ満三年ニ垂ントスル。本日、大詔奉戴日ヲ迎ヘ〇一〇〇司令官ノ大詔及勅語奉読式アリ。式後予ヨリ一般ニ、大詔奉戴日ヲ迎テ比島台湾太平洋方面ノ戦局並大陸最近ノ桂柳作戦ノ進捗状況ヲ述ヘ、第一線将兵ノ奮戦力闘及労苦ヲ偲ヒ、吾人日々夜々ノ奉公ノ誠ヲ臻ス覚悟ヲ述ヘ一層ノ自奮自励ヲ要望ス。

二、司令部内ニ於ケル日命伝達ノ不確実ニ起因シ、副官ニ名ヲ処分ス。同情スヘキ点アルモ之ヲ機ニ一般ノ業務遂行上ノ責任観念ノ奮起ヲ促ス主旨ニ外ナラス。

十一月九日　曇後晴、此日午後ヨリ天候回復

一、天候回復ノ模様。同時ニ敵ノ出撃稍活気ヲ呈ス。即チ南岳付近ニ対シ午前午後各一、二回夫々七、八機ノ来襲アリ。銃爆撃ヲ反復ス。街道上ニ遮蔽シアラサル自動車四輛、燃料三十二本ト共ニ燃ユ。注意ヲ要ス。

一、柳州攻略ニ関シテ旭〈第十一軍〉、南〈第二十三軍〉両集団関係ヲ律スル作命ヲ発令ス。之ニ於テハ

一、敵ハ柳州周辺ニ退却中ナルコトヲ明示シ、従来ノ吾人ノ判断ニ全然一致シアル事。

二、旭ノ現ニ柳州ニ向ヒツツアル兵団及ソノ他努メテ有力ナル部隊ヲ宜山ニ向ヒ突進セシムル事。柳州直接攻略ニ任スル部隊ハ柳州外周（線ヲ以テ示ス）ニ到着セハ南司令官ノ指揮下ニ入ラシム。

三、南ハ柳州西方地区ニ突進、敵ヲ撃滅スルト共ニ柳州城ヲ攻略ス。柳州城攻略戦ニハ之ニ任スル旭部隊ヲ指揮シ、其攻略ニ伴ヒ別命ナク旭ニ復帰。

四、作戦地境ハ統〈第六方面軍〉計画ノ外柳州西方ニ於テハ黔桂鉄道線トシ、敵殲滅ノ為、旭、南夫々作戦地境ヲ越エテ行動スルモノトス。

一、此夜司令官官舎ニ於テ部長以上会食。司令官ノ気分爽快ナルヲ伺フ。

此夕、満天夕焼空ヲ仰ギ、九月二十七日以来時ニ一、二日ノ稍晴ヲ見タルモ大体曇カ雨カ続クル（ママ）コト約四十余日。毎日天ヲ仰キテ嘆息シ、毎夜雨垂ヲ聞キテ鬱ヲ重ネ、十月下旬ヨリ十一月初頭ノ豪雨ニテ岳州以南全県ニ到ル間ノ主要橋梁ハ全部流出シ、道路ハ泥濘膝ヲ没シ、車行十数日全然杜絶ス。自動車輸送部隊、道路補修工兵部隊ノ労苦甚シ。幸ニ諸河川ノ増水ニ依リ船舶輸送ノミ効ヲ奏シ後方補給ハ大体辛シテ其大害ヲ阻止シ得タリト雖モ、

部隊ノ困窮甚大ナリ。之ニ付テモ過クル昭和十四年春ノ南昌作戦当時ノ霖雨ヲ想起スルモノナリ。天野ト当時ヲ談シテ感慨無量ナリ。

十一月十日　快晴

一、昨夕発令ノ柳州周辺ノ旭〈第十一軍〉、南〈第二十三軍〉両軍関係ヲ律セル統軍〈第六方面軍〉

命令ニ基キ、旭ハ直ニ所要ノ命令ヲ発令セル旨来電アリ。命令第二項ノ冒頭ニ「軍ハ統集団ノ命令ニ依リ云々」トアリ、又九日夕桂林ヨリ武田大佐ノ報スル電報ニハ「敵情ハ作戦計画策定当時ト異リ……第二十三軍ト連絡全然杜絶シ、次テ十一月二日夜ニ於ケル状況ニ於テハ旭カ遠ク宜山ニ向フハ敵ヲ撃滅シ得ス、寧ロ敵ノ目下蝟集シアル柳州方向ニ追尾突進スルコトニ依リ、敵ヲ撃滅スル方面軍ノ意図ニ合シ、且第二十三軍トノ策応モ緊密ナルヘシト旭司令官以下一致シテ確固タル信念ヲ保持セラレアリ。全ク純粋ナル作戦積極見地ヨリ出テタルモノナリ」ト。曩ニハ「敵ノ防備薄キニ乗シ柳州ヲ攻略ス」ト云ヒ、理由モ前後矛盾撞着ス。用語ノ点ヨリスルモ〈純粋ナル作戦積極見地〉未タ根本的疑惑ハ解クル能ハス。特ニ戦術的見解ノ相異ト統帥ノ問題トヲ混同スルカ如キ感ヲ抱カシムル点ハ甚タ不可ニシテ将来其糾明ヲ要スル点ナリ。

一、在漢口中村参謀ヨリ第四十七師団ノ輸送経路ニ関シ問合セアリ。京漢線トスル旨指示ス。中村モ回復セル模様ニシテ可。

一、隼〈第五航空軍〉作戦主任矢嶋参謀、旭ノ谷隼夫参謀〈別ニ隼尉官二、報道関係軍属二共〉昨九日午前九時二十分嘉魚付近ニテ搭乗重爆敵機ノ攻撃ヲ受ケ自爆戦死セリト、惜ムヘシ。谷参謀厳父中将ノ心情ヲ察シ御同情申上ク。

一、本日正午前後、敵兵若干南岳南方近距離ヲ西方ヨリ東方ヘ遮断通過シ通信所付近ニテ戦闘アリト云フ。又敵機二回ニ亘リ来襲シ、南岳廟楼門其他数ケ所ニ火災起リ間モナク消火ス。

一、一昨日ノ命令伝達ノ疎漏ニ関連シ、本日予ヨリ将校全員ニ対シ軍紀、礼儀ニ関シ予ノ所懐ヲ述ヘ、司令部執務上ノ心構ニ就テ注意ヲ与フ。

参謀及副官ノ業務遂行要領ヲ通観シ、能力不十分、積極潑剌ノ点亦不可ナリ。昔日ニ比シ遺憾ノモノ少カラス。教ヘサルノ罪アリ、素質低下ノ因アリ。若キモノノ熱意ト意気ハヨシ、老人ノ若キモノヲ誘（ママ）キ教ユル熱意ト意気トハ須ク若人ノ模範ノ如クナラサルヘカラス。

一、此日十時柳州（第十三師団海福聯隊）、十二時桂林攻略。諸兵団ハ引続テ敵撃滅ノ為追撃前進中。

今次作戦ノ進展予期ノ如ク経過セルハ何ヨリナリ。而シテ予ハ当初ヨリ進発後十日ト目算シアリタリ。武漢作戦当時ニ比較セハ桂柳全般ノ敵兵力（二十四、五師）ハ精強師団一個ノ相手タリシナリ。

十一月十一日　快晴、夕凪アリ

一、参謀総長ヨリ総司令官へ（参考　統、旭、南、隼）

本十一日桂林及柳州ノ攻略ニ関シ上奏セル際、畏クモ「桂林、柳州ハ大変早ク手際ヨク攻略スルコトカ出来、全般ノ作戦ニ非常ニヨイ影響ヲ及シ得タコトハ洵ニ結構テアッタ」トノ御嘉賞ノ御言葉アリテ至極御満悦ノ様ニ拝セラレタリ。謹テ伝達ス。

一、畑総司令官本朝漢口発、衡陽着。同日敵機執拗ニ同飛行場ニ飛来シテ彼我交戦シ、我方相当ノ被害アリ。

同日夕発、翌朝零時四十分南岳ニ安着セラル。夕刻ヨリ風強シ。

武田大佐一行六日間ニテ旭〈第十一軍〉ト連絡シ来ル。中村少佐回復シテ帰任ス。本夕衡陽発漢口向ノ重爆一（旭ノ田辺中尉搭乗）遭難ス。

十一月十二日

一、十三時ヨリ迎賓館ニテ総司令官閣下、司令官ヲ中心トシテ会食ス。総司令官閣下ハ元気宜シク拝ス。

一、次テ司令官ヨリ口頭報告、予ヨリ具体的事項ヲ説明ス。

一、太平洋方面ノ戦況〔以下総〈軍司令部〉第二課長説明〕

○大本営作戦課長ノ先月末ノ言　彼我戦勢五分五分、十一月中旬末ニテ大勢決定スヘシ。

敵ニミッツ、マッカーサーノ太平洋艦隊ハ大半撃破セルモ、レイテ島海戦ニ於テ我海軍艦艇亦消失シ、レイテニテハ約二百機ノ陸〈軍〉機アルノミ。

聯合艦隊⅓撃沈、⅓撃破、⅓残

比島東方海面ノ敵空母対空母ノ海戦ハ五分五分、我□三隻撃沈

レイテ島上ノ戦闘ハ遭遇戦ノ五分五分ノ逐次展開

○独逸ハ時機ノ問題ナラン。大体本年一杯ナルモ十一月カ分レ目、ヒトラーノ戦意ハ。

○蘇ハ大局ニ於テ日独ト英米ト戦ハシメル事ヲ第一義トス。
○比島及南方ノ状況悪化、自活モ六〇%トナリ。
南洋　八月二十一万屯、九月三十六〈万〉屯、十月二十日迄三十〈万〉屯
目下可動百五十万屯ニ過キス。護衛付ニテ大体動カス。
一、国力ハ本年初頭ニ於テ考ヘタルヨリ二、三割減
油　三千万立ノ処一千五百〈万〉立ニ過キス。
船　十九年〈空白〉
鉄　十九年　四五〇万屯　目下二八〇万屯〈鞍山、八幡〉
アルミ　一五万屯、　飛行機約四万機〈四式戦、キ六七〉
食糧　米産地ノ不作テ三百万屯不足、増分ノ雑穀輸送
（支那　地上燃料所要量　アルコール換算月九千立、大体来年一月ニテ消費ス。
代燃化ハ目下ハ僅ニ五百万立ヲ一八倍
来年九月ヲ目標トスルモ六〇度ノ急上昇ハ不可能
食糧　自活徹底ノ為米十万屯位ヲ内地へ
代燃化ト食糧問題ト重大ナル関連重要性アリ。
一、後方整理ノ観念ノ更新確立
従来ノ内地ト出先トノ関係ヲ付シアルヲ、今後ハ満、鮮、北中支ヲ一団トスル交易圏ト為ス。
一、今朝武田大佐ヨリ旭〈第十一軍〉トノ連絡結果ノ状況聴取ス。
要ハ縷々弁明釈明アルモ、所謂問フニ落チスシテ語ルニ落ツニテ、純正ヲ云ヒ、司令部内ノ総意見ヲ云ヒ、第一線ノ行動ヲ活用且収集（ママ）スト云ヒ、戦術的見解ノ相異ヲ云ヒ、先般ノ衡陽ニ於ケル統〈第六方面軍〉旭司令官ノ会見ノ際ノ統司令官ノ強調セル点ト云ヒ、幕僚以下ハ別問題トシテ、苟モ軍司令官及参謀長トシテハ「一切ノ意見ニ関セス方面軍司令官ノ意図ニ従フヘシ」ト断案ヲ下サハ可ナリ。然ラサレハ如何ナル理由モ弁明モ将ノ心ヲ正シト観ル能ハス。

司令官ノ発意ニ基キ「武田大佐ヨリ伝言ヲ敬承ス。閣下ノ今次作戦間ノ衷情ハ克ク諒承ス。今後上下一致、純統帥ニ立脚シ任務〈朱傍点〉ニ邁進センコトヲ期ス」旨、司令官ヨリ司令官宛機密親展電ヲ発ス。

右ニ関シテハ司令官、総司令官ト懇談ノ際率直ニ其内容ニ触レタル際、総司令官ニハ横山ハ不埒〈朱傍線〉ナリ。従来此種ノ事象アリト」述ヘラレタル由。本件ニ就テハ予ヨリ司令部内ノ全幕僚ニ対シ、厳ニ口外スヘキ問題ナラサルコトヲ念ヲ押シ置ケリ。

一、総司令官御来訪ノ今日好都合ニモ十一日下賜ノ勅語ヲ総軍司令部ヲ経テ到着。依テ総司令官閣下ヨリ伝達式ヲ行ハレタリ。

勅　語

中南支方面ニ作戦セル軍ノ将兵ハ約半歳ニ亙リ至難ナル機動作戦ヲ敢行シ、瘴癘ヲ冒シ艱苦ニ堪ヘ随所ニ在支米空軍ノ根拠ヲ撃摧シテ克ク作戦目的ヲ達成シ以テ全局ノ作戦ニ寄与セリ。

朕深ク之ヲ嘉賞ス。

一、台湾沖、比島方面海空戦ノ戦果ヲ綜合シ、最近敵艦艇ニ与ヘタル損害ハ総軍司令部ニ於ケル算定ノ結果概ネ左ノ如シト、

種類	打撃数	太平洋方面全艦艇ニ対スル%	残存
A	四二	六〇～五六	二八～三八
B	一三	四三～三六	一七～二三
C	二四	四七～三七	二七～四一
D	三六	一四～一一	二二六～二九一

右ニ対シ我方ノ艦艇ノ損害又頗ル大ニシテ、撃沈三分一、撃破三分一、残存三分一ナリ。

即チ殆ト全勢力ヲ喪失セルモノト云フヘク、今後海軍ニハ実質的ニ期待スル事能ハス。海上ヲ含ミ一部陸軍ニ於テ担任スルヲ要スルモノト考ヘサルヘカラス。

十一月十三日　昨夕来曇、天候悪化傾向

一、午前両司令官、司令部東側高地ヲ散策シ、湘江沿岸方面南岳等ノ地形ヲ視察セラル。

一、最近東京ト連絡ノ結果ニ鑑ミ、次期作戦ニ関スル一応ノ検討ヲ遂ケ、一、南寧作戦（南寧占領及一兵団仏印転入）ノ開始時機十二月中頃

二、第三期作戦（粤漢打通、贛遂?地飛行基地覆滅後撤去）ハ一応一月中旬頃、夫々攻勢発起。

三、右ニ伴フ兵力ハ工兵及衛生機関其他若干ノ増強ヲ要

求スル外現在自力ヲ以テ之カ実行ニ支障ナシ。

四、南寧以南ノ地区占領確保ノ為ニハ第四十七師団又ハ粤漢打通作戦充当兵団ノ戦場集結時機（一空白）以後之ヲ実行ス。

五、尚目下前途頗ル不安ナル自動車燃料ノ過早消耗ヲ避ケ、各兵団ノ戦局ニ即応スル機動弾発力ヲ保有セントセハ、鉄道ノ全県付近開通（一月末）時機迄攻勢発起ヲ遷延セシムルヲ有利トストノ判決ナリ。

二、右ノ作戦準備遂行ノ一応ノ見透ヲ総司令官ニ随行参謀ニ連絡ス。参謀ノ識見、技能洵ニ意ニ満タサルモノアリ。五、六名モアラハ一、二名ハ相当ノ腕利モアルヘキ筈ナリ。之ヲ以テ全斑（ママ）ヲ推スニ国軍全般ノ能率低下殊ニ重要ナル方向ノ決定、機ヲ見ルノ敏、実行透徹ヲ遂クルノ力等ニ於テ大ナル欠陥アルヘキハ想像ニ難カラス。司令官ノ決裁ヲ得テ爾後ノ作戦準備ニ関スル事項ヲ総司令官ニ報告セントセシニ、司令官予ノ言ヲ誤解シテ機嫌悪シ。老人的ノ性癖ヲ認ム。

予ハ統帥ノ厳正、事ヲ苟クモセス、責任貫徹ノ意気ニ於テハ何人ニモ譲ラスト確信ス。

三、本日ハ亡母ノ一周忌ナリ。生前生涯ノ鴻恩ヲ感謝ス。在天ノ霊トシテ家ヲ守リ子孫ニ恵ヲ垂レン事ヲ祷ル。

四、南〈第二十三軍〉トノ通信連絡極メテ不良ニシテ先月末以後四日、七日ニ夫々一回アリシノミ。爾後既ニ一週日ヲ越ユルモ其原因サヘ不明ナルハ以テノ外ナリ。此点司令官モ厳ニ注意アリ。予ハ当地到着以来此点ニ関シテハ数次ニ亙リ主任参謀ヲ厳戒シアリシモ案外呑気ノ状ナルハ不可ナリ。方面軍トシテノ統帥機能ハ全ク封止セラレタル現況ナリ。午後六時ニ及ヒ待望ノ南ヨリノ電報到着ス。実ニ七日以来八日目ナリ。

実ハ此間通信確保ノ為各種ノ手段ヲ講スルモ遂ニ其成果ヲ挙クル事ヲ得サリシハ頗ル遺憾ナリ。統〈第六方面軍〉集団司令官及畑総司令官モ此問題ヲ重視セラレアリ。

十一月十五日

一昨十三日夜来雨、十四日稍激シ、十五日ハ払暁後曇、雲低シ

一、敗退セル敵主力ハ宜山及其南方地区ニ彷徨シアル状況ニ鑑ミ、集団ハ猛追撃ヲ継続シ此敵ヲ撃滅スヘキ命令ヲ発令セラレタリ。本命令ノ発令ハ予トシテハ実ハ一昨日頃ヨリ着意セルトコロナリシカ、南集団トノ連絡成ラサリシ為遷延セリ。

司令官モ此件ニ就テハ昨日発令センコトヲ希望シアリシ旨表明セラル。又特ニ旭〈第十一軍〉ニ対シテハ為シ得ル限リノ兵力ヲ挙ケテ宜山及金城方向ニ追撃セシムルノ意図ノ如ク伺ヘルモ、目下ノ追撃状態ヨリ大体旭南ノ四師団ヲ以テ之ヲ実行セリ。兵力十分ナルト更ニ旭ノ後方兵団ヲ投入スルモ戦機ニ乗シ難キ状況ナルト、且ハ旭ニ対シ余リ立入リ過キル指図モ従来ノ関係モアリ、方面軍ノ指導トシテハ如何カトモ察セラルルニ依リ、敢テ此兵力増強ノ件ハ記述セス。

又南寧ノ攻略ハ後方関係上異論アリシモ、予ハ追撃ヲ以テ一部挺進ニテ之ヲ一挙ニ占領スルヲ可トス信シ、敢テ之ヲ命令ニ入ルル事トス。但シ……占領ニ努ムヘシト緩和ス。

一、南トノ通信不如意ニ関連シ、各種ノ問題ヲ惹起ス。曰ク旭ノ一部ノ南配属部隊ノ復帰処理、曰ク柳州ノ処理スヘキ部隊ニ旭ノ兵力ハ山〈第三師団〉ノ騎兵二中隊ノミ、南ノ104Dノ一部アルカ如キモ不詳。柳州ハ将来旭南何レニ属スヘキヤ等ノ問合セ〈旭ヨリ〉之ナリ。従テ右ニ対シ所要ノ件ヲ回答ス。

一、総司令官閣下ハ昨日天候不良ノ為衡陽ニテ待機、本日一六四〇同地離陸帰途ニ就カレタリ。

一、将帥ノ統帥振ハ夫々ニ特長アリ。学フヘク反省スヘク修養スヘキナリ。

一、昨十四日夕〈〇七四〇発〉一旦南トノ連絡ナリシモ爾後更ニ杜絶ス。本日ハ統〈第六方面軍〉命令モ発令アリ、此現象ハ作戦指導上実ニ由々敷大事ナリ。依テ各種手段ヲ講シテ此不利ヲ除去スヘキ手段ヲ講セリ。特ニ稍憂慮スヘキハ十三日夜柳州西方地区ニ於テ山ノ西進中ナル縦隊ト、南ノ北進中ノ部隊トノ間ニ混雑ヲ極メタリトノ情報之ナリ。若夫レ夜暗ニ於テ彼此友軍相撃ヲ惹起セサレハ天佑ナリ。

十一月十六日　昨夜半来晴

一、柳州方面ノ状況ニ即応スル情報収集並連絡且作戦指導ノ為有力ナル情報所ヲ柳州ニ派遣スルコトトシ、副長、片山・東参謀ヲ派遣ス。十七日朝衡陽飛行場発ヲ予定ス。尚旭〈第十一軍〉ヲシテ速ニ柳州ニ情報所ヲ出サシメ、統〈第六方面軍〉情報所要員ノ区処ヲ受ケシムル事トス。

一、午後現ニ進行中ノ柳州周辺ノ会戦終末ニ伴ヒ、旭、南〈第二十三軍〉集団直後ノ態勢整備ト第三期作戦準備ニ必要ナル事項、南ノ南寧攻略及司令部ト第百四師団帰着ニ関スル件等ヲ一括セル命令ヲ検討シ明十七日発令ヲ準備ス。

一、南トノ通信疎通ニ関シ統通信隊長ヲ招致シ、従来此点ニ関シ努力シアル点ヲ聴取ス。通信隊長ハ優良ナリ。実行力能力アリ。夜ニ入リ南トノ通信疎通ニ関シ調査通信ヨリ情報アリ、引続キ状況判明ス。

十一月十七日　晴後少曇

一、漢口ヨリ発進セル荷物五十二日ニテ昨夜到着。当番ノ苦心努力ニ依リ湿潤セス、其骨折ヲ察ス。南〈第二十三軍〉ト連絡成リ情況逐次判明。今、二、三日前以来通信疎通シ、且旭〈第十一軍〉ノ鹿〈第十三師団〉、山〈第三師団〉両兵団若シ北方ヨリ直路宜山ニ突進シアリセバ戦果甚大ナリシヲ惜ムヘキ哉。

南寧ノ敵空軍ノ発信（十七日一〇二五）ニ依レハ、日軍ハ懐遠ノ支那軍陣地ヲ突破セリ。日軍ハ多クノ空中掩護ヲ付シアリ。多数日軍宜山ヲ通過セリト。

尚南トノ通信杜絶ニ関連シ、旭ニハ多大ノ迷惑ト積極的処置ヲ煩ハシ感謝ノ意ヲ表ス。

一、夕刻B25四機、二機毎編隊ニテ白昼比較的低空（約千）ニテ南岳ヲ爆撃ス。十六日長沙及湘潭付近爆撃トモ関連シ、我後方撹乱ノ企図ト察ス。

一、田村鉄道参謀爾後ノ鉄道部隊指導ノ為状況視察ニ出発ス。依テ佐藤中将ニ対シ洋酒二本ヲ托ス。

一、十一日夜衡陽出発ノ重爆一機ハ同夜南岳ノ西嶺ニ於テ遭難ス。同機ニハ暗号班ノ田辺中尉同乗シアリ。昨日警備隊ヲ以テ現場ヲ調査セシメタル所、残骸ハ土民ニ依リ片々ヲ持去ラレ、八個ノ遺骸ハ付近ニ埋葬シアリシト。田辺中尉ハ部隊暗号作整要領（軍機一連番号）及使用度数表ヲ携行シアリ。之カ敵手ニ入ラサル為処置ス。

十一月十八日　晴

一、栄部隊〈支那派遣軍、慣例的ニ総軍ト称ス〉ハ十七日ノ命令ニテ、隼部隊〈第五航空軍〉ハ十六日、夫々漢口及衡陽前進司令部ヲ撤去セリ。

当方ニ於テモ後方関係業務ヲ逐次桜〈第二十軍〉ニ譲リ、十二月鉄道ノ衡山付近建設ニ伴ヒ漢口ニ引上クルヲ可ト考ヘ、之ニ関スル研究ヲ安崎参謀ニ命ス。

尚参謀ノ業務遂行上左ノ二点ヲ注意ヲ与フ。

一、業務処理ノ神速確実、其日々々ニ処理ス。照会、問合セ、催促ヲ受クルハ恥辱ト考フヘキ事。
二、電報及書類ハ参謀長一覧後更ニ主任者ニ於テ注意書ヲ見ル事。
之ヲ要スルニ、典範令ノ基礎的事項ノ教育徹底不十分ニシテ直ニ複雑多岐ナル実務ニ服シ、且之ニ関スル教育ヲ為ス着意乏シク（教育者自ラノ識能不十分、自ラ無知。従テ教育セントスル熱意ヲ生セス。仮令命セラルルモ其要領当ヲ得ス。）上下共ニ其日其日ノ雑務ニ追ハレヅツ暮スヲ常態トシアリ。
将来夫々ノ主任務ニ就テ
一、関係典令範、勤務令ノ独習ト教育（参謀担任）
一、下士官ノ業務遂行上必要ナル識能教育（部付担任）
一、兵ノ業務遂行上ノ心得（部付担任）
通信、受付、当番等重要事項ニ就テ守則又ハ心得ヲ摘記シ之ヲ執務個所ニ掲示セシム。

十一月十九日　曇

一、参謀副長一行ハ十八日一二〇〇桂林旭〈第十一軍〉司令部ニ無事到着。又先ニ旭ニ要求シテ実行セル南〈第二十三軍〉トノ連絡参謀派遣、柳州ノ統〈第六方面軍〉（旭）情報所ノ開設、南ノ之ニ対スル連絡参謀派遣等ハ着々夫々ニ就テ処置セラレタリ。
一、南ハ柳州西方地域ノ作戦一段落（実ハ二、三日遅延ノ為ニ敵ヲ撃滅スヘキ企図ハ水泡ニ帰セリ）ニツキ兵力ヲ集結シ、爾後行動ニ移ル如ク部署セリ。此件第二十二師団ニ有力ナル一部ヲ西方ヲ迂回シ敵ヲ掃滅シヅツ南寧ニ向ハシムル如ク部署セリ。南寧ニハ独立第二十三旅団ヲ指向シ、既ニ勇躍前進ノ途ニ就ケリトス。
之ヲ要スルニ、南寧ニ関スル上司ノ企図機ニ先シテ明確ナリセハ、今頃ハ之ヲモ一挙ニ終了シアリ。尚仏印一師団投入ノ件モ更ニ早期ニ企図表示アラハ戦機ニ投シテ実行スヘカリシナリ。上ノ先見及企図表示ニ明確ヲ欠ク点甚タ大ナルヲ見ルハ遺憾ナリ。
一、第三期作戦ニ関スル作戦要綱ヲ検討ス。此度ノ分ハ既ニ事前ニ一応ノ案ヲ概示シアリシ関係上大体ノ主旨ハ概ネ可ナリ。但第二期作戦ニ於テ司令官カ「敵撃滅ノ達成不十分ナリ」トノ所見ニ鑑ミ、此度ノ粤漢線打通ニモ敵撃滅ヲ同様ニ考フルノ着意ハ不同意ナリ。凡テ主義ヲ明確ニ徹底スル事緊要ナリ。尚桜〈第二十軍〉ニ対シテハナルヘク速ニ作戦要綱ヲ示シ、周到綿密ナル計画準備ヲ為サシムル事緊要ナリ。桜ノ当方ニ対スル積極的連絡ハ未タ十分ナラス。

一、湖南地区ヲナルヘク早ク一切ヲ桜ニ移ス主旨ハ予ハ予テヨリ必要ナリト考ヘアリ。最近諸般ノ事象ニ於テ統カ桜ノ地区ニ直轄部隊、後方補給業務ヲ直接管掌セル事ニ基ク不具合不円滑ヲ招ケル事実ヲ認ム。

此点本日参謀一同ニ対シテナルヘク速ニ一切ヲ移譲スル事ノ研究ヲ強調ス。

一、第三期作戦ニ関連スル余漢謀工作ニ就テ吉野機関ニ特ニ慎重ナル考慮ヲ促シツツ連絡ス。下手ナ工作ハ却テ大害アリトノ印象強ケレハナリ。

一、東京放送ニュースヲ聴ク毎ニ頭痛ノ種トナルハ欧州ノ独戦況ナリ。独ノ運命モ最早時機ノ問題ナルヘシ。「ヒットラー」ノ心事ヲ偲ヒ大島大使ノ胸中ヲ思フ。

心誠ナルヤ否ヤ。心誠薄キ策士ノ心ハ天之ニ与セス。人間ノ知恵ナト程度知レタモノナリ。何人カ三年前今日ノ独逸ノ状況ヲ夢寝ニモ考ヘタリヤ。

要ハ其時其状況ノ局面ニアラスシテ一貫シタ心ノ誠ヲ心棒トスヘキナリ。我自ラ日ニ之ニ心セン。

一、東京ノ大学校ヨリ坂間少将十月十九日付近況ヲ通知シ来ル。特ニ頼ミ置キタル大井、吉橋ノ再婚問題早々見事ニ成立シ感謝ニ堪エス。

学校内モ軌道ニ乗テ円滑順調ニ進行中ナリト喜フヘシ。本年末後ノ存続モ大体可能ナルカ如シ。国家ノ為、国軍ノ為、学校ノ為、然アルヘキヲ切ニ切ニ祷ル。

十一月二十日　曇後晴

一、次期作戦ニ関シ第二十軍石母田、福田両参謀連絡ノ為来ル。石母田ハ坂西中将ノ書翰ヲ齎ス。次期作戦ニ関シテハ昨日作戦大綱ヲ検討シ、之ニ関連スル後方処理大綱ハ本日成案ヲ得夫々第二十軍参謀ニ連絡ス。次期作戦ニ関シテハ「粵漢鉄道特ニ其術工物ノ無疵占領」ヲ主眼トシ、爾他ハ問題トセサル主旨ニ基キ、第二十軍ノ統帥ニ遺憾ナカラシムルヲ主義トシ、作戦部隊、後方諸機関、増加参謀一切ヲ、此主旨ニ副イテ律スル事トシタリ。右ノ主旨ハ予ヨリ直接坂西閣下ヘ又関係参謀ヨリ第二十軍参謀ヘ連絡セシム。

尚右ニ関連シ、従来湖南地区ノ後方及軍政関係ヲ一切統〈第六方面軍〉ニ於テ直轄セル為、第二十軍ノ統帥ハ頗ル不徹底不便ノ点アリシヲ察シアリシカ、速ニ整理ヲ促進シ早期ニ一括シテ桜〈第二十軍〉ニ移譲スヘキ着意ニ基キ、主トシテ安崎ニ之カ研究ヲ命シ、本日桜参謀トモ連絡ノ結果大体其見透ヲ得タルヲ以テ、十二月上中旬後方、通信、軍政等ヲ一切之ニ申送リ、統ハ本然ノ立場ニ帰リ、武漢ニ於テ北支、三角地帯ト連絡シ、各軍ノ関係ノ大綱ヲ律スル主義ヲ以テ業務ニ当ル事トス。

二、天野参謀副長十八日正午桂林着、本日先方ノ井本参謀ノ質疑及之ニ対スル答解ヲ電報シ来ル。大体ハ特別ニ考慮ヲ要セサル問題ト思惟ス。

三、方先覚旧軍長参謀長及秘書等ト共ニ本二十日未明逃亡ス。依テ先和軍ハ之ヲ解消シ俘虜トシテ之ヲ取扱フニ決ス。関係主任参謀井上中佐大ニ恐縮ノ意ヲ表ス。予ハ当初ヨリ大ナル期待ヲ懸ケス寧ロ厄介視シアリタリ。現情勢ニ於テ作戦ヲ主任務トスル軍ニ於テハ作戦第一主義ニ徹シ、武力ニテ敵ヲ圧倒スルニ専念スヘク、付帯的業務ハ之ニ妨ナキ範囲ニ於テ処理スベキナリ。由来謀略関係者カ之ヲ第一義ニ心酔シアリテ其実ノ伴ハサル事ニハ既ニ如□ニ実証済ナリ。小供□キ参謀ヲシテ此種業務ヲ処理セシムルカ根本ノ誤リナリ。之参謀長ノ責任カ。サルニテモ所謂支那通ノ頼リ無キ哉。

十一月二十一日　晴

一、総軍宮崎参謀第三期作戦ニ関スル命令伝達並連絡ノ為昨夜来岳。今朝来関係参謀トノ間ニ連絡ヲ遂ク。第三期作戦ニ関スル総軍命令ハ依然過度ニ細部ニ立入リ過キアリ。大本営其他高等司令部ノ統帥ニ於テ下級司令部ノ当然為スヘキ範囲ニ干与セントスル風アリ。之カ為下級司令部ノ運用ト積極溌剌性ヲ阻害スルノミナラス下級司令部ノ細部考案ヲ連絡了知ノ後統帥上ノ処置ヲ採ル為概ネ時機ヲ失スルコト多シ。大軍ノ統帥ヲ学ハスシテ直ニ大本営又ハ高等司令部ノ要務ニ携ル為惹起シ易キ過失ナリ。

宮崎ノ連絡事項ノ主要ナルモノ次ノ如シ、

一、37Dハ中央ノ意向ニテハ二月ヲ待タスナルヘク速ニ仏印ニ移送セシムヘキコト、之カ為ノ戦力整備要領ヲ研究スル事

二、第二十三軍ノ海正面防備強化ハ、差当リ総軍トシテハ海南島ニハ大兵ヲ注入セサル主旨ニ於テ処理スル方針ナルコト（予曰ク此問題ハ而カク簡単ニハ片付キ得サル問題ニシテ此ノ如キ罅隙カ将来国軍全般ノ作戦指導ニ重大ナル関係ヲ及ス虞アリ。）

三、岩本支隊（支隊本部ト三大隊、砲工兵等）ヲナルベク

早キ時機ニ於テ登〈第十三軍〉方面ニ復帰スルコトト致度。

四、第三期作戦関係ノ後方部隊中、他方面ヨリ転用スル部隊ハ作戦開始迄ニ間ニ合ハサルコトアルヘシ。

五、野聯ノ内容強化ヲ要セスヤ（予曰ク必要ナリ）。

六、統〈第六方面軍〉司令部ノ位置ハ速ニ漢口ニ帰還スヘキ希望。

七、畑総司令官ニハ坂西中将ト田中中将トノ協同ノ円満ヲ庶幾セラレアリト（予曰ク之ハ先ノ柳州問題ニ関連スル横山中将ノ態度ニ鑑ミテノ配慮ナリ）

二、第三期作戦計画ハ確定シ本日之ニ依リ桜〈第二十軍〉、南〈第二十三軍〉ニ作戦準備ニ関スル命令発令ヲ参謀ヨリ申出タルモ、適々岡村大将転出、後任ニ岡部大将発令ノ予報アリシ為、一切ハ新司令官着任後発令ト定メ之ヲ保留スルコトトス。

三、長沙ニ在ル情報将校宗宮大尉ヨリ「湖南省西部敵情其他ニ関スル諜者報」報告アリ。

内容相当注目スヘキモノアリ、例ヘハ左ノ如シ、

1．宝慶西北方西方地区ノ敵ノ防備、敵ハ洞口ヲ重視シ、燃料弾薬ノ集積所アリ。

2．作戦ノ為約六〇％ノ打撃ヲ蒙リ六ケ軍ノ綜合実戦力ハ一個軍ニ相当シ得ス。

3．今後ノ作戦方針ハ日本軍ノ常徳、芷江、貴陽方面ヘノ進攻ニ備ヘ各要衝ニ陣地ヲ構築ス。

4．正規軍ヲ以テ遊撃隊ヲ以テ戦略要点、後方軍事施設ノ破壊、日本軍将校、支那要人ノ暗殺及情報収集ニ任ス。

5．[?]米軍第二砲兵団（一団ハ三ケ営、砲種ハ各営毎ニ異ル）凡テ器械化セラレアリ。

6．第十一兵器工廠〔辰鶏ニ在リ。近隆潭（永綏南十五粁）ニ移ル〕

7．芷江（五ケ飛行場アリ）

四、故汪精衛主席ノ国葬ハ二十三日ノ予定

五、鹿〈第十三師団〉部隊懐遠東二粁ニ於テ左記積載ノ軍用列車（機関車一一、貨車一〇六、客車四）ヲ鹵獲ス。之ハ先ニ第二飛行団襲撃機四ノ収メタル戦果ナリ。

対戦車砲二、同弾薬四〇屯、一五榴弾四〇屯、山砲弾九〇屯、一三粍機関砲弾一七屯、二〇粍機関砲弾一〇屯、飛行機一、同エンジン六、爆弾一六〇屯、オイル油一七屯、機械二〇屯、糧秣五〇〇屯、石炭四〇〇屯」

一〔ママ〕、中華高練機事故ニテ岳州西南洞庭湖ニ墜落、陸軍省岡村峻主計中佐、総軍鈴谷主〈計〉少佐、旭・東條獣〈医〉少佐、桜浅利中尉、勤務員三名遭難ス、惜ムヘシ。

十一月二十二日　曇小雨

一、旭〈第十一軍〉猛追撃ヲ継続シ一挙独山ニ目標ヲトル。此意気全然同意、「快報ニ接ス、戦果ヲ期待」ノ旨予ヨリ参謀長宛送ル。

一、天野副長極メテ順調ニ前進シ、二十一日午後柳州着。各方面特ニ南〈第二十三軍〉トノ連絡都合ヨシ。旭及南ト連絡ノ結果、夫々今後ノ問題ニ関シ意見、質疑等アリ、之ニ対スル天野ノ措置全然同意。旭ハ将来ノ兵力不足ヲ喞チアリ、果シテ何人ノ意ナリヤ。此種ノ物ノ考方ハ全然不同意ニシテ岡村大将閣下モ御同様ノ意見ト拝ス。閣下曰ク「敵ノ増援アラハ北緬ノ戦況ハ我ニ緩和ス。敵ノ反攻来襲ハ一挙ニ撃滅スル好機ナリ、恐ルルハ不可。此度岡部大将ト同時ニ上月中将ニモ敵戦力ノ判定其他旭ノ従来ノ関連ノ事ヲ申聞スヘシ」ト。

一、夕ハ幕僚部長会同シテ閣下ノ招宴アリ。款ヲ尽サレタリ。和気ト陽気ノ将軍ナリ。天資ナリ。偉大ナル所以ナリ。

十一月二十三、四日　晴、温暖

一、岡村大将総司令官御栄転ニテ急速事務ノ処理アリ。戦況ハ順調、第三十七師団仏印転入、第四十師団ノ第三期作戦準備等ニ関シ細部ノ処理多忙ナルカ如シ。

一、二十四日正午過、将校一同、岡村大将ニ御祝詞御挨拶ヲ予代表シテ述フ。其主要

一、御祝詞

二、微力ナル一同閣下ノ威徳及御武運ノ下ニ赫々タル作戦ニ従事セシメラレ感激ニ堪エス。

三、一同御事〔ママ〕ノ期間ハ編成早匆ノ間不備欠陥多ク申訳無之。

四、今後御教訓ヲ体シ、新司令官ニ仕フ。総司令官トシテ看マモッテ頂度。

五、閣下ノ御健祥ヲ祈リ、其御武運ニアヤカル様ニ願フ。

一、廿〔ママ〕四日昼帝都ニサイパン方面ヨリ七、八十機ノ高高度来襲アリ。損害極メテ軽微ナリト。今後厳戒ヲ要スベシ。我方面ニ於テモ数日前頃ヨリ後方基地及兵站地ニ対シ連日連夜相当ノ来襲アリ。軍需品ニハ大ナル被害ナシ。今

後此種ノ敵企図ニ対シテハ厳戒ヲ要ス。要ハ心構ト対策ノ万全ニ在リ。

一、本朝〇九三〇南寧ヲ南〈第二十三軍〉ノ独混第二十三旅団ノ部隊ヲ以テ攻略ス。之ニテ主要目標ノ始末ヲ終ル。岡村大将モ安神シテ総司令官トシテ出発セラレ得、又安神シテ岡部大将ニ申送リ得ル事トナリ、一同モ大ニ安神。

十一月二十五日　晴、夕ヨリ曇

一、朝司令官離任ニ就キ慰霊祭ヲ施行セラル。過般ノ優渥ナル勅語ヲ次テ祭詞ヲ奉読セラル。
　午後離任ノ挨拶アリ。
　短期間ニテ心残リアリ。今後身体ヲ大切ニ十分御奉公スル様ニ」ト。
　一同記念撮影アリ。

一、閣下ニ最後ニ予ノ管見策ヲ申上ク。大体御同意ノ様ニ察ス。予曰ク、
　一、老人組ノ陣頭指導ノ要請
　二、現地自活ヨリ「大陸即戦争根拠」ノ観念ヘ。
　三、統〈第六方面軍〉今後ノ努力ノ方向ト重点
　　第三期作戦実行上ノ主眼、将来芷江、常徳大陸要塞ノ自力遂行―順序ト方法
　　統全般ノ確乎磐石ノ態勢ト戦機躍動
　　教育訓練、自力装備ニ依ル自彊策、築城、対空、対戦車、通信、衛生
　　南京
　　北支 →漢口→ 広東・仏印　ノ動脈確保
　四、総軍トシテ配慮ヲ願フ事項
　　大陸要塞ノ理念ニ基ク全般態勢確立
　　大陸東正面（海面）防備ノ全面的検討
　　海南島ト之ニ隣接スル沿岸防備
　　内地戦力増強施策　国民食料、脂油補給

一、夕刻　暗黒ヲ待テ岡村大将出発セラル。予ハ飛行場迄御見送ス。二三〇〇衡陽飛行司令部到着

一、此日、二十四日岡村大将ニ下賜ノ勅語電送セラレ、之ヲ謹テ御伝ス。岡村大将感激ノ御胸中具ニ拝察セラル。

十一月二十六日

一、早朝出発ノ予定ナリシモ夜来雨アリ、八時頃衡山一体霧深ク飛行不適ニテ出発延期。午後衡陽方面天候好転セ

ルモ白螺磯飛行不適ニテ護衛戦闘機来ラス。依テ本日ハ一先湘譚迄前進ニ決シテ一八〇〇出発セラル。離陸直後永豊方面ニ敵P数機ノ二群現ハレ心配セルモ一八三〇無事湘譚着ノ報ニ接シ飛行場ヲ去ル。

一、本日待機間、岡村大将統帥茶話ニテ南岳ニ於テ従来ノ統率考方ノ変化ヲ話サル。曰ク一、北支ニ在リシ毎食ノパイ缶詰二片。　一、早風呂ト背流シノ事。

　武将ノ修養漸ク高カラントスルハ学ブベキナリ。此談ヲ聞クモノ予ト桜〈第二十軍〉ノ川目少将ナリ。偶々名将言行録又ハ葉かくれニ及フ。

一、夜ハ桜ニ於テ司令官参謀長参謀連ト会食ス。鶏ノ鍋ニテ満飲喫ス。本日飛行場ニテ待機間川目少将、「坂西中将閣下最近過飲ノ為過敏トナリ、直截細部ニ亙リ参謀連不快ヲ覚へ、陰鬱ノ状深シ」〈「」ハ編者付ス〉ト。大ニ心スヘキ事ナリ。過般来桜ノ指揮振リニ稍唐突、実情深察不足ノ点アルヲ感シアリシ原因亦茲ニ在ルモノノ如シ。

十一月二十七日　曇時々小雨

一、夜来過無事南岳着。

一、仏印転用ノ第三十七師団ノ転進行動ノ概要旭〈第十一軍〉ヨリ報告アリ。其他全般ニ順調ニ進捗中。

一、岡村大将今朝無事漢口着ノ報アリ。

十一月二十八日　雷雨稍激シ、午後遅雨止ム。

一、旭〈第十一軍〉追撃末期ヨリ反転ニ関シ報告アリ。依テ、一、黔桂鉄道ヲナルヘク遠ク撤収ノ件及、一、将来柳州、宜山付近防衛主線ニ対シ止阻的任務ノ為一部ヲ黔〈貴州省〉、桂〈広西省〉国境ノ要点（例ヘハ南丹、黎明関）ヲ占領セシムルヲ有利トスル件ニ就テ旭ノ現況及将来ノ推移ニ従ヒ之カ計画腹案ノ報告ヲ要望ス。

黔桂国境ニハ二、三日前以来従来四川又ハ北支方面ヨリ南下セリト判断シアリシ新来ノ敵軍二軍現出ス。之敵ノ慣用戦法ニシテ今次其実現ノ遅延セルヲ感シアリシモノナリ。其他未タ交戦ニ至ラサルモ現出可能ト予想スルモノ数ケ軍アリ、之カ動向ニ今後注意ヲ要ス。此旨上司及関係方面へ報告通報ス。

一、第三期作戦ニ関係シ、余漢謀工作ニ関スル状況ヲ吉野少将ニ照会中ノ処、本日返電アリ。依テ其考方大ニ自画自讃ノ傾向アルニ鑑ミ、「該工作ハ従来ノモノヲ継続スル以外殊更ニ端的ノ工作ヲ併進スルコトハ差控ヘラレ度。

当方ハ直接次期作戦ニ関連スル工作ハ実施セサル意向ナリ」ノ旨電報ス。

一、夜ハ予ノ宿舎ニテ全参謀ノ鶏鍋ヲ行ヒ款ヲ尽シ芸ヲ挙ケテ夜半ニ及フ。予ノ端的無遠慮ノ参謀指導ヲ参謀連ハ敢テ苦痛トセサルノミナラス喜テ之ヲ受ケ、且笑テ其シボラレ方ヲ他ニ披露シ、業務遂行上ニモ一般ノ和気横溢、志気昂揚ニモ成果アルモノノ如キハ幸福ナリ。要ハ「誠」ニ存スト信ス。

一、大学校ノ大井大佐ヨリ最近ニ通信アリ。大佐ト吉橋ノ再婚滞リナク成立、オ互ニ幸福ナル家庭ヲ立直シ得タル事安神ナリ。

一、東京ニ二十七日第二次空襲アリ。機数約四十、雲アリテ盲爆ト云フモ人心益々緊張ヲ加ヘアルナラン。

十一月二十九日　曇夕ヨリ雨

天野副長一行日没頃帰着ス。往復十四日ナリ。此間ノ辛酸労苦ハ其壮貌ノ鬚ニ認メラル。要点左ノ如シ、

一、横山中将ノ心境言辞ハ洵ニ慊焉タルモノアリト。天野モ此度ハ最後ノ断定ヲ下シタルモノノ如シ。要スルニ頗ル男児的ナラサル点ナリ。

一、広西地区ハ予想ニ反シ物資豊富ニシテ今後ノ作戦指導上懸念ナシ。原田兵器部長及井上参謀モ柳州方面視察ヨリ帰還ス。

十一月三十日　小雨、冷気強シ。

湖南地区ノ後方業務一切ヲ第二十軍ニ移譲スルニ関シ、補給諸廠、輸送司令官、兵站地区司令官、鉄道、船舶、旭〈第十一軍〉・桜〈第二十軍〉軍司令部〈桜ハ主任参謀及各部関係立会者〉ヲ参集シ、後方業務ニ関シ連絡且要望ス。移譲ノ為ノ申送リトシテ適切且親切ナル方法ナリ。

一、二十九日夜帝都ニ対シ夜間来襲アリト。神経戦ノ程度ナルモ内地ノ人心ヲ察シ心安カラス。

陛下ノ御安泰ヲ祈リ上ケ宸襟悩シ奉ルヲ申訳ナク感ス。

二十七日陸軍特別攻撃隊八紘隊十機十艦船ヲ「レイテ」ニ破ル。

十二月一日　曇、冷気アリ。

一、天野副長桂柳方面連絡主要事項

(一) 旭〈第十一軍〉関係

一、黔桂鉄道ノ撤退ニ関スル計画腹案〈先方ハ六ケ月

ト云イ、天野ハ三ケ月トナス乎）

二、其他特ニ考慮スヘキハ全般兵力寡少ナル故、将来之カ増強ノ問題ヲ考慮セラレ度。天野ノ答ハ「見込ナシ」ト云フニ在リ。

（二）南〈第二十三軍〉関係　一般ノ事ハ既ニ事済ミナルモ。

一、作戦地域決定上ノ考慮セラレ度件

イ．雷州半島以西ノ広東省ノ狭小部分ハ第十一軍へ移シ度シト云フモ之ハ省境トシ、但シ鬱林付近ハ南ニテ用フ。

ロ．湘〈湖南省〉粤〈広東省〉付近ノ作戦地境ハ楽昌ヲ含ミ北方ノ桜〈第二十軍〉ニ含マシム。

ハ．海南島防備問題ハ南ノ意向ヲモ参酌シ、取敢ヘス一大隊ヲ入ルルコトトシ、総ニハ報告スルニ止ム。

（三）吉野少将ノ実行シツツアル南西工作及余漢謀工作ハ共ニ将来ノ見透ツキ本工作ハ打切リヲ可トスル意見ナリ。之カ始末総軍ニ報告シテ統〈第六方面軍〉トシテ分離ノ件ニ就テ研究スルヲ要ス。

（四）作戦間南トノ通信不通問題ノ原因調査ノ件

一、湘桂作戦主トシテ第二期作戦ノ教訓ヲ調査シ（各主任者ニ於テ）将来ノ資料トスルコトヲ参謀ニ命ス。

一、兵站部長　桂柳所見

1．迅速ナル整理、交付、還送ノ区分実施ノ為整理委員ヲ設クルノ要否。

2．旭ノ兵器関係ノ補給及現地自活ハ大ニ有望。

3．桂柳ノ兵器弾薬資材ノ鹵獲量ハ尨大ノ見込。

4．非鉄金属還送資源ノ量亦大、且之ノ輸送ノ計画ヲ必要トス。

十二月二日　曇、寒冷

一、新司令官着任ニ関スル諸般ノ業務ヲ準備ス。夕田村副官ヲ伴ヒ、衡陽ニ向フ。夜半飛行場大隊着。寒冷ヲ覚ユ。

十二月三日　曇、時々陽ヲ見ル。温度稍上ル。

一、新司令官一行本日漢口発、白螺磯一泊翌日到着ノ報アリ。依テ朝桜〈第二十軍〉司令部ニ至リ連絡ス。

桜ノ第三期作戦計画ノ説明アリ。大要良好ノ出来ナリ。只此計画ノ主旨ヲ実行部隊ニ徹底セシメ、且之ヲシテ第一線ニ至ル迄周到ナル準備ヲ整ヘシムルノ時間ト努力トヲ重要トス。特ニ第四十師団ハ既ニ桂柳作戦ニ参加シ疲労アリ。精神的ニ一応休養ヲ望ム時期ナルニ於テ然リトス。

一、最近衡陽ノ復興状況急速ニ進展シ、戦前ノ人口四十万中既ニ四万復帰セリト云ヒ、市街ノ廃屋ハ殆ト全部木製ノ仮建築ニヨリ埋メラルルニ至レリ。又目撃スル処、最近ニ於テ避難地区ヨリ帰来スル婦女幼少ヲ見ル。

一、夜ハ桜司令官以下幕僚ト共ニ会食シ、対岸ノ第五航空推進班ニ至リ宿営ス。坂西中将ノ独裁主義ハ可ナルモ、部下ノ参謀長以下カ離レテハ統率要ヲ得タリトハ云ヘス。

十二月四日　　時々晴

一、〇七三〇衡陽飛行場ニ岡部大将及上月中将安着。坂西中将及川目参謀長出迎。航空軍推進班ニテ申告、状況報告ヲ行フ。後三司令官会同シ、岡部大将ヨリ主トシテ旭〈第十一軍〉司令官ニ、又桜〈第二十軍〉司令官ニ岡村大将ノ申送リニ基ク指示アリ。其要旨ハ、

一、今次作戦ニ於ケル旭司令官ノ「統帥ト戦術トノ混同」思想ノ不可。

一、南方トノ通信疎通不可。

一、岡村大将ノ所感トシテノ現下ノ通弊。

一、敵情過大視シ兵力不足ノ愬ノ不可。

一、都市吸収〈都市に吸収され〉、一番乗リノ誤リ。

一、軍紀不振、暗号書紛失

一、3D、13Dノ駄馬一挙進撃距離ノ研究。

一、日没出発、二十四時過南岳着。夜間ノ自動車行稍飽キヲ覚ユ。

十二月五日　　曇、寒冷激シ。

一、十一時ヨリ岡部大将閣下ニ対スル伺候。予ヨリ一般状況報告。十三時二十分一同会食

一、副長ハ横山中将出迎見送リノ為夕出発。

十二月六日　　曇、寒冷

第一、第二課関係状況報告。

昼食直後予ノ東京招致ノ次長電来ル。司令官、天野各参謀ノ憶測推断諸説紛々。此夜幕僚連予ノ為ニ送別ノ会食ヲ催ス。天野副長モ稍遅レテ帰着ス。痛飲快歌午前二時ニ及フ。

十二月七日　時々晴

一、司令官ニ対スル第三課関係状況報告。

片山課長之ヲ行フ。大要ヲ得。続テ兵器、経理部長ノ状況報告アリ。此方面ノ実質ハ予カ嘗テ武漢作戦ニ於テ経験セシトハ其重視ノ度ニ於テ径庭ノ差アリ。原田兵器部長、佐藤経理部長ノ報告共ニ予ノ企図セル所ト一致シ同意ナリ。気分ノ一致、要点把握ノ期セスシテ同一徹（ママ）ナルハ喜フヘキナリ。

一、午後予ノ予テ考ヘアリシ統〈第六方面軍〉爾後ノ努力ノ方向ト重点ニ関シ説明ス。

　要点ハ曩ニ岡村大将閣下ニモ申上ケシ処ナリ。説明約四十分終テ一言挨拶。之ニ対シ佐藤経理部長一同ヲ代表シ「明確適切ナル指導未タ嘗テ受ケタル事ナシ。今後十分此趣旨ニ副ヒ努力セン」トノ意ヲ応答ス。

　尚予ノ東京招致ニ就テ佐藤経理部長ハ種々土産物ヲ配慮シ呉レタリ。予自身之ヲ擅ニセサル主旨ニ於テ又一面東京連中ニ若干ナリトモ潤サン気持ニテ之ヲ受クル事ト為ス。

一、日没後衡陽ニ車行ス。途中五回敵機ノ為ニ停止ス。明八日ヲ期シテノ敵ノ企図ノ現ハレカトノ感アリ。航空軍推進班ニ於テ堀場ノ接待有難シ。

十二月八日　晴

一、大詔奉戴満三周年日ナリ。天明直後機上ノ人トナリ、勅諭ヲ念シツツ地上十、二十米ヲ匍匐シテ十時前漢口着。

一、前日着漢ノ横山中将閣下ニ挨拶、呂武〈第三十四軍〉及航〈空〉軍ニ挨拶ス。

一、同僚中西ヨリ予ノ今回ノ上京ヲ喜ヒ、切実ニ航空決戦態勢ノ不備欠陥ヲ愬フ。要ハ彼ヲ再ヒ審査部長タラシムルニ在リ。今川、松田ヲ其配下トシテ」。青木ハ統率上欠陥アリテ困窮シアリト。下山中将亦大器ニアラスト極言ス。夜ハ横山中将ノ招宴ニ列ル。

十二月九日　晴

一、中西少将ノ配慮ニテ重爆ニテ八時二十分漢口発、十時三十分南京司令部着。今回ノ予ノ異動予定ヲ知ル。

　岡村総司令官大層御喜「当然ノ事従来遅カリシナリ」ト、「予ト汝ハ作戦請負業者ナリ。大陸ノ要事終リシニツキ「ビルマ又ハ比島ノ方面軍参謀長ニ代ハルニヤト話シタリシ」ト。

〈本文末尾に、「補備転記」として、昭和十八年一月一日朝日新聞社説、中野正剛「戦時宰相論」を筆写しているが略〉

松井総参謀長閣下モ大層御喜ビ、大本営ノ企図ニ基ク次期作戦ニ関スル御意見開陳アリ。次テ榊原大佐、延原中佐、松谷大佐ヨリ各主任業務ノ状況ニ関シ連絡アリ。大体ノ主旨ハ予モ亦予メ考ヘアリシ処ニシテ可ナリ。

一、午後松谷大佐案内ニテ玄武湖、汪先生墓、中山廟ニ詣ル。中山廟ノ結構壮麗環境美佳ナリ。民族敬仰ノ中心人物タル孫文ノ偉業ハ深ク四億民衆ノ心ニ刻マル。其然ル所以ヲ窺フヘシ。

一、夜ハ聚星倶楽部ニ於テ岡村大将招宴ニ臨ム。北支方面軍司令官下村中将閣下主賓タリ。此日漢口ヨリノ横山中将ノ到着ハ敵情ノ為翌日ニ延期トナル。

宿舎ニ中村裕次中佐参謀来訪、種々ノ回想ヲ交ユ。

十二月十日　晴

一、大本営機九時三十分上海ヨリ到着。総軍参謀安崎、伊藤両中佐来ル。十時四十分離陸。見送リ今関大佐、榊原大佐、山田中佐其他右ノ二名ナリ。

一、機上偶感

1、事ノ成否ハ八分通リハ大本営ノ責。〈朱傍線〉

2、達成目的明確、下達時機神速。

服部卓四郎34（参本作戦課長、陸相秘書官、参本作戦課長、歩65聯長、大佐）3,5,30,215,244,303,336,428,436
花谷　正26（55D長、39A長、18HA参長、中将）175
原　守25（教総本部長、東部憲兵隊司令官、中将）123

東久邇宮稔彦王20（軍事参議官、首相、大将）95,201
百武　晴吉21（通信兵監、17A長、8HA司付、中将）127,269,380,381

深堀游亀28（2A参長、東部軍司付、322D長、関東軍司付、中将）175,177
藤塚止戈夫27（2A参長、6FA参長、中将）177
二見秋三郎28（17A参長、予備役少将；召集、羅津要塞司令官、154D長心得）215,218

堀井富太郎23（留守11D司付、55歩兵団長、少将；17年11月ニューギニアで戦死後中将）274
本多　政材22（機甲本部長、20A長、33A長、中将）175

ま　行

松井太久郎22（支那派遣軍総参長、13A長、中将）426,486
丸山政男23（2D長、参本付；19年3月予備役、中将）258,295,342

三笠宮崇仁親王48（支那派遣軍参、大本営参、機甲本部付、少佐）81,93,199,268,408
南　次郎6（陸相、軍事参議官、予備役大将；召集、朝鮮総督、枢密顧問官）192
宮田参謀→たけだのみやつねよしおう
牟田口廉也22（15A長；予備役、召集、予科士官学校長、中将）415
武藤　章25（軍務局長、GD長、2GD長、14HA参長、中将；23年12月法務死）22,58
森　赳28（19A参長、1GD長、中将；20年8月反乱で受難死亡）201,417

や　行

安田武雄21（航空総監兼航空本部長、1FA長、中将）10
山下奉文18（25A長、1HA長、14HA長、大将；21年2月マニラで法務死）13,23,25
山田乙三14（教育総監、兼防衛総司令官、関東軍総司令官、大将）419
山本五十六（兵）32（聯合艦隊長官、海軍大将；18年4月ソロモンで戦死後海軍元帥・「残骸録」）217,336
山本健児28（8FD長、中将・「作戦秘録」）27

横山　勇21（11A長、西部軍司令官、16HA長、中将）3,430,431,444,463,465,471,478,482,484～486
吉積正雄26（整備局長、軍務局長、中将）29,30,72,95,152,168,181,190
吉原　矩27（18A参長、中将）270
吉本貞一20（1A長、11HA長、1総軍付、大将；20年9月自決）207,208
米内光政（兵）29（予備役海軍大将、首相；現役復帰、海相）419,420

わ　行

若松只一26（南方軍総参副長、2総軍参長、陸軍次官、中将）3,113,139,146,184

将；20年8月自決・「陣中秘録」）423,424
田中新一25（参本1部長、18D長、ビルマHA参長、中将・「作戦秘録」「残骸録」）6,216,226,229
田中久一22（21D長、23A長、中将・「陣中秘録」；22年3月法務死）442,478
田辺盛武22（参謀次長兼大本営兵站監、25A長、中将；24年7月法務死）175,335,365
種村佐孝37（大本営20班長、軍務局課員、17HA参、大佐）32,42,80
田村　浩28（関東防衛軍参長、俘虜情報局長官、中将）175,204

長　勇28（参本付、32A参長、中将；20年6月沖縄で戦死）101

塚田　攻19（参謀次長、南方軍総参長、11A長、中将；17年12月飛行機事故で戦死後大将）448
辻　政信36（参本作戦班長、支那派遣軍・33A・39A・18HA参、大佐）177,228,241,246,248,250,268
土橋勇逸24（48D長、38A長、中将）176
堤　三樹男22（68D長、中将）445,463

寺内寿一11（軍事参議官、南方軍総司令官、元帥）152,171

東條英機17（首相、兼内相・陸相・軍需相・参謀総長、大将；23年12月法務死）8,207,403,408,409,416,419
戸塚道太郎（兵）38（航空本部長、横鎮長官、海軍中将）183
富岡定俊（兵）45（南東方面艦隊参長、軍令部1部長、海軍少将）44,46,54,70,82,85
冨永恭次25（陸軍次官、兼人事局長、4FA長、予備役；召集139D長、中将）4,22,24,35,59
豊島房太郎22（2A長、中将）177
豊田副武（兵）33（聯合艦隊長官、海軍総司令官、軍令部総長、海軍大将）128

な　行

中永太郎26（ビルマHA参長、18D長、中将）415
永津佐比重23（13A長、58A長、中将）55,172
中村明人22（39A長、18HA長、中将）175
梨本宮守正王7（軍事参議官、元帥）43
那須弓雄25（2歩兵団長、17年10月ガ島で戦死後中将・「残骸録」）227
那須義雄30（兵務局長、兼大本営参、少将・「作戦秘録」）47,72

西村敏雄32（14HA参副長、大本営付、大本営20班長）46,56

額田　坦29（参本3部長、人事局長、中将）30,35,80
沼田多稼蔵24（12D長、2HA参長、南方軍総参長、中将）59,60

野田謙吾24（教総本部長、51A長、中将）10

は　行

蓮沼　蕃15（駐蒙軍司令官、侍従武官長、大将）92
畑　俊六12（支那派遣軍総司令官、教育総監、2総軍司令官、元帥）42,43,113,173,426,443,469,472,478
秦彦三郎24（34D長、参謀次長兼大本営兵站総監、関東軍総参長、中将）113,406,408,410,418,423,424,461,464

木村兵太郎20（軍事参議官兼兵器行政本部長、ビルマHA長、大将；23年12月法務死）175,176

草鹿任一（兵）37（11航艦長官、南東方面艦隊長官、海軍中将・「残骸録」）220,224,225,234,245
草鹿龍之介（兵）41（南東方面艦隊参長、聯合艦隊参長、海軍中将・「作戦秘録」）70

小磯国昭12（朝鮮総督、首相、大将）113,419,420
古賀峯一（兵）34（聯合艦隊長官、大将；19年4月飛行機事故で戦死後海軍元帥）405
小沼治夫32（17A参、14HA参副長、陸大教官、東部軍管区参副長兼大本営参、少将）166,218,225,242,246,250,296,300,301,324,344,349,351,353

さ　行

斎藤義次24（43D長、中将；19年7月サイパンで戦死）413,414
坂西一良23（35D長、20A長、中将）443,463,476,478,481,484
佐藤　傑29（8HA参副長、大佐）295,301
真田穣一郎31（参本作戦課長、同作戦部長、軍務局長、2総軍参副長、少将）3,7,85,95,96,102,336
佐野忠義23（38D長、防衛総司参長、34A長、支那派遣軍総司付、中将）218,263,265,349,360,361,366
沢田　茂18（参謀次長、13A長、予備役；召集・参本付、中将）177,179

塩澤清宣26（北京駐在公使、119D長、中将）427
四手井綱正27（1HA参長、ビルマHA参長、中将；20年7月関東軍総参副長赴任途中飛行機事故で戦死）204,409
嶋田繁太郎（兵）32（海相、兼軍令部総長、軍事参議官、海軍大将；20年1月予備役）8,419
下村　定20（西部軍司令官、北支那HA長、陸相、大将）3,207,215,420,486
下山琢磨25（3FD長、5FA長、中将）57,429

杉田一次37（8HA参、参本課長、17HA参、大佐）41,46,205,228,229,231,239,242,248,250,268,336
杉山　元12（参謀総長、教育総監、陸相、1総軍司令官、元帥；20年9月自決）43,207,369,419,420,423,425
鈴木貫太郎（兵）14（予備役海軍大将、総理・「作戦秘録」）113,119,126,164,208
鈴木貞次22（104D長、中将・「陣中秘録」）458
澄田睞四郎（39D長、1A長、中将）440

た　行

高品　彪25（29D長、中将；19年7月グァムで戦死）439
高嶋辰彦30（東部軍参副長、12HA参長、少将）73,88,89,96,200
高橋　坦27（北支那HA参長、中将）79,80
高松宮宣仁親王（兵）52（軍令部1課、砲術校教頭、軍令部出仕、海軍大佐）199
竹下義晴23（27D長、6HA司付、予備役；召集、留守30D長、平壌師管区司令官、中将）428,436,452
竹田宮恒徳王42（宮田参謀）（関東軍作戦課参、1総軍参、中佐）53,190,199,200,215,216
田中静壱19（14A長、陸大校長、12HA長、大

石井四郎（軍医）（関東軍防疫給水部長、軍医中将）32
石黒貞蔵19（6A長、29A長、中将）176
板垣征四郎16（朝鮮軍司令官、17HA長、7HA長、大将；23年12月法務死）175
伊東武夫23（38歩兵団長、少将）222,259,264,302,331,338,340,343,345,349,381,382
稲田正純29（6FD長、3船舶輸送司令官、16HA参長、中将）25,146
井原潤次郎28（17HA参長、中将）169,171
今村　均19（23A長、16A長、8HA長、大将）268,269,368
井本熊男37（8HA参、陸相秘書官、11A参、13A参、2総軍参、大佐）203,215,216,268,335,351,352,354,356,361,362,432,444,477
岩崎民男27（駐蒙公使、111D長、中将）172

宇垣　纏（兵）40（聯合艦隊参長、1戦隊司令官、5航艦長官、海軍中将；20年8月沖縄に突入戦死）65,70,217,220
後宮　淳17（参謀次長、兼航空本部長・航空総監、3HA長、大将）10,407,410,425
梅津美治郎15（1A長、関東軍総司令官、参謀総長、大将）208,419,423,425

大城戸三次25（北支那HA参長、憲兵司令官、中将）47,65,72
大西瀧治郎（兵）40（1航艦長官、軍令部次長、海軍中将；20年8月自決）183,190,194,197,199,201,447
岡田重一郎25（技術院3部長、研究動員部長、中将）63
岡部直三郎18（陸大校長、3HA長、北支那HA長、6HA長、大将）423,425,478～480,484
岡村寧次16（6HA長、支那派遣軍総司令官、大将）3,55,120,203,425,442,444,445,447,465,466,478～481,484～486
落合甚九郎26（27D長、中将）463
小畑英良23（3FA長、31A長、中将；19年8月グァム島で戦死後大将）414,439

か 行

笠原幸雄22（関東軍総参長、11A長、中将）64
加藤鑰平25（参本3部長、8HA参長、中将）268,368
唐川安夫29（支那派遣軍総参副長、6HA参長、205D長、中将）444,464
川口清健26（歩35旅団長、18年4月予備役；召集、駐蒙軍司令官、少将）218,227
河辺虎四郎24（航空本部次長、参謀次長、中将・「作戦秘録」）89,201,207
河辺正三19（ビルマHA長・「陣中秘録」；15HA長、航空総軍司令官・「作戦秘録」、大将）113,415
閑院宮載仁親王（仏陸士）（S.6～15年参謀総長、元帥；20年5月没）167,452
閑院宮春仁王36（戦車5聯長、戦車4D長、少将）200
神林　浩（軍医）（医務局長、軍医中将）35,43
神田正種23（6D長、17A長、中将）127,365
菅　晴次25（兵器行政本部総務部長、同本部長、中将）75

北野憲造22（19A長、陸士校長、12HA長、中将）113,417
木下　敏20（関東防衛軍司令官、3FA長、中将）22,175

『宮崎周一中将日誌』

人　名　索　引

記載要領の説明

氏名の後の数字：陸軍士官学校卒業期別
氏名の後の(兵)数字：海軍兵学校の卒業期別、陸軍士官学校と同年度卒業者は陸士期プラス15期になる。
階級名：前に海軍を付したもの以外は陸軍軍人である。
法務死：終戦後の軍事裁判による刑死

D(長)：師団(長)	GD(長)：近衛師団(長)
FD(長)：飛行師団(長)	A(長)：軍(司令官)
FA(長)：航空軍(司令官)	HA(長)：方面軍(司令官)
1総軍：第1総軍	司：司令部
参：参謀	(総)参長：(総)参謀長
(総)参副長：(総)参謀副長	参本：参謀本部
局長：陸軍省局長	聯合艦隊長官：聯合艦隊司令長官
5航艦長官：第5航空艦隊司令長官	

※姓名（主要職務、階級、同姓の場合主な「記載位置」）頁の順に記載。

あ　行

朝香宮鳩彦王20（軍事参議官、大将）152, 200, 203, 452
安達二十三22（北支那HA参長、18A長、中将；22年9月ラバウルで自決）270
阿南惟幾18（2HA長、航空総監兼航空本部長、陸相、大将；20年8月自決）181, 199, 200, 368
天野正一32（6HA参副長、参本作戦課長、少将）82, 98, 149, 164, 181, 191, 201, 427, 430, 434, 438, 441, 442, 449, 452, 453, 465, 468, 477, 479, 482, 484
綾部橘樹27（参本1部長、南方軍総参副長、7HA参長、中将）337, 352
荒木貞夫9（陸相、軍事参議官、文相、予備役大将）423
有末精三29（北支那HA参副長、参本2部長、中将・「作戦秘録」）30, 199, 205
有末　次31（8HA参副長、少将；18年8月飛行機事故で戦死後中将・「残骸録」）250, 268, 368

飯沼　守21（人事局長、110D長、予備役；召集、96D長、中将）175
飯村　穣21（陸大校長、南方軍総参長、2HA長、東京防衛司令官、中将）21, 24, 409, 423
池田純久28（関東軍総参副長、内閣総合計画局長官、少将）29
諫山春樹27（台湾軍参長、10HA参長、中将）26, 67

大本営陸軍部
作戦部長

宮崎周一中将日誌(みやざきしゅういちちゅうじょうにっし)

平成十五年六月一日　第一刷
平成二十八年八月十五日　第三刷

編者　軍事史学会(ぐんじしがっかい)
代表者　高橋久志

発行所　錦正社
発行者　中藤政文

〒一六二―〇〇四一
東京都新宿区早稲田鶴巻町五四四―六
電話　〇三（五二六一）二八九一
FAX　〇三（五二六一）二八九二
URL　http://www.kinseisha.jp/

印刷・製本　㈱デジタルパブリッシングサービス

ISBN978-4-7646-0316-5